회복하는
피해자학

사건사고와 재난재해 그리고 정신건강

Prologue

 인생의 속도는 나이와 비례한다고 합니다. 우리는 갈수록 빨라지는 시간의 흐름 속에서 많은 사람들을 만나고 여러 가지 경험을 하지만, 시간은 순식간에 스쳐 지나갑니다. 그런데 어떤 분들은 그 동안 몇 번 본 것 같은데, 이름조차 기억나지 않기도 하고 어떤 분들은 단 한번 봤는데도 그 분의 신상과 스토리가 뇌 속에 깊이 자리 잡고 있기도 합니다.

 그 동안 저는 가해자의 심리를 분석하는 일을 25년 이상 해왔고 급행열차와 같은 시간 속에서 수많은 분들을 만났지만, 그 수많은 분들 중에 저의 마음속에 가슴 아프게 자리 잡고 계신 분들이 있습니다. 그 분들의 공통적인 특징은 가해자가 아니라 피해자라는 것이었습니다. 그러나 그 동안 제가 피해자를 위해서 할 수 있는 것은 아무것도 없었고, 제도상으로도 피해자를 위한 지원방법은 거의 없었습니다.

 보통 사람들의 관심은 가해자가 얼마나 잔혹한 사람인지에 있는 거 같습니다. 반면에 피해자들은 사람들의 관심에서 벗어나 있고 일시적 동정을 받거나 때로는 오히려 비난의 대상이 되기 때문에 숨어 버리게 됩니다. 어느 날 갑자기 예상 못한 사건의 피해자가 되면 누구라도 국가와 사회 그리고 이웃조차 믿을 수 없는 존재로 인식하게 됩니다. 어찌 말로 이 분들의 심정을 표현할 수 있을지…. 간혹 서양에서 전해오는 언론기사를 보면, 살인피해자의 가족이 가해자를 용서했다는 소식도 듣게 됩니다. 아마도 종교적 신념 등에서 비롯된 것으로 보입니다.

 우리 사회가 얼마나 피해자에게 무관심한지 예를 들어보겠습니다. 얼마 전 제가 대학생들에게 각종 재난재해, 사건사고로 고통받는 분들에 대하여 '피해자의 관점에서 영상 속 인물심리분석'이라는 과제를 준 적이 있었습니다. 하루는 한 학생이 제게 그러더군요. "교수님! 영화에서 피해자를 집중해서 보고 있는데, 금방 사고로 죽었어요. 어떻게 하죠?" 그리고 그 이후에는 피해자에 대한 이야기가 안 나온다는 것이었습니다.

지금 이 시간에도 우리는 언론을 통해서 매일 범죄사건, 재난재해, 교통사고 등을 접하게 됩니다. 대형 재난재해로 고통받는 수많은 사람들의 이야기, 교통사고로 인하여 겪는 트라우마, 생활신변에 불안을 느끼는 사람들, 피해자를 구조하다가 오히려 트라우마로 고통받는 경찰관, 소방관, 응급구조요원, 정신건강심리사들이 있습니다. 특히 범죄피해자들이 겪는 고통은 심리적 문제에 그치지 않고 사회와 스스로 단절, 그리고 세상에 대한 분노 등 상상을 초월합니다.

본 서는 그들의 이야기를 학술적으로 그리고 현장사례를 중심으로 생동감 있게 전달하고자 합니다. 본 서가 우리 사회의 피해자들에게 따뜻한 관심을 보여주고 그들을 보호하고 지원하는 것을 주저하지 않게 되는데, 작은 계기가 될 수 있기를 바랍니다.

마지막으로 본 서의 집필에 공동참여해주신 각 분야의 전문가 분들에게 깊은 감사를 드리고, 본 서의 집필을 도와준 (주)한국심리과학센터 임직원들에게도 고마움을 전합니다.

대표저자
한국심리과학센터
심리학박사 공정식

Contents

PART 01   피해자론

CHAPTER 01 피해자 개론   12
  01 개요   12
    1. 피해   12
    2. 피해자   13
    3. 피해자학   16

  02 피해자연구   18
    1. 역사   18
    2. 주장자   20

  03 피해자의 특성   21
    1. 개요   21
    2. 유발과 촉진   23
    3. 범죄피해 사전과정   24
    4. 범죄피해의 단계   24

  04 비용과 공포   25
    1. 범죄의 비용   25
    2. 범죄의 공포   28

CHAPTER 02 피해자이론 32

    01 생활양식노출이론 32
        1. 범죄기회이론 33
        2. 동일집단이론 33

    02 상호작용이론(피해자촉발이론) 34
        1. 피해자의 유책성 35
        2. 피해자 촉발론 35

    03 일상활동이론 37

    04 합리적(이성적) 선택이론 38

    05 기타 이론 39
        1. 구조적 선택이론 39
        2. 표적선택과정이론 39
        3. 일탈장소이론 41

CHAPTER 03 회복적 정의 42

    1. 의의 42
    2. 이념 42
    3. 관점구분 43
    4. 주요내용 47
    5. 국제동향 53
    6. 평가 54

CHAPTER 04 보호와 지원   57
    1. 개요   57
    2. 인식전환   58
    3. 피해자의 구제방법   72

CHAPTER 05 피해자 보상   86
    1. 개요   86
    2. 피해자구제운동   88

PART 02   피해유형

CHAPTER 01 범죄피해   104
    1. 개요   104
    2. 대물피해   111
       (1) 사기피해자(노인)   111
       (2) 강도피해자   112
       (3) 방화피해자   112
    3. 대인피해   113
       (1) 살인피해유가족   113
       (2) 성폭력피해자   135
       (3) 배우자폭력피해자   142
       (4) 아동학대피해자   144

(5) 학교폭력피해자	145
(6) 지적장애피해자	155

CHAPTER 02 재난재해　　　　　　　　　　　161
　　1. 개요　　　　　　　　　　　　　　　　161
　　2. 유형　　　　　　　　　　　　　　　　172
　　　　(1) 전쟁　　　　　　　　　　　　　172
　　　　(2) 대규모사고　　　　　　　　　　174
　　　　(3) 교통사고　　　　　　　　　　　176
　　　　(4) 산업재해　　　　　　　　　　　181
　　　　(5) 구조자들　　　　　　　　　　　182
　　3. 회복방법　　　　　　　　　　　　　　185

PART 03　피해회복

CHAPTER 01 건강심리　　　　　　　　　　　196
　　1. 개요　　　　　　　　　　　　　　　　196
　　2. 성격과 건강　　　　　　　　　　　　　200

CHAPTER 02 스트레스　　　　　　　　　　　206
　　1. 개요　　　　　　　　　　　　　　　　206
　　2. 스트레스와 중독　　　　　　　　　　　208

3. 스트레스원	212
4. 학자들의 견해	213
5. 스트레스 반응	215
6. 스트레스 내성	218
7. 스트레스 대처	219

CHAPTER 03 외상후 반응 — 229

1. 외상후 장애	229
2. 외상후 울분장애	249
3. 외상후 동반장애	251
4. 외상후 성장	270

CHAPTER 04 심리서비스 — 280

1. 개요	280
2. 정의	280
3. 피해치료모형	283
4. 심리지원매뉴얼	285

CHAPTER 05 치료기법 — 288

1. 정신분석치료	288
2. 행동치료	292
3. 인지치료	293
4. 실존주의치료	296

5. 게슈탈트치료	297
6. 인간중심치료	298
7. 그룹치료	300
8. EMDR	309
9. 기타심리치료	312
10. 생의학치료	317
11. 치료의 평가	319

부록 침묵은 우리를 도와주지 않는다   322

1편 피해자론

제1장 피해자 개론
제2장 피해자 이론
제3장 회복적 정의
제4장 보호와 지원
제5장 피해자 보상

제1장 피해자 개론

01 개요

1. 피해

피해라는 용어는 사전적으로 재산, 명예, 신체 따위에 손해를 입는다는 의미이고, 어느 일방이 다른 일방을 약탈하는 어떤 종류의 대면(encounter)을 함축하고 있으며, 그 형태, 종류, 유형이 매우 다양해서 명확하게 정의하기가 어렵다. 통상 자연과 산업에 따른 재난재해, 공해, 전쟁, 테러, 차별, 사고[1] 등에 의한 피해를 고려해볼 때, 범죄피해[2]는 매우 작은 부분에 해당한다. 1980년에 발행된 영국의 옥스퍼드 사전(Shorter Oxford English Dictionary)에서는 '피해(Victimiz)'를 "누구에게 고통이나 불편함을 초래하다. 혹은 누구를 희생시키다. 무엇을 완전히 파괴하다." 등으로 설명하고 있다. 이를 심리학적으로 보면, 피해(victim)는 결국 외상(trauma)을 의미한다.

피해심리는 외상심리(psychology of trauma)로 이해되는데, 이는 어떤 사건들로 인하여 인간이 받게 되는 심리적 정서들에 대하여 다루는 것이고, 이것을 외상심리라고 지칭할 수 있다. 종래 피해자론은 주로 사회학적 관점에서 접근을 했다면, 피해심리론은 주로 임상장면에서 심리적 트라우마[3]에 관한 것으로, 주로 심리학적 관점에서 이해된다. 또한 회복보호

---

[1] 사고(accident)의 어원은 'Accido'로 이는 접두사 'Ac'와 '낙하, 떨어지다'는 어미 'Cido'가 결합된 것이다. 이 같은 사고에 대하여 다음과 같이 정의하고 있다. 미국의 국가안전회의(National Safety Council)는 "사고란 인간을 사람 혹은 부상을 입게 하거나 재산에 손실을 주는 예기치 못한 사건"으로 정의하였고, WHO는 "사고는 첫 눈에 보아 상해라고 알 수 있는 예기치 못한 사건"으로 보았다. 미국의 공중위생부(The National Health Survey)는 "개인 혹은 집단이 시간의 흐름 속에서 어떤 의도를 펴려고 행동하는 과정에서 자신의 의지에 반하여 갑자기 일시적 또는 영구적으로 그 행동을 정지시키며 일어나는 사건"이라고 정의하였다(박찬석, 2015:1).

[2] 한편, 범죄학사전(Dictionary of Criminology)에서는 명사형인 Victimization라는 단어는 없으며, 동사형인 Victimiz로 명시하고 있다. 결국 'Criminal Victimization'란 피해의 일부인 동시에 하나의 하위개념이라 할 수 있다. 즉, '범죄피해'는 범죄행위로 인한 피해라고 정의 내릴 수 있다. 또한 범죄유형의 다양성에 따라 피해의 유형도 매우 다양하게 분류할 수 있다. 따라서 'Crime Victim'이란 "범죄행위로 인해 다양한 피해를 입은 사람"이라고 정의를 내릴 수 있다(남재성, 2006:2).

[3] 트라우마의 유형은 다양하다. 개인적 트라우마도 있지만, 한 충격적인 사건 혹은 연속되는 사건들이 많은 사람들에게 영향을 미치게 될 때 사회적 혹은 집단적 트라우마가 생기기도 한다. 예를 들면, 미국의 911테러나 한국의 세월호사건이 대표적인데, 이는 직접적으로 경험될 수도 있지만 방송을 통해 소식을 듣는 것만으로도 유발될 수 있다. 세대간으로 전이되는 역사적 트라우마도 있는데, 역사적 트라우마는 '사회 전체 구성원이 겪는 트라우마로, 인생 전반 혹은 여러 세

(restoration and care)라는 것은 재난, 사고, 범죄, 구조 등으로 인하여 외상을 입은 피해자를 대상으로 정신건강심리사가 위기개입, 외상평가, 생활복지, 회복상담 서비스 등을 종합적으로 제공하고, 피해자가 조기에 일상생활로 되돌아갈 수 있도록 회복적 조치를 제공하는 일체의 조력적 보호활동이라고 정의할 수 있다.

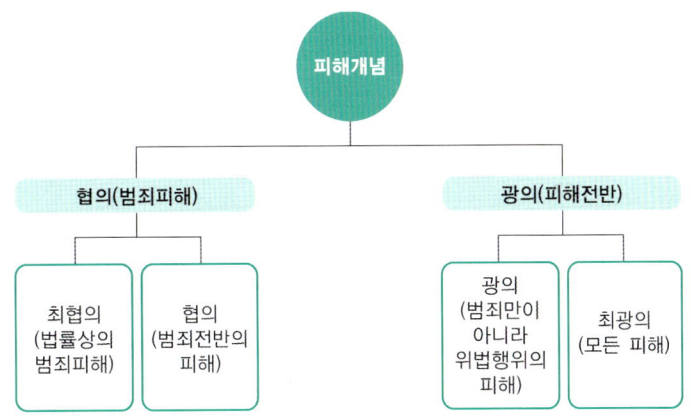

2. 피해자

(1) 정의

최협의의 피해자는 형식적 의미의 피해자로, 형법에 규정된 처벌규정에 해당하는 범죄로 피해를 입은 피해자를 의미하고, 협의의 피해자는 사회적 관점에서 범죄 일반의 피해를 입은 실질적 의미의 피해자로서, 형법상 과실범 규정이 없어 처벌할 수 없는 행위로 범죄는 성립되지 않으나 사회적으로 유해한 행위를 통해 법익의 침해를 입은 피해자를 말하며, 광의의 피해자는 형법상의 의미 있는 직접 피해자와 이해관계로 공포와 피해를 느끼는 가족 등 간접피해자를 포함하고, 최광의 피해자는 자연재해, 산업재해, 자기과실(교통사고, 자살 등)로 인해 발생한 피해를 포함하는 것으로 일체의 모든 피해를 포괄하는 개념이다(김효정, 2012:94). 1985년 UN의 범죄 및 권력남용 피해자를 위한 사법의 기본원칙선언(United Nations Declaration on the Basic Principles of Justice for Victims of Crime and the Abuse of Power : Resolution 40/34 of 29 November 1985)은 범죄피해자를 "개인집단을 불문하고 가맹국에서 시행 중인 범죄적 권력남용을 금지하는 법률을 포함하는 형사법 위반, 작위·부작위에 의해 신체적 또는 정신적 상해, 감정적 고통, 경제적 손실, 또는 기본적 인권에 대한 중대한 침해 등의 피해를 입은 자"라

대로 연결되어 일어나는 누적된 감정과 심리적 상처'인데, 예를 들면 노예, 식민지, 박해, 파벌, 종교집단에 의한 인종말살 등이 있다. 또한 구조보호요원 및 재난을 상대로 일하는 사람들에게 발견되는 이차적 혹은 대리적 트라우마도 있고, 범죄행위로써 다른 사람에게 해를 끼치거나 공포를 조장하는 데 적극적으로 참여한 사람들이 겪는 가해자의 트라우마도 있다.

고 정의하고 있다. 따라서 동심적으로 피해자린 형사적 범죄의 물적, 신체적 피해지를 말하며, 이는 협의의 피해자라 할 수 있다. 즉, 범죄학적 피해자란 범죄행위로 침해당하거나 당할 위험성이 있는 법익의 피해주체를 의미한다. 그러나 노동쟁의와 같은 적법행위로 인한 피해 또는 사회구조적 문제로 인해 야기되는 사회적·경제적 약자의 반사적 피해 등은 피해자학에서 말하는 피해자 대상에 포함되지 않는다(김용세 2003:31).

(2) 유형

피해자의 유형은 학자들마다 기준이 다르지만, 대체로 생래적 유형, 문화적 유형, 구조적 유형, 행위적 유형, 범죄학적 유형으로 집약할 수 있다. 생래적 피해자(born victim)는 타고난 소질과 무의식적 성향으로 인하여 피해자가 된 경우로 볼 수 있는데(Hentig, Ellenberger), 현대 피해자학에서는 이 운명론적인 생래적 피해자의 개념을 피해자화에 대한 소인, 경향, 성향, 취약성과 같은 다른 확률적 개념으로 대체하고 있다. 한편, 최근에는 사회현상의 변화에 따라 새로운 피해유형이 형성되고 있는데, 예를 들면 기업범죄 피해자, 아동학대 피해자, 음주운전 피해자, 남성강간이나 부부강간 피해자, 매스미디어의 피해자, 고령자학대의 피해자, 집단왕따의 피해자, 환경범죄의 피해자 등이다.

| 범죄피해자유형 |

문화적 유형		구조적 유형	행위적 유형	범죄학적 유형
이상적 피해자		권력이 적은 피해자	유발, 촉진 피해자	일회적 피해자
문화적으로 합법적 피해자		약한 피해자	동의하고 응하고 불러들이고 청하고 참여하는 피해자	간헐적 피해자
적절한 피해자	비인격적 피해자	무기력한/무방비의 피해자	부주의하고 방기하고 조심성 없는 피해자	상습적 피해자
	버릴 수 있는/학대할 수 있는 피해자	못가진 피해자		
	가치없는 피해자	상이한 피해자		
	피해당해 마땅한 피해자	일탈적 피해자		
히쿠치		일본학자인 히쿠치는 지능·정신·체력이 열등하거나 미모가 뛰어나거나 값진 물건을 소유한 자, 의기소침·절망감 또는 허무감에 빠져 저항의식이 약화된 자, 고독한 자, 허세에 들뜬 폭군형인 자, 욕심이 과도한 자로 피해자를 분류하였다.		

미야자와 코이치		일본학자인 미야자와 코이치(宮澤浩一)는 누가 보더라도 불쌍하고 의심할 여지가 없는 평균적(전형적) 피해자, 우발적 범죄나 우연적 범죄 등 자신에게 책임 없는 사유로 피해자가 된 동정받는 피해자, 범죄유발이나 무기력 또는 경솔함 때문에 피해자가 된 동정받지 못하는 피해자, 범죄에 직면했을 때 자신을 지키려고 하거나 피해를 당한 경우에도 손해배상이나 가해자의 처벌에 적극적인 투쟁하는 피해자, 범죄에 저항을 단념하고 피해 후에도 명예나 신용을 위해 피해사실을 외부에 알리지 않는 침묵하는 피해자로 분류하였다.
Reckless		레크리스는 피해자유형을 '가해자-피해자 모델(피해자의 도발이 없음에도 가해자의 악의에 의해 피해가 발생한 순수한 피해자)'과 '피해자-가해자-피해자 모델(피해자의 도발에 의해 피해가 발생한 유형)'로 구분하였다.
Pinatel		피나텔은 전혀 책임이 없는 피해자인 유아, 범죄발생에 협력적인 피해자로서 피해유발자와 경솔한 피해자 그리고 승낙살인 때와 같은 자발적 피해자, 스스로 범죄를 저지르는 피해자로서 정당방위행위를 하는 피해자와 피해망상(persecutory delusion)에 의한 피해자로 구분하였다.
Sheley		셜리는 가해자와 피해자의 결합관계 유형에 따라 능동적 가해자와 수동적 피해자, 능동적 가해자와 반능동적 피해자, 능동적 가해자와 능동적 피해자, 반수동적 가해자와 능동적 피해자, 수동적 가해자와 능동적 피해자로 분류하였다.
Schafer		Schafer는 '피해자와 그의 가해자[The Victim and His Criminal ; A Study in Functional Responsibility(1968)]'라는 저서에서 기능적 책임(functional responsibility)이라는 표현을 하였다. 그는 피해자에게 책임이 없고 가해자의 불행한 표적이 된 '무관한 피해자(unrelated victim)', 가해자가 피해자의 행동에 반응한 '유발적 피해자(provocative victim)', 피해자 스스로 대책 없이 위험지역에 들어가 범행을 촉발한 '촉진적 피해자(precipitative victim)', 노약자처럼 '생물학적으로 연약한 피해자(biologically weak victim)', 약물이나 매춘 등 피해자 없는 범죄의 가담자들인 '자기피해자화(self victimizing)', 정치적 이유로 피해입은 '정치적 피해자(political victim)'로 피해자 유형을 구분하였다[4].
Karmen	비행적 피해자	다른 사람을 약취하려는 마음에서 다른 사람을 속이다가 오히려 사기의 표적이 되는 사람들로서, 이러한 범죄적 유혹의 피해자들은 일확천금이나 부당한 이득을 노렸기 때문이라는 점에서 동정받기 어렵다고 할 수 있다.

---

04 이는 Hentig의 피해자유형론과 비교할 때 피해자의 유책성을 강조한 것에는 공통점이 있으나, 분류방식에는 차이가 있는데, 먼저 Hentig는 피해자들의 다양한 위험성 요소에 따라 유책성을 분류했으나 Schafer는 피해자들의 유형에 따라 유책성을 명확히 제시한다(조윤오 외, 2011:7).

유인피해자	많은 강간범들이 피해자가 자신을 유혹하였기 때문이라고 자신의 범죄를 정당화하는 것과 관련된다. 강간에 대한 가장 보편적인 오해 중의 하나는 여성이 강간당하고 싶어하는 욕구를 가지고 있다는 인식이다. 이러한 주장은 여성이 성폭행을 자초했거나 적어도 촉진 또는 유발했기 때문에 피해자에게도 책임이 있다는 피해자 비난[5]의 강간신화(rape myth)에 해당한다.
조심성 없는 피해자	귀금속으로 온몸을 치장하고 조심성이 없이 걸어 다니다가 범죄피해자가 되는 경우에 그 책임은 피해자 자신에게 있다고 보는 시각으로 범죄피해자들이 강도당하지 않도록, 도둑맞지 않도록 조심한다면 범죄문제는 해결될 것이라는 견해와 관련된다.
보호받을 가치가 없는 피해자	부정한 방법으로 부를 축적한 사람이 강도로 범죄피해자가 되었을 때 강도범이 이것은 약한 사람들의 것을 피해자가 약취한 것이기 때문에 그를 선량한 피해자가 아니라 응징 받아 마땅한 피해자로 몰아세우고 자신의 범죄행위를 정당화하는 것과 관련된다. 따라서 이러한 주장은 신범죄학이나 비판범죄학을 중심으로 많이 제기된다.

3. 피해자학

초기의 피해자학은 주로 개인 피해자만을 대상으로 했지만, 점차로 집단이나 조직의 피해자성에 대하여도 관심이 높아졌는데, 예컨대 외국인 노동자나 탈북자처럼 정치망명을 위해 유입된 이민·난민에 대한 학대·폭행·상해·방화, 민족이나 종교 간의 대립·투쟁에 의한 학살, 오염물질·핵물질의 유실과 그 책임의 추궁, 공항·도로·대규모 건설 등 공공시설의 구축에 대한 거주민의 대립과 충돌 등으로 인한 피해로까지 주제가 확대되었다. 피해를 범죄에 국한하더라도, 피해자학은 다학제적 학문으로 피해자의 특성과 피해를 입기 쉬운 상태·상황·범죄행위에 관련된 가해자와 피해자의 상호관계 등을 사실적으로 해명함으로써 범죄의 예방 및 범죄에 대한 사전적, 사후적 조치를 연구하는 학문으로 개념화될 수 있다. 이 관점에서 피해자학은 범행 중의 피해자행위, 범죄에 대한 피해자의 대응, 피해자에게 가해진 해악을

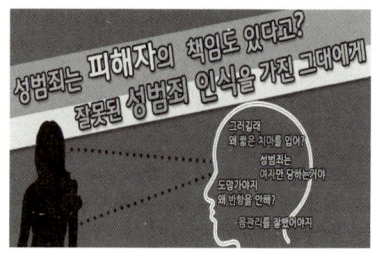

[05] 피해자비난(victim blaming)은 피해자와 가해자가 때로는 범죄의 동반자이고, 가해자와 피해자 사이에는 상호성이 존재할 수 있다는 가정에서 출발해야 한다. 피해자비난의 3단계 사고과정을 보면, 첫째, 한 번도 피해를 당하지 않은 사람과는 상당한 차이가 있는 잘못된 무엇인가 있다는 가정에서 출발하며, 둘째, 이러한 추정된 차이점이 피해자의 고통의 원천이라는 것이고, 셋째, 앞으로 피해를 피하고 싶다면 그들이 생각하고 행동하는 방식을 바꾸어야 한다는 것이다. 또한 피해자비난은 피해자에 대한 공감성과 동정심을 피하고자 하는 가해자의 정당화관점이기도 하다. 반면에 피해자방어(victim defending)는 피해자비난을 과연 피해자에게도 어느 정도 책임을 묻는 것이 정확하고 공정한 것인가를 되묻는 것인데, 즉 지나친 가해자의 권리, 비효율적인 법집행, 관대한 처벌, 피해자 참여의 부재 등을 비난하고 전통적, 강경대응의 법과 질서를 강조한다. 피해자방어를 주장하는 학자들은 가해자비난(offender blaming), 또는 가해자나 피해자가 아닌 범행을 양산하는 사회체제를 구축하는 기초제도를 비난하는 체제비난(system blaming)을 제시한다.

극복하기 위한 서비스와 처우, 도움의 제공 등을 연구하는 것이다.[6]

Karman의 피해자학 관점구분

보수주의	보수주의 피해자학은 노상범죄의 피해자에 대하여 특별한 관심을 두어야 하는 문제로서의 범죄에 초점을 맞추고, 사람들에게 자신의 행동에 대한 책임을 묻고자 하며, 자기의존(self-reliances)을 강조하고, 응보적 사법정의의 개념에 초점을 맞춘다. 반면 기업범죄(corporate crimes) 등에 무관심하다. 이는 실증주의 피해자학(positivist victimology) 또는 Walklate(1989)의 관습적 피해자학(conventional victimology)[7]과 상통하는 것이다.
자유주의	자유주의 피해자학은 노상범죄뿐만 아니라 소위 '특실범죄(crime of suites)'까지도 분석에 포함시키고, 피해자를 전반적으로 다시 피해자로 만드는(make victim whole again) 2차 피해를 우려하며[8], 적절한 형벌 또는 형사전략으로서 배상과 화해 또는 조정[9]의 가치를 고려함으로써 보수주의적 초점을 확대하고 있다.
비판주의	비판주의 피해자학은 자유주의적 성향보다 더 피해자학의 범주를 넓히고자 하여, 모든 형태의 인간적 고통(human suffering)을 포함시키고 그러한 고통을 만드는데 있어서 사건 자체만큼이나 형사사법제도에서 인권을 위반하는 제도적 잘못(institutional wrongdoing)도 합법적인 연구영역으로 고려하고 있다(이윤호, 2010 : 58). 이는 혁신적 피해자학(radical victimology)이나 비판적 피해자학(critical victimology)으로 볼 수 있는데[10], 실증주의 피해자학에 대한 대응으로서 70~80년대 피해자학의 정치화라는 결과로 발전된 것이다.

---

06 1989년부터 미국 캘리포니아 주립대학교 프레즈노 캠퍼스에서 처음으로 피해자 서비스 연구소를 설립했고, 졸업생에게 피해자 서비스 자격증(victims' services certification)을 수여하였고, 1991년 캘리포니아 주립대학교 프레즈노 캠퍼스에서 최초로 피해자학과(학사과정)를 만들었고 1992년에 최초의 피해자학과 대학원을 설립하였다. 그 이후 뉴헤이번 대학교, 워시번대학교, 캔자스시티 전문대학교, 레드록스 전문대학교, 샘휴스턴주립대학교에서 피해자학과를 설치하였다. 미국 법무부에서 자금을 지원하는 피해자지원국립학교는 1995년부터 피해자서비스 전문가를 위한 집중교육훈련과정을 운영하고 있다.
07 이는 노상범죄에서 가시적 피해자(visible victim)에 초점을 두고 피해자성향(victim proneness), 피해자촉진(victim precipitation), 그리고 생활유형(lifestyle)을 중심으로 범죄피해에 대한 피해자의 기여정도에 관심을 가지는 것을 말한다.
08 2차 피해의 예를 들면, 수사기관의 조사를 받는 동안 강간당한 여성의 피해사실이 주변인들에게 알려질 우려가 있는 경우, 절도당한 피해자가 알리고 싶지 않은 도품들이 공개될 우려가 있는 경우, 또는 출석요구의 횟수가 많았거나 수치심을 유발하는 질문을 하거나 수사기관이 끈질기게 질문을 되풀이하는 등 피해자를 존중하지 않고 고통을 주는 경우에 피해자는 대부분 수사과정에서 받은 정신 심리적 고통을 범죄피해의 일부로 인식하게 된다. 따라서 피해자는 신고를 회피하거나 부득이 신고한 이후에도 수사에 협조하지 않는 경향이 있다. 그 밖에도 자질이 부족한 정신건강전문가들에 의해서도 발생할 수 있고, 심지어 피해자의 가족들이 현실을 받아들이기 힘들어 감정을 억압하여 없던 것으로 인식하려고 하거나 오히려 피해자의 잘못 때문으로 돌려 피해자가 정서적으로 심한 피해를 입게 되기도 하고 또는 피해자의 보호자가 가해자의 편을 드는 경우 2차 피해의 위험성이 커지게 된다.
09 21세기에 우리나라에서는 논의가 시작되었지만 서구에서는 1970년대 중반이후 대화를 통한 문제해결방식으로 조정제도가 3가지 방식으로 시행되기 시작했다. 첫째는 피해자-가해자 중조(victim-offender mediation), 둘째는 민사분쟁의 민사중조(civil mediation), 셋째는 또래(peer)·공동체(community) 조정이다. 피해자-가해자조정은 범죄에 대응하여 사과, 용서, 화해, 피해배상, 치유과정을 거쳐 회복을 목적으로 하고, 민사조정은 민사분쟁에 대응하여 합의를 통한 분쟁해결로 우호·거래관계 회복을 목적으로 하며, 또래·공동체 조정은 학교, 직장, 공동체에서의 갈등에 대응하여 갈등해결과정을 거쳐 관계회복을 목적으로 한다.
10 일부에서는 혁신(radical)과 비판(critical)을 상호 교환적으로 사용하지만, 다른 일부에서는 별개의 관점으로 다루기도

1950년대에 유행한 피해자학은 피해자유책론으로서의 색채를 가지고 있으며, 오늘날에는 피해자·가해자 상호작용론으로 변화하고 있다. 또 1970년대는 피해구제에 대한 관심의 증대, 1980년대는 형사절차상 피해자 지위의 문제, 1990년대의 경우 가해자처우에 있어서 피해자의 관점에 대한 논의가 활발하였다(이성호 외, 2005:30).

국제적으로는 1950년대 말 이후 각지에서 개최된 여러 국제회의에서 피해자에 대한 논의가 활발히 시작되다가 1960년대 들어 정부차원의 범죄피해자보호를 위한 실질적 노력이 시작되었다[11].

02 피해자연구

1. 역사

황금시대	인류 역사상 범죄의 피해자에 대한 의식은 극히 제한적인 관심에 불과했다. 그러나 고대시대에 게르만의 형사법제도에서는 피의 복수(Blutrache)나 속죄금(Compositio) 등의 제도가 있었으며, 피해자와 유족 외에 피해자에 속한 씨족에게도 피해에 걸맞은 대가를 제공하도록 하였던 시기이다. 이 시기에 탈리오법칙(lex talionis)은 동해보복의 의미이므로 피해자의 관점에서 보면 균형적인 형벌에 해당하는 것이다. 고대부터 중세초기까지는 국가의 개입없이 대체로 가해자와 피해자가 합의를 통해 보상이 이루어지는 형태였다.
쇠퇴시대	중세시대에 들어 사회생활의 복잡화와 법제도가 분화·정비됨에 따라 민·형사책임이 구별되고, 민·형사재판으로 구분되면서 가해자를 처벌하는 것과 가해자가 그 손해를 피해자에게 배상하는 것은 서로 관계가 없게 되었다. 벌금이 부과된다고 하더라도 벌금은 국고에 귀속되며, 피해자와는 무관한 것이었다.

한다. 비판적 피해자학은 실증주의와 혁신적 피해자학 모두의 문제점을 해소하고자 하는 관점이라고 할 수 있으며, 일부에서는 혁신적 피해자학과 여성해방론의 이익을 통합하는 관점이라고 보기도 한다. 한편 E.A.Fattan은 피해자학에 있어 피해구제나 피해자의 권리확보 주장을 전개하는 틈 사이에 응보사상과 과도하게 연결하려는 위험성을 가지고 있음을 항상 경계할 것을 제시하였다.

11 형사정책상 피해자학은 ㉠ 범죄수사의 단서 제공(또는 방범의 과학화), ㉡ 범죄 또는 비행예측, ㉢ 양형의 기초(형법 제51조 제2호의 피해자에 대한 관계규정), ㉣ 가해자의 형사책임의 적정, ㉤ 피해자의 보호방안과 보상 연구, ㉥ 범죄통계의 결함보충, ㉦ 피해자 실태조사, ㉧ 범죄에 대한 공포와 그 해소방안의 제시, ㉨ 범죄방지대책의 수립에 기여한다. 형사정책상 피해자학은 ㉠ 피해자연구를 통한 범죄의 본질과 실태의 측정, ㉡ 범죄가 피해자에게 미치는 피해의 정도에 대한 정확한 측정, ㉢ 피해자가 될 수 있는 가능성에 대한 측정, ㉣ 범죄에 대한 피해자의 취약성과 피해자의 범죄촉진, ㉤ 범죄피해자에 대한 처우문제 등을 주로 연구한다.

정체시대	17~18C 계몽시대에 시민의 권리를 위정자의 자의로부터 보호하기 위해 인권이 강조되었으며, 재판에 의해 인권을 지키려는 사고가 자리 잡기 시작하였다. 19C 형사법제는 자유주의적 국가관에 근거한 범죄관·형벌관에 바탕을 두면서 발전하였다. 18C 말경 Petaval과 Feuerbach 등이 범죄에서 피해자가 구체적으로 어떤 태도를 보였는가를 연구하였으나, 피해자의 존재는 20C 전반까지는 범죄학에서 부수적이고 미약한 존재였다.
부화시대	19C 말에 범죄실증학파, 사회학적 범죄관에서 범죄피해자에게 구원의 손길을 내밀지 않는다면 피해를 받은 결과 생활고에 빠져 범죄를 저지를 위험이 있기 때문에 국가나 사회는 피해자의 경제적·정신적 위기[12]에 적절한 대응을 꾀해야 한다고 주장하면서 비롯되었다. 범죄의 피해를 범죄발생의 사회적 원인의 하나로 취급한 것이다.
권리시대	제2차 세계대전 후 형사절차에서 피해자의 권리가 충분히 반영되지 못하는 현실을 개선하고자 노력하면서 피해자에 대한 관심이 높아졌고 점차 피해자학이라는 독자적 학문으로서 성장하고 있다. 피해자학의 대표적 학자로는 Hentig, Ellenburger, B. Mendelsohn, Reckless 등이 있다. 그리고 국제적인 피해자학 심포지엄이 예루살렘(Jerusalem, 1973) 회의 이래 매 3년마다 개최되고 있으며, 1979년 제3회 심포지엄에서 세계 피해자학회가 설립되었다.

---

[12] 위기의 유형

정상적인 발달적 위기	발달적 위기는 인간이 성장하고 발달해 나가는 가운데 발생하는 사건으로, 이 사건으로 인하여 비정상적인 반응을 일으키는 극적인 변화나 전환이 일어날 수 있다(예 결혼, 자녀출생, 대학졸업, 취업, 은퇴 등).
상황적 위기	상황적 위기는 사람이 예견하거나 통제할 수 없는 드물고도 극히 이례적인 사건이 발생할 때 나타난다. 상황적 위기는 예견할 수 없고, 누구에게나 일어날 수 있으며, 갑작스럽고 충격적이며 강렬하고 때로는 파괴적이라는 점에서 다른 위기와 차이가 있다(예 직업상실, 갑작스러운 질병, 죽음, 장애 등).
실존적 위기	실존적 위기는 목적이나 책임감, 독립성, 자유, 책임 이행과 같은 중요한 인간적 이슈에 동반되는 갈등과 불안을 포함한다(예 직장내에서의 가치저하, 가족 내에서의 역할문제, 삶의 의미 찾지 못함).
환경적 위기	개인이나 집단에 자연이나 인간이 일으킨 재해가 갑자기 덮쳤을 때 발생한다(예 태풍, 지진, 화산 폭발, 산불, 전염병, 기름유출, 전쟁, 쿠데타 등).

2. 주장자

B. Mendelsohn	B. Mendelsohn은 〈범죄학에 있어서 강간과 부인사법관의 중요성〉(1940)을 저술하여 피해자학연구의 효시를 이루었으며, 〈피해자학 – 생물학, 심리학, 사회학적 과학의 새로운 접근〉(1956)이라는 저서에서 피해자학이 범죄학과 근접해 있는 독자적 학문분야라고 주장하였다. 또한 Mendelsohn은 범행에 있어서 피해자의 상대적 유책성의 정도에 따라 피해자 유형을 분류하였다[13]. 그 밖에도 그는 피해자를 범죄피해자에 한정하지 않고 자연재해나 각종 사고의 피해자도 포함하면서(피해자성설) 가해자와 피해자를 형사상의 대립자로 보았다.
Hentig	Hentig는 저서인 〈가해자와 그의 피해자〉(미국, 1948)에서 실질적으로 피해자학을 체계적·학문적 수준에서 처음 구성하였으며, 범죄학의 보조과학 측면에서 피해자학의 의미를 강조하고 피해자의 존재가 오히려 가해자를 만들어낸다고 보았다.[14] 그리고 '범죄의 이중주적 가설'에 기초하여 피해자역할을 분석하였다. 즉, 피해자가 범행의 원인을 제공한다고 주장하면서 피해자를 범죄를 자극하는 '공작원(agent provocateur)'으로 지칭하였다. 그러나 Hentig의 피해자유형을 보면, 주로 신체적, 사회적, 심리적 불이익으로 인해 가해자에게 저항할 수 없는 무력함이 반영되어 있다. 이는 피해자가 언제나 범행의 원인이 된다기보다는 피해자의 특징이 피해사건을 유발할 수 있다는 점을 제시한 것으로 평가된다.
Ellenburger	Ellenburger는 〈가해자와 피해자 간의 심리학적 관계〉(1954)에서 피해자가 되기 쉬운 사람의 성격 특징으로 일반적 피해자와 잠재적 피해자로 구분했는데, 후자의 예로는 피학대증자(Masochist), 막연하게 불안감을 느끼는 자, 공포증자, 죄책감자, 그리고 우울증 및 아벨증후군이 있는 자 등을 들었다. 한편, 그는 가해자와 피해자 사이에는 신경증적 관계, 심리학적 관계, 유전학·생물학적 관계 등 3가지의 특수한 관계가 있다고 제시하고 범죄예방을 위하여 범죄원인의 해명만큼 중요한 개념으로 '피해원인'을 제시했다.
Zipf	Zipf는 피해를 범죄와 분리하여 그 독자성을 강조하며 법익을 침해당한 자 이외에 그와 관련을 맺고 있는 가족까지 피해자의 범위에 포함시킨다.

---

[13] 그는 피해자의 유형을 유책성의 정도를 기준으로 구분하였는데, 유책성이 없는 피해자란 피해자가 범죄행위를 유발하는 자극을 전혀 하지 않은 경우이고, 유책성이 조금 있는 피해자는 피해자가 의심을 받을만한 상황에 가해자를 무심코 끌어들인 경우이며, 가해자와 동등한 유책성이 있는 피해자는 피해자가 부도덕한 범죄에 가담하여 피해를 입은 경우이고, 가해자보다 더 유책성이 있는 피해자는 피해자가 가해자의 우발적인 행동을 촉발하거나 부추긴 경우이며, 유책성이 가장 큰 피해자는 범죄를 저지르다가 피해를 입은 경우이다.

[14] 그는 피해자의 유형을 일반적 피해자와 심리학적 피해자, 활동적 피해자로 구분하고 먼저 일반적 유형에는 어린이, 여성, 노인, 정신병자, 우둔자, 이민자, 소수민족, 명정자 등 정신적·신체적 약자를 제시하고 심리학적 유형으로는 의기소침자(무관심자), 식욕자(탐욕자), 방종 또는 호색가, 고독 또는 비탄에 젖은 자, 학대자, 파멸된 자(가장 유리한 먹이)를 제시하였다. 활동적 피해자란 자신이 당한 범죄피해의 충격과 악영향으로 인하여 스스로 가해자로 전락하는 피해자 또는 명백히 부당한 처분이나 판결에 대한 반항심으로 재차 범죄를 저지르는 사람을 말한다.

03 피해자의 특성

1. 개요

(1) 피해성향

특정한 유형의 부정적 결과에 대한 일부 일반적 또는 특수한 민감함이라는 견지에서 범죄피해자가 되기 쉬운 성향을 피해성향이라고 하는데, 다시 말해서 잠재적 가해자에 대한 피해자의 취약성을 증대시키거나 범죄를 촉진하는 피해자의 행위와 그 행위들에 대한 잠재적 가해자들의 반응이 피해자화와 반복 피해자화의 높은 위험요인으로 작용한다.

공간적 피해성향 (Spatial Proneness)	도시거주자가 농어촌 거주자에 비해 더 높은 범죄피해의 위험부담을 가지는 것은 생태학적 또는 공간적 성향이 존재한다는 것을 의미한다.
구조적 피해성향 (Structural Proneness)	범죄피해가 연령, 성별, 그리고 사회적으로 차등적으로 분포된다는 점을 고려한 것으로, 어린 아동일수록 연약하고 무력하고 매우 취약하기 때문에 특히 범죄피해자가 될 성향이 크다고 할 수 있다. 그러나 연령별로는 1~20세보다 40~50세가 더 범죄피해를 당하고, 성별로는 여성(30.6%)이 남성(66.8%)보다 범죄피해를 덜 당한다.
일탈관련 피해성향 (Deviance related Proneness)	평소 다양한 형태의 일탈상태에 있을 때 그것이 피해성향에 상당한 정적 영향을 미치는 것을 말한다. 예를 들면 약물중독자는 타인에 의한 범죄피해의 위험성뿐만 아니라 자기피해(self-victimization)의 위험성도 증대되는 결과를 초래하게 된다.
직업적 피해성향 (Occupational Proneness)	직업의 특성상 범죄피해의 잠재성을 수반하는 경우를 말한다. 유흥업이나 대중교통관련 산업 등이 다른 직종에 비해 폭력피해를 당하는 확률이 더 높다는 연구결과가 있다. 즉, 택시기사나 매춘여성이 직업적 피해성향이 큰 직업군에 속한다.
상황적 취약성 (Ephemeral Vulnerability)	단명 취약성이라고도 하는데, 이는 짧고 제한된 기간 내에 사람들을 피해에 취약하게 만드는 일시적, 순간적 조건에 놓이는 경우로, 예를 들면 외국인관광객, 대학신입생, 청소년신입수형자 등이 처해진 일시적 상황으로 인하여 범죄피해에 취약해지는 것을 말한다.

(2) 취약성

취약성은 보다 가해자 지향적인 것으로, 피해자와 가해자의 사전관계, 범죄기회의 선택과 같은 요소의 입장에서 반복 피해를 설명하는 것이다. 그런데 취약성과 피해성향이 반드시 함께 가는 것은 아니다. 일부 사람은 매우 취약하지만 다른 사람에 비해 오히려 피해성향이 낮을 수도 있기 때문이다. 즉, 노약자들은 취약하지만 실제로 피해확률은 높지 않다는 점이다.

| 취약성 요인 |

인구 사회학적 기준	생태학적 취약성 (ecological vulnerability)	범죄 발생률이 높은 지역에 거주하는 것 등
	신분 취약성 (status vulnerability)	성별, 직업, 인종, 사회경제적 계층 등으로부터 파생되는 것 등
	역할 취약성 (role vulnerability)	결혼상태 등
PTSD 위험 기준	외상 전	낮은 학력과 지능, 신경학적 발달지연, 정신장애의 과거력, 성별(여성)
	외상 중	순수한 스트레스의 양, 공포나 해리 등의 반응
	외상 후	지각된 사회적 지지수준, 부수적인 생활사건들, 가해자의 보복에 대한 두려움 등

(3) 반복피해자

인생에서 반복적으로 범죄피해를 당하는 사람들에 대한 연구를 보면(Nishith et al, 2000 ; Brunet et al, 2000), 과거에 피해를 당한 전력이 향후 또 다시 피해를 당할 가능성을 예측하는 가장 주요한 요소이다. 피해자가 되기 쉬운 사람들은 반복피해(repeat victimization)를 당하기 쉽다.

NCVS는 연속피해(series victimization)란 일정기간동안 6번 이상의 유사한 범죄피해를 당했으나 피해자가 개개의 사건을 조사자에게 세부적으로 설명하거나 회상할 수 없는 피해사건들이라고 소개하고 있다. 반복피해에 대하여 Farrell(2010)은 피해의 반복성이 다양한 형태로 나타난다고 보았는데, 먼저 근접반복피해(near repeat)는 이웃사람이 최초 피해자와 동일한 또는 유사한 방식으로 피해를 당할 수 있음을 의미하는 것이고, 가상반복피해(virtual repeat)는 반드시 피해대상 근처에 있지는 않더라도 피해대상과 유사한 사람, 장소, 물건에 대한 후속 피해를 의미한다고 했다. Weisel(2005)은 많은 사건(가정폭력 등)에서 범죄피해의 반복 주기(time frame)가 짧다는 점을 강조하였다. 반복피해 주기에 대한 정보는 범죄피해 예방정책을 실시하는 데에도 유용할 수 있다(조윤오 외 2011 : 44). 반복적인 성폭력의 피해자들 중에는 알코올 및 약물남용, 또는 의존적, 히스테리 혹은 경계성 성격 특성 등이 위험요인으로 작용한다는 주장(Sperry, 1999)이 있으며, 이들에게는 자신감구축 및 자기역량 강화전략 등이 포함된 장기적인 치료프로그램이 제공되어야 한다. 과거 피해전력은 새로운 피해에 대한 피해자의 반응(낮은 자존감, 학습된 무기력, 부정적인 인간관계기술 등)에 영향을 주며, 이러한 반응은 새로운 피해를 당한 것에도 영향을 미친다. 따라서 반복 피해경험을 줄이기 위한 정책이 전체 피해자 수의 감소에 기여할 것으로 보이고 피해자의 심리적 회복을 가속화할 수 있는 강력한 방법이 된다(손진 역, 2008:95). 반복적인 피해경험으로 인해 스트레스가 만성화 될 경우에는 외상의 강도보다도 사회적 지지와 같은 환경적 요인이 피해자의 심리적 안정을 돕고, 삶에 잘 적응할 수 있도록 해준다.

2. 유발과 촉진

초기 피해자학연구에서는 가해자의 범행보다는 피해자비난에 초점을 두어 결국 피해자유발이라는 관념이 도출되었다. 그러나 피해자학이 피해자 비난의 근거가 되어서도 안 되고, 따라서 피해자 촉진이 피해자를 비난하거나 책임을 묻기 위한 시도가 되어서는 안 되며, 단지 범죄피해에 있어서 상황적, 유인적 요소의 중요성과 그 역할을 강조하는 것이어야 한다. 여기서 촉진(precipitation)의 행위적 개념(behavioral concept)과 유발(provocation)의 법률적 개념(legal notion)은 구분이 필요한데, 우선 유발이 법정에서 무죄를 변명하는 일종의 해명적 개념(exculpatory concept)이라면, 촉진은 범죄피해의 병리를 설명하기 위한 해석적 개념(explanatory concept)이라는 것을 강조할 필요가 있다. 법률적 입장에서 피해자 유발이 있었는지 여부를 결정하는 주요 범주는 가해자의 마음상태와 자기통제의 상실이라고 할 수 있다.

피해자의 범죄유발에 대하여 검토할 사안으로, 첫째, 피고인 측에서는 방어권 행사를 위해 피해자에게 책임을 전가하는 태도를 보일 우려가 있는데, 살인범죄에 있어서 죽은 자는 말이 없기 때문에 실체적 진실과 멀어질 수 있다. 둘째, 어떠한 경우가 강한 피해자 유발인지, 보통의 피해자 유발인지를 구분할 수 있는 기준이 모호하다. 셋째, 피해자의 범죄유발(범죄 기여)을 유독 살인범죄에 한정한 것은 문제라고 할 수 있다. 살인범죄 이외의 범죄에 있어서도 형량을 결정하는데 있어서 가해자의 책임과 더불어 피해자의 범죄성립에 대한 기여율을 검토할 필요가 있다. 피해자의 범죄기여여부는 궁극적으로 가해자 측의 내심의 문제이므로 실제 형사재판에서 가해자의 내심을 정확하게 파악하는 것은 현실적으로 불가능에 가깝다. 그러므로 책임의 감소에 연결되는 '피해자의 기여'를 양형사정으로 취급하는 것은 허용되어야 한다. 넷째, 살인범죄 이외의 범죄에 있어서 피해자의 범죄유발과 관련하여 피해자의 형사절차 참여가 요구된다. 만약 피해자가 배제된 가운데 진행되는 형사소송에 있어서 피고인 측에서는 '피해자 측의 기여'가 형을 줄일 수 있는 지름길이기 때문에 피해자 측의 도발을 주장할 수도 있을 것이다. 따라서 범죄피해자의 형사소송에 대한 참여를 보장하여 실체적 진실을 발견할 수 있는 제도적 장치의 보완이 필요하다(강석구 외, 2009:80~81).

피해자학적 관점에서 피해자 촉진을 결정하는 유일한 범주는 피해자의 행위가 범죄의 직접적이고 적극적인 촉진제였는지의 여부라고 할 수 있다. 또한 피해자 촉진에 대한 연구는 범죄의 동기를 이해하고 피해자-가해자 상호작용의 역동성을 분석하며, 범죄피해자화로 이어진 사건의 고리를 설명하기 위한 것에 머물러야 한다. 한편, 촉진이나 유발 어디에도 해당되지 않는 행위도 있을 수 있는데, 예를 들면 상호 말다툼과 같은 경우 법률적으로 충분한 유발도 아니고 그렇다고 피해자 촉진 살인에 대한 기존의 해석에도 포함되지 않는 것이다.

3. 범죄피해 사전과정

과정	초점	목표
중화	가해자	• 공식, 비공식 사회통제기제의 중화 • 도덕적 억제와 내적 제재의 극복
재규정·자기정당화	피해행동	• 행동의 불법적, 비행적, 비도덕적 성격을 지우기 위한 행동의 재규정 • 자신과 타인에 의한 비난과 자아상에 대한 손상의 회피
둔감화	개별 피해자	• 피해자에게 부과된 고통과 괴로움에 대한 가해자의 둔감화 • 피해 후 불협화와 죄의식의 회피

범죄피해의 사전과정을 보면, 첫 번째 중화과정에서 도덕적 장애물을 제거하여 길을 열어 줌으로써 범행을 가능하게 하고, 두 번째 재규정과정은 가해자의 자아상이 손상되지 않으면서 범행을 할 수 있게 하고, 세 번째 둔감화과정은 나쁜 느낌을 갖지 않고 피해자에게 손상이나 해악을 가할 수 있게 해준다.

4. 범죄피해의 단계

제1차	종래 피해자학의 연구 분야인 피해자원인론이 주된 내용이 된다. 주로 개인적인 법익(살인, 상해, 사기, 협박 등)에 대한 죄로 인하여 개인 또는 집단이 피해를 받는 경우가 그 예이다. 이에 대해서는 개개 범죄에 관한 예방지침을 만들어 일반인에게 제공하는 대책이 필요하다(절도에 대한 방범의 협력요청, 은행 강도에 대한 금융기관의 경계강화 등). 한편, M.E. Wolfgang은 제1차 피해자화를 개인 범주의 피해자화라고 지칭하였다.
제2차	피해자가 공적 범죄통제기관(경찰, 검찰, 형사재판) 또는 주변인들의 부정적 반응을 통하여 받게 되는 피해를 말한다. 즉, 개인의 프라이버시 및 정신적 피해를 말한다. 이에 대한 대책으로 가해자와 그 가족들의 인권에 대한 배려에 못지않게 피해자의 가족들[15]의 인권에 대한 배려가 고려되어야 한다. 한편, M.E. Wolfgang은 제2차 피해자화를 조직규모의 피해자화라고 지칭하였다.

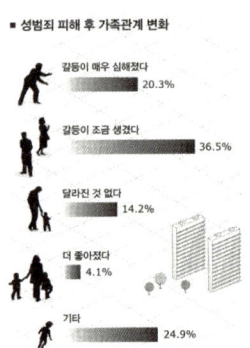

성범죄 피해 후 가족관계 변화

---

15 오히려 피해자 가족들에 의하여 2차 피해가 많이 발생하기도 하는데, 자녀가 성폭력 피해를 경험했을 때 피해자를 위로하고 트라우마로부터 치유함을 받게 하기보다는 피해사실을 알았을 때, 부모의 말을 듣지 않아서 그렇게 됐다고 하면서 화를 내는 방식으로 속상함을 표현하는 양상이 있는데(분노감정 표현), 특히 피해자의 연령이 어릴수록 더 분명하게 나타난다. 또한 도저히 예상할 수 없는 일이 발생하여 부모는 격한 슬픔을 표현하기도 하는데(심한 슬픔 표현), 여기에 피해자는 부모의 감정에 압도되어 자신이 경험한 피해가 매우 심각한 일임을 자각하고 과잉평가하게 된다. 그리고 성폭력 피해를 경험한 가족구성원이 있는 가족일 경우, 피해사실에 대해서 언급을 해서는 안 된다는 가족규칙이 형성되어 문제에 직면하여 치료를 하려고 하는 시도를 하지 못하는 양상이 있는데(부인과 왜곡), 이에 대한 변화가 필요하다. 또한 '우리 가족에게는 일어나지 않을 거야.'라는 통념으로 문제를 회피하려고 하는 심리에 변화를 모색하고, 언제나 나에게도 일어날 수 있다는 것을 인식하고 역할연기 등으로 준비를 할 필요가 있다(김요완, 2013:138).

제3차	제1·2차 피해자화로 정신적·육체적 고통을 두려워하여 고소 등을 단념하고, 그로 인하여 피해구제를 받지 못함으로써 반사회적 내지 비사회적인 반응을 보이는 피해과정을 말한다. 대책은 모두 제도 내지 법률적 측면에서의 대응이 요구된다. 한편, M.E. Wolfgang은 제3차 피해자화를 사회제도나 질서의 피해자화라고 지칭하였다.
제4차	사건이후 피해자에게 발생하는 질병, 스트레스, 공포 등 피해 후유증을 일컫는 말이다. 단순한 정신, 심리적 피해 외에 보다 중한 후유증이 남는 정신적 피해라는 항목을 별도로 다룬다면 제4차 범죄피해로 볼 수도 있을 것이다. 범죄로 인해 육체피해와 정신적 피해를 일단 함께 겪은 후에 개인차에 따라서 보다 중한 후유증을 수반하는 것이 일반적이다(이성호 외, 2005 : 46).

04 비용과 공포

1. 범죄의 비용

  범죄통제를 위한 형사사법제도의 운영 등에 들어가는 국민 전체의 비용을 정확히 산출한다는 것은 불가능하며, 실제 범죄피해자의 직접적인 경제적 비용 외에도 범죄피해자는 물론이고 그 가족, 친지 등도 비경제적 비용을 감수해야 한다. 또한 피해자와 잠재적 피해자가 그들의 생활상 취하게 되는 생활양식의 변화도 범죄비용의 분석에 있어서 중요한 요소가 된다. 한편, 사회는 조직범죄나 화이트칼라범죄 등으로 인해 막대한 피해를 입기도 하지만, 특히 범죄피해자가 안게 되는 심리적·신체적 손상은 경제적 비용보다 자신의 생활에 있어서 장애를 받게 되므로 더 큰 영향을 미친다. 요약하면, 범죄피해는 피해자에게 단기적으로 또는 장기적으로, 그리고 직접적 또는 간접적으로 재정적, 신체적, 심리적 손실을 초래하게 되며, 범죄에 대한 공포감과 취약감을 조장하고 생활환경에 대한 우리의 태도를 부정적으로 변경시키고 우리의 행위유형을 방어적으로 전환시키는 심리적 영향이 있다.

(1) 범죄관련 비용목록

범죄의 비용		직접비용 부담 당사자
직접적인 재물손실	보험으로 보상되지 않는 손실	피해자
	보험으로 보상되는 손실	사회
	보험처리행정경비	사회
	경찰의 분실물 회수	사회
의료 및 정신건강 치료	보험처리 되지 않는 비용	피해자/가족/사회
	보험처리된 비용	사회
	보험보상 행정경비	사회
피해자 서비스	가해자에게 부과된 경비	피해자
	기관이 지불한 경비	사회
	피해자를 대체할 사람의 훈련과 임시근로경비	사회
근로손실	근로손실로 인한 임금손실	피해자
	생산성 손실	사회/고용주
학업손실	교육 부족으로 인한 임금저하	피해자
	교육 부족으로 인한 비재정적 수익의 저하	피해자
	교육 부족으로 인한 사회적 소득의 저하	사회
가사손실		피해자
고통과 괴로움/삶의 질 손실		피해자
정서/즐거움의 손실		가족
죽음	삶의 질의 손실	피해자
	정서/즐거움의 손실	가족
	장례경비	가족
	심리적 상처/치료	가족
피해배상청구와 관련된 법률적 비용		피해자나 가족
제2세대 비용	전 피해자에 의한 미래 범죄의 피해자	미래 피해자
	위와 관련된 미래의 사회적 비용	사회/피해자

출처 : 이윤호, 2007 : 157 재인용.

(2) 범죄에 대한 사회의 대응과 관련된 비용목록

비용의 종류		직접비용 부담자
사전주의 경비/노력		잠재적 피해자
범죄에 대한 두려움		잠재적 피해자
형사사법제도	경찰과 수사비용	사회
	검찰	사회
	법원	사회
	법률경비(공익변호사/개인변호사)	사회/피해자
	수용경비	사회
	비시설수용적 제재	사회
	피해자 시간	피해자
	배심 및 목격자 시간	배심원/목격자
피해자 서비스	피해자 봉사 조직	사회
	피해자 봉사 자원자 시간	자원봉사자
	피해자 보상 프로그램	사회/범법자
	피해자 시간	피해자
기타 비범죄적 프로그램	전화상담[16]과 공공봉사 안내	사회
	지역사회처우 프로그램	사회
	민간요법처우/상담	사회/범법자
시설수용 범법자 비용	임금손실	범법자/가족
	생산성과 세입손실	사회
	상실된 자유의 가치	범법자
	가족에 대한 심리적 비용/배우자권의 손실	범법자의 가족
과잉억제 비용	범행혐의 받는 무고한 개인	무고한 개인
	합법적 활동의 제약	무고한 개인
	발각되지 않기 위한 범법자의 행동	피해자
사법정의 비용	잘못된 비난과 회피를 위한 헌법적 보호	사회
	차별적 형벌을 피하기 위한 발각률 증대 비용	사회

출처: 이윤호, 2007: 158 재인용.

---

[16] 통상 전화상담은 사건접수나 문의안내 등이므로 통신상담이라기 보다는 통신안내라고 할 수 있다. 그런데 네덜란드 암스테르담의 알프레드(Alfred Lange)교수가 처음으로 도입한 인테라피(interapy)는 인터넷으로 트라우마 대상자들을 상담하는데, 암스테르담에서 시작되어 성공을 거두고 스위스, 독일 바이써링에서 채택하였다. 바이써링의 연구자료(2010)에 의하면 인테라피에 참여한 사람의 89%가 여성이고 11%는 남성들이며, 평균연령은 약 35세였다. 상담피해자유형을 보면 49%는 가장 가까운 사람을 범죄로 잃은 사람들이고, 28%는 성범죄피해자였으며, 8%는 폭력피해자였다. 인테라피는 익명으로 상담하기 때문에 자신을 솔직하게 개방하고 노출하는데서 오는 효과가 크다고 하며, 병원에서 약물처방중인 트라우마 환자들에게도 인테라피가 효과가 있다는 보고가 있고, 1년 반 정도 트라우마로 고통받던 환자의 80%가 인테라피를 통해 우울증과 공포, 그리고 두려움이 감소했다고 한다.

2. 범죄의 공포

(1) 개요

범죄의 공포란 어떠한 범죄적 측면과 관련한 환경에서 인식되는 물리적 위험 또는 걱정에 대한 감정적 반응(J.Garofalo, 1981), 범죄나 이와 연관된 상징에 대해 행위자가 결부짓는 무서움 혹은 불안감의 정서적 반응(K.Ferraro, 1995)이라고 할 수 있다. 이는 매체의 영향을 크게 받는데, 이를 George Gerbner는 '비열한 세계 증후군(mean world syndrome)'이라고 했다. 매체에서 범죄사건과 재앙이야기들을 과도하게 보도함으로써 시민들이 세상이 실제보다 안전하지 않고 비열하다고 믿게 되는 것처럼, 즉 현실에 대한 왜곡된 시각을 가지게 되고 그 결과 개인이나 집단이 외상을 입게 된다는 것이다.

범죄에 대한 공포가 반드시 범죄의 가능성과 상관되는 것은 아니지만, 시민의 범죄에 대한 공포심은 시민생활에 막대한 영향을 미친다. 인구사회학적, 지리학적 특성을 고려해볼 때, 역시 범죄피해자가 되는 확률은 가장 빈곤한 지역에 살고 있는 가장 소외된 사회집단이라고 볼 수 있고, 그래서 이들도 범죄피해에 대한 위험성과 두려움이 높다. 그런데 W.Skogan과 M.Maxpil이 『범죄에 대한 대응』에서 지적했듯이 미국인의 약 50%가 범죄공포감을 품고 살지만 실제 범죄피해를 입은 것은 6% 전후에 불과하다.

범죄에 대한 공포는 확률(probability)과 취약성(vulnerability)의 문제로 귀착된다고 할 수 있다. 즉, 범죄위험성에의 노출(exposure to crime risk)은 바로 확률의 문제이며, 자기통제력(self-control)과 방어능력 및 피해결과의 심각성과 피해회복능력은 취약성의 문제이기 때문이다. 범죄위험성에의 노출은 생활유형과 밀접한 관계가 있다. 야간외출이나 야간근무를 하는 사람, 범죄다발지역에 거주하거나 일하는 사람 등이 범죄의 위험성에 많이 노출되는 것이고, 당연히 경제적으로 부유하고 방범장비와 시설을 갖추고 경비원이나 경호원을 고용할 수 있으며, 대중교통수단이 아닌 자가용을 주로 이용하는 사람에 비해 여성이나 노인 등 신체적, 경제적으로 방어능력이 취약하고 피해의 회복도 어려운 사회경제적 지위가 낮은 사람들이 범죄에 취약한 사람이라고 할 수 있다. 바로 이러한 사람들이 범죄에 대한 공포를 가장 많이 느낀다고 볼 수 있다(이윤호, 2007 : 193).

실제로 젊은 층 내지는 남성이 노인층이나 여성보다 실제 범죄피해의 위험성 및 피해율은 더 높지만, 범죄에 대한 공포는 오히려 노인층과 여성이 훨씬 더 높다. 반면에 여성과 노인이 범죄피해율이 더 낮은 이유는 자신의 범죄에 대한 취약성 때문에 범죄피해를 유발할 수 있는 상황을 피하기 위해서 그들의 생활양식을 변경하기 때문이다. 이처럼 사람들은 자신의 범죄에 대한 공포에 대응하기 위해서 자신의 생활양식을 변화시킨다. 특히, 노인들은 범죄에 대한 공포로 인하여 심지어 자신의 주거지 밖으로 나오지 않을 정도로 자신의 생활양식을 변경한다.

결국 일종의 2차적 또는 간접적인 범죄피해라고 할 수 있는 범죄에 대한 공포로 인하여 사람들은 개인적 자유를 상실하고 방범시설이나 장비를 구입하고 설치하는 데 추가비용을 쓰게 되며 직장생활 등의 변화를 요하게 되는 비용을 감수하게 된다.

범죄공포에 대한 개념구분

학자	구분
Furstenburg (1971)	• 범죄에 대한 두려움 : 개인의 안전에 대한 걱정과 관련된 정서적 상태 • 범죄에 대한 염려 : 범죄에 대한 일반적 걱정과 관련된 인지적 상태
Skogan (1984)	• 감정적 측면 : 두려움의 감정 그 자체에 관심을 갖는 것 • 평가적 측면 : 범죄피해의 가능성을 염두에 두는 것
Keane (1992)	• 일반적(무형의) 두려움 : 막연한 범죄에 대한 두려움 • 구체적(유형의) 두려움 : 구체적인 범죄피해에 대한 두려움
Ferraro (1995)	정서적 두려움, 인지된 위험
Sacco (2005)	감정적 측면(정서), 인지적 측면(사고), 행동적 측면(행위)

(2) 이론모형

범죄피해모형 (Victimization Model)	범죄공포는 과거 범죄피해경험과 밀접한 관련이 있다는 이론으로, 어떤 형태로든 피해자가 취하는 사전 주의 조치가 자신이 안전하다는 것을 확인시키는 데 크게 효과적이지 못하고 자신의 취약성을 상기시켜 준다고 본다. 그러나 비교적 피해확률이 낮은 노약자들이 더 범죄공포가 높다는 것은 직접피해모형에 대한 의문을 제기한다. 실제로 폭력 피해를 받은 사람은 극히 드물다. 많은 사람들은 폭력 피해자의 이야기를 듣거나 또는 그들의 개인적인 정보를 통해 범죄에 대한 공포가 확산되는 것이어서, 언론보도에 의하기보다는 개인적 정보의 영향을 더 받는다고 할 수 있다. 그러나 범죄에 대한 공포가 많은 시민들 사이에 전파되는 데 대해 매스컴보다도 입에 의한 전달에 의하는 쪽이 더 크게 작용한다고 하는 가설은 설득력이 없다.
지역사회무질서모형 (Community Disorder Model)	범죄에 대한 공포를 느끼는 것은 혼잡한 장소에 사는 사람 또는 그와 같은 지역을 지나가는 보행자에게 많다고 하는 것으로, 범죄공포는 주거지역의 무질서에 대한 인식에서 비롯된다고 보는 것이다. 사회경제적 지위가 낮은 사람들은 자기가 사는 지역에 문제가 더 많다고 인식하기 때문에 범죄의 공포가 높아진다고 보는 것이다. 이 같은 지역의 주민 중 특히 사회적으로나 경제적으로 약자인 여성이나 고령자는 범죄에 대한 공포를 강하게 느끼고 있다는 것이다. 반면에 무질서에 대한 인식이 아니라 무질서에 대한 객관적 평가에 기초한 연구에서는 무질서가 공포에 미치는 영향이 적다는 연구도 있다.

지역사회우려모형 (Community-Concern Model)	범죄공포는 지역사회의 역동성에 대한 거주자의 인식에서 비롯된다는 것이다. 즉, 주민들이 지역사회의 퇴락을 인식하고 지역사회의 융화와 주거안정이 약화되면 지역사회의 관심, 친숙성, 그리고 신뢰의 부족으로 범죄공포가 상승한다는 것이다.
사회통합모형 (Social Integration Model)	사회적 통합의 수준이 낮을수록 범죄공포가 높고, 사회적 통합의 수준이 높을수록 범죄공포가 낮다는 것인데, 이러한 사회적 통합의 측정을 위한 조작적 정의가 일관적이지 못하다는 비판이 있다.
부문화적 다양성 모형 (Subcultural Diversity Model)	자신과 다른 문화적 배경을 가진 인종과 가까이 살게 됨으로써 이질성이 높아지고 범죄공포가 초래된다는 것으로, 다른 사람이 보여주는 인상이나 상징이 아니라 다른 사람들의 행위에 대한 인식과 해석이 범죄공포를 증대시킨다는 것이다. 이 모형은 갈등이론(conflict model)과 유사하지만 다른 점은 갈등이론은 소수인종에 대한 가시성의 증대가 범죄에 대한 인상을 악화시키고 범죄공포도 증대시킨다고 주장하는 반면, 이 모형은 소수인종과 같은 다른 사람의 행위와 방식을 해석하고 이해하기 어렵기 때문에 이질성이 높고 범죄공포가 증대한다고 보는 것이다.
간접피해모형 (Indirect Victimization Model)	노약자나 사회경제적 지위 등이 낮은 자들은 신체적 또는 사회적 취약성이 높기 때문에 범죄피해를 당하거나 범죄를 목격할 확률이 더 높다고 보고 그래서 더 많이 범죄공포를 느낀다는 모형으로, 범죄사건에 대한 충격파(shock waves)가 지역사회 전체로 퍼지면서 범죄공포가 높아지게 되며, 따라서 지역유대가 더 많은 사람들이 더 많은 공포를 가지게 된다고 본다.
사회심리학적 모형 (Social Psychological Model)	범죄공포는 피해자의 매력성(attractivity), 양자의 힘(power), 가해자의 악의적 의도(evil intent), 범죄가 가능한 공간(criminalizable space) 등과 같은 사회심리학적 요소들의 영향으로 발생하는 것인데, 이 4가지 요소들은 주관적 특성을 가지고 있고 독자적이면서 복합적 속성이 있다는 점이 있다.
인구사회학적 모형 (Demographic Model)	범죄공포는 인구사회학적 요소인 성별, 연령, 교육수준, 소득, 이웃에서의 친지관계의 규모, 가구구성 그리고 가정 외적 활동에의 참여와 같은 변수들의 영향을 받는다고 주장하는 것인데, 이들 변수가 범죄공포에 미치는 영향은 심리적 과정을 중재하는 요소 수준에 불과하다는 비판도 있다.
도덕적 공황 모형 (Moral panic Model)	정치인·언론인·형사사법관계자는 사회내의 막연한 불안을 특정한 자의 탓으로 돌리는 일이 흔히 있고 가해자나 주변그룹(마약 흡입자나 외국인 또는 청소년 그룹)을 최대의 적으로 간주하며, 특히 경제위기나 사회불안의 시기에는 국내 정치적인 불안정함이나 개인적인 생활상의 불안이 증대하고 정치나 사회의 존재에 대한 비판이 높아지므로 이를 다른 곳으로 돌리기 위해 범죄에 대한 공포가 시민의 입에서 나오기 시작하면 그것을 기화로 가해자나 사회적 주변 그룹을 속죄양(scapegoat)으로 내세운 것이라고 논의하는 것이다.

출처 : 이윤호, 2007과 장규원 역, 1999에서 재구성

한편, 범죄공포를 느끼는 사람들은 우선 감정적으로 불안한 상태에서 생활하게 되고 이를 극복하기 위해서 많은 시간과 노력, 그리고 금전을 투자하게 된다. 그래서 범죄공포를 느끼는

사람들은 야간 외출을 삼가거나 특정지역을 피하는 등 자신의 신변안전을 확보하기 위하여 인지된 범죄의 위험으로부터 시간적, 공간적으로 거리를 둠으로써 범죄의 위험에 노출되지 않으려고 하며, 방범장비를 설치하거나 경비용역을 구매하는 등 범죄의 대상이 될 수 있는 표적물에 대한 방범설비나 시설을 강화함으로써 표적을 견고화하여 가해자의 접근을 차단하거나 제한하여 자신과 재산을 보호하려고 하며, 자율방범대를 조직하는 등 범죄의 예방과 통제와 관련된 지역사회활동에 참여함으로써 집단적으로 대응하려고 한다.

(3) 대책방안

신뢰조성전략 (Confidence Building Strategies)	신뢰를 조성하기 위해서 범죄 사실은 다소 과장되거나 왜곡되어 알려지는 문제가 있으므로 범죄현실을 더 정확하게 알리기 위한 운동이 필요하고, 무력 시위하듯 지역사회 내 경찰관들의 가시성을 높여 시민들의 범죄에 대한 공포를 줄일 수 있으며, 범죄피해에 대한 재정적 보상 제도를 확립하는 것이 필요하다. 결국 이 전략은 범죄에 대한 개인의 인식을 변화시키고 개인의 행위에 대한 공포의 영향을 최소화하려는 시도라고 볼 수 있다. 그러나 오히려 이 전략이 범죄공포를 더 높일 수 있다는 문제가 있다.
공동체조성전략 (Community Building Strategies)	공동체를 조성하기 위해서 지역사회와 공동체에의 소속감을 높이고 응급 시 상부상조의 분위기를 조장하여 주민 간의 상호작용을 활성화하고, 평소 경찰관들이 피해자나 잠재적 피해자에게 만족스러운 서비스를 제공하는 것이 범죄공포를 줄일 수 있다. 이 전략은 시간과 경비 면에서 효율적이지만, 인종이나 계층, 연령과 문화의 다양성이 존재하는 도시에서는 크게 기대하기 어려운 전략이라는 문제가 있다.
물리적 환경조성전략 (Physical Environment Building Strategies)	물리적 환경조성을 위해서 방어공간을 확대하고 감시기능을 강화하도록 순환기능을 높이고, 가해자가 숨거나 은닉할 수 있는 공간을 제거함으로써 자연적 감시기회를 향상시키며, 길거리의 밝은 조명과 외관을 향상시키자는 것이다. 이 전략은 많은 경비가 들며, 오히려 방어공간이 가해자들의 표적이 될 수 있다는 문제가 있다.

제 2 장 피해자이론

최근의 피해자 연구는 개인중심연구와 환경중심연구로 대별하여 살펴볼 수 있다. 첫째, 개인중심 피해자학은 개인의 일상적인 생활 습관이 범죄의 대상이 될 수 있는 여지가 크다는 관점이다. 개인의 직업, 학교, 가사, 여가활동 등에서 가해자와 접촉할 기회가 많다면 그 개인은 피해의 대상이 되기 쉽다는 이론이다. 피해자에 관한 환경중심이론은 지역사회 여건 또는 사회적 배경이 피해자를 생성한다는 것이다. 범죄다발지역 hot-spot, 빈곤 지역, 인구이동이 많은 지역, 비공식적 사회통제가 낮은 지역 등은 범죄발생이 용이하여 피해자를 양산할 수 있다.

01 생활양식노출이론(Lifestyle Exposure Theory)

Hindelang, Gottfredson, Garofalo 등이 1978년 『인신범죄의 피해자』에서 제안한 미시적 이론으로서, 범죄피해위험성은 피해자 개인의 직업적 활동·여가활동 등 일상적 생활양식에 의하여 결정된다는 이론을 말하며, 단순히 생활이론이라고도 한다. 이들은 개인적 범죄피해가 발생하기 위해서는 주요 행위자인 가해자와 피해자가 시간과 공간적으로 교차할 기회(occasion to intersect)를 가져야 하고, 가해자가 피해자를 적절한 대상으로 인식되는 상황이 일어나야 하며, 가해자는 하고자 하는 목표를 성취하기 위하여 무력을 사용하거나 위협할 의향과 능력이 있어야 하고, 정황이 가해자가 바라는 결과를 성취하기 위하여 무력을 사용하거나 위협하는 것이 유리하다고 간주되는 경우여야 한다고 주장한다. 이 이론의 장점은 피해의 패턴을 사회구조와의 관계에서 설명한다는 것이다. 이 이론의 연구초점은 개인 활동, 또래관계, 범행 장소, 범죄유형이다. 이 연구는 사회계층별 폭력범죄 위험성을 밝히려는 시도에서 시행되었다가 나중에 재산범죄까지 확대되었다. 연구결과 젊은이, 남자, 미혼자, 저소득층, 저학력층이 다른 계층보다 범죄피해확률이 높은 것으로 나타났다. 그 이유는 이들이 가족과 보내는 시간이 적은 반면에 외부에서 활동하는 시간이 많기 때문에 가해자와 접촉할 기회 또한 증대되기 때문이다. 이 이론의 파생이론은 다음과 같다.

1. 범죄기회이론(Criminal Chance Theory)

개인의 인구학적 특성이 사회구조적·문화적 특성으로 연결되어 개인의 범죄성향을 결정한다는 실증주의 범죄학과는 달리, 생활양식노출이론과 일상활동이론은 인구학적 특성이 개인의 일상생활 패턴에 영향을 주어 범죄와 연관된다고 주장하는 점과 일상 활동이나 생활양식이 범죄기회구조를 어떻게 제공하는가를 강조하는 점에서, 유사 보완적 관계에 있기 때문에 최근에는 양 이론을 통합하여 연구하는 이론을 범죄기회이론이라 한다.

2. 동일집단이론

생활양식이론에서 파생된 이론으로, 가해자와 피해자는 비슷한 가치관을 가진 그룹에 속해 있어 같은 특성을 가지고 있다고 보는 이론이다. 이 이론은 실증적인 조사에서도 확인된 바 있는데, 예를 들어 Singer는 미국의 필라델피아에서 행해진 코호트 연구에서 폭행피해자의 다수가 다른 사건에서 가해자인 것이 확인되었다고 주장하였고, 로릿센, 샘프슨 및 라우브는 자기보고식 연구에서 비행소년과 피해자간에 상관관계가 존재한다고 지적한다. 따라서 동일집단이론에서는 가해자와 피해자를 다른 범주로 나눈 것은 무의미하고 가해자가 될 수 있는 환경은 모든 사람의 인생에 있어 존재한다고 설명한다(이성호 외, 2005 : 69).

|가해자 및 피해자 순환 주기|

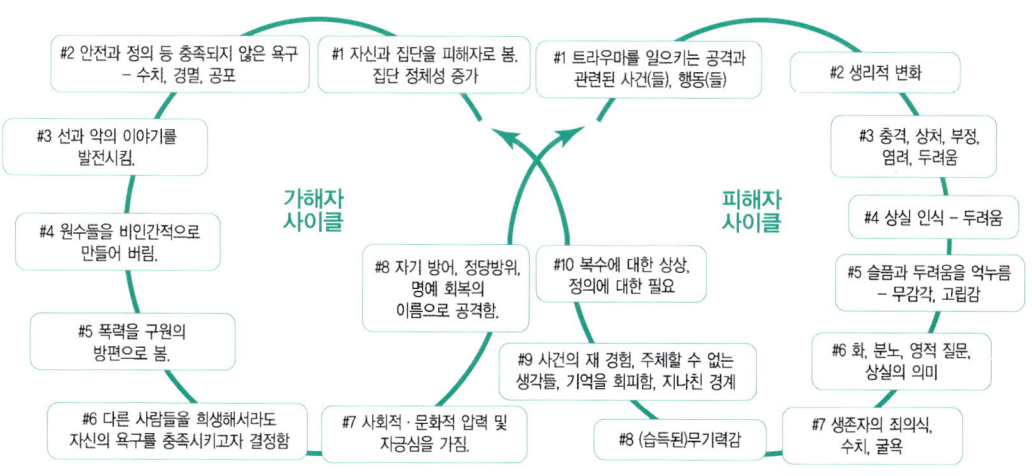

출처 : 김복기 역(2014:71)

02 상호작용이론(피해자촉발이론)

　Mary C. Sengstock(1982)의 상호작용(victim-offender intraction approach)이론은 가해자와 피해자가 동일집단에 소속되어 있을 뿐만 아니라, 양자 간의 밀접한 상호작용 속에서 범죄가 발생한다는 것을 강조하였고, Simmel과 Hentig는 양자 사이에서 발생하는 상호작용의 결과로 범죄가 발생한다고 보고 주도권과 반응, 작용과 반작용, 동기와 의도를 설명하는 역동적 모형으로 표현하기도 하였다. 이러한 상호작용이론에는 양자가 장기간 사회적 상호작용을 거쳐 서로 가해자가 되기도 하고 피해자가 되기도 한다고 주장하는 갈등이론[17], 범죄피해발생에 있어서 피해자가 커다란 역할을 하지 않는다고 보는 피해가능성 있는 피해자이론, 그리고 피해자 촉발이론이 있다(이성호 외, 2005 : 71).

│피해요인│

직접	상황적	피해현장에서 피해를 촉진하는 주위환경 요인으로 일시, 장소, 계절, 기후, 목격자 등 현장에 있었던 사람들의 언동과 규범의식 등
	피해자적	피해자가 피해를 유발하는 요인으로 피해자의 면식관계, 피해자의 도발행위, 음주상태, 마약류 복용 등
	가해자적	가해자가 피해를 야기하는 요인으로 가해자의 면식관계, 준법의식, 음주상태, 마약류 복용, 범죄수법 등
간접	협의 피해자적	현재 피해자가 가지고 있는 속성과 소질로서 성별, 성격, 성향, 체격, 체력, 정신적 및 신체적 장애, 인생관, 도덕관, 가치관, 의식, 직업, 지위, 수입, 부채, 재력, 생활만족도, 노후문제 등
	광의 피해자적	피해자의 성장배경과 생활경력 등의 요인으로서 연령, 학력, 경력, 사회활동, 전학, 이사, 전과, 피해체험, 질병, 음주, 흡연, 약물류 복용, 성적 취향과 경험, 결혼과 이혼, 성공 및 실패 체험 등
	환경적	피해자를 둘러싼 환경으로서 가족 구성과 관계, 배우자 유무 및 관계, 이웃과 친구 또는 지인과 직장에서의 인간관계, 주택구조, 주위의 피해체험, 메스 메디아의 영향, 경기 및 정치 상황 등

---

[17] Wallace(1965)는 가정폭력에 있어서 제3자 개입에 관한 연구에서 폭력의 결과에 피해자의 행위가 매우 중요한 요인임을 강조하였다. 그는 연구사례 중 1/4의 경우 가해자와 피해자가 서로 범죄를 발생시키는 역할을 하고 있으며, 가해자의 10% 정도는 부분적으로 결백하다는 주장을 하였다. 이러한 관점에서 볼 때 상대방 면전에서의 개인적 행동은 단순한 자극, 반응, 그리고 대응 그 이상의 의미를 가지고 있다. 상호작용적 충돌은 내면적 과정을 포함한다. 즉, 주어진 사회적 여건 속에서 행동을 위한 상호기대를 지배하는 지각과 인식이 존재하는 것이다(Donald L. Blazieck, 1976:3 ; 오윤성, 2013:338 재인용).

1. 피해자의 유책성

B. Mendelsohn은 피해자의 유책성에 따라 ㉠ 책임이 전혀 없는 피해자 : 이상적 피해자(무자각의 피해자, 영아살해죄의 영아, 약취유인죄의 유아 등) ㉡ 유책성이 조금 있는 피해자 : 무지에 기한 피해자, 낙태로 사망한 임신부, 위험한 지역을 배회하다가 당한 피해자 등 ㉢ 가해자와 동등한 정도의 책임이 있는 피해자 : 자발적인 피해자, 병환 중인 남편과 동반자살한 부인, 사랑을 이유로 한 합의 정사자, 촉탁 또는 승낙에 의한 살인죄에 있어서 촉탁 또는 승낙자, 안락사의 피해자 등 ㉣ 가해자보다 더 책임이 큰 피해자 : 유발적인 피해자, 부주의에 의한 피해자, 교통법규위반으로 사고당한 피해자 등 그리고 ㉤ 가장 유책한 피해자의 유형으로 ⓐ 공격적 피해자 : 정당방위의 상대방, 가해자적 피해자 ⓑ 기망적 피해자 : 무고죄의 가해자 ⓒ 환상적 피해자 : 피해망상증 호소자를 제시한 바 있다.

피해자유형을 L. A. Curtis(1974)는 피해자유발과 가해자의 의도를 통합하여 다양한 피해자유발의 정도에 따라 구분하였다.

|피해자와 가해자의 상대적 유책성|

가해자의 의도정도	피해자의 가담정도		
	명백한 도발	약간의 관련	거의 관련 없음
고의적	동등함	가해자가 더 많음	전적으로 가해자 책임
약간의 의도	피해자가 더 많음	동등함	가해자가 더 많음
거의 의도 없음	전적으로 피해자의 유발	피해자가 더 많음	동등함

2. 피해자 촉발론

피해자 촉발이론의 주요 전제는 피해자가 그들의 도발적 행위로 인해 범죄행위를 촉발한다는 것이다. 능동적 촉발에는 호전적인 말투와 몸짓이 포함되며, 수동적 촉발은 피해자가 무의식적으로 공격자를 위협할 때 발생한다. 이 이론의 장점은 주로 폭력범죄 피해의 설명에 유용한 면이 있고, 복합적인 피해를 설명할 수 있다는 것이다. 즉, 어떤 사람이 범죄를 촉발하고 그런 행위가 장시간 지속된다면, 그는 반복 피해자가 될 것이라는 점이다. 이 이론의 연구 초점은 피해자의 역할, 범죄도발, 피해자-가해자의 관계다.

Wolfgang(1958)은 이를 '피해자유발 살인(Victim-Precipitated Homicides)'이라고 칭한 바 있는데[18], 그는 자신의 필라델피아연구에서 26%의 살인사건이 사실상 피해자에 의해 유발된 것

---

[18] Marvin Wolfgang은 일반적인 피해자유발살인사건의 특징으로, 첫째, 사건이전에 서로 아는 관계일 가능성이 더 높고, 둘째, 간혹 살인은 통제불능 상태에 대한 저항으로 발생하기도 하며 ㉕ 매 맞는 여성의 남편살해), 셋째, 음주가 피해자유발살인의 일반적 요소라고 지적하였다.

이었다고 하였다. Amir(1971)도 미국 필라델피아에서 발생한 강간사건 중 19% 정도는 피해자 촉진에 의한 사건으로 분류한 바 있는데, 그는 실제로 피해자가 성적 관계에 동의했으나 실행 직전에 철회하거나 가해자가 제안했을 때 충분하게 강력히 반대하지 않은 경우, 또는 여성에게 외설적인 성향이 있다고 해석될 수 있거나 성적 관계를 바라는 것처럼 보일 수 있는 언어나 몸짓을 한 경우, 그녀의 성적 관심으로 인하여 빠지게 된 위험한 상황, 특히 양자가 모두 음주를 했을 때 등이 피해자촉진의 예라고 하였다.[19] 그리고 Luckenbill(1977)은 자신의 캘리포니아 연구에서 전체 살인사건의 무려 63%가 피해자에 의해서 시작된 것이었다고 추정하였다[20]. 또한 Houts는 15명의 살인범죄피해자에 대한 사례연구를 통해, 자기 파괴의 경향을 소유한 사람은 살인피해를 자초할 수 있고, 자신의 죽음을 도발할 수도 있다고 주장하였다.

그러나 Franklin 등(1976)은 피해자촉발론의 문제점으로 4가지를 제시한 바 있다. 첫째, 피해자의 행위가 가해자의 행위를 설명할 수 있다고 가정하지만, 가해자의 행위를 촉발하는 것으로 알려진 행위(예 밤에 술집에 간다든지, 술에 취해 비틀거리며 길을 가는 등)를 한 사람이 반드시 피해를 당하는 것은 아니고, 둘째, 피해자촉발론은 피해자가 어떤 신호를 방출할 때만 가해자가 행동하게 된다고 가정하는 경향이 있는데, 이러한 믿음은 많은 가해자들이 다른 사람의 행위에 단순히 반응하는 것이 아니라 범죄를 미리 계획한다는 사실을 무시하는 것이며, 셋째, 피해자촉발론은 피해자의 행위가 가해자의 행위를 촉발하기에 필요하고 충분하다고 가정하는데, 많은 가해자는 피해자의 행위와 무관하게 범죄를 저지르거나 혹은 피해자가 범죄에 취약한 상황을 조성할 때조차도 범죄의 기회를 미처 포착하지 못 할 수도 있으며, 넷째, 피해자촉발론은 피해자의 의도가 피해사건에 의해서 측정될 수 있다고 가정하는데, 의도가 반드시 행위로 표출된다면 가해자의 고의성·계획성 유무를 판단하기 위한 형사법정의 복잡한 심리가 더 이상 필요치 않을 것이라고 주장하였다.

---

[19] Menachem Amir의 주장은 여성주의자들에게 비판의 대상이 되었으며, Weis와 Borges(1973)는 그가 여성은 심리적으로 자극을 받거나 기존의 행동규범에 대한 반발의 수단으로써 강간을 당하기를 원하는 반면, 남성은 단순히 여성이 주는 사회적 자극에 반응한다고 주장하는 것은 잘못된 이론적 개념에서 도출된 주장이라고 비판하였다.

[20] David Luckenbill은 계획살인을 제외한 대부분의 살인에서 6단계의 상황변화가 나타난다(상황적 전이 이론)고 주장하였다. 1단계는 피해자가 가해자를 비난 또는 모욕하거나 그 의견에 반대하는 등 공격적인 것으로 해석될 수 있는 행동을 취하고, 2단계는 가해자가 이를 도발로 받아들이고, 3단계는 가해자가 자신의 체면이나 명예를 살리기 위한 행동으로 피해자에 대해 폭력사용을 불사할 듯한 분위기를 조성하며, 4단계는 피해자도 폭력사태를 피하기 어렵다고 인식하고 과격하게 반응하고 이때 제3자도 가해자와 피해자의 갈등이 폭력사태로 진전될 것으로 인식하고 중재를 시도하거나 방관하거나 야유 또는 선동을 통해 폭력적인 반응을 촉진시킬 수 있으며, 5단계는 가해자와 피해자 사이에 물리적 폭력이 시작되고, 6단계는 구체적인 피해가 발생하고 가해자가 도망치거나 사법당국에 의해 체포됨으로써 사건이 종결된다고 보았다.

03 일상활동이론(Routine Activity Theory)

의의	1960년대 이후에 등장한 피해자를 중심으로 설명하는 이론으로, Lawrence Cohen과 Marcus Felson이 주장한 것이다. 범죄경제학적 시각에서 특정 사회에서 발생하는 범죄의 규모는 일정한 생활유형에 의해 영향을 받는다는 것이다. 즉, 외부활동시간이나 수준이 높은 사람은 범죄표적으로서 잠재적 가해자의 피해자에 대한 가시성과 접근성이 증가하고 피해자의 보호성이 약할 때 주로 범죄피해의 위험성이 높다는 이론을 말하며, 일상행위라고 번역하기도 한다.
전제	일상활동이론은 고전학파처럼 쾌락원칙에 의거, 범죄 동기나 범죄를 저지를 개연성이 있는 사람의 수는 시대별로 또는 사회별로 크게 다르지 않고 일정하다고 보았다.
과제	일상활동이론은 원래 시간의 변화에 따라 범죄율이 변화하는 현상을 설명하는 것을 과제로 하였다. 이 이론은 특히 실업률, 경제적 불평등, 인종차별 등 일상활동유형의 구조적 변화가 범죄의 직접적 접촉요소에 영향을 미친다고 보았다.
범죄발생의 결정인자	특정 사회에서 발생하는 범죄의 결정인자로는 ① 범죄의 동기를 가진 사람의 수, ② 범행에 적합한 대상, ③ 범죄를 감시할 수 있는 사람이나 능력 등의 일상적인 생활유형에 따라서 달라진다고 보았다. 주로 ②와 ③의 요인에 의해서 범죄발생 여부가 결정된다고 보았다.
평가	① 일상활동이론은 범죄기회의 제거나 축소라는 견지에서 범죄예방의 가능성과 중요성을 제시하고 제프리가 제시한 개념인 환경설계를 통한 범죄예방(CPTED)과 범죄행위에 대한 위험과 어려움을 높여 범죄기회를 줄임으로써 범죄예방을 도모하려는 방법인 상황적 범죄예방모델의 이론적 근거가 되었다. ② 일상활동이론은 가정 자체가 경우에 따라서는 애매할 수 있고 피해자에 대해서는 지나치게 관심을 집중하지만, 오히려 가해자에 대한 부분은 간과하는 측면이 있다는 비판을 받는다.

04 합리적(이성적) 선택이론

의의	가해자와 피해자를 모두 고려하는 이론으로, 범죄행위도 다른 일반 행위들과 마찬가지로 행위자 자신의 개인적 요인과 주위의 상황적 요인들을 같이 고려하여 범죄행위를 하는 것이 그렇지 않은 경우보다 더 이익이 된다고 판단하는 경우에 범죄가 행해진다는 것을 가정하는 이론이다. 이 이론은 경제이론에서 기대효용의 법칙에 기초하여 인간은 범죄로 인하여 얻게 될 효용과 손실의 크기를 비교하여 범행 여부를 결정한다고 주장하며, 합리적인 가해자를 전제한다는 점에서 신고전학파이론과 맥을 같이한다.
일상활동이론과의 구별	Cohen과 Felson은 일상생활의 특성, 즉 범죄를 저지를 수 있는 기회의 분포를 중심으로 범죄현상을 설명한 반면, Clarke와 Cornish는 범죄를 결행하는 가해자의 의사결정과정에서 고려되는 요인들로 범죄행위를 설명하고자 하였다.
주요 내용	• 행위자는 범죄로부터 얻어지는 이익, 체포의 위험성, 형벌의 무게를 비교하여 범죄의 실행여부를 결정하고(제1단계-범죄행동의 선택), 행위자는 입수한 정보를 분석하여 어떠한 범죄를 행할 것인지를 결정하며(제2단계-범죄종류의 선택), 행위자는 피해자를 무작위로 선정하는 것이 아니라 합리적인 계산에 의해 범죄대상자를 선정한다(제3단계-범죄대상의 선택). • 범죄행위의 의사선택과정에서 고려되는 요인 : 행위자 자신의 개인적 요인(금전욕구, 가치관, 학습경험 등)과 상황적 요인(범행대상의 보호가능성과 노출 정도 등)을 제시하였다. • 범죄행위의 선택 : 범행은 각 개인이 선택한 결과이며, 자신의 개인적 요인들과 상황적 요인을 고려하여 범죄행위가 이득이 된다고 판단했을 때에 범행을 하게 된다고 주장한다. 예 수질오염방지시설을 정상적으로 가동하는 것보다 적발되더라도 벌금을 내는 것이 경제적으로 더 유리하다고 선택한 경우
평가	공헌점	• 어떤 이유로 위험한 가해자가 지속적으로 범죄에 참여하지 않는지를 설명한다는 점인데, 이는 청소년 비행통제정책과도 연관된다. 그리고 이는 범죄 설명에서 사회계층이나 다른 사회요인에 의해 제한되지 않는다는 장점을 지닌다. • 미국의 경우 현실적으로 형사사법기능을 강화하여 범행에 따른 손실이 크다는 인식을 넓혀 나가고 범죄의 성공률을 낮춤으로써 범죄를 예방하고자 하는 환경범죄학적 이론에 강한 영향을 주었다.
	비판점	• 형벌이 엄격할수록 실제로 범죄감소효과가 있는지는 실증적으로 검증하기 어려우며, 범죄이익, 체포확률, 수형의 공포 등과 같은 것은 수량적 분석이 어렵다는 비판이 있고, 이 이론으로는 격정범 등을 모두 설명할 수 없다는 한계가 있다. • 인간은 충분히 합리적이지는 못하고 여러 행동대안들의 모든 완전한 정보를 가질 수는 없으며, 인간의 행동을 합리적으로 보지만 인간행위의 상당부분은 개인적 합리성보다는 사회규범 혹은 기대에 의해 영향을 받기도 하며, 개인에 초점을 둔다는 점에서 사회의 거시적인 현상을 설명하는 데 한계가 있고, 정상인과 가해자의 범죄성향의 차이를 인정하고 있지 않다는 점에서 비판받는다.

05 기타 이론

1. 구조적 선택이론

의의	구조적 선택이론(Structural Choice Theory)이란 Miethe와 Mierer가 생활양식노출이론·일상활동이론을 통합한 이론으로 범죄기회구조와 표적선택과정을 통합, 범죄기회구조가 갖추어져 있더라도 특정한 범죄선택은 선택대상의 유용성에 의하여 결정된다는 이론을 말한다.
필요조건	• 동기화된 가해자와의 물리적 근접성 • 범죄의 위험성이 높은 지역 내지 환경에의 노출 • 표적 또는 대상으로서의 매력성 • 보호가능성 내지 감시의 결여
요소 구조적	사람의 사회적 상호작용의 특성을 유형화하며, 더 큰 위험성에 노출시키는 근접성과 노출
요소 선택적	가해자가 특정한 대상을 선택하는데 영향을 주는 매력성과 보호가능성
평가	이미 표적으로 결정된 사람만을 피해자로 하는 교체 불가능한 피해자의 경우에만 '피해자촉진이나 피해자유발'과 같은 개념을 적용할 수 있지만, 다수 잠재적인 사람들 중에서 피해자로 선택되는 교체 가능한 피해자의 경우에는 이 개념을 적용할 수 없고, 한편 매력성(attractiveness), 취약성(vulnerability), 성향(proneness), 접근성(accessibility), 태만과 부주의와 같은 개념은 양자 모두에 적용할 수 있으나, 대체로 이들 특성들은 교체 불가능한 피해자보다 교체 가능한 피해자에게 더 빈번하게 적용되고 있다.

2. 표적선택과정이론(Target Selection Process Theory)

이는 생활양식이론을 기초로 하면서도 범죄대상선택과 관련된 범죄동기를 고려하여 특정한 사회적 배경에서 특정인이 범죄의 대상으로 선택되는 이유(최소위험비용과 최대효과를 고려하여 피해자 선택)를 미시적으로 고찰한 것으로 Hough 등이 주장한 이론이다. 즉, 특정 대상이 범죄의 표적으로 선택되는 것은 특정 대상의 동기 부여된 가해자에 대한 근접성, 범죄대상의 보상의 크기, 범죄대상에 대한 접근용이성에 의하여 결정된다는 것이다.

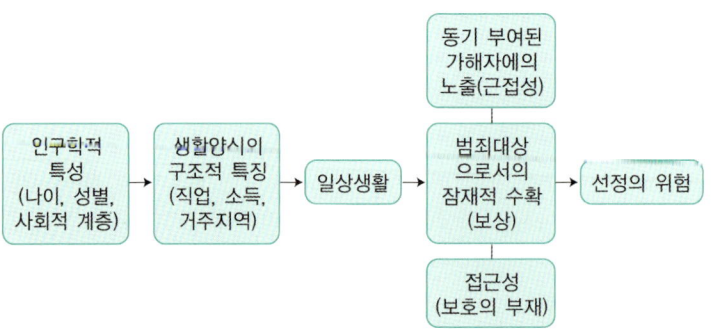

|범행대상 선정과정모형|

일반적으로 범죄의 피해를 당할 가능성은 범죄근접성(비행다발지역 거주 등 범죄가 일어날 가능성이 높은 경제적 대인적 환경), 범죄노출성(외딴 장소, 심야시간 등 범죄의 위험성이 높은 시간대와 장소), 표적의 매력성(상징적·경제적 가치, 주관적·물질적 가치 등), 보호능력(피해자의 범죄방지능력 등)에 의하여 결정된다. Newman은 사람들이 거주하고 생활하는 물리적 환경을 변화시키는 것, 즉 물리적 보안시설의 강화, 외부전등의 보강, 이웃 간 감시의 철저 등과 같은 노력을 통해서 범죄가 감소되고 범죄피해확률을 줄일 수 있다고 주장하였고, Cohen과 Felson은 범행하고자 하는 동기를 가진 사람, 적정한 범행의 대상과 목표, 범행을 예방하거나 통제할 수 있는 사람이나 능력의 부재라는 3요소의 집합으로 범죄를 설명하였으며, Finkelhor과 Asigians는 표적의 취약성, 표적의 매력성, 표적의 적개심(피해자의 어떤 특성이 잠재적 가해자의 노여움을 유발 등)이 피해가능성을 증가시킨다고 하였다.

|피해자표적 선택요소|

근접성	매력성	접근성	관리성	위험성
이동거리	수지성·수익성: 잠재적 수확, 가능한 이익	시간적 접근성	상황통제능력	보안수준
인지: 가해자의 인지공간내의 피해자 표적	적절성: 중화를 촉진시키는 속성	물리적 접근성	시설의 규모	감시수준
숙지: 가해자의 탐색공간내의 피해자 표적	신체적 매력	위치, 입지	사람의 수	피해자, 제3자, 경찰관으로부터의 상황적 위험 정도
안전·보안·확신: 가해자의 행동공간내의 피해자 표적	피해자의 인적 속성	구획	복종시키기 쉬움	잠재적 제재 추정

		접근의 용이	협조가능성	
			저항가능성	

3. 일탈장소이론

이 이론의 주요 전제는 피해자가 범죄를 조장하는 것이 아니라, 그들의 행위나 생활양식과 상관없이 접촉하게 될 위험을 높여주는 사회적으로 해체된 범죄다발 지역에 거주함으로써 피해자가 되는 경향이 있다는 것이다. 이 이론의 장점은 관습적인 생활양식을 갖는 사람이 범죄피해자가 되는 이유를 보여준다는 것이며, 연구의 초점은 범죄가 많이 발생하는 해체된 근린지역에서 나타나는 피해이다.

제 3 장 회복적 정의

1. 의의

피해자에 대한 동정이 복수의 형태로 집행되었던 종전의 사법제도의 처우방식이 응징적(retributive), 강제적(coercive), 사후대응적(reactive)이었던 반면에 새로운 회복적 접근방식은 협동적(cooperative), 사전예방적(proactive)인 방식을 활용하고 있다. 이는 회복위주의 정의(restorative justice) 또는 원상회복

주의, 보상주의와 회복주의로 불리는 현대적 처벌관이다. 즉, 특정 범죄와 관련된 모든 당사자들이 함께 참여하여 범죄의 피해와 그로 인한 후유증 등을 건설적인 방식으로 해결하려는 시도이다. 회복적 정의는 오랜 역사를 가지고 있다. 뉴질랜드의 마오리족이나 호주의 토착 원주민들, 알래스카의 이뉴잇족, 캐나다의 초기 원주민들은 분쟁을 해결할 때 회복적 정의원리들을 활용해왔다. 이는 1970년대 후반에 Albert Eglash가 처음 사용한 용어로, R.E. Barnett(1977)는 가해자와 피해자 사이의 조정을 위해 활용되었던 여러 원칙들을 회복적 정의라고 지칭한 바 있으며, 아직까지는 일반적인 형사사법보다는 소년사법에서 중시되고 있다. 회복적 정의가 중요한 이유는 가해자는 자신의 행위로 인한 형벌의 해악에 고통을 받게 되지만, 피해자는 범죄로 인한 손실을 회복할 기회를 상실하고 국가와 사회를 불신하게 되기 때문이다. 즉, 해악에 대한 대응수단으로 해악을 이용한다는 것은 범죄로 촉발된 사회적 손실을 두 배로 증가시키는 것을 의미하는 것으로 볼 수 있다.

2. 이념

회복적 정의의 핵심이념은 참여자들(가해자와 피해자, 지역사회 등)의 권한을 인정하고 피해자의 회복에 초점을 두어 가해자의 책임 있는 재통합을 통해서 가해자-피해자의 사회적 감정적 치유가 가능하다는 것이다. 회복적 정의에 대한 관점은 두 가지로 분류할 수 있다. 첫째, 회복적 정의를 사회통제 시스템의 변혁으로 보는 입장으로 회복적 정의의 이념이 입헌민주국가 헌법원리와의 조화를 통해 정치적·사회적 행동양식의 변화에 기여할 수 있음은 물론이지만, 회복적 정의 그 자체가 정치적 사회적 변혁의 이념 또는 지배체제의 개혁을 이끄는 실용적 민주주의 이념을 내포한 것으로 볼 수 없다는 것이다. 둘째, 회복적 정의를 사법제도의 개

혁을 통해 실질적 정의구현을 추구한다는 입장에서는 회복적 정의는 사회통제 시스템을 개혁하기 위한 정치적 이념이 아니라, 전통적 형사사법시스템의 문제점과 한계를 극복하고, 범죄사건 처리절차에서 실질적 정의를 구현하기 위한 새로운 사법패러다임으로 이해하는 것이 합리적이라는 것이다(김용세, 2010 : 224~225).

어느 입장이든 회복적 정의의 이념 중 가장 기본적인 근원은 1970년대 캐나다와 북미에서의 피해자-가해자 중조(mediation)와 화합(reconciliation)이라 할 수 있다. 1980년대부터 북미와 유럽에서는 수많은 민간조직이 화해중재기관으로 활동하고 있다. 회복적 정의의 이념은 형사사법절차로부터 형벌과 보안처분, 가해자 처우의 양상에 이르기까지 광범위한 영역에 관련된다. 가장 기본적인 것은 가해자와 피해자가 직접 대면하여 대화함으로써 관계회복을 시도하게 하고, 사회는 이것을 범죄사건의 해결로 받아들이도록 하자는 것이다. 대부분의 국가가 성인에 대한 형사사법절차보다는 소년사법절차에서 먼저 회복적 정의실무를 도입해왔다. 회복적 정의의 이념은 그 성립배경부터가 응보적 형벌이념에 대립하는 특성이 강조되었고[21], 사회복귀 또는 소년보호의 이념을 한층 심화시킨 것으로 받아들여지고 있다. 이러한 회복적 정의는 가해자에 대해서는 규범합치적 행동양식의 회복과 재사회화를 촉구하고(특별예방), 일반대중에게도 공동체 질서의 실존을 증명하는 기능(일반예방)을 동시에 수행한다.

3. 관점구분

회복적 정의에서 볼 때, 노상범죄란 국가규율의 위반이 아니라 특정개인에게 손상을 가하는 행동이고, 범죄가 형사사법기관과 공무원에 의해 처리되는 것이 아니라 지역사회구성원에 의해 해결되어야 하며, 응보 등을 위한 유죄확정과 처벌이 목표가 아니라 피해자의 회복, 가해자의 교화개선, 그리고 조화의 회복이 목표이다. 엄격한 형사소송절차보다는 중재나 협상, 솔직한 토론이나 배상 등의 방법을 이용하고 피해자가 기소를 위해 제소와 증인으로 제한되는 역할이 아니라 피해자는 중심적 존재로서 형사절차에 직접 참여하는 자로서 역할을 한다. 또한 가해자에 대한 비난을 반드시 수용하고 가해자는 결과를 감내하는 역할을 하는 것이 아니라 가해자는 반드시 책임을 수용하고 갱생하려고 노력하는 역할을 하여야 하며, 과거의 잘못된 행동이나 결과의 두려움을 통한 예방이 아니라 과거의 손상과 미래의 회복, 그리고 교화개

---

[21] 이러한 관점은 전통적인 응징적 패러다임을 회복적 패러다임으로 전환하자는 입장과 형사사법에서 응징적 사법보다는 회복적 정의의 우위를 인정하자는 입장으로 구분된다. 전자의 경우에는 가해자에게 일정한 회복적 조치가 주어질 경우 이를 미이행시 결국 형벌적 강제수단이 필요하다는 점과 형사사건을 당사자끼리 해결하도록 하는 것 자체는 약자를 보호해야할 국가의 헌법적 의무에 반한다는 문제가 있으며, 후자의 경우에는 회복적 정의가 응징적 사법보다 일반예방 측면에서 결점 없는 패러다임인지에 의문이 있고, 회복적 조치를 하지 않는 가해자에 대한 민사강제의 최후수단으로 형법 적용은 부자에게는 유리하지만 빈자에게는 불리할 수밖에 없으며, 회복적 정의를 적용해야 할 범죄사건의 범위가 불분명한 점 등이 문제가 된다.

선을 통한 해결을 지향한다. 따라서 회복적 정의는 응보적 사법보다는 피해자의 견해가 고려되는 보다 덜 공식적인 과정이고 피해자에게 사건의 처리 과정이나 결과에 대한 더 많은 정보를 피해자에게 제공하는 장점을 가지고 있다. 하지만 회복적 정의에 문제가 없는 것은 아니다. 일부 강력사건의 피해자는 회복적 정의의 결과로 보복 등에 대하여 더 두려워할 수 있다는 것이고, 회복적 정의가 피해자와 가해자 사이에 이미 존재하는 권한 불균형을 반복하거나 영속화시킬 잠재성이 있다는 문제가 있으며, 1980년대 이전의 다수의 중재프로그램들은 오히려 피해자가 아닌 가해자에게 초점을 맞추어 피해자의 이익을 감소시키는 역할을 했다는 점이 있다. 일부에서는 회복적 정의가 지나치게 피해자에 대한 손상(harm)에 초점을 맞추고 강력범죄에서 핵심적 요소인 가해자의 정신태도를 경시할 수 있으며, 회복적 정의가 형벌의 공익적 기능보다는 사적 잘못(private wrong)에 지나치게 초점을 맞춘다는 점도 우려되고, 양형과정에서 피해자와 가해자를 회복과정에 참여시킴으로써 처분의 불균형을 초래하여 결국 법 앞에 동등한 보호를 받을 권리를 침해할 수 있다는 점 등이 단점으로 제시된다.

|응보적 사법과 회복적 정의의 차이|

구분 관점	응징적 패러다임(retributive paradigm)	회복적 패러다임(restorative paradigm)
초점	법의 위반	인간관계의 위반
내용	응징적(retributive, vindictive)	복구적(reparative)
방식	강제적	협조적
주체	정부와 가해자	정부, 지역사회, 이웃, 가해자와 피해자, 그들의 가족
장소	격리된 시설 내	지역사회 내
시기	사후 대응적	사전 예방적
관심	적법절차준수	참여자의 만족극대화
역점	공식절차를 통한 개인의 권리보호	비공식적 절차를 통한 가해자의 책임감 강조와 집단적 갈등해결
정서	공평감(a sense of fairness)	동의감(consensus of agreement)
범죄에 대한 이해	범죄는 규칙에 대한 침해로 이해(깨어진 규칙)	범죄는 사람과 사람의 관계에 대한 침해로 이해(깨어진 관계)
	침해는 추상적으로 정의됨	침해는 구체적으로 정의됨
	범죄는 다른 해악과 범주가 다르다고 봄	범죄는 다른 해악 및 갈등과 관련된 것으로 인식
	피해자는 국가	사람과 관계가 피해자
	국가와 가해자가 일차적 당사자	피해자와 가해자가 일차적 당사자
	피해자의 요구와 권리 무시	피해자의 요구와 권리가 중심
	개인 상호 간의 차원은 무의미	개인 상호 간의 차원이 중심

	범죄의 갈등적 성질이 흐려짐	범죄의 갈등적 성격이 인식됨
	가해자의 상처는 주변적	가해자의 상처도 중요함
	범죄는 기술적·법적 용어로 정의	범죄는 도덕적, 사회적, 경제적, 정치적인 전체적 맥락에서 이해
실질적 책임의 이해	잘못은 유죄를 만듦	잘못은 책무와 의무를 만듦
	죄는 절대적·선택적	유죄는 실질적 책임을 유발
	죄는 씻을 수 없음	죄는 참회와 배상을 통해서 씻을 수 있음
	추상적인 빚	구체적인 빚
	형벌을 받음으로써 빚을 갚음	잘못을 바로잡음으로써 빚을 갚음
	추상적인 사회에 '빚'을 짐	먼저 피해자에게 빚을 짐
	실질적 책임은 자신에게 맞는 '약'을 먹는 것	실질적 책임은 도의적 책임 포함
	행위의 자유로운 선택	인간의 자유에 대한 잠재적 인식과 현실적 인식의 차이 인정
	자유의지 또는 사회적 결정주의	개인적 책임을 부정하지 않고 선택함으로써 사회적 맥락의 역할을 인정
정의에 관한 이해	비난 확정 중심	문제 해결 중심
	과거에 초점	미래에 초점
	요구는 이차적	요구가 일차적
	싸움 모델, 당사자주의	대화가 규범적
	차이를 강조	공통성의 탐색
	고통 부과가 원칙	원상회복, 배상이 원칙
	하나의 사회적 손상에 다른 깃을 더함	사회적 손상의 보정을 강조
	가해자에 의한 해악을 가해자에 대한 해악으로 균형	가해자에 의한 손해는 잘못을 바로잡음으로써 균형
	가해자에 초점, 피해자는 무시	피해자의 요구가 중심
	국가와 가해자가 핵심요소	피해자와 가해자가 핵심요소
	피해자는 정보 결여	피해자에게 정보 제공
	드물게 손해배상	통상 손해배상
	피해자의 '진실'은 이차적	피해자에게 '진실을 말할 기회' 부여
	피해자의 고통 무시	피해자의 고통 인식, 슬픔을 나눔
	가해자에 대한 국가의 조치, 가해자는 수동적	가해자에게 해결에 관한 역할 부여
	잘못에 대한 대응을 국가가 독점	피해자, 가해자, 공동체의 역할 인식
	가해자는 해결할 책임 없음	가해자는 해결할 책임 있음
	결과는 가해자의 무책임을 조장	가해자의 책임 있는 행동 고무

정의에 관한 이해	개인적 비난과 배제의 의식	슬픔과 재질서의 의식
	가해자 비난	해악 행위 비난
	공동체에 대한 가해자의 결속 약화	가해자의 공동체 통합 강화
	가해자를 단편적으로 인식, 범죄는 한정적	가해자를 전체적으로 인식
	응보를 통한 균형의식	원상회복을 통한 균형의식
	가해자를 낮춤으로써 균형	피해자와 가해자 모두를 올림으로써 균형
	사법은 의도와 절차로 평가됨	사법은 그 '과실'에 의해 평가됨
	올바른 규칙으로서 정의	올바른 관계로서 정의
	피해자-가해자 관계 무시	피해자-가해자 관계가 중심
	절차가 소외를 조장	절차의 목적은 화해
	가해자의 과거 행위에 대한 대응	가해자의 행위의 결과에 대응
	사과와 용서[22] 방해	사과와 용서 고려
	전문 대리인이 핵심적 행위자	피해자와 가해자가 중심, 전문가의 조력 제공
	경쟁적·개인주의적 가치 조장	상호성과 협조 장려
	행위의 사회적, 경제적, 도덕적 맥락 무시	전체적 문맥이 관련
	승·패의 결과를 가정	승·승의 결과 가능

출처 : 손진 역, 2010 등 재구성.

Martin Wright(1988)가 "우리는 가해자에 대해 어떤 조치를 취하기보다는 가해자에게 피해자를 위해 무언가 하도록 요구함으로써 좀 더 건설적으로 범죄를 비난할 수 있다."고 지적했듯이 회복적 정의에서 중요한 요소는 가해자의 책임부분이다. 즉, 가해자가 자신의 행위에 대해 잘못을 인정하고 고치려는 시도를 하는 것이 바로 처벌을 하는 목적이다. 그러나 사법현실을 보면 가해자가 자신의 잘못을 인정하는 것이 곧 더 엄한 벌을 받는 근거가 되기 때문에 바보가 아닌 이상 자신의 행위에 대해 최대한 부인을 하거나 최소화하려는 경향이 나타난다. 이 방어적 자세가 가해자의 행위를 합리화하도록 유도하고 이것은 피해자로 하여금 더 큰 분노와 불신을 갖게 만드는 이유가 되며, 그 결과 형사사법기관은 문제해결의 장이 아니라 갈수록 서로에게 상처가 깊어지는 공방과 대결의 장이 된다. 더욱 흥미로운 것은 조사를 받는 가해자는 피해자가 아닌 형사사법 기관 종사자들에게 자신의 행위가 잘못되었다고 사과하고 앞으로 개선하겠다고 수차 다짐해왔다는 것이다.

---

[22] 사과와 용서는 갈등적 대인관계에서 매우 중요한 부분으로, 가해자는 최소한 위반된 법률의 정통성과 합법성을 시인하고 위반에 대한 책임과 잘못을 인정하며, 범죄결과에 대해 진솔한 후회와 반성을 포함하는 것이어야 한다. 피해자는 가해자의 진정한 사과를 기초로 분노의 부담을 덜고 가해자를 용서하는 것이 필요하다. 실제로 용서가 형벌과 복수로부터 피해자를 해방시키고 더 이상의 분쟁의 가능성을 불식시킨다고 한다(N.Tavuchis, 1991 : 6).

4. 주요내용

(1) 목표

① 지역사회의 보호

회복적 정의(Restorative Justice)는 '지역사회사법(Community Justice), 긍정적 사법(Positive Justice), 재통합적 사법(Reintegrative Justice), 관계적 사법(Relational Justice), 전환적 사법(Transformative Justice)' 등이라고 불릴 정도로 지역사회의 보호는 회복적 정의의 주요한 하나의 목표이다. 균형적인 회복위주의 정의 목표를 달성하기 위해서는 사법제도가 공공안전을 확보할 수 있어야 한다.

② 피해자에 대한 책임의 우선

가해자가 느껴야 할 책임감(accountability)은 국가나 법질서에 대한 것보다도 먼저 피해자의 회복에 대한 것이라야 한다. 이 부분이 사실상 형사사법에서 가장 간과되고 있다. 즉, 가해자가 국가나 법질서에 사죄하기 이전에 피해자의 고통을 이해하고 치유될 수 있도록 결과의 중대성을 인식하고 피해자에게 진지한 사죄와 상응한 배상을 하는 것이 피해자의 정신적 상처를 치유할 수 있고 또한 가해자도 피해자에 대한 진정한 책임완수를 통하여 용서를 받음으로써 그 범죄성향을 극복하고 사회로 복귀하기 위한 첫걸음이 된다.

③ 진정한 사과와 용서 속에서 가해자 능력계발

가해자에 대한 응보적 중벌주의보다는 피해자와 가해자의 직접적인 대면과 대화의 장을 통해 화해를 유도하는데, 여기서는 통상 피해자의 고통과 관련하여 가해자에게 엄격한 발언이 쏟아진다. 가해자는 그것을 이해하고 사죄한 뒤 배상을 약속한다. 향후 진지하게 학업이나 직업에 매진하고 그 경과를 보고하라는 등의 과제가 부여되기도 한다. 이러한 가해자의 능력계발(competency development)은 그 후 배상이 이행되고 부여된 과제가 달성되는 과정에서 가해자의 사죄가 진지했다는 사실이 확인되고 피해자에게도 용서할 마음이 생기는 것이다. 바로 이것이 회복적 정의실무의 프로세스이다. 회복적 정의실무에서는 피해의 회복과 가해자의 권익보호(복지 또는 교육)를 결부시키는 문제에 대해서도 적극적이다.

(2) 형태

형사사법에 있어서 조정(conciliation), 중재(arbitration), 중조(mediation), 그리고 화해제도는 민사와 형사재판의 과부하를 완화시킬 수 있다는 점에서 그 필요성이 점차 증가하고 있다. 먼저 중조(Mediation)는 법관[23]이나 중조위원회가 분쟁관계인 사이에 개입하여 화해로 이끄는

---

[23] 한국의 경우에는 대법원장이 직권으로 판사를 임명하는 절차를 밟고 있으나, 미국의 경우에는 주마다 다르지만 대체로 순수지명방식(appointment), 정당선거방식(partisan election, 정당의 공천과 주민투표), 비정당선거방식(nonpartisan election, 정당의 공천 없는 주민투표), Merit방식(법관임명위원회의 인준 또는 추천과 주지사의 임명으로, 연임은 주민투표로)중 하나에 따라 임명되는데, 이중 회복적 정의관점에 적합한 것은 주민투표가 포함된 형태의 판사임명방식이라

절차를 말하고, 중재(Arbitration)는 당사자의 합의에 의하여 선출된 중재인의 중재재판에 의한 당사자 간의 분쟁을 해결하는 절차를 말하며[24], 화해(reconciliation)는 분쟁의 자주적 해결 방식으로 당사자가 상호 양보하여 분쟁을 끝낼 것을 약정하는 것으로 재판외의 화해와 재판상의 화해를 포함한다.

조정 (conciliation)	조정은 전통적인 분쟁해결 제도이다. 조선시대에도 많이 쓰였다. 대체로 권위있는 기구나 결정권자가 분쟁 사안에 대해 해결 방안을 제시하는 방식을 가리킨다. 가사사건에 대한 법원의 조정이 한 예다. 국내 각종 분쟁조정위원회에서 주로 사용하는 것도 조정이다. 일반적으로 조정안은 구속력이 없다. 즉, 당사자가 거부할 수 있다. 이 점에서 중재와 다르다. 그래서 현대적 분쟁 해결 제도상으로는 '구속력 없는 중재(non-binding arbitration)'에 해당한다. 미국에서는 조정(conciliation)이란 용어가 거의 사멸되고, 대신 그 자리를 차지한 것이 중조(mediation)이다.
중재 (arbitration)	일반적으로 통용되는 의미와 달리, 공식적으로 중재는 분쟁 사안에 대해 제3자가 어떤 결정을 내림으로써 다툼을 매듭짓는 방식이다. 일종의 약식 재판으로, 분쟁을 최대한 속히 종결하려 할 때 유용하다. 중재는 대개 공적 기구에 의해 행해지나 사적인 차원에서도 중재방식을 활용할 수 있다. 양측이 동의할 수 있는 중립적 인사(한 사람보다는 세 명 정도가 좋다)에게 분쟁 사안에 대해 판정을 의뢰하고 그 결과에 따르기로 하는 것이다. 사회적 논란이 되는 사안에 대해 어떤 결정을 내리려 할 경우 시민배심제 합의회의 공론조사 등 숙의민주주의적 시민중재 방식을 활용할 수 있다.
중조 (mediation)	미국을 비롯한 서구에서 1970년대 이후 가장 대표적인 갈등분쟁 해결제도로 자리잡은 것이 중조다. 가족갈등, 조직내갈등, 노사분규, 공공분쟁, 사회갈등, 국가간 분쟁 등 각 분야에서 가장 효과적인 갈등해결 과정으로 폭넓게 활용되고 있다. 중조는 당사자들이 대화를 통해 갈등을 해결할 수 있도록 제3자(중조인)가 중간에서 돕는 일이다. 준비단계에서부터 최종 합의·화해 단계에 이르기까지 일련의 체계를 갖춘 종합적인 갈등해결 과정이다. 중조는 당사자들이 주체가 되어 문제를 해결하고 자발적으로 합의에 이른다는 점에서 재판이나 중재 조정 등 다른 분쟁 해결 제도와 근본적으로 다르다. 중조인은 당사자들이 대화 및 문제 해결을 원만하게 할

고 볼 수 있다. 이와 관련하여 1972년 미연방판사인 Frankel은 "예측 불가능한 양형관행은 자유민주주의 체제의 기본이념인 '인간이 아닌 법에 의한 통치'에 대한 중대한 도전"이고 "형벌과 양형의 기본적 목표를 정하는 것은 정책결정 문제로서 비선거직인 사법부가 아닌 국민에 의하여 선출되고 정치적 책임을 지는 입법부가 결정할 사항"이라고 주장한 바 있다. 또한 영국의 Andrew Ashworth는 "사법독립의 원칙은 재판의 공정성을 보장하고 외압이나 편견으로부터의 독립을 의미하는 것일 뿐, 입법에 의한 양형재량 통제의 적절성이나 양형문제에 대한 입법의 우월성을 부인하는데 사용하면 안 된다."고 지적하였다.

[24] 미국의 경우에는 공식 형사사법 기관이 분쟁해결절차로 특정 사건을 위탁(referral)한다는 결정을 내려야 분쟁해결프로그램을 시작하는데, 중재 시에는 제3자에 해당하는 중재자(mediator)가 있어야 하고, 분쟁에 참여하는 당사자들은 서로 안면 있는 친숙한 사람이어야 하며, 분쟁해결참여는 반드시 자발적(voluntary)으로 이루어져야 하고 분쟁해결과정은 비공식적(informal)으로 이루어져야 한다. 그런데 자발적이라는 것은 프로그램 자체효과와 상관없이 항상 긍정적인 효과를 낼 수 있다는 점에 유의할 필요가 있다.

수 있도록 진행절차를 주관할 뿐, 모든 결정은 당사자들이 한다. 일반인도 중조기법을 익히면 충분히 주위의 갈등을 중조해 화해를 유도할 수 있다. 전문가에 의한 갈등 중조의 합의성공률은 대개 80% 안팎이다. 일부 최종 합의에 도달하지 못하는 경우에도 실패라고 보지 않는다. 중조 과정에서 상호이해가 이뤄지고 대화의 토대가 마련됨으로써 이후 당사자들이 직접 갈등을 풀어가는 데 큰 도움이 되기 때문이다.

출처: 강영진(2009:299~300).

| 투쟁 · 협상 · 중조 · 중재 · 심판의 차이 |

| 회복적 정의절차 관여자의 상호관계와 실무프로그램 |

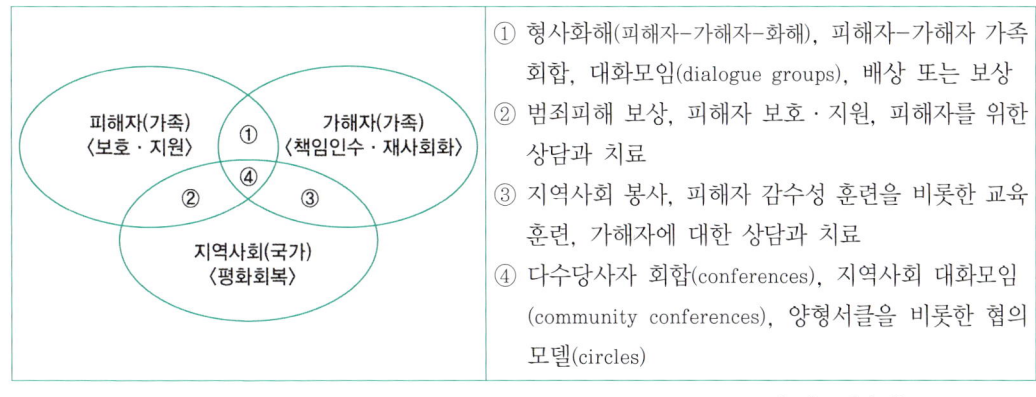

출처: 김용세, 2010 : 242.

피해자-가해자 화해 프로그램		피해자-가해자 화해 프로그램(Victim Offender Reconciliation Program ; VORP)[25]은 1970년대 초 캐나다의 온타리오의 Kitchener시에서 보호관찰에 토대를 둔 유죄판결 후 형선고의 대안으로 처음 시작된 것이다. 미국과 캐나다의 VORP는 주로 재산범(특히, 주거침입절도 등)이 대상이다.[26] 보통 형사화해절차를 보면, 사건의 위탁과 수리 → 사전준비 → 알선회합 → 결과보고 순으로 이루어진다.
피해자-가해자 중재 프로그램		피해자·가해자중재프로그램(Victim Offender Meadiation Program ; VOMP)은 가해자와 피해자가 모두 신뢰할 수 있는 중립적 제3자의 조력을 받아 갈등해소를 모색한다는 점에서는 VORP와 유사하지만, 당사자의 화해보다는 총체적 의미에서의 갈등해소를 보다 중시한다는 점에서 구별된다. 주로 지역사회 내 비영리단체들(종교단체, 중재전문기관 등)이 중재자로 참여하는 피해자·가해자중재(VOMP)[27]에는 다양한 형태가 있는데, 대부분의 피해자와 가해자는 그 절차와 결과에 만족하고 중재자의 주도로 사실상 모든 사건에서 합의를 이뤄내고 있으며, 대다수의 합의들이 가해자에 의해 이행되고 있다. 그러나 가해자의 피해배상은 부차적인 목적에 불과하고 가장 핵심적 목표는 피해자의 고통을 가해자와 지역사회가 경청하여 그 고통을 치유하는데 노력한다는 것에 있다.
대화 모델	가족 집단 회합	가족집단회합(Family Group Conference ; FGC)은 뉴질랜드 원주민 마오리족에서 기원을 찾을 수 있는데, 1989년 뉴질랜드에서 소년사법의 새로운 계획의 일환으로 처음 도입되었다. 살인 등 중대범죄를 제외한 일정 범죄에 한하여 시행된다. 이는 가해자가 합의에 도달할 수 있게 하기 위해 어느 정도 서로 공동책임이 있을 수 있는 가족구성원과 기타 후원자들 등 광범위한 사람들이 참여한다. 따라서 VOMP보다 더 광범위한 사람들이 참여한다는 것이 특징이며, VOMP와는 달리 중재자는 단순히 조력자역할에 그친다. 이 프로그램에 참여한 피해자들은 협의과정 이후 가해자에 대한 분노가 상당히 약화되었다고 한다.

---

[25] 캐나다 키치너나 미국 엘크하트에서 개척된 고전적 형태의 VORP는 형사사법 시스템 밖에 있는 독립된 조직이다. 그러나 이들은 형사사법 시스템과 공조하면서 효과를 발휘할 수 있다. 이러한 VORP는 일단 기소된 후에 가해자가 가해 사실을 인정하는 사건에서 피해자와 가해자의 직접 대면으로 이루어진다. 직접 대면에서는 사실관계, 감정, 합의라는 3가지 요소가 강조되며 대면과정은 훈련된 조정자가 주선하여 주로 진행한다. 따라서 VORP는 감정의 표현, 정보의 교환, 손실의 회복을 위한 기회를 제공함과 동시에 피해자에게 자아회복의 기회를 준다.

[26] 최근에는 VORP를 통한 비재산범죄 처리율도 점점 높아지는 추세다. 예를 들어, 미국 뉴욕 바타비아(Batavia, N.Y) 프로그램과 캐나다 브리티시 콜롬비아 랭리(Langley, B.C.)의 프로그램들은 주로 심각한 폭력사건(중범죄)을 처리하기 위해 고안된 것들이다(손진 역, 2010 : 186~189). 이러한 VORP들에 대한 평가를 보면, 대체로 재범률 감소에 기여한 것으로 나타난다.

[27] VOMP(Victim-Offender Mediation Program)는 가해자와 피해자가 자발적으로 직접 대면하는 것을 기본으로 하고 전문 중재자의 개입을 통해 가해자로 하여금 범죄결과가 어떤 치명적인 상처를 피해자에게 남겼는지 정확히 인식하게 만들고 피해자에 대한 배상부분을 가해자에게 명확히 인식시키는데 초점을 둔다. 피해자와 가해자는 서로 직접 질문하고 답변할 수 있어서 쌍방의 기본문제와 욕구에 초점을 두어 문제를 해결하기 때문에 만족도가 높은 프로그램으로, 주로 소년사법에서 효과적이고 활용도가 높다.

대화 모델	서클	이 모델은 학교나 직장에서부터 형사사법제도에 이르기까지 다양한 환경에서 주로 경미한 범죄에 대한 대응방법으로 사용된다. 서클의 이름은 평화만들기서클, 회복적 정의서클, 피해회복서클, 양형서클 등 다양하게 불리는데, 그 중 양형서클(sentencing circles ; SC)은 피해자와 가해자, 그들이 후원자들뿐 아니라 주요 공동체 구성원들에게 자유발언권을 주고 가해자에게 적합한 처벌수준이 무엇인지 논의하고 합의에 이르게 하는 것이다. 이 모델의 긍정적인 효과는 가해자보다 공동체 구성원들이 자신들의 개인적인 이득과 발전에 도움이 되었다고 평가하는 데 있다.
	시민 패널	미국과 캐나다에서는 경미한 형사사건들을 처리할 새로운 방법으로써 다양한 형태의 민간위원회나 패널을 이용하고 있다. 성인으로 구성된 민간패널은 미국의 여러 소년재판 관할지역에서 일어나는 비폭력적 범죄들을 해결하고 있다. 시민패널은 노상방뇨나 낙서, 음주, 매춘과 같이 지역사회의 삶의 질을 떨어뜨리는 피해자 없는 범죄들만을 다룰 수도 있으며, Vermont주 민간위원회의 경우는 배상적 보호관찰(reparative probation)의 일환으로 운영되기도 한다.

회복적 정의 주요모델 비교

구분	VOMP	FGC	SC
누가 참석하는가?	중재자, 피해자, 가해자	코디네이터가 핵심참석자 선별, 주로 피해자와 가해자와 가까운 친족참가원칙, 경찰, 사회사업기관, 기타 지원집단 참석가능(단, 넓은 의미의 지역사회 관계자 참여는 제외)	판사, 검사, 변호사 참가(심각한 범죄에 한함), 기본적으로 피해자, 가해자, 서비스제공자, 지원그룹이 참가, 전체지역사회 관계자 모두 참가가능, 사법위원회가 핵심참가자 확징
피해자의 역할은?	피해자 자신의 범죄피해경험 표현가능, 가해자이행사항과 피해배상 계획 결정업무 담당, 최종거부는 피해자의 핵심권리, 최종내용 합의가 종국적 목표	범죄에 대한 피해자 자신의 느낌 표현, 가해자 피해배상을 위한 유용한 정보 및 충고 제안	피해자는 서클모임에서 의사결정 절차에 참가, 범죄자 적격성에 정보제공, 지원세력 선택 또는 치유서클참가 가능
위탁결정을 누가하는가?	법원과 기타 관련 외부단체 위탁가능	법원, 사법정의 조정관(코디네이터), 경찰, 학교 관계자 위탁가능	지역사회 사법위원회
공식절차와의 관계는?	다이버전프로그램 또는 공식법원소속 일부 사건할당 프로그램(다양한 활용도 인정, 그러나 업무량 감소효과 미비)	일부에서 사전 공판심리로 사용(뉴질랜드), 공식법원 통제력 전이효과, 일부에서는 경찰중심 활용가능, 사법망의 확대문제 외 미미한 정도의 업무량 감소효과 발생	판사, 검사, 변호사가 지역사회와 범죄통제력을 공유(사건선택, 처벌, 사후관리측면), 현재 업무량 감소 효과 미비

준비과정은?	피해자와 가해자 보통 대면 접촉시도	모임참가 독려를 위한 관계자 전화접촉(단, 피해자, 가해자, 가족은 대면 접촉 가능)	광범위한 수순에서 서클모임 전에 가해자와 피해자 사전 모임 실시, 서클 양형절차 및 원칙 설명
사후 추가과정은?	중재자에 의한 사후지도가능, 보호관찰과 기타 프로그램 담당자가 사후지도 책임	담당자 불확실(단, 경찰, 조정자, 기타 관계자 가능)	지역사회 사법위원회, 판사는 가해자 준수사항 이행 독려하기 위해 구금형 보류가능
주요목표는?	범죄피해결과 가해자에게 전달, 피해자목소리, 만족도 증가, 가해자 피해발생 인식 증가, 피해자 감정이입증대, 배상계획 합의	범죄사실 확인 파악, 범죄자 책임사항 명확화, 피해자손해배상, 복구, 범죄자 재통합	지역사회 문제해결 자체능력 및 강점 증대, 회복적·사회복귀적 목표, 사회안전 및 피해자 지원, 지원세력 능력 및 자원

출처 : 조윤오 외, 2011 : 175.

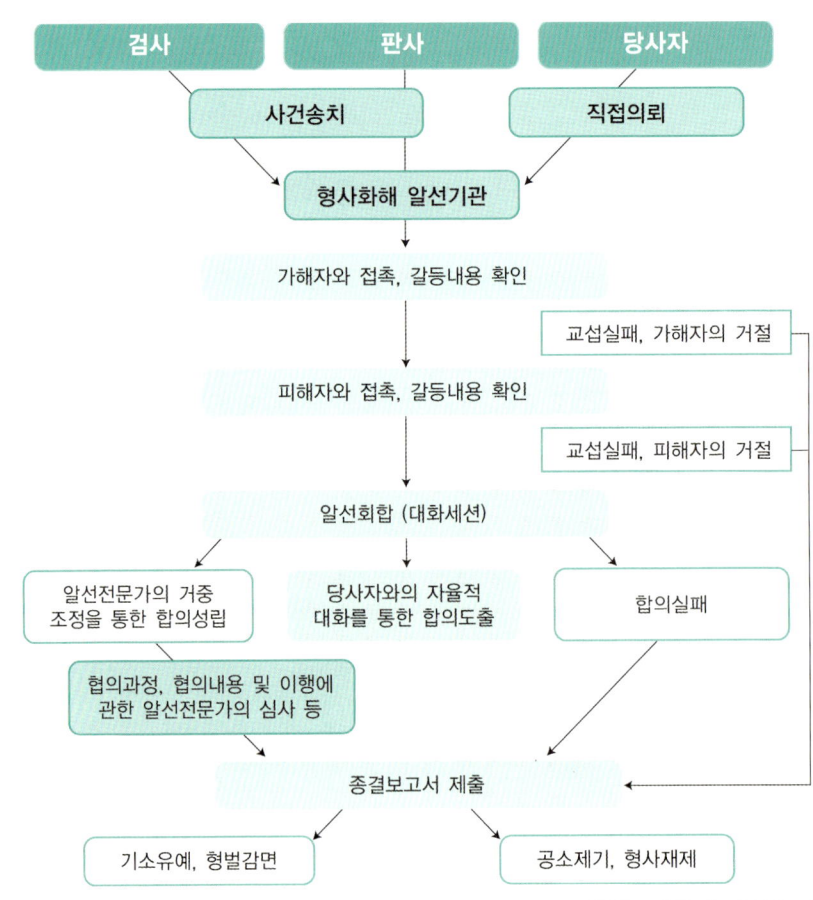

| 독일 형사화해 알선의 일반적 진행절차 |

출처 : 김용세, 2010 : 305 재인용.

5. 국제동향

(1) 유럽국가

1983년 유럽의회에서는 폭력피해자에 대한 '국가보상회의'를 개최하여 형사절차와 형법상 피해자의 역할, 피해자부조, 범죄예방에 대한 국제적 합의를 위한 초석을 놓았고, 유럽위원회(council of europe)는 1999년 피해자·가해자 조정의 방법에 중점을 두고 권고안을 채택하였으며, 2001년 피해자·가해자 조정으로 알려진 형사조정(penal mediation)을 지지하는 정책을 채택하고 2006년 입법화하도록 결의하였다. 이 결의에 따라 헝가리는 형사법에 형사조정규정을 신설하였는데, 형사조정을 통해 90%내외로 합의가 이루어진다. 오스트리아는 세계에서 처음으로 1988년에 피해자·가해자 조정을 국가정책으로 수립했고, 훈련된 전문적 조정인들이 소속된 Neustart라는 기관에서 피해자·가해자 조정을 전담하고 있다. 독일에서는 매년 2~3만건의 회복적 정의 사건이 회부되고 그중 90%가 피해자·가해자 조정 사건이라고 하며, 영국은 피해자·가해자 조정을 넘어서 회복적 정의 실무를 전국에서 시행하도록 하는 정책적 권고를 하고 있다.

(2) 미국

미국의 경우, 1994년에 미국변호사협회(ABA)가 수년간에 걸친 연구와 검증 후 피해자·가해자 조정 제도를 공식적으로 승인하고, 전국의 법원에서 피해자·가해자 조정과 대화방법을 사용할 것을 권고하면서 실무기준을 제시하였다. 초기에는 피해자단체들이 회복적 정의에 대하여 비판적이었으나, 대화프로그램이나 다른 회복적 방법이 지속적으로 피해자의 요구사항과 희망에 대해 강한 관심을 표명함에 따라 피해자단체들도 회복적 정의에 우호적인 반응을 보였고, 1995년 NOVA가 회복적 정의 원칙을 승인했다. 그 후 미국의 각 주에서 회복적 정의가 수용되기 시작하였다[28].

---

[28] 미국 미시간 주의 경우, 주 헌법상 피해자는 형사절차의 과정에서 존엄과 프라이버시를 존중받고 공정하게 대우받을 권리가 있으며, 형사절차의 과정에서 피의자의 공격으로부터 보호받을 권리, 재판진행의 상황을 통지받을 권리, 피고인이 참석할 권리가 있는 재판 및 기타 형사절차에 참석할 권리, 기소에 관하여 검사와 협의할 권리, 선고에 있어서 법정에 의견을 진술할 수 있는 권리, 피해회복을 받을 권리, 유죄판결의 선고나 구속 또는 피고인이 석방에 관한 정보를 구할 수 있는 권리 등을 향유함을 명시하고 있다. 이에 따라 미시간주 '피해자의 권리에 관한 법률(1985, Crime Victim's Right Act)'에서는 범죄피해발생 당시부터 재판 및 집행의 전 형사사법의 진행과정에서 각종의 정보를 제공받을 권리가 있으며, 피해자는 배심원결정, 가석방심사, 재판선고 등의 과정에서 진술할 권리가 있고, 법원은 가해자를 직접 대면하지 않도록 피해자의 대기실을 분리하여 설치할 의무가 있으며, 피해자는 법원에 선고시 가해자에게 피해회복을 명할 것을 요청할 수 있다. 또한 피해자의 네트워크를 설치하여 수감 중인 가해자의 석방여부 등을 24시간 자동전화로 안내해 주는 시스템을 운영하고 있으며, 1989년 법 제196호 The Criminal Assessment Act에 의하여 미시간 주의 중가해자는 60달러, 경가해자는 50달러, 청소년 가해자는 20달러의 부과금을 의무적으로 납부하고, 이 기금은 주로 피해자의 권리를 보호하는데 사용한다(박민식, 2011 : 314~319).

(3) 유엔

1985년 UN총회에서 채택된 '권한남용과 피해자에 대한 사법의 기본원리선언(Declaration of the Basic Principles of Justice for Victims of Crime and Abuse of Powers)'에서 정조와 처우에 관한 권리, 견해의 고려, 배상과 보상, 피해자 서비스의 제공을 포함하는 피해자 처우에 대한 기본직인 기준을 마련하였고, 2002년 12월에 경제사회이사회(ECOSOC)이 '형사사건에서의 회복적 정의프로그램 활용에 관한 기본원칙(Basic Principles on the Use of Restorative Justice Programmes in Criminal Matters)'결의안을 채택했다. 이 결의안은 회원국이 형사사법절차의 모든 단계에서 회복적 정의 프로그램의 활용을 권고하고 회복적 정의절차 참여의 자발적 성격을 중시하며, 회복적 정의 실무를 위한 실무기준과 안전장치를 설정할 것을 요청하고 있다.

6. 평가

회복적 정의는 회복적 제재의 이행을 통하여 가해자가 피해자의 고통을 깨닫고 자신의 행위를 반성함으로써 규범합치적 행동양식을 회복하도록 한다는 의미에서 특별예방에 기여하며, 지역주민을 비롯하여 피해자와 함께 회복적 정의절차에 참여하는 사람들에게는 범죄피해의 양상에 대한 체험을 통해 깨닫게 하고, 불법행위에 대한 반작용으로서의 처벌위협 및 피해회복을 위한 급부이행의 압력이 존재한다는 사실을 인식하게 하는 동시에, 사건 관여자를 포함한 시민일반에 대한 윤리형성력을 발휘할 수 있다는 의미에서 소극적 일반예방과 적극적 일반예방에도 기여한다(김용세, 2010 :236). 이러한 회복위주의 정의는 21C 형사사법제도의 전반적인 운영 및 정책수행상 거부할 수 없는 시대적 조류로 대두되고 있는 지역사회화(community based), 민영화(privatization)와 큰 틀을 같이하면서 향후 형사정책이 지향해야 할 방향을 제시하고 있다. 회복적 정의의 성격상 가해자의 위험성을 전제로 하여 부과하는 보안처분은 회복적 정의의 활용공간으로 부적절하며, 따라서 형법의 법률효과체계에 편입하는 방식이나, 새로운 형벌체계 또는 형벌·보안처분 외의 보충성원칙에 입각한 제3의 유형으로 구성하는 방안이 검토될 수 있다.

- 민사소송[29] 없이 배상이 가능하고 형사소송에서 느끼는 소외감과 무력감을 최소화하며 가해자를 이해하게 되면서 공포감을 줄일 수 있고 심리적 안정감도 얻을 수 있다는 점에서 피해자의 이익에 기여할 수 있다.
- 가해자에게 진심으로 반성할 수 있는 기회를 제공하고 피해배상을 통해 공동체에서 완전 격리되지 않아 재사회화에도 유리하고 화해를 이유로 형벌이 감면되는 경우 낙인효과도 줄일 수 있으며, 지역사회의 피해를 복구하고 안정성을 높일 수 있다.
- 법익침해는 경미하지만 갈등당사자의 감정대립이 첨예한 사건이나 성폭력 등의 특정한 범죄사건에서 회복적 정의는 유용하며, 법원 등 형사사법기관의 업무부담을 감소시키는 것에도 기여하고, 피해자 등의 참여로 법집행에 대한 일반국민의 신뢰를 높일 수 있다.

그러나 회복위주의 프로그램들이 항상 성공적인 것은 아니다. 먼저 참가자들의 자발성을 강조하기 때문에 프로그램을 수용적으로 보는 사람들의 참여가 높고 따라서 이들은 원래부터 재범률이 낮은 사람들에 속할 가능성이 높기 때문에 단순히 재범률로 다른 프로그램과 비교하는 것은 부적절할 수 있다. 특히, VOM 프로그램의 경우 피해자의 자발적 프로그램 참여율 저조, 소년범죄의 총체적 원인제거가 아닌 단순한 문제해결책, 가해자의 수치심에 초점을 두어 궁극적으로 재통합/화해 목표달성이 불충분, 부적절한 사전준비과정, 운영 중 참여동기부여 부족, 적절한 참가자 선발의 어려움, 가해자에 대한 프로그램 강제성, 형사사법망의 확대, 적절한 사례선정기준에 대한 부적절성, 가족구성원이나 지역사회 등 참가자들의 기본적인 자질 부족과 지역사회의 범위 및 개념정의 곤란, 참가자나 중재자의 가치중립성 부족, 심각한 폭력 가해자 적용곤란, 장기간 지속된 대인갈등문제에 적용 불가능, 가해자의 방어권한은 축소되고 한쪽으로 치우친 피해자중심의 운영, 가해자의 형사절차상 기본권리 및 헌법적 권리보장 미비, 부적절한 평가 결과, 기존 형사사법시스템과의 충돌 등이 문제되고 있다.

---

[29] 그러나 배상이 어려울 경우 민사소송도 피해자의 구제를 위한 중요한 수단이 된다. 민사소송을 통해 피해자는 처벌적 손해배상(punitive damages)을 요구하기 위해 가해자에 대한 민사적 조치를 취할 권리를 가진다. 민사소송의 이점은 법정소송에서 검사에게 전권이 있는 형사소송과는 달리 피해자가 통제권을 되찾는다는 것이고, 형사소송에서는 '합리적 의심을 뛰어넘는 증거'를 요구하지만 민사소송에서는 '우월적 증거'이면 인정된다는 점에서 피해자에게 유리할 수 있다. 그러나 민사소송은 가해자가 분명해야 하고 빈곤한 피해자도 변호사비를 지급해야 하는 문제가 있으며, 형사소송과는 달리 피해자의 사생활이 공개될 수 있고, 민사소송의 기간의 길다는 점이 있으며, 민사소송에서 승소하더라도 가해자가 금전적으로 갚을 능력이 없다면 효과를 거두기 어렵다. 한편, 국가 또는 소유주나 업체의 대표 등 제3자에 대한 민사소송도 가능한데, 이 경우에 피해자는 2가지를 증명하여야 한다. 첫째는, 그 이전에도 그 지역(장소)에서 유사한 범죄들이 발생하였기 때문에 예견가능한 사건이어야 하고, 둘째는, 제3자가 이렇게 범죄가 예견됨에도 방지조치를 하지 않았어야 한다.

- 대부분 경제능력이 없는 가해자의 배상은 기대하기 어렵기 때문에 피해자의 이익에 크게 기여하지 못하고, 합의도출에 실패할 경우 감정의 골이 더 깊어질 수 있으며, 오히려 피해자에게 가해자를 용서하라고 강요하는 꼴이 되기 쉽다.
- 응징적 사법과 달리 가해자가 공개적으로 망신당하는 것은 낙인확대가 될 수 있고, 지나친 피해자 권리강조는 오히려 가해자의 인권침해를 유발하고, 유죄입증 전에 가해자에게 사과요구는 유죄입증을 강요하는 문제가 있으며, 배상 또는 화해요구자체가 가해자에게 불이익처분이므로 형벌적 의미를 벗어날 수 없다.
- 전통적 지역사회가 아닌 산업적 지역사회에서는 기득권을 가진 소수 유력집단만이 형사사법 절차에 개입함으로써 오히려 지역사회발전에 해가 될 수 있다.
- 회복적 정의는 회복목표가 너무 다양하고 수단과 형식 또한 불명확하며, 너무 광범위한 재량이 인정되어 판단기준이 모호하고 평가기준이 가변적이라는 점에서 이념과 실무상 불명확하여 형사사법 발전에 기여하기 어렵다.

제4장 보호와 지원

1. 개요

[30]피해자 보호와 지원의 목표는 사람들이 자신이 경험한 피해를 극복하는데 도움을 주기 위한 것이다. 피해자 지원에는 다양한 모형이 있으나, 자원봉사자의 활용과 관리구조의 측면에서 지역사회에 기초한 모형이 강조되고 있다. 피해자 지원은 어떠한 정치적 목표도 없으며 가해자, 공판과정 또는 양형에 대해서는 거의 관심을 가지지 않음으로서 피해자를 위탁받는데 있어서 경찰의 협조를 확보할 수 있었다. 그 결과, 피해자 지원은 현재 자원봉사부분에 있어서 가장 빨리 성장하고 있는 조직의 하나가 되고 있다(이윤호, 2007 : 333). 가해자를 처벌하기 위한 형사사법기관이 분야별로 나뉘어 전국 각지에 설치되어 있듯이 피해자를 위한 조직들도 어느 곳이든 쉽게 다가갈 수 있을 만큼 양적 그리고 질적으로도 충분하게 설치되어 있어야 한다. 물론 국가적으로 피해자보호를 위한 '피해자지원기금'의 확대, '피해자 옴부즈만'제도 등을 도입하고, 그 밖에도 피해자종합지원센터 등을 각지에 조직하여 개인과 기업 할 것 없이 모두 그 권리가 이유없이 침해당할 위기에 처해 있거나 현재 피해를 받고 있을 때, 그 권리옹호를 위한 상담이 손쉽게 이루어지도록 하는 것이 바람직하다.

---

[30] '피해자지원'이라고 하면 피해자가 범죄피해로부터 회복할 수 있도록 조언 및 서비스 등을 실시하는 것으로써 여기에는 피해자가 주체적으로 피해로부터 회복될 수 있도록 하는 것을 그 전제로 하고 있다. '피해자지원'이 "사적인 단체 및 조직이 비공식적 또는 자발적으로 피해자의 피해회복에 협조하는 활동"이라고 한다면, '피해자보호'는 피해자에 대하여 그 기본적 인권으로서 "안전하고 평화로운 개인적·사회적 생활"을 확보하고 범죄자의 공격에 의해 침해된 권리의 회복을 위하여 국가 및 지방공공단체가 피해자의 법적 지위를 인정하고 또한 그것을 확보하기 위한 행정상·사법상의 조치를 통하여 권리주체로서의 피해자의 지위를 확립하는 것이라고 할 수 있다(송기오 외, 2005:32~34).

피해자지원사업에 있어서 가장 중요한 것은 피해자지원을 위한 자원봉사자들의 협력이 거의 절대적이라는 점이다. 독일의 경우 피해자 지원에 참여하는 자원봉사자들에게 전문화된 학습 프로그램을 기초부터 단계별로 제공하고 있다. 먼저 기초 프로그램의 경우 활동지역내에서 상담원이 피해자를 돌볼 때 자원봉사자와 동행하는 것에서 시작하여, 지속적으로 피해자지원 봉사자로 활동하다가 협회 내 일정한 교육과정을 이수하면 공식 상담원이 된다. 교육과정을 이수하고 일정한 경력이 있는 상담원 중에서 전문화과정을 거쳐서 지도자로서 인정을 받게 된다.

```
                    ┌─────────────────────────┐
                    │   범죄피해자 보호와 지원   │
                    └────────────┬────────────┘
                      ┌──────────┴──────────┐
        ┌─────────────┴──────────┐ ┌────────┴─────────────────┐
        │    국가차원 피해자 보호    │ │    민간차원 피해자 지원    │
        ├────────────────────────┤ ├──────────────────────────┤
        │• 형사사법기관의 보호조치 및 피해구조금 지급 │ │• 피난처 제공, 육체적 보호 및 치료 │
        │• 형사절차상 피해자 지위보장과 강화 │ │• 경제적 지원, 정신적 상처치유, 심리적 지원 │
        │• 수사기관에 의한 후속적 범죄피해 방지 및 │ │• 피해즉시 자원봉사 응급지원 │
        │  피해자 보호                │ │• 법적동행, 법률적 구조와 조언 │
        │• 형사절차상 원상회복(형사화해 등 회복적 사법) │ │• 범죄피해자지원센터 등의 자원봉사 활동 등 │
        │• 국가와 지방자치단체의 형사정책 및 복지정책 등 │ │                          │
        └────────────────────────┘ └──────────────────────────┘
```

2. 인식전환

최근에는 범죄피해자가 잊혀진 사람에서 범죄사건에 있어 중심적 인물로 인식되고 있다. 그 동안 일부 범죄피해자에 대한 형사사법제도의 반응은 범죄피해자를 두 번 피해자가 되도록 방치한 감이 없지 않다. 즉, 범죄로 인한 피해와 여러 방면에서의 형사사법제도와 기관에 의한 피해가 그것이다. 또한 어떤 경우에는 오히려 피해자가 범죄에 대한 책임이나 비난의 대상이 되기도 한다. 이처럼 피해자를 비난하는 것을 피해자-유인(victim-precipitation)이라고 한다.

"웃지마! 다음은 니차례니까!"

피해자비난을 부추기는 이론으로는 공정사회가설(just world hypothesis), 귀인오류(attribution error), 불사신이론(invulnerability theory) 등이 있다. 첫째, 공정사회가설에서는 권선징악(勸善懲惡)을 전제하기 때문에 착하고 무고한 사람이 피해를 당할 가능성이 없기 때문에 피해를 당한 것은 피해자 개인의 문제(피해당할 만한 사정 등)에서 기인한 것으로 판단하고, 둘째, 귀인오류는 잘된 것은 내탓, 잘못된 것은 네탓하기 때문에 생기는 것이므로 어떤 사람이 피해의 책임을 네탓(상황 등)하면 오류가 발생하는 것이다. 따라서 피해의 책임을 내탓하여야 귀인오류가 생기지 않는다. 셋째, 불사신이론은 자신은 절대 피해를 당하지 않을 것이라 생각하고 자신은 안전하다는 느낌을 갖기 위해서 피해자를 비난한다는 것이다.

피해자비난에 대응하기 위한 피해자옹호론자들은 피해자에 대한 비난이 피해자의 범죄신고를 꺼리게 하고, 피해자의 친구나 가족 등의 지지를 감소시키며, 목격자의 증언의사에도 영향을 주고, 사법당국의 가해자처벌을 위한 검사의 기소나 구형, 법관이나 배심원의 유죄인정과 양형판단 등에 영향을 미친다고 보았다(George & Martinez, 2002). 따라서 이들은 두 가지 측면에서 접근하는데, 첫째는 가해자비난론(offender blaming)으로, 범죄행위는 가해자의 일방적인 책임에 해당하기 때문에 가해자가 피해자에게 책임을 전가하는 것을 용납하지 않는다. 둘째는 체제비난론(system blaming)으로, 피해의 책임을 가해자보다는 제도자체에 두는 것인데, 이 경우 사회제도의 잘못으로 인하여 나쁜 행위가 발생한 것이므로 가해자와 피해자 모두 공동의 피해자로 간주된다.

한국판 슬럿워크 잡년행동 거리 나서!..., 야한 옷차림 강간 원인 안돼!

슬럿워크, 성폭력 원인을 여성에게서 찾는 사회적 시선 비판하며 시작된 운동

잡년행동 코리아 회원들이 지난 28일 오후 서울 종로구 탑골공원 앞에서 한국판 슬럿워크(Slut Walk) 행사에서 다양한 피켓과 문구를 내걸고 여성에 대한 성폭력 반대 운동을 벌이는 퍼포먼스를 했다. 여성운동단체 잡년행동 코리아(Slutwalk Korea)는 야한 옷차림을 하고, "내 몸은 내꺼다, 함부로 만지지 마", "누구의 몸도 모욕일 수 없다!", "침묵은 우리를 보호해준 적 없다", "여성이 자유롭게 옷 입을 권리를 짓밟아선 안 된다", "임신과 출산의 자기 결정권은 여성에게 있다" 등 여성의 권리 신장을 위한 목소리를 높였다. 슬럿워크는 2011년 1월 캐나다 토론토 소재 요크대학의 '안전교육' 강연에서 경찰관 마이클 생귀네티가 "여자들이 성폭행 희생자가 되지 않으려면 매춘부(slut)처럼 옷을 입고 다니지 말아야 한다고"고 한 발언이 계기가 돼 이 운동이 출발됐다. 그해 4월 3일 성폭행 피해자의 야한 옷차림을 문제 삼는 사회를 향해 캐나다 토론토에서 3,000명이 모여 시위를 벌였다. "평소처럼 입고와도 된다"는 주최 측의 당부에도  많은 여자들은 속옷과 비슷한 차림으로 나타나 "내가 입은 옷은 당신을 위한 것이 아니다"는 피켓을 들고 거리를 나섰다.

  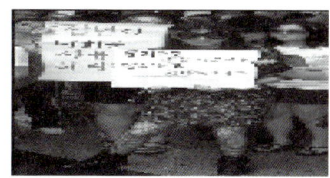

슬럿워크 시위는 캐나다에서 끝나지 않고 여성들의 큰 호응을 얻으며 순식간에 보스턴, 시애틀 등 북미 주요 도시와 런던, 시드니, 멕시코시티등 세계 60여 개 도시로 시위가 이어졌다. 지난해 7월 우리나라에서도 '잡년행동'시위가 서울 명동과 서울시청광장에서 이루어졌다. 이들은 풀 메이크업, 원더 브라, 킬 힐로 등장해 화장을 문질러 지우고, 구두를 벗어던진 맨발로 춤을 추는 퍼포먼스를 했다. 잡년행동은 야한 옷차림과 늦은 귀가 등이 강간의 원인으로 지적되는 성범죄의 불합리한 정당화에 대한 반성폭력 운동이다. 옷을 통한 자신의 표현, 신체의 자유, 그리고 일이나 상황에 따라서 늦게 귀가한다고 해서 성범죄는 정당화될 수 없다. 성범죄의 책임은 성범죄자의 욕망과 부도덕성에 있는 것이지 다른 사람에게 있는 것이 아니기 때문이다. 참가자들은 이날 탑골공원에서 슬럿워크 문화제를 마친 뒤, 청계천을 따라 중구 명동 예술극장까지 거리행진을 하기도 했다(장현식 기자/웰빙코리아뉴스).

(1) 피해자와 가해자

피해자와 가해자의 관계는 항상적이지 않으며, 서로 입장이 바뀌기도 한다. 일반적으로 양자의 관계는 범죄유형에 따라 다르다. 폭행이나 살인의 형태로 이루어지는 폭력은 사회적 상호작용에 의해서 통상 진행되며, 피해자와 가해자 모두가 그 상황을 폭력이 필요한 때라고 규정하는 경우에 신체적 폭력이 발생할 확률이 더 높다. 대체로 피해자와 가해자가 잘 아는 사이인 경우에는 평균적으로는 피해  회복의 속도가 빠를 수도 있으나, 동시에 회복에 실패하거나 아직 회복되지 못했을 경우에는 그 피해 후유증이 다른 경우보다도 더 크다(황지태 외, 2010 : 33). 또한 대부분의 폭력범죄는 친구, 아는 사람, 가족 등에 의해서 발생하고 있음에도 가정폭력의 경우에는 피해자가 자신의 가족이 체포되는 것을 원치 않기 때문에 과소보고 된다고 할 수 있다. 한편, 낯선 사람들에 의해 공격받을 확률은 여자보다는 오히려 남자가 높으며, 피해자에 대한 가해자의 가장 보편적이고 대중적인 태도는 피해자의 감정에 대한 '무관심'이라고 할 수 있다.

(2) 피해자와 형사사법

가해자처벌 중심이고 가해자의 권리를 보증하는 형사사법구조상 피해자는 그동안 소외되고 피해자의 권리는 보증되지 않았으며, 피해회복은 개인의 문제로 취급되어 왔다. 이제 형사사법에 종사하는 자들은 가해자에 대한 법적 처리뿐만 아니라 피해자에 대한 보호절차에 대하여도 충분히 알고 있어야 한다. 아무리 좋은 피해자지원방법이 있어도 이를 실제로 다루는 형사사법 종사자들이 잘 알지 못한다면, 피해자보호는 성과를 거둘 수 없기 때문에 특히 중요한 것이다. 형사사법시스템은 피해자에게 형사절차상 보호받을 수 있는 정보를 충분히 제공해야 하고 피해자들의 권리가 충분히 인정되어야 하며, 피해자들이 가해자로부터 미래에 위해를 받지 않도록 보호해야 하고 피해자들이 원한다면 모든 형사사법 단계에서 피해자가 가시적으로 참여할 수 있도록 조력하여야 한다.

범죄 피해자들이 생각하는 사법기관의 필수조치 (단위 : %, 복수응답)

순위	항목	응답비율
1	상담이나 대화	59.0
2	정신적 지원과 위로	53.1
3	경찰신고 지원	46.2
4	경찰대처의 도움	41.6
5	가족 보살핌	35.3
6	신변 보호	34.5
7	긴급 경비 지원	30.4
8	간호와 구호	28.8
9	병원 후송	26.8
10	병원 간병	22.5
11	직장 통보	14.4
12	식사제공	8.9

형사절차 진행단계와 피해자 관련성

기관	절차진행의 단계	피해자와의 관련성
경찰 또는 검찰	사건발생 → 수사개시 → 범인확인 → (피의자 체포·구속 / 피의자의 임의출석) → 사건송치	• 피해자의 신고 또는 고소는 수사개시를 위한 단서가 된다. • 피해자는 경찰서 또는 검찰에 출두하여 진술하여야 하는 경우가 많다. • 피해자의 의복이나 소지품, 피해자의 신체도 증거가 될 수 있다. • 피해자에 대한 통지 • 피해자의 사생활보호, 신변안전보호 • 피해자를 배려하는 신문태도 • 피해자와 가해자의 격리
경찰	기소 / 불기소	• 경찰이 수사를 담당한 경우, 수사를 모두 마치면 사건을 검찰에 송치한다.
검찰	구공판 / 구약식	• 피해자에 대한 통지 • 피해자는 검찰의 불기소처분에 대하여 항고, 재항고, 재정신청 등으로 불복할 수 있다.
법원	정식재판 / 약식재판 → 판결 / 약식명령 → 형집행	• 피해자를 위한 심리·진술의 비공개 • 비디오 중계장치를 이용한 증인신문 • 피해자 의견진술 • 회복적 정의와 회복적 제재
교도소 등	석방	• 피해자에 대한 정보제공 • 교정단계에서의 회복적 정의(회복적 교정)

출처 : 김용세, 2010 : 196

미국 범죄피해자 회의(National summit on victims of crime)의 7대 중요항목

항목	내용
안전(Safety)	가해자로부터의 보호, 재피해의 방지
지원(Support)	형사사법절차와 피해자 서비스에 참여할 수 있도록 지원
정보(Information)	형사사법절차와 피해자 서비스에 대한 간결하고 유용한 정보제공
접근(Access)	형사사법절차에 참여하고 정보와 서비스를 얻을 수 있도록 기회제공
지속(Continuity)	형사사법절차 전 단계에 걸쳐 기관들의 지속적인 지원방법들 유지
발언(Voice)	구체적인 사건에 대한 발언기회제공과 큰 정책적 의견 개진기회 제공
정의(Justice)	가해자가 책임을 지는 것을 확인하고 피해회복에 필요한 지원을 받음

① 피해자와 경찰

'경찰과 피해자'는 사건의 신고 등을 통해 가장 먼저 만남이 이루어지지만, 피해자가 여러 가지 이유로 신고를 기피하기도 하며, 만약 피해자가 경찰에 신고했다면 긴급출동을 통해서 적시에 도움을 주어야 한다. 사건사고로 처음 피해자가 접하게 되는 1차적 국가기관이 경찰이다 보니 경찰에 대한 피해자의 평가는 향후 형사사법기관에 대한 평가에 전반적으로 영향을 주게 되어 있다. 실제로 사건 전에 경찰에 대하여 좋은 이미지를 가지고 있었던 피해자일수록 사건 후에 자신의 안전을 지켜주지 못한 경찰에 대한 분노가 더 커지게 마련인데, 이에 대하여 경찰이 피해자에 대하여 세심하게 배려하지 않으면, 향후 피해자의 상처는 더욱 깊어지게 된다.

아무리 경찰이 빨리 출동하더라도 피해자의 입장에서는 사건상황에 조급할 수밖에 없기 때문에 불만이 생기게 된다. 또한 수사에 있어서도 경찰의 무성의한 태도가 피해자에게 심리적 잔혹감을 줄 수 있고, 반복되는 수사에 피해자가 탈진(burnout)상태에 빠질 수도 있다. 그리고 경찰이 사실판단을 위해 신고자를 피해자로 간주하지 않거나 피해사실을 과소평가하는 경우에 피해자가 받게 되는 고통도 매우 크다. 특히, 문제가 되는 것은 피해자가 사건 종결된 이후에도 가해자가 어떻게 처리되었는지 알지 못하는 경우가 많다는 점이다. 피해자들은 사건이후 최초 대응자(경찰관, 임상가 등)들의 대응방식과 그 질에 따라 미래에 대한 지각, 형사사법 기관 및 의료기관과의 상호작용, 그리고 정신건강 체계에까지 폭넓은 영향력을 행사함으로써 삶을 달라지게 했다고 보고한다. 최초 대응자들로부터 필요한 만큼의 지지를 받을 수 있었던 피해자들은 더 빠른 속도로 회복할 뿐 아니라 수사와 기소 과정에도 상당히 협조적인 태도를 보이고 보다 능률적으로 대응하며, 형사사법체계에 기꺼이 참여한다(김태경 역, 2015:116).

호주, 캐나다, 프랑스, 영국 및 미국 등 다수의 국가에서는 단순히 증거원이 아니라 피해자가 인간으로 대우 받을 수 있도록 형사사법시스템과 피해자의 최초 접촉 지점과 "심리적 응급처지[31]"의 관념에 관심을 기울이고 있다. 피해자에게는 범죄가 사회에 의하여 비난되

---

[31] 스피어 핸드북(2011)에서는 심리적 응급처치란 고통에 처해 도움이 필요한 사람들과 도움을 원하는 사람들에게 인도적인 도움을 주는 행위라고 설명한다. 심리적 응급처치는 최근 피해상황에 노출된 사람들에게 단기적으로 지원하는 것으로, ① 강제적이지 않은 실질적인 지원, 필요 및 우려 사항에 대한 조사, ② 기본적인 필요사항(예, 식량, 식수, 현 상황에 대한 정보 등) 지원, ③ 경청(단, 이야기하기를 강요해서는 안 됨), ④ 평정심을 찾을 수 있도록 위로와 도움 제공, 도움관련정보나 서비스 또는 사회적 지원 제공, ⑤ 추가적으로 발생할 수 있는 피해에 대한 예방 및 보호를 포함한다. 이러한 심리적 응급처치는 심리적 경험보고나 전문상담이 아니기 때문에 전문가만이 할 수 있는 것은 아니고, 심리사회적 지식이나 경험이 없더라도 피해자가 원하면 안전한 장소에서 이야기를 경청해주는 것이다. 한편, 세계보건기구(2010)와 스피어 핸드북(2011)은 최근 심리적 경험보고를 스트레스 상황에 대한 인지, 생각과 감정적인 반응을 체계적으로 묻고 답하며, 자세하게 이야기하게 함으로써 스트레스를 풀도록 하는 것이라고 설명한다. 세계보건기구와 스피어 핸드북은 심리적 경험보고를 권하지 않고 있다. 심리적 경험보고는 일부 기관이 현장 실무자들의 파견이나 특정 업무 종료 후에 제공하는 실무적 경험보고와는 차이가 있다. 심리적 응급처치는 기존의 '심리적 경험보고'가 효과적이지 않다고 입증된 후 제시된 대안이다. 다양한 위기 상황에서 일한 경험이 있는 전문가들의 증언 및 각종 연구 결과에 따르면, 심리적 응급처치는 피해자의 장기적 회복에 큰 도움을 요소들(① 안전에 대한 불안요소제거, 다른 사람들과의 유대감,

는 행위이고, 공동체가 피해자와 공감한다는 점을 확인해 주어야 한다. 이 과정은 경찰관이 피해자에게 안전을 확인하고 피해자에게 발생된 일을 유감으로 생각하며, 발생된 사건이 피해자의 과실이 아님을 재확인하는 것으로 구성된다. 네덜란드의 우크레히트(Utrecht)의 경우 피해자가 형사의 질문을 받은 뒤, 두 번째 형사가 첫 번째 형사에게 피해자를 어떻게 대우하였는지를 묻는 동료검토시스템(Peer REVIEW)이 확립되어 있는데, 이에 대한 응답은 추가 훈련의 기초로 사용된다. 일본의 경우 전국적 경찰기관 및 같은 관서의 경찰이 경찰의 시민 대우에 관한 여러 가지 질문을 하고, 이것은 경찰의 대시민 처우를 개선하는 수단으로 사용된다. 한편, 경찰은 비참한 일상생활에 노출된다는 점에서 직무스트레스에 대처하기 위한 프로그램들이 경찰관 및 그 가족들에게 제공되어야 한다.

경찰관은 피해자의 외상, 피해자와 공감, 정서적 응급처치, 현실적 상황에서 피해자를 대하는 방법, 특별한 피해자 범주(아동학대, 성적 학대, 여성·노인·장애 피해자, 소수민족 피해자, 동성애 등의 성적 취향 피해자, 살인피해유가족 등)의 취급 및 피해자 충격진술서의 사용 등의 영역에 대한 일반적인 능력을 갖추고 있어야 하고, 피해자의 외상을 이해하기 위해 평소 역할극 훈련 등을 통해 피해자의 현실적인 삶에 대하여 알고 있어야 하며, 피해자와 공감하고 친밀한 관계를 형성하기 위한 훈련이 필요하고, 피해자에게 적절한 지원네트워크를 연결하고 적절한 정보를 제공함으로써 회복을 조력하여야 하며, 국가에서 인정할 경우 피해자가 피해자충격진술서를 작성할 때, 전문적으로 조력할 수 있어야 한다(손진 역, 2008:109~120).

┃경찰을 위한 권고사항┃

피해자가 법집행기관과 최초 접촉을 하면, 피해자를 상대하는 경찰관은 반드시 주(州) 법 또는 연방법에 따라 피해자의 권리에 대한 구두 및 서면 통보를 제공하여야 한다.

경찰기관은 다음의 긴급서비스, 재정적 원조, 정보 및 지역사회 프로그램에 대한 접근을 보장받을 수 있도록 지역사회 협력관계를 활용할 수 있어야 한다.
- 현장위기개입, 원조 및 지원
- 지역사회 기관으로의 즉각적 위탁
- 응급의료서비스기관으로 이송 및 동참
- 특정범죄 피해자에게 예상되는 반응을 설명하는 서면 자료 및 책자
- 피해자 보상 및 신청방법에 관한 서면 정보
- 증거수집 및 보존 필요로 인하여 발생하는 비용이나 특정 의료비용의 지원

1. 협박 및 위해로부터 보호
   - 피해자 보호를 위해 이용할 수 있는 절차와 자원에 대한 통보
   - 반-스토킹 권리와 긴급보호명령 이용에 대한 설명

안정과 희망, ② 사회적, 신체적, 정서적인 지원에 대한 확신, ③ 개인 및 지역사회가 스스로 회복될 수 있다는 자신감)을 포함하고 있다.

- 용의자의 석방에 대한 피해자통보 및 석방조건으로 피해자 비접촉 포함
2. 수사
   - 수사과정에 대한 구두 및 서면 오리엔테이션
   - 피해자가 조사에 대동할 사람을 선택할 수 있도록 하는 절차
   - 사건을 수사하는 경찰관의 이름과 연락처
   - 사건 및 체포 보고서의 무료 복사본
3. 체포가 이뤄지면, 피해자는 다음의 사항에 대하여 통보를 받아야 한다.
   - 가해자의 체포
   - 최초 출두를 위한 예정된 일시 및 장소
   - 가해자의 재판전 석방
   - 형사사법 및 소년사법 과정 속 그들의 권리
   - 범죄혐의가 있는 가해자의 석방에 관한 다음 법정 출두 관련 일시 및 장소고지
4. 만약 체포가 7일내에 이루어지지 않을 경우
   피해자의 현재 주소를 유지할 수 있도록 하는 권리, 체포에 대한 통보를 받을 권리에 대한 안내
5. 만약 사건이 기소를 담당하는 검사 사무실로 제출된 경우
   - 사건담당 검사의 이름, 주소, 연락처의 통보
   - 즉각적인 재물의 환수

② 피해자와 검찰

기소단계에서 '검찰에 증인으로 봉사하는 피해자'는 여러 가지 심리적 불편감을 겪게 된다. 또한 피해자부조 프로그램이 일부 헌법적 윤리적 문제를 야기하고, 피해자에 대한 부조가 권리가 아니라 오히려 특전으로 인식될 수 있는 점이 문제이며, 만약 검찰이 피해자를 보호해주지 않는다면 가해자 쪽으로부터 강한 압력을 받거나 보복범죄를 당할 위험성에 놓이게 되며, 간혹 검찰이 가해자의 혐의를 기각하거나 축소할 때, 그리고 피해자의 관여없이 유죄협상이 이루어지는 경우 피해자는 깊은 좌절감에 빠지게 된다. 따라서 수사관은 피해자를 대할 때 전문가다운 처신과 일처리를 하여야 하고 불필요한 질문을 최소화하며, 피해자비난을 금지하고 인내와 동정심으로 진술을 청취하며, 피해자에게 전문가의 도움을 받을 기회를 제공할 수 있어야 한다.

검사는 사건을 신속하게 처리하고자 하는 경우는 자기를 공격한 범죄자가 법에 따라 기소되기를 원하는 개별 피해자의 욕구와 직접 충돌할 수 있다. 그러나 검사는 범죄로 인하여 직접 피해를 입은 사람이 피해자임을 명심해야 한다. 피해자는 사건의 기소에 관한 적법한 이익을 가지고 절차의 모든 단계에 관여하여야 한다. 피해자는 사건의 진행과정을 알지 못해 고통을 당하고, 지연되기 쉬운 법원심리에 출석하기 위한 개인 및 직장생활을 계속 조정해야 하기 때문에 고통을 겪는다. 검사가 피해자의 변호인은 아니지만, 검사는 피해자에게 정보를 제공할 수 있고 계속 관여시킬 수 있으며, 재판 및 법원환경에서 적절한 편의를

제공해줄 수 있고, 필요에 따라 정보와 회부를 처리할 수 있는 기회를 가지고 있다.

다수의 국가들이 피해자에 대한 검사의 대응을 강화하기 위한 프로그램 및 제도를 두고 있다. 예컨대, 1989년 멕시코는 여성 사회복지사, 의료조력, 심리치료사, 경찰관 및 검사가 성범죄 피해자에게 민감하게 대응할 수 있는 학제적 팀을 구성하는 특별 성범죄 수사대를 설치하였다. 이러한 서비스는 비정부 단체에 의하여 제공되기도 한다. 중국은 중앙 및 지방 법률조력 센터를 설치하여, 범죄피해자의 요청에 따라 법적 원조를 제공하도록 하고 있다. 이스라엘에서는 변호사와 사회복지사팀(비정부단체의)이 검사와 협력하여 강간 또는 아동학대 피해자에게 필요한 원조를 제공하고, 검사의 업무량을 경감시키는 실험적 프로젝트가 시행되고 있다(손진 역, 2008:121~125).

│검찰을 위한 권고사항│

1. 검찰은 다음과 같은 사항에 대하여 일시 및 장소를 정중하게 피해자에게 고지하여야 한다. 피고의 기소, 재판전 심리, 형량협상, 재판, 모든 재판관련 일시의 변경 및 양형심리
2. 검찰은 범죄피해자에게 최소한 기본적 수준의 서비스를 제공할 수 있도록 피해자-증인 원조 부서를 설치하여야 한다. 서비스에는 정보, 고지 및 상담과 참여를 포함한다.
3. 검찰은 범죄피해자를 협박 및 가혹행위로부터 보호하기 위하여 이용가능한 모든 수단을 활용하여야 한다. 이러한 수단에는 범죄피해자에게 안전예방에 대하여 정보제공을 보장하며, 가해자의 보석절차에 앞서 피해자의 두려움과 안전에 대한 염려에 대하여 법원에 조언을 제공하는 것을 포함한다.
4. 검찰은 보석결정, 소송의 연기, 양형거래, 기각, 양형 및 배상에 대하여 판사에게 피해자의 관점이 반영될 수 있도록 피해자의 권리를 옹호한다. 또한 모든 검찰기관에 피해자가 그들이 이해할 수 있는 형태로 이와 같이 중요한 권리에 대하여 고지받을 수 있도록 정책 및 절차기 집행되어야 한다.
5. 피해자가 현 주거지 및 전화번호를 제공하였다면, 검찰은 유죄협상 또는 불항쟁의 답변 수용을 포함하는 어떠한 형량협상에 대하여 피해자와 상의하도록 모든 노력을 기울여야 한다.
6. 검찰은 성폭력, 가정폭력, 노인 및 아동학대, 그리고 특히 민감한 사건의 기소와 관련하여 체포 및 처리에 걸리는 시간을 단축하기 위한 정책을 마련하여야 한다.
7. 검찰은 가정폭력, 성폭력, 아동학대 사건에 대해서는 수직적 기소를 적용하여야 한다.
8. 검찰은 법정에서 실제 증거로 쓰이는 경우를 제외하고 피해자의 재산을 즉시 환수할 수 있도록 하는 절차를 마련하여야 한다.

③ 피해자와 변호사

'가해자 측 변호사와 피해자'는 법정에서 천적이라고 할 수 있는데, 피해자 입장에서 볼 때 가해자 측 변호사가 공판이나 심리를 지연시킴으로써 피해자를 지치게 하고 검찰 측 증인으로 피해자가 재판에 출석할 때, 가해자 측 변호사는 피해자의 신뢰성을 흠집내기 위한 불공정한 전략을 이용한다.

④ 피해자와 판사

'판사'는 재판정의 공정한 심판이지만, 피고인은 판사가 국가와 검찰의 편을 드는 것으로 간주하고 피해자는 종종 판사를 무고한 시민의 보호보다는 피고인의 권리를 수호하는 자로 보게 된다. 피해자들은 판사가 궁극적으로 자신이 추구하는 사법정의를 내려 주리라 기대하지만, 피해자와 판사 사이에는 피해자를 분노케 하는 가해자에 대한 보석결정이나 유리한 양형으로 인하여 갈등이 생기기도 한다.

판사는 유죄판결을 받은 범죄인에게 양형을 할 권한을 가진다. 판사가 적절한 양형을 평가할 때 범죄가 피해자에게 미친 충격에 관한 정보를 고려하는 것이 중요하다. 일부 국가의 경우, 피해자가 절차의 당사자가 되고, 그와 같은 정보를 직접 제출할 수 있다. 일부 국가에서는 이 정보를 검사기반 피해자원조 프로그램, 보호관찰관 또는 기타 공무원을 통하여서만 제출하도록 하고 있고, 일부는 특별한 '피해자충격진술'의 형태로 고려한다. 이와 같은 피해자 충격정보는 범죄자가 야기한 손상에 대하여 판사가 할 수 있는 포괄적 평가이다. 예컨대, 캐나다 형법은 피해자 충격진술서가 작성된 경우, 양형 판사는 이를 고려하여야 한다고 정하고 있다(손진 역, 2008:126~130).

┃법원을 위한 권고사항┃

1. 판사는 피고의 권리에 대한 조언을 고지하는 것과 같이 피해자에게도 피해자의 권리를 고지하여야 한다.
2. 판사를 비롯한 법원에 근무하는 모든 직원은 피해자와 관련된 법률 및 범죄가 피해자와 그 가족에 미치는 영향, 그리고 법원이 피해자의 권리를 어떻게 제대로 실현시킬 수 있을 것인가에 대한 교육을 지속적으로 이수하여야 한다.
3. 판사는 피고가 피해자와 그 가족의 재판 출석이 공정한 재판을 받을 권리를 침해한다고 주장하지 않는 한 피해자와 그 가족의 재판 출석권을 인정하여야 한다.
4. 판사는 석방 전 또는 석방 후 결정을 내릴 시 피해자와 지역사회의 안전을 고려하여야 한다.
5. 양형을 선고하기 전 판사는 반드시 피해자, 피해자측 대리인, 또는 적절하다고 여겨질 때 지역사회 대표를 합석시켜 피해자가 충격 진술을 하도록 허용해야 한다.
6. 판사는 형량 합의와 양형 선고에 피해자의 의견을 반영하여야 하며, 사건을 담당하는 검사가 피해자와 상의하는데 합당한 노력을 기울였다는 점을 증명하도록 요구하여야 한다.
7. 판사는 해당 사건과 피해자의 참여가 최대한 가능하도록 일정을 관리할 책임이 있다.
8. 판사는 반드시 피해자가 입은 고통에 대한 보상을 지원하기 위하여 가해자에게 배상명령을 내려야 한다.
9. 판사는 반드시 사법체계가 단지 전통적 판결 및 처벌할 뿐만 아니라 가해자-피해자를 위한 치료와 전체적인 문제해결을 통합하는 기관이라는 점을 개념화하고 지지하는데 주도적인 역할을 취해야 한다.

일부 국가에서는 피해자에게 보조검사의 지위를 주어 기소권을 인정하기도 하지만, 피해자가 기소권을 가지지 못한 국가들에서 피해자에게 피해로 인한 영향이나 의견에 대하여 진술할 권리를 인정해주는 국가들이 점차 늘어나고 있는 추세이다. 피해자가 양형절차에서 피해결과를 진술하는 피해자진술에는 '피해사실진술(victims impact statement:VIS)'과 '피해자의견진술(victim statement of opinion:VSO)'이 있다. 먼저 피해사실진술(VIS)은 범죄로 인한 경제적, 심리적, 신체적 피해결과에 대한 진술을 말하므로 객관적으로 결과사실에 대한 진술이라 할 수 있으며, 피해자의견진술(VSO)은 범죄로 인한 피해결과 이외에 피해자가 가해자에 대해 갖고 있는 태도와 바람직한 양형에 대한 피해자의 의견을 말하는 것이다(김지선, 2008:11). 이러한 피해자진술서는 수동적 참여형태인 피해자통보와는 달리 사법절차에 능동적으로 참여하는 형태라고 볼 수 있다.

범죄피해영향진술에 대한 부정적 의견을 보면, 사회가 배심·양형권자에게 생사의 결정권을 부여한 이상, 사회는 배심·양형권자가 사려깊고 사회적 책임을 질 수 있는 분위기 속에서 그 권한을 행사할 수 있도록 보장해야 한다고 본다. 그런데 VIS, VSO는 인간의 가치를 친구나 친족의 수와 그들의 웅변에 기초하여 비교하도록 배심·양형권자를 몰아 넣는 것이다. 어떤 가해자는 우연히 선택한 피해자가 사랑하는 가족을 갖고 있기 때문에 사형을 선고받고, 다른 가해자는 살해한 사람이 가족들로부터 버림을 받은 사람이라는 이유로 사형을 면하게 된다고 하는 사태는 적정절차에 합치되지 않는다고 한다. 또한 양형판단시 피해자의 의견진술에 포함된 정보인 피해자의 개인적 특성과 특정 피해자에게 야기된 특수한 피해를 고려하게 됨으로써 양형결과에 있어 불균형을 초래할 위험이 있으며, 이와 더불어 피해자의 의견진술이 행해진 경우와 그렇지 않은 경우의 격차도 발생할 우려가 있다. 양형절차에 참가한 피해자는 보복감정에 치우쳐 감형사성에 대한 의견보다는 대개의 경우 중형에 대한 의견을 진술하게 될 것이며, 이러한 의견진술이 양형판단에 영향을 미치게 되는 경우 피고인에 대한 증오와 복수심 등은 양형에서 피고인에 대한 편견을 형성하게 됨으로써 부정적으로 작용하게 될 것이고, 결국 이러한 진술이 없는 경우보다 중한 형을 결정함으로써 양자 간에 격차가 발생하게 될 것이다. 또한 종종 피해자의 격한 감정적 발언으로 법정질서의 혼란도 발생하게 될 것이며, 이러한 피해자에 대한 피고인 측의 방어가 자칫 '개전의 정'이라고 하는 요인에 부정적 요소로 작용할 것을 우려한 나머지 피고인의 방어권 행사를 위축시킬 수도 있을 것이다.

> **미연방 대법원 판례**
>
> Booth v. Maryland(1987) : Booth는 두 건의 일급살인 사건으로 기소되었다. 양형단계에서 판사는 문서로 된 VIS(Victim Impact Statement)를 검사가 배심원들 앞에서 낭독하도록 허용하였다. 그러자 Booth의 변호사는 VIS가 "사랑하는 부모님, 파리도 한 마리 죽이지 못하는 착한 사람들, 저의 부모님은 짐승처럼 도살되었습니다. 부모님을 죽인 원수를 절대 용서할 수 없습니다" 등 선동적인 문구를 많이 담고 있어서 배심원들의 감성을 자극하여 사형판결을 유도할 수 있음을 지적하였다. 이에 연방대법원은 사형선고가 가능한 사건의 경우 배심단이 양형심의 과정에서 VIS에 노출되어서는 안된다는 판결을 내렸다.
>
> South Carolina v. Gathers : 이 판례에서 South Carolina 대법원은 검찰이 최후 논고에서 피해자가 지극히 종교적인 사람임을 배심단에 강조함으로써 사형이 적절한 처벌이라는 것을 암시하였다는 이유로 사형의 선고를 반대하였다. 연방대법원의 상고심에서도 유사한 판결이 나왔다. 연방대법원은 5대 4의 다수결로, 사형선고가 가능한 사건의 양형단계에서 배심단 앞에서 이루어지는 검찰의 논고가 VIS를 포함하는 것을 금지시켰다.

반면에 긍정적 의견을 보면, 피해자가 하는 진술의 내용에 대하여 '피해의 정도 및 결과'란 피해의 심정으로 볼 수 있다. 즉, 범죄행위로 인해 피해를 입음에 따라 피해자가 가지게 된 감정과 정신적·물질적인 모든 피해의 결과를 말한다고 볼 수 있다. 또한 '피고인에 대한 처벌에 관한 의견'이란 피고사건에 관련된다고 생각되는 피해자의 견해로서 사건의 평가, 피해자 가족의 신체적·경제적 영향, 손해배상의 필요성, 양형에 대한 의견, 피고인에 대하여 바라는 점, 충고 등이 모두 포함된다고 본다. 보다 구체적으로 살펴보면, 양형심리는 사건의 당사자인 피해자를 배제시킨 채 판사 혹은 배심원이 피고인의 의견과 검사의 논거를 듣는 방식으로 진행되었다. 그러나 현실적으로 볼 때 검사와 피해자가 파악하고 있는 사실이 반드시 일치하는 것은 아니며, 피해자의 입장이 공익과 배치된다고 판단하는 경우 검사는 피해자의 의견이나 입장을 무시할 수도 있다. 그러므로 양형에 대한 피해자의 의견진술은 양형결과의 개선 혹은 보다 효과적이며 정확한 양형결과를 가져올 수 있게 된다. 또한 가해자가 양형단계에서 피해자로부터 직접 피해의 결과 및 영향에 대해 듣는 것은 검사가 제출한 범죄의 영향에 대한 청문과는 매우 다른 역동적인 의사소통이 될 수 있다는 것이다(강석구외, 2009:61~63).

아래의 미연방 대법원 판례이후 대부분의 주에서 양형상 피해자 의견진술이 채택되고 있다. 특히, 법원에서는 범죄피해자의 피해정도에 대한 정확한 평가에 있어서 그 당사자에게 직접 확인해야 할 의무가 있다. 많은 경우 재판에서 피고인과 변호사는 범죄의 피해를 축소하기 위하여 최대한 노력하기 때문에, 실제 피해자가 받은 피해보다 더 적게 평가될 위험성이 매우 높다. 이에 범죄피해영향진술서는 재판에서 중요하게 채택되어야 한다.

> **미연방 대법원 판례**
>
> Payne v. Tennessee(1991) : Payne은 한 모자를 살해한 사건으로 기소되었다. 살아남은 3살짜리 아이의 증언을 기초로 한 VIS를 배심단이 받았다. 배심단은 Payne에게 사형을 부과하였으며, 변호사는 VIS에 의거한 판결은 Booth와 Gathers의 판례에 위배된다고 하여 항소하였다. 그러자 이번에는 연방대법원이 사건이송을 명하였고, 사건을 심리한 후 이전의 판례들을 뒤집어 버렸다. Payne 판결의 결과, 이제 법원은 특별한 사례의 경우도 더 이상 VIS를 금하지 않게 되었다. 만일 주 법이 검찰로 하여금 유족들이 겪어야 할 고통에 대해 진술하는 것을 허용한다면 그러한 정보는 배심원들이 청취해야 할 이유가 있는 것이다.

⑤ 피해자와 교정

'교정과 피해자'의 관계를 보면, 법원의 판결에 따라 교정이 피해자의 권리를 잘 지켜줄 필요가 있다. 배상조건부 가석방이나 보호관찰의 경우에는 적시에 피해자에게 배상이 이루어질 수 있도록 교정기관이 노력해야 하며, 미국처럼 가석방심사위원회에 피해자가 참여하여 진술할 수 있어야 하고, 가해자의 소재가 변경될 시에 피해자에게 통보하여 주는 등의 조치가 필요하다. 이에 최근에는 회복적 교정이념[32]이 강조되고 있는데, 회복적 교정은 가해자의 자발적인 책임인수를 통한 법공동체의 평화회복과 재통합이라는 회복적 정의이념에도 부합하는 것으로, 가해자의 사회복귀라는 교정이념에도 매우 잘 조화될 수 있다. 즉, 수형자가 스스로의 행동에 대한 책임을 자각하고 피해자와의 갈등상황을 해소하기 위하여 주체적으로 노력한다는 것은 결국 현대 민주사회에서 가장 철저하게 통제된 구금시설 내에서 자율을 실천한다는 의미가 된다. 이처럼 회복적 교정프로그램의 적용 시 수형자의 자발적인 반성과 피해자에 대한 회복의지 및 실천적 노력이 중요하다. 그러나 교정단계에서 수형자에게 화해와 원상회복[33]을 강제할 경우 발생할 수 있는 신응보적 요소를 유념

---

[32] 캐나다 교정청은 1990년대 초부터 피해자에 대한 배려를 교정청의 임무에 포함시키고, 회복적 정의원리에 기초한 행형개혁, 가해자와 피해 및 지역사회 구성원에 대한 회복의 기회제공, 교정시설 종사자와 수용자를 대상으로 한 회복적 교정환경의 확립 등을 실천하고 있다. 1996년에는 교정청내에 〈회복적 정의 및 분쟁 해결부〉를 설치 운영하고 있다. 영국은 1991년 공동체 교도소(community prison)의 이념을 제시한 Woolf Report의 출간 및 1990년대 초중반 영국사회에 존재하던 형사사법에 대한 부정적 인식이라는 두 가지 요인에 의하여 촉진되었다. 구체적으로 범죄피해경험이 있는 자원봉사자들과 수형자들이 체계적인 회복적 프로그램에 직접 참여하는 '무화과나무 프로젝트' 등이 있다. 벨기에는 1996년 법무장관이 회복적 교정정책을 표방하고, 1997년부터 6개교도소에 대학교수를 연구자로 파견하여 가해자와 피해자 사이의 갈등상황 및 갈등해소의 방법, 교도소 내부의 문화 및 사고방식의 변화가능성 등을 연구하도록 하고, 그 결과를 바탕으로 1999년부터 모든 교정시설에 회복적 정의실무를 도입하도록 지시하였고, 이에 각 교도소마다 '회복적 정의자문관'을 1명씩 배치하고, 이들을 지원하고 그들 사이의 조정과 협력을 담당하는 '회복적 정의 조정관'을 설치하였으며, 연방차원에서는 법무부 교정청장이 위원장인 회복적 교정 프로젝트 운영위원회를 두고 있다. 미국의 경우 뉴욕주 싱싱교도소는 심리학 전문가가 주재하는 피해자-가해자워크숍을 운영하고 있는데, 피해자가 가해자와의 만남에 참여할 경우 경비를 제공하며, 가해자에게는 피해자문제에 대한 이해와 피해경험에 대한 인식을 증진하기 위한 사전교육 등이 제공된다.

[33] 원상회복제는 제재의 성격을 강하게 가지고 있으며, 원칙적으로 유·무죄와 관계없이 원상회복을 명할 수 있다는 점에서 배상 내지는 피해보상(victim compensation)과 구분되는 개념이다. 원상회복제도의 도입은 다른 자유형과 같은 다른 형사처벌을 대신하게 되므로 형사사법기관의 부담을 덜어주는 순기능을 가진다. 한국의 경우에는 양형조건의 하나로

할 필요가 있다. 따라서 강제적인 원상회복명령은 수형자의 재사회화에 걸림돌이 될 수 있으며, 피해자의 경우에도 잊고 싶은 과거에 지속적으로 매이게 하는 요소가 될 수 있다.

1986년에는 미국교정협회(American Correctional Association)에서 피해자는 존엄과 존중으로 처우받고 가해자의 지위에 대해 통보받을 권리가 있음을 천명하였고, 1987년에는 피해자특별위원회를 설치하여 교정에 기초한 피해자서비스를 향상시키기 위한 15가지 권고안을 제시한 바 있다. 이러한 추세로 미국 내 교정시설과 지역사회교정에서는 가해자의 지위와 석방에 대한 피해자와 지역사회에의 통보, 배상금추징, 위협과 물리적 손상으로부터의 보호, 피해자의 범죄영향에 관한 가해자 교육 프로그램, 가해자의 협박이나 괴롭힘으로부터 피해자 신변의 보호, 재산범죄 중심의 피해자-가해자 대화, 피해자의 원상회복을 위해 가해자의 배상금 지급에 대한 감독 등을 포함한 다양한 서비스를 피해자에게 제공하게 된다. 독일의 경우 회복적 교정과 관련하여 보호관찰부 가석방(parole)에 있어서 범죄의 피해자와 그 가족에게 사전에 가석방심사청문회에 관해서 알려주고, 피해자, 그 가족 또는 대리인이 가석방심사청문회에 출석하여 가해자의 범죄가 그들에게 미친 영향에 대해서 진술할 수 있게 하며, 피보호관찰자가 범행을 하면 즉각 구금시킬 수 있도록 필요한 조치를 취하며, 보호관찰파기청문에서는 배제법칙(exclusionary rule)을 적용하지 말 것을 권고하였다. 그 밖에도 피해자중심 프로그램으로 대화그룹, 사회화 훈련과정에의 참가, 손해원상회복, 상징적 원상회복, 출소자에 대한 노란리본운동[34]의 전개 등이 실시되고 있다.

인정되어 형벌감경사유가 되며(형법 제51조), 검사의 기소재량사유로도 인정되고(형사소송법 제247조), 피해자에 대한 자복과 관련하여 형의 임의적 감면사유(형법 제52조), 보호관찰관의 보호관찰을 받는 16세 이상의 소년에 대한 사회봉사명령(소년법 제32조), 소년범에 대한 보호관찰부 선고유예나 집행유예선고 시 참고사항(「보호관찰 등에 관한 법률」 제19조), 배상명령제도(소송촉진 등에 관한 특례법 제25조), 성인범에 대한 사회봉사명령(형법 제62조의2)의 형태로 원상회복제도를 활용하고 있다. 그 중 배상명령제도에 대하여 살펴보면, 범죄피해의 배상은 범죄피해배상을 할 경제적 능력이 있는 가해자에 대해서는 형벌 이외에 추가로 당연히 부가되는 것이다. 특히 한국에서는 형사배상명령제도가 「소송촉진 등에 관한 특례법」에서 제도화되어 있다. 따라서 배상명령제도가 특별히 구금의 대안이라고 볼 여지는 없다. 그러나 범죄피해를 배상한 가해자에 대해서 양형 시 법관이 이를 고려하여 자유형집행을 선고하지 않고 보호관찰부 유예판결을 한다면 이것은 일종의 시설구금의 대안이 된다고 볼 수 있다. 한편 한국의 배상명령제는 가해자에게 자발적인 배상의지가 없는 경우에는 실질적인 효과를 거두기 어렵고 그나마 적용대상도 매우 제한적이다. 반면에 영미법의 징벌적 배상명령은 단지 피해자의 손해배상청구권을 확인하는데 그치는 것이 아니라, 가해자에게 형벌의 일종으로서 배상금 지급을 명하고 대체형벌에 의하여 이행을 강제하여 보다 실효성 있는 제도라고 할 수 있다(김용세, 2010 : 127).

[34] 이 운동은 1970년대의 인기 팝송 '오래된 떡갈나무에 노란 리본을 달아 줘요(Tie A Yellow Ribbon Round The Old Oak Tree)'에서 영감을 얻었다고 한다. 이 노래는 감옥에서 풀려나 사랑하는 사람을 만나러 고향으로 돌아가는 전과자의 복잡한 심정을 담고 있다. 싱가포르의 경우 창이 지역 우체국들에는 지난주 발송인의 주소가 교도소로 된 편지 2천 300여 통이 쇄도했다. 이 편지에는 수용자들이 가족들에게 용서를 구하는 한편 나중에 석방되면 과거를 잊고 따뜻이 맞아줄지를 타진하기 위한 15cm 길이의 '노란 리본'이 넣어져 있었다. 이 편지를 보낸 수용자 가운데 150명이 이번 주 풀려난다. 이들은 감옥 문을 나설 때 가족들이 자기의 진심어린 사과를 받아들이고 과거를 묻어버렸다는 것을 보여 주기 위해 '노란 리본'을 단 채 문밖에서 기다리고 있길 고대하고 있다. 이들을 사회로 내보내는 '싱가포르 교도소' 측은 각자에게 '생존 필수품'이 든 봉지를 나눠줄 계획이다. 이 속에는 도로 지도와 버스 이용 안내문, 칫솔, 즉석 라면, 빵, 생수 1병 외에 곤란한 일이 생겼을 때 도움을 요청할 수 있는 단체나 기관의 전화번호부 등이 들어 있다. 교도소 측은 여러 기업체와 종교단체, 국가 기관 등이 한 개에 1싱가포르 달러(700원꼴)씩 하는 '노란 리본' 40만개 이상을 사갔다고 밝혔다. '노란 리본' 판매 대금은 전과자의 사회복귀지원 프로그램을 위해 쓰인다. 아울러 부모가 감옥에 가는 바람에 어려움

[호수의 집, Loenberg]

바덴 뷔르템 베르크의 로웬베르크에 청소년 교정시설로 수도원 Creglingen에 의해 만들어진 호수의 집이 있다. 이곳에서는 자유로운 형태의 청소년 교도소도 있고 피해자와 가해자의 대화 프로그램이 진행되고 있다. 14세 이상 23세의 청소년들 가운데 약 1~4년의 징역형을 받은 사람으로 교도소 내에서 회의를 통해 신청자들 가운데 선정되며, 1~2년 동안의 지속적인 교육 프로그램이 진행된다. 지금까지 100명 이상의 청소년들이 다녀갔고 2차 범죄를 예방하는데 효과적이라는 긍정적인 평가를 거두고 있다. 청소년들은 교도소에서 지내게 되면 가해자와의 만남으로 더 부정적인 영향을 받을 수 있기 때문에 호수의 집에서는 청소년들을 대상으로 교육프로그램을 진행한다. 청소년대상 교육 프로그램은 교도소 소장의 승인 후 7명의 청소년들이 이곳으로 거처를 옮겨 한 집에서 부모와 자녀로 구성된 가족들과 함께 살면서 가족생활을 훈련받는다. 아침부터 저녁까지 집에서 함께 지내면서 체계적인 교육프로그램에 참여하는 방식이다. 이 프로그램으로 비행청소년들은 일상의 가정생활의 훈련과 가정의 모습을 느끼면서 자신의 계발을 위한 교육을 철저하게 한다. 5시 45분 기상하여 아침 운동으로 하루를 시작하여 밤 10시까지 젊은 청년들은 계획적인 교육 프로그램에 참여한다. 집청소, 학교, 직업교육, 가해자-피해자 화해조정, 사회교육과 여가활동 등을 하는데 기독교 정신의 가치를 밑바탕으로 하는 가르침은 중요한 부분을 차지한다. 여기에서 자신의 과거 행위에 대한 화해 회의, 자발적인 사회봉사 등에 참여함으로써 다른 학생들 및 직원들과 함께 살고 있는 사랑의 공동체에서 긍정적인 관계형성과 긍정적인 또래 집단 환경을 경험하도록 하고 있다. 이곳에서 진행되는 피해자-가해자 집단프로그램은 14세 이상 23세의 청소년들 중에서 범죄가해자나 범죄피해자인 사람들에게 제공한다. 비행청소년과 청년들 가운데 서로 모르는 사람으로 6명의 피해자와 6명의 가해자를 위한 집단활동으로 모두 6회기를 제공한다. 이 프로그램에서는 피해자는 범죄로 인해 자신이 처한 상황이나 문제, 고통들을 말하게 된다. 그리고 동시에 가해자들은 과거에 자신의 직면했던 어려운 문제들, 그에 대한 대처방식들을 이야기한다. 또 여기에서 성경의 삭개오 이야기 같은 "죄책감과 양심의 가책"에 대한 주제로 이야기를 나누고 또는 피해자에 대한 배상, 피해자와의 화해방법에 대해서도 주제에 따라 이야기를 나누게 된다. 그룹에서 범죄의 결과들이 어떤 것들이 있는지 심리적 측면, 경제적 측면, 사회적 측면들을 다룸으로써 가해자는 피해자의 상황과 피해자에 대한 공감을 배울 수 있게 되고 피해자와 가해자들은 서로 화해와 책임을 깨닫게 된다(김지영 외, 2014:40~41).

일본에서는 '편지쓰기역할프로그램', '나이칸심리치료법', '피해자시점에서의 속죄교육' 등을 하고 있다. 한국에서도 외국의 성공사례를 회복적 교정처우의 방법으로 적극 도입할 필요가 있다.

을 겪는 무고한 어린이들도 돕는다. '노란 리본'을 다는 것은 사회가 전과지를 받아들인다는 것을 상징적으로 보여주게 되는 의미가 있다.

|교정을 위한 권고사항|

1. 교정기관은 범죄피해자에게 정보, 원조, 위탁을 제공하는 직원을 지정해야 한다.
2. 교정기관은 피해자가 요청할 경우, 가해자의 지위에 변화가 생기면 통보하여야 한다. 가해자의 지위변화는 지역사회나 피해자에게 접근이 가능한 사면을 포함한다.
3. 교정기관은 감독하에 있는 수용자의 협박, 위협, 또는 어떠한 위해로부터 피해자의 보호를 보장하는데 우선순위를 두어야 한다.
4. 교정기관은 피해자가 구금되거나 보호관찰 및 가석방으로 풀려난 가해자로부터 공평한 배상을 받을 수 있도록 보장하는 법원명령에 따라 배상액을 수집 및 배분하여야 한다.
5. 피해자는 성인 및 소년가해자의 석방에 영향을 미치는 모든 결정에 의견을 제시할 수 있어야 한다.
6. 가해자가 자신이 저지른 행동이 피해자의 삶에 미치는 영향을 일깨우기 위하여, 성인 및 소년가해자 대상 교정기관에서는 피해자영향평가를 반드시 이용하고, 범죄가 인간의 생활에 미치는 영향에 대한 교육을 수강토록 한다.
7. 범죄피해자는 가해자의 보호관찰 및 가석방 조건의 어떠한 위반사항이라도 통보받아야 하고, 보호관찰 및 가석방 위반심리전 및 심리기간동안 의견을 제공받을 수 있어야 한다.
8. 성가해자가 출소한 경우, 통일된 형식의 지역사회 통보관례가 개발되어야 하며, 이는 주 경계를 넘어서 시민들에게 지속적인 보호를 제공하고 시민의 인식을 증진하기 위하여 실행되어야 한다.

3. 피해자의 구제방법

(1) 심리적 방법

범죄유형에 따라 피해자에게 미치는 심리적 피해는 개별차가 있는데, 특히 아동 등과 같은 노약자들을 상대로 한 범행에서는 피해자에게 미치는 심리적 피해가 막대한 것으로 알려져 있다. 이는 경제적 피해와 같은 객관적 손실처럼 계량화가 어렵고 피해자마다 느끼는 심리적 피해량이 매우 주관적이라는 섬(Walklate, 1989)에 문제가 있다. Weed(1995)는 범죄로 인한 정신적 피해에 대해 사회는 법적 제도로서 피해자들을 지원할 의무를 지니고 있음을 '정서적 재산권(emotional property right)'이란 용어로 표현하였고, 피해자들의 이런 외상경험으로부터 회복될 권리를, 재산권의 보장과 같이 정서적 재산권으로 행사할 수 있으며, 국가는 이를 지원하고 보상할 의무가 있다고 주장하였다. 미국 뉴욕주의 경우 '범죄피해위원회'에서는 피해자에게 물질적이고 신체적인 피해배상 외에도 그 후에 발생하는 상담 및 소송비용까지도 전폭적으로 지원하고 있으며, 호주 빅토리아주의 경우 범죄피해로 인한 지원체제를 완전히 독립적으로 운영하고 있어서 '피해자 연결 및 지원국'에 등록된 정신과의사・심리치료사 등이 피해자들에게 무료 상담서비스를 제공하고 있다(이성호 외, 2005 : 154).

(2) 법제적 방법

법제적으로 피해자를 구제하는 방법으로 법률상 피해자보호의 강화가 있고, 제도적으로 초기에는 위기개입상담, 신변불안해소 등에 초점을 두고, 그 밖에 지역별 피해자종합지원센터 및 범죄피해자지원센터의 증설, 수사관에 대한 교육훈련, 형사사법절차 상의 피해자 참여권 보장, 형사조정제도[35], 원상회복제도(형사재판상 화해제도 등)의 도입, 공교육(public education)의 강화 등이 필요하며, 또한 성폭력피해뿐만 아니라 살인 등 중대범죄의 피해자들을 위한 국선변호인제 도입, 가해자대상 직접 손해배상청구제 등이 논의되고 있다.

① 법률상 보호

한국의 헌법상 형사피해자에게는 헌법 제27조 제5항의 재판절차진술권, 제30조의 형사피해구조청구권이 인정된다. 현재 범죄피해자보호법상 범죄로 사망한 유가족에 대한 지원도 인정하고 있으므로, 제30조의 '범죄로 인하여 피해를 당한 국민'속에는 직접 피해자뿐만 아니라 간접피해자도 포함된다 할 것이며, 이는 광의의 피해자개념에 해당된다. 형법상 피해자개념은 형식적 의미의 범죄로 인한 피해자, 즉 직접 피해를 당한 자를 의미하므로 최협의의 피해자개념에 해당한다. 그리고 형사소송법상 피해자개념은 수사절차 및 공판절차상으로는 유족 등 간접 피해자의 권리를 보장하고 있으므로, 광의의 피해자개념으로 볼 수 있다. 한편, 범죄피해자보호법상 피해자개념도 피해자의 배우자, 직계친족 및 형제자매 그리고 피해자구조활동으로 피해를 당한 사람도 포함하고 있으므로, 형사소송법상 피해자개념보다 더 넓은 개념이라고 할 수 있다.

소극적 지위	이는 형사절차에서 피해자의 인격권의 침해로부터 피해자를 보호하여야 한다는 의미이다. 예를 들면, 참고인 또는 증인으로서의 인격권보호(신문방식 및 내용의 변화, 증거채택금지와 증인신문내용금지, 신뢰할만한 자나 변호인의 동석, 영상녹화를 통한 반복신문의 회피, 비디오링크방식의 신문으로 가해자의 대면회피 등), 피해자나 증인에 대한 신변보호 및 편의제공(보석의 제한조치, 신변안전조치, 공개제한사유를 추가하여 재판의 공개원칙 재검토, 대중매체로부터 사생활보호 등), 변호인의 조력을 받을 권리(변호인 선임권과 그 한계, 국선변호문제 등) 등이 있다.

---

[35] 형사절차와 가해자 - 피해자 조정은 서로 결부되어 있지만, 가해자와 피해자 조정은 형법과는 다른 규칙을 따른다. 즉 형법은 형법목적 내부에서의 의사소통과 진실발견을 목적으로 하며, 사실의 확증과 모순의 제거, 개인의 실책행위와 책임의 확정 그리고 피해자의 청구권을 우선적으로 고려하지 않거나 경우에 따라서는 민사적인 방식으로 청구가 가능한 방식으로 하며, 처벌과 책임상쇄 그리고 속죄의 방향으로 나아가지만, 반면에 조정은 새로운 것이 생성되는 과정으로서 의사소통과 갈등의 해소, 진실로 경험한 것이 무엇인지 파악할 목적으로, 개방된 출발점과 차별과 불명료가 특징이고 주관적인 관점과 범행과 범행결과에 대한 폭넓고 세분화된 관점에 대한 경험양식과 결합하고 원상회복급부와 함께 행해지는 방식을 취하며, 개인적인 책임수용과 평화로운 사회적 관계를 재건하는 방향으로 나아간다. 이러한 조정은 중립적이어야 하고 당사자들이 자율적으로 참여하여야 하며, 제한적이지만 약자의 입장에서 다방 당사자의 입장과 농능하게 원조하고 양자 간에 공정한 대화가 진행될 수 있도록 보증하는 역할을 한다.

적극적 지위	이는 피해자가 스스로의 이익을 위하여 형사절차의 진행에 적극적으로 참여하는 지위를 의미한다. 예를 들면, 피해자의 정보접근권보장[36](진행단계별 고지제도나 기록열람권인정), 공판절차 출석 및 진술권(공판절차출석권, 피해결과진술이나 양형의견진술 등을 통한 피해진술권 인정), 공판절차형성권(부대공소제도[37]나 검사가 구형 전에 피해자의 의견을 듣고 합의하여야 하는 제도), 영국·독일·프랑스의 사인소추제도[38], 피해원상회복제도(피해자구조제, 배상명령제, 형사절차상 화해 등), 재정신청의 확대 등이 있다.

구체적으로 형사절차상 피해자는 수사절차를 개시 혹은 중단할 수 있는 권한인 고소(취소)권이 있고, 특히 친고죄[39]나 반의사불벌죄[40]의 경우에는 형사절차를 제한할 수 있으며, 또한 검사로부터 수사종결 결과에 대한 통지·고지 받을 권리를 보장하고 있다. 검사의 불기소처분에 대하여 항고·재항고, 일반 공무원의 직권남용죄, 인신구속에 관한 직무를 행하는 자의 불법체포·감금죄, 폭행·가혹행위죄에 대해서는 고등법원에 재정신청을 할 수 있고, 헌법소원, 공판정진술권도 있다. 하지만 진술권을 행사하는데 필요한 요건이나 행사방법 및 절차가 마련되어 있지 않아 실제로 범죄피해자가 진술권을 행사하는 경우는 거의 없다.

---

36 피해자에게 정보제공을 하게 되면, 피해자는 범죄피해로부터 정신적 회복과 불안의 경감, 재피해의 방지, 범죄에 의한 재산적 손해의 회복, 형사절차에 대한 감시 등의 이익을 얻게 된다. 피해자들은 가해자의 체포, 구속여부, 공소제기여부, 공소기각여부, 보석청구 및 허가여부, 구속집행정지여부, 판결결과 등에 대한 정보를 형사사법기관으로부터 제공받기를 원한다.

37 독일의 부대공소제도는 사인소추의 권한이 있는 피해자에게 공소에도 참여하게 할 수 있는 특권을 부여하는 제도였으나, 최근에는 피해자보호를 위한 절차참여제도로서 새롭게 부각되고 있다. 부대공소제도는 피해자에게 검사에 준하는 지위와 권한을 부여하는 것으로, 피해자의 소송법상의 지위는 강화할 수 있으나, 형사소송에 있어서의 피해자 개인의 복수감정 및 보상심리의 개입과 형사소송을 통한 공형벌권의 실현이라는 상치된 이념과의 충돌상 피해자에게 소송당사자로서의 지위를 인정하는 것은 타당하지 않으며, 죄형법정주의의 실현으로서 피고인의 마그나카르타로서의 방어권 보장과 형사소송의 이념인 실체적 진실발견을 침해하는 결과를 가져올 수 있다(이성호 외, 2005 : 252).

38 영국의 경우에는 누구든지 법원에 직접 기소장을 제출하여 형사소추를 제기할 수 있으나 사후적으로 검찰총장에게 언제든지 그 소추사건을 인수할 권한을 주고 있으며, 독일의 경우에는 주로 친고죄에 포함되는 고도로 개인적인 범죄행위(주거침입죄, 모욕죄, 상해죄, 협박죄, 재물손괴죄 등)에 한하여 사인소추를 인정하고 있으며, 프랑스의 경우에는 검사의 공소제기여부와 관계없이 피해자에게 독자적인 공소제기권한을 인정하고 있다. 이러한 사인소추제도는 피해자에게 형사소추권을 인정하는 것을 말하는데, 개인적인 영역을 침해당한 피해자가 가해자의 처벌을 통하여 자신의 보상욕구를 실현하고자 할 때에는 피해자가 직접 법원에 기소함으로써 보상욕구를 만족시킬 수 있는 장점이 있지만, 사인소추를 통해서 피해자가 안게 되는 소송부담 및 형사소송절차가 피해자의 개인적 응보감정에 휘말릴 가능성이 많고, 국가가 부담할 형사소추를 피해자에게 전가시킬 우려 등도 있다(이성호 외, 2005 : 251). 그러나 공익과 사익의 절충형태의 제한된 범위 내에서 사인소추제도를 도입하는 것은 충분히 가능하다고 본다.

39 친고죄란 공소권자의 고소가 있어야 공소제기를 할 수 있는 범죄를 말한다. 즉, 고소가 공소제기의 조건인 범죄이다. 친고죄의 경우 고소 없이 공소 제기된 경우 법원은 공소를 기각하여야 한다. 친고죄가 인정되는 이유는 죄질이 경미하거나(사자의 명예훼손죄), 피해자의 명예존중(강간죄, 간통죄), 친족관계의 원활한 관계유지(친족상도례) 등이다. 친고죄의 종류 중 절대적 친고죄는 해당범죄 자체가 친고죄인 것을 말하며 상대적 친고죄는 피해자와 일정한 신분관계에 있는 경우에 한하여 친고죄가 되는 경우를 말하는데 친족상도례가 이에 해당한다.

40 반의사불벌죄란 피해자의 명시한 의사에 반하여 소추하지 않는 범죄를 말한다. 반의사불벌죄로는 폭행죄, 교통사고처리특례법에 의한 범죄 등이 있다.

|범죄피해자의 보호와 지원을 규정한 법률|

범죄피해자 보호법	• 피해자에 대한 손실복구지원(제7조 : 주거지원, 보호시설운영, 상담 및 치료프로그램 운영) • 형사절차 참여보장 등(제8조) • 범죄피해자에 대한 정보제공 등(제8조의2) • 사생활의 평온과 신변의 보호 등(제9조) • 구조금의 지급(제16조) • 외국인에 대한 구조(제23조 : 국가간 상호보증시에만)
형사소송법	• 피해자의 법정 증언시 신뢰관계자 동석(제163조의2) • 비디오 등 중계장치에 의한 증언(제165조의2 : 아동복지법 위반사건, 아동·청소년의 성보호에 관한 법률위반사건, 기타 피고인과의 대면이 부적절한 경우) • 피해자의 진술권(제294조의2) • 범죄피해자·법정대리인(피해자가 사망한 경우에는 배우자·직계친족·형제자매 포함)의 신청이 있는 경우 피해자를 증인으로 신문 • 피해자를 증인으로 신문하는 경우 심리 비공개(제294조의3) • 재판장의 허가사항으로 피해자·법정대리인·변호사 등 권한을 위임받은 자의 신청시 공판기록 열람·등사(제294조의4) • 피해자·법정대리인의 신청시 사건처분 결과(공소제기여부, 공판의 일시·장소, 재판결과, 피의자·피고인의 구속·석방 등 구금에 관한 사실) 등 통지(제259조의2)
특정강력범죄의 처벌 등에 관한 특례법	• 검사는 특정강력범죄사건의 증인이 피고인 또는 그 밖의 사람으로부터 생명·신체에 해를 입거나 입을 염려가 있다고 인정될 때에는 관할 경찰서장에게 증인의 신변안전을 위하여 필요한 조치요청(제7조) • 살인, 인신매매, 성폭력범죄, 강도, 범죄단체조직, 마약법, 전범, 보복범죄 등(제2조 제1항)의 경우에는 피해자 등을 미루어 알 수 있는 정도의 인적사항이나 직업, 용모 등의 출판, 방송금지(제8조)
특정범죄신고자 등 보호법	• 살인, 인신매매, 성폭력범죄, 강도, 범죄단체조직, 마약법, 전범, 보복범죄 등(제2조 제1호)의 경우 범죄신고자 등을 고용하고 있는 자는 피고용자에게 범죄신고 등을 하였다는 이유로 해고나 불이익한 처우를 금지(제5조) • 인적 사항 기재 생략(제7조-신원관리카드, 가명조서, 제8조-인적사항 공개금지) • 신변안전조치(제13조-검사 또는 경찰서장, 범죄신고자 등이나 그 친족 등이 보복을 당할 염려, 검찰청 또는 경찰청 공무원으로 하여금 신변안전을 위해 필요한 조치를 하게 함) • 범죄신고자 등이나 그 친족 등이 보복을 당할 우려가 있는 경우 또는 그로 인하여 중대한 경제적 손실 또는 정신적 고통을 받았거나 비용을 지출하였거나 지출할 필요가 있을 때 범죄신고자 등에게 구조금(제14조) 지급
성폭력범죄의 처벌 등에 관한 특례법	• 자기 또는 배우자의 직계존속 고소가 가능하도록 고소제한의 예외(제18조) • 공소시효 특례(제21조-미성년자에 대한 성폭력범죄는 성년이 달한 날부터 진행, 강간죄 등에 대해서 DNA 등 과학적 증거가 있는 경우 10년 연장, 13세 미만 및 장애인에 대한 성폭력범죄, 강간살인에 대해서 공소시효 불적용)

	• 보복의 우려가 없어도 특정범죄신고자 등 보호법 상 신변안전조치 가능(제23조) • 수사·재판을 담당하는 공무원의 피해자의 인적사항 등에 대한 공개·누설 금지(제24조 제1항) • 피해자의 인적사항 등에 대한 출판·방송금지, 전담 사법경찰관, 검사, 재판부(제26조, 제28조) • 피해자 국선변호사(제27조-형사절차상 입을 수 있는 피해방어, 법률적 조력 보장, '모든' 성폭력범죄피해자에 대해서 피해자 등의 신청에 의해 검사가 선정, 피의·피고사건과 피해자 국선변호사 선정사이에 직접적 관련은 없음, 상담·고소·수사·공판 등 사건의 모든 단계에서 선정가능) • 미성년자, 장애인의 진술에 대한 영상물 녹화(제30조-신뢰관계자, 진술조력인에 의해 증거능력부여) • 심리, 증인신문 비공개(제31조) • 법원 증인지원관(제32조-피해자 등이 피고인과 마주치지 않도록 하는 등 보호·지원) • 신뢰관계자 동석(제34조-수사 및 재판) • 진술조력인(제35-36조-의사소통·표현에 어려움이 있는 피해자의 수사·재판과정 참여)
성폭력방지 및 피해자보호 등에 관한 법률	• 피해자나 피해자의 가족구성원이 초·중·고 학생인 경우 주소지 이외의 지역에 취학가능(제7조) • 대한법률구조공단 등에 무료 법률상담·소송대리 요청(제7조의2) • 고용주의 피해자에 대한 해고 등 불이익 처분 금지(제8조) • 보호시설 설치·운영(제12조-쉼터 등의 설립근거) • 성폭력피해자통합지원센터 설치·운영(제18조-원스톱지원센터 등의 설립근거)
가정폭력범죄의 처벌 등에 관한 특례법	• 검사가 피해자의 의사를 존중하여 보호사건 또는 형사사건으로 처리(제9조) • 긴급임시조치(제8조의2-가정폭력이 재발될 우려가 있고 법원의 임시조치 결정을 받을 수 없는 긴급한 경우 또는 경찰관이 직권으로 가해자의 퇴거 또는 접근금지 등 조치) • 임시조치(제8조-가정폭력범죄가 재발될 우려가 있는 경우, 검사가 직권이나 경찰관의 신청, 피해자의 요청에 의해 법원에 신청, 가해자의 퇴거 또는 접근금지 등) • 피해자 보호명령(제55조의2-피해자의 보호를 위해 필요하다고 인정하는 경우 피해자의 청구 또는 판사가 가해자의 퇴거, 접근금지, 친권행사 제한 등 조치)
가정폭력방지 및 피해자 보호 등에 관한 법률	• 피해자나 피해자의 가족구성원이 초·중·고 학생인 경우 주소지 이외의 지역에 취학가능(제4조의4) • 고용주의 피해자에 대한 해고 등 불이익 처분 금지(제4조의5) • 사법경찰관리는 신고가 접수된 때에는 즉시 현장에 출동, 조사(제9조의4) • 배상명령(제56조-가정폭력사건이 가정보호사건으로 처리되는 경우 직권 또는 피해자의 신청에 의하여 보호처분의 결정과 동시에 선고, 부양에 필요한 금전 및 가정폭력사건으로 발생한 직접적 물적 피해, 치료비 손해)

아동학대 처벌 등에 관한 특례법	• 피해자 국선변호사 선정(제16조) • 피해자 보호조치(제9조 친권상실청구-검사 또는 아동보호전문기관의 장, 제12조 응급조치-현장에 출동하거나 아동학대범죄 현장을 발견한 사법경찰관리·아동보호전문기관 직원, 아동학대범죄 행위제지, 아동학대행위자를 피해아동으로부터 격리, 피해아동을 아동학대관련 보호시설로 인도, 의료기관으로 인도) • 긴급임시조치(제13조-사법경찰관, 피해아동, 그 법정대리인, 변호사, 아동보호전문기관의 장이 신청하고 사법경찰관이 집행, 응급조치가 이루어진 후 아동학대범죄가 재발될 우려가 있거나 법원의 임시조치 결정을 받을 수 없는 긴급한 경우, 피해아동 또는 가정구성원의 주거로부터의 퇴거·격리, 주거, 학교, 보호시설 등에서 100미터 이내 접근금지, 전기통신을 이용한 접근 금지) • 임시조치(제19조-검사가 직권 또는 사법경찰관이나 보호관찰관의 신청을 받아 법원에 신청, 아동학대범죄가 재발될 우려)
학교폭력 예방 및 대책에 관한 법률	• 학교폭력대책자치위원회(제12조) • 비밀누설금지(제21조)
소송촉진 등에 관한 특례법	• 배상명령청구(제25조-형법상 (중)상해치사, 폭행치사상, 과실치사상, 절도·강도, 사기·공갈, 횡령·배임, 손괴죄로 인한 피해자 및 성폭력범죄 피해자를 위하여 법원의 직권, 피해자·상속인의 신청, 범죄행위로 발생한 물적 피해, 치료비 손해, 위자료 청구)

형사단계별 피해자대상 제공 가능한 정보

절차	통지 내용	담당 기관
신고접수	피해자 상황에 따라 필요한 정보제공	경찰 또는 검찰
현장출동(피해자접촉)	피해자안내서 교부 / 정보제공 필요성 확인	
수사	수사상황의 통지	
피의자검거	피의자 검거사실 통지	
피의자 등 조사	조사상황 통지	
송치	송치결과 통지	
검사의 사건처리	사건처리 결과확인 및 통지	검찰
재판	재판일정, 진행과정 등 통지	
판결선고 및 확정	재판결과 통지	
형벌·처분의 집행, 석방	형벌, 처분의 집행 상황, 석방여부 통지	
집행 종료 후	필요에 따라 적절한 정보 제공	경찰 또는 검찰

출처 : 김용세, 2010 : 325.

② **제도상 보호**

위기개입	위기개입이란 위기에 직면하는 사람들에게 제공하는 다양한 지원을 총칭하는 것이다. 범죄피해를 당하면 주위의 급격한 변화와 그로 인한 스트레스가 수반되며 이를 위기라 표현한다. Slaikeu(1990)에 의하면, 위기란 "일시적인 동요나 혼란 상태로 나타나는 것이며, 지금까지 대처해 온 여러 가지 곤란에 대한 대처방법을 구사해도 잘 처리할 수 없는 특수상황으로 좋든 나쁘든 상관없이 급격한 변화가 일어날 가능성이 있는 상태"를 말한다. 이 정의에 의하면 위기란, ① 돌발적인 사건발생, ② 그 사건에 대한 인식, ③ 그에 수반한 불안정한 반응, ④ 극복과 노력이라는 일련의 흐름으로 이해할 필요가 있다. Kirst-Ashman과 Hull(1990)은 위기개입을 "위기에 직면한 사람들에게 위기를 극복하고 성장해 갈 수 있도록 효과적인 대처방법을 몸에 익히도록 지원하는 것"이라고 했다. 이처럼 위기개입은 위기로부터 사람을 구하는 것만이 아니라 위기에 의해 발생하는 스트레스에 대처하고, 후에 같은 위기가 오더라도 다시 극복해 갈 수 있는 능력을 갖도록 지원하는 것이다. 이러한 위기개입은 피해자가 범죄피해로 인하여 바로 처하게 되는 정신적·질적 어려움을 극복하도록 도움을 주는 것을 말하며, 응급차수배, 장례준비, 피난처 제공 등이 여기에 해당한다. 최근 외국에서는 민간기구에 의한 위기개입이 공공기관과의 협조하에 활발히 이루어지고 있다. 위기개입의 목표는 위기에 직면한 사람들이 가능한 한 위기가 일어나기 전 상태로 복귀할 수 있도록 지원하는 것이고, 위기개입은 타이밍이 중요하고 위기 직후 될 수 있는 한 빠르게 단기간 지원할 필요가 있으며, 구체적이고 눈에 보이는 지원을 목표로 하고 위기개입의 지원자는 보다 적극적, 지시적인 역할을 해야 한다. 그러나 Miller(2007)는 위기개입의 가장 좋은 형태는 '위기예방'이라고 하였다.

｜심리적 응급지원 개관｜

심리응급 치료를 하기위한 준비	1. 지원세션 시작 2. 서비스 제공 3. 그룹세팅 4. 차분한 분위기를 유지하기 5. 지역사회의 문화와 다양성을 존중하여 세심하게 행동하라 6. 위험에 빠진 사람을 알아차리라
접촉과 개입	1. 자신을 소개하여라 / 당장 필요한 것에 관하여 물어보아라 2. 비밀유지를 약속하라
안전과 편안	1. 즉각적인 심리적 안도감을 제공하라 2. 범죄에 대한 대처활동글과 서비스에 관한 정보를 제공하라 3. 신체적으로 편안한지 확인하라 4. 사회적 관여를 촉진시켜라 5. 추가적인 외상 경험과 외상을 상기시키는 것들로부터 보호하라 6. 외상적인 비탄과 관련된 문제를 살펴보라
안정화	1. 감정에 압도된 피해자들을 안정시켜라 2. 감정에 압도된 피해자들을 적응시켜라 3. 신경안정제 사용이 필요한지 확인하라

위기개입	정보수집 (현재 필요한 것들과 걱정들)	1. 범죄를 겪는 기간 동안의 자연적이고 가혹했던 경험 2. 범죄 직후 환경과 계속적인 위협에 관한 걱정들 3. 신체적인 질병, 정신적인 건강상태, 그리고 치료 필요성 4. 극단적인 죄책감이나 수치심 같은 감정 5. 자기 자신이나 다른 이들을 해칠 것 같은 생각들 6. 사회적 지원의 이용가능 여부 7. 알코올 중독이나 약물 남용 전력 8. 이전에 외상, 사랑하는 이의 죽음에 노출된 적이 있는지
	실용적인 지원	1. 가장 즉각적으로 필요한 것을 확인하라 2. 필요한 것을 분류하라 3. 행동 계획을 상의하라 4. 필요한 것을 해결하기 위해 행동하라
	사회적인 지원과의 연계	1. 지지해주는 사람들과의 만남을 촉진하라 2. 사회적 지지를 탐색하도록 상의하라 3. 사회적 지지를 모형화하라

	대처에
	대한 정보
		1. 스트레스 반응들에 관한 기본적인 정보를 제공하라
		2. 외상경험과 범죄에 관한 흔한 심리적 반응을 살피라
		  • 침투적인 반응들
		  • 회피와 철수 반응들
		  • 신체적 각성 반응들
		  • 심리적 외상을 상기시키는 것들
		  • 상실을 상기시키는 것들
		  • 상기시키는 습관을 변하게 하라
		  • 비탄 반응들
		  • 외상적 비탄 반응들
		  • 우울
		  • 신체 반응들
		3. 대처하는 방법들에 관한 기본적인 정보를 제공하라
		4. 간단한 긴장이완 기술을 가르쳐주라
		5. 가족들에 대처
		6. 분노 제어를 도우라
		7. 극도의 부정적인 감정들을 다루라
		8. 불면증을 도우라
		9. 알코올이나 약물남용 문제를 다루라

	공공서비스와 연계	1. 추가적으로 필요한 공공서비스로 직접 연결하여 주라 2. 조력관계를 지속적으로 이어주라

출처 : 이수정 외(2013 : 118).

UN 마약통제 및 범죄예방 사무국에서는 위기개입자[41]의 첫 번째 관심은 피해자의 신체적 안전이어야 한다고 제시한다. 피해자가 신체적 위험에 처해있지 않고, 응급 의료적 지원을 필요로 하지 않음이 명백할 때까지 다른 문제들은 일단 보류하여야 한다. 피해자의 안전이 항상 명백하지는 않은데, 예를 들면 신체적 충격을 받은 피해자가 자신이 입은 상처나 자기가 직면하고 있는 위험을 알지 못할 수 있다. 일부 피해자와 생존자

위기개입	(Survivors)의 경우에는 타인의 안전이 더 중요한 경우도 있다. 위기개입은 피해자가 자기 생각을 정리할 수 있도록 도와주고, 피해자가 느끼는 감정이 적절한 것이며, 그 반작용(두려움, 분노, 공황 등의 느낌)이 자연스럽고 정당한 것임을 재확인하도록 설계되어 있다. 그러나 정상적인 반작용이 외상 전부터 정신보건상의 문제를 가지고 있던 사람들에게는 유해한 영향을 줄 수도 있다. 또한 개인적 재앙에 대해 자기 또는 타인을 위태롭게 하는 방식으로 반응하는 경우도 있다. 그래서 반작용을 풀어내기 위하여 문화와 사람에 따라서 차이가 있을 수 있으나, 피해자가 사건 전의 건강한 심리상태를 찾을 수 있도록 이야기하기, 그 밖에 묵상시간, 춤, 은유, 음악, 사이코드라마 등 대안적 방법이 사용될 수 있다. 또한 피해자에게는 충분하고 예견가능한 정보에 대한 요구 이외에, 피해자는 가능한 한 현실적이고 정서적인 미래를 다룰 수 있는 방법을 마련하는데 도움을 얻어야 한다.
신변보호	미국을 비롯하여 독일, 일본 등 외국의 사례를 보면, 범죄피해자 정보보호의 문제는 증인보호 프로그램의 일부분으로 취급되고 있으며, 각국의 증인보호제도에 따라 범죄피해자 정보보호의 범위와 내용에 있어서 차이가 존재한다. 우리나라의 경우 최근 보복범죄의 발생률이 약 2.5배 증가(법무부, 2013)한 것으로 나타나고 있듯이, 이미 범죄피해를 당한 경험이 있는 피해자들이 또 다시 보복범죄 등에 대한 두려움으로 신변위협을 많이 호소하는 추세이고, 신변위협이 현실화되어 피해자 사망 등 회복할 수 없는 사건이 발생하게 되면 형사사법기관에 대한 국민적 비난이 매우 크다. 신변보호가 필요한 대상은 범죄신고 등과 관련하여 보복을 당할 우려가 있는 범죄피해자, 신고자, 목격자, 참고인 및 그 친족 등이 있고 그 밖에도 반복적으로 생명 또는 신체에 대한 위해를 입었거나 입을 구체적인 우려가 있는 사람들도 포함해야 한다. 위험성이 높은 신변보호 대상자를 선별하기 위한 판단기준을 구체화(1차적으로 피해자진술과 피해상황을 중심으로 평가, 2차적으로 가해자의 위험성을 중심으로 평가)하여야 하고, 위험성의 정도에 따라 신변보호조치를 다양화하여야 한다.

(3) 권리헌장제정

가해자에게 체포시 미란다원칙을 고지함에도 피해자에게는 어떠한 권리가 있는지 전혀 알려주지 않았던 과거의 형사사법시스템에 대한 비판이 최근에 거세게 일고 있다. 한국의 현행법을 보더라도 법률적으로 피해자의 권리를 규정하고 있으나, 실질적으로 피해자에게 보장된 권리들이 절차적으로 충분히 보장되어 있지는 않다. 이에 피해자에게도 가해자처럼 미란다원칙과 같은 권리고지가 필요하다. NVCAN(National Victims' Constitutional Amendment

---

41 위기개입자는 피해자가 의존하게 되는 '구출자'가 되지 않도록 주의하면서, 피해자의 지원요구에 대응하여야 한다. 피해자에게는 스스로 선택할 수 있는 기회가 주어져야 하고, 가능한 한 모든 관련 의사결정에 관여하도록 하여야 한다. 몇 달이 지난 후 피해자를 위하여 판단을 내려주게 되는 '구출자'는 피해자로 하여금 삶에 대한 통제를 회복하도록 도와주는 것이라는 위기개입의 주된 목적에 역효과가 난다. 위기개입자는 일시적으로 피해자가 해결 할 수 없는 자녀 보살핌, 교통수단제공, 전화, 장례식장 예약 등 현실적 문제를 보살펴 줌으로써 일시적으로 개입하는 것이다(손진 역, 2008 : 42~43).

Network, 2004)에서는 피해자의 권리 'Mirands Card' 모델을 다음과 같이 제시하고 있다.

> 당신이 범죄의 피해자가 된 것은 유감입니다. 범죄피해자로서 당신은 특정한 권리를 향유할 자격이 있습니다. 당신은 존엄하고 존중한 대우를 받을 권리, 사건의 모든 중요한 절차와 발견에 대한 통보를 받을 권리, 혐의를 받고 있는 혹은 유죄 판결된 가해자의 상황에 대한 통보를 받을 권리, 피고인이 참여할 수 있는 모든 심문에의 참석할 권리, 중요한 절차에 대한 정보취득의 권리, 유죄판결의 결과를 고려하여 원상회복은 가해자에게 부담시키는 권리, 재판전후와 재판 중에 혐의를 받고 있는 또는 유죄 판결된 가해자로부터 적절한 보호받을 권리, 폭력범죄와 관련된 경우에는 피해보상에 대한 신청권리, 서비스와 조력에 대한 정보와 문의 권리, 당신의 권리가 침해되었다면 법적 구제를 추구할 권리가 보장됩니다.

|세계의 피해자 권리장전|

UN	**1. 배경** 전세계 수백만의 사람들이 범죄와 권력남용의 결과로 해를 입었음에도 이러한 피해자들의 권리가 제대로 인식되지 못하고 있다. 범죄 및 권력남용의 피해자들과 그들의 가족, 목격자들과 그들을 도와주는 이들이 부당한 손해나 피해 및 신체적 부상을 당하고 있으며, 더 나아가, 가해자에 대한 수사와 기소에 협조하는 과정에서 고초를 겪고 있음 **2. 내용** (1) 범죄와 권력남용의 피해자의 권리들에 대한 광범위하고 효과적인 인식과 존중을 공고히 하기 위해 국가적·국제적 조치들을 채택하여야 할 필요성이 절실함 (2) 모든 국가들의 그러한 피해지 권리신장을 위한 노력들을 진작함에 있어 피의자나 피고인의 권리가 침해당하지 않도록 강조하여야 함 (3) 각국 정부들과 국제사회의 정의 확립과 범죄 및 권력남용 피해자 지원 노력을 돕기 위한 "범죄 및 권력남용 피해자를 위한 정의 확립의 기본원칙에 대한 선언"을 채택함 (4) UN가입국들에게 이 선언에 담긴 강령들을 실천하기 위해 필요한 조치들을 취할 것을 요청하여야 함 (5) 국제적 및 지역적 차원에서 적절한 모든 조치들이 취해져야 한다는 것을 권고함 (6) UN가입국들로 하여금 정기적으로 UN총회에서 이 선언의 수용실태와 선언의 효과적 실행을 위한 조치들을 어떻게 취하고 있는지를 보고하도록 사무총장에게 요구함 (7) 또한 사무총장에게 피해자를 보호하는 수단과 방법의 향상을 위한 국가적·국제적 차원의 노력을 기울이는 회원국에 대하여 필요할 때마다 지원을 할 수 있도록 UN 산하의 모든 관련 기구와 조직이 제공하는 기회를 활용하도록 권고함 (8) 사무총장에게 더 나아가 이 선언의 목적들을 가능한 널리 전파할 수 있도록 요청함

UN		(9) UN 산하의 전문기구들 및 다른 단체와 조직들, 다른 관련된 국가간 기구 및 비정부조직(NGO)들과 대중들에게 이 선언에 담긴 내용들을 실행하는데 협조하도록 요청함 3. 세부추진사항(4-1) (1) 피해자화를 줄이고 실의에 빠진 피해자들에 대한 지원을 진작시키기 위한 사회정책, 정신건강을 포함한 보건정책, 교육정책, 경제정책 및 구체적인 범죄예방 정책들을 입안할 것 (2) 범죄예방에 대한 지역공동체의 노력과 주민의 참여를 진흥시킬 것 (3) 기존의 법과 현실을 정기적으로 점검함으로써 변화하는 상황에 제대로 적응하고 인권·기업활동·기타 권력남용과 관련한 국제사회의 규범을 위반하는 행위를 처벌하는 법률의 입안과 집행을 확실하게 할 것 (4) 범법자를 검거하고 기소하여 형을 선고하기 위한 수단을 확립하고 강화할 것 (5) 공기관과 기업의 행위에 대해 누구든지 들여다보고 조사할 수 있도록 관련된 정보의 공개를 장려하고 대중의 관심에 보다 잘 부응하도록 하는 기타 다른 조치들의 시행을 진작할 것 (6) 행동강령이나 윤리규범의 준수를 장려할 것, 특히 기업인과 법집행 담당공무원, 교정공무원, 의료·보건직, 민원부서 공무원 및 군관계자 등 공공업무에 종사하는 사람들이 국제적 표준을 준수하도록 장려할 것 (7) 비밀구금장소나 구금시 접견금지 등 권력남용에 이르기 쉬운 절차와 관행을 금지할 것 (8) 가해자의 검거와 추적, 추방·인도 및 재산압류 등에 있어서의 상호 사법 및 행정 지원을 통해 다른 나라들과 협력하여 피해자에 대한 적절한 보상이 이루어질 수 있도록 할 것 4. 세부추진사항(5-1) (1) UN의 기준과 규범준수 및 권력남용 방지를 위해 마련되는 교육·훈련을 진흥할 것 (2) 피해자화 감소와 피해자 지원을 지향하는 협력적 활동과 연구를 지원하고 가장 효과적인 방안강구를 위한 정보의 교류를 확대할 것 (3) 피해자화를 줄이고 피해자의 고통을 경감시켜주기 위한 조치를 취하기 위해 지원을 요청하는 정부에 직접적인 원조제공을 할 것
유럽연합 회의		형사소송절차에서 피해자의 관점에서 대강 결정(FD, the Framework Decision)을 이행하기로 합의했다. FD는 범죄피해자와 그 가족의 처우를 위한 최소한의 기준을 명백히 제시하고, 그것이 회원국 가운데서 보편적으로 적용되도록 했다는 점에서 가치가 있다. FD는 EU 회원국을 한데 묶고 있다. 유럽 국가는 이런 FD를 따르기 위해 그들의 법을 제정할 것으로 기대된다.
미국		연방헌법에 범죄피해자의 권리에 관한 규정을 두고 있으며, 현재 그 개정안이 상정되어 있다. 개정안의 내용은 다음과 같다. 1. 피고인으로부터 정당하게 보호받을 권리(Right to Protection)

미국	2. 당해 범죄와 관련된 공개적인 소송 절차에 대해 또는 피고인의 석방이나 도주에 대해 정당하고 정확하고 시기적절하게 통보받을 권리(Right to be Informed) 3. 소송 절차에서 피해자가 의견을 개진할 권리(Right to be Heard) 4. 석방, 항변, 혹은 판결을 포함하는 어떤 공개적인 소송 절차에서도 정당하게 참석할 권리(Right to Attend) 5. 사건과 관련하여 정부 측 검사와 협의할 권리(Right to Confer with the Government Attorney) 6. 법이 규정하는 완전하고 적당한 때에 보상(Right to Compensation)과 배상(Right to Restitution)을 받을 권리 7. 소송 절차가 부당하게 연기되는 것을 반대할 권리(Right to a Speedy Trial) 8. 공평하고 존엄하게 처우받고 사생활을 보호받을 권리(Right to be Treated with Fairness and with Respect for the Victims's Dignity and Privacy) 피해자 권리 및 원상회복법(1990)에서는 피해자의 권리를 다음과 같이 규정하고 있다. 1. 공평하게, 그리고 피해자의 명예와 사생활을 존중받으며 대우받을 권리 2. 기소된 가해자로부터 합리적인 보호를 받을 권리 3. 재판절차를 통지받을 권리 4. 당해범죄에 관한 모든 공개재판에 참석할 권리(일정한 경우 제한) 5. 당해사건 담당검사와 상담할 권리 6. 원상회복을 받을 권리 7. 가해자의 평결, 양형, 수감 및 석방에 대하여 통지받을 권리
영국	1996년 영국의 피해자헌장(Victim's Charter)에서 'One Stop Shop'과 '피해자진술(Victim Statement)'의 두 가지 개혁을 도입하였다. One Stop Shop은 피해자들에게 사건 전반에 걸쳐 경찰을 정보제공의 유일한 기관으로 지정하여 정보가 전달될 수 있도록 하는 것을 말한다. 피해자진술은 미국의 피해자영향진술서(Victim Impact Statements)와는 다르며, 미국에서는 피해자에게 양형에 대한 진술을 허용하지만, 영국에서는 경찰관으로 하여금 범행이 피해자 자신과 가족에게 미친 신체적, 감정적, 재정적, 심리적, 사회적 영향에 관한 진술정보를 취합하게 한다는 차이점이 있다. 1998년 범죄와 무질서법(crime and disorder Act 1998)에는 청소년가해자로 하여금 그 피해자에게 배상명령(reparation order)의 도입과 회복적 대화모임(restorative conferences)의 제공, 피해자 옴부즈만(victim's ombudsman)의 도입 등을 규정하고 있다.
오스트레일리아	오스트레일리아의 범죄피해자 권리 및 지원법(victims rights and support act, 2013)에는 범죄피해자의 권리를 다음과 같이 규정하고 있다. 1. **존중** : 피해자는 존중받고 존엄성과 동정심으로 대우받으며, 피해자의 문화도 항상 존중받는다. 2. **피해자 지원서비스에 관한 정보** : 가능한 조속히 심리상담, 법률서비스 등 피해자를 도와줄 수 있는 다양한 서비스에 관한 설명을 받게 된다.

오스트레일리아	3. **피해자 지원 서비스 이용** : 의료, 심리상담 및 법률지원이 필요하다면, 이에 대한 도움을 받을 수 있다. 4. **범죄 수사에 관한 정보** : 피해자가 요청시 경찰조사의 진행 상황에 관한 설명을 받을 것이다. 그러나 일부 사건의 경우 경찰이 피해자에게 알릴 수 없는 내용이 있을 수 있다. 5. **기소에 관한 정보** : 기소란 가해자의 범죄행위에 대해 법원의 심판을 요구하는 것을 말한다. 이는 경찰에 의해 행해지며, 중대한 사건의 경우 검찰(director of public prosecutions)에 의해 이루어진다. 　- 범죄피해자로서 다음 사항을 전달받는다. 　　• 범법자의 기소내용이 무엇인지 또는 왜 범법자가 기소되지 않았는지 　　• 기소를 변경 또는 취한 검찰의 결정 　　• 법정심리 일자 및 장소 　　• 항소, 구형된 징역형 등 최종 재판 결과 　- 아래와 같은 범죄인 경우, 검찰이 기소변경 또는 취하를 고려하고 있다면, 검찰은 이에 관해 피해자와 논의할 것이다. 　　• 중대한 성범죄, 또는 신체적인 상해, 정신적 피해가 발생한 경우 　- 그러나 다음의 경우라면 피해자와 논의할 필요가 없다. 　　• 피해자가 해당 범죄에 대해 논의를 원치 않는 경우, 또는 검찰에서 피해자의 거처를 모르는 경우 6. **증인채택관련 정보** : 재판에서 증인 자격으로 증언을 해야 하는 경우, 재판이 어떻게 진행되는 지, 그리고 증인이 해야 할 일은 무엇인지에 대해 설명을 듣게 된다. 7. **가해자의 접근금지** : 재판 기간 중 가해자와 가해자의 증인들이 피해자에게 접근하지 못하도록 보호를 받는다. 8. **사생활 보호** : 법원의 별도 명령이 없는 한, 본인의 주소와 전화번호를 비공개로 유지할 수 있다. 9. **재판 전 법원 관련 업무** : 법원의 별도 명령이 없는 한, 재판 이전에 예비심문(간이재판) 또는 기타 다른 법원 업무 등에 반드시 참여할 필요는 없다. 10. **증거로 사용된 소유물 반환** : 경찰 또는 검찰에서 피해자의 소유물을 증거로 사용한 경우, 가능한 신속히 해당 소유물을 돌려 받을 수 있는 권리를 가지고 있다. 11. **피해자 보호** : 가해자의 보석 신청으로 인해, 피해자로서 보호가 필요하다고 생각된다면 경찰 또는 검찰에게 요청할 수 있다. 12. **특별 보석 조건** : 가해자의 보석 조건에 피해자 및 피해자 가족의 보호를 위해 접근금지 등의 특별 조건을 추가할 수 있도록 미리 설명을 듣게 된다. 13. **보석 결정** : 성폭행 또는 기타 중대한 폭행의 피해자인 경우, 가해자의 보석 허가 여부를 통보 받을 것이다. 14. **피해자 의견 진술권** : 일부 사건의 경우, 피해자는 범죄로 인해 어떠한 피해를 입었는지 진술 할 수 있으며, 이러한 진술을 할 수 있도록 도움을 받는다. 이를 피해자의 피해 진술서(victim impact statement)라고 한다.

오스트레 일리아	15. 가해자 출소 시 : 가해자가 수감 중이라면, 가해자가 곧 출소예정인지, 탈옥하였는지, 또는 임시 가석방 중인지에 대한 통보를 받을 수 있다. 16. 가해자의 가석방 신청 시 : 가해자의 가석방 신청 시, 피해자는 발언권이 있다. 17. 경제적 지원금 : 중대한 폭력 범죄로 인해 상해를 입은 경우 경제적 지원금을 신청할 수 있다. 18. 이의 절차에 관한 정보 : 범죄 피해자 권리장전의 권리가 지켜지지 않았다고 생각되는 경우, 피해자는 이의를 제기할 수 있으며, 관련 이의절차에 대한 정보를 요청할 수 있다.
국제 경찰청장 협회	1983년 피해자 권리에 관한 국제 경찰청장 협회 정책선언 1. 협박받지 않을 권리 2. 재정적 원조 및 사회 서비스의 가용성 및 신청방법을 들을 권리 3. 조사 및 법원 절차에서 안전한 장소를 제공받을 권리 및 법원 출석이 필요한 경우 통보받을 권리 4. 더 이상 증거로 필요하지 않을 경우 도난당한 물건 또는 기타 소유물을 신속하게 제공받을 권리 5. 신속한 사건처분을 받을 권리 및 사건상태 및 최종 처분을 정기적으로 통보받을 권리, 인력과 재원이 허용하는 경우, 중죄사건에서 범죄자가 석방된 사실을 통보받을 권리 6. 인력과 재원이 허용하는 경우, 강간 및 기타 성범죄 사건에서 여성 경찰관에게 조사받을 권리

제 5 장 피해자 보상

1. 개요

형사절차의 진행에서 실체적 진실발견과 적법절차의 이념의 구현이 중요하다. 그 밖에도 피해자가 형사소추와 사법절차에서 의사표현을 할 수 있는 참여할 권리와 피해보상[42]을 받을 수 있는 권리의 보호라는 제3의 측면이 고려되어야 한다. 국가가 범죄로 인한 손실을 피해자에게 되갚는 피해자보상제도의 이론적인 필요성을 제기한 것은 19C에 Bentham, Spencer, Ferri, Garofalo 등이다. 하지만 피해자에 대한 보호 내지 공적 구제의 필요성에 대한 관심은 1951년 영국의 사회운동가인 Margery Fry 여사가 〈In the Arms of the Law〉라는 저서와 1957년 '피해자를 위한 정의(justice for victim)'라는 글에서 처음으로 제기하였다. 그 후 현재는 피해자권리를 헌법으로 보장해야 한다는 주장이 제기되고 있으며, 형사사법과정의 모든 단계에서 범죄피해자에게 적절한 서비스를 제공할 수 있는 충분한 자원이 확보되어야 한다는 의견들이 많다.

(1) 피해자보상이론

지역사회 내에서 피해자보상제도를 실시하더라도 범죄신고율을 높이거나 형사사법기관에 대한 이미지개선에 효과가 있지는 않다(Doerner & Lab, 1980). 따라서 피해보상제도는 사회복지나 사회계약[43] 입장에서 지지되어야 하는 제도이다.

---

[42] 피해보상은 금전보상을 의미하는 개념이었으나, 최근에는 금전적 보상과 더불어 피해회복을 위한 유·무형의 노력을 포함한다. 보호관찰부유예제도(probation)나 보호관찰부가석방(parole)의 기간은 이러한 협력을 위한 노력의 흔적을 확인하는 의미로 이해하기도 한다. 한편, 가해자가 얻은 재산적 이익을 모두 피해자에게 반환하는 것을 property return이라고 한다.

[43] 영미법계 형사사법 절차에서 피해자의 역할이 대폭 축소되는 결정적인 계기를 가져온 것은 베카리아의 '범죄와 처벌에 대한 에세이(An Essay on Crimes and Punishment)'에서 주장한 사회계약론 때문이라고 할 수 있다. 사회계약론은 범죄를 사회계약 위반으로 보고 사회가 범죄의 피해자라는 시각을 강조한다. 처벌의 목적은 피해자에 대한 보복이 아니라 앞으로 발생할 범죄를 예방하는 것이어야 한다고 주장했다. 따라서 범죄피해자는 형사사법절차에서 분리되어야 하고 피해자가 할 수 있는 유일한 역할은 증인 또는 제보자의 역할로 제한해야 한다고 주장한다. 그리고 피해자가 보상을 원한다면 형사사법절차와는 분리된 민사소송을 통해서만 이루어질 수 있다고 하였다. 베카리아의 이러한 사상은 미국에 뿌리를 내렸고 미국 사회가 18, 9세기를 거치면서 합리주의와 공리주의를 더욱 확대하여 받아들이면서 피해자의 역할은 형사사법절차에서 거의 사라지게 되었다(Cuomo, 1992).

국가책임설	국가배상설 또는 손해배상설이라고도 하는 것으로, 범죄예방과 피해자의 자위수단을 방해한 것은 국가책임의 일부이다.
동등보호설	가해자만 교정보호함은 형평원칙에 위반된다는 측면에서 요구된다.
사회계약설	국가와 개인은 시민의 안전과 행복을 위한 계약을 체결했음에도 시민의 안전을 지키지 못한 책임은 국가가 의무를 다하지 못한 것에서 비롯된 것으로 본다.
사회적 의무이론	사회는 피해자에게 개인을 보호하기 위한 사회적 책임을 태만히 한 것이다.
사회보험설	재해보상설 또는 산재보상설이라고도 하는 것으로, 피해보상은 범죄행위자의 사회복귀촉진에 도움을 주며, 공적 부담으로서의 역할이다.
정부과실이론	법집행기관의 과실에 의해 발생한 손해만큼만 보상책임을 지는 것이 합당하다.
사회보장설	사회복지설 또는 생활보호설이라고도 하며, 가해자구속에 따른 청구의 어려움으로 국가의 피해자에 대한 생계보장책이다.
인도주의설	정부의 법적 책임이나 비난에 근거하는 것이 아니라 범죄피해를 인도주의적인 입장에서 국가가 피해자에게 보상하는 것이다.
범죄예방설	피해자 보상은 법을 집행함에 있어서 실제로 도움이 될 수 있기 때문에 정당화된다는 것이다.
합리적 형사정책설	국가의 범죄피해에 대한 보상은 가해자에 대한 피해자의 반발을 소멸 또는 감소시킬 수 있으며, 가해자의 사회복귀를 목적으로 하는 합리적인 형사정책을 전개할 수 있다.
정치적 동기설	피해자 보상은 그것이 가져다주는 다양한 정치적 이익 때문에 행해진다는 것이다.

(2) 피해보상의 대상행위

미국의 경우 피해보상의 대상이 되는 행위로는 첫째, 범죄로 인해 신체적 손상을 입은 피해자와 살해된 피해자의 가족에게 정신건강 서비스와 상담, 임금 등을 포함한 물리적 상처와 관련된 모든 비용을 보상하고, 둘째, 피해현장에서 범죄발생을 막거나 용의자를 잡기 위하여 다치거나 죽은 착한 사마리안(Good Samaritans)들이 보상의 대상이 되며, 셋째, 법집행가의 원조요청으로 도움을 주려다가 다친 사람들도 보상의 대상이 된다. 그러나 결혼 상태를 유지하고 있는 가정폭력의 피해자이거나 또는 범죄피해유발에 기여한 피해자, 그리고 범죄를 막다가 다치거나 사망한 법집행가(경찰관·소방관 등은 다른 법률로 구제)는 대부분 범죄피해의 보상 대상에 포함되지 않거나 지급액에 제한을 받는다.

2. 피해자구제운동

(1) 역사

1900년 함무라비법전에서는 국가가 죄인을 잡지 못한 경우 범죄행위가 발생한 지역 또는 지역의 장이 배상의무를 부담하도록 규정하였는데, 이는 가해자의 가족이 져야 할 책임을 지역사회가 연대한다는 의미가 있다. 고대 로마의 12표법에서도 피해자에 대한 배상형규정이 발견되었고, 고대 게르만 관습법에서는 씨족 간에 발생한 불법행위에 대해 가해자 측은 배상금을 지불함으로써 씨족 사이의 적대관계를 해소하고 피해자 측은 복수단념의 서약을 함으로써 일종의 화해계약을 체결하는 제도가 있었다.

1950년대 중반부터 북미와 유럽에서 주로 여성과 아동을 대상으로 민간 자원봉사조직에 의해 피해자구제운동이 시작되었다. 구미에서도 민간차원에서 사적인 피해자 지원이 이루어졌지만, 민간지원의 한계에 도달하면서 국가차원의 공적 지원을 법률적으로 확대하기 시작하였다. 1937년에 스위스가 처음으로 범죄피해자에게 구조금을 지급하기 시작했고, 이후 1957년에 영국이, 1963년에 뉴질랜드에서 정부가 범죄피해자에게 구조금을 지급하기 시작했다. 그 결과 세계 최초의 범죄피해자보상법이 1963년 말 뉴질랜드에서 재해보상금 성격의 법령으로 제정·실시되었다. 그 후 1973년 이스라엘의 예루살렘에서 '제1회 국제피해자학심포지엄'이 개최되었고, 1974년 제11회 국제형법회의와 1977년 유럽이사회 각료회의에서도 범죄피해자 보상에 관한 결의를 하였으며, 1987년 네덜란드의 에어베크에서 각국의 피해자관련 민간단체들이 '제1회 유럽 범죄피해자지원 실무자회의'를 개최하였다.

UN은 1985년 밀라노에서 개최된 제7회 UN 범죄예방 및 가해자처우회의에서 〈범죄와 권력남용 피해자에 관한 사법의 기본원칙선언〉을 채택하였고 1989년부터 3~4년마다 국제적 차원의 '범죄피해자화 조사'를 주도하고 있다. 또한 1997년에는 『피해자를 위한 사법핸드북』이 출간되었고 1999년에는 UN 경제사회위원회에서 '형사사법에 있어서 조정 및 회복적 정의의 실천과 발전방안', 그리고 '형사절차상 회복적 정의프로그램 활용에 관한 기본원칙'이 채택되었다.

(2) 국제동향

① 영국

영국에서는 피해자지원을 위하여 1973년 VS(victim support)와 1989년 WS(witness service) 등이 설립되었다. 그 중 VS는 현재 잉글랜드, 웨일즈 및 북아일랜드 전역에 소재하는 470여개 지방조직의 네트워크로서 범죄피해자 및 증인들을 지원하고 있다. 본부는 런던에 있는 정신건강심리사무국이고, 사무국은 회장, 부회장, 사무총장, 부사무총장, 이사회의장, 평의회, 지역위원회, 고문단 등으로 조직되어 있지만 실질적인 업무는 사무총장이 총괄한다. VS의 사무국에는 약 1,000여명의 유급 직원과 18세 이상인 약 1만 2천여 명의 자원봉사자들이 있으며, 이들은 각 지부에 제공하는 교육훈련, 정보제공 또는 정책 및 실무 모델 개발을 주도하고 기금을 조정하는 한편 피해자의 권리에 관한 사회운동과 입법운동

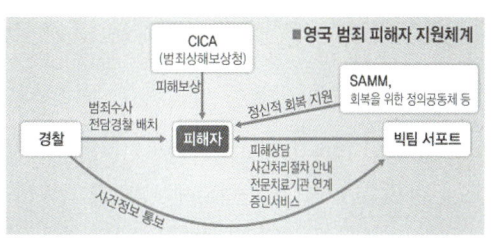

을 전개하면서 언론과의 유대를 유지하는 기능을 한다. 재정의 95~97%는 정부보조금이고 나머지는 행사비용, 기부금, 신탁 및 기금, 후원금 및 크리스마스카드와 상품판매대금 등으로 일부 충당하고 있다. VS의 피해자지원 기본원칙은 범죄피해자에게 제공되는 모든 서비스는 무료이며, 모든 개인정보는 비밀엄수를 하고 지원요청 여부는 피해자 스스로 결정하며, 다른 유관기관과 긴밀하게 협력하고 가해자에 대한 처벌 또는 판결에 대해 일체 관여하지 않는다. 이는 내무성의 표준화된 피해자지원업무지침을 준수하는 것이다.

영국에서는 민간·경찰·(지방)정부가 협력하는 공동체적 대응기구인 피해자지원협의체를 구성하여 운영하고 있으며, 각 지역별로 경찰간부가 동 협의체에 운영위원으로 참여하면서 사건 발생 후 2일 이내에 피해자가 원하는 경우에만 피해자지원협의체에 피해내용을 통보하고, 최소 5일 이내에 가해자 체포 후 형사진행절차 등을 소개한 '사건의 피해자(victims of crime)'라는 책자를 준다. 피해자지원협의체에서는 사건 신고 접수 후 4일 이내에 신속하게 피해자와 접촉을 하며, 지정된 정신건강심리사는 피해자에게 신분증을 제시하고 법률적 지원과 심리적 지원[44] 등을 제공하게 된다.

② 미국

미국에서는 1965년에 캘리포니아주에서 처음으로 주정부가 폭력범죄피해자에게 구조금을 지급하기 시작했다[45]. 1966년에는 뉴욕주에서 자체적으로 범죄피해자보상프로그램을 시행

---

[44] 미국의 경우 심리적 지원 서비스는 범죄 피해자 보상제도로 제공되는데, 캘리포니아주의 경우에는 정신과 상담을 직접적인 피해자는 40회의 상담을 받을 수 있고 피해자의 자녀들, 살인미수피해자와 미성년 피해자들의 보호자들은 30회의 상담을 받을 수 있다. 간접적인 피해자는 15회의 상담을 받을 수 있다. 플로리다주는 성인피해자는 한 해에 정신과 상담으로 $2,500까지 보상을 받을 수 있고 미성년자 피해자는 한 해에 $7,500까지 보상을 받을 수 있다. 또한 미성년자 증인과 상해가 없어도 중범죄는 $2,500까지 보상을 받을 수 있다. 병원에 입원한 피해자의 심리적인 안정을 위해서 한 해에 $7,500까지 보상 받을 수 있다. 뉴욕주에서는 미성년자 피해자는 최대 40회, 성인 피해자의 가족들은 최대 30회, 미성년자피해자의 보호자는 최대 30회(미성년자 피해자 한 명당 최대 2명의 보호자), 범죄로 인해 가족이 부상을 입거나 죽어서 재정적으로 힘든 간접적인 성년피해자는 최대 15회, 미성년 증인은 최대 30회의 상담을 지원받을 수 있다. 이 보상제도는 해당되는 피해자가 자격증이 있는 심리상담자에게 상담을 받고 비용을 청구하는 것으로 진행되는데, 심리치료는 개인상담과 집단상담, 약물치료가 해당되고 정신건강학의사, 상담전문가, 심리치료사, 정신보건사회복지사, 정신건강심리사, 가족상담가 등 자격자에 한하고 자격조건에 따라 시간당 비용이 다르게 책정되어 있다(김지영 외, 2014:20). 한국의 경우(법무부, 2015:105), 국가보조금이 아닌 각 범죄피해자지원센터 자체기금으로 범죄피해자 1인당 최대 50회의 심리상담(비용 : 1회당 7만원)을 지원할 수 있도록 규정하고 있다.

[45] 1965 Cal. Stat. ch. 1549. An act to add Section 1500.02 to the Welfare and Institutions Code and to add Section 11211 to Division 9 of the Welfare and Institutions Code as proposed by Assembly Bill No. 1682, relating to aid to families with dependent children. Passed by the Assembly June 17, 1965.

하도록 하는 법을 만들었다. 그 후 많은 주에서 범죄피해자보상 프로그램을 만들어서 시행하고 있다. 하지만 이러한 범죄피해자보상 프로그램은 사회복지 차원에서 시작되어 재정적 여력이 되는 주를 중심으로 시작되었다. 1968년도의 폭력에 대한 대통령 위원회(Presidential Commission on Violence)에서 범죄피해에 대한 심각성을 환기시켰으나 본격적인 범죄피해자보호와 지원 제도를 이끌어 내지는 못했다[46]. 최초의 범죄피해자 지원 프로그램도 민간인 자원봉사자에 의해 시작되었다. 1972년에 캐롤 비터트(Carol Vittert)는 세인트 루이스 시내 거리에서 강도피해를 입은 여성을 집에 데려다 주고 보호한 것이 기회가 되어 처음으로 피해자 지원 프로그램(Victim Assistance Program)을 시작하게 되었다. 그리고 미국의 여러 경찰서에서 운영해 오던 범죄피해자 지원 프로그램들, 범죄피해 목격자 지원 프로그램, 학계, 성폭력피해 및 폭력피해 여성 센터, 피해자 보상 프로그램 등이 연합하여 1975년 NOVA(National Organization for Victim Assistance)[47], 1985년 NCVC(National Center for Victim of Crime)[48] 등이 설립되었다.

---

[46] Young. M. A. (1997). The Victims Movement : A Confluence of Forces. National Symposium on Victims of Federal Crime. Washington, DC. Conference paper.
http://www.trynova.org/wp-content/uploads/file/victimsmovement.pdf

[47] NOVA는 약 1만여 개의 피해자 및 증인보호관련 단체 또는 형사사법기관 종사자와 관계전문가, 변호사, 범죄피해경험자들로 결성된 비영리민간조직으로, 처음에는 설립자들의 기부에 의하여 운영되었지만 1979년부터는 연방으로부터 전체 운영비의 약 30%정도를 지원받고 있으며, 최고의결기구인 이사회는 형사사법·의료 및 정신의료·군·교육·종교계·행정 등 각계 종사자와 피해자운동가 중에서 선출되는 22명의 이사와 7명의 임명직 이사로 구성된다. 상근유급직원은 9명이고 필요에 따라 임시직원을 고용하는 것외에는 모두 무급 자원봉사를 원칙으로 한다. 주요 지원내용을 보면, 의사·카운슬러·변호사·사회활동가 등의 협력을 얻어 피해자와 면접 또는 전화를 통한 상담, 피해진단 및 치료와 함께 보호나 구조기관 연결, 법정에의 안내·동행출석 등, 미국 전역의 피해자 원조 조직이나 그 외의 전문가에 대한 교육·훈련·정보제공 등, 피해자의 권리증진 및 개선을 위한 법률의 제·개정 지원활동 및 사법부 탄원, 국회입법청원 활동 등이다. 각 지역내 센터들은 다양한 활동(위기개입, 사건직후의 긴급구호, 상담, 보상 또는 배상청구를 위한 법률적 조언, 형사절차 진행에 관한 정보제공 및 조언, 법정에의 동행과 보좌, 피해자보호시설과 같은 유관기관 소개 등)을 하고 있는데, 특히 펜실베이니아 범죄피해자지원센터의 경우, 피해자들에게 접근성이 용이한 개방된 장소에 위치하고 있으며, 24시간 위기상담전화를 운영하고, 또한 살인 피해자 추모식, 사일런트 경매와 댄스파티, 범죄피해자구원 마라톤대회, 티셔츠 홍보행사 프로그램 같은 행사로 홍보 및 기부금 모집을 하고 있다(박병식 역, 2007).

[48] NCVC는 비영리단체로 피해자에게 직접 서비스, 지역교육계몽, 사법에서 피해자 지위향상, 민사소송에서 손해배상 획득, 전문가 교육 부문으로 나뉘어 전국 차원에서 활동한다. 특히 피해자의 거주지역에 있는 피해자지원 센터 소개, 피해자 권리의 명문화를 위한 주헌법 및 연방헌법 수정운동, 전국 범죄 피해자 변호사회(National Crime Victim Bar Association)와의 연계에 의한 민사소송 후원, 전문가 연수 등에 강하며 지금까지 수백만의 범죄피해자들을 지원하여 왔다(박병식 역, 2007). NCVC는 지역사회, 주 또는 연방의 파트너와 협력하여 범죄피해자를 지원하여 범죄피해자 지원 단체, 형사사법기관 및 변호사 등과 연대하여 범죄피해자를 위해 가장 필요한 실무적 정보를 제공하며, 피해자 상담전화를 통한 상담과 형사사법 및 사회적 지원제도에 관한 기술적 원조를 제공한다. 주로 범죄피해자의 보호, 피해자의 권리보장 및 피해자 지원에 관한 공공정책 및 입법운동을 지원하고 있다고 볼 수 있으며, 교정·경찰활동, HIV/AIDS 및 스토킹 대책에까지 확대하고자 하고 있다(송기오 외, 2005).

NOVA의 위기대응팀(Crisis Response Team) 훈련 프로그램

(1) 목적

지난 수십 년 동안, 정서적 장애에 대응해서 전문가적 능력을 발휘했던 수많은 사람들은 위기대응팀의 기본훈련과정과 상급훈련과정을 수료한 사람들이다. 이 과정은 NOVA로부터 제공된 경험 있는 실무가들에 의해서 구성된 훈련과정이다. 40시간의 기본과정과 24시간의 상급과정수료자들은 동시에 훈련되는 동료들과의 조화 속에서, 위기가 그들의 지역사회를 강타할 때 그들의 즉각적인 정서적 반응을 극복하기 위해서 도움을 주는 사람들의 집단을 조력하게 될 것이다. 그리고 장기적인 감정의 지원 및 회복을 계획하는데도 도움을 주게 된다. 훈련은 또한 사람들이 그들 자신의 지역사회에 기반을 둔 위기대응 프로그램을 발전시키는데도 기여할 것이다. 국가적으로 인식된 국가위기대응팀에 토대한, NOVA의 위기대응팀은 1986년에 발족한 이후 수많은 지역사회를 도우기 위한 요청에 응하였다.

(2) 수요의 증가

기본과정훈련을 받는 데는 여러 가지 방법이 있다. NOVA는 훈련에 관심 있고 훈련이 예상되는 훈련생들의 전화번호, 이름, 주소들을 항상 데이터베이스에 업그레이드시키고 있다. 일정한 도시에서 훈련을 담당하는 지역책임자와의 협약에 의해, NOVA는 지역책임자들이 주변 지역의 신입자들에게 가용한 자리가 있는지를 확인한다. 그 지역 참여자가 가장 우선권이 있다. 대개 그러한 훈련은 교재비용을 제외하고는 비용이 소요되지 않을 것이다. 특별한 경우에 지역책임자는 다른 참가자에 상응하는 만큼 훈련에 대한 보수를 요구할 것이다. NOVA가 해당지역에서 그러한 교육훈련이 가능하다고 확인할 때, NOVA는 교육훈련을 받고자 하는 사람들에게 이를 알려주게 된다. 가용훈련지역 내의 데이터베이스에 있는 훈련참가희망자들로 하여금 지역책임자에게 접촉해서 훈련참가를 위한 모든 준비를 할 수 있도록 한다. 모든 사람은 자신의 도시에서 주관하는 NOVA 훈련에 항상 관심을 기울이게 된다. 이러한 과정에서 참가자는 자연히 NOVA와 교육훈련에 관한 구체적인 협약절차(회원가입, 기타 비용관계 등)에 들어가게 된다.

전미범죄피해자지원기구(NOVA) 총회 기간에 열린 한 워크숍 모습. 5일간의 일정에 이 같은 범죄피해자 지원 경험과 지식을 나누는 소규모 워크숍이 총 123회 열렸다.

미국 전역에서 모여든 NOVA 총회 참석자들이 행사장 입구에 마련된 범죄피해자 지원단체 홍보 부스를 둘러보고 있다.

> (3) 공인자격증프로그램(National Advocate Credentialling Program : NACP)
> 　피해자 지원전문가(Victim Assistance Professionlists)의 수준을 국가적으로 충족하고자 하는 요청이 NOVA에 있었다. 무엇보다 그 회원자격과 관련하여, 국가공인자격증에 초점을 맞추어서 캘리포니아, 매사추세츠, 오하이오 주 같은 개별 주들에서 자격증 계획과 그 장점에 대한 논의가 진행되어졌고, 1990년대 초까지 몇몇 주들이 성공적인 피해자지원전문가를 위한 국가공인프로그램의 운영을 제도화시켰다. 2000년 4월 NOVA는 국가공인자격증 문제를 토의하기 위해 워싱턴D.C.로 주와 연방, 정부조직의 피해자 지원조직의 대표단을 초청하였다. 48개주 대표단이 이 회의에 참가하였으며, 그 결과, 실무추진팀이 국가적 조직과 성원하에 검토를 위한 시범 자격제도 프로그램을 구상하였다. 두 번째 모임은 2001년 4월에 열렸다. 그리고 NOVA 회원의 압도적인 성원과 지지하에 2002년 모임에서 국가공인자격 프로그램을 확정짓기 위해서 동시투표가 시행되었다. NCVC와 몇 국가조직은 NOVA에 합류하였다. 2002년 8월 테네시 주 내시빌에서 열린 NOVA는 제28회 정기 피해자지원회의에서 국가공인자격 프로그램 제도를 지원하기로 하였으며, 2003년 봄에 이는 제도화되었다. 비록 NOVA가 국가공인자격 프로그램의 주무기관으로서 봉사하지만, 국가피해자지원관련 조직들은 아직 정착되지 못한 제도의 토대를 지원하기 위해서 대표자를 한사람씩 지명하여 이들 대표단이 국가공인자격증검토위원회를 구성하는 위원으로 추대되어졌다. 이 위원회는 폭력, 어린이 학대, 자살, 성적 학대와 다른 범죄의 피해자분야에서 경험있는 개인들로 구성된 위원회였다. 위원회는 과정과 결과를 테스트하고 적용을 검토하게 된다. 이러한 검토는 충분한 관찰을 통해서, 실제 필요에 가장 상응하는 공인프로그램이 되기 위해 필요시 어떠한 수정이 필요한가를 확인하기 위한 것이다. 참여하게 될 국가의 피해자지원관련 조직은 검찰총장, 국가연합회의, FBI-AF/VW 단위, NCVC, 살해어린이부모전국연합, 음주운전반대어머니들모임(MADD : Mothers Against Drunk Driving) 등을 비롯하여 각종의 전국범죄피해자모임연합회 등이다.
>
> 　　　　　　　　　　　　　　　　　　　　　　　　　　　　－ 이성호 외, 2005 : 387~389 재인용.

　연방정부차원의 법제정은 1982년에 연방 상원의원인 존 하인츠(John Heinz)가 NOVA를 비롯한 민간 범죄피해자 지원 단체의 도움을 받아 입안한 법률인 "범죄피해자와 증인 보호를 위한 법률(Victim and Witness Protection Act)"이 의회에서 만장일치로 통과하면서 이루어졌다. 행정부 차원에서 본격적으로 범죄피해자 지원에 관심을 보인 것은 레이건 정부부터이다. 레이건 대통령은 1981년 '범죄피해자를 위한 인권주간'(National Crime Victims' Right Week)을 설정하고 매년 4월에 한 주 동안 국민들이 범죄피해자들에 대하여 관심을 갖게 하고 피해자지원제도에 대하여 홍보하는 행사를 갖도록 하였다. 또한 레이건 대통령은 범죄피해자 보호와 지원의 필요성을 강조한 NOVA와 같은 민간단체의 요구를 받아들여 1982년에 "범죄피해자에 관한 대통령 특별위원회(The President's Task Force on Victims of Crime)"를 구성하고 위원들로 하여금 범죄피해자 관련 연구와 문헌들을 정리하고 범죄피해자들이 겪는 실질적인 어려움을 해결할 여러 가지 권고들을 정리한 보고서를 출간하게 하였다. 이 보고서는 크게 정부와 형사사법기관에 대한 피해자보호 및 지원을 위한 권고와 연방헌법수정을 제안하는 권고로 나눌 수 있다(Young, 1997)[49]. 연방헌법수정은 이루어지지 않았지만, 여러 주정부에서 이 보고서의 취지를 받아들여 주정부의 헌법을 수정하여 범죄피해자의 권리를 주헌법에 명시하기에 이르렀다. 그 후 1984년에 연방법으로 "범죄피해자에 관한 법률(Victim of Crime Act : VOCA)"이 제정되고 이를 통하여 법무부산하에 "범죄피해자 사무국(Office for Victims of Crime)"이 설치되고 또한 범죄피해자 지원을 위한 "범죄피해자 기금(Crime Victims Fund)"이 성립되면서 연방정부 차원의 피해자 보호와 지원제도가 정착되기에 이르렀다(Young, 1997). 피해자 기금은 각종 법규위반자나 가해자에게 부과되는 부과금, 벌금, 추징금, 몰수 등에서 일정액을 범죄피해자 기금으로 보내도록 하여 재정을 충당하도록 하였다. 이렇게 마련된 재정은 연방정부의 범죄피해자 사무국(Office for Victims of Crime, OVC)[50]에서 관리하면서 주정부와 주정부산하의 여러 카운티에 있는 민·관에서 운영하는 피해자 지원단체에 교부금을 지원해 준다(장현석, 2015 : 24~39 재인용).

---

[49] 1982년 미국의 '범죄피해자에 대한 대통령특별위원회'의 최종보고서는 범죄피해자에 대한 법집행기관의 처우를 향상시키기 위하여, 피해자관련 쟁점에 대한 민감성과 지식을 향상시키기 위한 경찰관교육훈련 프로그램의 개발, 신속하게 피해물품을 되돌려 줄 수 있는 절차의 시행, 사건수사의 종결과 수사상황에 관련된 주기적인 정보의 제공, 협박과 위협에 대한 피해자신고의 우선적 처리를 제시하였고, 같은 해 의회에서도 '연방 피해자 및 증인 보호법(The Federal and Witness Protection)'을 제정하여 형사절차에 있어서 범죄의 피해자 및 증인의 역할을 증대시키고 보호하며, 연방 정부는 이용 가능한 재원의 범위 내에서 피고인의 헌법상의 제권리를 침해한 없이 피해자 및 증인을 원조하기 위하여 실행 가능한 모든 조치를 확실히 할 것을 명시하였다.

[50] 범죄피해자 사무국(OVC)은 피해자에 관한 법률(VOCA)에 의하여 조성된 피해자 기금(Crime Victims Fund)을 책임지고 운영하는 연방정부기관이다. OVC는 1988년에 설립되었는데, 1984년에 제정된 VOCA를 개정하면서 연방정부의 기구로 만들어졌다. 피해자의 보호와 지원을 위해 만들어진 다양한 프로그램과 서비스를 재정적으로 지원하는 역할을 한다. OVC가 하는 일들을 살펴보면 현재 미국에서 피해자 지원과 보호를 어떻게 하고 있는지 잘 파악할 수 있다. 먼저, 지금까지 조성된 피해자 기금의 규모를 살펴보면, 기금이 처음 조성된 1984년부터 8년 동안은 해마다 적립할 수 있는 액수를 1억 달러($100M, 약 1,100억 원)에서 1억 5천만 달러($150M, 약 1,650억 원)로 상한선을 정해 놓았다. 이 기금에 대한 적립 상한선을 1993년부터 적용하지 않아서 모든 벌금, 추징금, 보석몰수금(forfeited bail bonds) 등이 기금으로 적립되기 시작했다. 그리고 2000년부터는 적립되는 기금의 양이 해마다 많이 차이가 나서 안정적인 기금 운용이 어려운 것을 해결하기 위해 해마다 지출할 수 있는 기금의 액수의 상한을 연방의회에서 정하도록 하였다. 예를 들어 2011년에서 2012년 회계연도에 사용할 수 있는 기금의 최고 액수는 7억5백만 달러($705M, 약 7,755억 원)였다. 같은 기간 적립된 총액은 27억 달러($2700M, 약 2조 9,700억 원)를 넘는다.

| 미국의 범죄피해자지원 프로그램 |

구분	내용	사용처
범죄피해자 구조기금 프로그램 (VOCA formula grants for crime victim compensation)	범죄피해자구조기금 프로그램은 범죄피해로 인해 피해자가 직접 지불해야만 했던 돈의 액수만큼 VOCA기금에서 보상해 주는 프로그램인데, 2008년 회계연도에 상해, 살인, 아동학대, 강도 등 폭력 범죄 피해자들이 지출한 금액을 보상하기 위해 4억 3천 2백만 달러(한화 약 4500억원)를 지출했다고 한다. 이 금액의 절반 정도는 피해자들의 치료비용을 보상하는데 사용되었고, 다음으로 장례비용을 보상하는데 사용되었다. 하지만, 피해자에 대한 이러한 금전적 보상은 다른 재정적 지원이 불가능한 피해자들에게만 지급된다. 따라서 개인적으로 보험에 가입되어 있어서 치료비를 보험금을 통하여 지불하였거나 범죄가해자가 직접적으로 치료비를 지불한 경우에는 보조금이 지급되지 않는다.	• 의료비용보상 • 장례비용보상 • 정신과 치료 및 상담 비용보상 • 실직이나 일을 못함으로 인한 소득 보상
범죄피해자 지원기금 프로그램 (VOCA formula grants for crime victim assistance)	범죄피해자지원기금 프로그램은 주정부나 민간 피해자보호단체에서 운영하는 각종 피해자 지원프로그램을 원활하게 운영할 수 있도록 재정지원을 하는 프로그램으로서 피해자들이 쉽게 도움을 받을 수 있도록 하는 것이 주요 목적이다. 이 프로그램을 통하여 피해자보호단체들은 위기관리, 상담, 형사사법절차보조, 긴급교통편의 제공 등 다양한 서비스를 피해자들에게 제공하고 있다. 2008년도에 전국에 있는 5,000개가 넘는 피해자보호단체에서 VOCA기금으로부터 지원을 받았다. 피해자보호단체에는 긴급 피난처, 성폭력 위기 센터, 경찰의 피해자지원부서, 검찰, 병원, 사회복지기관 등 다양한 기관이 포함된다. 이러한 다양한 기관을 통하여 한 해 동안 피해자 38만 명이 도움을 받을 수 있었다.	• 위기 지원(Crisis Intervention) • 긴급 피난처(Emergency shelter) • 긴급 교통지원(Emergency transportation) • 상담(Counseling) • 형사사법절차 지원 (Criminal Justice Advocacy)
미국 원주민사회 범죄피해자 지원사업	미국에는 신대륙 발견 이전에 거주하던 인디언 부족과 알래스카 지역에 거주하는 원주민들이 상대적으로 취약한 환경에서 살고 있다. 특히 미국 원주민들은 보호구역에 살면서 자기들의 전통을 유지하면서 미국 주류문화와는 다른 형태의 삶을 살고 있다. 문제는 이들 지역에 형사사법제도가 제대로 정착되어 있지 않아서 치안이 불안하고, 많은 원주민들이 알코올중독이나 마약중독 상태에 있는 것으로 알려져 있다. 따라서 가정폭력, 성폭력과 같은 폭력범죄 피해자가 다른 지역에 비하여 월등히 높은 것으로 보고되고 있다. 보호구역 자치정부와 연방, 주정부 기관들이 긴밀히 협조하면서 원주민 사회에서 발생하는 범죄피해에 대해 적극적으로 지원하고 있다.	

테러리즘과 다중폭력 피해자 지원	최근에 테러 위협과 다중폭력피해 위협이 미국뿐만 아니라 해외에서 증가하고 있는 추세이다. 테러나 다중폭력피해는 한 번에 여러 명의 피해자를 양산하고 전체 지역사회가 피해를 입어 정신적 충격이 크고 피해규모도 크기 때문에 회복이 쉽지 않은 것이 특징이다. 따라서 사태 발생 후 즉각적인 구호조치가 이루어지고 유가족들에 대한 트라우마 치료, 피해회복을 위한 장기적인 지원이 필요하다. 실제로 1995년 오클라호마 연방청사 테러발생 후 미 의회는 VOCA기금에서 매년 500억 달러를 대테러 긴급구호 자금(Antiterrorism Emergency Reserve Fund)으로 축적하도록 하고 있다. 이 자금들은 아래와 같은 프로그램들을 지원한다. • 대테러 긴급 지원 프로그램(Antiterrorism and Emergency Assistance Program, AEAP) 테러피해나 다중이 폭력피해를 입은 경우 피해자들과 지역사회의 피해 회복을 위해 여러 가지 프로그램으로 지원해주는 제도이다. 2002년 시행이후 6천 5백만 달러가 위기 상담, 임시 주거제공, 긴급 교통편의 제공 등에 사용되었다. 2008년에 버지니아 공대의 총기 난사사건이 있었을 때 3백만 달러가 긴급 지원되어 학생, 교수, 직원, 그리고 피해자 가족들과 친구들이 피해의 충격으로부터 회복하는데 도움을 주었다. • 국제 테러 피해 비용 보전 프로그램(International Terrorism Victim Expense Reimbursement Program, ITVERP) 미국국민이 해외에 체류하는 동안 테러 피해를 입어서 피해회복에 개인적으로 비용이 들었다면 이 기금을 통해서 보전해 주는 프로그램이다. 2006년 이후 39건의 기금 신청이 있었다. • 범죄피해지원 긴급자금(Crime Victim Assistance Emergency Fund) 이 기금은 FBI가 운영하는데, 미국 국민이거나 연방정부 공무원이 해외에서 발생한 테러나 다중폭력에 피해를 입은 경우 피해자가 스스로 해결할 수 없는 상태에 있을 경우 재정적으로 지원해 주는 기금이다. 일단 FBI가 피해자에게 지급하고 비용을 추후 OVC가 보전해 주는 방식으로 운영된다. • 피해자 재결합 여행 프로그램(Victim Reunification Travel Program, VRT) 자녀가 국제 아동 납치범죄의 피해자인 경우 남겨진 부모가 아이를 찾기 위해 여행한 경비를 지원해 주는 프로그램이다.
피해자지원 프로그램 개발, 피해자지원 인력 교육, 홍보지원	OVC는 피해자 지원의 원활한 운영을 위해 새롭게 발생하는 피해자 지원수요를 발굴하고, 현재 진행하고 있는 피해자지원 프로그램들의 부족한 점을 찾아내어 보완하는 일을 지원하고 있다. 그리고 피해자에게 서비스를 제공하는 인력들의 전문성을 향상시키기 위하여 다양한 형태의 교육을 제공하고 있다. 또한 많은 대중들에게 피해자들이 겪는 어려움을 알리고 또한 다양한 피해자 지원프로그램이 있다는 것을 홍보하고 있다.

훈련과 기술적 지원	OVC는 모든 피해자지원인력들이 잘 훈련되고 전문적인 지식을 갖고 서비스를 제공하도록 돕기 위해 다양한 훈련 기관을 설립하고 수많은 프로그램들을 운영하고 있다. • 전국 피해자 지원 아카데미(National Victim Assistance Academy) • 주별 피해자 지원 아카데미(State Victim Assistance Academies) • 온라인 피해자 지원 훈련(Victim Assistance Training Online) • 연방 피해자 훈련과 기술 지원 프로그램(Federal Victim Training and Technical Assistance Program)

③ 독일

독일에는 1976년 피해자지원협회(WeiBer Ring)[51]와 1988년 범죄피해자보호협회(Arb eitskreis der Opferhilfe in der Bundesrepublik Deutschland e.V.)가 있다. 모두 전국조직임에도 두 조직 사이에 역할갈등이 거의 없다. 그 이유는 피해자지원협회는 주로 일반 자원봉사자들이 피해자에게 조기 지원을 하는 형태이지만, 범죄피해자보호협회는 대학에서 심리학, 교육학 등을 전공한 협회에 소속된 전문상담원으로 구성되어 있기 때문이다.[52] 전문상담원들은 3~5년 정도 실습교육을 받고 자격증 코스도 다학제적 교육이수와 검정시험을 통과해야 한다. 독일에서는 피해자에 대한 심리치료비용을 모두 의료보험회사에서 지불하고 있다.

독일에서 피해자보호는 경찰이 주도적으로 하는 업무로 보고 있으나, 피해자지원은 경찰의 예외적인 제한적 업무에 해당하므로, 다른 국가기관이나 민간단체들에게 양도되어야 할 것으로 보고 있다. 또한 검찰이 초기 기소결정에서 보호관찰부 가석방결정에 이르기까지 사건의 현황에 대하여 피해자에게 고지하고, 보석결정, 유죄협상, 양형이나 배상 등에 대한 폭력범죄의 피해자견해에 대해서 법정에서 관심을 갖게 하며, 이들 문제가 알려지도록 할 수 있는 기회가 피해자에게 제공되게 하는 절차를 확립하고, 피해자나 증인을 위협하거나 보복하려거나 손상을 가하고 위협하는 가해자에게 법이 허용하는 최고의 죄명으로 기소하고 구형하며, 성폭력피해자에 대한 특별한 배려와 일정의 변경 등으로 인한 피해자의 불편을 최소화하도록 권고하였다. 그리고 사법부가 피해자의 이익과 욕구에 관한 훈련

---

[51] 1976년 TV 아나운서 에두아르트 짐머만(Eduard Zimmermann) 등에 의하여 마인츠에서 피해자들과 범죄예방을 위해 설립된 민간단체이다. 대부분 협회의 재정은 90%이상이 국가보조금이지만, 그 밖에 약 7만여명 회원의 회비(매월 최저 2.50 Euro이상) 등을 재원으로 하여 운영되고 있으며, 약 420개의 지부에 약 3,000명 이상의 자원봉사자들이 있다. 이들 협회의 활동을 보면, 고의적인 범죄행위로 피해를 받은 사람에 대한 지원(피해자에 대한 직접급부나 구원조치 외에 피해자의 국비·공비지원에 관한 정보제공), 범죄예방에 관한 공적 기관의 활동지원(예방조치에 관한 연구와 실험), 시민들에 대해 범죄로 위해를 받을 위험성에 대한 계몽과 조언(안전확보를 위한 방호설비의 기술적 개량에 관한 설명), 피해를 받기 쉬운 시민에 대한 방범교육과 지원, 일반인에 대한 방범지식의 보급, 피해자보호법안들에 대한 개정의견제시 등이다. 또한 피해자지원에 대한 학술적 결과를 수록한 협회지를 1년에 6회 정도 발행하고 있다.

[52] 범죄피해자보호협회 산하인 함부르크 피해자지원상담센터는 가정폭력, 성폭력, 신체상해, 강도, 스토킹의 피해자 혹은 사고, 전쟁으로 심리 및 정신적으로 고통, 불안, 우울감, 집중방해, 수면장애, 외상 후의 절차, 일자리의 위험, 가옥손실, 가족 및 친구관계에서 어려움을 겪는 사람들까지도 지원한다. 단기상담일 경우는 약 10회기로 종결하고, 장기치료가 필요한 경우는 입원가능한 병원이나 외래환자로 병원에서 심리치료를 받을 수 있는 기관을 연계해준다.

프로그램을 개발하고 참여할 것, 변호인 측 증인과 검찰 측 증인의 대기실을 분리하는 등 피해자의 욕구를 위한 법정절차와 과정을 적용할 것, 피해자의 이익도 가해자의 이익과 동일한 정도의 비중을 둘 것, 피해자의 참여를 용이하게 할 것, 피해자에게 미친 범죄의 영향을 이해할 것 등을 권고하였다.

독일의 피해자지원 보호사 자격증 양성과정

2012년에 베를린의 한 전문대학 앨리스에서는 범죄피해자보호협회의 "폭력의 피해자 전문인을 위한 평생교육"의 자격증 코스과정을 독일 법무부의 연방 교육부 지원으로 교육과 훈련을 실시하였다. 다른 다학제간의 연합으로 피해자들을 위한 범죄학, 심리상담, 위기개입, 장기요양 및 중재, 개인·부부·집단에 대한 치료지원, 피해자와 지원단체의 역할, 법적 상담, 법원에 함께 동행하기, 범죄 및 피해자 증인과 민사소송, 가해자-피해자 조정 또는 갈등 중재에 대하여 교육을 하였다. 피해자에 대한 지원은 다학제적이고 전체적으로 상호 연결되어 있으므로 여러 관점 교육이 필요하다. 그래서 교육과정에서도 그룹모임과 함께 이론적 지식과 전문 지식에 대한 피해자 유형과 범죄행위의 형태로 특정 사례 연구 및 실무 경험을 갖춘 내용들을 학습한다. 그리고 참가자들의 자기분석과 통찰이 가장 중요한 역할을 한다. 또한 그룹에서 토론과 논의는 중요한 학습과정이고 사례에 대한 슈퍼비젼 지도감독을 한다. 교과 주제들을 살펴보면 다음과 같다.

- 독일과 유럽에서 피해자에 대한 지원
- 피해자들의 심리적 특성 및 현상
- 트라우마 심리치료 소개
- 피해자를 위한 심리상담
- 독일의 법률시스템에서 범죄 피해자
- 감독과 슈퍼비전
- 다양성의 측면에서 피해자 지원
- 피해자 지원의 윤리적, 정치적 차원의 방법을 교육 및 학습
- 사례연구, 자기분석과 성찰, 감독, 소그룹 회의와 토론

교과과정은 총 200시간으로 114시간을 출석수업, 12시간은 현장에서 관찰, 18시간은 두 사람씩 그룹으로 토론수업, 56시간은 자율적 수업으로 구성되어 있다.

출처: 김지영 외, 2014: 41~42.

④ 일본·대만·한국

일본은 1966년 설립된 '살인범죄 박멸을 위한 유가족 모임'으로 출발하여 1974년 미츠비시 중공업 빌딩 폭파사건을 계기로 범죄피해자 보호와 지원의 필요성이 높아졌고, 1980년 범죄피해자 등 급부금 지급법을 제정하였으며, 1998년 민간 피해자지원조직의 연합체인 전국피해자지원네트워크[53]가 결성되었다. 범죄피해자에 대한 기본정보를 경찰이 민간단체에 제공하면서 보다 적극적인 활동이 이루어진 것은 2002년부터이다. 대만의 경우 1999년 법무부와 내무부 합동으로 민간 범죄피해자보호기구인 재단법인 범죄피해자보호협회를 전국단위로 설립하여 운영하고 있다. 한국은 순수 민간차원에서 최초로 1991년 4월 성범죄피해자지원을 표방한 한국성폭력상담소가 문을 열었고, 법무부산하에 2005년 (사)전국범죄피해자지원센터연합회(KCVC)가 설립되었고, 경찰청산하에 2015년 (사)피해자포럼(VF) 등이 창립된 바 있다.

(3) 구제기준

미국의 경우 피해자보상비의 용도는 피해자의 장례비, 의료비, 일실소득, 상담비용, 피난처제공, 기타지원 등의 형태로 구성되어 있다. 그중 피해자에 대한 의료비 지원이 가장 큰 비율을 차지하고 있다. 범죄유형별로 보면, 폭력, 성폭력, 가정폭력, 아동학대, 살인, 강도, 음주운전, 약취 등인 바 대부분 대인범죄 피해자가 주 대상이 된다. 구체적으로 피해자에게 보상이 이루어진 인용사례와 기각된 사례를 살펴본다(박민식, 2011:308~311).

인용사례

- 36세의 여자가 성폭력 피해에 대한 보상을 청구했다. 가해자는 그녀의 전 남편이었다. 그는 결혼반지를 돌려주겠다고 하여 그녀를 만났는데, 갑자기 칼을 집어 들고 그녀의 차안으로 끌고 들어가 손과 발을 묶고 성폭행했다. 또, 그녀의 은행구좌에서 돈을 인출한 사건으로 그는 즉시 구속되었다. 이 사건에서 위원회는 그녀의 치료비 및 4일간의 일실 소득수입 등 명목으로 1,165 달러를 지불하기로 결정했다.
- 살인죄를 저지른 남녀가 그들의 범죄행각을 눈치 챈 이 사건 피해자를 질식사시키고, 그 사체를 유기하였는데, 피해자의 모가 보상신청을 한 사례에서 위원회는 장례비 등을 명목으로 3,809 달러를 지불할 것을 결정했다.

---

[53] 이 단체는 순수 민간조직으로 이사회가 조직운영의 중심기구이며, 재정적으로는 재단법인 범죄피해구원기금 등으로부터 지원을 받고 있는데, 1999년 5월 '피해자의 권리선언'을 공표하였다. 그 내용을 보면, 공정하게 대우받을 권리, 자신이 관련된 형사사건에 관한 정보를 제공받을 권리, 피해를 회복받을 권리, 의견을 진술할 권리, 적정하게 지원받을 권리, 재피해로부터 보호받을 권리, 평온하고 안전하게 생활할 권리를 가지며, 범죄피해자에 대한 부조는 공동체의 의무라고 선언하였다. 그 밖에 경찰이 주도하여 관할구역내 공공기관 및 민간단체와 연대하여 범죄피해자를 지원하는 지역네트워크와 피해자지원연락협의회가 있다.

- 25세의 남자가 길을 걷다가 불상자가 달려들어 총을 발사한 결과 허벅지에 중상을 입었는바, 이 피해자는 의료보험이나 기타 사회보장 혜택을 받을 수 없는 사람이었다. 이 사례에서 위원회는 동인에게 치료비와 4주간의 일실 소득수입 등의 명목으로 최고보상액인 15,000달러를 지급하기로 결정하였다.

- 35세의 크라이슬러 사에 종사하는 남자가 대낮에 주유소에서 기름을 넣다가 타인으로부터 폭행을 당하여 어깨가 분쇄되는 11개월의 진단을 요하는 중상을 입었다. 동인은 의료보험 혜택을 받을 수 있는 처지였다. 동 사건에서 위원회는 동인이 58주 동안 직장을 다닐 수 없게 된 것을 이유로 동인에게 일실 소득수입 등의 명목으로 11,600 달러를 지불하기로 결정하였다.

- 57세의 남자가 술에 취하여 착각한 상태에서 다른 사람의 자동차 안에서 잠을 자고 있었다. 위 차 주인여자의 남자친구가 위 피해자에게 폭행을 가하여 코뼈가 부서지고 앞 이빨 4개가 파손되었다. 동 피해자는 의료보험 혜택을 받을 수 없는 처지였고, 가해자로부터 배상금 명목으로 400달러를 받았다. 이 사건에서 위원회는 치료비 명목으로 1,469 달러를 지급하기로 결정하였다.

- 피해자가 남자친구가 칼을 사 오라는 부탁을 받고 나갔으나 너무 늦게 돌아왔다는 이유로 폭행을 당하여 손목과 복부에 중상을 입었다. 위원회는 이 사건에서 동 피해자는 이미 7개월 전에 직장을 그만 둔 상태이므로 일실 소득수입을 제공할 수 없다고 판단했다. 다만 치료비 명목으로 7,825 달러를 지급하기로 결정했다.

기각사례

- 28세의 여자가 장례식장의 주차장에 주차해 둔 차를 절취 당하였다. 그로 인하여 정신적으로 심각한 우울증에 시달린 나머지 정신치료를 받았다고 주장하면서 보상신청을 한 사안에서 위원회는 이러한 치료비는 범죄로 인한 직접적 결과가 아니며, 자동차의 분실은 재산에 관한 손실이므로 보상범위가 아니라고 하면서 이를 기각하였다.

- 20세의 여자가 2~3년 동안 첫 번째는 남자친구로부터 두 번째와 세 번째는 전 남편으로부터 폭행을 당하여 치료를 받았다면서 보상신청을 한 사안에서 위원회는 조사결과 첫 번째 폭행은 남자친구가 아니라 이복동생으로부터 입은 것이었는데, 당시 이 이복동생에 대한 재판에서 동 피해자가 증언을 하지 않았으며, 두 번째와 세 번째 폭력도 전 남편은 당시 수감 중이었던 사실을 밝혔다. 결국 첫째, 이 보상신청은 사건 발생 1년 이후에 제기되었다는 점, 둘째, 그녀가 전 남편으로부터 당했다는 폭행사건은 당시 수사기관에 고소되지 않은 것이었다는 점, 셋째, 이복동생으로부터 입은 폭력사건에서 증언을 거부했다는 점, 넷째, 의료보험 공제조합에서 치료비를 부담했다는 점을 이유로 보상신청을 기각하였다.

- 22세의 청년이 다른 차에 치여 중상을 입었음을 이유로 보상신청을 한 사례에서, 위원회는 동인이 당시 음주운전을 했고, 안전벨트도 착용하지 않았으며, 운전면허가 정지 중이었던 점을 밝혀내고, 이러한 피해는 피해자 스스로가 유발한 데 있음을 이유로 보상신청을 기각하였다.

- 40세의 여자가 총상을 입은 것을 기회로 보상신청을 하였으나, 위원회의 조사결과 총상을 입을 당시 피해자는 마약하우스에서 코카인을 구입하고 이를 흡입하고 있었음을 확인, 따라서 총상은 피해자가 지극히 위험한 장소에서 불법적인 코카인을 구입하고 흡인한 상태에 책임이 있으며, 치료비 또한 의료보험 공제조합에서 지급하였음을 이유로 이를 기각, 동 피해자가 전원 심사회에 항소하였으나 역시 기각되었다.

- 절도 행각 중에 주인의 대응사격으로 사망한 자의 부모가 장례비용을 청구하였으나, 피해는 사망자의 절도행각에서 비롯된 것이며, 정당방위라는 점을 이유로 기각하였다.
- 남자친구로부터 폭행을 당한 여자가 보상신청을 하였으나, 가해자로부터 이미 2,982 달러의 배상을 받았고, 치료비 중 95 달러만이 위 배상금을 초과하는 부분으로 하한선인 200 달러 미만이고, 동녀의 직장관계에서도 고작 3일 결근한 사례라는 점 등을 들어 기각하였다.

한국에서는 범죄 피해자의 회복을 위해 마련한 '범죄피해자구조금' 제도가 제구실을 못하고 있다는 비판이 있다. 구조금액이 턱없이 적을 뿐만 아니라 지급 요건이 까다롭다.

'범죄피해자보호법'을 보면, 범죄로 인해 사망이나 장해, 중상해를 입은 피해자 측이 가해자로부터 보상을 받지 못한 때에는 국가가 피해자나 그 유족들에게 구조금을 지급한다라고 명시되어 있다. 형사사건의 수사 또는 재판에서 수사 단서를 제공하거나 진술, 증언 등으로 피해를 보았을 때에도 구조금을 받을 수 있다. 하지만 지급 요건이 까다롭고 실제 지급금액도 턱없이 적으며, 예외 사유가 많다.

또한 범죄피해자보호법에는 '범죄 피해를 원인으로 국가배상법이나 다른 급여 등을 받을 수 있는 경우 구조금을 지급하지 않는다.'고 규정하고 있으며, 구조금 산정기준이 피해자의 월급이나 월 실수입, 평균임금을 기준으로 산정하는데, 수입 기준은 세무서장이나 지방자치단체장, 또는 피해자가 근무한 업체 대표의 증명, 또는 대통령령으로 정하는 '공신력 있는 증명'이 있어야 한다. 이처럼 복잡한 절차로 인해 피해 가족들 입장에서는 스스로 처리하기가 쉽지 않으며, 또한 피해자가 월수입이 적은 경우에는 그 지원액이 턱없이 부족해지는 경우가 발생하기도 한다(법률신문, 2011.11.20).

(4) 구제방향

피해자지원이 민간주도형으로 시작되었던 유럽과 영미와는 달리 한국은 단기간에 정부주도형으로 피해자지원이 전국적으로 시작된 점에서 차이가 있다. 외국의 경우, 형사사법절차가 국가기관의 활동이기 때문에 피해자지원 및 보호활동은 국가재정에 크게 의존할 수밖에 없고 모든 형사사법기관에 피해자를 지원하는 부서나 담당자를 두고 있다. 그러나 피해자지원운영에 있어서 정부주도형인 경우에는 국가독점주의의 폐단으로 쉽게 관료화되고, 그 활동에 있어서도 탄력성과 효율성이 저하될 우려가 높다는 문제가 있는 바, 향후 피해자지원사업은 자원봉사자들과 민간전문가들이 중심이 되는 민간주도형으로 전환하여야 하고 정부는 이들 피해자관련 단체들이 자생적으로 성장할 수 있도록 조력하는 사다리 역할에 그쳐야 한다. 좋은 예로 한국에서도 성폭력이나 가정폭력의 피해자에 대한 지원이 민간주도형으로 시작하여 어느 정도 성공했듯이 다른 강력범죄의 피해자에 대한 지원도 역시 민간주도형일 때 그 성과를

기대할 수 있는 것이다.[54]

또한 피해자지원 자원봉사자나 전문가에 대한 교육에 있어서도 일정한 교육요건과 체계적 프로그램을 갖춘 대학교내 피해관련학과나 피해자전문연구소 등에서 전문적 교육을 주도하는 것이 바람직하다. 그리고 대학교내 피해관련학과(형사사법학, 사회복지학, 심리학 등)에서는 가능한 경우 피해자를 초빙하여 강의하도록 하여야 하고, 대학생들에게 피해자학에 대한 최소학점을 의무적으로 이수하게 하며, 피해유형별로 전문화된 워크숍을 제공하여야 하고 피해자의 권리(피해자에게 원하는 사람과 동행할 수 있는 권리, 형벌을 정하기 전에 피해자 충격진술서를 제출할 권리 등)에 대하여 교육하여야 한다. 또한 피해자의 보호와 지원을 위하여 정신건강심리사 등과 같은 전문자격증을 소지한 인력의 확보에 국가와 사회는 함께 노력하여야 할 의무가 있다.

---

[54] 성폭력, 가정폭력, 성매매, 학교폭력, 아동학대 등 사회적으로 어느 정도 피해자지원체계가 구축된 범죄유형에서는 피해자나 그 가족들이 그나마 쉽게 상담소를 찾아가 지원을 받을 수 있지만, 살인, 강도, 방화, 보복범죄 등과 같은 강력범죄의 피해자들의 경우에는 정보부재와 체계적인 지원 시스템이 매우 빈약한 상태여서 피해자나 가족들이 지원요청하기가 쉽지 않다는 문제가 있다. 따라서 강력범죄의 경우 피해자들을 직접 찾아가는 서비스 체계가 매우 필요한 실정이다.

2편

피해유형

제1장 범죄피해

제2장 재난재해

제 1 장 범죄피해

1. 개요

범죄피해로 인한 스트레스는 우발적인 외상이나 자연재앙보다 더 병리적이고, 삶을 위협하는 사건이 죽음의 노출과 연관되면 특히 병리적이다. 범죄피해 직후 입은 상처는 피해의 종류와 정도에 따라, 그리고 사람에 따라 다르지만 1차적 그리고 2차적 피해자 모두 경제적 피해나 신체적 손상보다도 심리적 피해를 가장 심각하게 받아들이고 있다(김지영 외, 2014:10, 최인섭 외, 2006 : 235).[55] 사건을 계기로 피해자와 그 가족의 인생이 크게 변한다는 것은 확실하다. 동일한 범죄피해를 동시에 받은 경우라도 피해자의 심리와 체험에는 개인차가 있다. 특히 가해자가 누구인지 모르는 경우에는 막연한 대상(삶 자체, 힘들었던 어린 시절, 주변 환경, 불운, 불공평한 신 등)을 가해자로 지목하고 그 때문에 자신이 이렇게 되었으며 무기력과 분노에 빠지게 되었다고 책임을 전가한다. 이런 식의 생각은 평생을 따라 다니고 자기 파괴적인 태도로 발전할 가능성이 높다(이노은 역, 2007:9).

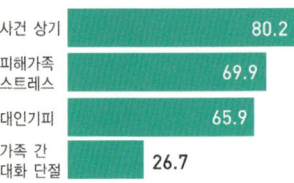

강력범죄 피해자가 겪는 사회활동 장애 (단위:%, 자료:법무연수원)
- 사건 상기: 80.2
- 피해가족 스트레스: 69.9
- 대인기피: 65.9
- 가족 간 대화 단절: 26.7

사회적 자본(social capital)이 적은 약자일수록 같은 피해도 더 심각하게 받아들이는데, 욕구불만과 스트레스에 대한 저항력과 자극에 대한 반응에 더 민감하다. 선천적인 면에서도 정신적인 피해에 차이가 난다. 또 피해를 받기 전과 받을 때의 심신건강, 직업의 유무, 안정성, 혼인상태, 연령 등 여러 가지 요인에 의해 반응이 다르게 나타난다.

일반적으로 피해자는 자신이 당한 일에 대하여 도덕적 결백성을 극대화하려는 동기를 갖게 되며, 가해자[56]들의 변명을 용납하지 않으려 하고, 자신이 당한 피해에 대하여 잊지 않고 오

---

[55] 반면에 강력범죄의 피해자들에게 가장 절실한 것은 '경제적 지원'과 '신변보호'라는 연구결과도 있다. 이는 강력범죄보다는 덜 심각한 범죄의 피해자와 강력범죄의 피해자들 간에는 피해지원요구가 서로 다를 수 있다는 것을 시사한다(김지영 외, 2009 : 197). 그런데 범죄유형에 따라 피해지원요구에 차이가 있다기보다는 어쩌면 아직까지 살인 등 강력범죄의 피해자들의 수에 비하여 턱없이 부족한 피해자종합지원센터, 피해자지원센터, 그리고 무기력해진 피해자를 직접 찾아가는 재가상담이 거의 없다는 점이 문제일 수 있다.

[56] 일반적으로 가해자는 자신의 행위에 대하여 도덕적 위법성을 최소화하려는 동기를 갖게 되고 자신의 범행에 따른 부조화를 축소하려는 여러 가지 전략을 구사하게 된다. 첫째는, 자기가 나쁜 일을 전혀 하지 않았다고 말하는 것인데, 가해자들 중에서 자신의 행위가 부도덕하다거나 처음부터 나쁜 의도가 있었다고 말하는 경우는 극소수에 불과하고, 대부분은 그 상황에서는 누구나 그럴 수 있다고 변명한다. 둘째는, 자신의 잘못은 인정하되 그것을 변명하거나 최소화하는 것인데, 가해자들의 2/3 이상이 자신의 소행에 대해 외적인 이유나 참작할 사유(예 아동학대경험 또는 불우한 성장환경,

랫동안 분노를 갖고 가해자의 행동을 이해할 수 없는 행동으로 기억한다. 일부 피해자들이 계속 분노를 느끼고 쉽게 잊어버리지 못하는 자신의 태도를 정당화하는 것은 분노 그 자체가 응징, 곧 가해자가 화해하기를 원하거나 오래전에 그 자리를 떠났거나 이미 사망했을 때도 가해자를 처벌하는 방법이기 때문이다. 가해자는 빨리 잊고 싶어하는 범행에 대하여 피해자들이 오랫동안 분노를 갖는 이유는 자신의 앙갚음은 전적으로 정당한 것이고 자신이 그 피해의 당사자가 된 것에 대한 억울함 등이 깔려 있기 때문이다(박응희, 2007 : 282~283).

구체적으로 사건이후 피해자가 어떤 심리를 갖게 되는지 살펴보면, 범죄피해는 단지 신체의 상처나 후유증, 금품탈취 등 직접적인 피해에서 그치지 않으며, 범죄피해의 영향도 피해정도와 피해를 입은 사람의 취약성, 그리고 피해자가 처한 환경 등에 따라 다르게 나타난다. 따라서 범죄피해이후 피해자의 사회정의에 대한 불신[57], 경제상태의 악화, 정신상태의 악화(트라우마[58] 등), 피해가족의 정신적 고통, 이웃 등 대인관계의 손상 등이 나타날 수 있고, 또한 주위의 호기심 어린 눈초리, 터무니없는 모략이나 과장된 헛소문, 매스컴의 무책임한 보도(피해자에게 책임이 있다는 식의 기사)로 인한 상처 등 2차적 피해도 크다.

F.M.Ochberg(1998)는 피해자의 PTSD에 따르는 증상으로 수치심[59], 자책감, 복종(무력해져서 왜소해진 감각), 가해자에 대한 병적 증오, 역설적인 감사(스톡홀름 증후군), 더러워진 느낌, 성적 억제, 포기, 2차적 상처, 사회경제 상황의 저하를 제시했다. 사람은 사건, 사고를 당해 강한 충격과 스트레스를 받으면, 그 사실을 인정하고 받아들이기까지 마음속에 다양한 과정을

최근 심한 스트레스 상황 등)를 들먹이면서 범행에 대하여 어쩔 수 없이 충동적으로 무심결에 그랬다고 진술하거나 피해자유발요인이 있다면서 책임을 전가한다. 셋째는, 가해사가 궁지에 몰려 책임을 부정하거나 최소화할 수 없을 때는 자신이 못 되고 해로운 짓을 했다는 것은 인정하되 되도록 빨리 그 사건에 대한 기억을 지워버리려 애쓰는 것이다. 그래서 이들은 이미 다 끝난 일이라고 단정짓고 이는 자기 본성과는 관련없는 일이라고 주장하면서 자기행위를 정당화하는 신념을 구축해간다.

[57] 피해자는 자신을 지켜주지 못한 사회정의에 대한 불만을 갖게 되며, 따라서 피해자에게 정의(justice)의 경험은 여러 가지 의미를 가지는데, 그것이 때로는 복수로 나타날 수 있겠지만, 보복을 요구하는 것은 그보다 긍정적인 정의를 경험하는데 실패했기 때문에 나타나는 현상일 뿐이다. 사실 피해자가 정의를 경험할 수 없다면 범죄 피해를 온전히 치유한다는 것은 도저히 불가능하다. 따라서 피해자는 정의를 경험하기 위해 가해자에 대하여 자신의 소견을 제시할 수 있어야 하고, 가해자의 처리과정에 대하여 지속적인 정보를 제공받을 필요가 있다. 결국 피해자가 정의를 이루기 위한 사법절차의 중심에 서야 하지만, 현실에서 피해자는 단지 증인수준에 머문다. 이처럼 사법당국이 피해자의 힘을 무시하는 결과는 피해자의 상처를 악화시킨다(손진 역, 2010 : 40~46).

[58] 트라우마(trauma)란 본래 정신적 외상(外傷)을 뜻하는데, DSM-4에서는 '실제로 또는 자칫하면 죽거나 중상을 입을만한 일을 한 차례 또는 여러 차례, 자신 또는 타인의 신체 보전에 다가오는 위험을 체험하고 목격하거나 직면했으며, 그 사람의 반응은 심한 공포, 무력감 또는 전율에 관한 것이다.'라고 정의한다. 즉, 기억이 되살아날 때마다 똑같은 공포와 전율을 체험하는 것으로서 평상심의 처리능력을 넘어서는 경우를 의미한다. 트라우마 반응의 대부분은 일과성에 그치며, 증상이 가볍지만, 일부는 증상이 만성화되어 사회부적응을 일으키기도 한다. PTSD(Post Traumatic Stress Disorder)도 트라우마의 한 형태이다.

[59] 피해자가 느끼는 수치심은 가해자로 인해 자신의 의지에 반하여 자기 통제력을 박탈당하고 자신의 삶과 재산, 그리고 공간을 장악당한 상황에서 타인의 통제를 받음으로 인해 스스로 비인간화를 느끼게 되는 것으로부터 생기는 것이다. 따라서 피해자는 신체적 손상보다도 심리적 손상에 더 큰 영향을 받게 된다.

거친다고 한다.

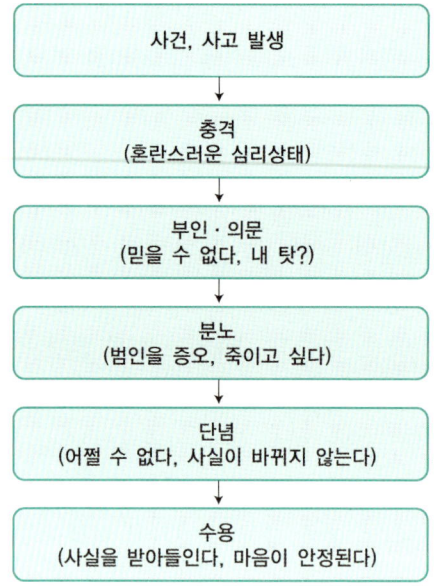

　이러한 피해자의 심리는 최초의 충격단계를 거쳐 심리적 반작용단계로 나아가며, 스스로를 다시 추스르는 재편성단계(reorganization)로 진행하게 된다. 재편성단계에서 피해자에게 가장 명백한 요구는 손해에 대한 보상이다. 물론 물질적 배상과는 달리 정신적 피해는 완전 회복이 불가능하지만, 잘못을 바로잡는다는 관점에서 피해자가 겪는 상실감과 그로 인해 나타나는 요구들을 충당하기 위한 물질적 배상은 대단히 중요한 의미를 가진다. 그러나 대부분의 피해자들에게는 물질적 배상보다도 감정적 화해가 더 중요하다.

　범죄피해의 경험은 자신이 지역사회에서 버려졌다고 느끼게 하고 종종 피해자가 자신이 평가절하되었다고 느끼기 쉬우며, 이는 피해자의 지배의식(sense of dominion)의 회복을 요하는 것이다. 따라서 피해자를 지역사회로 재통합시켜야 하고 피해자의 지배의식은 존중받을 가치가 있음을 확인시켜 주어야 한다. 또한 피해자의 심리적 손상에 대한 접근은 사건 직후와 단기 및 장기로 구분해서 개입해야 하고, 피해 직후에는 후유증을 나타내지 않았다가 얼마 정도 시간이 지난 후에 정신적 후유증이 심각하게 드러날 가능성이 높으므로 Hill(2004)은 피해자들의 특성을 이해하고 돕기 위한 매뉴얼이 필요하다고 지적하였고, 피해자유형별로 정신건강 심리사를 지정하여 장기적인 추적지원이 필요하다고 제시하였다.

|피해자의 반응|

山上(1996)	심리적 반응	불안, 공포, 분노, 슬픔, 상실감, 절망감, 고립감 등
	신체적 반응	구토, 설사, 식욕부진, 불면, 과호흡 등
	행동적 반응	은둔, 일에 대한 의욕 상실, 알코올에 빠지게 됨
中島(1999)	분노의 대상	가해자는 물론 자신을 구해주지 못한 신(神)과 사회, 가족, 지원자, 자기 자신에게 향하는 수도 있다.
	죄악감, 자책감	피해자의 잘못이 아님에도 실제로 대부분의 피해자가 강한 자책감을 느끼고 있다. 이것은 피해를 당한 이유를 자신의 과실로 보는 것의 일종이지만 주위 사람이 무심코 하는 말 한마디가 더 강한 자책감을 갖게 한다. 특히 유족은 자책감을 더욱 강하게 느낀다.
	수치심, 굴욕감	성범죄는 피해자의 품위와 인격의 존엄을 무시하는 요소가 있기 때문에 피해자는 매우 강한 수치심과 굴욕감을 느끼지만, 기타 범죄에 있어서도 범죄를 당한 자체가 보통 있을 수 있는 일은 아니라는 감정은 자기 부정감과 자기혐오에 연결되어 대인관계를 곤란하게 하는 수도 있다.
	비탄, 비애	사람들은 피해로 인해 많은 것을 잃는다. 심신건강, 직업, 사회적 지위, 친구관계, 혹은 사랑하는 가족을 잃는 등 많은 상실이 일어난다.
	미래에 대한 희망 상실	피해를 받으면 미래에 대해 계획을 세우거나 그것을 실행할 수가 없어진다. 또 사건과 사고에 의해서 자신의 인생이 과거로부터 미래로 연결되는 연결성이 없어지고, 살아있는 실감을 느끼지 못하거나 시간이 정지되어버린 느낌도 갖는다.
	자신감 상실	보통 우리는 자신을 둘러싸고 있는 환경은 안전하고 자기 자신을 통제할 수 있다는 자신감을 갖고 살아간다. 그러나 사건과 사고를 당한 후에는 지금까지 가지고 있던 세계에 대한 소박한 신뢰감마저 무너져버리고, 자기 자신을 통제할 수 없다는 것에 대해 무력감과 자기부정이 일어난다.
	타인에 대한 신뢰감 상실	피해체험은 사회와 다른 사람에 대한 신뢰가 깨져버리기 때문에 다른 사람에 대한 신뢰와 친밀감을 잃게 된다. 피해자는 안심할 수 있는 관계에 매달리려고 하는 한편 조금이라도 상처를 줄 것 같은 인간관계를 철저하게 피하려고 하기 때문에 대인관계는 불안정하게 되기 쉽다. 이것이 사회생활의 유지를 곤란하게 하고 피해자의 고립감과 소외감을 더욱 더 증가시킨다.

피해자를 대할 때 사람들의 감정과 행동은 대부분 이중적으로 반응하게 된다. 한편으로는 인간의 본성적 양심에 따라 피해자가 당한 고통을 생각하고 가슴 아파할 것이며, 성금을 내거나 그들을 도울 수 있는 방법을 찾기도 한다. 그러나 피해자를 돕고자 하는 마음 저변에는 아주 미묘한 우월감이 숨겨져 있을 때가 많다. 심지어 노골적으로 경멸하는 마음을 드러내기도 한다. 이런 감정은 자신은 행운과 특권을 누리는 사람이지 피해자가 아니라는 의식에서 비롯된다.

피해자에 대해 일반인들은 '재수 없는 사람', '운이 없는 사람', '불행한 사람', '불쌍한 사람' 등의 부정적인 생각으로 바라본다. 피해자들을 바라보는 시선이 부정적일수록 피해자에게는 제2차, 제3차의 부정적 영향을 받으며 자신들에 대한 부정적 이미지가 고착되어 이에 맞게 행동하게 된다. 피해자를 바라보는 일반인들의 시각을 크게 4가지 유형으로 분류해 볼 수 있다(박병식, 2007:51).

	적극적	
교류	수용	배척	회피
	모른 체	외면	
	소극적	

- 수용 : 일반인이 피해자에 대해 적극적으로 교류하려는 의지를 보이는 경우이다. 이들은 피해자와의 교류는 물론 피해자를 돕고자 적극적으로 움직이기도 한다. 피해자에게 물질적·정서적으로 절대적인 도움을 줄 수 있는 유형이지만, 때로는 피해자에게 지나친 접근을 함으로써 피해자를 힘들게 할 수도 있다.
- 배척 : 적극적으로 피해자를 피하는 유형이다. 이들은 피해자를 매우 나쁜 시선으로 바라보기도 하며, 자신의 가족들이 이들과 교류하는 것조차 만류하기도 한다. 마치 피해자가 범죄의 대상이 되도록 행동한 것처럼 여기기도 하고, 피해자를 가까이 하면 자신도 피해자가 될 수 있다는 불안감을 가지기도 한다. 피해자를 배척하는 태도로 인하여 피해자에게 또 다른 고통을 주기도 한다.
- 모른 체 : 소극적으로 피해자와의 교류를 받아들인다. 이들은 피해자와의 교류는 받아들이지만 범죄에 대한 대화를 거부한다. 범죄에 대해 관심이 없는 것처럼 행동한다. 이들은 피해자가 범죄를 당했다는 사실을 모른 체한다.
- 외면 : 소극적으로 피해자를 피하는 유형이다. 이들은 적극적으로 피해자를 멀리하지는 않지만, 되도록 피해자와 가까이 지내려고 하지 않는다.

┃피해자 친구들의 반응┃

구조자 (The Rescuer)	공포로 인해 즉각적인 해결책을 찾고자 하는 유형이다. 피해자의 이야기를 듣지 않고, 남에게 의존시키는 제안을 하며, 피해자의 감정표현을 불안하게 받아들인다. 이 유형은 고통받는 모습을 참지 못하고 문제를 직접 해결하고 싶어 한다.
적대적 조력자 (The Hostile Helper)	두려움 때문에 화가 나는 유형이다. 이들은 피해자를 비난하기도 하고, 직접 판단을 내리며 피해자로부터 거리를 유지하려고 한다. 두려움이 앞서기 때문에 자기가 피해자의 입장이었다면 그런 일은 없었을 것이라고 생각한다.
무력한 조력자 (The Helpless Helper)	공포에 압도당하는 유형이다. 피해자보다 더 심한 공포를 느끼기 때문에 피해자의 말에 귀 기울이지 않는다. 피해자를 불안하게 만들고 피해자가 조력자에게 미안함을 느끼도록 만든다.
적극적 조력자 (The Positive Helper)	이 유형은 공포에 직접 대응하고 이에 맞선다. 직접 판단을 내리지 않고 피해자의 이야기에 귀를 기울이며, 시기를 잘 파악한다. 이 유형은 "엄청 화가 날 겁니다.", "시간이 좀 걸릴 거예요.", " 잘 대처하셨어요.", "힘들었겠군요." 등의 공감 대응을 한다. 결국 이 유형은 피해자에게 이야기할 수 있는 기회를 준다.

출처 : 손진 역, 2010 : 33.

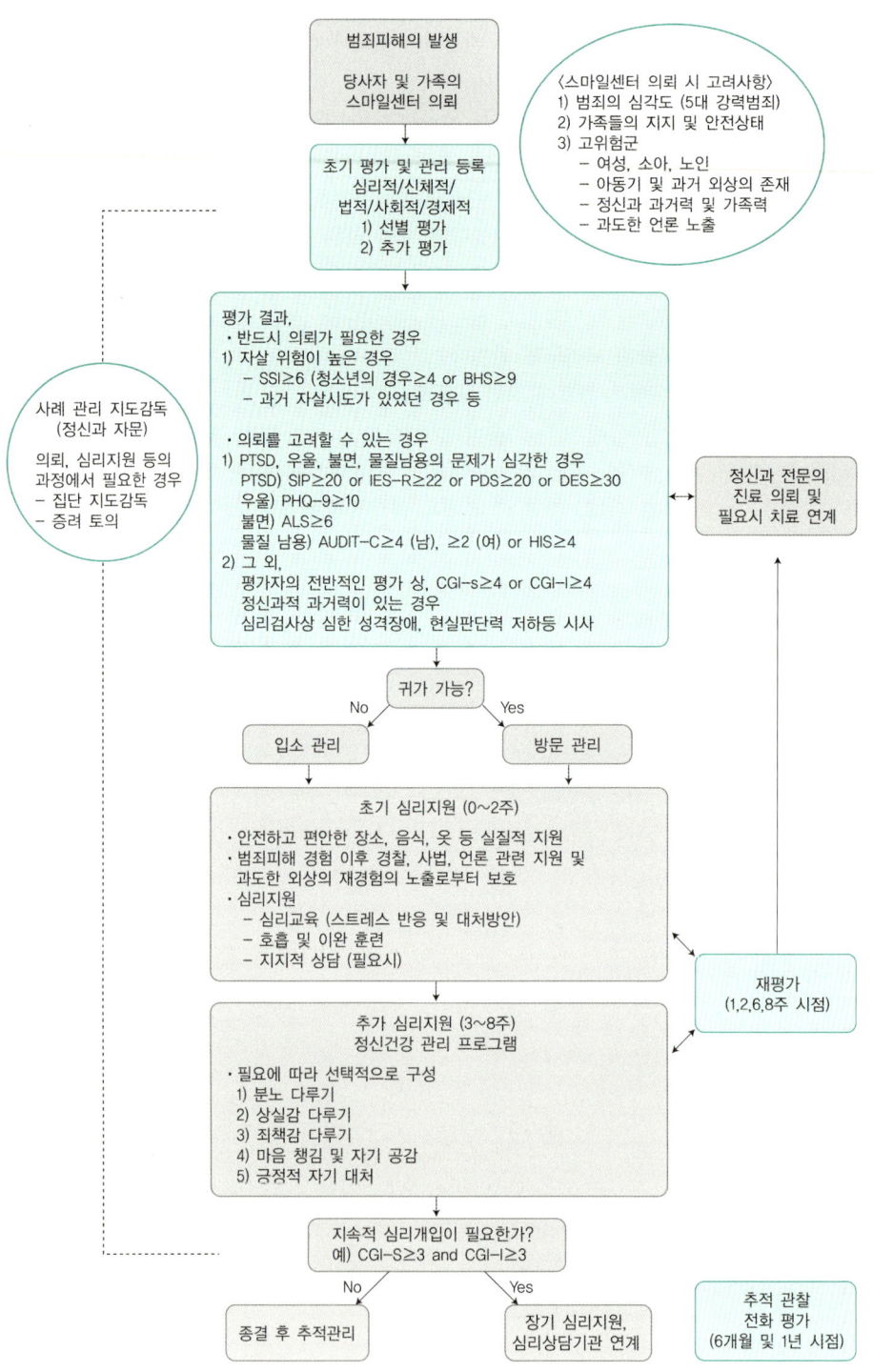

출처 : 채정호 외, 2010 : 118.

피해자와 피해자 가족이 경험하는 정신적·심리적 고통은 각 피해자가 겪은 범죄의 유형에 따라 다소 차이가 있을 것이다. 예를 들어 살인피해자의 경우 피해 당사자는 이미 사망하였으므로 피해자 유족의 이상심리를 다루어야 한다. 강간피해의 당사자가 경험하는 이상심리와 강간피해자 가족이 경험하는 이상심리에도 다소 차이가 있다. 따라서 피해자가 경험하는 이상심리와 피해자 가족이 경험하는 이상심리를 각 피해 유형에 따라 분류하였다.

2. 대물피해

대인피해자보다는 관심을 덜 받는 대물피해자들은 직접적인 금전손실이나 재산 피해 등 재정적 손실을 입게 되는데, 이는 직장에서의 시간적인 손실로도 이어진다. 대부분의 피해자들은 손해를 보상해주는 보험에 가입해 있지 않기 때문에 피해자가 비용을 지불해야 한다. 또한 대물피해의 결과로 다양한 심적 피해를 입게 되는데, Norris 등(1997)은 비폭력 범죄의 피해자들도 그들의 안전에 대하여 공포를 느끼고 심리학적 증상 등이 증가될 수 있다고 지적한 바 있고, 미국 피해자대책국(1998)은 피해자가 대개 피해사건으로 인해 수치심, 죄책감, 그리고 자기비난을 경험한다고 지적했다. 또한 다양한 대물피해로 인하여 피해자는 가정과 사회에서의 안정감을 상실하고 피해자를 지켜주지 못한 국가를 불신하는 형태로 발전할 수 있다.

(1) 사기피해자(노인)

사기는 절도와는 달리 타인을 기만하여 금품을 갈취한다는 점에서 피해자에게 사회를 불신하게 만드는 중대한 범죄로 볼 수 있다. 특히 신체적으로 노약하고 경제적 능력감소로 자녀 등에게 의존하고 심리적으로 위축된 노인을 상대로 하는 사기가 성행하고 있다. 노인들이 주로 당하는 범죄는 사기, 날치기, 퇴직연금투자사기, 건강식품이나 의료용품 사기 등 다양하다. 정신적인 피해가 물리적인 피해보다 큰 경우도 있는데, 피해를 당해도 노인들은 신고를 꺼리는 경향이 있다. 노인들이 쉽게 사기를 당하는 이유는, 친절한 사람을 쉽게 믿는 경향이 있고 은퇴하였거나 신체적 문제로 집안에 남아있을 가능성이 다른 연령층에 비해 상대적으로 높고, 사회적 또는 가정적으로 역할을 상실하고 대화상대자가 없어서 호감을 나타내면 쉽게 친해지며, 최근 노인들이 재산을 상속하지 않고 자신들의 삶을 위해 소비하는 경향이 있어서 사기꾼들의 표적이 되기 때문이다. 노인들은 범죄피해를 당하면 신체적으로 회복능력이 부족하고 신체적 손상을 회복한 후에도 정신적 후유증이 매우 크며, 특히 경제적 피해는 생계의 위협이 되기도 한다.

(2) 강도피해자

강도(強盜) 사건은 남의 물건을 훔치거나 빼앗은 행위이다. 강도는 길거리에서도 발생할 수 있지만, 피해자가 거주하는 집에서 발생하는 경우도 있다. 강도는 단순히 피해자의 물건이나 돈을 빼앗는 것에서 그치지 않고 폭력[60]이 수반되기도 한다. 강도로 인한 범죄피해 후 발생되는 정신적인 증상은 체계적으로 연구가 되어있지 않은 실정이다. 강도 피해시 피해자는 소유물 손실에 대한 좌절감을 느낄 수 있으나, 강도로 인한 재산상의 피해는 생각보다 많지는 않고 오히려 정신·신체상의 피해가 주를 이루는 것으로 볼 수 있다. 강도피해자가 가장 많이 느낄 수 있는 정신적 고통은 주로 분노와 수치심이라 할 수 있다. 남성피해자의 경우 모욕감과 자아상실감이 초래될 수도 있고 때로는 증오심이 강하게 나타날 수도 있다. 남성피해자는 여성피해자에 비해 더욱 큰 분노와 복수심을 보이며, 가해자에게 더 큰 적개심을 보인다. 때로는 피해자가 범죄를 결코 막을 수 없다는 것을 인정하며 무기력감을 느끼기도 한다. 이러한 무기력감은 무감각하고 수동적인 부정적 자아상을 만들기도 한다(이윤호, 2007:167). 신체적 피해는 상해 및 살인이며, 피해자는 갑작스럽게 생명의 위협을 느끼게 될 수 있다. 강도사건의 추이를 볼 때 침입강도가 약 33.3%이므로 가정도 안전지대가 아니라는 공포심 때문에 보안방법에 지출이 따를 것이고, 특히 64.6% 정도가 밤 또는 새벽시간에 강도를 한다는 점에서 불안으로 인한 수면장애가 예상되며, 노상강도가 16.7%라는 점에서 볼 때 혼자 길거리를 다니는 것에 대한 두려움이 나타날 수 있다(채정호 외, 2010:89).

(3) 방화피해자

방화 또는 화재로 인한 화상의 고통은 인간에게 가장 극심한 고통에 해당한다는 주장도 있다. 이러한 방화는 중대범죄로 분류되지만 방화로 인한 피해에 대한 연구는 많지 않다. 그러나 방화는 막대한 재산상의 손해 뿐만 아니라 피해자로 하여금 생명의 위협을 느끼게 하다. 또한 방화로 인하여 신체적으로 화상 흉터가 남게 됨으로써 지속적 신체적 결함이 발생될 경우 극도의 심리적 고통에 시달리게 된다. 일반 화상 피해자의 경우 우울증은 13~65%, 외상후

---

[60] Johansen 등(2008)은 폭력 자체가 피해자에게 미치는 영향만을 알기 위해 18세 이상 피해자를 대상으로 모르는 사람에게 당한 경우로 한정해 연구했는데, 해리성 장애, PTSD, 우울이 모두 여성에게서 높았고, 이는 남성이 폭력 사건에 실질적으로 더 많이 노출되어 있으니, 일단 노출이 되면 성별로는 여성에게 정신적인 외상으로 작용할 가능성이 높다는 것을 의미한다. 그리고 학력수준이 낮을수록 PTSD, 불안, 우울이 높았고, 사건 발생이 한 달이 채 안 된 급성 군에서 더 심한 정신적 반응을 보일 것이라는 예상과 달리, 4개월이 안 된 아급성군과 별 차이를 보이지 않아, 문제에 대한 개입이 이뤄지지 않으면 정신적 증상이 지속될 가능성이 있음을 알 수 있으며, 신체적 손상의 심각성은 정신적 반응과 관계가 없는 것으로 나타났다. 신체적 상해와 생명의 위협을 모두 경험한 희생자의 41%, 신체적 상해만 입은 경우 26%, 위협만 받은 경우 21%가 PTSD로 진행되었고, 실제 신체 손상정도가 정신적 반응과 연관있는 것이 아니라 생명의 위협, 심각한 신체적 손상을 입을 수 있다는 두려움과 같은 감정적 경험의 수준이 정신적 반응과 관계가 있음을 보여준다. 따라서 여성, 학력수준이 낮을수록, 위험수준이 높을수록 정신질환을 보일 확률이 높다는 것이고, 신체손상의 정도나 사건이후 경과 기간 등은 정신질환 발생과 관계가 없다는 주장이다.

스트레스 장애는 13~45%로 보고된 바 있으며, 핀란드에서 107명의 성인화상 피해자를 대상으로 한 연구결과를 보면, 6개월 뒤 추적조사했을 시 55%(51/92)의 화상피해자들이 적어도 한 가지 이상의 정신병리를 보였는데, 물질사용장애(27%), 불안장애(21%) 그리고 우울증(15%) 등을 보였으며, 12%(11/92)에서 PTSD를 보였다. 또한 화상면적은 불안장애와 섬망을 독립적으로 강하게 예측하는 요인이었다. 따라서 방화피해자들은 위에서 언급된 장애를 위주로 정신적 후유증의 평가가 필요하고 또한, 가까운 사람을 방화로 잃었을 경우 당연히 살인피해 유가족에 준하는 전문적 개입이 필요하다.

3. 대인피해

대인피해자는 대물피해자들보다 더 심각한 손상을 경험하게 된다. 신체손상에 따른 의료적 비용뿐만 아니라 직장상실이나 중단에 따른 경제적 곤란, 그리고 범죄충격으로 인한 외상후유증에 시달리게 된다. 폭력피해자들의 경우에는 약 25%가 우울, 적대감 불안을 포함한 극단적인 수준의 고통을 보고하였고(Norris et al, 1997), 약 50%는 중간 정도의 고통(질병을 포함하는)을 보고하였다(이수정, 2015:268). 이러한 폭력이 피해자가 평소 안전하게 생각했던 집이나 직장 등에서 발생할 경우 더욱 큰 심리적 고통을 겪게 된다. 신체적 고통은 국부적이고 제한적이지만 심리적 고통은 더 광범위하며 형태도 없다. 간혹 대인피해를 당한 피해자가 심리적 고통이 없다고 말하기도 하는데, 이 경우 특히 주의 깊게 살펴보아야 한다.

(1) 살인피해유가족

살인사건의 경우 그 유족들이 받게 되는 고통은 표현조차 하기 어렵다. 살인피해자 유족의 고통은 매우 장기화되며, 심한 경우 자살 등과 같은 극단적인 선택을 하기도 한다. 따라서 살인사건을 담당하는 경찰관이나 정신건강심리사들은 조기에 유족들에게 개입하여야 하고, 가족의 마음으로 헌신적인 지원을 하며, 구축된 신뢰를 바탕으로 살인피해자유족들을 심리적으로 안정화시키는데 주력하여야 한다. 살인사건의 피해자는 40세 미만의 남성인 경우가 가장 많은데, 대부분 이들은 가정을 이루고 어린 자녀가 있다. 따라서 가장을 잃은 유족들은 경제적, 심리적 압박을 크게 받게 되고, 매우 혼란스러운 상태에 빠지게 된다.

Kenney(2003)의 연구에 의하면, 전통적인 남성의 성역할을 내재화하고 있는 남성들이 사랑했던 가족을 지켜주지 못했다는 슬픔과 죄책감으로 강한 분노 표출이 반복되고 이것이 자기통제감을 약화시켜 우울과 자기비난의 악순환을 보인다고 하며, 여성들은 지속적으로 살인을 둘러싼 사건들, 상실과 애도, 피해자의 상태, 그리고 미래에 대한 두려움을 반추하면서 시간이 지날수록 심적 고통이 강렬해지는 경험을 하게 된다고 하였다. Kenney(2003)는 외상으로 사별한 남성과 여성을 위한 치료과정에서 다른 사람과 함께하도록 하고, 생산적인 목표와 활농에 집중하고 균형을 맞추도록 격려하며, 좀 더 유연한 성역할을 가지고 대응하도록 지지해야 한다고 조언한다(김태경 역, 2015:230~232).

살인피해를 유가족에게 통지하는 것만큼 곤혹스러운 일도 없을 것이다. 특히 경찰관에게 피해자의 죽음은 국민을 보호할 책무의 실패를 의미하는 것일 수 있고, 이것이 유가족에 대한 죄책감을 유발할 수 있기 때문에 강한 스트레스를 경험한다(Swisher, Nieman, Nilsen, & Spivey, 1993). Laurence Miller(2008)는 사망고지를 위한 권고안을 제시하였는데, 사망고지를 위한 방문 전 준비의 중요성을 강조하였고, 첫 번째 접촉은 가능한 한 직접 방문할 것을 권하였으며, 유가족에게 나쁜 소식을 전할 것임을 준비시키고, 요점을 단순하고 직접적으로 빠르게 말하고, 유가족이 이 소식을 충분히 이해할 수 있을 때까지 기다릴 것을 권고했다. Loboprabhu 등(2007)은 사망 고지 중에 발생할 수 있는 문제들을 해결하기 위한 지침으로, 말하기 전에 무엇을 말할 것인지 미리 생각하고, 사망고지 시에는 성급하게 수사적 면담을 시도하지 말 것이며, 경찰의 방문목적을 오해할 수 있는 유가족들에게 오직 방문 자체가 목적임을 명확하게 알려주고 지금 말할 것과 나중에 말한 것을 구분해서 전달할 것을 제시하였다(김태경 역, 2015 : 214~215).

┃사건이후 경찰관의 사망사실 통지요령┃

권장되는 방법	금기사항
[사망통지요령]	[해서는 안 되는 말(사려없고 잘 알은 체하는 말)]
• 통지해야 할 상대가 틀리지 않는지 거듭 확인하라.	• 기분이 어떨지 잘 압니다.
• 소환하지 말고 집으로 찾아가라.	• 시간이 약입니다.
• 시의적절한 예의를 갖추어 통지하라.	• 틀림없이 이겨내실 겁니다.
• 최대한 빨리 피해자지원단체를 연결해주라.	• 산 사람은 살아야죠.
• 가능하면 다른 사람과 함께 두 대의 자동차로 가라.	• 무슨 일인지도 모르고 고통 없이 가셨습니다.
• 신분증을 제시하고 들어가도 좋은지 양해를 구하라.	• 소중한 추억을 잊지 마세요.
	• 돌아가신 분이 살아 올 수는 없습니다.
• 앉아도 좋은지 허락받은 후 앉아서 통지하라.	• 하나님이 어쩌고 하는 상투적인 말들
• 가장 가까운 근친을 확인하라(피해자의 할머니를 향해 "아드님이 돌아가셨습니다."라고 말하면 안 됨)	• 아직 다른 아이들이 남아 있지 않습니까.
	• 아마도 그럴 수밖에 없었을 거예요.
• (동정심을 가지고) 긴단하고도 직접적인 표현으로 통지하라.	• 그 분은 아마 지금 좋은 곳에 가 있을 거예요.
	• 그 분의 삶이 거기까지였나 봅니다.
• 모든 질문에 대해 정직하게 대답하라.	• 적어도 숨이 빨리 끊어져서 그나마 다행이었습니다.
• 알려줄 정보가 기록된 서면자료를 준비해가라(피해자안내서 등).	• 이 일을 극복하도록 노력하셔야 해요.
	• 이런 큰 일은 우리를 강하게 만들 수도 있어요.
• 만일 사체의 신원확인이 필요하면, 운송수단을 준비해 가라.	• 당신은 할 수 있는 최선을 다하셨어요.

[어떻게 말할 것인가?]	
• 정말 유감입니다. • 제가 다 알 수는 없지만 견디기 어려우실 줄 압니다. • 이런 일을 겪으면 누구나 그렇습니다(통곡하거나 광란하더라도 부끄러운 일이 아니라는 등의 취지). • 무슨 말이든 하고 싶은 대로 하세요. 말하기 싫으시면 안 하셔도 좋습니다. • 혹시 하시고 싶은 말씀이나 궁금한 일은 없으신가요? • 어떻게 지내시는 지, 제가 해 드릴 일은 없는지, 확인하기 위해 내일 다시 연락드리겠습니다.	• 그래도 다른 사람들은 살았으니 얼마나 다행이에요. • 언젠가는 이 일로부터 삶의 의미를 찾으실거예요. • 현재의 상황을 이겨내기 위해서는 지금부터 충분히 애도과정을 거치셔야 합니다. • (아이에게) 너는 이제부터 집안의 가장이야. 울지 말고 강인해져야 해. [해서는 안 되는 말 (상대를 맥 빠지게 하는 말)] • 그건 아실 필요 없습니다. • 그건 말할 수 없습니다. • 모르셔도 됩니다. • 다른 얘기를 하도록 하지요.

출처 : South Carolina 공공안전국(Department of Safety), 1999 ; 박찬석, 2015:159.

살인피해자 유가족에게 나타날 수 있는 직접적인 신체적 반응을 '위기반응'이라하며 주로 신체적 쇼크, 지남력장애, 마비감, 얼어붙는 듯한 공포 등을 경험한다. 또한 교감신경계 활성화에 의한 즉각적인 신체 반응이 나타날 수 있다. 급격한 스트레스반응에 의해 교감신경계가 활성화되어 아드레날린이 빠르게 분비되어 심박수가 증가하며, 과호흡, 오한, 눈물이 흐름, 구갈, 후각 등의 감각이 과도하게 예민해지기도 한다. 자율신경 반응으로 요실금이나 변실금, 신체적 흥분 등이 대표적인 증상으로 나타난다. 시간이 경과하면서 차츰 무기력감과 더불어 과도한 피로감을 느끼기도 한다(함병주 외, 2007; 293).

런던 주택가에 칼에 찔려 숨진 피해자를 추모하고 범죄 예방에 대한 시민들의 관심을 촉구하는 내용의 현수막이 걸려 있다. 이 현수막은 범죄 피해가 내 가족에게도 일어날 수 있다고 경고한다.

유족의 심적 반응

사건의 충격	피해자들은 사건직후 받게 되는 쇼크와 혼미상태의 최초 반응을 보이고, 무력감, 죄악감, 두려움 등을 경험한다. 피해이후에도 피해유족 대부분은 그 피해를 평생 회복이 불가능하다고 인식한다.
재피해의 공포	피해자와 유족 모두 사건에 대한 공포가 장기간 지속된다. 가해자가 검거되지 않은 경우에는 재차 공격을 당할지도 모른다는 공포를 느끼며, 가해자가 검거된 경우에는 보복을 당할지도 모른다는 두려움에 시달린다.

불안·불신·폐쇄성	피해자와 유족 모두 세상이 부조리하다고 생각하고 분노를 느끼고 복수를 소망하기도 하며, 또한 태연하게 사람을 해치고도 책임을 피해자에게 돌리는 인간이 있다는 사실에 인간에 대한 불신감을 갖는다.
공허감·비애감	피해유족[61]에게만 "무엇을 해야 할지 모르겠다, 생각에 골몰한다, 꿈이었으면 좋겠다, 머리가 멍해져서 일이 손에 잡히지 않는다, 마음이 허전하다." 등의 공허감이 나타난다. 또한 피해유족에게만 "혼자 있으면 눈물이 난다, 죽고 싶다, 우리도 함께 죽여 달라, 미칠 것 같다." 등의 비애감이 나타난다.

출처 : 박병식 역, 2009:203~225.

살인피해를 당한 유가족들은 분노, 복수소망, 공포, 죄책감, 수치심, 신체적 증상과 같은 외상적 애도반응(traumatic grief)을 보인다. Neimeyer 등(2002)은 복합적인 애도반응을 "의미 있는 방식으로 현실을 재건하는 능력의 결함"으로 보았다.

분노	살인사건 유가족들이 느끼는 가장 흔한 감정으로, 격한 분노를 보이는 유가족을 대할 때에는 그 사람이 과거에 어떤 방식으로 화를 다루었는지를 알아내는 것이 중요하다. 범인이 검거되어 유죄판결을 받아도 유가족의 분노는 수년간 지속되기도 한다. 분노는 많은 기능이 있지만 고통스러운 감정을 분노로 덮어씌워 죄책감 등의 다른 극심한 마음의 고통을 완화하는 작용도 있으며, 화를 분출하여 남에게 감정적인 표현을 하는 것이 고통을 줄여줄 수 있기 때문에 이러한 순기능적인 면을 고려하여 유가족들의 분노가 다뤄져야 한다. 그러나 분노를 표출함으로써 실제적인 문제를 해결하는 가능성이 차단될 수 있고 더 깊은 좌절이나 감정의 회피로 빠지기 쉽다.
복수소망	유가족들은 살인자에 대한 끔찍한 생각, 악의를 가지게 되는 것에 대해 충격을 받기도 하는데, 그들은 '살인자를 죽이고 싶다'와 같은 생각을 실행하는 것보다 생각하게 되는 것 자체를 더 두려워한다. 유가족들은 살인자에 대해 정말 복수하고 싶은 생각을 흔히 가질 수 있다.

[61] 따라서 경찰관이 피해유족에게 사망소식을 전할 때는 신중을 기해야 하는데, NOVA(전미피해자원조기구)가 피해자지원을 담당하는 경찰관을 대상으로 한 교육에서 제시한 가이드라인을 보면, 피해자의 죽음에 관한 정보를 가급적 많이 수집할 것, 유족에 관한 기본적인 정보를 수집할 것, 전화로 사망 사실을 전달하는 것은 가급적 피할 것, 경찰관 혼자 사망 사실을 전달하지 말 것, 최초 사망 사실을 전달할 때는 유품을 가지고 가지 말 것, 사망한 피해자와 가까운 성인 친척에게 사망 사실을 전달할 것, 먼저 집 안에 들어가 유족을 앉힌 후에 사망 사실을 전달할 것, 유족의 주변에 위험한 물건이 있는지 확인할 것, 유족에게 "돌아가신 것 같습니다."라는 추상적인 표현이 아니라 "사망하셨습니다."라는 식으로 직접적으로 말할 것, 유족의 질문에 요령 있게 대답하고 질문 내용을 비판하지 말 것, 유족이 당면해 있는 문제에 대해 배려할 것, 유족이 친척이나 친구에게 사망 사실을 전달할 수 있도록 지원할 것, 유족의 요구를 비판하지 말 것, 유족의 문제를 돕기 위해 가능하면 정보수집과 관련된 기관에 대한 정보를 제공할 것, 상대방의 입장에서 대응할 것을 제시한다.

공포	공포는 살인을 경험한 유가족들에게서 대부분 나타나는 반응으로 모르는 사람에 대한 공포, 자신은 살아남았다는 것에 대한 공포, 자신은 살아 남았다는 것에 대한 공포, 감정컨트롤이 안되는 것에 대한 공포, 살인자에 대한 공포를 느끼게 된다. 생존자들은 두려움과 불안한 감정을 보이고 앞으로 일어날지 모르는 심리적 또는 신체적 공격에 취약하다고 스스로 느낄 수 있다. 또한 유족들은 만성적인 공포로 예전의 정상적인 생활을 영위하지 못 할 수도 있다. 따라서 유가족들은 다시 안전하다고 느낄 수 있도록 도와야 한다.
죄책감	유가족들의 애도과정의 초기단계에서 죄의식과 관련된 감정이 나타난다. 분노와 유사하게 죄책감 역시도 유가족들의 다른 감정들을 숨기게 하거나 애도과정을 지연시키게 할 수 있다. 극단적으로 죄의식은 자살이나 심각한 우울증과 같은 파괴적 행동들의 전 단계일 수 있다. 살인환경과 무관하게 유가족들은 "~했더라면 좋았을 텐데,"와 같은 말을 하거나 자기 비난을 하게 되기도 한다. 자식의 형제가 살해당한 경우 살해당한 다른 형제가 부모가 정말 좋아했던 "좋은" 아이라고 생각이 들 수 있다.
수치심	수치스러움을 느끼는 것과 애도반응을 억제하고 참는 것은 애도자 자신의 인식에 의한 것이며, 희생자의 행동이 의문스러울 경우에 특히 이러한 수치스러움이 큰 비중을 차지하게 될 수 있다.
신체적 증상	유족들은 신체적 증상도 호소할 수 있으며, 가장 흔하게 호소하는 증상들로 두통, 위장관 문제, 불면증, 몸무게 변화, 불편감, 치과문제, 호흡기문제 등이며, 희생자가 가졌던 신체질환 등과 연관된 증상을 나타낼 수 있다. 심지어 많은 유가족이 사건 직후 건강악화로 몇 년 안에 사망하기도 한다.

외상적 애도반응은 그 특성상 이상애도가 될 가능성이 크며, 이상애도로 진단되는 경우는 흔히 두 가지 경우가 있다. 첫 번째는 유족 스스로가 지속적인 문제를 느껴서 찾아오는 경우인데, 이 경우에는 비교적 쉽게 이상애도를 진단할 수 있다. 두 번째는 유족들이 기저에 해결되지 않은 애도가 있음을 깨닫지 못한 상태에서 의학적 혹은 정신적 이상을 호소하면서 찾아오는 경우로, 피해자와의 면담을 통해 문제 기저에 존재하는 이상애도현상을 발견해야 한다. 이상애도는 표면으로 드러나지 않을 수 있어서 특정 단서들을 통해 기저에 존재하는 이상애도현상을 의심해봐야 한다. 유족과 상담 중 다음과 같은 단서들이 발견될 경우에 이상애도를 심각하게 고려하여야 한다.

이상애도의 단서

고인에 대한 언급시 피해자가 처음 느끼는 것과 같이 심한 슬픔을 느끼게 되는 경우	수년의 시간이 지난 후에도 고인에 대한 언급을 할 때 피해자가 평정심을 잃고 동요하는 모습을 보인다면 해결되지 않은 애도가 존재함을 의심할 수 있다. 이때 피해자가 표현하는 감정은 처음 사별했을 때와 같은 높은 강도의 슬픔이다.
사소한 원인에도 강한 감정반응을 보이는 경우	사소한 사건에도 강한 애도의 반응을 보이는 것은 지연애도에 의한 것임을 의심할 수 있다.
상실의 주제	상담 중 상실에 대한 주제가 지속적으로 드러난다면, 해결되지 않은 애도가 있음을 의심해봐야 한다.
환경의 변화를 거부	고인의 소지품을 치우려 하지 않거나 생전의 환경을 변화하기를 거부하는 행위는 해결되지 않은 애도에 의한 현상일 수 있다. 이 경우에는 문화적·종교적인 차이를 고려해야 하며, 죽음 직후에 바로 고인의 소지품을 모두 버리는 행위 또한 이상애도를 고려해야 한다.
피해자의 의무기록 조회	의무기록을 면밀히 조회해보면, 현재 피해자가 호소하는 증상이 고인이 생전에 앓았던 증상과 비슷할 경우에 해당된다. 이러한 증상은 고인의 기일이나 공휴일 혹은 피해자가 고인이 사망했을 나이에 도달했을 때 발생할 수 있다. 피해자들이 모호한 신체적 불편함의 호소, 질병에 대한 저항력 약화, 만성질환과 같은 증상을 호소할 때에 반드시 이상애도에 의한 경우를 구별하고 치료적 개입을 해야 한다.
급격한 변화	고인의 사후에 급격한 삶의 방식의 변화가 존재할 경우 해결되지 않은 애도가 존재한다는 것을 의심해볼 수 있다. 이러한 변화는 친구와 가족을 기피하고 고인과 관련이 있는 활동을 그만두는 것이다.
우울증	이상애도를 가진 사람은 지속적인 죄책감과 낮아진 자의식을 가진다. 이러한 준 임상적인 우울증을 가진 피해자의 경우 이상애도를 의심해볼 수 있으며, 이와 반대로 사별 이후에 오히려 쾌감(false euphoria)을 보이는 경우도 이상애도의 한 현상이라고 볼 수 있다.
모방강박	특별한 욕구나 능력이 부족함에도 불구하고 강박적으로 고인을 모방하려고 하는 경우 유족이 이러한 모방을 통해서 고인의 정체성으로 상실을 보상받으려 하는 경우이다. 이는 본래 자신이 가지지 않은 고인의 성격을 나타내는 양상으로 표현되기도 한다.
자기파괴적 충동	자기 파괴적인 충동을 느끼게 되는 것은 여러 원인이 있지만 해결되지 않은 애도에 의한 경우를 배제할 수는 없다.
원인을 알 수 없는 슬픔	매년 특정시기에 원인을 알 수 없는 슬픔을 느끼는 것은 이상애도현상을 의심해볼 수 있는 단서가 된다. 이러한 슬픔은 고인의 기억이 남아있는 공휴일이나 기념일에 나타날 수 있다.

공포증	피해자가 보이는 질병이나 죽음에 대한 공포가 고인의 사망원인이 된 질병과 연관이 있는 경우가 있다.
상황의 이해	고인의 죽음을 둘러싼 상황을 이해하는 것은 이상애도를 진단하는데 도움이 되므로 피해자가 큰 상실감을 느끼고 있다면 고인의 죽음 당시의 감정이 어떠하였는지 반드시 질문하여야 한다. 만약 피해자가 고인의 묘지를 방문하는 것을 꺼리거나 고인의 죽음과 관련된 의식(death ritual)을 피할 경우 해결되지 않은 애도에 의한 가능성이 높다.

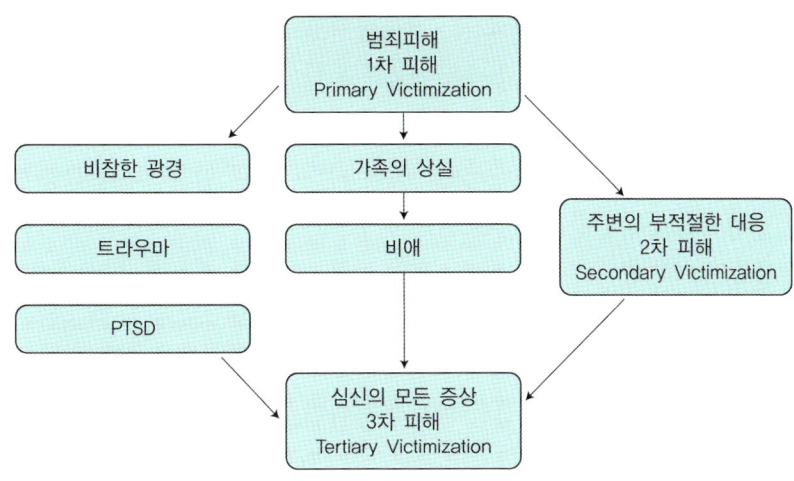

|범죄피해로 인한 유족의 심리적 영향|

출처 : 최혜선, 2009:103.

한편, 살인피해자 유가족들은 사건을 처리하는 과정에서 또 다른 형태의 심리적 고통을 경험한다. 사건을 담당한 경찰관의 조사과정에서 느끼는 심리적 어려움, 주변인들로부터 이해받지 못한다는 느낌, 도움을 받을 수 없다는 고립감과 무력감, 살인을 막지 못한 것에 대한 죄책감과 자괴감, 가족을 잃은 손실감, 가해자에 대한 강한 분노 등이다. 범죄 직후 수개월 동안 피해자 가족들은 여러 가지 현실적인 문제의 처리로 인해 감정을 억누르고 있다가 현실적인 문제들을 어느 정도 정리한 이후에 더 큰 심리적 고통을 경험하기도 한다. 특히, 살해피해자에 대해 경찰이 여러 가지 정황들을 의심하거나, 예를 들자면 타살이냐 자살이냐 여부를 놓고 수사를 하는 경우 피해자 가족들이 겪는 정신적 고통은 분노와 억울함, 답답함 등 초기의 충격과 별개의 것들이다.

살인피해자 가족들은 분노, 공황발작, 공포 등의 심리적 고통을 경험함은 물론 시간이 경과됨에 따라 자해와 자살을 시도하기도 한다. 만일 자살을 시도하지 않더라도 이들은 사건이 마무리된 이후라도 강박신경증 등의 증상을 보일 수 있다. 특히, 가족이 집에서 살해를 당한 경우 가족의 살해된 모습과 현장에 흘려진 피와 분비물, 집안이 어지럽게 흩어진 모습들을 지우지 못해 공포와 경악 등 심각한 트라우마를 갖게 된다. 이들은 밤마다 잠자리에 들어서 살해현장의 모습을 떠올린다던가, 길을 가다가 비슷한 장면이 보이면 살해현장을 연상하여 심한 심리적 고통을 경험할 수 있다. 시간이 경과한 이후에도 이들은 불면을 호소하며, 식욕저하, 무기력증, 두통, 근육긴장, 오심, 성욕감퇴 등의 증상을 나타낼 수 있다(Marlen, 2001:292). 악몽을 통하여 피해현장의 재경험은 물론, 이로 인한 수면장애, 대인기피 등 외상 후 스트레스장애의 증상이 나타날 수 있다. 외상 후 스트레스장애(PTSD)로 진단된 살인피해자 유가족의 36.6%가 우울증을 동반한다. 강간피해자의 49%, 폭행피해자의 39%[62], 성추행피해자의 24%, 충격이나 자상피해자의 15%, 살인이나 폭행을 목격한 사람의 7%가 PTSD로 진단받고 있다(함병주 외, 2007; 305~306). 정신건강심리사는 유족에게 포스트 트라우마(Post Traum)는 병리적인 증상이라기보다는 급작스레 심한 충격을 경험하면 나타날 수 있는 심리적 상황이라는 것을 설명해 주어 불안감을 감소시킬 필요가 있다(최혜선, 2009:113).

살인피해 유가족의 경우는 가족이 살해를 당했다는 사실을 인지한 순간 느끼는 상실감과 비애는 물론이거니와 가족의 살해현장을 방문하거나 가족의 시신을 확인하는 절차에서 비통함과 분노, 울분, 공포 등의 트라우마를 겪게 된다. 이러한 피해를 범죄피해의 1차 피해(Primary Victimization)라 할 수 있다. 한편, 범죄 이후 사건을 처리하는 과정에서 발생할 수 있는 부적절한 대응으로 인하여 피해자 가족들은 2차 피해(Secondary Victimization)를 경험할 수 있다. 범죄에 의한 1차 피해를 직접적 피해라 한다면, 2차 피해는 간접적 피해라 할 수 있다. 범죄를 수사하는 과정에서 수사관들이 피해자를 의심하는 등의 질문, 조사하는 과정에서 발생할 수 있는 개인의 사생활 침해, 언론의 잘못된 보도, 언론의 지나친 선정적 보도, 취재열기, 주변 사람들의 지나친 호기심이나 동정 등이 2차 피해를 가져올 수 있다. 2차 피해는 1차 피해 못지않게 나쁜 영향을 미쳐 심한 경우는 일상생활을 영위하는 데 지장을 줄 수도 있다. 1차 피해와 2차 피해로 인해 몸과 마음의 건강 모두에 문제가 발생하는 경우를 3차 피해(Tertiary Victimization)라고 한다.

살인피해 유가족은 가족의 사망소식을 처음으로 들었거나 그 직후의 시기에 사랑하는 사람의 존재가 사라졌다는 끔찍한 사실을 피하려고 하고 부정하고 싶은 욕망을 보이는 회피기(avoidance phase)를 거쳐, 사랑하는 사람의 상실에 대한 가장 큰 슬픔을 경험하게 되는 시기인 직면기(confrontation phase), 그리고 급성적인 상실의 증상이 점차적으로 감소하고 예전 세계로의 사회적·감정적 회귀가 시작되는 시기인 순응기(reestablishment phase)를 거치게 된다.

---

[62] 캠브리지 건강연합(Cambridge Health Alliance : CHA)에서는 폭력피해자지원프로그램(Victims of Violence Program : VOV) 서비스 등을 폭력피해자들에게 제공한다. VOV 프로그램은 1984년 Cambridge시로부터 기금을 받아 설치되었고 피해자 맞춤 의료지원, 대학원급 임상의 수련, 연구, 자문, 교육 등의 역할을 수행하고 있다. 이 프로그램은 외상화된 피해자들과 그들의 가족에 대한 위기개입, 병원기반 프로그램, 광범위한 피해자 권리옹호 및 지원, 신체 및 성폭력 피해 생존자를 위한 장기 심리치료, 다수의 집단 프로그램 진행, 강력범죄의 예방·조사 및 지원 서비스의 적합성과 기술성 향상을 위한 다양한 훈련·자문 및 교육을 포함한다.

살인피해자 가족들이 보이는 심리적 고통의 변화과정을 정리하면 다음과 같다(김은주, 2009:8).

충격과 비현실감	이때 피해자 가족들은 혼수상태가 된 듯한 느낌을 받았으며, 좀비가 된 느낌, 마음이 지친 것 같은 느낌을 받았다고 한다. 충격에 빠져서 현실이 아닌 것 같았고, 자신이 기계처럼 해야 할 일들을 무감각하게 처리하고 있다고 느꼈다고 한다. 수사과정에서 어떠한 정보도 얻으려는 여력이 없었다고 한다.
감정의 위축	사건이 발생한지 수개월이 경과한 이후 살인피해자의 생일이나 기념일 등과 같은 의미 있는 기념일들이 지나가면서 피해자 가족들은 자기방어적인 침묵과 폐쇄의 상태가 된다.
분노 · 공포 · 죄책감 · 수치심	이 단계가 되면 피해자 가족은 옛날에 대한 회상, 살해된 가족과의 중요한 일들을 회상하게 되며 반복적으로 악몽을 꾸게 된다. 테러와 유린을 당한 느낌을 받으며, 강한 분노를 느낀다. 사망자를 살리지 못한 의사, 경찰, 주변 사람들뿐만 아니라 자신에게도 분노를 표출하게 된다.
소외 · 고립	살인피해자 가족은 자신들이 주변 사람들과 어떤 관계를 맺어야 할지 판단하지 못해 스스로 고립되는 단계이다.
수긍 · 회복	이제는 피해자 가족들이 서서히 일상으로 돌아오게 되는 단계이다. 만일 사건의 처리과정에서 피해자 가족들에 대한 배려가 부족하거나, 살해된 가족에 대한 불합리한 처리결과가 나오게 되면 가족들의 회복은 당연히 늦어지게 된다.

살인피해자 가족들은 수사과정부터 재판이 마무리되어 가해자에게 형량이 정해지는 순간의 과정을 겪으며, 가족들이 원하는 판결이 내려지지 않으면 실망감을 느낀다. 수사와 재판과정에서 유가족이 궁금한 것이 제대로 해소되지 못하거나, 법적인 지식이 부족할 경우, 피해자보다 가해자의 인권을 더 중요시 여기는 것 같은 분위기를 느꼈을 때 피해자 가족들은 좌절감을 느낀다. 그러나 가장 힘든 시기는 재판이 끝나는 시점이 될 수도 있다. 지금까지 피해자 가족들에게 여러 가지로 도움을 주던 기관이나 주변 사람들이 하나 둘 떠나고 더 이상의 지원이 없을 때 피해자 가족들은 더 큰 슬픔과 비탄에 빠질 수 있다.

유형별 반응

살인유형	알코올 및 약물관련 살인	유족은 대개 희생자의 행태를 알고 있다. 유족은 사전에 피해자가 위험한 상황에 처할 수 있다는 것을 경고 받은 셈이고, 결과적으로 피해자의 죽음에 대한 준비를 다소 할 수 있다. 유족은 심지어 사건이 발생한 후에 일종의 안도감을 느끼기도 한다.
	가정폭력 살인	유족은 학대 또는 다툼이나 문제가 발생했던 초기에 개입하지 못한 것에 대해서 개인적인 죄책감을 느낀다. 유족은 그가 관여했다면, 피해자가 아직 살아있을 수 있다고 생각한다.
	조직폭력 관련 살인	일반적으로 유족들은 사고를 예측을 할 수 있고 많은 경우에 생존자가 가해자 또는 피해자였으며, 희생자가 되는 것은 시간문제일 뿐이었다고 생각한다.
	절연 후 갑작스러운 살인 또는 연쇄살인	전혀 예기치 못한 살인 피해로, 위에서 제시한 전형적인 형태의 심리적 반응을 보이게 된다. 갑작스러운 가족의 사고로 인해 매우 허탈해 한다. 피해자 가족은 가해자에 대해 매우 분노할 것이며, 살해된 가족에 대해 애통해 한다.
관계유형	부모	아이의 죽음은 부모를 심각한 슬픔에 빠지게 하는 가장 충격적인 사건으로, 예부터 자식의 죽음은 '참혹한 슬픔(慘慽)' 또는 '창자가 끊어지는 애달픔(斷腸之哀)'으로 표현되었다. 이는 아이의 죽음을 세상이치와 순리에 벗어나는 것으로 여기기 때문이다. 많은 부모들은 살인 당시 그 아이의 이미지를 아주 어렸을 때 아기로서 떠올리게 되는데, 그것은 아이들을 보호해주어야 하는 그들의 책임감을 상징하는 것이라고 할 수 있다. 그래서 부모는 생존한 다른 아이들을 더욱 보호하고 감싸두려 한다고 한다.
	배우자	배우자가 살해된 경우 남은 배우자에게도 가장 충격적인 사건이다. 그들의 가장 사랑하는 사람이 살해당했다는 심각한 스트레스 상황과 고립감이 인식되어야 한다. 배우자의 죽음은 자신의 정체성도 상실하게 하여, 여성의 경우 더 심하게 나타난다고 한다. 부부관계가 좋지 않았을 경우에는 배우자가 살해된 것에 대하여 죄책감과 스트레스를 받게 된다.
	소아·청소년	살인의 목격여부에 따라 간접적인 공동피해자와 직접적인 공동피해자로 나누어지는데, 첫 번째, 간접적인 공동피해자의 경우 부모는 죽음과 어린 자식들의 감정에 대해 이야기하는 것과 장례식을 참여하는 등의 문제에 대해 고민하게 된다. 1~3세 아이들은 죽음의 개념이 없고 언어적 혹은 개념적 인지 능력이 불충분하며, 주변 어른들의 침착한 태도가 아이들을 안정시킬 수 있다. 4~7세 아이들도 모든 사람은 죽는다는 보편적 사실을 잘 이해하지는 못하기 때문에 사망한 가족이 돌아온다고 믿거나 눈앞에서 사라진 것을 믿지 못한다. 8~12세 아이들에게 살인에 의한 사별은 아동의 자기통제와 대인적 기능에서 문제를 야기할 수 있다. 13~18세 청소년들은 죽음의 보편성을 이해하지만 확장된 사회적 역할이나 위험한 행동을 해도 자신만은 죽지 않을 것이라는 기분에 빠진다. 또한 부모가 살인을 당하게 되면 아이는 '누가 나를 돌봐주지?'하는 걱정을 하게 되며, 이러한 두려움을 부모 입장에서는 어느 정도 해결해 주어야만 한다. 살인 후 어린 아이든

관계유형		청소년이든 그들은 고립된 감정을 느끼는 경향이 있고 가족구성원으로부터 멀어질 수도 있다. 아이들이 살인에 관한 일체의 내용을 언급하지 않더라도 그것은 아이들이 관심이 없는 것이 아니라는 것을 알고 그에 대한 중대한 사항이나 자녀의 감정에 대해서 다루어지는 것이 필요하다. 두 번째, 직접적인 공동피해자의 경우 직접 살인을 목격한 아이는 외상 후 스트레스 증상과 과도하게 예민한 반응을 보이는 경우가 많다. 아이는 범죄가 떠올라 고통받아 악몽도 꾸게 되며 복수극도 생각하게 된다. 이로 인해 점점 아이들은 사회적으로 소외되고 제한된 감정을 가지며 기타 활동에 관심이 떨어지며 학교에서도 수행능력이 떨어지게 되어 우울한 정서를 나타낸다. 또한 이러한 아이들이 후에 범행을 저지를 확률도 높아지게 된다. 직접 살인 사건을 목격하는 피해자들은 고통받는 증상이나 증후를 나타내거나 표현하지 않더라도 적극적인 도움과 서비스들이 제공되어야 할 것이다.
	성인자녀	성인자녀의 경우 그들은 어느 정도 삶의 경험을 통해 부모의 죽음에 대해 좀 더 쉽고 겸허하게 받아들인다고 생각하기 때문에 그들에 대한 관심은 줄어들 수 있다. 그러나 부모의 죽음은 성인이 된 자녀들에게도 미치는 영향이 적지 않다. 그들은 정체성을 다시 느끼게 되고 죽음에 대한 깊은 자각을 하게 되는데, 생전의 관계, 부모의 나이와 상황 등에 큰 영향을 받게 된다. 더군다나 이들에게는 부모의 죽음 후에 의학관련, 법관련, 언론관련, 나머지 가족관련 사항들에 대해 책임져야 할 일들이 가중되므로 적절한 도움이 필요하다.
	형제	형제가 죽었을 때 가장 흔한 감정은 죄책감으로 그들 사이에 평소 논쟁이 많았다면 더 심해질 것이다. 또한 부모들의 큰 상실감을 보고 은연중에 자신보다 죽은 형제를 더 사랑한다고 느낄 수 있다. 한편 성인형제의 특징은 형제의 죽음에 대해 복수를 생각할 위험성이 높다. 남은 형제자매가 미성년자인 경우가 있는데, 남은 자녀들은 살해당한 자녀로 인해 제 정신이 아닌 부모에게 정상적인 돌봄을 요구할 수 없다. 어린 자녀들은 아직까지 가족의 죽음에 대한 준비가 안 되어 있는 상태이다. 더욱이 자신과 함께 성장하던 남매의 갑작스러운 죽음은 더욱 이해하기 어렵다. 부모의 비탄에 대해 충분히 이해하지 못하는 유아기의 아동은 부모의 고통을 자신의 잘못으로 오인할 수 있다. 죽은 아이에 대한 칭송은 반대로 살아남은 아이에게는 자신이 무가치한 존재라는 생각이 들게 한다. 정상적인 일상생활은 깨지다 못해 남은 자녀는 비탄에 빠져 있는 부모 대신 가사를 해야 하는 경우도 있다. 더 이상 부모에게 자신의 고충이나 요구를 말할 수 없으며 죽은 남매에 대한 자신의 감정도 표현하지 못한다. 정신건강심리사는 자녀를 잃은 부모뿐만 아니라 남은 자녀에 대한 상담도 잊지 말아야 한다. 첫째, 아이에게 죽음이 무엇이며, 남매의 죽음에 대해 설명해 준다. 부모의 슬픔에 대해 이해시켜서 남은 자녀가 부모의 슬픔의 원인이 아님을 알려준다. 부모의 슬픔은 시간이 경과하면 회복될 수 있으며, 부모도 일상생활에 복귀할 수 있음을 알려준다. 둘째, 부모가 정상적으로 남은 자녀를 돌볼 수 없다면 친척이나 주변인들 중에서 아이들의 양육을 맡아줄 사람을 물색한다. 이것도 불가하면 잠시 아이들을 돌봐줄 수 있는 제도나 시설을 알아본다. 셋째, 가족상담을 통하여 가족들 간에 서로 이

관계유형		해할 기회를 만들어 준다. 부모는 자신들이 슬퍼하는 이유를 설명하고 남은 자녀들에 대한 애정을 표현하게 한다. 남은 자녀들은 부모를 위로해주기도 하지만, 죽은 남매에 대한 감정도 표현할 수 있게 하여 부모 못지않게 슬픔을 감당하고 있다는 것을 알게 해준다. 부모와 자녀가 서로의 입장을 이해하게 되면, 죽은 자녀에 대한 추억을 이야기 하게 한다. 죽은 자녀에 대해 이야기하기를 꺼리는 경우는 시간을 두고 기다려줘야 한다. 넷째, 죽은 자녀에 대한 보상심리 내지는 남은 자녀도 잃을 것 같은 불안감 때문에 남은 자녀를 과잉보호할 수도 있다. 남은 자녀에게 관심을 갖는 것은 당연하지만, 지나침은 남은 자녀로 하여금 부담을 느끼거나 불안감을 줄 수 있음을 이해시켜야 한다. 다섯째, 남은 자녀들을 자조 그룹에 참가시킴으로써 심리적인 안정에 도움을 줄 수 있다. 비탄에 빠진 부모에게 자신의 감정을 제대로 표현하기 힘들었던 자녀들은 자신과 같은 처지에 있는 다른 아이들에게 자신의 입장을 호소하고 위로받을 수 있으며, 다른 아이들로부터 대처기술을 익힐 수 있다(안민숙, 2014).
가족유형	경멸하는	이들은 서로 화내고 질책하며 비난하거나 문제를 부정하는 식으로 고난에 대처한다. 이들에게 비밀과 속임은 일종의 규범이다. 치료자는 사랑하는 사람의 살인이라는 큰 문제로 옮겨 가기 전에, 가족 구성원들끼리 일상생활이나 자녀들을 위한 기본 규칙과 같은 작은 문제에 대해 의사소통하고 협조할 수 있도록 돕는 것부터 시작해야만 한다.
	취약한	이들은 가족 구성원 간 상호 지지나 이해 혹은 의존을 꺼린다. 오히려 가족 외의 다른 사람들에게 의사소통이나 안심 혹은 돌봄 받기를 더 선호한다. 이 가족을 돕기 위해서는 외부 사람이 이들과의 끈을 만들어 이들이 생산적일 수 있도록 해야 한다. 왜냐하면 그 외부 사람이 가족 구성원 간의 연결을 구축하는 교량 역할을 해 줄 수 있기 때문이다.
	위계적	이 가족은 목적을 가지고 통합적으로 기능하지만 역할과 책임에 융통성이 결여되어 있다. 특정 가족 구성원, 대개는 가장이나 나이 든 아동이 결정을 내린다. 명령하고 결정 내리는 집안의 가장이 강하다는 것이 어떤 의미에서는 혼란스러운 상황에 질서와 안정감을 부여할 수 있다. 반면 이 성식된 위계가 흔들리기 시작하면 가족의 화합이 무너질 수 있다. 따라서 가족의 융통성 있는 의사결정을 격려해야 할 필요가 있다.
	인내하는	이 가족은 비극을 다루기 위해 신념-대개는 종교적 신념-에 의존한다. 이들은 이런 종류의 시련이 거의 일어나지 않는다고 생각하며, 이번 일이 신의 섭리라고 결론 내린다. 만일 이것이 건강한 대처 기제로서의 기능을 효과적으로 해 주는 경우라면, 치료사는 이런 형태의 의미 만들기 과정을 강화해야 한다.
	기능적인	외상에 직면했을 때, 이 가족은 더 심한 충격을 받은 가족 구성원을 지지하고 격려한다. 생애 사건과 삶에 의미를 부여하고 서로를 북돋움으로써 역경을 이겨 나갈 수 있는 내적 통제감이 있다. 치료자는 가족 구성원들의 긍정적 지지 활동을 격려하기만 하면 된다.

출처 : 김태경 역, 2015:202~207 ; 조윤오 외(Key, 1992), 2011:99~100 ; 채정호 외, 2010:67~69.

살인피해 유가족에 대한 치료목적은 사건이전으로 완전히 회복하는 것이 될 수는 없다. 그들이 희생된 가족(특히, 자녀)에 대하여 항상 깊은 애착을 유지하려고 하기 때문에 그들에게 희생된 가족을 잊고 현실로 돌아오라고 강요하는 것은 치료목표가 될 수 없다. 그것보다는 희생된 가족에 대하여 갖고 있는 내재화된 이미지를 유지하면서 동시에 다른 사람들과 함께 살 수 있는 방법을 제공하여 다른 사람들을 공격하는 것을 막고, 지역사회에 재통합되어가는 신뢰로운 구성원으로 삶을 영위하도록 조력하며, 그들에게 진정한 삶의 의미와 목적을 회복시켜 주는 것이 더 효과적이다.

사례분석

■ 〈국내 사례 1〉 두 번 우는 유족들 - 아들 앞에서 10대 훈계하다 숨진 가장

2012년 7월 한 30대 가장이 거리에서 침을 뱉고, 욕설을 하고 있는 10대들을 훈계하다가 반항하는 10대들과 다툼이 일어났고, 그 끝에 살해당한 사건이 발생하였다. 그 이후 피해자유족들이 겪는 고통이 심각한 것으로 알려졌는데, 사랑하는 아빠가 맞아서 쓰러지는 장면을 그대로 보고 있어야 했던 6살 막내는 그 충격으로 외상 후 스트레스 장애 진단을 받고 심리치료를 받고 있다. 어린 세 아들과 아내, 그리고 일흔이 넘은 시어머니까지 책임졌던 가장의 갑작스러운 죽음 이후 다섯 식구는 경제적으로 무척 힘든 상황에 놓였다. 피해자의 아내는 여섯 식구의 생계를 책임지던 가장, 39살 김 모씨가 떠난 뒤 남은 가족들에게는 지난 석 달은 마치 3년만큼 길게 느껴진다고 말했고, 더 화가 나는 것은 그 애들이 초범이고 학생이라는 이유로 불구속상태로 재판을 받게 되었고, 장례식 때는 가해자의 부모가 찾아와 병원비와 장례비 일체를 책임진다고 해서 가해학생이 어려서 처벌을 원치 않는다는 합의서를 써주었다고 하며, 그 이후 가해자 쪽에서 전혀 연락이 없는 상태이고, 공과금도 못내 도시가스가 끊기고 반지하방에서 5식구가 살아가기도 어려운 형편인데, 지금은 남편을 살해했던 아이들이 같은 동네에 사는 이유로 아무런 죄책감 없이 버젓이 PC방을 드나드는 것을 보고 괘씸함을 느꼈다고 울분을 토했다. 그보다 그녀에게 더 두려운 것은 아버지가 살해된 장면을 본 아이가 "특히 교복 입은 10대 청소년만 보면 굉장히 두려워하면서 엄마 뒤로 숨는다거나 악몽을 자주 꾼다거나 불안감이 높다"는 것이라고 말했다(KBS 뉴스따라잡기 2012.11.06).

■ 〈국내 사례 2〉 그날, 그놈에게 세 아이 잃은 뒤 내게 남겨진 것은 지옥 같은 삶

지난 10일 오후 3시 15분, 약속시간을 조금 넘겨서 서울 마포구 서울서부지검 내 피해자센터의 출입문이 열리고 한 남자가 들어왔다. 턱수염을 기른 얼굴에 모자를 깊게 눌러쓴 송민호씨(55·가명)였다. 그는 셔츠 속에 목폴라를 껴입고 있었다. 턱수염도, 모자도, 목을 가린 옷차림도 모두 화상 흉터를 감추기 위해서였다. 7년 전 그의 가족에게 돌연 가해진 끔찍한 살인방화범죄가 남긴 흔적들이었다. 세 자녀가 사망했고 그는 전신 76%에 3도 화상을 입었다. 이마, 귀, 콧등, 양손, 팔의 윗부분, 등, 목 등 화상이 심한 부위에 당시 불에 타지 않은 허벅지 안쪽 살을 떼어내 수차례에 걸쳐 이식하는 수술을 받았다. 그는 한여름에도 목까지 올라오는 상의와 긴 바지를 입는다고 했다. 그러나 옷으로 감추지 못한 양손은 부자연스러운 모양으로 그날의 참극을 말해주고 있었다. 피부이식을 한 손등은 유난히 두껍고 우둘투둘했다. 색상도 화상흉터가 남아 있는 팔 아래쪽의 피부색과 확연히 구분될 만큼 검었다. 검지와 중지 사이에선 이식 피부가 터서 갈라진 틈으로 기형적으로 돋아난 핑크빛 새살이 혹처럼 둥근 모양으로 돌출돼 있었다. 악수할 때 악력이 느껴지지 않았던 이유도 곧 알게 됐다. 이식한 피부조직이 생착되는 과정에서 피부가 쪼그라드는 반흔구축(화상 후 구축)이 발생한 탓에 손가락 관절 움직임이 자유롭지 않았던 것이다. 그는 "두꺼운 테이프를 손등에 붙인 채 손가락을 구부린다고 생각하면 이해하기 쉬울 것"이라고 말했다. 꾸준한 노력으로 지금은 물건을 겨우 잡을 수 있는 정도까지 관절을 움직일 수 있게 됐다. 그러나 며칠만 움직이지 않으면 다시 뻣뻣해진다고 한다. 지난 10일 만난 살인피해 유족 송민호씨(가명)가 두 손으로 얼굴을 가리고 있다. 송씨는 정남규의 살인 방화로 세 남매를 잃고 자신도 전신 76%에 3도 화상을 입었다. 피부 이식한 송씨의 손등은 팔과 경계가 뚜렷할 만큼 검고 두꺼우며 우둘투둘해 그날의 참극을 말해주고 있다.

> 피해자학

시계태엽을 되감아 그의 인생에서 가장 기억하고 싶지 않을 2006년 1월 18일 새벽으로 시간을 거슬러 올라가자 그의 표정이 눈에 띄게 일그러졌다. 가슴 저 밑바닥부터 치고 올라오는 참담한 고통과 분노, 공포가 그의 마음을 어지럽히고 있는 것처럼 보였다. 그가 말없이 허공을 응시했다. 힘겹게 입을 뗀 것은 그로부터 얼마 후였다. "저는 매일 새벽 5시 30분 무렵이면 잠에서 깼어요. 그런데 그날은 매캐한 냄새 때문에 눈을 떴어요. 순간적으로 아이들이 음식을 해먹다 태우나 싶었지요. 그런데 안방 문을 여는 순간 거실에서 불길이 치솟으며 번지고 있었어요. 현관 옆에 소화기를 보관해놨는데 현관 앞도 불길 때문에 접근할 수가 없었어요. 순간 '펑' 하는 소리와 함께 TV브라운관이 터지는 소리가 귀청을 때렸지요. 서둘러 안방에서 자고 있던 아들과 자기 방에서 자던 큰딸을 깨워 불이 났으니 빨리 부엌 쪽 창문으로 빠져나가라고 소리친 후 작은딸을 깨우러 갔어요. 그런데 열기로 뜨거워진 손잡이는 안에서 잠긴 채 돌아가지 않았고 대답도 없었어요. 그 길로 저는 부엌 창문을 통해 탈출했어요."그러나 먼저 집 밖으로 나갔을 것으로 생각한 아이들은 모두 집 안에 있었다. 큰딸이 2층 자기 방 창문에 매달려 울부짖는 모습이 보였다. 그는 동네 주민들과 딸의 방 창문에 사다리를 걸쳐놓고 올라가 구조하려 했으나 방범창이 뜯기지 않았다. 눈 깜짝할 사이에 큰딸은 화마에 목숨을 잃었다. 눈 뜬 채 그 참혹한 모습을 지켜봐야 했던 그는 울부짖었다. 나머지 아이들도 그렇게 집 안에서 희생됐다. 그때만 해도 송씨는 자기 몸이 심각하게 불에 탄 것도 몰랐다. 출동한 119 구조대원들이 그를 구급차에 실어 도봉구 쌍문동의 한일병원(현 한전병원)으로 이송했다. 몰려든 간호사들은 몸부림치며 통곡하는 그에게 "아저씨, 많이 다쳤으니 가만히 있어요."라고 소리치며 몸 전체에 생리식염수를 뿌려대고 붕대로 칭칭 감았다. 모든 일이 순식간에 일어났다. 여기까지 말하고 그는 눈을 감았다. 속눈썹이 파르르 떨렸다. "우리 애들은 참 착했어요. 셋 다 공부도 잘해 잔소리할 일이 없었지요. 자기 할 일 알아서 잘 하는 좋은 애들이었는데…." 사건이 일어나기 전까지만 해도 송씨의 가정은 남부럽지 않을 만큼 단란했다고 한다. 백의의 천사가 되고 싶었던 큰딸(당시 21세)은 서울대 간호학과 2학년에 재학 중이었고, 혜화여고 2학년이었던 둘째딸(당시 17세)은 꿈 많은 소녀였다. 아들(당시 12세)은 중학교 진학을 앞두고 있었다. 부부는 수유동 집에서 300~400m 떨어진 곳에서 여관을 운영해 경제적으로도 여유가 있었다. 송씨 가족은 50평정도 되는 2층 전체에 세 들어 살았고, 1층에는 다른 두 가구가 세 들어 있었다. 화상치료 과정은 끔찍한 고통을 수반했다. 온몸에 붕대를 감은 그는 일주일간 생사의 고비를 넘긴 다음, 타버린 피부와 죽은 조직을 긁어내는 수술을 받았다. 그는 피비린내가 진동하는 속에서 고통스러운 비명을 질렀다. 죽은 조직을 걷어낸 후 매일 아침 반복되는 치료 과정도 생지옥을 방불케 했다. 온몸을 생리식염수로 소독하고 까끌까끌한 촉감의 물에 적신 거즈와 칼을 이용해 환부의 오염물질과 괴사 조직을 떼어낸 다음 다시 소독 후 약을 발라 새 붕대로 감았다. 마취 없이 피부가 없는 붉은 생살 위에 하는 것이기에 온몸의 세포가 부들부들 떨리는 것 같았다. 피가 뚝뚝 떨어지고 피부가 없는 몸 여기저기에선 계속 진물이 흘렀다. 그는 같은 치료를 수개월간 받은 후 수차례에 걸쳐 피부이식수술을

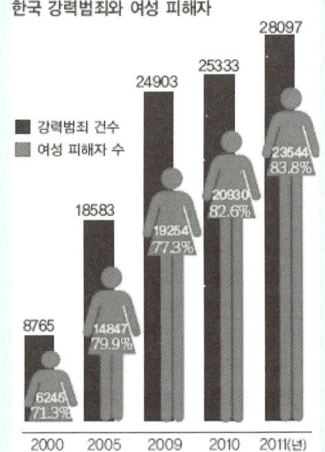

한국 강력범죄와 여성 피해자

받았다. 그러나 그를 더 힘들게 한 건 자신을 자식을 죽인 살인범으로 의심하는 시선들이었다. 경찰은 다른 정황과 함께 탐문수사 과정에서 아래층 세입자로부터 "새벽에 위층에서 둘째딸과 남자가 싸우는 소리를 들었다"는 말을 듣고 아버지를 용의자로 지목한 것이었다.(2006년 당시 경찰청 범죄행동분석팀에 있으면서 범인 정남규를

면담한 권일용 경찰수사연수원 교수는 최근 기자에게 "정남규가 범행 당시 피해자들과 대화를 나눴다"는 사실을 얘기해줬다.) "입원하고 보름쯤 지나자 경찰이 계속 찾아와서 같은 질문을 던졌어요. 17일과 18일 무엇을 했는지에 대한 것이었죠. 처음엔 통상적인 절차로 받아들였어요. 그런데 아니었어요. 어느 날은 아무도 없는 방으로 저를 데리고 가 6명의 수사관들이 빙 둘러선 채 같은 질문을 했어요. 국립과학수사연구원에 제가 범인이라는 40여 가지의 증거물을 제출해놨다는 얘기까지 했고요. 나중에 들었지만 당시 경찰은 제 통화기록을 조회한 뒤 여자동창생들에게 여러 번 전화해 관계를 물었다고 해요. 혹시 제게 내연관계가 있어서 자식들을 그렇게 했는지 의심한 것 같아요." 경찰이 압박해오자 아내도 '설마, 설마' 하면서도 점차 남편을 의심하는 눈치였다. "○○아빠 아니지?" "아니지?" 하고 반복적으로 물었다. 그는 "내가 평생 우리 애들에게 손찌검을 하거나 욕설이라도 하는 걸 봤느냐"며 소리를 질렀다. 당시 검찰에서 근무하던 오랜 친구조차 "변호사를 구하는 게 좋을 것 같다"고 말했다. 병원에서도 수군대는 소리가 들리는 것 같았다. 꼼짝없이 범인으로 몰릴 판이었다. "자식들이 그렇게 되고 몸의 고통도 너무 끔찍해서 하루에도 열두 번씩 죽고 싶은 마음이었어요. 그런데 저더러 자식들을 죽인 짐승 같은 살인범이라고 하니, 억울해서 살아야겠다는 생각이 들었어요. 죽을 때 죽더라도 누명은 벗고 죽어야 하잖아요." 만약 범인 정남규가 잡히지 않았다면 그는 어찌됐을지 모른다. 정남규가 검거되기 전까지 3개월의 기간 동안 그는 경찰로부터의 시달림과 몸의 고통, 그리고 외로움과 처절한 사투를 벌여야 했다.

정남규가 검거된 건 그해 4월 22일이었다. 그날 새벽 4시 40분쯤 영등포구 신길6동 단독주택에 침입해 작은 방에서 자고 있던 김모씨(당시 24세)의 머리를 파이프렌치 공구로 내리쳤지만 잠에서 깬 김씨가 대항했고 옆방에서 잠자던 김씨의 아버지가 합세해 제압하면서 경찰에 넘겨진 것이다. 그는 검거되기 전까지 서울과 경기 지역에서 무려 13명을 무자비하게 살해하고 20명에게 중상을 입힌 연쇄살인마였다. 정남규는 2004년엔 길거리에서 무차별로 사람의 배, 가슴 등 앞부분을 찔러 살해하다가 2005년 4월부터는 가정집에 침입했다. 패턴은 일정했다. 작은 방에 먼저 들어가서 쇠몽둥이 등 둔기로 잠자던 사람을 살해하거나 미수에 그쳤고 2005년 10월 19일 봉천10동에서 벌인 사건부터는 둔기로 머리를 수차례 내리친 후 피해자들이 탈출하지 못하도록 문을 걸어 잠그고 방화했다. 정남규는 송민호씨의 집에 침입해서도 작은 방에 먼저 들어가고 있던 작은딸을 둔기로 내리친 후 목 졸라 살해한 다음 집 안 사람들이 탈출하지 못하도록 화장실 문을 잠갔다. 그런 다음 장롱에서 가져온 옷가지와 화장실 앞 세탁물을 거실과 현관문 앞으로 옮겨 불을 붙이고 밖에서 현관문을 잠갔다. 뒤늦게나마 정남규가 검거되고 송씨 가족을 살해한 것도 자신의 짓임을 자백했지만 경찰은 송씨에게 단 한마디 "미안하다"는 말도 하지 않았다고 한다. "정남규가 우리 자식들을 죽였다고 자백한 것도 뉴스에 보도된 걸 다른 사람에게 전해 들었어요. 진범이 잡혔다는 얘기조차 해주지 않은 거죠. 이후론 경찰이 병원에 찾아온 일도 없었고요."

수사는 종결됐지만 송씨가 입은 피해는 삶 전체였다. 자식도, 어머니도, 아내도, 외모도, 건강도, 재산도, 그리고 평범한 인생도 거짓말처럼 다 사라졌다. 병원에 누워 있던 그는 어머니 임종도 지키지 못했다. 뒤늦게 아들 가족에게 생긴 변고를 다른 사람에게 전해 듣고 충격을 받은 어머니는 시름시름 앓다가 사건이 일어난 지 3개월 만에 세상을 떠났다. 사건에 대한 충격과 자식에 대한 그리움으로 우울감에서 헤어나지 못했던 아내는 넋을 놓은 채 지내다가 그가 병원에서 퇴원하자 헤어져 살 것을 요구했다. 혼자서는 아무것도 할 수 없을 만큼 몸이 불편했지만 송씨는 결국 아내의 뜻대로 했다. 그는 방화에 의한 재산피해도 보상받지 못했고 1년간의 입원치료비와 수술비도 사비로 충당해야 했다. 이후 여관을 처분했지만 은행 빚 등 채무를 정리하고 아내에게 위자료를 주고 병원비를 갚고 나자 그의 통장에 남은 돈은 600만원이 채 안 됐다. 정부에서는 범죄피해구조금 중 유족구조금으로 2006년 당시 1000만원을 지급했지만 그마저 송씨 부부는 대상이 아니었다. 사건 당시 재산이 있는 유족에게는 구조금이 지급되지 않았기 때문이다. 지체장애 3급 판정을 받은 그는 손의 움직임이 자유롭지 못해 힘든 노동도 할 수 없게 됐지만 국가도, 어느 누구도 책임지는 이는 없었다. 사건 후 무일푼 신세가 된 그는 모두가 등을 돌렸을 때에도 끝까지 그를 믿어주고 격려해온 고향친구 박준표씨(55)가 얻어준 10여 평의 작은 아파트에서 혼자 살고 있다. "친구들의 도움으로 심부름이나 배달 같은 일을 가끔씩 하면서 살아요. 집에 있으면 자꾸 죽고 싶다는 생각이 드니까 되도록 밖으로 나가려고 하지요. 동네 야트막한 산에도 오르고, 우리 아이들도 자주 만나러 가요. 집에 있을 때에도 TV 뉴스와 시사프로그램은 안 봐요. 흉악범죄 이야기가 나오면 과거의 악몽이 되살아나니까요." 범죄에 희생된 송씨의 세 남매의 유골은 화장 후 자연으로 돌아갔다. 그가 아이들을 만나러 가는 곳은 49재 후 아이들의 영가(영혼)를 모신 수유동 화계사다. 우리 아이 또래를 보거나 명절, 어린이날 같은 때 더 그립죠. 사찰에 가서 애들을 만나면 '잘 있었느냐'고 먼저 물어요. '할머니, 할아버지께도 잘 해드려라'고도 말하고요. 그리고 무엇보다 '미안하다'고…." 그는 말을 마무리 짓지 못했다. 입을 꾹 다문 그가 다시 먼 곳을 응시했다. 그의 눈에 얼핏 눈물이 어른거렸다(경향신문, 2013.05.18).

■ 〈국내 사례 3〉 큰형 피살되자 두 동생 자살, 형수·조카는 지금 행방도 몰라요

가족이 끔찍한 살인범죄에 희생되면 유족은 심각한 고통과 후유증을 앓는다. 가족이 해체되고 장기 치료와 관찰이 요구되는 외상 후 스트레스 장애(PTSD)를 보이는 경우가 대다수다. 특히 피해자가 가족의 생계를 책임져 온 가장인 경우 가정 경제가 파탄되어 유가족들은 빈곤층으로 전락하기 십상이다. 사정이 이런데도 살인피해 유족들은 다른 범죄 피해자에 비해 관심과 보호의 사각지대에 놓여 있는 게 현실이다. 직접 피해자가 사망하고 없다는 이유 때문이다. 지난 1일 서울 성동구 도선동 자택에서 만난 안대영씨(48·가명)의 삶은 어둡고 절망적이었다. 20평이 채 안 돼 보이는 집안은 적막만 감돌고 작은방 창호문은 다 뜯겨져 있었다. 벽시계는 고장 나 멈춰있었고, 거실 한쪽엔 쉰 김치와 손대지 않은 찬밥 한 덩이가 나뒹굴고 있었다. 끼니도 잘 안 챙겨먹는 눈치였다. 살인마 유영철 때문에 4형제 중 3명 떠나고… 지난 1일 찾은 안대영씨(가명)의 집 거실에 먼저 세상을 떠난 세 형제와 아버지의 사진이 놓여 있다. 안씨의 큰형(가운데)이 연쇄살인마 유영철에게 희생된 후 둘째형(오른쪽)과 막내동생(왼쪽)이 잇따라 자살하면서 집안은 풍비박산이 났다.

김문석 기자 kmseok@kyunghyang.com

"나도 자살하려고 해요. 저기 끈 묶여 있는 거 보이죠? 죽으려고 매달아 놓은 거예요. 세상이 미워서 어떤 땐 나도 거리로 뛰쳐나가 아무한테나 해코지를 하고 싶어요." 그는 불안정해 보였다. 감정의 진폭도 컸다. 큰형(당시 44세)이 살인 범죄로 희생된 이래 그의 가족에게 연거푸 불어 닥친 불행이 그를 이렇게 만든 듯했다. 그는 지금도 우울증 치료를 받고 있다고 했다. 서울 황학동에서 노점을 하던 그의 큰형은 지난 2004년 4월 14일 연쇄살인범 유영철에게 희생됐다. 유영철은 그해 7월 18일 경찰에 검거되기 전까지 2여년 동안 서울에서 노인과 여성 등 20명을 무자비하게 살해했다. 경찰 발표에 따르면 유영철은 경찰을 사칭해 안씨의 형에게 접근했고, 수갑을 채운 채 승합차에 태워 납치한 후 목숨을 빼앗았다. "유도로 단련된 건장한 형이었는데 그놈이 형의 손목에 수갑을 채운 후 수갑의 한쪽을 차 안 손잡이에 고정시켜놓아 당하고 만 거예요. 저와 둘째형은 형의 사체도 직접 봤어요. 칼로 60번이나 난자당하고 머리도 뭉개져 있었어요. 두 손은 잘린 채 없는 상태였고요." 그는 사건에 대해 이야기할 때는 여전히 분노감을 주체하기 힘들어 했다. 사건의 충격은 다른 가족의 목숨까지 앗아갔다고 했다. 둘째형과 막냇동생이 잇따라 스스로 목숨을 끊은  것이다. 그는 "큰형과 우애가 깊었던 둘째형은 유영철의 재판과정에서 분노를 억누르지 못했고 우울감이 깊어지면서 투신자살했다"고 말했다. 몸이 성치 않았던 막냇동생이 자살한 건 그로부터 얼마 안 돼서라고 한다. 4형제 중 남은 이는 이제 그뿐이다. 안씨는 "형들과 동생이 꿈에 나타나 '너도 우리 있는 데로 빨리 오라'면서 손짓한다."고 말했다. "우리 형제들은 어려운 가정형편 탓에 어려서부터 뿔뿔이 흩어져 살았어요. 사건이 일어나기 몇 년 전에야 겨우 가까이 모여 살게 됐죠. 이제야 좀 사람 사는 것 같다고 생각했는데…. 결혼해 자식들을 둔 우리 큰형은 정말 열심히 일했어요. 작은형도 체격이 좋았어요. 경호업체에서 일하면서 정치인들도 수행하다가 나중에 큰형과 다른 품목으로 노점상을 시작했어요. 그런 작은형에게도 동거하던 여자가 있었어요. 하지만 둘째형이 자살하고 나서 얼마 후 따라 죽었다고 해요. 큰형수와 조카들은 지금 어디로 갔는지 행방을 몰라요." 살인 범죄로 인해 집안은 풍비박산 났고. 그 역시 급격하게 사회에서 고립됐다. 사회생활을 하면서 인연을 맺은 사람들도, 당시 사귀던 여자 친구도 모두 그를 떠났다. 그는 "저주받은 집안도 아니고, 우리 형제들이 나쁜 짓을 한 것도 아닌데 너무 비참하다"고 말했다. 그는 수년 전부터 병원에 가는 일 외에는 세상과 담을 쌓고 거의 집안에서만 지낸다고 했다. 그런 그에게 정부와 사회에 하고 싶은 이야기가 있느냐고 물었다. 돌아온 말은 이랬다. 한껏 높은 목소리에 절망적 분노가 가득 배어 있었다. "우리 식구들은 이렇게 다 죽어나갔는데, 가해인 유영철 그놈은 사형도 안 시키고 지금껏 국민 세금으로 먹여 살리고 있는 게 말이 됩니까." 2007년 12월 25일 막내딸을 범죄로 잃은 경기도 안양의 이달순씨(46) 가족의 삶도 나을 게 없다. 2007년 당시 11살이던 이혜진양은 9살 우예슬양과 크리스마스 선물을 사러 나갔다가 영영 돌아오지 않았다. 실종 77일 만에 혜진양은 싸늘한 주검으로 발견됐다. 이웃에 사는 정성현이 두 아이를 납치하고 살해한 후 서로 다른 곳에 유기했다. 딸의 죽음과 함께 가족의 꿈, 단란함, 유대관계 등 모든 것이 산산조각 났다. 아버지 이창근씨(52)는 사건 당시 실종된 딸을 찾아다니느라 다니던 인쇄소를 그만뒀다. 괴로움에 습관적으로 마셨던 술에 대한 의존도도 높아졌다. 어머니 이달순씨의 고통 또한 말로 헤아릴 수 없다. 혜진양의 언니와 오빠 역시 정신적 충격과 경제적 어려움으로 대학 진학을 포기해야 했다. 살인범 정성현의 집과 지척인 데다 혜진양의 흔적이 그대로 남아있는 안양집을 떠나고 싶어도 떠나지 못하는 것도 이 가족에겐 고통이다. 소문이 나면서 매수자가 나타나지 않기 때문이다.

이들을 면담한 공정식 경기대 교수는 "얼마 전 혜진 엄마를 만났는데 잘 못 먹고 못 자고 스트레스가 심해서였는지 치아가 성한 게 하나도 없는 것을 보고 깜짝 놀랐다."고 말했다. "혜진 엄마는 아이를 그렇게 잃은 후 지금까지 한 번도 웃어본 적이 없다고 하더군요." 요즘에도 부정기적으로 심리상담을 받고 있는 혜진 엄마는 몇 년 전부터 식당일을 돕고 있다고 한다.

■ 〈국내 사례 4〉 '여대생 청부 살해' 가해자 회장부인 "호화 병실" 생활

지난 13일 만난 하성근씨(67·가명) 역시 다시 도진 상처로 고통스러워하고 있었다. "이제는 사건을 좀 잊고 무념상태로 살아갈 수 있으려나 싶을 때 청천벽력 같은 소식이 들려왔어요." 하씨는 2002년 3월 전국을 떠들썩하게 만든 '여대생 공기총 청부 살해'의 피해자 하모양(당시 22세)의 아버지다. 판사 사위가 이종사촌 간인 하양과 불륜관계에 있다고 의심한 중견기업 회장의 부인 윤모씨(67)가 조카 등을 사주해 하양을 공기총으로 쏘아 살해토록 한 사건이다. 2004년 5월 대법원은 윤씨와 윤씨 조카 등 3명에게 각각 무기징역을 확정했다. 그런데 당연히 교도소 안에 있는 줄 알았던 윤씨가 형 집행정지를 받고 지난 6년 동안 서울 세브란스병원과 경기 고양시 일산병원 호화병실에서 지내왔다는 소식을 누군가가 전해왔다. 직후 이 같은 사실은 모 지상파방송 시사프로그램을 통해서도 세상에 알려졌다. "이 나라에 사법정의라는 것이 있는지 묻고 싶어요." 그는 분노했다. "형을 선고하고 집행하고 감시하는 과정 모두가 허술한 거예요. 전형적인 유전무죄, 무전유죄이고요. 검찰에 세브란스 주치의와 현재 윤씨가 머물고 있는 일산병원 주치의를 고발했고 청와대, 법무부, 검찰청, 경찰청 등에 진정서를 냈어요." 그는 "피해자들을 위하는 첫 번째 일은 가해자를 법에 의해 단호히 응징하는 것"이라고 강조했다. 인터뷰 내내 그는 답답해했다. 허술한 법집행이 겨우 버티고 있는 유족을 두 번 죽이고 있다는 생각이 들었다. 이 가족에게도 살인범죄가 남긴 후유증은 컸다. 가족은 사건이 종결된 후 서울 강남에서 경기도 모처로 이사했다. 아내는 새로 이사한 집에도 죽은 딸의 방을 예전과 똑같이 꾸며놨다고 한다. 비슷한 시기 하씨만 강원도로 옮겼다. 딸아이를 앗아간 도시의 인연이 싫어 자연 속에 묻히고 싶은 마음도 컸다고 한다. 그는 그곳에서 작은 텃밭을 가꾸고 있다. 가족이 뿔뿔이 흩어져 지내고 있는 것이다. "우리같이 엄청난 일을 겪은 가족은 같이 살기 어려워요. 만나면 자꾸 죽은 아이 생각이 나니까요. 살아있을 때에도 가족의 중심일 만큼 밝고 예쁜 아이였는데, 그런 딸이 짐승만도 못한 인간들에게 그렇게 갔으니… 우리 가족 모두 멍한 채로 버텨 왔어요. 멍한 채로…"

■ 〈국내 사례 5〉 잘못된 언론보도·이웃의 부적절한 관심도 '고통'

잘못된 언론보도와 이웃의 부적절한 관심이 유족에게 이중 고통을 안겨주는 경우도 적지 않다. 최숙희씨(51·가명)는 2006년 9월부터 2008년 12월까지 모두 10명의 부녀자를 살해한 강호순에 의해 딸을 잃었다. 최씨는 당시만 해도 수도권에 작은 빌라와 아파트 한 채를 보유했을 만큼 중산층 가정이었다. 하지만 범죄로 딸이 사망한 후 많은 것이 달라졌다. 맞벌이하던 최씨 부부는 충격으로 하던 일을 놓았고 2년 간 하루가 멀다 하고 딸이 묻힌 납골당을 찾아가 눈물을 쏟았다. 빚이 쌓이면서 집 두 채 모두 남의 손에 넘어갔다. 검거 당시 강호순은 상가건물, 축사와 빌라, 예금 등을 합해 9억 원 상당의 재산을 보유한 것으로 드러나 당시 언론에서 피해자 유족당 1억5000만~1억8000만원을 받을 수 있을 것으로 보도했다. 하지만 최씨 가족에게 돌아온 몫은 없었다. 최씨의 사정을 잘 알고 있는 안양 피해자지원센터 관계자는 "그럼에도 이웃은 '딸 죽여 부자 돼 이사 갔다'고 얼토당토않게 수군거려 최씨 마음에 또 다른 멍을 만들었다"고 전했다. 2010년 일명 '서울 중화동 인질 살인사건'은 경찰의 부적절한 초기대응과 언론 오보로 피해자 유족이 2차 피해를 입은 경우다. 당시 이 사건은 결혼을 반대한다는 이유로 여자 친구 김희경씨(당시 26세·가명)의 어머니를 범인 박모씨(당시 25세)가 흉기로 베어 숨지게 한 것으로 보도됐다. 그러나 김씨는 "그는 남자친구가 아니라 스토커였을 뿐"이라고 주장했다. 김씨가 박씨를 처음 만난 것은 2009년 9월 친구 모임에서였다. 교제를 한 것은 그해 12월부터 이듬해 초까지 아주 짧은 기간이었다. 김씨가 박씨에게 이별을 통보한 건 박씨가 폭력성과 함께 김씨의 문자메시지를 일일이 확인하는 편집증을 보였기 때문이었다. 그러나 그때부터 박씨는 김씨 집을 수시로 드나들며 김씨와 가족을 괴롭혔다. 김씨 가족이 경찰에 신변보호를 요청하고 김씨가 박씨를 피해 회사를 그만둘 정도였다. 김씨 가족은 이사까지 했지만 주소를 알아낸 박씨는 사건 당일 "등기우편이 왔다"고 속여 문을 열게 한 후 집안으로 들이닥쳤고, 김씨 어머니에게 흉기를 휘둘렀다. 비명을 들은 이웃의 신고로 20분 만에 경찰이 출동하자 김씨는 사경을 헤매는 어머니를 밖으로 내보내자고 간청했다. 그러자 박씨는 경찰이 현관문 앞에서 철수하면 그렇게 하겠다고 했다. 하지만 경찰이 제때 철수하지 않아 어머니는 끝내 숨지고 말았다. 그런데도 경찰은 가해자인 박씨와 피해자 김씨를 같은 차에 태워 호송했다. 그뿐만 아니라 박씨의 진술만 듣고 언론에 두 사람을 연인 사이로 브리핑했다. 당시 기사에

'결혼을 반대해서 죽였다' '함께 밥을 지어 먹었다' 등의 이야기가 나온 배경이다. 이 이사장은 "언론보도로 피해자는 어머니를 죽게 한 원인제공자라는 주위의 따가운 시선까지 받아야 했었다"며 "이후 그는 이민 길에 오름으로써 상처뿐인 한국 땅을 떠났다"고 말했다(경향신문, 2013.05.18).

■ 〈국내 사례 6〉 김태완 어린이 황산테러사건

학원을 가기위해 집을 나섰던 6살 어린아이는 정체모를 누군가에게 저항도 제대로 하지 못하고 황산테러를 당해야 했습니다. 49일 후, 김태완 군은 가족의 곁을 떠나고 말았습니다.
사회적으로 엄청난 관심이 집중되었지만 사람들이 궁금해 하는 것은 단지 "내 아이는 안전한가?", "범인이 누구지?"였습니다.
당시 김태완 군이 범인의 목소리를 기억하여 황산테러범이 누군지 지목했었습니다. 하지만 유일한 목격자였던 태완이의 친구는 청력에 장애가 있다는 이유로 수사에서 배제되었고 유족들이 증거를 찾아냈지만 제대로 된 수사가 이뤄지지 않은 채 미제사건으로 종결되었습니다. 이뿐만 아니라 용의자가 자살했다는 오보 때문에 유족들은 2차, 3차 피해까지 겪고 살아왔습니다. 2013년 겨울, 공소시효가 6개월 남은 시점에서 피해유족들은 14년 전 약속을 지키기 위해 재수사를 청원했습니다. 2007년 공소

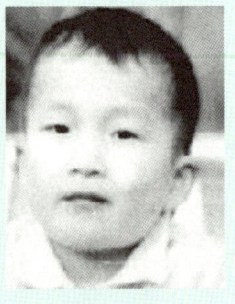

故 김태완 군(6)

시효가 25년으로 늘어났지만, 2007년 이전의 사건은 15년으로 공소시효가 적용된다고 합니다. 그렇기 때문에 1999년에 일어난 이 아동살인사건은 2014년 7월이 되면 더 이상 법의 심판을 가해자에게 내릴 수 없게 됩니다. 언제까지고 6살 어린아이의 모습으로 기억에 남아있는 태완이의 억울함을 하루빨리 어머니는 풀어주고 싶어하십니다. 살아왔던 날보다 살아갈 날이 훨씬 많았던 이 어린 아이를 지켜주지 못한 부모님의 마음을 우린 쉽게 상상조차 할 수 없습니다. 지금 이 순간에도 억울한 죽음을 맞는 사람은 너무나도 많습니다. 내 가족을 사랑하고 아끼는 마음은 유족들도 다를 바가 없습니다. 피해자 유족들을 외면하지 않는 것만으로도 그들에게 큰 힘이 된다고 합니다. 더 나아가, 우리 모두가 마음 속 깊이 유족의 심정을 이해하고 이 분들을 치유하는 방법을 모색하고 마련하는 것이 오늘날 우리가 해결해야 할 과제입니다.

■ 〈국내 사례 7〉 이혜진, 우예슬 양 실종살인사건

2007년 크리스마스, 온가족이 모여 연말을 보내고 있어야 했을 때, 이혜진, 우예슬 양은 어디론가 사라져버렸습니다. 두 어린이는 다음해 3월, 고속도로 야산에 토막난 시체로 발견됐습니다. 범인은 본드를 흡입한 상태에서 아이들을 납치해 자신의 집에서 성추행 후 살해, 유기했습니다. 법원은 범인에게 사형을 선고했고 사건이 종결되었지만, 가족들은 여전히 상처에서 벗어나지 못하고 있습니다. 혜진 양의 어머님은 딸의 사진을 보면 눈물이 나시고, 생기 없는 집 안을 보면 혜진 양이 보이는 듯합니다. 혜진 양의 오빠와 언니는 말이 부쩍 줄었고 아버지는 혜진이가 떠난 뒤 정신적 충격으로 인해 직장을 잃으셨습니다. 화목하고 행복했던 가정이 한순간에 무너져 내린 것입니다. 아버지는 술에 의존해야만 잠을 잘 수가 있으십니다. 그 탓에 건강도 많이 상하

2013년 12월 25일 치러진
故이혜진, 故우예슬 양 6주기 추모제

셨습니다. 2013년 12월 25일, 전국미아·실종가족찾기 시민의모임에서 6년간 치러온 두 어린이의 추모제가 이젠 발길이 끊겨 4명의 참석을 마지막으로 조용히 치러졌습니다. 이처럼 우리들에게 잊혀지고 있는 사람은 혜진이네와 예슬이네만 있는 것은 절대 아닙니다. 황산테러사건으로 이유도 모른 채 죽어가야 했던 故김태완 어린이, 괴한들에게 납치 및 살해당했지만 범인을 검거하지 못하여 영구미제사건으로 남게 된 故허진은 양 등 많은 피해자들이 있습니다. 혜진이와 예슬이가 사라진 뒤 전국적으로 CCTV와 아동안전지킴이집이 설치되는 등 조치가 취해졌지만 절대적인 예방책은 아직도 부족합니다. 영국이나 미국처럼 민간과 정부의 전문가로 구성된 별도의 실종, 가출 사건을 전담하는 기관이 필요한 실정입니다. 이제는 우리 모두가 관심을 가지고 아이들이 사라지는 것을 막아야 합니다. 또한, 아이들이 실종된 후에도 그리고 사건이 종결된 후에도 지속적인 충분한 지원과 제도가 마련되어야 합니다.

- **〈국내 사례 8〉 우위안춘 사건**

우위안춘 사건을 기억하십니까? 경찰의 부적절한 대응으로 한 생명이 희생된 사건을 말합니다. 그 후, 재판은 범행의 잔혹성을 고려해 우위안춘에게 1심에서 사형을 선고했지만 2심은 무기징역으로 감형을 내렸습니다. 우위안춘의 우발적인 살해를 판사가 인정했기 때문입니다. 이에 유가족들은 또 다시 정신적 큰 피해를 입었고 얼마나 더 끔찍하게 사람을 죽여야 사형을 줄 것이냐며 울분을 토했습니다. "지금 이런 사회가 너무 지금 되게 성폭행 사건도 많고, 되게 무서운 사회로 지금 바뀌고 있잖아요. 그런 것이 만약에 그런 인육 제공 목적으로 진짜 했다고 퍼뜨리면 사람들이 무서워서 살지 못할 것 같아서 그렇게 감추려고 하는 건지... 진짜 이 나라가 너무 싫습니다." "법원은 우위안춘의 잘잘못을 따지며 그의 말 한마디, 손짓·발짓 하나도 신경을 썼지

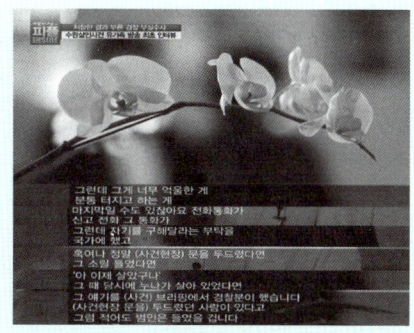
유가족 인터뷰

만 피해자나 유가족에 대해서는 전혀 신경을 쓰지 않았다"고 피해자의 유가족들은 말했습니다. 이후, 국가는 경찰의 늦장대응에 책임이 있음을 인정했습니다. 하지만 직접적인 책임을 회피하며 일시적이고 충분치 못한 배상금을 유족에게 지급했습니다. 이 배상금으로는 피해자의 억울함과 유족의 슬픔을 위로하지는 못합니다. 살인범죄피해 유족들은 이렇게 국가와 경찰에게 외면당하고 있습니다. 이들의 분노와 억울함을 위로하기 위해서는 형량의 강화와 피해자 지원에 좀 더 많은 노력과 관심을 쏟아야 할 필요가 있습니다.

- **〈국내 사례 9〉 강화도 해병대 2사단 총기 난사 사건**

2011년 7월 강화도 해병 2사단에서 벌어진 총기 난사사고로 군복무 중이던 아들을 잃은 아버지 박 씨는 이날의 충격으로 우울증이 악화돼 1년 가량 일도 제대로 할 수 없었습니다. 술로 날을 지새우고 일을 나가도 차를 세워두고 멍하니 있곤 했습니다. 박 씨를 가장 괴롭힌 건 사랑하는 아들을 지켜주지 못했다는 죄책감이었습니다. 그는 자신이 처음 해병대에 가면 어떠냐고 아들에게 권하지만 않았어도 아들이 살아있지 않을까 하는 생각에 괴로워했습니다. 가해자 김 모 상병은 "입이 수 천, 수만개라도 모자르다. 내가 정신이 나갔던 것 같다. 죄송하고 또 죄송하다."며 "사형만은 말아달라"라고 말했고, 가해자와 공모

자 정 모 이병의 가족들은 기수열외가 살인의 동기를 유발했고 그들 또한 가해자 이전에 피해자임을 강조하며 감형운동과 더불어 피해 유족에게 다짜고짜 감정적으로 호소하는 등 진심어린 사죄와 용서를 구하기보다 자신의 아들들을 구제하려는데 급급했습니다. 결국 공모자 정 모 이병은 살인을 방관했지만 직접적인 범죄행위는 하지 않았다는 이유로 20년 중형에서 10년형으로 감형을 받았습니다. 또한 많은 언론들이 피해자들을 위로하고 추모하는데 중심을 두지않고, 기수열외의 문제점을 대두로 삼아 자극적인 문구들을 이용하여 가해자를 피해자로 포장했습니다. 이에 자식을 먼저 떠나보내야만 했던 피해자 유가족들의 마음은 더 억울하고 분할 따름이었습니다. 아무리 그래도 잘못된 병영문화 자체가 보복성 살인을 정당화할 수는 없습니다. 4명의 건장한 청년의 빼앗긴 삶과 그 현장을 본 소속 장병들이 입은 정신적·신체적 피해 그리고 피해자 유족들이 받은 정신적·경제적·육체적 피해를 국가는 제도의 개선을 통해 책임지고 보상해야만 합니다.

- **〈국내 사례 10〉 제주 올레길 살인사건**

강 씨는 새벽 제주 올레길 산책에서 동네 주민인 강성익에게 무참히 살해됐습니다. 범인은 경찰 수사에 혼란을 일으키려고 피해자의 시신을 훼손하기도 했습니다. 그러나 이 가해자에게 배심원 중 1/3은 무죄를 선고했고 끝내 국민참여재판에서 징역 23년형을 확정받았습니다. 피해자 강 씨의 동생은 누나의 싸늘한 시신을 목격하고서 불면증 등 심각한 외상 후 스트레스 장애(트라우마)에 시달리고 있습니다. 풀숲, 산책로 등 올레길을 떠올리게 하는 그 어떠한 곳도 가지 못한다고 합니다. 피해자 동생 강 씨는 "납득할 수 없는 기준으로 가해자의 입장만 고려하는 법원에 경고하고 싶다", "범행 목적이 불분명하다거나 가해자의 가정환경을 고려한다는 터무니없는

이유로 반사회적 범죄에도 관용을 베푸는 법의 판결을 누가 받아들일 수 있겠느냐"
고 강력히 반문했습니다. "무려 15시간이 넘는 길고 긴 가혹한 재판이었다. 나는
단 5분의 가족진술을 하기 위하여 제주까지 날아가 15시간동안 재판장에도 들어가
지 못한 채 밖에서 있어야 했다." 피해자 유가족들은 올레길의 위험성과 판결의 부
당함을 알리기 위한 고독한 싸움을 계속 이어나가고 있습니다. 하지만 국가는 가
족을 지키지 못했다는 상실감과 억울함을 평생 안고 살아가는 그들에게 제대로 된
지원방책을 마련하지 않고 있습니다. 심지어 형사사법절차과정에서도 그들을 제3
자로 배제시키고 있는 것이 현실입니다. 2014년 2월에 열렸던 '한국살인피해자추
모관' 피해자 간담회에서 피해자 동생 강 씨는 "국민이 국가의 주인임에도 불구하
고 무고하게 희생된 피해자의 권리조차 지킬 힘이 없다는 게 참으로 슬프다.", "살
던 집도 현상금으로 내걸 정도로 아주 간절했다. 법정투쟁에서 드는 모든 비용을
우리가 직접 충당하고 있다."며 살인범죄의 경제적, 정신적 피해의 심각성에 대해

말했습니다. 살인범죄 피해자 유가족들이 계속해서 주장하는 것은 인간의 존엄성과 생명을 무참히 해친 살인자
에게 엄중하고 확실한 처벌을 내려달라는 것입니다. 그리고 지속적인 심리적·경제적 지원을 통해 그들의 무너
진 일상을 되찾게 해주어야 합니다.

■ 〈국내 사례 11〉 중곡동 주부 성폭행 살인사건

2012년 8월, 아이를 유치원 차량까지 데려다 주고 집으
로 들어오던 주부가 강간미수 및 폭행 후 뒤에서 칼로
찔러 살해당하는 사건이 있었습니다. 어린 두 아이는 정
신과 치료를 받아야 했고 남편은 아내를 지키지 못했다
는 죄책감을 안고 평생 살아가게 됐습니다. 유가족이 계
속해서 피눈물을 흘릴 수밖에 없는 이유는 가해자가 전
자발찌를 차고 있는 전과범이기 때문입니다. 관리당국
에서 그의 행적을 유심히 살펴보았다면 이런 비극이 일
어나지 않았을 것입니다. 사건 발생 일주일 전, 처음으
로 가족여행을 다녀왔다는 피해자의 유가족들은 평범했
던 일상을 다 부순 범인을 도저히 용서할 수 없습니다.
가해자는 범행재현 당시, 자신의 신상을 보호할 것을 당
당히 요청했다고 합니다. 피해자의 남편은 "전자발찌,
범인에겐 목욕탕 열쇠고리입니다."라며 전자발찌를 찬

피해자 남편의 뉴스 인터뷰

가해자가 사실상 일반 사람들 사이에서 자유로이 날뛰고 있었다는 것을 지적했습니다.
"며칠이면 확인할 수 있는 것을 확인도 안 했다는 사실이 너무 분하고 억울하다. 범인의 이동경로만 확인했으면
서진환이 잡혀 들어가고 내 아내는 죽지 않아도 됐을 텐데 정말 너무하다. 무너지는 기분이다." 우리는 가해자와
관련된 많은 제도들을 끊임없이 검토해볼 필요가 있고 항상 그들을 예의주시해야합니다. 제2의, 제3의 주부살해
사건과 그 피해들을 막기 위해서는 형벌의 강화뿐만 아니라 피해자와 그 유가족들을 위한 피해 지원법 마련 등이
시급합니다.

〈2012년 8월 20일 발생한 중곡동 살인피해자 남편의 글〉

존경하는 재판장님.
저는 피해자의 남편입니다.
이런 일로 재판장님께 글을 쓰는 저 자신이 아직도 믿기지 않습니다.
이게 꿈이라면 얼마나 좋을까요.
요즘에도 밥을 먹을 때, 아이들 데리고 산책을 나갈 때, 잠을 잘 때 왜 제 옆에 아내가 없는지, 제 아내는
하루아침에 어디로 사라진 것인지 이 현실이 믿기지 않습니다.
4살, 5살 아이들은 온몸으로, 하루아침에 사라진 엄마를 찾고 있습니다.

어떤 날은 아침부터 밤에 잘 때까지 엄마가 어디 갔는지 물어봅니다.
매일 아내를 찾는 아이들의 간절한 눈망울을 볼 때마다 가슴이 미어집니다.
저와 아이들이 언제쯤에야 이 사람(아내)이 옆에 없다는 걸 받아들일 수 있을지.
아마 그런 날은 오지 않을 것 같습니다.

저는 아무런 준비도 없이 처절히 맞아 얼굴도 알아볼 수 없는 상태로 아내를 보냈습니다.
따뜻한 밥 한끼 해주지 못한 채로 그렇게 보냈습니다.
집 앞 계단에 처참하게 흘렸던 아내의 핏자국을 봤습니다.
가녀린 우리 아내, 눈 앞에 무서운 살인마를 두고 살아보겠다고 아둥바둥했을 아내 모습을 생각하면 가슴이 찢어집니다.
얼마나 두려워했을까요.
얼마나 도움의 손길을, 저를 애타게 찾았을까요.
저는 아직도 아침에 눈을 뜨면 이 모든 게 꿈이고 아내가 곁에 있을 것만 같습니다.
저도 이렇게 있는데 겨우 5살, 4살인 아이들은 하루아침에 엄마를, 아무도 대신할 수 없는 엄마를 빼앗겼습니다.
우리 가족의 충격과 상처는 영원히 사라지지 않을 것입니다.
저는 너무 힘들어서 아이들만 아니라면 어딘가로 떠나고 싶었습니다.

지금 저 자리에 있는 피고인이 사형 선고를 받지 않는다면,
그래서 이 하늘 아래 우리 아이들과 피고인이 같은 세상에서 함께 살아 숨쉬고 살아야 한다면 저라도 피고인을 죽일지도 모릅니다.

저에게 시집와 고생만 하다가 처참하게 간 아내를 생각하면 어차피 살아가는 게 지옥입니다.
넉넉지 못한 형편 때문에 신혼여행도 제대로 못 갔습니다.
그래도 아내는 불평불만 없이 아이들 잘 보살피고 저를 아껴주는 좋은 아내였습니다.
그런 아내에게 옷 한 벌 좋은 것 사주지 못했고, 음식 한 번 마음껏 사주지 못한 채 아내를 보냈습니다.
아무 죄도 없는 아내를 죽인 피고인이 살아야 한다면 저라도 아내의 한을 풀어줘야 할 것 같습니다.
왜 저희 가족에게 이런 엄청난 불행이 닥친 것인가요.
정말 열심히 산 죄밖에 없는데….
저와 아이들은 누구라도 붙잡고 물어보고 싶습니다.

피고는 재범과 재범을 반복하면서 선처를 받았고 범죄자 관리도 안 되는 상황에서 범죄를 저질렀습니다.
그 결과 무고한 우리 아내와 우리 가족은 인생을 망쳤습니다.
전 정말 그래서는 안 되지만 이 나라까지 원망합니다.
피고인은 한 사람의 생명을 앗아갔고 저희 가족의 인생을 송두리째 빼앗은 사람입니다.
물건 훔치고 사기 치면 힘들게 살아서 선처받을 수 있지만, 사람이 죽었습니다.
그것도 힘없는 여자를 아침에 무방비 상태에서 강간당하기 싫다고 저항했다는 이유로 한 시간 동안 짓이겨 때려 죽였습니다.

저 사람이 힘들게 살아왔다는 이유로 선처를 받는다면,
힘들게 사는 우리 가족과 힘들게 살다 처참하게 죽은 우리 아내는 어디서 보상받습니까.

아내가 있었던 우리 집에 아직도 들어가지 못합니다.
저자 때문에 밤이면 제가 아내, 아이들과 따뜻하게 느꼈던 우리 집인데, 이제 들어갈 수도 없는, 아무도 찾아올 수 없는 지옥이 됐습니다.
저희 가족은 홀로 되신 어머니 집에서 단칸짜리 방에서 자고 있습니다.
저도 사람인지라 너무 분하고 억울해 저 자의 생명이 여러 개라면 그 생명 모두 빼앗고 싶습니다.

한 사람의 아내이고 두 아이의 엄마인 제 아내가 왜 처참하게 사라져야 했는지 알고 싶습니다.
저 자는 성적 욕구를 억제하지 못하고 수많은 성범죄를 저질러 왔습니다.

그럼에도 자신에게 전자발찌를 채운 사법제도 탓을 하고 있습니다.
많이 겁탈해 봤지만 제 아내처럼 그렇게 심하게 반항하는 여자는 처음 봤다며 살인을 합리화했다고 들었습니다.

여러 차례 심리검사 결과에도 "도무지 사람이 아니다.", "자신의 이익을 위해 타인을 도구로 이용하지만 죄책감을 못 느낀다.", "여성을 욕구를 풀 성적 대상으로만 여겨 재범의 위험성이 높다."고 했다고 들었습니다.
저는 그동안 사형제에 대해 아무런 찬성도 반대도 의견을 가지지 못하고 살아온 서민이었습니다.
하지만 다른 건 몰라도 저 자는 사형 받아야 합니다.
저 자가 사형당한다고 아내가 살아오진 않는 걸 알지만 저 자가 살아있는 세상에 아이와 제가 살아야 한다는 고통이 너무 큽니다.

재판장님
저 자는 사형 선고를 받지 않는다면 언젠가 가석방돼 세상에 돌아와 누군가를 또 겁탈하고 살해할 것입니다.
저희와 같은 불행한 가족이 또 생겨야 하는 것입니다.
이미 많은 여성들이 저 자에게 강간당하고 엄청난 고통 속에서 살아가고 있습니다.
저 사람만 불쌍하게 산다고 해서 법정에서 선처한다면 저자가 무서워 나서지 못하는 피해자는 너무 억울할 것입니다.
저 자는 그동안 여러 번 선처를 받았지만 달라지지 않고 똑같은 범행을 더 악랄하게 저질렀습니다.
피고인에게 사형을 선고해 주십시오. 저와 같이 한 맺힌 사람이 더 이상 나오지 않게 도와주십시오.

어제 잠들기 전에 작은 애에게 '엄마가 보고 싶냐'고 물어봤습니다.
이제 37개월밖에 안 된 아이가 처음에는 안 보고 싶다고 합니다.
다시 물어보니 저를 다시 보면서 '엄마 보고 싶어'라고 합니다.
엄마가 돌아오지 못한다는 걸 알면서도, 37개월 된 딸아이가 제 눈치를 봅니다.
무엇을 알고 있는지 어떤지는 모르지만 엄마가 돌아오지 못한다는 걸 알고 있는 것 같습니다.

재판장님. 저희 아이들에게, 저희에게 이렇게 고통을 준 저자에 대해 꼭 엄중한 처벌을 부탁드립니다.

■ 〈외국 사례 1〉 영국은 살인피해자 유족에게 장례·생계비 등 최고 8억 원 지급

해외 선진국들은 살인피해 유족을 비롯한 강력범죄 피해자를 지원하기 위한 다양한 시스템을 구축하고 있다. 영국은 법무부 소속 기관인 피해자구조본부에서 범죄피해구조금 지급 업무를 관장한다. 살인 등 사망사건의 경우엔 장례비용과 피부양 가족들 각각에게 지급되는 보상금, 생계비 등을 합해 최고한도 50만 파운드(8억4000만원)까지 준다. 범죄 발생일로부터 2년 이내 청구가 가능하지만 특별한 이유가 없는 한 원칙적으로 범죄발생 후 48시간 이내에 경찰에 그 사유를 신고해야 한다. 범죄구조금 지급신청이 접수되면 20일 이내에 접수통지를 해야 한다. 접수 후 1년 이내에 지급결정이 이뤄지지 않는 경우에는 신청자에게 이를 통지해야 한다. 일본은 우리나라 범죄피해구조금과 같은 피해자급부금이 있고 여기에 유족급부금이 있다. 유족급부금은 피해자 통상 수입을 기준으로 하루치 일당의 70%에 해당하는 금액을 유족급부기초액으로 산정한 후 유족의 생계유지 상황을 감안해 적게는 1000배부터 많게는 2450배까지로 정한다. 미국은 피해자보상제도가 거의 모든 주에서 실시되고 있다. 지원금은 주마다 차이가 있으나 2009년 기준 대부분 1만 달러(1085만원)에서 2만5000달러(2713만원) 사이. 비용 조달은 미국 대부분의 주에서 유죄로 인정된 피고인들로부터 일정액을 징수하여 재원으로 활용한다. 연방범죄피해기금에서 보조금도 받는다. 이 기금의 재원은 가해자로부터

각국의 살인유족구조금 (환율 기준은 5월8일자 외환은행 고시 매매기준)

영국	일본
• 총합계 최고액수 50만파운드 (8억4000만원)	• 유족급부금: 피해자의 수입에 생계를 의존하는 유족이 있는 경우 8,721,000~29,845,000엔 (9572만~3억2539만원), 피해자의 수입에 생계를 의존하는 유족이 없는 경우 3,200,000~12,100,000엔(3512만~1억328만원)

미국	캐나다(온타리오주 기준)
• 각 주마다 지급액의 차이 있음 • 2009년 기준 대부분 1만달러~2만5000달러(1085만~2713만원) • 캘리포니아주의 지급상한액 7만달러(7595만원) • 웨스트버지니아주·미네소타주 5만달러(5425만원)	• 일시금 지급은 25,000달러 (2713만원), 분할 지급은 매월 1,000달러(109만원) 상한 • 한 사건에서 여러 명의 신청이 있는 경우, 총액 150,000달러 (일시금, 1억6275만원), 365,000달러 (분할지급, 3억9603만원) 상한

호주(뉴사우스웨일스주 기준)	
• 1인당 최대 50,000달러(5535만원), 피해자가 사망한 경우 피해자의 보상청구권은 상속되지 않고 별도로 유족 자신의 정신적 손해에 대한 보상청구권만 행사 가능	

징수된 벌금 및 제재금, 특별부가금 및 보석금 등으로 충당한다. 텍사스 주의 주 헌법에 명시된 살인피해자 유족을 위한 각종 서비스도 주목할 만하다. 이에 따르면 살인피해자 유족은 고유번호를 부여받는다. 이 번호를 사용하여 가해자가 어느 장소에 구금돼 있는지, 언제 가해자에게 가석방이 허가될 수 있는지를 온라인상에서 검색할 수 있다. 자신들을 도와주도록 지정된 이들을 통해 전화상으로도 정보를 확인할 수 있다. 교도소에서도 살인피해자 유족을 위해 특별 프로그램을 운영한다. 가해자가 동의할 경우 피해자들이 이들을 만나 질문하거나 토론할 수 있다. 많은 피해자 가족이 왜 자신의 가족이 살해됐고 무슨 일이 있었는지 알고 싶어 하기 때문이다. 그들은 프로그램 참가 중에 화를 내서는 안 되고 토론 형식으로 진행돼야 한다. 피해자 가족들은 편지를 써서 가해자의 기록문서와 함께 이를 보관하도록 요구할 수 있고 가해자에게 가석방이 고려될 경우 피해자 가족이 회의에 참석하여 진술할 수 있다. 상고심 재판이 열릴 때나 가해자에게 사형이 집행될 때도 참석할 수 있다. 피해자 가족이 몇 미터의 간격을 두고 유리창 너머로 가해자의 얼굴을 보고, 마이크를 통해 죽기 전에 진술하는 것들을 듣게 된다. 선진국들은 피해자들의 정신건강에도 노력을 기울이고 있다. 그 중 피해자들과 가족에게 정신건강 서비스를 제공하는 미국의 VOP(Victims of Violence Program)가 호평을 받고 있다(경향신문, 2013.05.18).

(2) 성폭력피해자

성폭력피해자들이 겪는 고통은 "아마도 살인을 제외하면, 성적 피해만큼 자아에 대한 더 큰 모욕은 없다."는 Bard 등(1986)의 진술에서 확인할 수 있고, Gilboa-Schechtman 등(2001)은 성폭력피해자들은 성폭행을 당하지 않은 피해자들보다 더 치료기간이 오래 걸리고 더 높은 수준의 우울감을 보인다고 주장했다. 성폭행을 당한 후에 피해자의 고통은 3가지 기준에 의하여 달라진다. 첫째, 성폭행시 자아가 위협받은 정도, 둘째, 성폭행에 대처하는 순간의 개인능력, 셋째, 성폭행 이후 지원된 조기개입과 종류이다. 3가지 요소의 조합으로 피해자 고통의 심각성과 지속성이 달라진다.

성폭력 피해 여성은 정서적으로 순결상실감, 불안강박증, 무력감과 우울증, 수치심과 죄책감, 분노감, 배신감, 적개심, 복수심, 낮은 자아존중감 등의 반응을 보이고, 인지적으로는 자신과 대인관계에 대해서 왜곡된 사고를 형성하게 되고, 사회적으로는 대인관계를 기피하거나 이성관계 및 친밀한 관계형성에 어려움을 겪으며, 재피해자화(revictimization)되는 문제가 있고, 신체적으로는 자해, 섭식장애 등을 보이며, 성적으로는 성행위에 대한 혐오와 거부, 성행위시 고통을 호소하기도 한다. 남성의 경우에는 조루증이나 발기부전 등의 문제가 나타난다. 성피해 체험을 치료하지 않는 경우는 결혼 적령기를 넘기는 경우도 많다. 또한 성폭력을 당한 피해자들의 약 30%는 자해하는 신체반응을 보인다고 하며, 그 밖에도 불감증, 마약이나 알코올중독 등의 부작용이 나타나기도 한다(현성용 외 17인, 2008 : 358). 당연히 강간피해자도 방어기제를 사용할 수도 있다. 이들은 자신이 겪은 범죄가 마치 자신의 일이 아닌 것처럼 행동하기도 한다. 이들은 주로 부인, 억압, 퇴행, 회피 등의 방어기제를 사용한다.

성폭력을 당한 소아들에 대한 연구결과를 보면, 아동이나 청소년 시기에 강간 등의 성범죄 피해자는 성장하여 우울증, 마약 등의 약물복용, 알코올중독 등의 문제를 일으킬 가능성이 높

앉다는 연구(Kessler & Magee, 1994:13~27), 강간피해여성과 아동피해자의 경우 성장한 이후까지 장기간에 걸쳐 심리적 고통을 수반한다는 연구(Macmillan, 2001:1~22), 아동때 성폭력을 당한 경우 정신증, 정동장애, 불안, 물질남용, 성격장애가 발생할 위험이 성폭력을 당하지 않은 아동에 비해서 더 크고, 성적 학대를 당한 나이가 높을수록 성적 학대의 정도가 심할수록 (삽입강간, 윤간 등) 발병할 위험이 높다는 연구(Margaret et al, 2010) 등이 있다. 또한 장기간에 걸쳐 성폭력 및 폭력을 당한 나이 어린 피해자는 더 많은 가출을 시도하고 성인이 된 후에는 더 많은 범죄행위로 체포되기도 한다(Widom & Ashley-Ames, 1994:303~308). 아동시 성폭력을 당한 이후 정신증, 정동장애, 불안, 물질남용, 인격 장애가 발생할 위험이 성폭력을 당하지 않은 아동들보다 높게 나타나고, 또한 성적 학대를 당한 나이가 어릴수록 그리고 성적 학대의 정도가 심할수록 발병할 위험이 더 크다고 한다(채정호 외, 2010:76).

① 저항유형

Bart와 O'Brien(1985)은 성범죄 여성피해자들과의 인터뷰를 통해서 사건 당시 피해자의 저항에 대해 조사하고 저항의 유형을 분류하였으며, 저항유형과 저항정도가 피해정도와 피해자 자신의 감정에 미치는 영향에 대해서 조사하였다. 연구 결과, 다음과 같은 6개의 저항 유형이 나타났다. 달아나거나 달아나려는 시도, 소리 지르기, 빌거나 사정(애원)하기, 가해자를 설득하기, 주변상황을 이용하기, 물리적인 힘으로 대응하기 등이다. 강간을 저지한 피해자들은 달아나기, 소리 지르기, 물리적인 힘으로 대응하기, 주변 환경의 기회를 이용하기의 저항방법을 주로 사용하였고, 강간을 당한 피해여성들은 주로 빌기, 애원하기의 저항방법을 사용한 것으로 나타났다.

강간을 저지한 피해여성들은 사건 당시 분노와 흥분 감정을 가지는 경향이 많았고, 강간을 당한 피해여성들은 사건 당시 숨음이나 신체 훼손에 대한 두려움의 감정을 가지는 경향이 많다고 나타났다. 강간을 당한 여성들 중에서도 물리적으로 대응하는 저항 방법을 사용한 피해자는 물리적인 대응을 하지 않은 피해자보다 피해 후 덜 침체된 감정 상태를 보이고, 강간을 당했다는 사실에 대해서 스스로에게 비난을 덜 하는 것으로 나타났다. 그런데 사실 많은 여성들이 강간을 당하는 상태에서 가해자에게 저항하기는 쉽지 않고 오히려 자발적으로 협력하는 것으로 오인되기도 하는데, 그 이유는 극단적인 공포에서 비롯된 것으로 보아야 한다. 한편 강간범이 강렬하게 저항하는 피해자에게 더 심한 상해를 입힌다는 연구보고가 없고, 따라서 강간위험이 있는 경우 강력한 저항이 향후 피해자의 심리적 안정에 유리하다는 것은 분명해 보인다(Ullman, 2007).

② 심리단계

강간피해자는 심리적 해체과정을 거치는데, 일반적으로 강간이 피해자에게 미치는 영향은 강간을 전후한 피해자의 인식과 경험이 중요한 변수로 작용하고 있다. 강간피해의 결과에 영향을 미치는 변수는 다음과 같다. 대체로 강간은 비면식범보다는 면식범에 의한 경우일수록, 강간 전에 세상을 믿을만하고 안전하게 여겼던 사람이 그렇지 못한 사람보다 더 충격을 받고, 특히 강간범과의 관계가 가까울수록 배신감이 더 커지며, 강간의 결과 자신의 신체가 영구적으로 망가졌다고 생각하는 사람일수록, 강간이 비밀스럽게 저질러진 경우일수록 피해자에게 미치는 영향이 크다. 또한 강간을 속으로 삭히느냐 밖으로 표출하느냐에 따라서도 결과가 달라질 수 있는데, 속으로 삭히는 사람에게 더 큰 영향을 미친다. 그리고 대부분의 강간피해자는 정상적으로 생활할 수 있을 정도로 회복되기 전에 대체로 3단계의 심리과정을 거치는 것으로 알려지고 있다.

1단계는 타격(impact)으로, 초기 며칠에서 몇 주까지는 극단적인 공포, 충격, 자기비난 또는 노여움 등을 겪게 되는데, 이는 강간범에 의해 직접적으로 야기되기도 하고 때로는 사회의 성차별적 인식으로 인하여 간접적으로 야기되기도 한다. 이 기간이 지나면 2단계로 위축(recoil)에 빠지는데, 이때 대부분의 피해자는 특정 장소나 대인관계에 있어 공포적 반응을 보이기도 하며, 우울증상 및 성적 만족감 감퇴 등의 '강간 트라우마 증후군(A. Burgess & L.L. Holmstrom, 1974)'을 경험하게 된다.

｜강간 트라우마 증후군｜

급성기	충격반응	강간을 당한 직후 충격과 불신 등 다양한 심리적 고통을 경험한다. 피해자의 감정표현 방식은 주로 다음의 두 가지 중 하나이다.	
		표현형	공포, 분노, 불안, 울부짖음, 흐느낌, 안절부절못함, 긴장, 경직으로 표현한다.
		통제형	격렬한 감정을 숨기고 매우 냉정하며, 차분하게 대처한다.
	신체반응	• 강간을 피하려는 저항과 가해자 간의 몸싸움으로 인한 외상 • **골격근육의 긴장** : 긴장에 따른 동통, 피로감 • **수면장애** : 악몽, 불면, 중도 각성 • **경악반응** : 안절부절못하고 식은땀을 흘리거나 불안해함 • **위장장애** : 위통, 식욕감퇴, 구토 • 비뇨기, 생식기 상처(성병 등)	
	심리반응	• 공포, 분노, 수치심, 복수심, 자괴감 • 강간에 대한 공포 보다 생명의 위협에 대한 공포가 극심할 수 있음 • 사회적 분위기가 피해자를 비난하는 사회라면 피해자는 자책이 심할 수 있음	
회복기	도피	이사, 전화번호 변경, 주변에 도움을 요청, 적극적으로 치료에 임함	
	트라우마의 경험	외출을 삼가고 집에만 은둔, 고립, 자꾸 뒤를 돌아봄, 지나치게 성적인 행동에 관심을 보이거나 반대로 성적인 행위를 기피함	

출처 : 최혜선(2009:117~119).

성폭력피해자는 2단계의 해체과정이후 피해사는 다시 마음을 추스르고, 그 다음 3단계인 회복을 위한 재조직화(reorganization)에 진입한다. 피해자는 자신의 감정을 잘 조절하고 사건을 멀리서 조망할 수 있는 능력이 생기는데, 그것이 완치를 의미하지는 않는다.

③ 대처방안

한국은 아동·청소년의 성보호에 관한 법률상 아동·청소년대상 성범죄 피해자의 형사절차상 입을 수 있는 피해를 방어하고 법률적 조력을 보장하기 위하여 피해자의 변호인 선임 및 국선변호인 지정[63], 그리고 진술의 조력인을 제공받을 권리 등을 규정하고 있다.

미국은 성폭행피해자를 지원하기 위하여 성폭행대응팀(sexual assault response team ; SART)을 운영하고 있다. SART는 경찰요원, 피해자지원인력, 법의학적 간호인력, 검찰요원 등으로 구성되며, 성폭행 피해자들이 사건을 신고하고 형사사법절차에 들어오면서 경험하게 되는 고통을 완화시키는 역할을 한다. 이들은 피해자의 안전을 확인하고(가능한 SART요원이 현장도착시까지 피해자와 통화유지 등) 필요시 응급의료서비스를 제공하며, 용의자의 정보를 수집하고 피해자에게 증거수집(옷가지 등 의류, 정액흔적, 성폭행시 가해자와의 대화내용 등)과 관련된 정보를 제공(샤워를 하거나 옷을 갈아입거나 머리를 빗거나 양치를 하거나 가해자가 만졌을 가능성이 있는 물건이나 가구를 만지지 말 것 등)한다. SART에 참여하는 요원들은 모두 성폭력사건의 특수성에 대하여 충분히 교육을 받은 자들로 배치되어야 한다. 캐스린 기글러(2015)는 성폭행사건에 피해자에 대한 수사목적의 면담은 최소한 수면 사이클이 두 번 이상 지난 48시간 이후에 진행하는 것이 바람직하다고 주장하였는데, 그 이유는 사건직후 조사시에는 피해자의 기억이 혼란스럽고 자칫 진술의 착오 등이 발생할 수 있기 때문이라고 하였다.

성폭력을 당하면 가장 먼저 해야 할 일은 '나를 돌보기'이다. 성폭력의 원인이 피해자에게 있지 않으므로 자신의 잘못을 찾아 자책하지 말 것이며, 성폭력피해로 인한 분노 등의 감정을 솔직하게 인정하고 자신을 지지해줄 사람들과 함께 시간을 보내는 것이 필요하다. 그 다음 성폭력 피해자는 가해자를 정당하게 응징하기 위하여 가해증거를 수집하고 혼자 대응하기 보다는 성폭력상담소 등의 전문기관의 협조를 받아 법적 절차를 밟아야 한다. 또한 피해자의 주변인들은 피해자의 감정을 공감해주어야 하고, 피해자에게 각종 정보를 제공하고 정신건강에 필요한 지원을 하는 노력들이 매우 요청된다.

④ 회복방법

성폭력피해자에 대한 지원은 피해자 당사자 뿐만 아니라 피해자의 부모나 가족에 대한 심리·의료·법률의 통합적 지원을 필요로 한다. 이에 각 분야 전문가들의 유기적인 협력이 요구된다. 그 중에서도 피해자를 가장 먼저 만나고 또한 가장 마지막까지 만나게 되는 사

---

[63] 아동·청소년대상 성범죄의 피해자의 변호인은 수사기관에서의 출석권, 증거보전절차 청구권 및 참여권, 증거보전 후 증거물에 대한 열람·등사권, 공판절차 출석권 및 형사절차에서 피해아동·청소년 등의 대리가 허용될 수 있는 모든 소송행위에 대한 포괄적인 대리권 등을 가진다(아청법, 제18조의6).

람은 '정신건강심리사'일 것이다. 정신건강심리사는 피해자를 위한 심리상담전문가이면서 사회복지적 상담가 그리고 법적 절차에 관한 정보제공자의 역할을 융합적으로 수행하여야 한다(김현정, 2012:67).

성폭력 피해자를 조사할 때는 수치심을 자극하거나 피해자에게 책임을 돌리고 가해자를 두둔하는 용어 사용을 극히 자제하여야 하며, 조사전에 '조사를 위해 불가피하게 성적인 질문·표현이 나올 수 있다'는 점을 사전에 고지해주는 세심한 배려가 필요하다. 성폭력 피해자가 가해자에 대한 처벌의사를 명확히 밝히지 않더라도 가해자의 책임을 부정하는 것이 아니라는 것을 알아두어야 하고, 조사전에 신뢰관계자 동석이 가능함을 설명하고 만약 16세 이상의 성폭력 피해자가 신뢰관계자 동석을 원치 않을 시에는 피해자의 의견 및 상황을 세심하게 검토하고, 대질조사는 최후의 수단으로 극히 예외적으로 실시하며, 부득이 대질조사 시에는 진술녹화실 편면경 등을 활용하여 직접 대면을 금지하여야 한다(홍승일, 2015:213).

성폭력 피해자에 대한 상담의 목적은 외상 후 스트레스 장애 치료에 목적을 둔다. 외상 후 스트레스 장애의 특징은 불안과 피해상황의 반복적인 기억이다. 이러한 반복적인 기억은 피해자의 의지와는 상관없이 지속되고 그 빈도도 높아 이러한 기억을 '침투하는 기억[64]'이라고 표현하기도 한다.

범죄피해를 당한 직후에 정신건강심리사가 조치할 것은 첫째, 외상 후 스트레스장애 증상이 나타나는 것은 피해자로서 정상적인 상태이며, 정신적으로 이상해서가 아니라는 것을 이해시킨다. PTSD는 얼마든지 치료가 가능하여 회복될 수 있음을 알려준다. 둘째, 일상생활로 복귀할 수 있도록 필요한 조언을 해준다. 셋째, 가능한 한 사회적 지원을 알려주고 주선해 준다. 넷째, 피해사실을 잊으라고 조언하기 보다는 피해사실을 현실로 받아들이고 가능하면 조속히 일상생활로 돌아올 수 있는 방법을 알려준다.

피해자가 어느 정도 자신의 상황을 인지하고 피해사실을 받아들이게 되면 2차적으로 다음과 같은 상담에 주력한다. 첫째, 피해자 주변 사람들이나 가족들이 피해자를 어떤 방법으로 대할지 알려준다. 피해자의 가족과 주변 사람들은 피해자가 결코 원치 않는 강간을 당했다는 것을 믿고 피해자를 위로할 수 있어야 한다. 둘째, 피해자의 이야기를 경청해주어야 한다. 피해자가 자신의 입장에서만 피해사실을 이야기해도 끝까지 들어주는 인내심이

---

64 침투하는 기억은 수치심과 공포심을 느꼈던 극명한 상황에 노출되어 일반적인 기억을 담당하고 조절하는 뇌의 해마 기능이 평형감각을 상실했기 때문이다. 즉, 기억을 저장했다가 다시 떠올리고 조절하는 해마의 기능이 상실되고 이러한 기억이 공포감을 담당하고 반응하게 하는 뇌의 편도체에 저장되어 편도체의 기능이 활성화되었기 때문에 침투하는 기억이 반복된다. 따라서 편도체 기억에 자주 노출되면서도 이를 버틸 수 있는 심리적 힘을 기르고, 안정적인 느낌의 지속으로 인해 몸의 평형상태를 회복하여 해마의 기능이 회복될 수 있어야 한다. 이에 효과적인 상담기법은 인간중심상담기법과 게슈탈트상담기법이다. 인간중심상담에서의 무조건적인 수용과 공감적 이해는 피해자가 자신의 피해상황을 정신건강심리사에게 꺼내 놓아도 될 것 같은 안정감을 심어주며, 게슈탈트 상담에서의 빈의자 기법은 피해자가 성폭력 피해를 당했던 그 때로 돌아가 하지 못했던 말들과 표현하지 못했던 감정을 표현함으로써 편도체 안정에 도움을 준다(김요완, 2013:148).

필요하다. 간혹 피해자 중에는 자신이 강간당한 사실을 말하기 싫어하는 경우도 있다. 이런 피해자는 스스로 자신의 피해사실을 말할 때까지 시간을 두고 기다려줘야 한다. 셋째, 피해자가 원하는 것을 파악하여 그대로 해주어야 한다. 피해자가 가만히 놔두길 원한다면 정신건강심리사는 묵묵히 기다려 준다거나, 피해자와 다른 주제의 대화를 시도한다. 피해자가 아무 말 없이 같이 있어주기만을 바란다면 당분간 그렇게 해준다. 피해자를 편안하게 해주어 안심시키는 것이 가장 중요한 상담의 기본이 된다. 또한 피해자가 있는 장소가 안전하다는 것을 알려주는 것도 피해자를 편안하게 해주는 방법이다. 넷째, 강간을 당한 것은 결코 피해자의 자의가 아니었다는 사실을 알고 있다고 말해준다. 다섯째, 앞으로 어떻게 살아가야 할지에 대해 생각해 보게 하고, 정신건강심리사는 조언만 해주며 결정은 피해자 스스로 할 수 있게 한다. 여섯째, 피해자가 받을 수 있는 법적, 금전적 지원에 대해 알려준다. 필요하다면 심리상담을 지속적으로 받을 수 있는 방법도 알려준다.

사례분석

■ 〈국내 사례 1〉 성범죄 피해자들 외국서는 어떻게 보호받나…

경찰조사 과정부터 재판에 이르기까지 2차, 3차 피해를 입어야 하는 대한민국의 현실 아래 성범죄 피해자들이 겪는 이중고가 심각하다. 외국과 비교하면 특히 성범죄 피해자에 대한 우리나라의 허술한 지원시스템이 여실히 드러난다.

→ 외국서는 보다 섬세한 피해자 배려, 우리나라는 제도 '있으나 마나' 하다…A 씨는 성폭행 피해자다. 사건 당일의 기억을 모조리 지워버릴 수만 있다면 그렇게 하고 싶다. 짐승 같았던 가해자의 얼굴은 떠올리는 것만으로도 치가 떨린다. A 씨는 증언을 하기에 앞서 법정에서 가해자와 마주치지 않도록 중계 장치를 쓰고 싶다며 법원에 요청했다. 하지만 돌아온 대답은 "재판 당일에 법관과 협의해 신청을 하라"는 것이었다. A 씨는 법정에서 악마 같은 가해자를 또 다시 봐야했다.

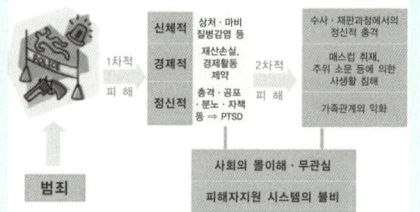

비공개 심리, 차단막 설치, 중계시설 이용 등 우리나라에도 외국과 유사한 성폭력 피해자 지원제도를 제법 마련해 놓았지만 실제 운영이 제대로 되고 있지 않다는데 문제가 있다. 증인지원실 제도 운영에서도 전문성, 독립성 등 차이가 있다. 영국에서는 법원 내에 성범죄 피해자를 지원하는 민간조직이 '증인서비스'를 제공한다. NGO 단체 등의 민간 활동가들이 법원 내 사무소에 상주하면서 피해자가 증언할 때 동석하는 등 정서적 지지를 담당한다. 법원과 별개인 민간 조직이 독립적으로 성폭력 피해자를 지원한다는데 의미가 있다. 우리나라의 경우 서울중앙지법 등에서 '증인지원실을 운영하고 있고 증인지원관 제도가 있지만 법원 직원이 증인지원관을 겸직하고 있다는 차이점이 있다.

→ 법률·경제적·심리적 지원 측면 … 외국서는 통합지원시스템으로 지원 = 스웨덴의 경우, 성범죄 피해자가 발생하면 기본적으로 국가가 선임한 담당 변호인이 붙어 형사재판에서 배상문제까지 담당한다. 일련의 지원책이 체계적으로 마련돼 있어 피해자가 법률문제로 이중고를 겪지는 않는다. 우리나라도 법률조력인 및 진술조력인 제도를 두고 있지만, 성범죄 피해자인 19세 미만의 아동 또는 청소년에 대해서만 검사가 지정한 무료 국선 변호인이나 진술조력인의 지원되고 있다. 그러나 스웨덴에서는 피해자가 당사자로서 재판에 직접 참석할 권리를 가진다. 사건과 관련해 당사자의 알 권리를 존중하는 것이다. 하지만 우리나라는 성범죄 피해자가 당사자가 아닌 증인으로 재판에 참여한다. 때문에 증인 소환이 이뤄지지 않는 한 재판에 참석하거나 재판의 내용을 알기 어려운 게 현실이다. 경제적 보상이나 배상 절차 측면에서도 외국에 비해 미비하다. 스웨덴에서 성폭력 피해자는 가해자, 관련 보험, 범죄 피해자 보상 지원국 등을 통해 다각도로 배상 및 지원을 받을 수 있다. 치료비나 수술비 등 신체적 피해에 대해서는 물론, 정신적 피해에 대해서도 금전적인 지원이 이뤄진다.

반면, 우리나라의 경우 배상액을 측정하기 어렵다는 이유로 형사 재판을 통해 배상 명령이 내려지는 경우가 드물다. 때문에 피해자는 민사소송을 별도로 진행해야 가해자로부터 배상을 받을 수 있다. 이 마저도 가해자가 가진 돈이 없는 등의 이유로 배상을 하지 않으면 별도로 강제집행 절차를 거쳐야 한다. 심리적·정신적 치료 지원도 외국에서는 통합적으로 이뤄진다. 미국에서는 성범죄 피해아동에 대해, 개인상담·가족상담·집단상담 등을 일괄하는 CAC(어린이 보호센터)를 통해 정신적 치료를 지원한다. 또, 성폭력 피해 여성들의 쉼터를 운영하면서 동시에 다양한 종류의 상담 및 워크숍 프로그램과 피해자 구조, 동행 등의 서비스를 제공한다. 캐나다, 호주 등지에서는 '법의간호사'들이 성폭행 피해자에 대한 법의학적 검사 시행, 정신적 충격 해소, 상담과 치료를 전문적으로 담당하기도 한다. 특히 외국에서는 성범죄 피해자들이 자신의 치료 경험을 다른 사람과 나누는 집단 상담이 활성화 돼 있다는 점도 우리나라와의 차이점이다.

■ 〈국내 사례 2〉 성폭행 가해자에겐 2천만원, 피해자에겐 5백만원

성폭력 피해 지원센터인 서울 해바라기 여성아동센터에서 만난 주부는 기자와 만나 자신의 딸에게 닥친 어마어마한 고통을 담담히 얘기해 갔습니다. 딸은 만 7살부터 무려 12년 동안 아버지로부터 지속적인 성폭행과 협박을 당해 왔고, 어머니는 그 사실을 지난 해에야 알게 됐다고 합니다. 밝고 명랑하던 딸은 사춘기 시절부터 말이 없어지더니 이제는 아예 어린아이처럼 말이 어눌해지고 돌발 행동을 하면서 퇴행 증세를 보이고 있습니다. 정신과 진료를 받고 있는데 언제 끝날지 과연 효과는 있을지 알 수가 없다고 합니다. 다만 병원 측은 적어도 아이가 고통 받은 시간만큼은 반드시 심리 치료가 필요하다고 했다는군요. 피해자의 고통 뿐 아닙니다. 직장에 나가느라 딸을 잘 돌보지 못했다는 죄책감, 딸아이의 미래를 생각할 때마다 떨쳐낼 수 없는 불안과 절망에 어머니는 힘들어 했습니다. 조금 더 일찍 여동생의 피해사실을 알았던 오빠는 아예 동생을 제대로 볼 수 없을 만큼 심한 죄책감에 시달리고 있었습니다. 다행히 이 피해자는 센터의 도움을 받아 1년에 천만 원 가까이 하는 병원 치료를 받을 수 있었지만 가족들은 피해자를 돌보고 치유하느라 자신들의 상처는 전혀 돌아볼 겨를이 없어 보였습니다. 하지만 성폭력 전문가들은 하나같이 피해자가 안정을 되찾고 회복하기 위해 가족들의 안정이 무엇보다 중요하다고 말합니다. 미성년자 피해자, 특히 나이가 어릴수록 자신의 울타리가 되어 주는 부모 형제의 심리 상태가 매우 중요하다고 합니다. 문제는 이 가정처럼 가족에 대한 돌봄이 제대로 이뤄지지 않는 경우가 허다하다는 것입니다. 단순히 가족 치료의 필요성을 제대로 인식하지 못하기 때문만은 아닙니다. 가장 중요한 이유는 넉넉하지 못한 국가의 지원입니다. 사실 성폭력을 경험한 피해자가 정부로부터 지원받는 치료비는 1년에 5백만 원 이내입니다. 어린 나이에 당하는 성폭력의 경우 큰 외상으로 이어질 수 있고, 대부분의 성폭력 피해는 언제 끝날지 모르는 심리 치료가 필요하다는 점을 생각하면 부족한 금액입니다.

성폭력피해자 치료비는 법무부가 관리하는 범죄피해자지원기금에서 마련됩니다. 이 기금은 630억 원 정도인데 치료비는 10억 원 정도 밖에 안 됩니다. 매년 성폭력 피해자가 증가해 경찰청에 신고된 것만 연 2만 건이 넘는데 치료비 예산은 늘 제자리입니다. 특히 지난 한 해 전국 성폭력 상담소에 접수된 성폭력 피해 상담이 5만 건 정도인데 이 중에서 치료비를 지원 받은 사람은 9천 7백 명 정도에 불과하다고 합니다. 이 마저도 3억 원 넘는 금액은 다음 예산에서 당겨쓴 이른바 '외상 지원'입니다. 피해자에 대한 지원이 이 정도이니 가족들까지 지원해 줄 여력이 없는 것은 당연합니다. 원칙적으로 치료비 지원은 성폭력 피해자 또는 가족이 대상이지만 이런 여건 때문에 실제로 가족이 치료비 지원을 받는 경우는 1%에도 못 미친다는 게 상담소 관계자들의 얘기였습니다. 정부도 이런 문제점을 인식하고 있었습니다. 여성가족부는 부족한 치료비 예산을 늘리는 작업을 추진하고 있습니다. 만성적인 적자 운영을 해 왔던 치료비 지원을 개선하기 위해 우선 적자 부분에 대해 4억 원의 예산을 추가로 책정하고, 가족 치료를 위한 별도 예산도 마련하겠다는 계획입니다. 아직 기획재정부와 협의 중이어서 구체적인 예산은 잡히지 않았지만 가장 시급한 만 13세 미만 피해자 부모를 1차 대상으로 가정하면 약 2천 명 정도에 대한 예산이 필요할 것으로 보고 있습니다. 부족한 건 이뿐만이 아닙니다. 아르바이트 고용주에게 성폭행을 당하고 스스로 목숨을 끊은 서산 여대생 사건 기억 하실 겁니다. 고인을 잘 따르던 일곱 살 난 어린 동생은 사건 이후 외상 후 스트레스 장애를 겪고 있는 것으로 알려졌습니다. 하지만 이 지역에는 전문적인 심리 치료를 맡아 줄 지원센터가 없습니다. 여성가족부의 의료비 지원도 별도로 받지 못하고 있습니다. 지역 여성단체들의 도움을 받고 있지만 기초적인 발달 검사를 몇 차례 하는데 그쳐 효과를 제대로 거둘지 의문이라고 합니다. 성폭력 피해를 겪을 경우 초기 상담과 법률 지원, 의료 지원, 그리고 의료 기관과의 연계, 사후 관리 등을 통합해 지원해 주는

통합지원센터는 우리나라에 여섯 개 밖에 없습니다. 피해자 동생이 지원센터를 찾으려면 차를 타고 몇 시간 거리를 가야 한다니 현실적으로 불가능한 얘기겠지요. 성폭력 사건을 저지른 가해자 한 명을 구속해 교도소에서 관리하는 데 얼마가 쓰이는지 알고 계십니까? 1년에 드는 직간접 비용이 2천 백 만 원 정도입니다. 하지만 정작 성폭력 피해자에게 돌아가는 돈은 4분의 1에 못 미치고 이 조차 받지 못하는 피해자와 가족들은 부지기수입니다. 이 때문에 성폭력 피해자 등 범죄 피해에 대한 지원을 기금이 아닌 일반 회계로 돌려 좀 더 안정적으로 재원을 마련하고 피해 지원 규모를 획기적으로 늘려야 한다는 이야기가 나옵니다. 성폭력 사건을 예방하는 게 가장 최우선이겠지만 예방, 가해자 처벌 못지않게 흉악한 범죄로 인해 개인과 가족의 행복이 무참히 파괴된 이들을 정부가 더욱 적극적으로 보듬어야 할 필요성이 절실해 보입니다(SBS 취재파일, 2012.09.06).

■ 〈국내 사례 3〉 "성폭력 피해자 더이상 생기지 않도록…법 개정해야"

집에서 3살배기 아들과 함께 낮잠을 자던 중 침입한 괴한에게 성폭행당한 만삭 임신부의 남편이 온라인상에 글을 올려 아내를 지키지 못한 미안함과 안타까움을 토로했다. 6일 인천지방경찰청에 따르면 20대 주부 A씨는 지난달 12일 오후 2시 30분께 집에서 낮잠을 자던 중 몰래 침입한 B(31)씨로부터 성폭행을 당했다. 임신 8개월. 만삭의 몸이었다. 옆에는 3살배기 아들이 잠들어 있었다. "임신했어요. 제발 살려주세요."라고 애원했지만 소용없었다. 다음날 오후 용의자 B씨는 집에서 태연하게 잠을 자다가 갑자기 들이닥친 경찰에 붙잡혔다. A씨의 집에서 불과 50m 떨어진 곳에 사는 이웃 남자였다. 성폭행으로 구속된 전력이 있는 전과 6범이었다. A씨의 남편은 사건이 일어난 지 4일 뒤인 지난달 16일 처음으로 인터넷 포털사이트의 한 게시판에 도움을 호소하는 글을 남겼다. "아내는 옆에서 자는 큰 아이 때문에 소리 한번 못 지르고 당했다고 합니다. 순간순간이 얼마나 무섭고 힘들었을까 상상이 안 될 정도로 괴롭고 답답합니다." 그는 법 지식이 없어 어떤 절차로 피의자의 신병이 인도되는지 조차 모른다며 도움의 손길을 기다린다고 했다. 지난달 20일과 21일에도 컴퓨터 자판을 두드렸다. 그는 "전해 듣기로는 가중처벌 돼도 형량이 5년"이라면서 "저희 가족의 아픔이 작은 시발점이 되어 성폭력 피해자가 더 이상 생기지 않도록 법률 개정이 이뤄지길 바랍니다."라고 썼다. 피의자를 엄하게

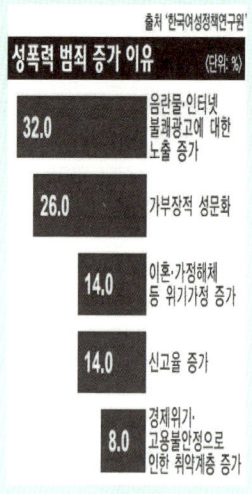

처벌해 달라는 호소였다. 사건 직후 출동한 경찰의 조치에 대해서도 아쉬움을 토로했다. 지난 5일 4번째로 남긴 글에서 그는 "외상 흔적이 없다고 판단한 경찰은 119구급차를 돌려보내고 집 앞에 주차된 경찰차에서 아내에게 1시간 남짓 진술을 하게 했습니다. 왜 외상이 없다는 판단 하에 그 힘든 충격을 받은 아내에게 진술을 요구 했을까요"라고 물었다. 그가 아르바이트를 마치고 집에 돌아와 울고 있는 아내를 본 것은 범인이 달아난 지 1~2분도 채 안됐을 때였다. 범인과 마주쳤지만 결국 놓쳤다. "아내는 안경을 벗으면 사물을 분간하지 못할 정도로 시력이 나쁜 사람입니다. 범인 인상착의는 제가 기억하고 있는데도 왜 굳이 아내를 편하지도 않은 그 딱딱한 의자에 앉혀 진술을 하게 했는지 마음이 아픕니다." "하루 벌어 하루 먹고 살아 왔다"는 그는 사건 이후 공항장애와 우울증에 시달리고 있다고 했다. '정부에서 나오는 피해자 치료비를 받기 위해서는 직접 알아봐야 한다'는 말에 지금 하고 있는 일조차 못하게 되지 않을까 걱정했다. "지켜주지 못한 제가 큰 죄인입니다. 제 아내는 자신의 희생으로 뱃속의 아이와 큰 아이의 생명을 살렸습니다. 끝까지 제 아내를 사랑할 것을 맹세 드립니다." 형편이 어려워 결혼식도 못 올리고 데리고 사는 아내였기에 죄책감은 커져만 가고 있다고 했다(연합뉴스, 2012.09.06).

(3) 배우자폭력피해자

오랫동안 지속된 배우자 학대는 피해여성들의 정서, 의식, 지각차원에서 많은 변화를 초래하는데, 미국 심리학자인 Walker(1984)는 이러한 일련의 특성을 '학대받는 여성증후군(Battered Women Syndrome : BWS)'으로 칭하여 이들의 절망감과 의존적 성향을 개념화한 바 있다. 가정

폭력은 3단계 순환과정을 거치는데[65], 이러한 순환과정이 반복되면 피해자는 무기력한 상태에 빠지게 되고, 터널비전(Tunnel vision)[66]이나 인지왜곡의 증상을 보인다. 배우자 폭력 피해여성들에게서 다양한 정신건강 문제가 증가되고 있다는 사실은 이미 많은 연구들을 통해서 밝혀져 왔는데, PTSD[67], 우울, 일반화된 불안장애, 공포증, 해리장애[68], 신체화장애, 수면장애, 자살, 알코올 및 약물남용이나 의존의 위험 등이 주로 보고되는 문제들이다(Cascardi, O'Leary, & Schlee, 1999; Golding, 1999; Mertin & Mohr, 2000; Ramos, Carlson, & McNutt., 2004). 연구대상 표집의 구성 및 평가방법 등에 따라서 발생빈도와 양상에 있어서 다소의 차이는 있으나, 피해자가 보이는 증상의 상당수는 임상적 개입을 필요로 하는 정도인 것으로 나타났고, 폭력이나 학대의 강도 및 기간(예 생명의 위협, 신체적 상해, 소름끼치는 공포)이 정신건강문제의 발병 위험성 혹은 증상의 심각성과 관련이 있는 것으로 보고되고 있다(Cascardi 등, 1999; Golding, 1999; Terrance, 2000).

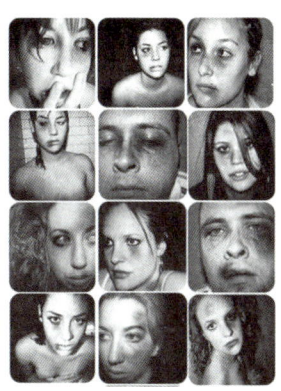

한편, 배우자를 살해한 가정폭력 피해여성들의 주된 살인동기가 남편의 학대였다. 그들은 치료 프로그램을 찾은 폭력피해 여성들과 비교할 때 더 심하게 구타를 당했고, 도구를 사용한 학대를 더 많이 당했으며, 성관계 강요가

무기수형자와 범죄 피해자의 관계

피해자	남성무기수 비율(%)	여성무기수 비율(%)
배우자	4.9	53.3
부모	1.6	4.4
자녀	0.7	0
형제자매	1.3	2.2
친척	2.6	6.7
애인	6.5	2.2
친구·선후배	10.1	8.9
이웃	19.6	11.1
모르는 자	45.4	6.7
기타	7.2	4.4

〈자료 : 형사정책연구원〉

---

[65] 긴장형성단계(가해자 : 긴장의 억제약화·긴장증대경험·피해자에 대한 통제강화 / 피해자 : 순응·문제최소화·분노억제·회피·고립) → 구타사건(가해자 : 예측불허·통제력상실·고도의 가학성 / 피해자 : 무력감·사면초가의 느낌·심리적 외상) → 화해기간(가해자 : 사과·친절한 태도·기만적인 변화의 약속 / 피해자 : 복잡한 감정·죄책감·책임감·화해고려)이다.

[66] 터널비전(Tunnel vision)은 어두운 터널 속에서와 같은 제한된 시야를 뜻한다. 상하좌우 주변은 볼 수 없고 오직 빛이 있는 터널의 끝 부분만 보인다는 말이다. 종이를 원통으로 둥글게 말아 한쪽 눈에 대고 사물을 보면 터널비전과 같은 상황을 체험할 수 있다. 이는 의학적으로는 일종의 시각장애인데, 비유적으로 많이 사용된다. 단어의 뜻대로 부정적인 측면이 강하다. 특정 사물이나 목적에 외곬으로 집착하거나, 어떤 일에 열중하면서 주변 상황판단을 못할 때 터널비전에 빠져들었다고 말한다. 언론기관이나 수사관들이 특정 사안에 대해 주관적인 결론을 내려놓고 이 결론과 합치되는 증거자료만 수집하는 등의 방식으로 취재 및 수사를 진행하는 것이 일종의 터널비전이다.

[67] 스트레스(stress)를 주는 원인을 스트레서(stressor)라고 하는데, 외상 후 스트레스 장애(Post-traumatic Stress Disorder; PTSD)는 극심한 외상성 스트레스 사건에 노출된 후 뒤따라서 특징적 증상이 나타나는 장애로서, 이는 가정폭력의 경험이 재해의 경험이나 목격 등 외상성 경험의 하나로 인식되고 있음을 보여준다.

[68] Harvey와 Bryant(2002)는 자연적으로 발생하는 해리는 범죄사건을 기억하는 것을 방해함으로서 피해자가 최초의 외상에 대응할 수 있도록 도움을 줄 수 있다고 주장했으나, 해리가 오랜 기간 지속된다면 부정적인 대응전략이라고 볼 수 있다. Ozer 등(2003)은 외상 경험동안, 혹은 직후에 해리를 경험한 사람이 PTSD로 발전하기 쉽다고 지적했다.

더 많았으며, 더 심각한 신체적 상해를 겪었고, 더 많은 죽음의 위협을 받은 것으로 나타났다. 이는 폭력피해 여성이 치명적인 무기 등을 사용하여 배우자를 살해한 것은 보다 심각한 배우자 폭력에 대한 반응임을 시사해준다. 최근에는 한국에서도 오랫동안 지속된 가정폭력으로 가족을 살해한 여성들에 대한 형량이 점차 낮아지고 있다. 가정폭력에 시달리는 여성들은 불안감이 높은데, 불안요인이 살인과 연관된 또 다른 성격요인이 될 수 있다는 사실은 학대받는 가족구성원이 학대의 가해자를 살해하는 사건들을 통해 반복적으로 확인되어 왔다(이수정 외, 2005). 특히, 배우자에 의한 학대가 극심하여 결국에는 남편을 살해한 여인들의 변호논리로서 매맞는 아내 증후군(Battered Women Syndrome : BWS)이 법정에서 설득력을 얻고 있다는 사실은 학대에 기인한 살해동기가 생명을 잃을 수 있다는 피학대 여성의 극심한 공포와 불안으로부터 야기될 수 있음을 시사한다. BWS는 PTSD(Post-Traumatic Stress Disorder)의 일종으로서 불안관련 장애로 볼 수 있다. 한편 부모간의 폭력을 목격한 자녀들의 경우 더 높은 정신병리를 보이는 경우가 많다(Laura et al, 2000).

배우자폭력처럼 상습적으로 피해를 입은 피해자에 대한 조사를 할 때는 장기적이고 상습적인 가정폭력, 성폭력에 시달려 포기감정(학습된 무기력감)을 느끼는 경우가 있다. 따라서 신고 접수되더라도(피해자 본인/이웃 등), '오늘 상황만 처리하고 돌아가 달라'는 식으로 적극적인 처벌의사를 밝히지 않을 수 있어 정황을 살펴 추가 조사나 처벌의 필요성을 검토해야 한다(홍승일, 2015:213). 반면에 가정폭력 피해자들 중에는 경찰관이 상황을 최소화하거나 피해의 심각성을 경시할 때, 피해자가 거짓말을 하거나 과장하고 있는 것처럼 취급할 때, 사건을 성가신 일정도로 무심하게 취급할 때, 허둥대는 피해자를 배려없이 대하는 태도를 보일 때, 위기를 모면할 수 있는 실용적 정보를 제공하지 않을 때 불만감이 높아지는 것으로 나타났다(Kennedy, Homant, 1984).

(4) 아동학대피해자

신체학대를 당한 아동은 부모에 대한 의심이 많고 부모와 가정에 대해 대단한 것처럼 과장하여 말하나 부모의 요구를 두려워하면서 부모에게서 편안함을 얻으려 하지 않는다. 특히, 아동 성학대의 경우 자신의 경험이 성폭력 피해경험인지 인식을 못하여 즉시 조치를 받지 못하는 위험성이 있다(김요완, 2013:128). 피해아동은 다른 성인과의 관계에 대해서도 많은 의심을 보이고 신뢰를 잘 형성하지 못한다. 몸을 흔들고 손가락을 빨거나 손톱을 물어뜯는 습관장애와 품행장애나 반사회적 행동을 보이기도 한다. 신체적 증상을 보이거나 부적절하게 어른스러운 또는 유아기적 행동을 보이거나 지적, 정서적 발달에 지체를 보이고 자신의 행동에 대해 자기비하적인 이야기를 한다(김현용, 1997).

박옥임 등(2004:256)은 아동이 성폭력을 당했을 때, 악몽을 꾸거나 불을 켜 놓으라고 하고,

자주 복통을 호소하며, 7세 미만의 아동의 경우 소변을 자주 보려고 하고, 교사나 부모의 곁을 떠나려 하지 않으며, 평소보다 더 매달리고, 집중력과 학교성적이 떨어지고 친구들과 어울리려 하지 않으며, 계속 자신의 성기를 만지거나 자위행위를 하고, 특정인물이나 단어에 대해 거부감을 나타내며, 평소에 쓰지 않았던 단어, 특히 성기와 관련한 단어를 자주 사용한다고 제시하였다.

친족성폭행도 넓은 의미에서는 아동학대에 포함되는데, 이는 가부장적인 가족구조 안에서 아버지(친부, 의부, 양부)에 의한 피해가 가장 많고, 아주 어린 시절부터 피해가 일어나며, 가해자와의 분리가 있을 때까지 장기간 지속되는 경향이 있으며, 처음에는 애정가장, 편애, 유인의 형식으로 시작되지만 가정폭력, 신체적 구타, 정서적 학대, 방임 등 다른 학대와 병행하는 경우가 많다. 피해사실을 가족이 바로 인지하게 되는 경우는 드물고, 드러나도 가족의 비밀로 유지되는 경향이 있고, 피해자 스스로 또는 가족 안에서 문제를 해결하기 어려우며, 가족관계에 부정적 영향을 미치게 된다. 일반성폭력의 고소율(12~14%)보다 친족성폭력의 고소율(4.8%)이 낮은 편이다. 친족성폭력 피해자에 대한 가족의 적극적인 지지와 적절한 지원이 있을 경우 잘 극복할 수 있지만 믿지 않거나 비밀을 강요하거나 심지어 피해자의 행실을 문제 삼으며, 비난할 경우 심각한 후유증에 노출될 위험이 있다(남순열 외, 2004:8).

정서적 학대를 받은 아동은 그렇지 않은 아동에 비해 정신적으로 불안해하며, 비활동적이고, 비사회적이며, 책임감도 낮고, 불안과 우울 성향이 강하다. 또한 어순을 혼동하거나 학업성적이 뛰어나지 않고 친구를 사귀는데 매우 어려움을 느끼고 소외되며, 다른 사람의 느낌을 공감하지 못하거나 부족하고, 자기파괴적이고, 때로는 수동적이고, 위축되어 있다. 다른 성인과의 관계에 있어서 승인과 관심을 끌려고 노력한다(정현숙, 1993).

방임아동의 경우에는 낮은 자존감이나 부정적인 자아상, 쉽게 실망 및 좌절, 인간관계에서 근본적으로 신뢰를 형성하지 못하고 좌절과 분노를 처리하는 능력이 미숙하며, 자기파괴적인 행동 등을 보일 수 있다. 방임된 아동은 또래친구를 잘 못 사귀고 희생양이 되곤 한다. 또한 방과 후에도 집에 잘 가려하지 않으며 위축된 모습을 보인다(채정호 외, 2010:98).

(5) 학교폭력피해자

학교폭력의 피해자라는 개념은 형제가 아니고 나이와 관계없이 다른 학생이나 아동으로부터 공격당하는 것을 의미하는 '또래피해자화(peer victimization)'에 포함된다. 학교폭력은 사회적 문제로 인식되고 있다. 단지 학교만의 문제가 아니라 가정, 사회, 국가의 공동책임이라는 것이다. 학교폭력의 주피해자는 학생이다. 그러나 학부모, 교사도 학교폭력의 피해자가 될 수 있다.

① 피해학생

학교폭력을 당하는 학생들은 자신의 고통을 부모님이나 선생님들에게 말하지 않는 경향도 있다. 그 이유는 신고에 따른 보복에 대한 우려, 그리고 고자질을 했을 때 받게 되는 배신자라는 낙인, 더불어 보호자들의 어설픈 개입으로 사건이 극대화되고 결국에는 괴롭힘[69]과 따돌림이 더 심해지는 부작용을 우려하기 때문이다. 따라서 피해학생은 혼자 고민하는 경우가 많으므로 주변인들은 피해 징후가 보이는 경우 피해 사실을 신고하고 진술하는 것에 대하여 적극적인 지지와 격려를 보내주어야 한다.

㉠ 징후

| 행동적 | • 소지품이 없어지거나 손상
• 부모에게 평소보다 과도하게 용돈을 요구
• 죽고 싶다거나 마지막이라는 식의 낙서를 하는 경우
• 지각을 하고 평소 다니던 길이 아닌 길로 다님
• 부모가 학교에 데려다 주기를 원하는 경우
• 학교가기 싫어하고 학교에 가도 조퇴하는 날이 늘어남
• 전학시켜 달라고 하는 경우
• 쉬는 시간에 선생님이나 다른 어른과 같이 있으려 함
• 집중을 못하고 성적이 갑자기 떨어지는 경우
• 의사소통능력이 현저하게 떨어져서 눈을 마주치지 않으려고 함 |

---

[69] 괴롭힘(bullying)은 아동이든 성인이든 다른 사람에게 불법적으로 가학적이거나 강압적인 힘을 행사하는 것으로 정의된다. 괴롭힘은 공격의 한 형태로 누군가에게 의도적으로 해를 가하기 위한 행동이고, 장시간에 걸쳐 반복적으로 발생하며, 공격자와 공격 대상 간에 힘의 불균형이 존재한다(Nansel et al., 2001). 괴롭힘의 유형은 다음과 같다(김태경 역, 2015:346).

개인적	기본적으로 일대일 공격이며, 주로 한 아이가 다른 아이에게 앙심을 품을 경우에 발생한다. 이는 학교와 이웃에서 빈발하는 가장 흔한 유형의 괴롭힘이다.
집단적	비교적 흔하게 발생하며 다수의 학생이 무리를 지어 피해자를 괴롭히는 것을 말한다. 유럽에서는 이를 군중폭력이라고 부르는데, 주로 무리에서 한 명의 멤버가 공격행동을 저지르며 나머지는 그를 응원하는 양상인데, 종종 다수가 공격에 참여하기도 하기 때문에 피해자에게 손상이 매우 크다.
직접적	한 아동이 다른 아동에게 직접적으로 공격을 가하는 것이다. 때리기, 거칠게 밀치기, 다리 걸어 넘어뜨리기, 피해자 물건 부수기 등이 포함된다.
간접적	제3자가 관여하거나 어떤 방식으로든 공격자의 신분을 숨기는 공격유형이다. 피해자의 물건, 과제 평판을 비밀리에 방해 혹은 파괴하는 행위가 여기에 포함될 수 있다.
관계적	또래 관계나 사회적 관계에서 사람들로부터 배척되도록 만드는 행위다. 여학생들 사이에서 가장 자주 드러나는 괴롭힘의 유형이며, 당하는 사람에게 신체적 손상에 준하는 정신적 황폐화를 유발할 수 있다.
언어적	괴롭힘의 가장 일반적인 형태라고 할 수 있다. 이는 다른 학생을 말로써 공격하거나 위협하는 것을 말하며, 지나치게 잔인하여 그 학생의 마음과 자기상에 해를 입힐 수 있다.

유사개념으로 불량행동(punking)은 다른 사람들 앞에서 누군가에게 언어적 및 신체적 폭력을 가하고 모욕과 수치심을 주는 것으로 말한다. 불량행동이라는 용어는 보통 남자 청소년들의 문제행동을 말할 때 사용되며, 괴롭힘과 같은 의미로 사용된다(Phillips, 2007).

	• 자세가 나빠지고 혼자서 중얼거림 • 전화를 받고 갑자기 외출하는 일이 잦아짐 • 휴대폰 문자·카톡·메신저로 협박 내용이 옴 • 귀가시간이 늦어지고 지친 모습을 자주 보임 • 부모와 눈을 잘 마주치지 않고 피함 • 집에서 까다롭게 굴고 형제자매를 괴롭히는 경우
신체적	• 멍든 자국, 베인 상처, 긁히거나 찢어진 상처 • 밀쳐짐을 당하고 발로 차이는 것에 대해 묘사하듯 말함 • 경미한 아픔과 고통을 호소하거나 자주 아픈 증상 • 잠을 잘 못 자고 악몽을 꾸기도 함 • 방과후 배고프다고 느끼거나 식욕이 없는 경우 • 양호실을 자주 드나들며 신체적 증상을 호소하는 경우

ⓒ 반응

인지적	• 폭력장면을 반추하고 주의집중의 어려움 • 기억과 학습에서 문제가 발생 • 멍한 상태에 있기도 하고 능력에 비해 저조한 수행 • 일시적 해리 상태 • 복수심과 관련된 백일몽에 몰두 • 긴장과 경계심의 증대 • 현실감과 상황판단력이 떨어지는 경향
정서적	• 과각성, 불안, 예민, 의심, 정체감 혼란 • 강한 분노와 증오, 낮은 자존감, 우울, 공포, 두려움, 수치심, 비참함 • 타인에 대한 신뢰가 부족하고 경계가 심함 • 감정억압, 부인, 회피 기제를 사용함 • 위축되고 무기력하며, 방어능력이 약한 것
행동적	• 등교거부, 등교했어도 조퇴를 자주 하거나 회피 • 공격성 증가, 산만함, 과잉행동, 사회적 활동 감소 • 대인관계의 곤란, 자살충동 및 시도, 충동조절의 어려움 • 비행 및 가해행동, 잠을 많이 자거나 못 잠
신체적	• 안색이 안 좋고 기운이 없으며, 식욕부진이나 우울증을 호소
대인적	• 집단에서 떨어져 혼자서 행동하거나 험담을 들어도 반발하지 않음 • 이름보다는 비하성 별명이나 욕으로 호칭

ⓒ **보호조치**: 피해학생에게는 심리상담 및 조언, 일시보호, 치료를 위한 요양, 학급교체, 그 밖에 필요한 조치들이 주어진다. 학교폭력에 대처하기 위하여 정신건강심리사는 충분한 공감과 지지를 해주고 자신이 잘못한 것이 아님을 분명하게 이해시켜주며, 피해사실을 명확히 하고 사건에 대한 증거자료를 확보하도록 돕고 위급할 경우 신고(117)하도

록 조치하여야 한다. 또한 피해학생과 자주 대화하고 귀 기울여 들어주고 분노를 자연스럽게 표출하도록 돕고 함께 노력하여 이겨내자고 말해주고, 긍정적 사고로 희망을 갖도록 용기를 주며 부모와 함께 상의하고 믿음을 주며, 필요시 전문기관에 도움을 요청할 수 있다.

② 피해교사

학교내외에서 학생 또는 학부모, 그리고 동료교사 등에 의하여 폭행을 당하는 교사들이 겪게 되는 심리적 고통은 피해학생보다 작다고 할 수 없다. Dzuka와 Dalbert(2007)는 학생이 교사에게 피해를 주기 위해 일정시간 동안 반복적이고 의도적으로 가한 공격행동이라고 정의하고, Wilson 등(2011)은 교사에게 실제로 가해진 시도된 위협적인 것들이 포함된다고 하였다. 캐나다(2011) British Columbia 주의 교사를 대상으로 한 연구에서 교사로 재직하는 동안 최소 한번 이상 내현적·외현적 학교폭력을 경험한 비율이 80%이상으로 나타났고, 내현적 폭력 중에서는 개인적 모욕이나 욕설하기가 가장 높은 빈도(60.7%)로 나타났고, 외현적 폭력 중에서는 무기를 소지하지 않은 상태에서 신체적 위협을 가한 경우가 가장 높은 빈도(19.8%)로 나타났으며, 전임교사나 행정직원보다도 시간제 교사들이 더 많은 폭력을 경험한 것으로 보고되었다. 학교폭력을 경험한 교사들은 불안, 식욕상실, 우울진단을 받았고, 대부분은 짜증, 불면, 자신감 상실, 스트레스성 두통을 보고하였고, 이는 안전에 대한 우려와 함께 교직을 떠나는 경향을 높인다(Newman, Fox, Harding, Mehta, & Roth, 2004 ; Galand, et al, 2007). 이규미 등(2013)의 연구에서도 피해교사들은 사건직후 전형적으로 분노, 후회, 수치심의 정서 및 다양한 신체화 증상을 경험하고 장기적으로 학생을 위한 생활지도에 대해 위축된 태도를 취하거나 포기하는 학생지도상의 문제가 지적되었다.

사례분석

■ 〈국내 사례 1〉 SNS 따돌림, 학교폭력보다 피해자 자살 시도율 더 높다

온라인 메신저나 사회관계망서비스(SNS)를 이용한 '사이버 따돌림' 경험이 있는 학생들의 자살 시도율이 폭력이나 따돌림을 당해 보지 않은 학생은 물론 학교폭력 피해를 겪은 학생들보다도 월등히 높은 것으로 나타났다. 24일 미국정신의학회(APA) 연례회의에서 크리스티 킨드릭 박사가 13세~17세의 청소년 1만5545명을 조사해 발표한 결과를 보면, 사이버 따돌림 피해 학생이 자살을 시도하는 비율은 14.7%로 아무런 피해 경험이 없는 학생이 자살을 시도하는 비율(4.6%)보다 세 배로 높았다. 학교 폭력을 당한 학생의 자살 시도율은 9.5%였다. 사이버 따돌림과 학교 폭력을 둘 다 경험한 학생의 자살 시도율은 21.1%에 달해 자살 위험이 가장 컸다. 자살 시도 중에서도 치료가 필요할 정도로 심각한 성격의 자살시도 비율은 사이버 따돌림과 학교 폭력의 경우가 각각 5.4%와 2.3%로 일반 학생에게서 나타난 비율(1.5%)보다 최대 3배 정도 높았다. 두 유형의 피해를 모두 겪은 학생의 자살시도율은 6.0%로 일반 학생보다 네 배 많았다. 한편 이번 조사에서 미국 청소년 6명 중 1명은 사이버 따돌림을, 5명 중 1명은 학교 폭력을 경험한 것으로 집계됐다. 조사 대상이 된 청소년의 10%는 자살을 생각한 적이 있고, 6%는 신변 안전에 대한 두려움 때문에 학교를 결석한 적이 있다고 답변했다. 폭력 피해는 남학생보다 여학생에게서 더 많았다. 남학생은 11%가 사이버 따돌림을 당했다고 응답했는데, 여학생은 이보다 두 배 많은 22%가 사이버 따돌림의 대상이 된 적이 있다고 답했다. 남학생 중학교 폭력을 당했다는 비율은 18%에, 여학생은 22%에 달했다(경향신문, 2013.06.25).

■ 〈국내 사례 2〉 소득 불평등할수록 학교폭력 늘어난다.

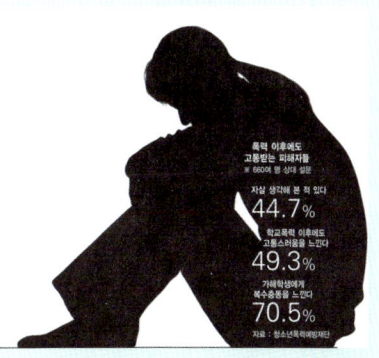

소득불평등 수준이 높은 나라일수록 학생들의 학교폭력 경험도 늘어난다는 국제 연구 결과가 나왔다. 학교폭력을 학교생활부에 기재하는 등 처벌 중심으로 학교폭력 문제에 접근하는 한국 교육당국이 다른 시각에서도 접근할 필요가 있다는 지적이 제기된다. 보건의료 연구공동체인 시민건강증진연구소는 유명 국제학술지인 〈국제공중보건학회지〉(International Journal of Public Health) 최근호에 실린 '학교폭력과 살인, 소득불평등도 분석' 논문을 4일 소개했다. 연구 결과를 보면, 소득불평등 지수인 지니계수가 10% 악화하면 학교폭력 가해 경험은 2.5%, 피해 경험 2.9%, 가해와 피해 중복 경험은 4.0%씩 각각 상승하는 것으로 나타났다. 국가의 소득불평등도가 심할수록 그 국가에서 학교폭력 경험이 증가한다는 상관관계를 밝혀낸 것이다. 이번 연구 결과는 세계보건기구(WHO)가 1994~2006년 4년마다 실시한 37개 나라의 '학령기 아동의 건강행동 연구' 조사 결과 117건을 재분석한 것으로, 지니계수와 학교폭력 빈도에 대해 국가 간 비교 또는 같은 국가의 연도별 추이 비교를 해본 결과 이런 상관관계를 도출해냈다. 연구팀은 또 소득불평등 수준에 따라 국가들을 4개 그룹(지니계수 0.26 미만, 0.27~0.29, 0.30~0.34, 0.34 초과)으로 묶어 학교폭력과의 상관성을 분석해보니 역시 소득불평등도와 학교폭력 경험은 높은 상관성을 보였다고 밝혔다. 특히 학교폭력 피해자는 소득불평등도가 높을수록 크게 증가하는 것으로 나타났다. 소득불평등 정도를 나타내는 지니계수는 0에 가까울수록 소득분배가 평등하고 1에 가까울수록 불평등한 것을 뜻한다. 대개 0.4가 넘으면 소득분배의 불평등 정도가 심한 것으로 본다. 이번 논문의 대표 집필자인 프랭크 엘가 박사(캐나다 맥길대학 건강과 사회정책 연구소)는 논문의 결론 부분에서 "학교폭력의 사회적 요인을 이해한다는 것은 학교폭력 문제 해결에 중요한 요소다. 이번 연구는 국가 간 소득불평등의 차이가 대부분의 연령과 성별에서의 학교폭력 확산과 연관돼 있다는 것을 보여준다"고 말했다. 시민건강증진연구소는 "이 연구 결과는 학교폭력의 원인과 책임을 학생 개인과 폭력 게임·영상물이 넘치는 주변 환경으로 돌리면서 인성교육 강화를 해결 방안으로 내놓는 한국 사회에 문제의식을 던진다"고 지적했다. 연구소는 또 "정부를 비롯한 한국 사회가 학교폭력을 부르는 근본 원인에 대해 진지하게 성찰하고, 더는 무의미한 정책들의 실험 대상으로 청소년을 희생시키지 말아야한다"고 제안했다. 올해 청소년폭력예방재단이 발표한 우리나라의 전국 학교폭력 실태 조사 결과를 보면, 응답자의 12.0%가 지난 1년간 학교폭력 피해를 경험했고, 이 가운데 44.7%는 학교폭력 피해로 인해 자살까지 생각한 것으로 나타났다. 한국방정환재단과 연세대 사회발전연구소가 올해 보고한 우리나라 청소년의 주관적 행복지수를 보면, 경제협력개발기구(OECD) 23개 나라 가운데 꼴찌인 23위를 기록했다(한겨레, 2013.07.04).

■ 〈국내 사례 3〉 대구 중학생 왕따와 폭행에 투신자살

대구 수성구의 ㅊ아파트 입구에서 인터폰을 눌렀다. 신호음이 가지 않았다. 연거푸 번호를 눌렀지만 그때마다 먹통이었다. 하는 수 없이 휴대전화로 방문 사실을 알렸더니 임지영씨(48)가 현관 입구까지 내려왔다. 그리고 문을 열어주었다. 그는 지난 해 12월 20일 학교 폭력을 견디다 못해 자살해 사회적으로 파장을 일으켰던 대구 중학생 권승민 군(당시 13세)의 어머니이다. 임씨의 얼굴은 핏기가 하나도 없이 푸석푸석했고, 안색은 창백했다. 눈가는 촉촉이 젖어 있어 금방이라도 눈물샘이 터질 것 같았다. 얼굴은 태연하게 보였지만 어두운 그림자가 엿보였다. 엘리베이터는 7층에서 멈춰 섰다. 임씨가 문을 열고 집 안으로 안내했다. 7개월 전에 둘째아들 승민이가 학교 폭력을 견디다 못해 뛰어내린 곳이다. 교사인 아버지와 고등학생인 큰아들은 때마침 외출하고 없었다. 임씨는 "우리 민이(엄마는 아들을 '민'이라고 불렀다)가 자주 앉았던 자리이다"라며 쇼파를 가리켰다. 그는 쇼파에 앉아 가장자리를 쓰다듬으며 "민이는 여기에 베개를 베고 누워서 TV를 보곤 했다"라고 회상했다. 기자는 거실 바닥에 앉아 작은 탁자에 노트북을 올려놓고 전원을 켰다. 그때가 7월17일 저녁 8시였다. 그때부터 임씨가 겪었던 '2백7일간'의 이야기를 생생하게 들을 수 있었다. 인터뷰는 두 시간 넘게 이어졌다.

한 가족의 '세상에서 가장 길었던 하루'

임지영씨는 경북 영천에 있는 금호중학교 교사이다. 승민이가 베란다에서 뛰어내린 날은 학업성취도 평가가 있었다. 그는 다른 날보다 일찍 출근해서 시험 준비에 열중했다. 오전 8시 30분쯤 승민이 담임인 김 아무개 교사(34)에게 휴대전화 문자가 왔고 전화 통화를 했다. 운명을 가르는 전화였다. 담임교사는 '승민이가 학교에 나오지 않았는데, 혹시 알고 있느냐'라고 물었다. 임씨는 "아침에 친구하고 학교에 간다고 했다. 내가 집에 가보겠다"라고 말하고는 전화를 끊었다. 그때까지만 해도 승민이가 '그냥 자고 있는 것은 아닌가'라고 생각했다. 이날 아침 승민이가 시무룩해 보였지만 크게 이상한 점은 못 느꼈다. 출근할 때도 평상시처럼 '안녕히 다녀오세요'라고 인사했다. 그런데 일이 이상하게 돌아갔다. 담임교사와 전화를 끊고 집에 전화했는데, 받지 않았다. 이번에는 승민이 휴대전화로 전화를 걸었다. 평상시 남편과 아이들의 전화번호를 단축키로 저장해 놓은 상태였다. 승민이는 '4번'이었는데, '없는 번호'라고 나왔다. 임씨는 "'왜 이러지'라며 황당하게 생각했다. 갑자기 승민이 전화번호가 떠오르지 않아 남편에게 전화해서 물어보았다. 그리고 전화했는데 역시 받지 않았다"라고 전했다. 승민이에게 연락을 시도하고 있을 때 남편에게 전화가 걸려왔다.

"경찰서에서 전화가 왔는데, 승민이가 사고가 났다"라는 것이다. 임씨는 부리나케 승용차를 몰아 집으로 향했다. 뭐가 어떻게 된 것인지 혼란스럽기만 했다. 영천에서 대구의 집까지는 약 40분쯤 걸린다. 아파트에 거의 다다랐을 때쯤 신매동파출소에서 전화가 왔다. 임씨는 "그때 경찰관이 '사고가 났다'고 해서 처음에는 교통사고인 줄 알았다. 우리 아파트 근처 큰길에서 가끔 사고가 났다. 그런데 파출소에서는 '교통사고가 아니다'라고 해서 깜짝 놀랐다"라고 말했다. 임씨는 아파트에 도착했지만 어디로 가야 할지를 몰랐다. 주차장에 차를 세우고 경찰에 전화해서 '집으로 올라갈까요?' 하니까, '1층으로 오라'고 했다. 1층에 가보니 아파트 경비가 나와 있었고, 경찰차도 있었다. 경찰관이 '시체를 확인해 달라'며 하얀 천으로 덮인 곳을 가리켰다. 임씨는 하얀 천이 있는 곳으로 가서 천을 걷었다. 그랬더니 거기에 승민이가 누워 있었다. 외상도 없고 얼굴 오른쪽 이마에 약간의 멍이 생긴 것 외에는 겉보기에 깨끗했다. 승민이의 상체를 들어 안았다. 순간 따뜻한 체온이 느껴졌다. 그는 "무슨 일이냐, 아직도 이렇게 따뜻한데. 어서 119를 부르라"라며 소리쳤다. 그때 승민이 코에서 검붉은 피가 쏟아졌다. 임씨는 "손을 만졌더니 차가웠다. 내 옷 속에 민이의 손을 집어넣고 계속 비볐다. 아직 이렇게 따뜻한데…"라며 말을 잊지 못했다. 곧이어 상황을 깨달은 임씨가 그 자리에서 울부짖었다. 하늘이 떠나갈 듯 울고 또 울었다. '이건 아니다'라며 고개를 설레설레 흔들었다. 꿈만 같았다. 그는 지금도 "내가 꿈을 꾸는 것 같다"라고 착각한다. 그렇게 한참을 울고 안고 있으니 경찰관이 다가왔다. "진정하라. 아마 위에서 뛰어내린 것 같다"라고 했다. 임씨가 고개를 들어 올려다보니 아파트 베란다 창문이 반쯤 열려 있었다. 승민이의 시신은 집에서 가까운 천주성삼병원으로 옮겨졌다. 임씨는 경찰과 함께 집으로 올라갔다. 원래 깨끗하게 정리되어 있기는 하지만 그날따라 흐트러진 곳이 없었다. 탁자와 쇼파 위도 가지런했다. 승민이가 해놓았다는 것을 직감했다. 승민이 방에 들어가 보니 책가방이 있었다. 책상 위에는 아무것도 없었고, 대신 반듯하고 깔끔하게 정리되어 있었다. 승민이의 유서는 거실과 부엌 사이의 다리미대 위에 놓여 있었다. 이곳은 임씨가 퇴근하면 핸드백을 놓는 자리였다. 승민이는 엄마가 가장 잘 볼 수 있는 곳에 유서를 남겼던 것이다. 유서는 A4용지 넉 장 분량이었다. 임씨는 "처음에는 유서에 있는 글씨가 눈에 들어오지 않았다. 맨 뒷면의 '엄마, 아빠 사랑해요!!!'밖에 보지 못했다. 그냥 부들부들 떨리기만 했다"라고 기억했다. 승민이에게 어떤 일이 있었는지는 시체 검안 과정에서 확연하게 드러났다. 검안에는 임씨와 승민이의 학교 담임교사·부장교사·교감 등이 참여했다. 몸에는 이곳저곳에 구타당한 흔적이 있었다. 엉덩이, 허벅지, 목, 손, 발 등 몸 구석구석에 멍이 있었다. 임씨는 "애를 얼마나 팼는지 멍이 아주 시꺼멓게 변해 있었다. 언제 생긴 것인지 알 수 없는 멍도 있었다. 멍이 오래되어서 없어져가는 것도 보였다"라며 목청을 높였다.

'도망'가듯 이사할 생각은 버렸다

승민이 아버지는 그때까지 아들이 죽었는지 몰랐다. 병원에 도착한 후 주위 사람들에게 "몇 층이냐"라고 물었고, '지하 2층'이라고 하자 장례식장으로 들어오는 계단에 털썩 주저앉아 대성통곡했다. 임씨는 "남편이 그렇게 우는 것은 처음 보았다. 선생님들이 안으로 데리고 들어왔는데 의자에 앉지도 못하고 반쯤 넋 나간 사람처럼 있었다"라고 말했다. 큰아들 승윤이도 동생의 사고를 모른 채 병원에 도착했다. 나중에 내막을 전해 듣고는 기절하듯이 장례식장에 들어섰다. 임씨 가족은 이날 세상에서 가장 긴 하루를 보냈다. 단란했던 한 가정의 행복은 이렇게 한순간에 무너졌다. 승민이의 시신은 화장한 후 팔공산에 있는 도림사 내 추모공원에 안치했다. 임씨와 가족들은 매주 주말이면 도림사를 찾아가 그리움을 달래고 있다. 승민이의 책상에 있는 유품을 정리하는 도중에 유서 한 장이 또 나왔다. 여기에는 '죄송해요. 그리고 마지막 부탁인데 저희 집 도어키 번호 좀 바꿔주세요. 몇몇 애들이 알고 있어서 제가 없을 때도 문 열고 들어올지 몰라요. 죄송해요 엄마. 사랑해요. 먼저 가서 100년이든 1000년이든 기다리고 있을게요. 정말 죄송해요'라고 적혀 있었다. 가족들은 승민이를 떠나보내지 않았다. 승민이의 유품 중 평소 아끼던 물건과 책은 남겨놓았다. 승민이가 쓰던 방도 아직 그대로이다. 임씨는 침대 위의 이불을 가리키며 "승민이는 노란색을 참 좋아했다"라고 말한다. 진한 가을 은행잎 같은 노란색 이불이 침대를 덮고 있었다. 책꽂이에는 승민이가 즐겨보던 책들이 빼곡하게 꽂혀 있었다. 사전, 소설, 문화재도감, 역사 관련 서적 등도 눈에 띄었다. 그렇다고 생전의 그대로는 아니다. 책상 위에는 승민이의 영정이 놓여 있다. 그 주변은 십자가와 성모마리아상, 묵주가 감싸고 있다. 승민이가 생각날 때마다 임씨는 책상에 앉아 아들의 명복을 빌며 기도를 한다. 그는 "우리 가족은 민이를 일부러 지우려고 하지 않는다. 지운다고 해도 지워지는 것도 아니다. 늘 같이 있다고 생각한다. 우리가 죽을 때까지 생각할 것이다. 공중에 떠다니는 것도 같고…"라며 말끝을 흐렸다. 그래도 현실은 참담하다. 승민이가 떠난 지 얼마 후 임씨는 베란다에 잠깐 나갔었다. 그때 애들이 하교하는 것을 보았다. 임씨는 "우리 민이도 오겠지. 그래서 방문까지 주르륵 왔는데, 방문 앞에 우리 민이의 영정이 있었다. '이게 현실이 아니구나'하며 민이의 영정을 붙잡고 울었다"라고 말한다. 길을 지나가다가 승민이 또래의 아이들을 보아도 뒤를 돌아보는 것이 일상화되었다. 잠을 자다가도 불쑥불쑥 깬다.

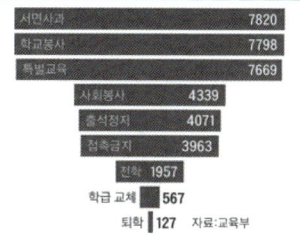

피해학생 학부모 무엇에 분노하나

피해자 치료 외면
"폭력 휘두른 뒤 괴롭다고 자살하고 싶다는 가해자를 본 적 있느냐. 자살하는 애들은 모두 피해자들이다. 가해자 예방조치도 중요하지만 피해자 치료 프로그램에도 신경 많이 써야"

학교의 안일한 대응
"학교폭력자치위원회는 가해 학생 행동을 장난으로 치부했다. 담임은 피해자인 우리에게 '사과를 받아들이고 문제를 키우지 않겠다'는 확인서를 강요했다"

피해 상담사의 자질 부족
"피해자들은 가해자도 상담받으러 오는 Wee센터는 피한다. 하지만 갈 데가 없어 찾아갔더니 상담사가 아이한테 '너도 한 대 때리지. 왜 가만히 있었어'라고 하더라"

허울뿐인 학교안전공제
"학교안전공제회 통해 피해 보상 받으려고 신청했더니 화해만 권고했다. 신체적·정신적 치료비를 자비로 충당해야 했다"

학교폭력법상 조치 유형
단위: 건, 총 1만6021건(2012년 1학기)

유형	건수
서면사과	7820
학교봉사	7798
특별교육	7669
사회봉사	4339
출석정지	4071
접촉금지	3963
전학	1957
학급 교체	567
퇴학	127

자료: 교육부

승민이가 베개를 들고 서 있는 것 같아서다. 지금도 이런 일이 반복된다. 평소 승민이는 엄마가 집에 일찍 왔을 때를 가장 좋아했다고 한다. 교사인 임씨 학교에 시험이 있는 날이면 '엄마 빨리 오세요'라고 말했다. 승민이가 떠난 후 가족들은 밥을 먹지 못했다. 밥상에 마주 앉으면 말을 잇은 채 울기만 했다. 승민이는 생전에 피자를 무적 좋아했다고 한다. 피자 광고만 나와도 아들이, 동생이 떠올랐다. 특히, MBC 〈무한도전〉을 1회부터 한 번도 빼놓지 않고 다 볼 정도로 광팬이었다. 가족들은 승민이를 생각하며 가끔 〈무한도전〉 재방송을 본다. 방송 때마다 옆에서 자세히 설명해주던 승민이는 이제 없다. 임씨에게 '이사 갈 생각은 안 했느냐'라고 물었다. "처음에는 이사할 생각도 했다. 주변에서도 '빨리 잊으려면 유품을 정리하고 이사를 가라'고 권유했다. 나는 생각이 다르다. 내가 피해서는 안 된다. 남편한테도 애한테도 안 간다고 했다. 가해자는 멀쩡하게 잘 살고 있는데 왜 우리가 도망가야 하느냐"라고 반문했다. 승민이의 어릴 적 꿈은 개그맨이었다. 나중에는 '정의의 검사'를 꿈꾸었다. 성격도 밝고 쾌활했다. 가족들과 농담도 잘 하고 장난기도 많았다. 그래서 임씨 집에는 항상 '하하호호' 웃음이 떠나지 않았다. 하지만 승민이가 죽은 후에는 1백80° 달라졌다. 임씨 집에는 말과 웃음이 사라졌다. 왁자지껄하던 집안에는 조용한 절간처럼 '침묵'이 흐른다. 임씨는 "나는 다른 사람들보다 냉정하고 이성적인 편에 든다. 잘 울지도 않는다. 그런데 혼자 있으면 나도 모르게 눈물이 난다. 가족들이 있으면 억지로 참는다. 가장 힘든 때가 출근할 때, 퇴근할 때, 운전하는 때이다. 요즘은 안 울려고 기도하며 산다"라며 눈에 힘을 주었다. 실제 임씨는 인터뷰 내내 감정이 북받쳐올 때도 눈물을 참고 또 참았다.

남은 인생 '학교 폭력 감시자'로 살기로…

이렇게 임씨 가족들은 모두 깊은 마음의 병을 앓고 있다. 가족 전체가 정신과 치료를 받고 약을 먹어야만 생활할 수 있다. 임씨는 "우리 부부는 신경안정제를 먹으며 하루하루를 버틴다. 큰애 승윤이는 정신과 치료가 싫다고 해서 경찰에서 제공하는 '케어(care)' 팀의 도움을 받고 있다. 학교 교사인 남편은 아직도 휴직 중이다"라고 말한다.

그렇다고 임씨 가족들이 절망의 늪에만 빠져 있는 것은 아니다. 아직 희망의 끈을 놓지 않고 있다. 그리고 다시 세상 속에 나오려는 몸부림을 하고 있다. 임씨는 '학교 폭력 감시자'가 되겠다고 마음먹었다. 그러기 위해 '심리 상담사' 자격증을 취득할 계획이다. 그는 "내가 할 수 있는 가장 좋은 방법은 이런 처지에 있는 사람들을 상담해 주는 것이다. 학교 폭력을 예방하고 또 가해 학생들도 상담해서 살길을 열어주도록 하겠다"라고 강조했다. 임씨는 끝으로 하고 싶은 말이 있다고 했다. "학교 폭력은 엄연한 범죄이다. 학생이라고 해서 '폭력'이 정당화될 수도 없고 용서받을 수도 없다. 가해자는 반드시 처벌받아야 한다. 그리고 피해 학생들도 절대 '자살'을 선택하지 말라고 말하고 싶다. 자살은 해결책이 아니다. 남은 가족들은 죽을 때까지 고통스럽다"라고 말했다. 임지영씨는 최근 자신의 심경을 담은 책을 펴내며 세상과의 소통에 나섰다.

끝까지 반성하지 않는 가해 학생들, 형량이나 줄여보겠다는 부모들

가해 학생들은 자신들의 행동을 깊이 반성하고 있을까. 또, 그 부모들은 진심으로 용서를 빌었을까. 임씨는 고개를 내젓는다. 가해자인 우 아무개군(15)과 서 아무개군(15)의 폭행과 고문, 갈취는 언론을 통해 적나라하게 공개되었다. 어린 학생들이 했다고 믿지 못할 정도로 잔인했다. 전 국민의 공분을 산 것도 이런 이유에서다. 그런데 이들의 행동은 대담했다. 승민이가 죽은 날에도 몰래 문을 열고 임씨 집을 다녀갔다. 승민이가 병원에 있다고 하니까 진짜인지 확인하려고 들어왔던 것이다. 이런 모습은 아파트 CCTV에 고스란히 찍혔다. 승민이의 장례를 치르고 있던 때에도 아파트를 찾아와서 '자살'했는지를 묻고 갔다. 승민이가 죽은 사실을 안 후에는 '(이 정도가) 폭력이냐, 감방에 안 간다 ㅋㅋㅋ'라는 문자를 주고받기도 했다. 가해 학생이나 부모들은 승민이 장례식장에 찾아오지 않았다. 가해 학생들은 지금까지 사과하거나 반성문을 쓰지 않았다고 한다. 임씨가 법정에 나가 진술할 때도 고개를 숙인 채 판사가 '반성하느냐'라고 묻자 '예'라고만 대답했을 뿐이다. 그것이 끝이었다. 임씨는 "정말 반성하는 것이라면 내가 증언할 때 울면서 '죄송하다'라고 했을 것이다"라고 말했다. 임씨는 가해 학생들의 부모들 말이 나오자 몸서리를 쳤다. 가해 학생들의 부모는 승민이가 죽은 후 끊임없이 찾아오거나 연락을 해왔다. 길거리에서 마주치면 "같이 식사나 하면서 합의 이야기를 하자"라고도 했다. 그렇게 찾아오던 부모들도 1심에서 형이 선고되자 발걸음을 뚝 끊었다. 그리고 일주일 후에 항소했다. 임씨는 "'벌을 달게 받겠다'고 해서 항소할 줄은 꿈에도 생각하지 못했다. 우리를 찾아온 것은 '사과'를 위해서가 아니라 합의를 이끌어서 형량을 줄여보자는 속셈이었던 것이다"라며 분통을 터뜨렸다. 우군의 부모는 항소 이후에 다시 태도가 돌변했다. 불시에 집으로 찾아오거나 휴대전화 문자메시지를 보냈고, '내 아들이 불쌍하니 탄원서를 써달라'며 편지를 보내오기도 했다. 심지어 교회에 다닌다고 하면서도 승민이의 유골이 안치된 추모관에 '발원문'을 써서 붙이기도 했다. 유족들은 이런 행태를 '형량을 감소시키기 위한 꼼수'로 보았다. 가해 학생들의 부모는 2심 선고 공판이 끝난 후에는 더는 연락을 해오지 않았다. 이들 부모들은 2심 선고에 불복했고, 대법원에 상고했다. 그러나 대법원은 지난 6월 28일 서 아무개군에게 징역 장기 3년에 단기 2년 6월, 우 아무개군에게는 장기 2년6월에 단기 2년을 선고한 원심을 확정했다. 이들은 지금 김천교도소로 이감된 상태이다.

ㄷ중학교, 앞에서는 '사과'하면서 뒤에서는 '은폐' 급급해했다

아이들에게 학교는 또 다른 '가정'이다. 담임교사는 부모를 대신한 어머니, 아버지이다. 그만큼 아이들의 그릇된 행동에는 학교와 교사의 책임도 크다. 지금까지 발생한 '학생 자살'을 보면 학교는 '진실'을 밝히기보다는 '은폐'하기에 바빴다. 승민이가 다녔던 ㄷ중학교도 다르지 않았다. 어머니 임씨는 ㄷ중학교와 담임교사가 보여준 행태에 분노하고 있었다. 그는 "승민이 장례식장에 ㄷ중학교 교사들이 많이 찾아왔다. 처음에는 네 명이 왔다가 중간에 계속 바뀌었다. 그들은 영정이 있는 곳 바로 앞에 자리를 잡고 앉았다. 이들은 끊임없이 먹고 마시고 떠들었다. 마지막 가는 제자를 애도하고 유족을 위로하러 온 것이 아니었다"라고 토로했다. 경찰은 학교측에 승민이의 자살을 함구해달라고 부탁했다. 가해자들이 말을 맞추는 것을 막기 위해서다. 하지만 학교측은 약속을 지키지 않았다. 장례식장 앞에서는 교사들이 학생들의 문상을 막았다. 승민이와 절친했던 친구들조차 들어가는 것을 차단했다. 승민이 아버지 지인들이 한 지상파 방송에 제보하고, 기자들이 도착하기 전인 5~10분 사이에 장례식장에 있던 ㄷ중

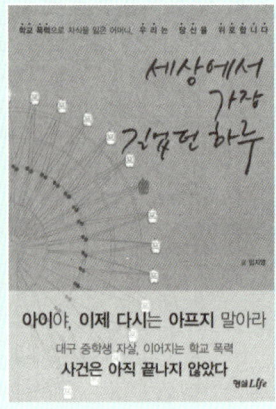

학교 교사들은 한꺼번에 빠져나갔다. ㄷ중학교는 "자살한 애 영웅 만들 일 있느냐"며 승민이 책상에 국화꽃을 놓는 것조차 허락하지 않았다. 학교로 꽃을 가져오는 시민들도 돌아가게 했다. 그리고 이 학교에서 '자살 사건'은 승민이가 처음이 아니었다. 승민이가 죽기 5개월 전에도 박 아무개양(당시 15세)이 '학교 폭력' 때문에 자살했다. 학교는 '교통사고'라며 사실을 은폐했다. 임씨는 "학교에서 쉬쉬하지 않고 그때만 제대로 대처했어도 우리 애는 죽지 않았을 것이다"라며 분개했다. 유족들은 지난 2월 9일 학교법인과 ㄷ중학교의 교장·교감·담임교사 등을 상대로 손해배상 소송을 제기했다. 학교 폭력에 제대로 대처하지 않은 학교측의 책임을 묻기 위해서다. 그런데 유족들은 학교측이 법원에 낸 답변서를 보고 깜짝 놀랐다. 임씨는 "내용을 보니 기가 막혔다. 학교측의 잘못은 어디에도 없었다. 민이의 죽음을 오로지 '가해 학생들과의 문제'로 치부했다. 학교와 교사의 양심도 찾아볼 수 없었다"라며 기막혀 했다. 담임교사 김씨는 승민이의 죽음에 대해 지금까지 '죄송하다'는 말 한마디 안 했다고 한다. 대신 가해 학생들의 2심 2차 공판에 증인으로 나섰다. 그는 법정에서 "(가해 학생들이) 일진도 아닌데 형량이 너무 많다. 선처해달라"라고 호소했다. 임씨는 울분을 삼켰다. "담임에게는 아이들을 보호하고 지켜야 할 책임이 있다. 민이가 죽을 때까지는 수수방관하고, 지금은 아무런 반성 없이 가해자 편에 섰다. 담임은 그저 책임을 모면하기에만 바빴다"라며 씁쓸해했다. ㄷ중학교는 겉으로는 '사과'를 운운하면서도 승민이의 흔적은 재빠르게 지웠다. 승민이의 주민등록이 말소되기 전에 제적 처리하며 학적부에서 지웠다. 물론 부모에게는 아무런 언급도 하지 않았다. 학교측은 이렇게 승민이의 죽음을 철저하게 외면했다(시사저널, 2012.07.31).

〈대구 중학생이 남긴 유서〉

제가 그동안 말을 못했지만, 매일 라면이 없어지고, 먹을 게 없어지고, 갖가지가 없어진 이유가 있어요. 제 친구들이라고 했는데 ○○○하고 ○○○이라는 애들이 매일 우리 집에 와서 절 괴롭혔어요. 매일 라면을 먹거나 가져가고 쌀국수나, 용가리, 만두, 스프, 과자, 커피, 견과류, 치즈 같은 걸 매일 먹거나 가져갔어요.

3월 중순에 ○○○라는 애가 같이 게임을 키우자고 했는데 협박을 하더라구요. 그래서 제가 그때부터 매일 컴퓨터를 많이 하게 된 거에요. 그리고 그 게임에 쓴다고 제 통장의 돈까지 가져갔고, 매일 돈을 달라고 했어요. 그래서 제 등수는 떨어지고, 2학기 때쯤 제가 일하면서 돈을 벌었어요. (그 친구들이) 계속 돈을 달라고 해서 엄마한테 매일 돈을 달라고 했어요. 날이 갈수록 더 심해지고 담배도 피우게 하고 오만 심부름과 숙제를 시키고, 빵까지 써줬어요. 게다가 매일 우리 집에 와서 때리고 나중에는 ○○○이라는 애하고 같이 저를 괴롭혔어요.

키우라는 양은 더 늘고, 때리는 양도 늘고, 수업시간에는 공부하지 말고, 시험문제 다 찍고, 돈벌라 하고, 물로 고문하고, 모욕을 하고, 단소로 때리고, 우리가족을 욕하고, 문제집을 공부 못하도록 다 가져가고, 학교에서도 몰래 때리고, 온갖 심부름과 숙제를 시키는 등 그런 짓을 했어요.

12월에 들어서 자살하자고 몇 번이나 결심을 했는데 그때마다 엄마, 아빠가 생각나서 저를 막았어요. 그런데 날이 갈수록 심해지자 저도 정말 미치겠어요. 또 밀레 옷을 사라고 해서 자기가 가져가고, 매일 나는 그 녀석들 때문에 엄마한테 돈 달라하고, 화내고, 매일 게임하고, 공부 안하고, 말도 안 듣고 뭘 사달라는 등 계속 불효만 했어요.

전 너무 무서웠고 한편으로는 엄마에게 너무 죄송했어요. 하지만 내가 사는 유일한 이유는 우리가족이었기에 쉽게 죽지는 못했어요. 시간이 지날수록 제 몸은 성치 않아서 매일 피곤했고, 상처도 잘 낫지 않고, 병도 잘 낫지 않았어요. 또 요즘 들어 엄마한테 전화해서 언제 오냐는 전화를 했을 거예요. 그 녀석들이 저한테 시켜서 엄마가 언제 오냐고 물은 다음 오시기 전에 나갔어요.

저, 진짜 죄송해요. 물론 이 방법이 가장 불효이기도 하지만 제가 이대로 계속 살아있으면 오히려 살면서 더 불효를 끼칠 것 같아요. 남한테 말하려고 했지만 협박을 했어요. 자세한 이야기는 내일쯤에 ○○○이나 ○○○이란 애들이 자세하게 설명해줄 거예요.

오늘은 12월 19일, 그 녀석들은 저에게 라디오를 들게 해서 무릎을 꿇리고 벌을 세웠어요. 그리고 5시 20분쯤 그 녀석들은 저를 피아노 의자에 엎드려놓고 손을 봉쇄한 다음 무차별적으로 저를 구타했어요. 또 제 몸에 칼등을 새기려고 했을 때 실패하자 제 오른쪽 팔에 불을 붙이려고 했어요. 그리고 할머니 칠순잔치 사진을 보고 우리 가족들을 욕했어요. 저는 참아보려 했는데 그럴 수가 없었어요. 걔들이 나가고 난 뒤, 저는 제 자신이 비통했어요. 사실 알고 보면 매일 화내시지만 마음씨 착한 우리아빠, 나에게 베푸는 건 아낌도 없는 우리엄마, 나에게 잘 대해주는 우리 형을 둔 저는 정말 운이 좋은 거예요.

제가 일찍 철들지만 않았어도 저는 아마 여기 없었을 거예요. 매일 장난기 심하게 하고 철이 안 든 척 했지만, 속으로는 무엇보다 우리 가족을 사랑했어요. 아마 제가하는 일은 엄청 큰 불효인지도 몰라요. 집에 먹을 게 없어졌거나 게임을 너무 많이 한다고 혼내실 때, 부모님을 원망하기보단 그 녀석들에게 당하고 살며 효도도 한 번도 안 한 제가 너무 얄밉고 원망스러웠어요. 제 이야기는 다 끝이 났네요. 그리고 마지막 부탁인데, 그 녀석들은 저희 집 도어키 번호를 알고 있어요. 우리 집 도어키 번호 좀 바꿔주세요. 저는 먼저 가서 100년이든 1000년이든 저희 가족을 기다릴게요.

12월 19일 전 엄마한테 무지하게 혼났어요. 저로서는 억울했지만 엄마를 원망하지는 않았어요. 그리고 그 녀석들은 그날 짜증난다며 제 영어자습서를 찢고 3학년 때 수업하지 말라고 ○○○은 한문, ○○○는 수학 책을 가져갔어요. 그리고 그날 제 라디오 선을 뽑아 제 목에 묶고 끌고 다니면서 떨어진 부스러기를 주워 먹으라 하였고, 5시 20분쯤부터는 아까 한 이야기와 똑같아요.

저는 정말 엄마한테 죄송해서 자살도 하지 않았어요. 어제(12월 19일) 혼날 때의 엄마의 모습은 절 혼내고 계셨지만 속으로는 저를 걱정하시더라고요. 저는 그냥 부모님한테나 선생님, 경찰 등에게 도움을 구하려 했지만, 걔들의 보복이 너무 두려웠어요. 대부분의 학교친구들은 저에게 잘 대해줬어요. 예를 들면 ○○○, ○○○, ○○○, ○○○, ○○○, ○○○, ○○○, ○○○, ○○○, ○○○, ○○○, ○○○, ○○○, ○○○, ○○○, ○○○ 등 솔직히 거의 모두가 저에게 잘해줬다고 해도 과언은 아니에요. 저는 매일매일 가족들 몰래 제 몸의 수많은 멍들을 보면서 한탄했어요.

항상 저를 아껴주시고 가끔 저에게 용돈도 주시는 아빠, 고맙습니다. 매일 제가 불효를 했지만 웃으면서 넘어가 주시고, 저를 너무나 잘 생각해주시는 엄마, 사랑합니다. 항상 그 녀석들이 먹을 걸 다 먹어도 나를 용서해주고, 나에게 잘해주던 우리 형, 고마워. 그리고 항상 나에게 잘 대해주던 내 친구들, 고마워. 또 학교에서 잘하는 게 없던 저를 잘 격려해주시는 선생님들, 감사합니다.

* 저희 집 도어키 번호를 바꿔주세요. 걔들이 알고 있어서 또 문 열고 저희 집에 들어올지도 몰라요.

모두들 안녕히 계세요.

아빠 매일 공부 안 하고 화만 내는 제가 걱정되셨죠? 죄송해요. 엄마 친구 데려온답시고 먹을 걸 먹게 해준 제가 바보스러웠죠? 죄송해요. 형, 매일 내가 얄밉게 굴고 짜증나게 했지? 미안해. 하지만, 내가 그런 이유는 제가 그러고 싶어서 그런 게 아니란 걸 앞에서 밝혔으니 전 이제 여한이 없어요. 저는 원래 제가 진실을 말해서 우리 가족들과 행복하게 사는 게 꿈이었지만 제가 진실을 말해서 억울함과 우리가족 간의 오해와 다툼이 없어진 대신, 제 인생 아니 제 모든 것들을 포기했네요. 더 이상 가족들을 못 본다는 생각에 슬프지만 저는 오히려 그간의 오해가 다 풀려서 후련하기도 해요. 우리가족들, 제가 이제 앞으로 없어도 제 걱정 없이 앞으로 잘 살아가기를 빌게요.

저의 가족들이 행복하다면 저도 분명 행복할 거예요. 걱정하거나 슬퍼하지 마세요. 언젠가 우리는 한 곳에서 다시 만날 거예요. 아마도 저는 좋은 곳은 못갈 거 같지만 우리가족들은 꼭 좋은 곳을 갔으면 좋겠네요. 매일 남몰래 울고 제가 한 짓도 아닌데 억울하게 꾸중을 듣고 매일 맞던 시절을 끝내는 대신 가족들을 볼 수가 없다는 생각에 벌써부터 눈물이 앞을 가리네요. 그리고 제가 없다고 해서 슬퍼하시거나 저처럼 죽지 마세요. 저의 가족들이 슬프다면 저도 분명히 슬플 거예요. 부디 제가 없어도 행복하길 빌게요.

- 우리 가족을 너무나 사랑하는 막내 ○○○ 올림

P.S. 부모님께 한 번도 진지하게 사랑한다는 말 못 전했지만 지금 전할게요.

엄마, 아빠 사랑해요!!!!

(6) 지적장애피해자

① 지적 수준

지적 장애[70]는 지능 70 이하로 아동기에 진단이 내려진다. 지적장애는 지능 55~70인 경도(85% 이상), 지능 40~55인 중등도(10%), 지능 24~40인 중도(3~4%), 지능 25 이하인 최중도(1~2%)로 구분된다. 대체로 지적 장애인은 비장애인들보다 자연본성적인 '규범'과 '문명'적인 행동을 하는데 있어서 부담을 적게 받는다는 차이가 있으며, 감각·인지·운동 등 행동 면에서 제약이 자주 일어난다.

경도	• 심리사회적인 행동이나 성 행동이 보통사람들과 유사한 모습을 보인다. • 감각운동의 분야에서는 지체현상을 보이지 않는다. • 전체인구의 대다수에 해당되는 보통사람들과 유사한 방식으로 자신의 성적 충동이나 흥분, 욕망 등을 탐색하고 조정하며 또 적응해나가고 있다. • 일상생활에서 의사교환이 가능할 정도로 언어능력이 발달하기 때문에 성교육이나 성상담 및 성치료과정에서 언어적으로 소통할 수 있는 능력이 충분하다. • 성교육이나 성상담 및 성치료기법에 의하여 성적 학대로부터 자신을 보호하는 것을 비롯하여 기본적인 종족보존의 과정을 이해하는 것 등 적절한 적응기술을 발달시킬 수 있는 능력이 있다. • 교육적인 차원에서는 교육이 가능하다고 표현된다. • 특별한 도움을 받지 않고도 10대 말경에는 초등학교 6학년 수준까지의 학습단계를 마칠 수 있으며, 특별한 훈련과정을 거칠 때 그 이상의 학업성취도 가능하다. • 지속적인 교육과 훈련을 통하여 성년기에는 사회적인 적응은 물론 직업적으로 적응시키는 것도 가능하다.
중등도	• 언어 발달의 장애를 보이므로 기본적인 의사소통이 어려운 편이다. • 성교육이나 성상담 및 치료과정에 언어적으로 반응할 수도 있지만, 효과적이기 위해서는 행동수정 기법이 필요할 수 있다. • 지적 수준이 심할수록 성적 성숙이 늦을 가능성이 높은 편인데, 특히 경도 상태가 아닌 지적 장애인들은 사춘기 개시가, 즉 그들의 이차적인 성적 특징의 발달이 또래들에 비하여 늦게 나타날 수 있다. • 심리사회적인 행동이나 성 행동을 적응의 차원에서 쉽게 이해시키기 어렵다. • 일차적인 보상이나 강화(reinforcement)수준에 의한 행동통제가 훨씬 수월하게 이루어진다. • 경도 상태의 지적 장애인보다는 못하지만, 교육과 훈련에 의해 어느 정도 성적 학대로부터의 보호 및 종족보존의 과정을 이해시키는 것이 가능하다. • 교육적인 차원에서는 훈련이 가능하다는 범주로 구분된다.

---

70 영어에서는 mental deficiency에서 mental retardation으로, 그리고 with mental retardation으로 진행되어 왔다. 즉, 전인적 '지적 결함 또는 정신박약에서 전인적 '정신(지적)지체'로, 또 수반된 '정신(지적)지체'라는 생각으로 변화해 왔다, 독일이나 일본에서도 '정신박약'에서 '지혜지체' 또는 '정신지체', '지적장애' 등으로 부르게 되었다.

중도	• 성적 충동을 조절할 수 있는 능력이 매우 부족하다. • 적응의 차원에서 심리 사회적인 행동이나 성 행동을 거의 발달시킬 수 없는 상태에 해당된다. • 성행동의 결과를 미리 알아차릴 수 있는 능력에 한계가 있기 때문에 성행동도 거의 본능적인 차원에서 나타난다. • 기본적인 사회규범을 이해시키는 것도 거의 불가능에 가까운데, 예를 들면, 특히 공적인 장소와 사적인 장소에서 적절하게 처신해야 하는 규범을 이해시키는 것이 거의 불가능하다. • 언어능력이 심각할 정도로 장애를 보인다. • 이들에게서 행동의 변화가 나타나도록 하기 위하여 훈련시키는 기법들 중에서 행동수정기법이 가장 효과적이다. • 교육적인 차원에서 훈련이 불가능하고 보호를 받아야 한다고 표현한다. • 이들은 언어적인 의사교환이 어려워 성교육을 통한 효과를 기대하려면 반드시 그림이나 사진 등이 포함된 기자재를 사용해야 한다.
최중도	• 기초적인 욕구를 충족시켜 주어야 기본적인 기능이 가능하다. • 감각이나 운동 영역에서도 최소한의 능력만 나타나는 등 자신의 주변환경에 대한 적응 행동은 거의 보이지 않는다. • 어떤 자극이나 사건, 영향에 대한 기본적인 반응은 충동적이다. • 언어능력의 발달이 매우 심각한 상태에 해당된다. • 적응기술을 가르쳐도 최소한의 것만을 알아차린다. • 성행동의 결과를 미리 알아차릴 수 있는 능력에 한계가 있으며, 성행동이 거의 본능적인 차원에서만 나타난다. • 자기 자신을 자극하는 방식으로 쾌락을 추구하는 행위가 빈번하게 나타난다. • 자위행위가 유해하거나 과도한 방식으로 자주 나타난다. • 그들에게서 행동의 변화가 나타나도록 하기 위해서는 반드시 행동수정기법 등을 적용시켜야 한다. • 교육적인 차원에서는 교육이 불가능하고 전적으로 의존한다고 표현한다. • 언어를 토대로 한 의사교환이 불가능하며, 그림이나 사진 등이 포함된 기자재를 사용해도 교육의 효과를 기대하기 힘들다.

출처 : 윤가현(2002).

② 성적 특성

지적인 수준이 낮다고 해서 성적으로 미성숙하다는 것은 잘못된 관념으로, 지적 장애인도 리비도와 성욕이 정상적으로 발달하기 때문에 비장애인과 다르지 않으며, 결혼을 하거나 부모가 될 수 있는 권리도 인정되는 추세이다. 물론 지적 장애가 심한 경우에는 상당한 훈련과 성교육이 제공되어야 한다. 이들이 표현하는 성행동의 적절성 여부는 대부분 사적인 공간을 제대로 이해한 상태인가에 달려 있다. 아직도 많은 사람들은 지적 장애인들이 아동의 수준에 머물러 있기 때문에 아동처럼 취급해도 무방하며, 그들의 성적 욕구는 부적절하기 때문에 함부로 발산되지 않도록 해야 하고, 임신되지 않도록 해야 된다고 믿는다.

지적 장애인들에게 어떤 성적 권리가 있는지에 대한 의견들을 보면, 성관계를 포함하여 인간관계를 형성하고 유지시킬 수 있어야 하며, 성적인 표현을 할 수 있는 권리, 가치와 기술 발달영역도 포함된 상태에서 인간관계 및 성에 관한 교육을 받을 권리, 자신의 가치를 선택할 수 있고 사적인 생활을 보호받을 권리, 결혼과 자녀를 선택하거나 가질 권리, 성적인 건강을 유지하기 위한 예방이나 치료를 받을 권리 등이 있다.

지적 장애인이라도 서로 동의하는 상태에서 다른 성인과의 성관계를 시도할 권리 및 그러한 성 관계를 거절할 수 있는 권리가 주어져야 하며, 또한 그러한 결정과 변별을 할 수 있는 능력을 키워주어야 한다. 사회적 기능이 심하게 손상되지 않았고 사적인 상황에서 의미있는 동의 또는 법적인 범주를 벗어나지 않는 상태에서는 지적 장애인에게도 성관계를 가질 권리가 보장되어야 한다.

지적 장애를 가진 여성들은 대부분 남성과의 관계가 이루어지지 않는 상태에서 자율적으로 자신의 성을 표현하는 경우가 매우 드물고 대다수는 남성이 성적인 접근을 시도할 경우에만 수동적으로 응할 뿐 자위행위 등을 거의 시도하지 않는 편이다. 또한 이들에게 성행위란 남성 성기가 여성 성기에 삽입되는 것에만 초점을 맞추고 있기 때문에 자발적으로 애무나 키스, 신체적 접촉 등과 같은 전희를 먼저 하는 경우가 없고 단지 남성이 시키는 대로 성행위를 하게 된다. 그래서 지적 장애를 가진 여성들은 성행위를 통해서 쾌락을 얻는 경우가 매우 드물며, 성생활을 추상적으로 상상하는 일이 어렵기 때문에 성행위 중 고통이나 불편함에 대하여도 전혀 불평하지 않고 수용하게 된다.

③ 동의여부

지적 장애인의 성관계에 있어서 법적으로 문제가 되는 것은 '서로 동의(consent)를 한 상태' 였는가이다. 동의에 대한 기준은 기본적으로 세 가지 요소가 포함이 된다. 첫째, 자신이 연루된 행위의 본질 및 그 결과를 알고 있는가 등 상황을 파악할 수 있는 정보 또는 지식(knowledge) 여부에 따라서 해석이 다르다. 둘째, 행위로부터의 초래되는 이익(이득)이나 불이익(위험)을 인식하고 판단할 수 있는 능력인 지능(intelligence)의 수준이다. 셋째, 성행위의 시도 및 중단을 비합리적인 강제성없이 자유롭게 결정할 것인가의 자발성(voluntariness)이다.

이 기준으로 '동의하지 않은 상태의 성행위'를 보면, 첫째, 언어적으로나 비언어적인 행동으로 거부의사를 상대방에게 표시했음에도 불구하고 강제로 발생한 성관계, 둘째, 적절한 결정을 할 수 있을 정도가 아닌 상태의 지적 장애인과 동의한 상태에서 발생한 성관계, 셋째, 법적으로 미성년자와 금지된 성관계이다.

Olde Loohuis(1994)는 지적 장애인을 조력하는 정신건강심리사들에게 '동의하지 않은 성관계'를 암시하는 신호들을 주의깊게 살펴보아야 한다고 다음과 같이 조언한다.

- '불결한', '나쁜', '다르다'라는 것에 대한 감정 : 이 세상에는 어떤 다른 것도 이것처럼 끔찍한 것은 없다, 자신이 폭력의 대상이 되고 다른 영역에서도 마찬가지로 학대의 대상이 되는 것
- 인간관계에서의 문제점 : 어떤 좋은 관계를 맺을 수 없는 것, 고립을 확대시켜서 부정적인 반응들을 일으키게 하는 이상행동, 외로움, 등교거부하기, 도피하기, 집에서 가출하기, 한쪽 구석에서 멀리 서 있기(종종 비밀스러운 행동과 관련됨), 집중력의 문제
- 학습된 무기력 : 자신을 지나치게 무력하게 느끼는 것, 피해자 역할로 머무르기, 열등감, 죄책감, 부정적인 자아상, 인지적 수준에 비해 낮은 자존감, 우울함, 혼란스러움, 기숙하고 있는 장애인을 집으로 보낸다고 위협함, 그룹지도교사에 대한 강한 의존감
- 지나치게 억제하는 태도 : 감정을 무덤덤하게 말하기, 모든 표현과 감정들을 억제하기, 자기감정에 대해 낯설어하기, 항상 경계하기, 일어난 일에 대해 지나치게 통제하기
- 부정적인 신체적 경험 : 긴장된 신체적 행동, 판자처럼 굳어 있기, 스킨십에 대한 불안감, 자신을 숨기기, 옷을 벗지 않으려고 하는 것, 옷 갈아입는 것에 대한 두려움
- 지속적인 신체적 통증 : 수면장애, 피로, 두통, 복통, 생리통 등 호소, 섭식문제, 구역질하기, 토하기, 자주 나타나는 방광염, 요도감염, 이불에 오줌싸기
- 자해행동 : 자살기도, 자기자해, 긁기, 느끼지 못하는 것, 통증도 느끼지 못함, 중독(담배, 알코올, 마약 또는 신경안정제), 파괴행동
- 두려움 : 공포증, 의심하기, 불신감, 환상, 다른 사람들이 한 개인에 대해 말한다고 느끼거나 또는 어느 누구도 신뢰할 수 없다는 느낌, 어느 누구에게도 소속되어 있지 않다고 느낌, 관계에 대한 불신, 남자에 대한 두려움, 악몽부터 절도행위까지 모든 생활영역에서 갑자기 나타나거나 또는 설명할 수 없는 행동의 변화, 귀가하지 않으려고 함, 종종 광란의 주말보내기
- 성체험에 대한 문제 : 사랑이나 애정행위를 수용하는데 어려움이 있음, 성관계에서 자주 고통을 느낌, 성관계를 종종 관심과 온정을 얻기 위한 유일한 방식으로 여김, 성적인 행동에 습관화되어 있거나 또는 지나치게 이에 대해 무력한 상태
- 두드러진 여성병의 고통이나 상처가 있음 : 성병, 30대 이전에 잦은 낙태

Leslie Walker-Hirsch(1999)는 지적장애인의 성관계에서 동의여부를 평가할 때 정신건강 심리사들이 지적장애인을 면담 시 피해자에게 확인해야 할 사항들을 다음과 같이 제시하고 있다.

확인해야 할 사항	평가
• 법률적으로 성인의 범주에 해당하는가?	
• 사람, 시간, 장소, 사건 등에 대해 아는가?	
• 성적 활동에 대한 기초 지식을 소유하고 있는가?	
• 성적 활동을 안전하게 하는 기술을 가지고 있는가?	
• 임신에 대한 물리적 책임과 법적 책임을 이해하는가?	
• 성병에 대해 그리고 그것을 피하는 방법에 대해 아는가?	
• 잘못된 성적 행동들에 관한 법적 함의를 알고 있음을 보여주는가?	

- 다른 사람들의 권리가 침해되는 때를 알아낼 수 있는가?
- 다른 사람이 '아니요'라고 하는 말이 그만하라는 의미라는 것을 아는가?
- 시간과 장소에 따라 적절한 때에 성적 제안을 할 줄 아는가?
- 자신의 장애를 파트너가 이용하도록 허용하지 않을 수 있는가?
- 양쪽이 똑같은 성적 활동에 동의하는 때를 아는가?
- '아니요'라고 말할 수 있거나 다른 사람의 착취를 방어할 수 있는가?
- 인생 경험들에 대한 이해할만한 반응들을 보여주는가?
- 성적 활동을 하기로 선택하는 의사결정 과정을 묘사할 수 있는가?
- 진실, 환상, 거짓을 구별하는 능력을 가지고 있는가?
- 개인의 가치표현을 포함하는 추론과정을 가지고 있는가?
- 재판과정과 관련된 선택을 이성적으로 할 수 있는가?
- 다른 사람들이 구어와 비구어 모두로 표현한 느낌을 알아채고 인식할 수 있는가?
- 실제적이거나 제안된 성적 상황과 일치하는 감정을 표현하는가?
- 성적 착취로부터 자신을 보호하기 위하여 원치 않은 제안이나 침입을 거절할 수 있는가?
- 친밀한 행동을 하기 위한 사적인 방이나 영역을 찾아내서 사용할 줄 아는가?
- 원치 않은 제안이나 학대에 도움을 요청하거나 보고할 수 있는가?
- 위험이 적고 좀 더 적절하거나 아니면 동의를 요구하지 않는 여러 방식들로 더 잘 충족될 수 있는 욕구를 충족시키기 위하여 위험이 많거나 부적절한 성적 활동을 거절할 수 있는가?

④ 회복방법

지적 장애인이 성폭행을 당한 것을 알게 된 경우 정신건강심리사는 우선 중립의 마음으로 침착함을 유지하는 것이 필요하다. 자칫 피해자보다 더 분노 등의 행동을 하게 되면, 오히려 피해자에게 더 깊은 상처를 줄 수 있다. 성폭력 당한 피해자가 회상에서 시달리지 않도록 피해자를 안전하게 보호할 수 있는 다른 장소를 찾아 가해자로부터 멀리 떨어지게 하여야 한다. 특히 가해자가 시설종사자 또는 보호자 등일 경우에는 신뢰관계를 형성하기가 더욱 어렵지만, 정신건강심리사들은 피해자가 믿을 수 있도록 인내심을 가지고 피해자를 진지하게 받아들여야 하며, 무엇보다도 피해자가 긍정적인 경험을 할 수 있도록 심리상담을 제공하고 자존감을 높여 정상적인 일상생활에 복귀할 수 있도록 도와야 한다. Olde Loohuis(1994)는 성폭력 피해를 입은 지적 장애인에 대한 조치를 시간적인 단계로 나누어 제시하고 있다.

성폭행 지적장애 피해자에 대한 조치단계	
1단계 안정단계 / 기다리는 단계	성폭력에 대한 조치를 실제적인 행동으로 시작할 때는 우선 기다려야 한다. 정신건강심리사는 어떤 치료적인 과정들이 진행될 것인지 그리고 지적 장애인이 원하지 않는 것은 일어나지 않을 것이라는 것에 대해 그들에서 설명해야 한다. 정신건강심리사는 이러한 치료 과정들을 진행하기 위해서는 가능한 한 지적장애인의 동의를 얻어야 하고, 이를 매우 분명히 해야 한다. 정신건강심리사는 지적장애인의 경계선을 어떠한 경우에도 간과해서 진행하지 않아야 한다. → 이 단계에서 다루어지는 심리운동치료의 주제 : 안정감 주기, 경계선 지키기, 권한 주기
2단계 극복단계 / 갈등단계	이 단계에서 정신건강심리사는 다양한 감정들과 치료영역의 내용들을 자주 점검해야 한다. 죄책감, 불안, 우울감, 부정적인 신체상과 자아상, 억압된 분노 그리고 적대감, 무력감, 신뢰감 상실, 경계선 넘어서기와 역할혼동, 외형적인 성인, 무능력감, 발달과업 충족시키기, 자기결정과 자기통제 등과 같은 다양한 주제들이 다루어질 수 있다. → 이 단계에서 다루어지는 심리운동치료의 주제 : 경계에 대한 방어, 자신에게 다가가기, 다른 사람에게 다가가기
3단계 역행(신뢰감회복)단계 자신과의 내면적 상호작용단계	무엇보다도 중증 지적장애인 또는 중도 지적장애인을 위해서는 성적인 형태가 아닌 예를 들면, 이리저리 움직이기, 무릎에 앉기, 돌아다니기 등과 같은 기본적인 욕구들을 이해시키는 것이 중요하다. 작은 움직임의 활동들을 이 단계에서 실행한다. 정신건강심리사는 지적장애인의 비언어적인 암시적 신호에 대해 가장 주의 깊은 관심을 가져야 한다. 지적장애인이 무엇인가를 원하지 않거나 또는 불편하게 느낀다는 것이 조금이라도 의심이 든다면, 정신건강심리사는 이에 대한 적절한 행동으로 대처해야 한다. 이 단계에서 정신건강심리사는 지적장애인이 자신의 몸에 대해 다시 신뢰감을 얻고 움직이도록 자극을 줄 수 있어야 한다. 이 단계에서는 경도 또는 아주 경증의 지적장애인이 자신의 몸에 대한 신뢰감(내적 상호작용단계)을 얻을 수 있도록 실행하는 것이 목표가 된다. → 이 단계에서 다루어지는 심리운동치료의 주제 : 자기 몸 인식하기, 몸 관리하기, 지원요청과 도움받기, 경험 극복하기
4단계 자율단계	신체적인 활동에 대한 즐거움과 신체적인 접촉에서의 경계에 대한 탐색들은 이 단계에서 정신건강심리사로부터 벗어나는 가장 중요한 핵심이다. 종종 정신건강심리사가 치료 시작시에 도와줄 수 있는 다른 새로운 활동들을 정신건강심리사들과 함께 실행해볼 수 있다. 많은 지적장애인들은 그룹상황 속으로 자기 경험들을 적응시키거나 그리고 안내에 따라 긍정적인 관계를 형성하는데 도움이 될 수 있다. → 이 단계에서 다루어지는 심리운동치료의 주제 : 자립심 키우기, 작별하기

출처 : 김영숙 역(Erik Bosch 저) 2010:210~213.

제 2 장 재난재해

1. 개요

재난(disaster)[71]에 대해 UN은 정상적인 생활영위의 불가능성과 재난의 예측불가능성에 초점을 맞추어 "사회적 기본조직 및 정상기능을 와해시키는 갑작스러운 사건이나 큰 재해로서 그 영향을 받은 사회가 외부의 도움이 없이는 극복할 수 없고, 정상적인 능력으로 처리할 수 없는 재산, 사회간접시설, 생활수단의 피해를 일으키는 단일 또는 일련의 사건"이라고 정의한다. 재난은 크게 자연현상으로 인한 자연재난(태풍, 홍수, 호우, 강풍, 풍랑, 해일, 대설, 낙뢰, 가뭄, 지진, 황사, 조류대발생 등)과 사회재난으로 구분하는데, 사회재난은 인간의 실수로 유발된 인적 재난(화재, 붕괴, 폭발, 교통사고, 화생방사고, 환경오염사고 등)과 국가기반체계의 마비 또는 전염병 확산 등으로 발생하는 피해인 사회적 재난(에너지, 통신, 교통, 금융, 의료, 수도 등)으로 구분된다.

│Anesth의 재난분류│

대분류	세분류	재해의 종류
자연재해	기후성 재해	태풍
	지진성 재해	지진, 화산폭발, 해일
인위재해	사고성 재해	• 교통사고(자동차, 철도, 항공, 선박사고) • 산업사고(건축물 붕괴) • 폭발사고(갱도, 가스, 화학, 폭발물) • 생물학적 재해(박테리아, 바이러스, 독혈증) • 화학적 재해(부식성물질, 유독물질) • 방사능재해
	계획적 재해	테러, 폭동, 전쟁

---

[71] 재해 또는 재난(disaster)의 어원을 분석하면, dis는 불일치의 뜻이며, aster는 라틴어로 astrum 또는 star라는 의미로, 재해는 '별의 배열이 맞지 않아 생기는 재앙(calamity)'이라는 뜻이다. 어원분석을 통해 볼 때, 과거에는 재해 또는 재난(disaster)은 광범위한 지역에 걸쳐 일어나는 자연재해를 지칭하는 것이었으나, 현대사회에서는 대규모의 인위적 사고의 결과가 자연재해를 능가함에 따라 Disaster는 자연재해와 인위재난을 포괄하는 개념으로 받아들여지게 되었다. 물리적 관점에서는 재난을 재산피해와 인명피해의 정도에 초점을 맞추어 정의하고 사회적 관점에서 재난은 '재난으로 인한 그 지역사회의 충격과 혼란상태'를 중요시한다(박찬석, 2015:2~3).

재난 등과 같은 사고의 원인은 인적 요인(human factor)과 물적 요인(mechanical factor), 환경요인(environmental factor)으로 구분할 수 있는데, Heinrich(1980)는 사고의 88%는 인적 요인(연령, 성별, 태도 및 심리적인 상태, 행동의 특성차이 등)에 기인하고, 나머지 10%가 불완전한 물적 요인에 의한 것이며, 불가항력으로 인한 것은 단지 2%에 불과하다고 하였다. 그는 사고 발생은 사회적 환경과 유전적 요인(기초원인 : 간접) → 개인의 성격상의 결함(2차원인 : 간접) → 불안전한 행동과 불안전한 상태(1차원인 : 직접) → 사고(재해)의 발생 → 인명의 피해와 재산의 손실이라는 연쇄적인 도미노 형태로 나타난다고 하였는데, 이는 위 순서에서 하나의 요인이라도 제거하면 연쇄적 진행은 저지할 수 있기 때문에 재난이 일어나지 않는 것이다. 5단계 도미노 형태에서 제거할 수 있는 요소는 '불안전한 행동과 불안전한 상태'이다. Bird는 관리자의 통제의 부족 → 개인의 지식 및 기능의 부족(기본원인) → 불안전한 행동과 불안전한 상태(직접-징후) → 사고(재해)의 발생 → 인명의 피해와 재산의 손실이라고 하였는데, Heinrich이론과 다른 점은 Heinrich는 직접 원인만 제거하면 재난이 일어나지 않는다고 하였으나, Bird는 직접적 원인과 더불어 기본원인까지 제거하여야 재난이 일어나지 않는다고 하였다. 사고의 직접적인 원인이 되는 불안전한 상태란 인적·물적 요인에 의하여 이미 조성되어 있는 제반 위험한 환경을 말하며, 불안전한 행동이란 주의력이 산만하거나 의식수준이 낮은 사람들에 의한 행동으로 인하여 자타가 위험에 노출되는 것을 말한다. 그 밖에 사고의 인간적 요소로는 안전 의식 부족, 훈련미숙, 불충분한 교육, 질병, 스트레스, 피로누적 등이 있다.

| 인간의 심리적인 결함 |

유형	내용
장면행동	어떤 방향으로 강한 욕구가 있으면 그 방향으로 직진하는 행동
주연동작	어떤 일에 집중하고 습관적으로 동작하는 행동시 다른 동작이 끼어드는 것
걱정거리	작업에 대한 주의력의 작용을 자주 중단시키는 요소
습관적 행동	다른 일을 하던 중 의식하지 못하고 하는 습관적 행동
위험감각	작업의 위험성을 감각적으로 받아들이는 정도
초조반응	작업시 성급한 마음으로 판단없이 행동
지름길반응	작업규칙을 지키지 않고 빨리 작업을 마치려고 하는 것
생략행위	작업시작 전 안전점검의 생략, 규정된 작업용구를 사용하지 않고 임시변통해서 사용, 보호구 미착용, 작업순서의 생략, 가정에서 냄비 받침대를 사용하지 않고 신문 또는 책 위에 뜨거운 냄비를 올려 놓는 일 등
억측판단	자기 멋대로 주관적인 판단이나 희망적인 관찰에 기인해서 이것으로 충분하다고 확인하지 않고 행동하는 것
착각	어떤 특정한 상황에서 특정한 심리상태가 되어서 잘못된 행동을 하는 경우
미숙련	작업지식이 부족하고 경험이 적은 경우

재난시에 피해자의 범위는 다양하며 사망자, 신체적 부상을 당한 사람, 정신적 피해를 입은 사람을 포함하고, 넓은 의미로는 다양한 재난의 종류에 연관되어 각 분야의 피해를 입은 사람을 모두 포함할 수 있다. 재난관리의 궁극적인 목표 중 하나는 인명피해를 줄이는 것이며, 다른 내용은 인명피해 감소를 위한 노력이 대부분일 것이므로, 피해자에 대한 이해가 매우 중요하다(박찬석, 2015:31).

특히, 재난시 여성들이 생물적·신체적, 사회적, 경제적, 환경적, 제도적 차원에서 취약성을 더 경험하게 된다(Birkmann, 2013:26~31). 재난이 발생하면 상당수의 피해자가 여성인 경우가 많은데(Peterson, 2008), 재난시 여성의 경우 임신이나 수유 등에 필요한 식량 및 식수의 요구가 더 필요함에도 이를 구하기 위한 이동성은 낮으며, 여성 고유의 신체적 불안정과 다양한 신체적 학대를 겪을 가능성이 높기 때문이다. 물질적(경제적)으로 보면, 여성은 낮은 사회경제적 지위에 있는 경우가 많아(이유진, 2013:28), 자원을 확보하기가 더 취약하며, 사회적으로 여성은 양육방식에서 생존에 필요한 능력을 습득할 기회가 부족해서 남성보다 생존능력이 떨어지고, 조직적으로 보면, 여성은 가정과 직장이라는 이중의 부담을 지고 있기 때문에 재난 발생시 가족의 생존을 위한 책임감이 크면서도 피난에 필요한 적절한 수단(교통, 정보, 쉼터)을 소유하지 못한 경우가 많으며(이유진, 2011:12), 심리적으로 재난시 여성들이 더 민감하게 반응한다(권미혁, 2011). 재난을 당한 피해자들이 보이는 반응은 다음과 같다.

| 재난 반응의 단계 |

충격단계	재난 직후의 단계로, 이 시기에 피해자들은 위협 상황을 인식하고 큰 두려움을 경험한다. 위험이 현실화됨에 따라 이것이 '테러 무시하기'로 넘어갈 수 있다. 공격이 갑작스럽게 시작되는 경우 대응할 시간적 여유가 전혀 없다. 이런 때에 종종 정신적 마비 중 하나인 이인화(망연자실함)가 자동적으로 시작되며, 이것이 위기 상황을 지나쳐 갈 수 있도록, 부분적으로는 자신의 고통이나 두려움을 무시할 수 있도록, 그리고 건설적인 활동을 할 수 있도록 피해자를 돕는다.

영웅적 행위 단계	충격단계가 영웅적 행위 단계로 그늘을 드리우면, 재난 피해자들은 보호를 위한 강렬하고 용맹스러운 노력을 기울이기 시작한다. 그것이 누구건 그리고 무엇이건, 이들은 자신이 할 수 있는 모든 것을 실행한다. 종종 열병에 걸린 것 같은 투지와 아드레날린의 도움으로 위기에 대응해 나가며, 평소였다면 생각조차 못했던 다양한 방법으로 마치 전혀 딴 사람이 된 듯이 대담하게 한 번에 수시간 혹은 수일에 걸쳐 쉼 없이 일한다. 그러나 응급 상황이 너무 길게 지속되면 고갈, 좌절 그리고 실망이 이들을 덮쳐 압도해 버릴 수 있는데, 특히 자신의 노력이 헛되이 되었다고 느끼는 경우 더욱 그렇다.

밀월 단계	급성 위험이 가라앉은 뒤 수일에서 수주 후 생존자들은 그들의 벙커로부터 나와 밖을 탐색하며, 이때부터 밀월단계가 시작된다. 생존자들은 재난으로 인해 잃은 것이 무엇인지 조사하고 주위 사람들과 회고담과 다양한 사건 관련 이야기를 주고받으며 시련에서 생존했다는 다행감과 의기양양함을 공유한다. 이들이 경험하는 정서는 죽음과 비극에 대한 반추와 관련된 음울한 애도에서부터 생존자들이 서로를 토닥이고 남아 있는 스낵과 음료를 나눠 먹으며 임박한 구출과 회복 및 재건에 대한 기대감을 나누는 진정한 축제 분위기까지 다양하다.

실망 단계	종종 정부의 약속이 제때에 이행되지 못하곤 한다. 때로는 너무 적거나 너무 늦는 등 성의가 없거나 체계적이지 못하거나 심지어 악용되기도 한다. 안도감을 느끼기 위해 기다려 온 생존자들은 실망의 다음 단계에서 환멸을 느끼고 억울해하기에 이른다. 이 과정에서 줄어드는 자원에 대해 생존자끼리 다툼이 발생하며, 이로 인해 공동체 의식이 흔들리기 시작한다. 울화통이 터져 오르고, 사람에 대해 환멸감을 느끼며, 많은 생존자가 우울 상태에 빠져든다.

재구조화 단계	대부분의 경우 지원 부족 상태가 그렇게 오랫동안 지속되지는 않는다. 재구조화 단계에서 생존자들은 최소한 부분적으로는 자신의 손으로 회복 가능할 수 있음을 깨닫게 된다. 생존자들은 자기 삶의 재건 혹은 제대로 된 구조활동이 시작될 때까지 가능한 한 편안한 상태로 기다리기 위해 단합한다. 약간씩 남아 있는 반감과 억울함이 재구조화를 위한 사람들의 노력을 힘겹게 만들기도 하지만, 대부분의 생존자는 투지를 가지고 미래를 부여잡고 기대감을 잃지 않는다. 많은 경우 개인적 경계가 충분히 안전해졌다고 느끼고 심리적 생존을 위한 무뎌짐을 깨고 진정한 느낌을 경험할 수 있기까지 수개월이 소요되며, 외상 후 스트레스 반응은 그 이후에야 나타나게 된다.

출처 : 김태경 역(2015:385~387).

재난직전까지도 사람들은 바로 발생할 참담한 상황에 대하여 위험성을 크게 느끼지 못하는 경향이 있다. 그래서 재난직후부터 극심한 혼란과 피난본능 등이 발동한다. 재난 피해자들을 위한 인도적 지원센터(Humanitarian Assistance Center) 등을 설치운영할 필요가 있다. 이 센터는 다른 수용시설(경찰재난피해자상황실, 생존자 수용시설, 가족&친구 대기실, 쉼터 등)과는 구별되는데, 즉 피해자들에게 기관협력적인 원스톱 서비스를 제공하는 것이다.

재난을 당한 피해지역 사람들은 우울, 동요, 악몽, 두려움, 의존성 퇴행 등의 급성스트레스 반응을 보일 수 있는데, 이 경우 개인적 차원의 개입만이 아니라 사회공동체 차원의 개입은 중요한 예방적 역할을 한다. 일반적으로 재난 발생 후 3~4일내에 심리적 스트레스가 최고조에 오르게 되는데, 이때 심리치료의 조기개입이 향후 장기 트라우마를 감소시킬 수 있다. 재난 후 일상적인 심리적 안정성을 회복하는 데에는 6일에서 6개월 정도가 소요된다고 하며(최남희, 2006), 사건 직후부터 최소 6개월에서 1년까지 지속적인 관심과 지지가 필요하다고 한다(조현진, 2008). Pynoos와 Nader(1998)는 사건 발생후 4주 정도는 피해가 장기화되는지를 평가하는 중요한 시점으로 1개월 이후에도 지속되면 외상후 스트레스 장애(PTSD)로 발전할 수 있으므로 사건 직후 몇 주 동안의 단기사후관리가 매우 중요하다(오혜영 외, 2012:336).

| 재난경험자의 심리상태 |

일반적 반응		일반적으로 재난 상황을 경험하는 사람들은 다양한 반응을 보인다. 즉, 기억의 재경험, 악몽, 환각의 재현, 정서적인 무감각, 상황에 대한 회피, 과잉 각성과 불안, 심지어 해리반응을 보이기도 한다. 이러한 반응은 정상적인 반응으로서 상당기간 지속되다가 점차 감소된다. 그러나 어떤 사람은 세월이 흘러도 감소되지 않고 지속적으로 심각한 정신적인 고통을 경험하기도 한다.
	감정적 반응	갑작스럽게 발생하는 재난 뿐 아니라 예고되었던 재난인 경우에도 심리적 압박감은 매우 크다. 자기의 생명에 대한 위협을 느낄 뿐 아니라 다른 사람의 죽음을 목격하는 것은 향후 세상을 살아가는 동안에 일어날 수 있는 모든 일에 의구심을 갖도록 하며 자기가 살고 있는 세계가 안전한지 아닌지에 대해서 지속적인 의심을 품도록 한다. 더욱이 가족이나 가까운 사람이 사망했을 경우 그 고통과 두려움은 매우 강력한 스트레스를 일으킨다. • 인간에 대한 신뢰감, 흥미와 의욕들을 상실 • 무력감, 자제력 상실 • 노여움, 분노 • 걱정, 공포, 슬픔, 절망 • 쉽게 울음, 안절부절못함, 좌절

일반적 반응	인지적 반응	재난 상황에서의 외상적 사건을 악몽이니 플래시백(Flashback)현상으로 반복 체험하게 된다. 일상생활에 대한 집중력이 저하되고 과민 반응 시간, 장소, 사람에 대해 분별이 잘 안되거나 혼돈이 있다. • 집중력 손상 • 의사결정능력 상실 • 기억장애 • 혼란, 걱정 • 자존감 저하, 자기비하
	신체적 반응	재난으로 인한 신체적 피로, 감기, 악몽과 불면증에 시달리거나 반대로 잠을 너무 많이 잘 수도 있다. 재난으로 인한 충격과 심리적 손상이 불안, 초조감과 더불어 무의식적으로 신체적인 증상으로 전환되어 마비, 실명, 통증 등으로 표출된다. 이는 미래에 대한 희망이 없는 것 같은 불안과 초조, 지금까지의 긴장과 과로 등이 심신에 부조화를 가져오는 것이다. • 식욕저하 • 성욕저하 • 깜짝 놀라는 반응 • 두통 • 위장문제
	대인관계 반응	괴로운 감정을 잊기 위하여 술, 마약, 과식, 무분별한 성생활에 빠지기도 하고 일에 매달리기도 한다. 대인관계에서 무관심하고 멍한 태도, 문제해결능력과 대응기술의 저하, 대인공포, 성기능장애, 약물의존, 자살 등으로 발전하며 이혼이나 실직 등 일상생활의 파탄을 초래한다. • 불신 – 남을 쉽게 믿으려하지 않는다. • 쉽게 발끈하는 성질을 보인다. • 중요한 사건을 가볍게 보는 경향이 있을 경우 • 사회생활이 위축된다. • 군중이나 낯선 사람에게, 혹은 혼자 있는 것에 대해 두려움을 느낄 경우 • 자신의 의견을 표현하거나 의사소통하는데 어려움이 있다. • 학업이나 업무 성과가 떨어진다. • 갈등(부부 및 대인관계)

[재난사건에 대한 반응]

	인지 반응	감정 반응	신체 반응	행동 반응
일반적 반응	□ 집중력 저하 □ 혼돈 □ 지남력 상실 □ 결단력 장애 □ 기억력 저하/장애 □ 원치 않는 기억들의 반복적인 회상 □ 판단력 저하와 의사결정 능력 상실 □ 사실의 왜곡 □ 자존감 저하 □ 자기 효능감 저하	□ 심리적 충격 □ 압도당한 느낌 □ 우울, 절망감 □ 상실감 □ 자신이나 사랑하는 사람이 해를 당할 것 같은 공포심 □ 감정이 무디어지고 멍해짐 □ 단념과 자포자기 □ 감정의 불확실성 □ 흥분 □ 노여움, 화 □ 슬픔과 죄의식 □ 조급해지며, 자제력이 저하됨 □ 무기력감 □ 삶이 무의미해짐 □ 즐거움의 상실	□ 메스꺼움 □ 현기증 □ 어지러움 □ 위장장애 □ 식욕저하 □ 심장박동의 증가 □ 떨림 □ 두통 □ 이를 갊 □ 피로감 □ 수면장애/불면증 □ 통증 □ 지나친 각성 □ 신경질 □ 면역력 저하 □ 활력저하 □ 놀람 반응	□ 의심 □ 민감해짐 □ 논쟁이 잦아짐 □ 침묵 □ 부적절한 유머 □ 과식 혹은 식사거부 □ 성적인 욕구나 기능의 변화 □ 흡연량 증가 □ 약물 남용 □ 소외감 □ 사회적 위축 □ 사람들 사이의 갈등 증가 □ 작업능력 손상 □ 학업 또는 학습 능력 손상

이상의 반응들은 모든 사람에게 동일하게 나타나는 것은 아니다. 재난의 심각성과 개인적 특성에 따라 이러한 징후는 많은 차이를 보인다. 어떤 사람은 오히려 재난 이후 긍정적인 반응을 보이기도 한다. 큰일에 대처하는 자기의 능력에 만족감을 느끼기도 하고 다른 사람을 돕는 이타적인 자신에게 긍지를 갖는다. 또한 무사히 재난을 넘겼다는 안도감이 보다 적극적으로 생활을 직면하는 능력이 되기도 한다.

연령별 반응	영아 (2세 이전)	말하기 전 어린이가 충격을 겪게 되면 사건이나 자신의 감정을 말로 표현할 수 없다. 그러므로 어떤 사건이 아이에게 얼마만큼 영향을 미쳤는지 또한 측정하기도 쉽지 않다. 그러나 특정한 장면, 소리, 냄새에 대하여 일부 기억을 갖게 된다. 예를 들어, 영아의 경우 충격에 대하여 신경질적인 반응을 보이거나 평상시보다 많이 울거나 안아 달라고 보챌 수 있다. 다음은 외상적 사건을 겪은 영아들에게서 나타나는 다양한 괴로움의 신호들이다. 가. 행동특성 • 충격적 사건의 일부를 놀면서 재연한다. • 몸서리치며 흥분한다. • 과도하게 놀란다. • 신경질적으로 운다. • 수면에 문제가 있다. • 과도한 분리불안을 보인다. • 수동적이고 위축되어 있다.

연령별 반응	영아 (2세 이전)	• 새로운 환경과 새로운 사람을 두려워 한다. • 위협적인 상황에 대면하는 것을 힘들어 한다(특히, 양육자나 부모가 가해자인 경우). • 이전 발달 단계로 퇴행한다(예 걸을 수 있었던 아이가 걷지 못하거나, 배변을 잘하던 아이가 대소변을 가리지 못한다). • 새로운 것을 배우지 못하고 예상되는 발달 과제를 성취하지 못한다. 나. 심리지원 방법 • 양육자가 항상 아이와 함께 있어 준다. • 놀이재연을 통해서 아이의 감정표현을 격려한다. • 언어적, 비언어적인 표현으로 안정시켜주고 신체적인 편안함을 제공한다. • 자주 관심을 보인다. • 아이가 재난 후 공포감 없이 잘 수 있을 때까지 부모와 같은 방에서 자도록 한다.
	유아 (2~6세)	취학 전 어린이들은 엄청난 사건에 직면하게 되면 종종 무기력하게 어찌할 바를 모르게 된다. 이들은 나이가 어리고 체구가 작기 때문에 자신을 보호할 수 있는 능력이 없다. 따라서 아이들은 극도의 두려움과 불안감을 느낀다. 취학 전 아동이 세상을 이해하는 방식은 매우 제한적이기 때문에 아이는 외상적 사건에 대한 단편적인 정보들 사이의 빈 공간을 자신의 상상으로 메워 나간다. 그래서 종종 아동은 사건을 원래와는 달리 왜곡된 형태로 말하거나 기억하는 수가 있다. 따라서 이 연령대 아이들을 다루는 사람들에게는 실제로 아이한테 발생한 일과 아이의 상상 속에서 생겨난 일을 구분해 내는 노력이 필요하다. 취학 전 아동의 인지적 제한점 때문에 보이는 행동의 구체적인 예를 보자. 자동차 사고를 당한 아이는 자동차가 나쁘거나 자신을 싫어해서 혹은 자신을 다치게 하려고 그랬다고 생각한다. 또 다른 예로 만 4세 된 은지의 경우인데, 상황이 여의치 않아 엄마는 은지를 혼자 집에 두고 일하러 나가곤 했다. 엄마는 늘 '엄마가 올 때까지 꼭 집안에서 기다리고 있어야 해'라고 아이한테 당부해 두었기 때문에 은지는 어떤 일이 있더라도 엄마가 올 때까지는 집에서 기다리고 있어야 한다고 생각했다. 그런데 하루는 집에 불이 났다. 아이는 불이 무섭고 두려웠지만, 동시에 불은 엄마를 기다리지 못하게 만드는 나쁜 것으로 밖에 생각되지 않았다. 그래서 은지는 도망하지 않고 집안에서 계속 엄마를 기다렸다. 또한 취학 전 아동들은 사건의 원인과 결과를 연속적인 것으로 보는 경향이 있다. 예를 들어, 아빠가 어제 저녁에 엄마한테 매우 화를 냈고, 그 다음날 엄마가 자동차 사고를 당했다면 아빠가 화가 나서 엄마를 다치게 했다고 생각한다. 아동들은 자신이 믿고 바라면 그 일이 일어난다고 생각하는데, 예를 들어, 동생과 싸우고 동생이 죽었으면 좋겠다고 생각했는데 동생이 정말로 아픈 경우 자신이 동생이 죽었으면 좋겠다고 생각했기 때문에 동생이 아프게 되었다고 믿는다.

연령별 반응	유아 (2~6세)	취학 전 아동들은 세상을 보는 관점이 매우 자기중심적이다. 예를 들어, 아동은 부모가 이혼을 하면 이혼을 한 이유가 자신 때문이라고 생각한다. 충격적인 사건 후 몇 주가 지나면 취학 전 어린이의 놀이에서 사건과 관련된 측면이 나타날 수 있다. 재난상황에 있어서 유아는 다음과 같은 행동특성을 보인다. 가. 행동특성 • 파괴와 죽음이 영구적이란 것을 이해할 수 없다. • 죽음은 되돌릴 수 있는 것이라고 생각한다. • 재난이 자신의 탓으로 생각하고 스스로를 비난할 수도 있다. • 불안해하고 양육자에게 매달리거나 떨어지지 않으려 한다. • 공격적으로 논다. • 반복적으로 같은 방식으로 논다. • 말로는 재미있다고 해도 씰쭉거리거나 화를 내는 등 재미가 없어 보인다. • 만일 부모를 잃었다면 그 아이는 특별히 취약하다. • 일반적 반응으로 퇴행 행동을 보일 수 있다(예를 들면, 대소변 가리기를 못함, 잠들지 못함, 자면서 땀을 흘리는 것, 엄지손가락 빨기, 어둠에 대한 공포, 유아어 사용, 식욕상실, 틱, 분노폭발, 위축). 나. 심리지원방법 • 아이가 친숙하고 편안하게 느끼는 사람들과 함께 있게 하라. • 가능하다면 평상시에 잠자는 시간이나 환경을 비슷하게 맞추어주면서 일상적인 생활을 유지하게 하라. • 부모와 같은 방에서 함께 자는 것을 허락하라. • 그림그리기, 인형놀이, 이야기하기, 놀이 등을 통해 아이의 감정과 정서를 표현하도록 격려하라. • 또래 아이들에게 재난 후 상황 등 소식을 전하는 매체 노출을 제한하라.
	학령기 어린이 (초등학생)	학령기 어린이는 취학 전 아동보다 세상에 대해 보다 객관적으로 인식할 수 있고, 상실의 지속성을 이해할 수 있다. 하지만 학령기 아동들은 보다 현실적인 세계관을 갖게 되면서 세상이 더 이상 안전하지 않다는 것을 알게 되고 또한 부모도 자신을 모든 위험으로부터 보호할 수 없다는 것을 알게 된다. 이는 아이한테 실로 두려운 일이기도 하다. 일부 어린이들은 충격적 사건의 세부상황에 극도로 집착하고 계속적으로 그에 대하여 이야기 하려 하는데, 이런 집착은 어린이의 학업 집중에 방해가 되고 학교 성적이 떨어질 수 있다. 학령기 어린이들은 사건 발생을 막지 못했다는 죄책감, 실패감, 분노감, 또는 구조대원 흉내를 내는 환상 등 다양한 반응을 보일 수 있다. 가. 행동특성 • 식욕변화, 두통, 복통, 수면장애 등을 보인다. • 과잉행동, 부끄러움, 공격성 등을 보인다. • 학교 준비하기, 숙제하기 등의 일과를 잘 하지 못한다.

연령별 반응	학령기 어린이 (초등학생)	• 학업이나 활동에 집중하는 것이 어렵다(반대로 맹목적으로 공부에 매달리는 경우도 있다). • 가장 친한 친구와의 관계에서 문제가 생긴다. • 때로는 위축되었다가 때로는 공격적으로 행동하는 등 행동에 일관성이 없다. • 스스로를 비난한다. • 자신의 미래가 불확실하다고 여긴다. 이 때문에 무모한 행동을 하기도 한다. • 악몽을 꾸거나 잠드는 것이 어렵다. • 놀이를 할 때 위험한 놀이를 하거나 자기 통제력을 잃는다. • 초자연적인 것을 말한다(예 "죽은 아빠가 나타나서 말을 걸었다"고 말한다). 나. 심리지원방법 • 어린이가 다니는 학교에 어린이가 직면한 상황을 알린다. • 어린이에게 도움을 줄 수 있는 또래 집단을 형성하여 어울리게 한다. • 아이들에게 많은 관심과 주의를 기울이도록 부모를 교육한다. • 아이들이 놀이나 대화를 통해 그들의 생각이나 감정을 표현하도록 격려한다. • 거칠거나 외행적인 행동을 하는 아이들을 꾸짖지 않도록 한다. • 외상에 대해 반복해서 표현하는 아이들의 말을 경청한다. • 친절한 행동으로 긍정적인 인간관계를 경험할 수 있도록 배려한다. • 아이가 집이나 학교에서 행동이 느려지는 것을 이해하도록 한다.
	청소년기	자라면서 충격에 대한 이들의 반응은 성인의 반응과 비슷해진다. 이들은 어린이와 같은 반응과 성인과 유사한 반응을 함께 보이는데 충격을 견딘다는 것은 죽지 않는다는 것과 같은 의미를 지닐 수 있다. 10대는 무모한 운전, 음주, 마약사용 등과 같은 위험한 행동에 연루될 수 있다. 반대로 10대는 집 떠나기를 두려워할 수 있는데, 대부분의 청소년은 세상 밖으로 나가고 싶어하는 것과는 반대로 충격을 받으면 세상은 위험하고 불안해 보일 수 있다. 10대는 극단적 감정에 빠져 친척과도 이에 대하여 말하려 하지 않을 수 있다. 가. 행동특성 • 청소년들은 또래 친구들로부터 이해와 지지를 구한다. 하지만 관계의 비중이 부모에서 또래 관계로 옮겨짐에 따라 불안감도 그만큼 증가한다. • 특정 행동에 지나치게 몰입하거나 극단적으로 피한다(게임에 지나치게 중독된다). • 술, 담배, 약물복용, 무분별한 성적 행위, 무단결석과 같은 위험한 행동을 한다(자신의 미래가 제한적이라는 느낌이 생겨서 혹은 자신의 내적 불안감을 통제하고 무력 감정을 극복하기 위해 이렇게 행동한다). • 외상적 사건을 일으킨 사람에게 복수하려 하거나 복수하는 상상을 한다. • 스스로 무능력하고 무기력하다고 생각한다. • 부정적인 자기상을 발달시킨다.

연령별 반응	청소년기	나. 심리지원방법 • 지역사회 재활 프로그램에 참여하도록 격려한다. • 사회적 활동이나 운동, 클럽 활동에 참여하도록 격려한다. • 재난 경험에 대해 또래, 가족 혹은 다른 사람들과 이야기하도록 격려한다. • 학업이나 전반적인 성취 수준에 대한 기대를 일시적으로 낮춘다. • 가족 내에서 재난에 대한 두려움을 이야기 할 수 있도록 격려하지만 강요하지는 않는다.
	노인	일반적으로 우리 사회에서 노인들은 삶을 현명하게 살아온 사람일 것이라고 생각하는 경향이 있다. 따라서 재난을 당했을 때 노인들은 젊은 사람들보다 재난을 더 잘 다룰 수 있을 것이라고 생각한다. 하지만 실제로 재난 상황에서 노인은 고위험군에 속한다. 왜냐하면 연령과 관련하여 인지와 운동기능이 쇠퇴하고 재정적인 상황이 좋지 않으며 전반적인 능력이 떨어지기 때문이다. 가. 행동특성 • 혼란과 방향감각 상실이 있다. • 요양원에 갈 것이라는 두려움이 있다. • 새로 시작하기에는 너무 늦었다는 믿음을 보인다. • 인생 전체에 대한 실패감으로 분노를 느낀다. • 손실로 인한 슬픔을 보인다. • 재난 사실에 대하여 알기를 원하지 않거나 숨기려 한다. • 신체적인 부상이 빈번하게 나타나고 그 정도가 심각할 수 있으며 사망에 이르기도 한다. • 개인적인 손실에 대해서 부정적인 정서, 슬픔, 불안, 실망, 걱정으로 인해 고통을 겪는다. • 신체적인 피로감을 느끼고 쉽게 지친다. • 더 많은 고통과 통증을 느낀다. • 시력과 청력에 문제가 있는 환자들은 신체적인 부상의 위험이 더 크다. 이는 감각적으로 무디고 재난현장에서 제대로 대처하지 못하거나 대비하지 못할 가능성이 크기 때문이다. • 노인들은 종종 그들이 '너무 늙었기 때문에' 자신들이 가지고 있는 자원들(재원, 친구 등)을 활용하려고 생각하지 않는다. • 주의나 경고에 주의를 기울이지 못한다. • 위험한 상황에 대한 인식이 부족하다. • 손상에 대한 반응이 느리다. • 우울증, 타인을 피함, 무감정 등이 나타난다. • 건강은 쇠퇴하고 신체적인 문제들은 커진다. • 주의집중장애, 혼란스러움, 기억력의 손실이 크다. • 안절부절못함, 참지 못함, 분노와 성마름을 보인다. • 식욕이 감퇴하고 수면장애를 보인다.

연령별 반응	노인	• 문제를 확대하고 치료를 미룬다. • 가장 고통스러운 손실은 자신의 삶을 제대로 통제하지 못한다는 데에서 온다. • 환경에 대한 신뢰를 잃는다. 나. 심리지원방법 • 일상생활 패턴을 회복하는 것을 목표로 한 단체 활동을 격려한다. • 비슷한 연령 집단의 단체활동에 참가하고 서로 정보교환을 하도록 한다. • 앞으로 발생 가능한 재난에 대해 교육시키고 대처하는 방법을 연습시킨다. • 지속적인 건강관리 및 객관적인 평가를 위해 정기적인 건강검진을 받도록 한다. • 실제 자신과 환경에 대해 격하시켜서 인식하지 않도록 인지적인 수정을 한다. • 부가적인 개인적 관심과 배려를 제공한다. • 지역사회 재활프로그램에 참여하도록 격려한다. • 재난 경험에 대해 주변의 중요한 사람들과 이야기하도록 격려한다. • 정서적으로 안정감을 갖도록 편하게 접근하고 이야기를 많이 들어준다. • 죽음에 대한 바람직한 준비 과정과 인식에 대해 교육한다. • 영적인 활동을 하도록 유도하여 죽음에 대한 불안을 줄인다.

출처 : 재난심리지원매뉴얼, 소방방재청, 2011:43~51.

재난이나 사고 등으로 인한 스트레스를 정신건강 측면에서 다룬 대한불안장애학회산하 재난정신의학위원회(2004)가 제시한 재난과 정신건강의 주요 내용들을 간략히 소개한다.

2. 유형

(1) 전쟁

전쟁에 참여한 경험이 있는 군인들 중에서 상당수는 전쟁신경증(shell shock), 전투피로증(combat fatigue), PTSD[72] 등을 보고한다. 이런 전쟁 스트레스 반응(combat stress reaction)은 조현증보다 심각하지는 않지만, 단순한 신경증보다는 더 중한 정신적 문제를 가지고 있는 것

---

[72] 과거에는 전쟁신경증war neurosis, 전쟁공포증war phobia, 나치수용소중후군concentration camp syndrome, 외상후신경증post traumatic, 중도 스트레스 반응gross stress reaction, 미국남북전쟁 참가자들이 겪은 심장질환과 비슷한 다코타증후군Da Costa's syndrome(최송식, 2010; 최혜경, 2010), irritable heart, 어린 시절 심리적 상처에 의한 외상성증후군traumatic neurosis, 탄환충격shell shock, operational fatigue 등으로 불렸다(류인근 외, 2010:177). PTSD는 1980년 미국 정신의학회가 DSM-3를 발간하며 공식적인 진단명으로 등장하였으나, 역학적 연구는 그 이후에 행하여졌다. PTSD에 대하여 DSM-4에서는 재경험, 회피/감각마비, 각성의 3가지 주요 증상군을 제시했으며(정채기, 2003), DSM-5에서는 4가지 주요 증상군, 즉 재경험, 회피, 인지 및 기분에서 지속적인 부정적 변화, 각성으로 구분하였다.

으로 보인다. 그러나 이것을 명확하게 진단하기 어려운 이유는 매우 다양한 증상들이 보고되고 쉽게 변하는 특성이 있기 때문이다. 어떤 이는 무감동이나 소외감을 호소하는 반면, 어떤 이는 폭언과 격노를 표현하기도 한다. 뮬린스와 글래스(Mullins & Glass, 1973)는 군인들의 신경쇠약이 과도하게 노출된 스트레스의 결과를 전쟁 스트레스 반응이라고 보았는데, 이는 군인이 전투원으로서 기능을 상실하게 만드는 요인이 된다(Kormos, 1978). 신경생리학적으로는 해마가 작은 사람들이 PTSD에 취약한 스트레스민감성이 있는 것으로 알려져 있는데(Gilbertson et al, 2002), 이는 전쟁 스트레스 반응에도 적용된다.

전쟁스트레스를 가지고 있는 사람들이 보이는 증상은 매우 다양한데, 바트마이어(Bartemeier, 1946)는 증상의 심각성을 기준으로, 불안, 우울, 인지장애, 해리상태, 신체질환이 없는 신체적인 불평, 과도하거나 지체된 운동 활동성, 다양한 증상, 가변성이라는 8가지 반응을 제시하였고, 이츠하키(Yitzhaki)는 전쟁 스트레스 반응으로 서먹서먹함(distancing), 불안, 극도의 피로와 떨어지는 수행능력에 대한 죄책감, 고독과 취약성에 대한 느낌, 자기조절의 상실, 지남력장애를 제시하였다. 먼저 '서먹서먹함'은 전쟁 스트레스 반응의 20%를 차지하는데, 마치 "나무조각이 된 것 같은…, 무기력해진 것 같은…, 로봇이 된 것처럼…" 표현들을 통해 전쟁자극의 침습을 회피하고자 하는 수단이다. '불안'은 죽음에 대한 공포나 두려움을 말하고, '고독감'은 가족과의 단절 그리고 동료의 사망에서 홀로 남았다는 생각에서 비롯되며, '죄책감'은 전투요원으로서 효과적으로 기능하지 못하는 자신에 대한 느낌을 말하고, '취약성에 대한 느낌'은 혼자 살아남게 됨으로써 고립되어 주변의 도움을 받지 못하는 것을 의미하며, '자아통제의 상실'은 눈물을 흘리거나 충동적인 행동을 하거나 신체적으로는 토를 하거나 오줌을 싸고 설사를 하는 증상들이 나타나는 것을 말한다. '지남력의 상실'은 어떤 생각에 집중하는 것이 어렵고 연상하는 능력이 약화되는 것을 말한다.

전쟁에 참여한 군인들에게서 보이는 심리적 진행과정은 3단계로 진행된다. 1단계는 안전에 대한 방어적 착각이다(Jon Shaw, 1987). 이 착각은 3가지 방어적 기법으로 구성되는데, 첫째는 약점없는 인간의 신화, 둘째는 그들의 생존을 책임질 신비한 방법을 지닌 전능한 지휘관을 가지고 있다는 망상, 셋째는 결코 그들을 보호하는 데 실패할 수 없는 막강한 군대의 일부분이라는 생각이다. 그러나 현실적인 전쟁에서 죽음을 피할 수 없다는 것을 경험하게 되고 불안감에 빠지게 되면서 안전에 대한 착각에서 벗어나게 된다. 2단계는 안전에 대한 착각이 깨짐으로서 죽음에 대한 두려움이 현실적으로 느껴지는 절대적인 무력감에 빠지는 것이다. 3단계에서는 압도하는 불안에 휩싸여 자신이 얼마나 위험하고 취약한 상황에 놓여 있는지 자각하는 전쟁 스트레스 반응을 보인다.

(2) 대규모사고

대규모사고란 흔히 자연재해, 공공운송수단(비행기, 철도, 버스 등)의 사고, 건물화재, 건축물붕괴, 독극물오염사고 등 대규모의 인명 손상을 초래하는 사건을 지칭한다. 자연재해란 홍수와 태풍, 지진이나 화산폭발 등으로 인명이나 재산을 보호하는 것이 불가항력적인 경우를 말한다. 건물화재의 경우 막대한 재산상 손실 외에도 화재로 인한 신체적 화상[73]과 더불어 심리적 손상도 장기화되는 문제가 있으며, 화재진압과정에서 극도로 비참한 현장을 본 구조원들이 느끼는 심리적 고통도 문제가 된다. 특히, 건물화재는 자연재해와는 달리 인위적인 재해이고 가해자가 존재하는 경우가 많으며,

피해자는 보상받고 싶은 기분이 강하게 남게 되는 경우가 많다. 성수대교와 삼풍백화점 붕괴처럼 대형건축물의 붕괴사고는 사고원인이 책임과 의무를 다하지 못한 인재라고 할 수 있다. 특히 사고가 예방되지 못하고 재발될 경우에는 허탈감과 상실감이 매우 크다. 또한 피해자들에게 적절하게 보상이 이루어지 않아서 피해자들이 겪는 심리적 고통이 장기화되기도 한다. 따라서 대규모사고는 자연재해와는 달리 원망의 대상이 존재하므로 정신적인 회복을 느리게 하는 요인이 될 수 있다. 집단 독성물질 오염으로 인한 피해는 식품에 독극물을 고의로 주입하는 것처럼 불특정 다수를 노리거나 특정인을 노리지만, 그 외의 피해자가 발생하는 것을 개의치 않는 경우도 많다. 독극물에 오염되는 피해를 당한 사람들은 원한감정, 건강불안과 집착 증세가 나타나고 장기간 불안증세를 보이기도 한다.

대규모사고를 경험한 피해자들은 일반적으로 개인차는 있지만, 기억에 대한 침습적 재경험, 악몽, 환각재현(flashback), 정서적인 무감각 및 기억에 대한 회피, 과잉각성 및 불안, 해리상태나 심각하게 단절된 감정 등의 반응을 보인다. 또한 친구나 사랑하는 사람이 외상에서 벗어나지 못하는 것을 알고 있는 주변인들도 피해자들과 유사한 감정을 경험하게 된다. 여기에는 무력감, 혼동, 분노, 죄의식, 공포, 그리고 우울, 좌절과 조바심 등이 포함된다.

대규모사고로 인한 일반 피해자들의 경우에는 신체적 이상이 개선되더라도 서두르지 말고 정신적인 치료상태를 고려하여 퇴원여부를 결정해야 한다. 피해자나 가족들은 조기퇴원을 희망하는 경우가 많으나, 이 경우 언론의 관심으로 2차 피해의 위험에 노출될 수 있다. 따라서

---

[73] 일반 화상피해자의 경우 우울증은 13~65%, 외상후 스트레스 장애는 13~45%로 보고된 바 있고, 핀란드에서 107명의 성인 화상피해자를 6개월 후 추적 조사한 바, 55%의 화상 피해자들이 적어도 한 가지 이상의 정신병리를 보였는데, 물질사용장애(27%), 불안장애(21%), 우울증(15%), PTSD(12%) 등의 반응을 보였다고 하며, 화상면적은 불안장애와 섬망을 독립적으로 강하게 예측했다고 한다. 특히 방화로 가까운 사람을 잃었을 경우 당연히 살인에 의한 피해자 가족에 준하는 개입이 필요하다.

향후 PTSD반응을 보일 수 있는 대규모사고의 피해자에 대하여는 한동안 현실생활에서 피해자를 격리시키는 것이 중요하며, 신체치료와 정신치료를 동시에 제공하여야 한다. 또한 사고의 공동 피해자들은 가능한 한 곳에 모아 신체적 치료를 받게 하는 것이 치료에 도움이 된다. 그것은 서로간에 경험공유로 깊은 동질감을 느끼게 하며 이러한 자조적인 연대가 후의 심적 외상회복에 효과적이기 때문이다. 반면에 매스컴은 피해자의 치료적 측면에서는 도움이 적다.

대규모사고의 피해자들에게 주변인들이 해줄 수 있는 것은 매우 제한적이다. 주변인들이 어떤 충고를 하려고 하지 말고 생존자의 이야기를 있는 그대로 들어주면서 위로하는 것은 피해자에게 매우 고마운 일이고 심리안정에도 도움이 된다. 친구들도 생존자가 겪었던 일을 최소화려고 애쓰기보다는 외상 경험이 생존자의 잘못이 아니라는 사실을 명확하게 해주어야 하고, 생존자가 자신의 경험을 말하고 싶지 않을 때 원하는 대로 외상경험에서 벗어나 잠시 여유를 가질 필요가 있다. 생존자를 지지할 수 있는 사회적 지지망을 넓히고 생존자가 스스로 조절능력을 회복하는데 도움을 주어야 하며, 생존자가 자신의 외상에 대한 지식을 넓힐 수 있는 교육프로그램을 제공하여야 하고 외상치료에 도움이 되는 전문가들이 개입할 수 있도록 해야 한다.

사례분석

■ '세월호 참사' 희생자 유족들, 정부에 진상규명을 촉구하는 호소문

저희 아이를 보러 여기까지 와주셔서 감사합니다. 저희는 이번 세월호 침몰 사고로 아이를 잃은 유가족입니다.

저희는 그나마 아이의 시신이라도 안아보고 보냈지만 아직도 아이를 만나게 해달라고 비통한 울음으로 진도에서 기다리는 분들을 위해 먼저 기도 부탁드립니다. 또한 함께 희생당한 승무원들과 교사들, 아르바이트생, 일반 승객들에게도 조의를 표하며 저희의 애절한 마음이 전달되기를 바랍니다.

사고로 아이를 잃고 경황이 없는 중에 전 국민 장례축제처럼 전국 분향소 설치에 이런저런 햇빛대안을 내놓고 생색을 내는 사고대책본부 및 관할정부들의 행태에 엄청난 사기극을 보는 것 같아 자식 잃은 슬픔만을 나눌 수 있는 처지가 못 됩니다.

사고 첫날부터 구조할 수 있음에도 불구하고, 회의만 하고 브리핑만 하고 사진만 찍어대는 이 정부를 저희는 믿고 기다렸습니다. 당시의 언론은 최선의 구조라고 했습니다.

현장에 저희 부모들이 두 눈 뜨고 보고 있었지만 아무 것도 안했습니다. 내 가족을 위해 일하러 나가고 꼬박꼬박 세금내고 정부를 믿고 있던 저희는 무력한 서민입니다.

자식을 잃은 엄청난 슬픔과 희생을 안겨주고 졸지에 유족이 된 저희들에게 심리 지원이니, 생활안정 대책이니 언론에 유포하고 국민들의 마음을 잡으려는 이들은 나머지 애들을 수습하는 것은 뒷전이 되어버렸네요. 아직 못 찾은 시신도 있는데 … 오히려 유족끼리 위로하며, 진실 왜곡에 분노하는 국민들과 자원봉사자들에게 미안하게 합니다.

동영상속의 내 천진한 아이들
"엄마아빠 사랑해요. 내 동생 어떡하지?"
"야~헬리콥터 보인다"
가만히 있으라는 방송에 천진하게 "네"라고 대답하며 오히려 선생님을 걱정했던 내 새끼들!
저희는 동영상을 보며 피가 거꾸로 솟는 고통을 느꼈습니다.
아직도 믿어지지 않습니다. 여러분, 저희는 궁금합니다.
암초니 뭐니 하더니 선장을 제물로 내세우고, 과적이 문제라고 하시는데 대체 무엇 때문에 어른들을 믿고 기다리던 아이들을 구조하지 않고 카메라만 들이대고 언론플레이만 하셨는지…
그 아이들을 버려두고 탈출해서 나타나지 않는 선생과 길 잃은 학부모들에게 대안이나 위로조차 하지 않는 단원고 교직원들… 동료를 잃고 제자들을 잃었는데 학교 정상화를 거론하고, 저희는 아침마다 건강하게 등교하는 아이들을 보며 비통하고 부러운 심정입니다.
재학 중인 아이들도 저희 아이들입니다. 저희는 아직도 학부모입니다.
그러나 자신의 고유 업무를 망각하고 책임회피만 하는 교직원들에게 남은 아이들을 맡겨두는 것도 용서할 수 없습니다.
학교정상화는 되어야 합니다. 저희들이 항의하니 이제사 눈치 보며 진도로 향했다는 단원고 교직원. 저희는 믿을 게 없습니다. 제 아이들이 하늘에서나마 다 같이 활짝 웃을 수 있도록 사고 진상 규명해주세요.
그럴 수 있도록 여러분들이 힘을 실어주세요. 저희는 시위하는 것이 아닙니다.
해수부 및 해경은 수사에서 빠져야 합니다. 엄중한 수사를 원합니다.
이 땅의 국민으로서 내 새끼를 잃은 유족으로서 당연히 요구할 수 있는 권리입니다.
마지막으로 서희 아이들을 찾아주셔시 감시드리며, 국민이 주인이라는 말 지키십시오.
저희 아이들의 천진한 얼굴 하나하나 꼭 기억해 주십시오.

2014.5.3 단원고 세월호 희생자 유가족 일동

(3) 교통사고

한국은 교통사고 왕국이라는 오명을 벗어나기 힘들 정도로 교통체증, 난폭운전, 높은 교통사고·사망률 등의 예상치 못한 문제를 안고 있다. 교통에 대한 심리학적 접근은 교통환경이 교통행동에 미치는 영향, 교통사고의 인적 요인 규명, 그리고 운전자와 보행자의 교통행동을 연구하며, 그 결과를 교통문제 해결에 응용하는 것이다. 교통심리학의 최초 연구자로 알려진 Munsterberg(1912)는 사고원인으로 '인간의 약점'을 고찰하였으며, 사고문제의 중심은 '주의'라는 복잡한 행동이며, 이것은 빠르게 지나가는 도로에서의 보행자, 자동차 등 여러 대상의 속도, 방향 등이 인간의 주의능력에 의해 관찰되어진다고 하였다. 그리고 사고를 일으키지 않기 위해서는 주의를 일정하게 유지하는 능력, 도로상의 여러 현상에 의해 주의를 빼앗기지 않는 것이 중요하며, 보행자와 자동차의 움직임을 예측하는 능력이 필요하다고 주장하였다.

운전자 행동 중에서 심리학자가 관심을 가져야 할 부분은 다양하지만, 운전행동과정의 분석을 통해 보면, 먼저 확인(identify)과정에서 교통상황에서 발생할 수 있는 위험을 정확하게 지각하기 위한 주시행동의 연구로부터 시작되어진다. 그리고 교통상황을 정확하게 파악한 후, 상황의 공간적·시간적 전후 상황을 예측(predict)하는 능력이 요구되며, 그리고 판단(decide)과 운전조작(execute)이 이루어지므로, 각 단계에서 심리학적 시각으로 문제를 파악해야 한다(이순철, 2000:61).

산업심리학에서는 교통사고를 산업재해의 연장으로 이해하고 있는데, 산업장면에서의 인간행동은 범위가 한정되어 있고 자유재량권의 여지가 적은 환경 속에서 이루어지는 측면이 강하다. 따라서 사고원인으로는 주의·부주의의 문제, 각성수준의 고저, 작업숙련도가 크게 작용한다. 반면 교통장면에서의 행동은 가변적인 환경, 본인의 자유재량권의 여지가 많은 환경 속에서 이루어지고 있다. 따라서 성격, 동기, 욕구, 관심, 가치관과 같은 문제까지도 교통사고 요인으로 작용할 가능성이 더 높아지게 된다. 그러나 개인적 행동이나 사회·문화적 행동요인이 운전행동 실행에 직접적인 영향요인이 아니고, 준법정신, 위험감수성, 조작기능 등의 행동결정 모체가 행동결단기준의 직접적 영향요인이 된다(이순철, 2000:11~23).

교통사고의 발생은 도로조건, 교통안전시설과 자동차 조건에 의해 형성된 물리적인 교통상황 속에서 운전자와 보행자가 어떠한 교통행동을 취하느냐에 따라 결정된다. 교통사고의 원인을 규명할 때, 환경, 자동차, 운전자의 삼각관계를 거론하지만, 교통사고의 직접적인 원인은 교통행동에 의해 결정된다고 보아야 할 것이다.

교통사고는 사망을 초래하고 치명적인 신체적 손상을 유발한다. 교통사고는 장기적으로 심각한 심리적 장애를 유발하는데, 실제로 교통사고에 드는 비용은 단지 차량수리비(13%)나 손실생산비(19%)보다도 의료비(28%)와 심리고통비(37%)가 훨씬 더 많다. 심리고통은 PTSD, 운전 및 차에 대한 공포증, 우울증, 신체화장애 등으로 나타난다. 그 중 우울과 불안은 장기간 지속되고 심한 경우 후유증으로 자살을 하거나 정신병적인 상태로 지내는 경우도 있다. 가족들 또한 장애를 가진 피해자를 평생 지켜봐야 하는 고통이 따른다.

| 과실사고 재해의 심리적 상태 |

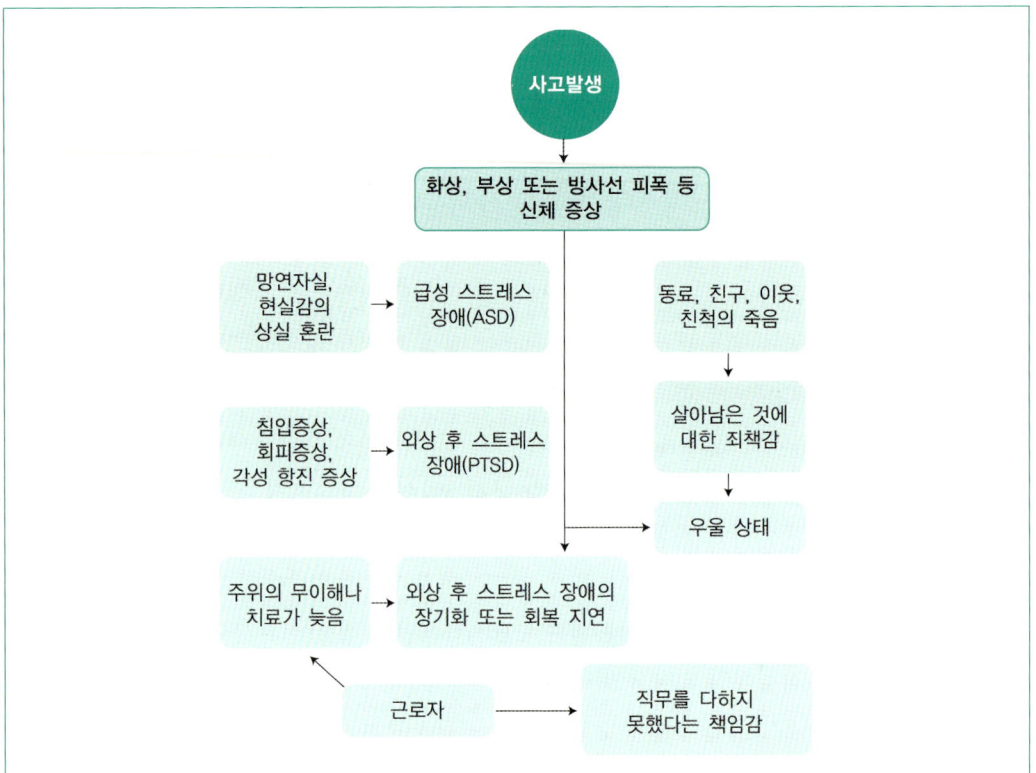

　교통사고 이후 흔히 나타나는 심리적 반응을 보면, 정신이 멍해지고 마비되는 증상, 낯선 곳이나 낯선 사람들이 있는 듯한 해리경험, 대부분 피해자들은 병원이송 시 조용한 편이지만 머리에 외상이 있거나 과음상태에서 흥분반응, 차에 대한 불안과 공포, 그리고 과각성반응, 사고의 재경험, 수면장애, 미래를 부정적으로만 생각하는 우울반응, 사고에 대한 자책감, 두뇌손상 때문에 또는 생존했다는 것에 대한 조증반응, 집중력이 떨어지고 사소한 일에도 정신을 집중할 수 없는 인지기능장애, 고통을 감소시키기 위해서 지나친 약물의존 등이 나타난다. 그 중에서 교통사고와 직접적인 인과관계가 있다고 볼 수 있는 증상은 PTSD, 기질성 정신장애, 인지기능장애 등이다. 그 외에도 우울증, 조현증, 불안장애 등이 생길 수 있으나 교통사고의 직접적인 인과관계로 보기는 어렵다.

　교통사고 환자에게는 신체적 손상에 대한 치료와 더불어 그 가족을 포함해서 적절한 심리적 지지를 제공하는 것이 중요한데, 병원응급실로 이송 시에는 피해자가 심리적으로 안심할 수 있도록 반복적으로 말을 해주고 가족에게 연락할 때도 2차 사고가 나지 않게 주의해서 전달해야 한다. 입원 중에도 치료자에게 매우 의존적으로 매달리는 피해자의 성격을 고려하지 못하고 심정을 잘 다루지 못하면 피해자가 퇴행적인 행동을 할 가능성이 높아진다. 또한 입원 중에 피해자에게 무리하게 사고경험을 회상케 하는 것은 해롭기 때문에 스스로 자신의 외상 경험에 대하여 이야기하도록 기다려 주어야 한다. 신체손상이 회복되어 퇴원하더라도 후유증 문제가 남는다. 후유증으로 피해자는 치료자를 불신하고 공격적 행동을 하기도 한다. 따라서 외상 치료 후 남게 되는 후유증에 대하여 피해자에게 사전에 설명해주어야 한다. 퇴원 후에 가능한 한 피해자가 일상생활(직장, 학교 등)에 복귀할 수 있도록 해주어야 하는데, 너무 빠르거나 너무 늦게 되면 피해자에게 심리적 부담이 될 수 있다. 또한 교통사고 경험으로 인하여 더 이상 운전을 하지 않으려는 태도를 보이게 되고, 사고로 가족이 사망한 경우에는 가족관계에서도 변화가 생기게 된다.

사례분석

- **교통사고**

    당신은 어떤 나라의 안전한 마을에서 복잡한 도로를 운전하며 지나가고 있다. 그때 당신 앞쪽에서 사고가 났다. 아내와 딸을 데리고 길을 건너던 남자가 지나가는 차에 친 것이다. 그 남자는 바닥에 누워 피를 흘리며 움직이지 않는다. 부인과 딸은 부상자의 곁에 서 있다. 부인은 몸을 떨며 울고 있고, 딸은 얼어 붙은 채 서 있다. 마을 사람들이 사고현장 근처에 모여들고 있다.

당신은 이 상황에서 신속하게 움직여야 한다. 그러나 **당신이 도움을 주기 위해 준비를 할 때 잠시 시간을 갖고 차분하게 다음을 생각하라**
- ○ 나와 다른 사람들에게 안전상의 문제는 없는가?
- ○ 어떻게 대처할 것인가?
- ○ 심각하게 다친 남자를 위해선 어떤 조치부터 취해야 하는가?

무엇을 알아내는 것이 중요한가?
- ○ 누가 도움이 필요한가? 그들은 구체적으로 어떤 도움이 필요한가?
- ○ 나는 어떻게 도울 수 있는가? 특별한 지원이 필요한가?
- ○ 나를 도울 수 있는 사람은 누구인가? 사고현장 근처에 모인 사람들은 무엇을 도울 수 있는가? 그들이 방해가 되지는 않는가?

사고와 관련된 사람들의 이야기를 잘 들어주고 위로해 줄 수 있는 방법은 무엇인가?
- ○ 도움을 주기 위해서 나 자신을 어떻게 소개할 것인가?
- ○ 사람들이 더 이상 피해를 입지 않도록 하기 위해 어떤 보호가 필요한가?
- ○ 아버지의 사고를 목격한 뒤 쇼크를 받은 딸에게 특별히 지원해야 할 부분은 무엇인가?
- ○ 엄마가 현재 딸을 돌보고 위로할 수 있는가?
- ○ 심리적 응급처치를 제공할 수 있는 안전하고 조용한 장소는 어디인가?
- ○ 피해자들에게 필요한 것과 그들의 근심에 대해 어떻게 물어볼 것인가?
- ○ 피해자들을 어떻게 위로할 것인가?
- ○ 피해자들이 안정을 찾도록 도울 수 있는 방법은 무엇인가?

교통사고가 발생했을 때의 대화와 행동

당신은 사고현장을 신속하게 살펴보며 현장에 안전하게 다가갈 수 있는지부터 확인한다. 사고가 발생한 도로는 매우 복잡하며 피해자와 구경꾼들 곁으로 지나가는 교통량도 많다. 당신은 사고를 당한 아버지가 심각하게 다친 것 같아 걱정이다.

당신 : 구급차 부르신 분 있나요?
사람들 : 아니요.
당신 (주변 마을사람들에게) : 지금 바로 구급차를 불러주시겠어요?
사람들 : 네. 그럴게요.
당신 (다른 사람들에게) : 지나가는 차량들을 다른 방향으로 가도록 해야 해요. 저를 도와주시겠어요?
(몇몇은 정지 신호를 하며 차량 방향을 돌리려 간다.)
(당신이 피해자들에게 다가갔을 때, 구경하던 사람들 가운데 한 명이 사고를 당한 남자를 옮기려고 하는 것을 본다.)
당신 : 그 분을 옮기지 마세요! 목을 다쳤을 수 있어요. 구급차가 올 때까지 기다려야 합니다.

(당신이나 주변 누군가가 훈련을 받았다면, 부상당한 남자에게 응급처치를 실시하라. 부인과 딸이 다치지 않았다는 것을 직접 확인하거나 주변 사람들에게 확인하도록 부탁하라. 남자가 적절한 응급조치를 제공받았으며 부인과 딸이 심각한 부상을 당하지 않았다는 것이 확인되면, 심리적 응급처치를 제공하라.)

당신 (남자의 부인에게) : 제 이름은 ○○○입니다. 구급차가 곧 올 거예요. 당신이나 딸이 다친 곳은 없나요?
부인 (울고 떨며) : 아니요. 저는 다치지 않았어요.
당신 (차분하고 따뜻하게) : 이름이 어떻게 되세요?
부인 (울며) : Hannah, Hannah라고 부르세요. 아, 우리 남편 어떡해요!
당신 : Hannah씨, 많이 두렵겠지만 곧 구급차가 와서 남편을 도울 거예요. 구급차가 오는 동안 당신과 함께 있을게요. 당신과 딸에게 필요한 것이 있나요?
부인 : 우리 딸은 괜찮나요?
당신 : 네. 따님은 다친 것 같지는 않아요. 제가 가서 이야기해 볼게요. 따님의 이름을 알려주시겠어요?
부인 (딸의 손을 잡기 위해 팔을 뻗으며) : 제 딸 이름은 Sarah예요.
당신 (아이와 눈높이를 맞추며 따뜻한 목소리로) : 안녕 Sarah, 내 이름은 ○○○야. 나는 너와 너희 엄마를 돕기 위해 왔어.

(딸이 말을 하지 않는다는 것을 알고 대화는 계속된다. 엄마는 딸이 말을 하지 않는 것이 이상하다고 여기나 부상당한 남편 걱정에 정신이 없다. 엄마는 남편과 함께 있기 위해 병원으로 같이 가겠다고 한다. 딸 혼자 집에서 밤을 보내야 하는 위험한 상황이다.)

당신 : Hannah씨, Sarah가 믿을 만한 사람과 함께 있는 것이 좋을 것 같아요. 지금 Sarah는 사고 때문에 매우 겁이 나 있는 상태여서 혼자 두는 것은 좋지 않아요. 당신이 믿을 수 있는 사람 중에 Sarah와 함께 있을 수 있는 사람이 있나요?
부인 : 네. 우리 언니가 도와줄 수 있을 거예요. Sarah는 이모를 많이 좋아하거든요.
당신 : 언니와 통화하도록 제가 도와드릴까요?
부인 : 네. 부탁해요.

(당신은 부인이 언니에게 연락하도록 도와 딸이 그날 밤 이모와 함께 있게 했다. 또한 부인에게 딸이 며칠 동안 계속 말을 하지 않는다면 보건소에 데려가라고 조언한다.)

당신 : 구급차가 오면, 남편을 어디로 데려갈지 알아보고 당신이나 딸이 함께 갈 수 있는지 물어 볼게요.

(구급차가 도착하자 당신은 부상당한 남자를 병원으로 옮길 때 가족이 함께 할 수 있는 방법을 찾는다.)

위 대화와 행동에서 다음에 주목하라.
○ 먼저, 위기 상황을 신속하게 살펴보며 현장에 들어갈 수 있는지, 심각한 부상을 당한 사람이 누구인지 확인했다.
○ 구급차를 불렀는지 즉시 확인하고, 다친 사람을 임의로 옮기려고 하는 사람을 막아 더 큰 부상을 가져올 수 있는 상황을 방지했다.
○ 더 이상의 피해와 위험을 방지할 수 있는 방법을 찾았다.(예, 이동 차량에 의한 추가 사고를 조심했다.)
○ 사고를 당한 남자의 부인과 딸에게 정중하고 따뜻하게 이야기하였다.
○ 딸과 눈높이를 맞춰 이야기했다.
○ 사고를 당한 남자의 부인이 딸을 돌볼 수 있게 조치를 취하도록 도와주었다.
○ 사고를 당한 남자가 병원으로 옮겨질 때 가족들이 함께 할 수 있도록 도왔다.

사고를 당한 사람들에게 정보를 제공하고 실질적인 지원과 연결시키기 위해 무엇을 해야 하는가?
○ 위기 상황에서 부상은 당하지 않았으나 고통에 처한 사람들에게 필요한 기본적인 지원은 무엇인가?
○ 사고 현장에 있는 사람들의 걱정은 무엇인가?
○ 그들이 원하는 정보는 무엇인가?
○ 피해자들을 사랑하는 사람들과 연결할 수 있는 방법은 무엇인가?

출처 : 한국 월드비전 2013(세계보건기구 2011년 발행, 심리적 응급처치 : 현장실무자를 위한 가이드).

(4) 산업재해

산업재해란 노동 과정에서 작업환경 또는 작업행동 등 업무상의 사유로 발생하여 근로자의 신체적 정신적 피해를 일으키는 재해(부상, 질병 및 사망, 직업병 등)를 말한다. 여기서는 주로 사고성 산업 재해가 문제가 되는데, 이는  인위성 재해에 해당한다. 인위성 재해에는 인간의 부주의로 발생하는 사고성 재해와 고의적으로 자행되는 범죄성 재해, 그리고 산업의 발달에 따라 부수되는 공해성 재해 등을 모두 포함한다. 산업재해는 사회가 현대화될수록 물리적 안전관리 수준은 높아졌지만, 여전히 심리적 안전관리 수준은 낮아 사고 발생빈도가 높다. 실제로 재해가 많은 산업현장은 작은 사고는 숨기고 정해진 것을 지키지 않으며, 위험에 익숙해지고 대충 건너 뛰는 식으로 일하며, 경험과 기능이 부족하고 재해가 발생하지 않으면 개선하지 않으려는 문제점을 가지고 있다. 이러한 산업재해는 직접 피해 외에도 주변의 주민들에게 이차적으로 신체적, 정신적 피해를 야기하는 복합재해의 형태를 보인다.

산업재해가 정신건강에 미치는 영향은 산업재해 피해자들이 극단적으로 자살하는 문제를 보면 알 수 있다. 산업재해를 입은 사람들 중 PTSD집단은 PTSD비집단 보다 MMPI-2에서 불안, 공포, 강박, 분노, 우울 척도가 유의미하게 상승하며(Scheibe et al, 2001), 중립적인 의사소통에서도 적대적인 귀인편견 등의 증상이 생겨서 잠재적인 위기에 대해 과민해지는 증상을 보인다. 또한 산업재해를 목격한 근로자들도 PTSD반응이 나타나고, 외상에 많이 노출되는 직업(소방관, 경찰관, 인명구조대, 의료종사자 등)을 가진 근로자들도 높은 빈도의 정신과적인 문제를 일으킨다. 산업재해의 피해자 유형은 다음과 같다.

│산업재해 피해자유형│

1차	• 신체적 부상이 있거나 없는 생존자
2차	• **부상에 대한 구경꾼과 우연한 목격자** : 부상이나 사망에 대한 장면으로 심리적인 충격을 받음 • **최초 희생자의 인척과 친구** : 병원, 사체공시소 또는 공항 터미널에서 소식을 기다릴 때 격통을 느낌, 매스미디어를 통해 사건소식을 접할 수도 있음 • 유족 • 자신 대신 희생당했다고 생각하는 사람과 자신이 그 사건에 대해 책임이 있다고 생각하는 사람
3차	• 응급서비스직, 경찰관, 앰뷸런스 운전자 및 진료보조자들, 소방관, 응급의료팀, 기타 구조업무 종사자들 • 비디오테이프의 비참한 장면을 편집하는 방송인, 제1선의 병원 직원, ICU 및 병동 직원, 사체 취급자, 영안실 직원, 간병인, 상담원

산업재해를 경험한 피해자들 중에서 PTSD반응을 보이는 고위험군을 선별할 필요가 있다. 예를 들면, 개인적 위협이나 위험에 지속적으로 노출된 사람, 인간에 의한 사고를 목격한 사람, 다른 사람(특히, 사랑하는 사람)의 부상, 고통, 절단 또는 사망을 목격한 사람, 영구적인 장애와 외관의 손상으로 고통을 받는 사람, 참사의 일부분에 대한 비난이나 죄책감을 느끼는 사람들이다. 고위험군에 해당하는 사람들에 대해서는 정기건강진단시 심리적인 문제를 파악할 수 있는 프로그램을 도입하고, 그 결과를 본인이 스트레스 대처법을 배우는 자료로 활용하도록 하는 것이 도움이 되며, 이 프로그램에 참여했다는 것이 인사상 불이익이 없도록 해야 하고 개인비밀이 누설되지 않도록 주의해야 한다. 또한 빠르고 적절한 치료는 재해 이후에도 PTSD의 강도와 경과기간을 완화시켜준다는 점에서 직장에서도 산업새해로 인한 후유증을 관리할 수 있는 정규직 상담창구를 만들어야 하며, 직장 내 상하 간에 의사소통을 원활히 할 수 있는 장을 개발하는 것도 필요하다.

(5) 구조자들

Kliman이 구조자를 '숨겨진 피해자(hidden victims)'라고 지칭했듯이, 재해발생시 구조자들은 자신의 신체 또는 생명에 대한 위험을 느끼는 경우 효과적인 업무수행을 하기가 어렵다. 구조업무에 종사하는 사람들(경찰관, 소방관, 의료인, 상담사 등)의 정신건강은 중요한 것이다. 이들이 보이는 정신적 반응을 보면, 먼저 구조자가 들뜬 기분을 보이거나 자존감이 필요 이상으로 고양되어 길게 계속되면 주위와 여러 가지 갈등을 낳을 뿐만 아니라 업무 이행에도 지장을 초래할 수 있다. 이 경우 자칫 탈진증후군에 빠질 수 있으며, 이는 재해 직후 두서없이 주어지는 일 때문에 극한 피로에 빠지게 된다. 따라서 각자 역할의 분담을 명확히 해서 구조 활동을 하여야 한다. 재해가 어떻게 발전할지 모르는 상황에서 오는 공포감과 긴장감, 구조현장에서 비탄에 빠진 피해자나 유가족을 접할 때 생기는 죄책감이 오히려 구조 활동에 방해가 될 수 있다. 비슷한 연령의 자녀를 가진 구조자가 피해자 부모에게 감정적으로 전이되어 동일화가 일어나기도 하고, 피해자는 구조자에게 절대적으로 의존하는 관계가 되어 구조에 장애가 되기도 하며, 구조실패에 따른 분노와 불신 또는 사기저하로 일상업무에 대한 의욕조차 상실하는 문제가 발생할 수 있고, 심리적 외상을 가지고 있는 구조자는 자신의 가족들에게도 불안과 공포 등을 전이시킨다.

| 구조자의 스트레스 반작용 |

허탈감	허탈감은 정서적, 정신적 및 신체적 고갈의 상태로 특징지워진다. 보통 신체적 피로 증상, 수면장애, 두통 또는 복통, 근육통 또는 감기에 쉽게 걸리거나 쉽게 감염되는 증상이 수반된다. 이런 구조자는 피해자와 거리를 두거나 비인간적으로 변할 수 있다. 정서적 및 행동적 증상에는 무력감, 짜증, 불안, 우울, 염세주의, 냉소, 고립 및 부주의 등이 포함된다.
역전이 또는 대리 피해자화	역전이는 구조자가 가지고 있는 상처가 피해자나 생존자가 말하는 현장, 소리, 이야기 또는 문제에 의하여 회상되는 때 일어난다. 구조자가 피해자 또는 생존자의 정서적 반작용에 감염되는 현상이다.
신념변경 (Belief alteration)	허탈감과 역전이로 인해 구조자는 감정, 관계, 삶에 중대한 영향을 미치는 변화로서 피해자와 생존자에게 나타나는 것과 매우 유사한 믿음 체계의 변화를 경험하게 된다. 구조자에게 있어서는 반복적 간섭이 믿음의 변화에 타당성을 재확인해 주기 때문에 이와 같은 변화가 확고해질 수 있다는 점에서 다르다. 이 과정은 직접 피해자화 경험을 한 적이 있는 구조자에게 특히 큰 영향을 미치는 것으로 보인다. 수명, 안전과 보안, 타인과의 관계, 자긍심, 인생의 의미나 가치, 자기행동과 생각의 자율성에 대한 인식에 관한 믿음의 체계가 변화될 수 있다.
공감피로	공감피로는 구조자의 2차 외상성 스트레스 반작용을 설명하는데 사용되는 용어이다. 허탈감, 역전이 및 믿음변화 등의 요소가 영향을 미칠 수 있는 것은 사실이지만, 공감피로는 3가지의 돌출된 특징으로 구별될 수 있다. 공감피로는 구조자가 사건 이야기를 들음으로써 외상성 사건을 경험할 때, 즉 피해자 또는 생존자와의 감정이입적 접촉을 통하여 외상에 대한 반작용을 경험하고 사건으로부터 거리를 둘 수 없을 때 생긴다. 이러한 거리를 인지적으로 둘 수 없다면, 이들은 사건이 마치 자신에게 일어난 것처럼 재경험하면서 외상을 가지고 살아간다.

출처 : 손진 역, 2018 : 99~100.

대규모사고에 관리상 책임이 있는 승무원이나 종업원 등에 대해서 치료하는 경우에는 일반 피해자보다 우울한 상태가 되기 쉽고 PTSD증상도 더 심각한 경우가 많다는 점에 주의해야 한다. 이들은 사고를 막아야 하는 입장이기 때문에 주위의 도움과 상사의 이해를 얻는 것도 어렵다. 사고 후에도 사고를 막지 못했다는 죄책감과 고통 속에서 업무를 계속해야 하는 이들도 피해자라는 관점에서 치료해야 한다. 또한 대규모사고에서 구조업무[74]에 종사하는 소방대원이나 경찰관, 의료인 등이 받게 되는 심리적 고통에 대하여도 관심을 가져야 한다. 흔히 이들은 훈련된 자들로 사고후유증이 없을 것이라고 생각하기 쉬운데, 대규모사고로 자기와 동료의 생명에 위기를 느끼거나 심하게 손상된 사체를 다루는 상황 또는 개인적으로 동일시의 경향이 강한 사건 상황(자기 자식과 같은 또래의 아이 시체를 취급할 때)인 경우에는 '비상사태 스트레스(CIS : Critical Incident Stress)'에 빠지게 된다.

Brown 등(1998)은 매맞는 아내 쉼터에서 일하는 사람 중 65%가 피해자와 가해자 모두로부터 분노와 좌절을 느껴 높은 스트레스를 받는 이유는, 피해자나 가해자와의 관계뿐 아니라 시스템 상의 문제(시간압박, 관공서의 불필요한 요식으로 인한 서류작업, 신체적인 요구, 성취의 부족 등)에서도 기인한다고 주장하였다. Figley(1995)는 공감능력과 공감을 표현하는 능력이 뛰어난 치료자들이 오히려 소진될 위험성이 가장 높다(반영효과 혹은 연쇄파급효과)고 주장했다. Holmqvist 등(2003)은 치료전문가들의 자기보호(self care)의 중요성을 강조하였고 자기보호와 거리를 두는 것은 좋은 임상적인 상담을 방해할 수 있는 위험요소임을 지적하였다. 피해자들에게 더 나은 서비스를 제공하기 위해서 구조자들은 자기보호에 더 많은 노력을 기울여야 한다.

| 재난피해자 심리지원 |

재난발생이전 (예방)	사고 가능성이 있는 직업에 종사하고 있는 구조자들에게는 재난발생 전부터 평상시에 스트레스 관리와 정신건강 증진을 위한 교육을 시행하고, 사고가 발생했을 때 담당자는 어떻게 대처할 것인지를 평상시에 충분히 훈련함으로써, 사고 상황에서 신속하게 대처할 수 있게 된다. 위험한 업무에 있는 직원에게는 정기검진에 신체검진 뿐 아니라 정신 심리상태에 대한 검진으로 스트레스와 관련된 정신건강문제를 선별하여 조기치료하고 예방할 필요가 있다.

---

[74] 구조업무에 종사하는 사람들이 겪게 되는 직무스트레스 유발요인으로 먼저, 물리적 환경요인에는 조명, 소음, 온도, 공기오염, 사무실 설계 등이 해당되고, 조직관련요인에는 직업요건, 조직구조, 경계에 걸치는 활동, 조직풍토, 경력개발, 집단응집력 등이 포함되며, 직무관련요인에는 업무특성, 기술, 역할과부하, 역할갈등, 역할모호성, 의사결정참여 등이 해당되고, 개인적 요인으로는 성별, 연령, 교육수준, 직위 등이 관련되며, 조직외적 요인으로 가족관계, 이주, 경제적 지위, 사회적 지원 등이 해당된다. 직무스트레스는 생리적으로 심장병, 위궤양, 요통, 두통, 당뇨병, 식욕부진, 간경화 등을 유발하고, 심리적으로는 가정불화, 수면방해, 성기능장애, 근심, 긴장, 정서적 불안, 사기저하, 집중력 상실 등을 유발하며, 행동적으로는 흡연, 음주, 약물남용, 돌발적 사고 등이 유발된다. 조직면에서는 직무성과의 저하, 회피행동의 증가, 환경통제 능력의 저하, 혁신과 창의력의 저하 등이 나타나고, 결근율과 이직률의 증가로 표현된다.

재난발생직후	매스컴의 과다한 노출로부터 보호하고, 우선 그들의 이야기를 변명으로 일축하지 말고, 귀 기울여주고 그들이 자신의 경험을 자신의 생각대로 표현하게 하면서 위로해야 한다. 때로는 그냥 옆에서 지켜주는 것도 도움이 된다.
재난이후	외상 경험을 이야기하는 것으로부터 잠시 여유를 가지고, 이야기하고 싶을 때는 이야기하게 하고, 말하고 싶지 않을 때는 내버려 두는 등 원하는 대로 따라가 준다. 외상으로부터 치유되는 데 시간적, 공간적 요소가 필요하다는 것을 알아야 한다. 즉, 인내가 필요하다. 생존자의 소망을 이해하고 그들 스스로 결정하게 함으로써 그들이 조절능력을 회복하는 데 도움을 주어야 한다. 심리적 회복이 지연되거나 정도가 심각한 대상자는 전문적인 치료를 받을 수 있도록 의뢰하고 재난 이후에 당사자의 업무 능력을 평가하고 충분히 적응이 가능하다고 판단되는 경우 작업 복귀를 시도한다.

출처 : 재난심리지원매뉴얼, 소방방재청, 2011:130.

구조자들의 스트레스를 완화시키기 위해서 직장 내 동료 간의 의사소통과 가족 같은 분위기가 스트레스 해소에 도움이 되며, 구조자들이 신체적으로 건강할수록 구조 활동에 자신감이 높고 구조 작업 후에도 무기력감과 죄책감이 줄어든다. 구조작업 후에 구조자는 사건을 정리하면서 과거의 경험이나 믿음을 통해 현재 상황을 이해하고 정리하는 의식과정을 가짐으로써 감정적인 안정을 지킬 수 있다. 따라서 효과적인 자기보호방법은 먼저 자신의 스트레스 수준을 점검하고 평가하며, 스트레스 수준에 대하여 피드백을 줄 수 있는 지지집단이 필요하고, 타인을 돕는 것의 범위에 대한 경계선을 분명하게 갖고 있어야 양질의 서비스를 제공할 수 있으며, 균형적인 삶을 일구고 유지하려고 노력해야 하고, 수시로 직업연수나 교육훈련에 참가하여 구조능력을 향상시키는 것이다.

3. 회복방법

재해가 발생할 때 어떻게 대처하는가에 따라 수많은 피해자를 줄일 수 있다. 재해로 인하여 받은 스트레스에 대한 대처로, 먼저 재해 후 초기 4주간에는 재산상의 손실 등 현실적인 피해에 대한 고통과 불안한 감정에 대하여 정신건강심리사가 개입하여야 한다. 재해는 보통 수많은 피해자를 양산하므로 피해자들 중에서 정신건강상 심각도를 선별하는 검사를 실시하고 급성스트레스를 보이는 피해자들에게 심리적 응급처치가 주어져야 한다. 재해 후 3주 이후가 되면 증상이 어느 정도 고정되므로 의학적 선별검사를 실시하여 급성스트레스장애(ASD, Acute Stress Disorder)를 보이는 고위험군(강한 충격을 체험한 사람, 가족이 사망한 사람, 심각한 생활기반의 파괴를 경험한 사람, 재해 전에 사고로 가족을 잃는 등 충격체험이 있던 사람 등)을 선별해 개입하여야 한다. 그러나 ASD로 진단되더라도 1~2개월 내에 50% 정도는 자연회복된다. 재해를 당한 사람에게는 안전, 안심, 안면의 환경을 제공하여야 심리적 고통이 감소하게 된다.

재난외상의 위기개입모델

James & Gililand의 6단계 모델	Roberts의 7단계 모델	Westefeld와 Heckman-Stone의 10단계 모델	Kanel의 ABC 모델
1. 문제정의	1. 위기의 심각성 및 개인의 생물·심리학적 상태평가	1. 라포의 형성과 유지	A. 라포형성과 유지(적극적 경청, 재진술, 감정탐색 등)
2. 안전확보	2. 라포와 즉각적 협력관계 형성	2. 피해자의 안전 확인 (자살, 상해, 신변위협 등)	B. 문제상황의 평가 a. 촉발사건확인 b. 인지적 측면 평가 c. 정서적 호소 평가 d. 행동적, 사회적 기능 평가 e. 위기이전 기능 평가 f. 윤리적 측면의 평가(자살, 아동학대, 의료적 질환 등) g. 약물사용여부 평가 h. 치료적 개입 실시(심리교육적 정보제공, 심리적 지지, 인지적 재구조화 등)
3. 지지하기	3. 문제상황의 다각적 파악	3. 문제상황의 평가	C. 대처측면 a. 현재 대처 기능평가 b. 피해자의 대안적 책략 탐색 c. 상담자의 대안적 대처방법 제시 (외부기관 의뢰 등) d. 추후 개입
4. 대안탐색	4. 피해자의 정서와 감정 탐색	4. 위기상담 목표 수립	
5. 계획세우기	5. 가능한 대안 탐색 (지원과 대처기술 포함)	5. 다양한 대안의 탐색	
6. 참여시키기	6. 구체적 행동 계획 수립	6. 대안의 실효성 탐색	
	7. 추후 계획 수립 및 합의	7. 최적의 대안 실행	
		8. 대안의 실행	
		9. 성과의 평가	
		10. 추후 개입	

사례분석

■ **자연재해**

근무시간 중 도심에 대형 지진이 발생했다. 빌딩이 무너졌으며, 많은 사람들이 피해를 입었다. 당신과 동료들은 지진을 느끼기는 했으나 부상을 입지 않았다. 피해정도는 아직 확실히 파악되지 않은 상태이다. 당신이 근무하고 있는 기관은 당신과 동료들에게 생존자를 돕고, 심각한 피해자를 지원하라고 요청했다.

도움을 주기 위한 준비를 하면서 스스로에게 아래 사항들을 질문해보자.
○ 나는 도울 수 있는 준비가 되어 있는가? 나에게 개인적인 중요한 걱정이 있는가?
○ 나는 이 위기 상황에 대한 어떤 정보가 있는가?
○ 나는 현장까지 혼자 갈 것인가? 동료와 갈 것인가? 이유는 무엇인가?

고려할 점
위기 상황, 특히 대형 재난 직후 도움을 주러가는 경우, 팀이나 짝을 지어 일하는 것이 좋다. 팀을 이루어 일을 하면 어려울 때 지원을 받을 수 있으며 발생할 수 있는 또다른 상황을 대비할 수 있고, 안전 확보에도 도움을 준다. 위기 상황에서는 개인보다 팀으로 일하는 것이 더 효과적인 경우가 많다. 예를 들어, 한 명은 고통스러워하고 있는 사람과 함께 있고 다른 한 명은 해당 지역에서 실시되는 의료지원과 같은 각종 서비스를 물색해볼 수 있다. 가능한 '2인 1조(버디 시스템)' 제도를 통하여 동료끼리 상태를 확인하고 지원한다. 물품, 운송, 의사소통장비, 위기상황 또는 안전에 대한 최신정보, 다른 팀이나 단체와의 협력 등에 대한 지원이 가능한 기관을 파악한다.

당신이 지진이 발생한 도시를 돌아다닐 때 무엇을 생각해야 하는가?
○ 위기가 발생한 지역이 현재 충분히 안전한가?
○ 현장에서 어떤 서비스와 지원이 제공되는가?
○ 긴급한 기초적 지원이 필요한 사람들이 있는가?
○ 심각한 정신적 스트레스 반응을 보이는 사람들이 있는가?
○ 특별한 도움을 필요로 하는 사람은 누구인가?
○ 어디에서 심리적 응급처치를 실시할 수 있는가?

어떻게 하면 피해자의 근심을 잘 들어주고 효과적으로 위로할 수 있을까?
○ 피해자들은 기본적으로 무엇이 필요한가?
○ 피해자들에게 도움을 주기 위해 나를 어떻게 소개할 것인가?
○ 피해자들이 더 이상 해를 입지 않도록 안전하게 보호한다는 것은 어떤 의미인가?
○ 피해자에게 필요한 지원과 근심을 어떻게 물어볼 것인가?
○ 내가 피해자들을 가장 잘 지원하고 위로할 수 있는 방법은 무엇인가?

고통스러워 하고 있는 어른과의 대화
당신은 무너진 건물의 잔해 주변에 서 있는 여성을 만났다. 그녀는 부상을 입지는 않았으나 울면서 떨고 있다.

당신 : 안녕하세요. 저는 ○○기관에서 일하는 ○○○입니다. 저와 이야기를 나눌 수 있겠어요?
여성 : 정말 끔찍해요! 건물에 들어가려는 데 건물이 흔들리기 시작했어요. 대체 무슨 일이 일어난 거죠?
당신 : 네. 지진이 발생했어요. 당신이 얼마나 무서웠을지 알 것 같아요. 성함이 어떻게 되세요?

> 여성 : Jasmina-Jasmina Salem이에요. 너무 무서워요! 사고가 난 곳에 가서 동료들을 찾아봐야 할까요? 그들이 괜찮은지 모르겠어요!
> 당신 : Salem씨, 지금 이 건물에 들어가는 것은 매우 위험해요. 당신이 다칠 수도 있어요. 괜찮다면, 이곳보다 안전한 장소에서 이야기를 나누고 잠시 함께 있을 수 있어요. 그렇게 하시겠어요?
> 여성 : 네, 부탁드려요. (현장에서 약간 떨어진 조용한 곳으로 이동한다. 이곳에서는 구조대와 의료단이 일하고 있다.)
> 당신 : 물 좀 가져다 드릴까요? (가능하면 식수, 담요 등 실질적인 위로를 제공하라.)
> 여성 : 그냥 잠깐 동안 여기 앉아있고 싶어요. (여성이 다시 말을 시작할 때까지 근처에서 조용히 2~3분간 기다린다.)
> 여성 : 끔찍해요! 나도 건물 안에서 다른 사람들을 도왔어야 했어요!
> 당신 : 이해할 수 있어요.
> 여성 : 나는 정신없이 밖으로 뛰어갔어요. 다른 사람들에게 정말 미안해요.
> 당신 : 이런 상황에서 신속하게 행동하는 것은 매우 어려워요. 하지만 당신이 건물에서 뛰어 나온 것은 정말 잘 한 거예요. 안 그랬으면 다쳤을 수 있어요.
> 여성 : 무너진 건물에서 사람들이 시체를 꺼내는 것도 봤어요. 내 친구도 있었던 것 같아요! (운다)
> 당신 : 정말 유감이에요. 지금 열심히 구조 작업을 하고 있어요. 그리고 건물 안에 있었던 사람들 상황을 곧 알 수 있을 거예요.
>
> (이 대화는 10분간 더 진행되었다. 그동안 당신은 여성의 이야기를 들어 주고, 필요한 것과 근심거리를 묻는다. 대화는 다음과 같이 종료되었다.)
>
> 여성 : 가족이 괜찮은지 알고 싶어요. 그런데 건물이 흔들리면서 핸드폰을 잃어 버렸어요. 어떻게 집에 가야 하는지도 모르겠구요.
> 당신 : 당신이 가족들과 통화할 수 있도록 도울게요. 그 다음 가족을 만날 수 있는 방법도 찾아볼게요.
> 여성 : 고맙습니다. 정말 큰 도움이 되었습니다.

위 대화에서, 다음에 주목하라.
○ 자신의 이름과 일하는 기관을 밝혔다.
○ 먼저 상대방에게 대화를 하고 싶은지 물어보았다.
○ 상대방을 부를 때 성을 사용하여 좀 더 예의를 지켰다.
○ 고통스러워하는 사람을 안전한 곳으로 옮겨 더 큰 해를 입지 않도록 보호했다.
○ 고통스러워하는 사람에게 위로가 될 만한 것을 제공하였다. (예, 식수)
○ 피해자가 억지로 이야기하도록 강요하지 않고, 경청하는 태도로 함께 있어 주었다.
○ 피해자가 현장에서 적절하게 행동했던 사항들에 대해 되새겨 주었다.
○ 충분한 시간을 두고 이야기를 들어주었다.
○ 피해자에게 어떠한 근심이 있는지, 그에게 필요한 것은 무엇인지를 물어보았다.
○ 동료에 대한 피해자의 걱정을 들어주고 이해해 주었다.
○ 피해자가 가족과 연락하고 만날 수 있도록 도왔다.

피해자에게 정보를 제공하고 실질적인 지원과 연결시키기 위해 무엇을 해야 하는가?
○ 피해자들이 이용할 수 있는 자원(식량, 피난처, 식수) 또는 서비스를 찾는데 어떤 어려움이 있나?
○ 피해자는 어떤 근심이 있을까? 피해자들이 자신의 문제를 이야기하는 것을 돕기 위해 필요한 실질적인 도움은 무엇인가?
○ 피해자들이 원하는 정보는 무엇인가? 어디에서 위기 상황에 대해 신뢰할 수 있는 최신 정보를 찾을 수 있을까?

○ 피해자들을 사랑하는 사람들 혹은 서비스와 연결시켜주기 위해서 무엇을 할 수 있을까?
○ 건강상의 문제가 있는 아동, 청소년, 사람들에게 필요한 것은 무엇일까? 취약한 사람들을 사랑하는 사람들 및 서비스와 연결해 주기 위해서는 어떤 지원이 필요할까?

출처 : 한국 월드비전 2013(세계보건기구 2011년 발행, 심리적 응급처치 : 현장실무자를 위한 가이드).

재난시 정신건강 지원을 위한 개입모델

	개입 목적	개입기간 및 범위	개입 대상	개입내용 및 단계	특징	효과성	강점	한계점
CODE-C	재난으로 인한 심리적 고통경감으로 디스트레스 완화	재난 직후	집단 및 개인	• 욕구사정 • 자문 • 현장방문 • 경험보고 • 교육 • 위기상담	• 재난정신건강 지원을 위한 기본적인 개입내용 제시 • FEMA의 재난 구조대원들을 지원하기 위한 스트레스 관리 프로그램에서 활용	• 재난정신건강서비스의 기본모델로 여타 재난 모델에서 전체 또는 일부가 동일한 구성 내용을 갖추고 있어 디브리핑, CCP모델 등에서의 효과성으로 본 모델의 효과성 평가가능	• 재난정신건강지원 제공을 위한 필수 요소를 모두 포괄 • 효과적 개입을 위한 기본적인 구조들을 갖고 있음	• 재난 정신건강 서비스의 기본적인 개입내용의 제공에 있어 구체화되어 제시되지 않음 • 모델 자체에 대한 효과성에 대한 연구 미비
CISM	디스트레스 완화 및 재난 이전 기능으로의 회복	재난직후부터 재난이후까지 • ISP 재난발령 후 60일 • RSP 재난 후 60일~9개월	집단 및 개인, 가족	• 재난이전 및 이후 교육 • 상담 • 현장지원서비스 • 동원 • 위기개입에서의 통합적인 다측면적 접근을 제공	• 다양한 세팅에서 활용가능 • 위기개입에서의 통합적인 다측면적 접근을 제공	• 재난으로 인한 피해자들의 디스트레스 완화 및 PTSD예방의 긍정적 효과 • 재난시 CSID와 더불어 가장 활발한 연구가 진행되고 있으며 자주 활용되는 모델	• 개인, 가족, 지역사회를 포괄하는 다요인적 모델로 환경속의 개인을 통합 • 다차원적 접근가능	• 통합적이며 다요인적인 개입이 온전히 실행되지 못하고 있음 • 각 구성요인들 간의 구축된 네트워킹이 없을 시 표면적 개입에 그칠 수 있음
CISD	재난으로 인한 디스트레스완화와 긴급한 문제해결	재난 직후	집단	• 도입단계 • 사실단계 • 생각단계 • 반응단계 • 증상단계 • 교육단계 • 재정리단계	• 재난구조대원을 위한 모델로 개발(현재는 피해자, 구조대원 모두 시행)	• 가장 활발한 효과성에 대한 연구결과가 제시되었으나 효과성의 긍정적·부정적 측면에 대한 논란이 많아 효과성 평가에 어려움	• 대형 재난시 다수의 희생자들과 응급구조대원들을 가장 효율적으로 도울 수 있는 방법 • 전세계적으로 가장 활발히 사용되는 모델	• CISM체계 내에서 사용되어야 함 • 단독 CISD 사용시 부정적 효과 발생 가능성 있음

	Crisis Counselling & Training Program (CCP)	재난으로 인한 디스트레스완화와 긴급한 문제해결	재난직후부터 재난 이후까지 • ISP 재난발령 후 60일 • RSP 재난 후 60일~9개월	집단 및 개인	• 개인상담·지지 • 교육 • 집단상담 • 공공교육 • 지역사회 네트워킹 • 평가, 의뢰 • 자원연계 • 교육자료 개발·배급 • 미디어와 공공서비스 발표	• 지역 정신보건센터 전문가들에 의해 주로 지역사회내에서 재난 일차적 피해자들과 직접적인 접촉을 가지며 지지중심적인 서비스제공 • Robert T.Stafford Act에 의한 재정, 인적 자원지원	• 오클라호마 시티, 9.11테러사건 등에서 피해자들이 심리적 위기상태 완화에 긍정적 효과 보고	• FEAM에 의한 재정지원과 지역사회 정신보건센터의 연계에 의한 전문가 지원으로 안정되고 체계적인 지원가능 • CCP 모델 평가에 대한 연방정부 지원으로 효과성에 대한 활발한 연구 수행 가능	• 전문가에 의한 상담교육 중심으로 전문가의 재량에 따른 서비스 제공에 있어 서비스 질과 내용의 차이 발생
경험보고 모델	Process Debriefing model	디스트레스완화	재난 직후	집단	• 도입단계 (관계단계) • 사실단계 (관계단계) • 생각단계 • 반응단계 • 증상단계 • 교육단계 • 재정리단계	• 유럽에서 개발 • CISD의 변형 모델로 덜 지시적이며 집단과정에 강조점을 둠 • 재난구조대원보다 일반 피해자 중심으로 제공	• 경험보고(debriefing)의 연구에 대해 지금 현재로서는 효과에 대해 비일관적인 결과가 공존하고, 부정적이거나 긍정적인 효과에 대해 어느 한쪽으로 결론을 내릴 수 없음	• 집단 지도자는 전문가로 행사하지 않으며 집단구성원의 역동성 촉진	• 집단과정에서 사실상 경험보고 참여자들에 대한 부정적 효과가 있을 수 있음
	Multiple Stress Debriefing Model	부정적 사고 완화	재난직후에서 재난 이후까지	집단	• 사건노출단계 • 감정과 반응단계 • 대처전략단계 • 종결	• 외상(trauma)에 초점이 맞추어져 진행 • 지속적으로 문제가 발생될 경우 후속조치를 통한 개인 및 가족상담 실시	• 경험보고(debriefing)의 연구에 대해 지금 현재로서는 효과에 대해 비일관적인 결과가 공존하고, 부정적이거나 긍정적인 효과에 대해 어느 한쪽으로 결론을 내릴 수 없음	• 집단 중심의 개입이나 결과에 따라 개인 및 가족을 포괄하는 서비스를 제공하여 추후 발생된 심리사회적인 문제 해결지원	• 개입에 있어 구조대원의 감정이 간과된 측면이 많음

| Psychological First Aid(PFA) | 재난 피해자들의 신체적 정서적 안정 | 재난 직후 | 개인 | • 지지상담
• 스트레스관리
• 스트레스 대처방법 등의 정보와 서비스 제공 | 비전문가들에 의해 수행 | • PFA의 확장된 사용에도 불구하고 재난시 심리적 영향과 그 예방에 대한 효과성에 대한 평가 없음 | • 전문가에 비해 쉬운 라포 형성함으로써 피해자의 욕구 | • 비전문가 중심의 서비스 제공은 피해자에 대한 심리적 위급상황 파악 및 긴급 대처 부족으로 질적인 제공의 문제발생 |

재해현장에서 수많은 피해자와 구조자들은 위기상황으로 인해 급성 스트레스를 받게 되는데, 이를 해소하기 위한 스트레스 해소법(CISD, Critical Incidence Stress Debriefing)이 있다. 이는 4단계로 구성되는데, 개인중재 → 집단진정(demobilization) → 스트레스분산(defusion) → 해소(debriefing)로 구성된다. 1단계 개인중재는 위기에 처한 대상자에게 동료나 전문가가 실시하는 개인적 위기중재 프로그램을 말하며, 2단계 집단진정은 대형 재해시 임무 교대할 때 신속히 정보(10분)와 휴식(20분)을 제공하고 추가로 도움이 필요한 사람을 조기에 발견하는 것이며, 임무교대 직후 다시 투입되기 직전에 적용하는 프로그램이다. 3단계 스트레스분산은 현장투입 후 복귀 직전에 시행하는데, 사건종료 후 8시간 이내에 제공하고 6~8명의 소그룹 단위로 진행하며, 소요시간은 20분~45분이다. 4단계 해소는 전문가가 개입하여 경험자들의 생각과 감정을 중심으로 이야기할 기회를 제공하는 구조화된 모임을 말한다.

|재난시 단계별 지원 활동|

단계	심리상태	주요목표	주요활동	참여요원
1단계 : 재난발생 직후 (1~3일)	충격, 불안, 판단력 저하, 인지 장애, 망연자실	• 재난초기 심리적 안정활동 (psychological first aid) • 충격반응을 완화시켜 기억으로 남는 것을 최소화	• 재난 유형별 맞춤형 지원 인력 확보 및 투입 • 재난지역방문, 주민위로 및 대화로 안정분위기 조성 • 신속한 재난정보, 가족안부 등 정보제공 • 실질적인 일상생활활동을 도움 • 사회적 지지 자원과의 연결 • 마음의 Care 통신 발송 • On-Off 라인 상담활동 가동	적십자요원, 의사, 간호사, 교육받은 자원봉사자, 관계공무원 등(시·도 전문가 인력 pool 활동)
2단계 : 재난발생 후 3일~1개월 사이	충격, 불안, 분노, 절망, 대처능력 저하	• 본격 심리상담 활동 (intermediate support /anxiety control) • 심리적 회복을 저해할 수 있는 상황에 재노출을 예방	• 재난 경험자 심리적 충격 정도 파악 (정상, 약간충격, 심한충격, 매우심한충격으로 분류) • 인지치료, 불안중재(3 sessions) • 증상이 경미한 대상자는 상담과 지지를 통한 자연치유 촉진	정신과 전문의, 심리학 교수, 상담전문가, 지역보건소 및 정신보건센터 요원, 학교보건(상담)교사 등

		• 공포와 불안을 완화시켜 PTSD로의 이행을 예방	• 심한 충격 이상의 대상자는 전문 심리상담 실시 • 가족사망 등 충격이 심한 경험자 등 월 1~2회 정기 및 순회 가정방문 상담	
3단계: 재난발생 후 3개월까지	지역사회 갈등표출, 취약층의 분노 및 불안 심화, PTSD출현	• PTSD 환자 치유(continued support) • PTSD 증상환화 및 이행 절감	• 주요 접근원칙: 대인관계 증진, 대상자의 정서를 온전히 수용하고 지지 • 주민갈등 해소 활동 • PTSD 증후를 보이는 대상자는 관내 정신보건센터 및 보건소에 중점관리 대상자로 지정·통보 • 통보된 대상자에게 전문가 상담 서비스 제공 및 전화상담 등을 통한 지속 관찰 • PTSD 환자로 분류된 경우 국·공립 의료기관 등에 전문치료 안내	정신보건센터, 관내 국·공립 의료기관, 정신과 전문의, 심리상담사, 법률고문
재난발생 후 3개월 이후	우울, 절망감, 재난 이전의 기능으로 회복 혹은 극단적 혼란으로 심리상태 와해, 알코올 또는 항불안제 남용	• 심리적 회복을 저해할 수 있는 상황에 재노출되는 것을 예방 • 공포와 불안을 완화시켜 PTSD로의 이행 예방	• 자조 집단 결성 및 운영 지지 • On-Off 라인 상담 활동 • 규칙적인 follow up과 새로운 환자 출현에 대한 관찰	정신보건센터, 관내협력 의료기관, 자조집단 모임, 지역사회 네트워크 및 관련 단체, 자원봉사단체, 전화상담요원

한편, 외상 후 겪게 되는 해리현상 등의 급성스트레스를 적시에 치료하지 않으면, PTSD로 발전된다는 것은 수많은 연구에서 입증되었다. 그러나 생활적으로 불안정한 피해자를 대상으로 조급한 치료를 시도하는 것은 오히려 피해자에게 해가 될 수 있다. 또한 치료에 임하더라도 외상성 사건에 대하여 말하지 않거나 조절력을 잃은 것처럼 너무 장황하게 늘어놓는 경우가 있다. PTSD치료에는 전통적 기법이 있고, 최근에는 인지행동치료가 많이 시행된다.

3편

피해회복

제1장 건강심리
제2장 스트레스
제3장 외상후 반응
제4장 심리서비스
제5장 치료기법

제 1 장 건강심리

1. 개요

건강은 단순히 신체적으로 병이 없는 상태만을 의미하기 보다는 신체, 심리, 사회, 영적인 수준에서 최적의 균형 상태를 유지하고 회복할 수 있는 능력을 의미한다. 따라서 건강심리학은 심리학의 지식을 통해서 건강과 질병의 예방과 치료 및 건강 정책의 개선을 도모하려 한다. 최근에는 건강과 질병이 개인의 생활양식과 심리적 상태에 의해 크게 좌우되는 상황이 건강심리학의 수요를 증가시키고 있다.

정신건강의 출발점이 된 서양에서는 정신을 물질현상의 하나로 보아 주로 과학적 관점에서 정신건강을 해치는 원인과 문제를 밝혀 치료하는 것에 초점을 두었다. 반면에 동양에서는 정신은 보이지 않는 것으로 질적인 측면에서 정신의 가치를 고양시키고 고취시키는 것에 초점을 두었다. 정신건강은 소극적 측면에서는 치료와 예방차원에서 정신장애의 증상을 파악하고 이해하여 정신장애를 감소시키는 임상활동에 초점을 두지만, 적극적 측면에서는 정신건강의 유지 및 증진의 차원에서 정신적인 적응을 증대시키고 정신건강문제에 대해 올바른 이해와 자세를 갖도록 지도하고 안내하는 교육적 활동이 초점이다.

Keyes(2005)는 진정한 정신건강이란 '정신장애로부터 자유로운 동시에 정신적 웰빙을 경험하는 상태'라고 정의하였고, '정신적 웰빙'은 개인이 자신의 정서상태와 심리적 및 사회적 기능이라는 관점에서 자신의 삶을 지각하고 평가하는 것을 의미하므로, 이는 개인적 차원의 정신건강을 강조한 것이다. 한편, 조직차원에서 정신건강에 초점을 둔 근로자지원프로그램을 EAP(Employee Assistance Program)라고 하는데, 이는 서구 선진 기업에서 근로의욕을 향상시키기 위해 정신건강 관리에 초점을 두고 시행하는 각종 지원프로그램을 말한다. 이는 일차적으로 임직원의 성향과 욕구를 파악한 뒤 심층상담 및 심리검사를 거쳐 진로설정, 경력관리, 대인관계설정, 스트레스 관리요령을 컨설팅해주는 것이 주요내용이다.

건강한 성격의 특성	
정신분석	타인을 사랑하고 생산적인 일을 할 수 있는 능력, 자아강도가 강한 사람, 잠재력을 발달시킬 수 있는 창조적인 자기, 탁월한 인간관계를 통해 열등감에 대한 보상, 발달과업을 잘 수행한 자
행동주의	풍부한 관찰학습 기회를 가진 자, 삶을 향상시킬 수 있는 유능성을 학습한 자, 사건을 정확하고 생산적으로 인식하는 자, 정확한 기대와 긍정적인 자기효능감[75]을 가진 자, 주관적 가치를 아는 자, 효율적으로 자기조절이 가능한 자
인본주의	과거나 미래가 아니라 지금-여기에 충실한 자, 새로운 경험에 개방적 태도를 가진 자, 자신의 감정과 생각을 솔직하게 표현할 수 있는 자, 자신의 직관을 신뢰하는 자, 의미 있는 활동에 참여하는 자, 인생에서의 중요한 변화를 시도할 수 있는 능력이 있는 자, 자신만의 독특성이 있는 자
초개인주의	자신에 대해 책임을 지는 능력이 있는 자, 스스로 자기치유를 할 수 있는 자, 독립된 개체로서 자기를 초월할 수 있는 자

정신건강은 정신이나 심리적 상태와 기능에 초점을 맞춰 건강을 설명하는 개념으로, 삶이 얼마나 활기차고 상쾌한지(신체적 수준), 얼마나 즐거운지(정서적 수준), 얼마나 적극적인지(심리사회적 수준), 얼마나 의미가 있는지(사회적 또는 영적 수준)와 관련된다.

심리적 안녕의 구성요소	
환경통제	주변 환경에서 발생하는 문제를 잘 처리하는 능력과 이에 대한 통제감을 지닌다. 자신의 환경조건을 효과적으로 활용한다. 자신의 가치와 욕구에 적합한 환경을 선택하고 창출한다.
타인과의 긍정적 관계	타인과 따뜻하고 신뢰할 수 있는 관계를 형성한다. 타인의 행복에 관심을 갖는다. 공감적이고 애정이 있는 친밀한 관계를 형성하는 능력을 지닌다. 인간관계의 상호 교환적 속성을 잘 이해한다.
자율성	독립적이며 자율적인 결정능력이 있다. 자신을 특정한 방향으로 생각하거나 행동하도록 요구하는 사회적 압력에 맞설 수 있는 능력이 있다. 내면적 기준에 의해 자기행동을 결정한다. 외적 기준보다 자신의 내적인 기준에 따라 자신을 평가한다.
개인적 성장	자신이 지속적으로 성장하고 있다는 느낌을 지닌다. 자신이 발전하고 확장되고 있으며, 자신의 잠재력이 실현되고 있다는 느낌을 갖는다. 새로운 경험에 대해 개방적이다. 자신의 발전과 성장을 위해 계속 노력한다.

---

[75] Thompson 등(2002)은 매맞는 아내가 생활기술에 대한 높은 수준의 자기효능감을 갖도록 돕는 것이 그들이 관계를 청산할 기회를 증가시켜 줄 수 있다고 보았고, Bandura(1997)는 자기효능감이 높을수록 행동의 변화가능성도 높아진다고 주장하였다.

삶의 목적	인생의 목적과 방향성을 지니고 있다. 현재와 과거의 삶에 의미가 있다고 느낀다. 인생에 의미를 부여하는 신념체계를 지니고 있다. 삶에 대해 일관성 있는 목적과 목표를 가지고 있다.
자기수용	자신에 대해 긍정적인 태도를 지닌다. 긍정적 특성과 부정적 특성을 모두 포함하여 자신의 다양한 특성들을 인정하고 수용한다. 과거의 삶에 대해 긍정적으로 느낀다.

출처 : Ryff & Keyes, 1989 ; 김교헌 외, 2012:43에서 재인용.

심리탐색

■ 심리적 안녕 척도

다음의 문항들이 자신의 현재 모습과 얼마나 일치하는 지를 하나의 숫자에 응답해 주십시오.[76] 다음 문항별로 '매우 동의한다(6점) ~ 전혀 동의하지 않는다(1점)' 사이에 자신의 모습에 해당하는 점수를 기록하여 주시면 됩니다.

번호	문항	점수
1	나에게 주어진 상황은 내게 책임이 있다고 생각한다.	
2	현재의 내 활동반경(생활영역)을 넓힐 생각이 없다.	
3	살아온 내 인생을 돌이켜볼 때 현재의 결과에 만족한다.	
4	남들과 친밀한 인간관계를 유지하는 것이 어렵고 힘들다.	
5	대다수의 사람들과 의견이 다를 경우에도 내 의견을 분명히 말하는 편이다.	
6	매일매일 해야 하는 일들이 힘겹다.	
7	그저 하루하루를 살아가고 있을 뿐 장래에 대해서는 별로 생각하지 않는다.	
8	나 자신에 대해 자부심과 자신감을 갖고 있다.	
9	나의 고민을 털어놓을 만한 가까운 친구가 별로 없어 가끔 외로움을 느낀다.	
10	나는 무슨 일을 결정하는 데 있어 다른 사람들의 영향을 받지 않는 편이다.	

---

[76] 채점법 : 먼저 2, 4, 6, 7, 9, 11, 12, 16, 18, 20, 21, 22, 23, 26, 27, 33, 34, 36, 40, 41, 45, 46문항은 역으로 채점한다(6점→1점, 5점→2점, 4점→3점, 3점→4점, 2점→5점, 1점→6점). 역채점이 끝났으면 다음 각 영역에서 문항들의 점수값을 합산해서 기록한다. 자신의 각 영역별 점수를 비교해 보고, 자신의 점수와 다른 사람들의 점수를 비교해본다. 이때 점수가 높을수록 해당 영역의 심리적 안녕이 높다는 것을 의미한다.

환경통제	문항번호 1+6+14+16+25+30+40+44 = ( )점
타인과의 긍정적 관계	문항번호 4+9+13+20+27+38+46 = ( )점
자율성	문항번호 5+10+15+21+29+33+36+43 = ( )점
개인적 성장	문항번호 2+17+22+31+34+37+41+45 = ( )점
삶의 목적	문항번호 7+11+18+23+28+32+35 = ( )점
자기수용	문항번호 3+8+12+19+24+26+39+42 = ( )점

11	과거에는 나 자신이 혼자 목표를 세우곤 했으나 돌이켜보면 그것이 시간낭비였던 것 같다.	
12	내가 아는 많은 사람들은 인생에서 나보다 더 많은 것을 성취하는 것 같다.	
13	가족이나 친구들과 친밀한 대화를 나누는 것을 즐긴다.	
14	매일의 생활에서 내가 해야 할 책임들을 잘 해내고 있다.	
15	나는 무슨 일을 결정하는 데 있어 다른 사람들의 영향을 받지 않는 편이다.	
16	내가 해야 할 일들이 힘겹게 느껴질 때가 있다.	
17	나 자신과 인생살이에 자극을 줄 만한 새로운 경험을 하는 것이 중요하다고 생각한다.	
18	가끔 매일 하는 일들이 사소하고 중요하지 않은 것처럼 느껴진다.	
19	내 성격의 거의 모든 면을 좋아한다.	
20	정말 필요할 때 내 말에 귀를 기울여 줄 사람은 많지 않다.	
21	나는 강한 의견을 가진 사람으로부터 영향을 받는 편이다.	
22	지난 세월을 되돌아보면 내 자신이 크게 발전하지 못했다고 생각된다.	
23	내 인생에서 무엇을 성취하려고 하는지 잘 모르겠다.	
24	과거에 실수를 저지르기도 했지만 전체적으로는 모든 일이 매우 잘 되었다고 생각한다.	
25	나는 일반적으로 나의 개인문제나 돈 문제를 잘 관리하고 있다.	
26	많은 면에서 내가 성취한 것에 대해 실망을 느낀다.	
27	대부분의 사람들이 나보다 친구를 더 많이 갖고 있는 것 같다.	
28	미래의 계획을 짜고 그 계획을 실현시키려고 노력하는 것을 즐긴다.	
29	내 의견이 비록 다른 여러 사람들의 의견과 반대되는 경우에도 나는 내 의견이 옳다고 확신한다.	
30	나는 시간을 잘 활용하여 해야 할 모든 일을 제때에 잘 처리해 나갈 수 있다.	
31	그 동안 한 개인으로서 크게 발전해 왔다고 생각한다.	
32	내가 세운 계획을 어떻게 해서라도 실천하려고 노력한다.	
33	논쟁의 여지가 있는 문제들에 대해서 내 자신의 의견을 내세우지 못한다.	
34	현재의 생활방식을 바꿔야 할 새로운 상황에 처하는 것을 싫어한다.	
35	나는 인생목표를 가지고 살아간다.	
36	친구와 가족이 반대하는 경우에는 나의 결정을 쉽게 바꾸는 편이다.	
37	나에게 있어서 삶은 끊임없이 배우고, 변화하고, 성장하는 과정이었다.	
38	내 친구들은 믿을 수 있고 그들도 나를 믿을 수 있다고 생각한다.	
39	과거를 돌이켜보면 좋았던 때도 있었고 힘들었던 때도 있었지만 대체로 만족한다.	
40	생활을 만족스럽게 꾸려 나가는 것이 쉽지 않다.	
41	내 인생을 크게 개선하거나 바꾸겠다는 생각은 오래전에 버렸다.	
42	내 자신을 친구나 친지들과 비교할 때면 내 자신에 대해 흐뭇하게 느껴진다.	
43	내 스스로 정한 기준에 의해 내 자신을 평가하지 남들의 기준에 의해 평가하지 않는다.	
44	내 가정과 생활방식을 내 맘에 들도록 꾸려 올 수 있었다.	

| 45 | 이제껏 살아온 삶의 방식을 뒤늦게 바꿀 수는 없다고 생각한다. | |
| 46 | 다른 사람들과 다정하고 신뢰 깊은 관계를 별로 경험하지 못했다. | |

출처 : Ryff & Keyes, 1995 ; 김교헌 외, 2012:44~46에서 재인용/

2. 성격과 건강

(1) 개요

현대적인 의미에서 성격과 질병과의 관계에 대하여 Alexanger(1939)를 비롯한 초기 심리학자들이 정신분석적 입장에서 성격과 특정 질병과의 관계성을 가정하였다. 예를 들면, 십이지장궤양 환자는 자신의 권리가 박탈당한다고 느끼고 상대방에게 보복하려는 성격의 소유자로 가정되기도 한다. 그러나 아직은 성격과 질병과의 관계성이 과학적으로 확립되었다고 볼 수는 없다. 그 밖에 성별로는 심장질환은 여성보다 남성에게 많고, 인종별로 천식은 흑인이 아시아인이나 백인보다 더 잘 걸리는 것으로 알려져 있다.

(2) 성격유형

부모와 자녀(특히, 남성)의 행동유형점수가 유의하게 연관성이 있다. 부분적으로 부모의 행동이 아동들에게 사회학습적으로 조건화될 수 있음을 암시하였고, 부모로부터 성취와 경쟁이 강조되고, 지속적으로 더욱 훌륭한 수행을 요구받는 자녀일수록 A유형을 나타내는 경향이 있다. A유형은 심장병 전문가인 Friedman과 Rosenman(1974)에 의해 개념화되었다. 그가 A유형을 연구하게 된 배경은 전통적인 관상동맥질환의 위험요인(흡연, 고혈압, 콜레스테롤의 과다, 음식, 운동부족, 당뇨, 나이, 가족력)만으로는 관상동맥질환의 발생을 충분히 설명하지 못했기 때문이나. 이에 이들은 A유형과 전통적인 위험요인을 함께 관찰한 결과, 다른 위험요인 이상으로 A유형이 관상동맥질환을 더 잘 예언한다는 사실을 발견하였다. 이는 서구의 고전적인 합작집단연구(WCGS)의 구조화된 질문지를 이용한 연구(대상 3,524명, 1960~1961)였는데, 이런 양상은 전통적인 위험요인을 통계적으로 통제한 후에도 2배 정도 높게 나타난다.

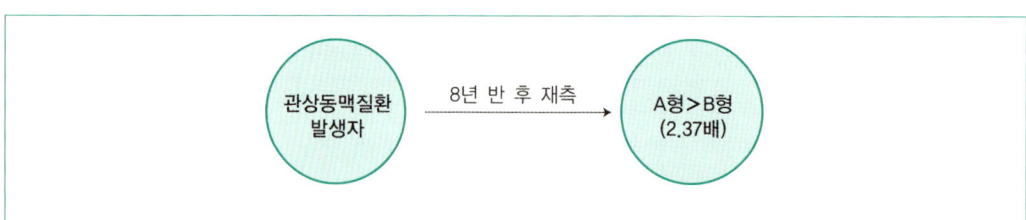

A유형 자체가 아닌, A유형의 하위요소 중 시간의식과 경쟁심 자체는 질병에 영향을 미치지 않지만, '분노 또는 적개심'이 질병발생의 중요한 변수이며, 이들은 다른 사람들보다 사회

적인 지지가 적다(Brummett 등, 2001). A유형의 하위요소 가운데 '분노-억제와 잠재적 적개심'이 관상동맥경화증과 유의한 관련성을 보인다. 분노는 신체에 직접적으로 해로운 효과를 발생시키는데, 혈관수축, 심박출량 증가, 콜레스테롤 수준 증가로 인한 심혈관계 질환의 위험률을 증가시킨다(Niaura et al, 2002). 분노는 대인관계를 악화시키는데, 부적절한 대인관계가 스트레스를 경험하게 하고, 건강을 손상시킨다. 분노는 음주와 흡연 같은 불건강한 행동을 증가시킴으로 결국 건강을 해치게 만든다.

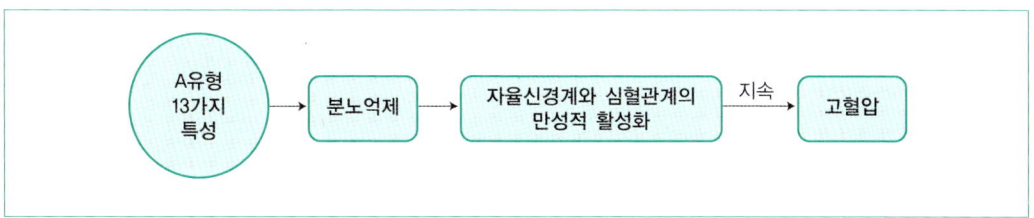

즉, 스트레스에 취약한 특성 중 하나인 A유형 성격소유자에 대한 설명을 정리하면, [독립변인 : A유형 성격소유자]-[종속변인 : 심혈관계 질환]이라는 인과관계를 설명하기는 어렵지만, [A유형 성격 중 분노-억제, 적개심]-[심혈관계 질환]과의 상관관계는 높다는 것을 알 수 있다.

A유형	주로 유능한 지도자나 영업사원에 많은 A유형은 사회성, 경영능력, 지도력이 우수하고 적응력이 뛰어나서 인간관계에서 실수가 적은 편이지만, 반대로 "보다 적은 시간에 보다 많은 성취를 하려고 끊임없이 투쟁에 적극적으로 개입되어 있는 사람"이다. Friedman과 Rosenman(1974)은 「A유형 행동과 당신의 심장(Type A behavior and your heart)」이라는 저서에서 A유형의 13가지 특성[77]을 기술한 뒤, 이들은 극도로 경쟁적이고 성취지향적이며, 항상 시간에 쫓기고 여유라고는 갖지 못하며, 일이 지체되거나 무능해 보이는 사람을 보면 참지 못하고 화를 내는데, 이 특성들이 '조급성(hurry sickness)'으로 수렴된다고 정리하였다. 그러나 Glasser(1977)는 A유형의 특성으로 "공격성, 시간 급박성 및 경쟁성"을 지적하였다. 이들은 여가활동에 있어서 라이브콘서트, 경쟁게임, 옥외여가, 헬스, 가족/직업과 관련된 여가활동을 즐긴다.

---

[77] A유형의 행동양식을 보면, 두 가지 이상의 일을 생각하고 행하며, 점점 더 짧은 시간에 점점 더 많은 일을 하려고 계획하거나 자연 환경이나 아름다운 것들에 대한 관심을 잃어버리고 남이 말할 때 빨리 말하라고 재촉하거나 줄을 서서 기다릴 때나 자기 생각에 느리게 간다고 생각하는 차 뒤에서 화를 내고 초조해하며, 뭔가를 잘 해내려면 스스로 해야만 한다고 생각하고 말할 때 손짓 발짓을 하며, 다리를 떨거나 손가락을 가만 놔두지 못하고, 폭발적으로 말을 쏟아 붓거나 음담패설을 자주 하며, 시간을 강박적으로 지키려 하고, 가만 앉아 있지 못하며, 게임을 할 때면 심지어 어린이들과 하더라도 꼭 이기려고 들며, 자신과 남들의 성공을 숫자로만 판단하려고 하며, 말을 할 때 자주 혀를 차고 머리를 까딱거리고 주먹을 불끈 쥐거나 테이블을 톡톡 치고 숨을 헐떡이며, 남이 무엇인가를 할 때 자기가 더 잘 할 수 있거나 빨리 할 수 있다고 생각되면 초조해서 견디지 못하거나 눈을 심하게 깜빡거리고 눈썹을 치켜 올리는 행동을 한다.

B유형	죄책감을 느끼지 않고도 휴식을 취하고 일할 때도 조급해 하지 않으며, 행동에 여유 있고 느긋하며 편안하고 차분하며 인내심이 많은 특성을 보인다. 이들은 여가활동에 있어서 음악이나 명상 등 조용한 여가활동을 즐긴다. 그래서 B유형은 상대나 상황에 영향을 받지 않고 자신의 신념이나 의견에 따라 행동하기 때문에 자칫 집단에 적응해서 행동하는 데 서투른 면이 있다. 이러한 B유형은 A유형과 C유형의 중간에 해당하는 성격유형으로 볼 수 있다.
C유형	모든 것을 자기 탓으로 돌리는 사람들을 말하는데, 지극히 내성적인 사람들이고 두려움이나 분노감정을 잘 억제하기 때문에 남들에게는 온화하고 부드럽게 보이며, 스트레스를 주는 환경에 대해 절망적이고 무기력한 태도를 보이며, 우울증에 잘 빠지고 암발생률이 높다.

■ 성격과 건강 : ABCD 중의 나의 타입은?
A. 시간에 쫓기며 짧은 시간에 많은 일을 하려 한다. 공격성과 적개심이 많고 성취욕구가 강하다.
B. 느긋하고 태평하며 시간에 쫓기지 않고, 성취보다는 자신에게 더 관심이 많다.
C. 매우 협조적이고 유화적이다. 타인을 배려하면서 자신의 욕구를 포기하기까지 한다. 부정적 정서표현이나 자기주장을 억제하며 항상 양보한다.
D. 시간이나 상황과 일치하지 않는 부정적 정서를 경험하고 사회적 관계를 통해 이러한 정서를 표현하는 것을 억제한다.

해설 A유형 성격은 심장병, C유형은 암과 관련된다고 하며, D유형은 우울이나 불안에 취약하다.

심리탐색

■ 생활습관 평가 척도

다음의 각 항은 서로 상반되는 행동양상을 나타내고 있습니다. 자신에게 가장 적합하다고 판단하는 숫자를 선택한 후 점수를 더합니다.[78]

번호		평가등급		점수
1	정해진 시간에만 일한다.	0 ← 5 → 10	일을 늦게까지 하거나 집으로 가져가서 하기도 한다.	
2	조용히 기다린다.	0 ← 5 → 10	마음 졸이며 기다린다.	
3	평가시 숫자나 양으로 하지 않는다.	0 ← 5 → 10	숫자나 양으로 평가한다.	
4	경쟁적이 아니다.	0 ← 5 → 10	매우 경쟁적이다.	
5	별로 책임감을 느끼지 않는다.	0 ← 5 → 10	항상 책임감을 느낀다.	

---

[78] 모든 문항의 점수합계는 (   )점이다. 합계점수가 135점 이상이면 A형 타입에 해당하며, 점수합계가 160~200점에 해당하고 40세 이상의 흡연가라면 심장병 위험이 매우 높다. 점수가 100~134점이면 A형과 B형의 혼합형이고, 100점 이하이면 B형 타입에 해당한다.

6	약속에 대하여 느긋하다.	0 ← 5 → 10	약속에 대해 자주 조급해진다.	
7	서두르는 법이 없다.	0 ← 5 → 10	항상 서두른다.	
8	여러 가지에 흥미를 가진다.	0 ← 5 → 10	주로 일하는 것에만 흥미를 가진다.	
9	자기만 만족하면 된다.	0 ← 5 → 10	남들이 알아주기를 원한다.	
10	아주 정확하지는 않다.	0 ← 5 → 10	세심한 것까지 주의한다.	
11	일시적으로 일을 안 끝낼 수도 있다.	0 ← 5 → 10	반드시 일을 끝내야 한다.	
12	자기 직업에 만족한다.	0 ← 5 → 10	자기 직업에 불만이다.	
13	남의 말을 잘 들어준다.	0 ← 5 → 10	남의 말을 듣기 전에 자기 말부터 끝낸다.	
14	태평하다.	0 ← 5 → 10	힘들게 애쓴다.	
15	천천히 한다.	0 ← 5 → 10	빨리 한다.	
16	한 번에 한 가지씩만 한다.	0 ← 5 → 10	다음에 할 일을 항상 생각하면서 한다.	
17	별로 화를 내지 않는다.	0 ← 5 → 10	쉽게 화를 낸다.	
18	말을 천천히 한다.	0 ← 5 → 10	말을 빨리 한다.	
19	감정을 잘 표현한다.	0 ← 5 → 10	감정을 쌓아 둔다.	
20	마감시간 설정을 거의 하지 않는다.	0 ← 5 → 10	자주 마감시간을 설정한다.	

출처: 권석만(2008).

(3) 좋은 성격

성격요소들은 시대와 문화에 걸쳐 보편성을 갖는 요소들이다. 학자들의 연구에 의하면, 인간애 덕성은 남성들보다 여성들의 점수가 높고, 쾌활성은 젊은 성인이 나이든 성인보다 더 높은 점수를 보이며, 용서는 결혼 중인 사람들이 이혼한 사람들보다 더 점수가 높았다. 영성은 정치적으로 보수적인 사람들이 자유적인 사람들보다 점수가 높았다.

| 건강에 좋은 VIA 성격분류 |

1. 지혜와 지식(Wisdom & Knowledge): 더 나은 삶을 위해서 지식을 획득하고 사용하는 것과 관련된 인지적 강점들

창의성 (creativity)	새롭고 기발한 방식으로 생산적인 방법을 생각해내는 능력, 예술적 성취도 포함하나, 그것에만 국한되지는 않는다.
호기심 (curiosity)	일어나는 모든 경험에 대해 흥미를 가지는 능력, 관심을 불러일으키는 모든 주제나 화제를 찾아내는 것, 탐구하기와 발견하기 등이다.
개방성 (open-mindedness)	사물이나 현상을 다양한 측면에서 철저하게 생각하고 검토하는 능력, 결론으로 바로 건너뛰지 않고 증거에 비추어 자신의 생각을 변화시키는 능력, 모든 증거에 공정한 무게를 두고 새로운 증거에 따라 신념을 수정하는 태도이다.

학구열 (love of learning)	독학 또는 정식 과정을 통해 새로운 기술, 주제, 지식체계(bodies of knowledge)를 배우고 숙달하려는 동기와 능력, 호기심이라는 강점과 관련되지만, 호기심을 넘어 자신이 알고 있는 것에 새로운 것을 체계적으로 추가해 가는 경향성이다.	
지혜(wisdom) 또는 통찰(prospective)	사물이나 현상을 전체적인 관점에서 생각하고 다른 사람들에게 지혜로운 조언을 제공할 수 있는 능력, 자기 자신과 다른 사람들의 도리에 맞게 세상을 보는 방법을 갖는 것이다.	
2. 인간애(humanity) : 타인을 돌보고 친밀하게 지내는 능력을 포함한 대인관계적 강점들		
사랑(love)	타인, 특히 상호 호혜적으로 공유하고 돌보아 주는 사람들과의 친한 관계를 소중하게 여기는 것, 타인과 친해지기 등이다.	
친절성(kindness)	타인에게 호혜와 선을 베푸는 것, 타인을 돌보고 도우며 소중히 여기기 등이다.	
사회지능 (social intelligence)	자신과 타인의 동기와 감정을 인식하는 능력, 다양한 사회적 상황에서 적절한 것이 무엇인지 아는 것, 사람을 움직이게 하는 동기가 무엇인지 아는 것이다.	
3. 용기(courage) : 외부적 또는 내부적 난관에 직면했을 때 자신의 목적을 성취하기 위해 그것을 달성하는 실행능력을 포함한 정서적 강점들		
용감성 (bravery)	위협이나 도전, 어려움, 고통으로부터 물러서지 않고 이를 극복하는 능력, 누군가와 대립하게 되더라도 무엇이 옳은 것인가를 말하는 것, 좋지 않은 평판을 받더라도 신념에 따라 행동하기, 신체적 용기를 포함하지만 그것에 국한되지는 않는다.	
인내 (persistence)	시작한 것은 끝을 내는 것, 방해나 난관에도 불구하고 필요한 과정을 지속하기, 해야 할 일을 시작하고 과업을 완수하는 과정에서 즐거움을 느끼는 것이다.	
진실성 (authenticity)	진실을 말하고 자신을 진실한 방법으로 명백하게 두루 드러내는 능력, 가식이나 거짓이 없는 것, 자신의 감정이나 행동을 책임지는 것이다.	
활력 (vitality)	삶에 흥미진진함과 에너지를 부여하는 능력, 생기와 활력을 느끼기, 삶을 도전적으로 사는 것을 포함한다.	
4. 정의(justice) : 건강한 공동체 삶의 기초가 되는 사회시민적 강점들		
시민의식 (citizenship)	집단의 구성원으로서 자신에게 주어진 임무와 역할을 잘 수행해 내는 것, 자신이 속한 집단에 충실하고 자신의 것을 공유하는 마음가짐이다.	
공정성 (fairness)	공평하고 정의로운 의도로 모든 사람을 동일하게 대하는 태도, 타인에 대해 개인적 감정으로 편향된 의사결정을 하지 않는 것, 모든 사람에게 공정한 기회를 주는 것 등이다.	
리더십 (leadership)	자신이 구성원으로 속해 있는 집단이 일을 해낼 수 있도록 동기를 부여하고 사기를 고무시키며 집단 내에 좋은 관계가 형성되도록 이끄는 것이다.	
5. 절제(temperance) : 무절제나 지나침으로부터 보호하는 강점들		
용서 (forgiveness)	용서는 심리적 및 신체적으로 상처받은 피해자가 당연히 생기는 분노나 복수의 감정을 버리고, 받을 자격도 없는 가해자에게 공감과 자비 그리고 도덕적 사랑을 베풀려고 노력하는 심리적 실천과정을 말한다.	

겸손 (modesty)	정숙하고 자신의 성취를 떠벌리지 않으며 그 업적 스스로가 성과를 드러나게 하는 태도, 세인의 관심을 추구하지 않고 자신을 다른 사람들보다 더 특별하게 여기거나 자만하지 않는 것을 말한다.	
신중성 (prudence)	선택이나 결정을 신중히 함으로써 불필요한 위험을 초래하지 않는 것, 나중에 후회할만한 언행을 하지 않는 것을 말한다.	
자기조절 (self-regulation)	자신의 다양한 감정, 욕구, 행동 등을 조절하는 능력을 말한다.	

6. 초월성(transcendence) : 보다 큰 세계인 우주와의 연결을 형성하고 의미를 부여하는 영적 강점들

심미안 (appreciation of beauty and excellence)	자연, 예술, 수학, 과학 또는 일상의 경험에 이르기까지 삶의 모든 영역에서 아름다움과 탁월함, 숙련도를 인식하고 인정하는 능력, 경외하는 태도 등을 말한다.
감사 (gratitude)	한국사람들은 감사와 미안함을 표현하는 것에 서툰 면이 있는데, 감사는 좋은 일을 인식하고 그에 대해 고마움을 느끼고 표현하는 것이다.
희망 (hope)	최상의 것을 기대하고 그것을 성취하기 위해 노력하는 것, 낙관적인 태도를 갖는 것이다.
쾌활성 (playfulness)	웃고 장난치는 것을 좋아하며 다른 사람들에게 웃음을 주는 능력, 상황에 적절한 농담을 하는 능력 등이다.
영성 (spirituality)	개개인의 마음속에 자리하고 있는 신성, 인생의 고차원적인 목적과 의미에 관해 확고한 신념을 갖기, 현재의 삶이 인생의 궁극적인 목적에 적합한지 숙고하는 태도, 바른 처신과 안정감을 돕는 삶의 의미에 대한 신념을 갖는 것이다.

출처 : Peterson & Seligman, 2004/2009, 김교헌 외(2012) 재인용.

제 2 장 스트레스

1. 개요

외상을 경험한 이들은 불안, 공포, 외상 후 스트레스장애, 죄책감, 공황 등의 이상심리에 노출되어 평생을 고통 속에 살아야 하는 경우도 있고 심지어는 자살로 생을 마감하기도 한다. 특히, 최근 들어 심각하게 증가되고 있는 충격적인 사건들의 피해자와 가족, 주변인물 그리고 사건들에 관한 기사를 접하는 불특정 다수의 국민이 심리적인 어려움을 겪게 된다. 그러나 외상은 반드시 충격적인 사건에서만 발생되는 것은 아니고 일상적인 스트레스에서도 발현될 수 있는 증상이다.

스트레스는 '팽팽하게 죄다'라는 라틴어에서 유래된 말로 17세기에는 환경에서 오는 어려움, 경제적 곤란 등을 의미하였으나, 18세기에 이르러 물리학과 공학에서는 '어떤 고형의 물체가 외부적 힘에 의해 물체 표면의 연속성을 잃게 된 상태'로 정의되어 사용되었다. 20세기 들어 현대적 의미에서 스트레스라는 용어를 처음으로 사용한 사람은 Cannon(1914)인데, 그는 스트레스 반응을 추위나 산소의 결핍 등의 조건에서 항상성(Homeostasis) 유지에 장애가 왔을 때 경험하는 것으로 '통합되지 않은 마음과 신체 체계의 부분'이라고 보았으며, J.R.P.French와 S. Cobb, W.Rogers 등(1972)은 "개인의 기술과 능력이 직무규정에 부적합하여 조직이 제공하는 직무환경과 개인의 욕구가 불일치할 때 그 결과 스트레스를 일으키게 된다."고 하였으며, Hans Selye(1976)가 '외부에서 가해지는 상해나 자극 등에 대해 신체 내에서 일어나는 비특이적 생물학적 반응'이라는 의학적인 개념으로 사용하면서 보다 많은 사람들이 스트레스라는 단어를 사용하게 되었다.

스트레스 개념의 변천사를 보면, 스트레스원의 객관적 속성을 강조하던 관점에서 스트레스원에 대한 인지적 평가의 중요성을 강조하는 방향으로 이동했음을 알 수 있다. 이는 스트레스 경험에 두 속성이 모두 관여하고 있음을 의미한다. 이를 측정하려는 노력과 건강에 미친 효과를 확인하려는 시도가 많았는데, 최근에는 인지적 평가가 포함된 주관적 속성의 중요성이 강조되고 있다.

오늘날 스트레스는 위협을 주는 상황과 이러한 상황에서 경험되는 과잉부담(행동에 박차를 가하고, 격렬하게 하거나 또는 변경시켜야만 한다거나, 더 높은 수행표준을 따라야만 한다는 개인의 느낌), 좌절(개인의 목표달성이 막힐 때 일어나는 정서적인 반응), 갈등(양립할 수 없는 요구, 기회, 욕구 혹은 목표에 의해 유발되는 긴장), 삶의 변화, 감각이나 자극의 결핍으로 인한 스트레스(deprivational stress), 압력(자기부과적 압력, 수행과 관련된 압력, 동조를 요구하는 압력) 및 불안에 대한 정서적, 신체적 반응을 말한다. 즉, 개인과 환경 간의 특별한 관계로서 자신의 자원에 부담이 되거나 자신의 안녕을 위협하는 것으로 평가되는 관계성(Lazarus & Folkman, 1984) 내지는 자신에게 바람직하지 않은 상태가 발생하거나 발생할 것으로 예견되고, 그러한 상태를 해결하기 어려울 때 경험하는 상태(전겸구, 김교헌, 1996)로 정의된다. 스트레스원의 효과는 시간이 지날수록 누적되는 것으로 여겨진다. 그러나 이러한 스트레스원을 통제할 수 있는 사람은 질병 등에 시달리지 않는다. 일반적으로 사회경제적으로 유리한 지위에 있는 사람들이 그렇지 않은 사람들보다 통제력이 더 강해 오래 장수한다는 보고가 많다. 그리고 염세주의자들보다 낙관주의자들이 더 오래 살며, 지혜로운 사람일수록 스트레스 경험으로부터 의미를 발견하고 자기성장으로 통합시키는 자아탄력성(ego-resilience)이 높기 때문에 스트레스에 유연하고 효과적으로 적응한다.

심리탐색

■ 대학생의 스트레스 검사

다음의 목록들은 지난 1년 동안 여러분이 경험했는지를 측정하는 것입니다. 다음의 목록을 보시고 지난 1년 동안 경험을 하였다면 해당 목록의 충격강도값에 ○를 하시기 바랍니다. 마지막까지 체크가 끝났다면 이제 ○한 목록들의 충격강도값을 모두 합산해보시기 바랍니다.[79]

사건	충격강도	사건	충격강도
성폭행을 당함	100	수면부족	69
HIV 양성반응을 받음	100	거주지 변화(이사)	69
성폭행 의심을 받음	98	경쟁 또는 대중앞에서 공연	69
친한 친구의 사망	97	신체적 싸움	66
가족의 사망	96	룸메이트와의 불화	66
AIDS를 제외한 성병 감염	94	직업 변화	65
임신에 대한 걱정	91	미래와 관련된 주요 계획 발표	63
기말시험	90	싫어하는 강의수강	62
애인의 임신에 대한 걱정	90	음주 혹은 약물 사용	61

---

[79] 미국 동부의 한 대학교에서 심리학개론을 수강하는 257명의 대학생들의 평균점수는 1,247점이었고 표준편차는 441점이었으며, 총점의 범위는 182점에서 2,571점이었다. 목록 중에 결혼과 같은 긍정적 사건에 포함되는 이유는 긍정적 사건들은 자주 재적응과 준비를 요구하기 때문에 많은 사람들이 긍정적 사건들에서도 극심한 스트레스를 경험하기 때문이다(Brown & McGill, 1989). 그렇다면 자신이 표시한 충격강도의 합산값은 (   )점이다.

시험날 늦잠	89	교수와의 불화	60
과목 낙제	89	신학기 시작	58
애인에게 속음	85	첫 번째 데이트	57
오래된 연인관계 청산	85	학원 등 등록	55
친한 친구나 가족의 중병	85	안정된 애인관계 유지	55
재정적 어려움	84	학교 또는 직장으로의 출퇴근	54
주요 리포트 작성	83	동료들로부터의 압박감	53
시험 중 부정행위 발각	83	처음으로 집을 떠나 생활	53
음주운전	82	병이 듦	52
학교, 직장의 업무과다	82	외모에 대한 관심	52
하루 두 번의 시험	82	모든 과목 A학점 받기	51
애인을 속임	77	좋아하는 과목이 어려움	48
결혼	76	친구사귀고 잘 지내기	47
음주 또는 약물로 부정적 결과	75	동아리 가입	47
가장 친한 친구의 우울 또는 위기	73	수업시간에 졸기	40
부모와의 불화	73	운동경기 관람하기	20
수업중 발표	72		

출처 : Renner & Mackin(1998) : 충격강도값은 조사대상인 대학생들의 평균값이다.

2. 스트레스와 중독

피해자들은 외상후 스트레스로 인하여 중독에 빠지는 경우가 많다. 외상후 음주와 흡연을 중단하지 못하는 이유도 지속적으로 밀려드는 스트레스 때문이다. 한동안 중단했더라도 다시 재발하는 이유도 역시 스트레스 때문이다. 외상후 중독은 넓은 의미에서는 외상후 장애에 속할 수 있으나, 외상전후 장애에 대한 부정적인 대처의 행위라는 점에서 차이가 있다.

|중독원인모델|

질병모델	중독을 평생 동안 지속되는 생물학적·환경적 요인의 상호작용을 통해 발생하는 것
도덕모델	중독을 사회적 규범을 파괴하는 행위로 간주하고 이러한 중독에 빠진 개인이 스스로의 선택과 행동에 대하여 책임이 있다는 입장
절제모델	약물자체의 강한 중독성 때문에 사회적으로 사용자체를 철저히 금지해야 한다는 것으로 20세기 초 금주법의 근거가 됨

심리·성격모델	중독을 개인의 인격, 성격 등의 취약함[80]으로부터 기인하는 문제로 바라보는 관점
사회적 학습모델	중독은 모델링과 인지적 과정과 같은 일종의 학습에 의하여 발생하는 행동문제로 보는 것으로, 즉 잘못된 학습과정 혹은 조건화 경험에 의하여 발생하는 나쁜 습관 같은 것

외상후 중독에는 약물이나 알코올 의존[81], 니코틴 의존[82], 행위중독 등이 포함된다. 특히, 피해자들은 외상후 고통을 감소시키기 위하여 여러 가지 중독에 노출되는 경우가 많다는 점에서 중독에 대하여 살펴볼 필요가 있다. 그 중 가장 대표적인 것이 알코올이다. 술은 사람으로 하여금 용기가 생기게 하고 두려움과 고통을 잊게도 하며, 술에 취해 있는 동안은 신체적인 통증도 어느 정도 무마시킨다. 피해자 중에는 피해에 대한 두려움으로 인해 외출을 두려워하며, 사람 만나는 것에 대한 어려움이 생긴다. 자신이 당한 피해에 대한 속상함, 울분 등을 잊기 위한 탈출구로 피해자들은 술을 마시기도 한다. 피해자뿐만 아니라 피해자 가족들도 자신의 가족을 지켜주지 못한 죄책감과 가해자에 대한 분노 등으로 인해 술을 마시기도 한다. 문제는 피해자 및 가족들의 심리적 고통이 장기적으로 이어질 수 있기 때문에 이들이 술을 마시는 기간 및 주량도 늘어갈 수 있다는 것이다. 알코올중독은 피해자와 그의 가족에게 또 다른 고통을 안겨줄 수 있다. 피해자 상담에 있어서 피해자의 알코올 사용에 관한 상담도 중요함을 간과할 수 없다.

알코올 사용장애

A. 임상적으로 현저한 손상이나 고통을 일으키는 문제적 알코올 사용 양상이 지난 12개월 사이에 다음의 항목 중 최소한 2개 이상으로 나타난다.
  1. 알코올을 종종 의도했던 것보다 많은 양, 혹은 오랜 기간 동안 사용함
  2. 알코올 사용을 줄이거나 조절하려는 지속적인 욕구가 있음. 혹은 사용을 줄이거나 조절하려고 노력했지만 실패한 경험들이 있음
  3. 알코올을 구하거나, 사용하거나 그 효과에서 벗어나기 위한 활동에 많은 시간을 보냄
  4. 알코올에 대한 갈망감, 혹은 강한 바람, 혹은 욕구

---

[80] 중독에 쉽게 빠지는 성향인 중독성격(addiction personality)은 기질적으로 유전될 수도 있다는 것인데, 이 중독성격의 특징은 자존감이 낮고, 충동조절이 잘 안 되며, 스트레스 대처능력이 적고, 자기중심적이며, 주변을 조정하는 경향을 가지는 것이다. 따라서 치료는 개인의 성격을 보다 적응적인 것으로 바꾸는 일종의 성격의 재구조화 과정이 필수적이라고 하였다. 따라서 이 모델에서는 정신치료적 측면의 접근이 치료적으로 매우 중요하며 아울러 가족치료의 중요성도 강조된다(조근호 외, 2011:18~19).

[81] 알코올 의존자들은 평상시에도 스트레스 호르몬의 수치가 높게 나타나는 반면에 실제 스트레스 상황에서는 오히려 스트레스 호르몬의 증가가 현저하지 않다고 한다. 즉, 알코올 의존자는 평상시에도 지속적으로 스트레스 상황인 것처럼 행동하며, 실제 스트레스에 대한 반응은 그리 효율적이지 않다는 것이다(조근호 외, 2011:52).

[82] 니코틴 의존자들의 경우, 흡연을 지속하는 사람에 비해서 금연에 성공하는 사람의 스트레스 대처가 훨씬 효율적이라고 한다. 즉 흡연을 함으로써 효율적으로 스트레스에 대처하게 되는 것이 아니라, 효율적인 스트레스 대처기법이 부족한 사람이 차선책으로 흡연을 선택하고 있다는 것이며, 스트레스를 이겨 내기 위해 실제 필요한 것은 흡연을 계속하는 것이 아니라 효율적인 스트레스 대처기법을 획득하는 것이라고 할 수 있다(조근호 외, 2011:52).

5. 반복적인 알코올 사용으로 인해 직장, 학교 혹은 가정에서의 주요한 역할 책임 수행에 실패함
6. 알코올의 영향으로 지속적으로, 혹은 반복적으로 사회적 혹은 대인관계 문제가 발생하거나 악화됨에도 불구하고 알코올 사용을 지속함
7. 알코올 사용으로 인해 중요한 사회적, 직업적 혹은 여가 활동을 포기하거나 줄임
8. 신체적으로 해가 되는 상황에서도 반복적으로 알코올을 사용함
9. 알코올 사용으로 인해 지속적으로, 혹은 반복적으로 신체적·심리적 문제가 유발되거나 악화될 가능성이 높다는 것을 알면서도 계속 알코올을 사용함
10. 내성, 다음 중 하나로 정의됨
    a. 중독이나 원하는 효과를 얻기 위해 알코올 사용량의 뚜렷한 증가가 필요
    b. 동일한 용량의 알코올을 계속 사용할 경우 효과가 현저히 감소
11. 금단, 다음 중 하나로 나타남
    a. 알코올의 특징적인 금단 증후군
    b. 금단 증상을 완화하거나 피하기 위해 알코올(벤조디아제핀 같은 비슷한 관련 물질)을 사용

B. 다음의 경우 명시할 것
- **조기 관해 상태** : 이전에 알코올사용장애의 진단기준을 만족했고, 최소 3개월 이상 최대 12개월 이내의 기한동안 진단기준에 맞는 항목이 전혀 없는 경우(진단기준 A4의 "알코올에 대한 갈망감, 혹은 강한 바람, 혹은 욕구"는 예외) 사용됨
- **지속적 관해 상태** : 이전에 알코올사용장애의 진단기준을 만족했고, 12개월 또는 그 이상의 기간동안 어떤 시기에도 진단기준에 맞는 항목이 전혀 없는 경우(진단기준 A4의 "알코올에 대한 갈망감, 혹은 강한 바람, 혹은 욕구"는 제외) 사용됨

C. 현재의 심각도를 명시할 것
- **경도** : 2~3개의 증상이 있다.
- **중등도** : 4~5개의 증상이 있다.
- **고도** : 6개 혹은 그 이상의 증상이 있다.

|알코올 중독|

A. 최근의 알코올 섭취가 있다.
B. 알코올을 섭취하는 동안, 또는 그 직후에 임상적으로 심각한 문제적 행동변화 및 심리적 변화가 발생한다(예 부적절한 성적 또는 공격적 행동, 기분 가변성, 판단력 손상).
C. 알코올을 사용하는 동안 또는 그 직후에 다음 징후 혹은 증상 중 한 가지(혹은 그 이상)가 나타난다.
   1. 불분명한 언어 2. 운동실조 3. 불안정한 보행 4. 안구진탕 5. 집중력 또는 기억력 손상
   6. 혼미 또는 혼수
D. 징후 및 증상은 다른 의학적 상태로 인한 것이 아니며, 다른 물질 중독을 포함한 다른 정신질환으로 더 잘 설명되지 않는다.

알코올 금단

A. 알코올을 과도하게 장기적으로 사용하다가 중단(혹은 감량)한다.
B. 진단기준 A에서 기술된 것처럼 알코올을 사용하다가 중단(혹은 감량)한 지 수시간 혹은 수일 이내에 다음 항목 중 2가지(혹은 그 이상)가 나타난다.
 1. 자율신경계 항진(예 발한, 또는 분당 100회 이상의 빈맥) 2. 손 떨림 증가 3. 불면 4. 오심 또는 구토 5. 일시적인 시각적, 촉각적, 청각적 환각이나 착각 6. 정신운동 초조 7. 불안 8. 대발작
C. 진단기준 B의 징후 및 증상이 사회적, 직업적, 또는 다른 중요한 기능 영역에서 임상적으로 현저한 고통이나 손상을 초래한다.
D. 징후 및 증상은 다른 의학적 상태로 인한 것이 아니며, 다른 물질 중독 및 금단을 포함한 다른 정신질환으로 더 잘 설명되지 않는다.

다음의 경우 명시할 것
- **지각장애 동반** : 이 명시자는 드물게 환각(주로 환시 혹은 환촉)이 현실 검증력이 손상되지 않은 상태에서 생기거나, 청각적, 시각적 혹은 촉각적 착각이 섬망없이 발생할 때 적용한다.

AUDIT [83]

문항	0점	1점	2점	3점	4점
얼마나 술을 자주 마십니까?	전혀 안 마심	월 1회 미만	월 2~4회	주 2~3회	주 4회
술을 마시면 한 번에 몇 잔정도 마십니까? (10잔 이상이면 5점 처리)	없음	소주 1~2잔	소주 3~4잔	소주 5~6잔	소주 7~9잔
한 번에 소주 한 병 또는 맥주 4병 이상 마시는 경우는 얼마나 자주 있습니까?	없음	월 1회 미만	월 1회	주 1회	거의 매일
지난 일 년 간 한번 술을 마시기 시작하면 멈출 수 없었던 때가 얼마나 자주 있었습니까?	없음	월 1회 미만	월 1회	주 1회	거의 매일
지난 일 년 간 평소 같으면 할 수 있던 일을 음주 때문에 하지 못한 적이 얼마나 자주 있었습니까?	없음	월 1회 미만	월 1회	주 1회	거의 매일
지난 일 년 간 술을 마신 다음날 해장술을 마신 적은 얼마나 자주 있었습니까?	없음	월 1회 미만	월 1회	주 1회	거의 매일

[83] 총점 (   )

12점 이상	15점 이상	25점 이상
상습적 과음주자	문제 음주자	알코올 의존자

지난 일 년 간 음주 후에 죄책감을 느끼거나 후회한 적이 얼마나 자주 있었습니까?	없음	월 1회 미만	월 1회	주 1회	거의 매일
지난 일 년 간 음주 때문에 전날 밤에 있었던 일이 기억나지 않았던 적이 얼마나 자주 있었습니까?	없음	월 1회 미만	월 1회	주 1회	거의 매일
음주로 인해 자신이나 다른 사람을 다치게 한 적이 있습니까?	없음	–	있지만 지난 일 년간에는 없었다	–	지난 일 년간 있었다
친척이나 친구, 의사가 당신이 술 마시는 것을 걱정하거나 당신에게 술 끊기를 권유한 적이 있었습니까?	없음	–	있지만 지난 일 년간에는 없었다	–	지난 일 년간 있었다

3. 스트레스원

인간의 스트레스는 대참사, 중요한 생활변화, 그리고 일상적 사건에서 많이 발생한다. 전쟁, 자연재해 등의 대참사로 인해 인간이 위협을 경험하고, 그 경험이 많은 사람들에게 우울증이나 불안 등과 같은 심리장애를 겪게 하며, 가족의 죽음 등과 같은 개인생활의 변화도 심리적 장애를 유발한다. 특히, 성인초기에 해당하는 사람들이 생활의 변화에 예민하게 반응한다. 또한 교통체증 등과 같은 일상적인 사건도 인간의 건강과 행복에 영향을 미친다.

| 사고 스트레스 반응 |

급성기 (사고 후 3~7일 이내)	이 단계에서는 신체적 도움이 최우선시 되고 심리적인 피해는 아직 파악되기 어렵다. 그러나 망연자실하여 판단력이나 현실감을 잃는 등 급성 스트레스를 일으키기도 하지만, 그다지 정신보건상의 문제를 심각하게 수용하기 어려운 단계이다.
아급성기 (사고 후 1~3개월 이내)	이 단계에서는 PTSD나 비탄반응이라는 정신보건상의 문제가 현실화된다. 피해자는 수면장애를 호소하거나 사소한 자극에도 민감하게 반응하고 불안감을 갖게 된다. 이때 사고에 대한 언론의 지나친 관심으로 2차 피해를 당하기도 하며, 신체회복을 이유로 조속히 사회 복귀할 것을 주변인들로부터 압력을 받게 되어 오히려 심리적으로 커다란 좌절감과 불신감이 형성되기도 한다.
만성기 (사고 후 3개월 이후)	피해자가 초조와 불안, 쉽게 화를 내는 증상을 보이고 스스로 조절이 잘 되지 않는다. 피해자는 잘 회복되지 않는 것에 대한 분노감, 죄책감, 우울증상이나 피폐감이 강해진다. 특히 주변 사람들은 피해자의 회복이 늦어지는 것을 잘 이해하지 못하고 오히려 사고로 인한 증상이라기보다는 피해자의 성격적 문제로 취급하여 피해자를 불신하고 고립시키게 만든다. 따라서 피해자는 알코올의존이나 진통제 또는 항불안제 등에 의존하는 문제를 갖게 된다.

4. 학자들의 견해

(1) Hans Selye의 이론

40여 년간 스트레스를 연구한 Selye(1974)는 스트레스 원천이 긍정적으로 작용할 수도 부정적으로 작용할 수도 있음을 지적하였으며, 스트레스원(stressor)은 유기체의 적응수준에 따라 불편한 스트레스(distress)와 기분 좋은 스트레스(eustress)로 나타날 수 있다. 당면하게 되는 외부자극이나 상황이 유쾌하게 될지 아니면 불쾌하게 될지가 중요한 것이 아니라, 적응과 순응에 대한 요구의 강도가 중요하다.

(2) Homles와 Rahe 이론

① 개요

이들은 Selye의 동물대상 연구에 반박, 인간이라는 종(種)의 차이로 인한 스트레스 경험이나 저항력이 다르다는 것을 연구(사회학적 관점)하였는데, 여기서 사회 재적응 평정 척도 (SRRS : Social Readjustment Rating Scale)[84]를 제시하여, 인간이 실제생활에서 경험하는 스트레스를 손쉽게 측정할 수 있게 하였다. 연구의 핵심적인 주제는 생활스트레스와 질병 발생 간의 연관성이며, 연구의 가정은 생활사건(life-events)이 개인에게 변화를 초래하고, 이런 변화는 재적응을 요구하며, 재적응 에너지는 한정되어 있기 때문에 너무 많은 생활스트레스는 결과적으로 질병으로 유도될 수 있다는 것이다.

② 가정 검증을 위한 접근법

약 5,000명 정도의 환자의 병력을 관찰하여 대표적인 생활사건을 추출하는 임상적 사례연구를 하였고, 임상적 사례를 통해 얻어진 연관성에 대해 실험적인 방법을 사용하여 확인하였으며, 시애틀 시를 4지역(빈민가, 노동자, 사무원, 상류 지역)으로 구분한 후 폐결핵 사망률과의 상관을 산출하는 사회학적 조사를 하였다.

③ 결과

질병발생과 연관이 있는 것으로 가정되는 43가지의 대표적인 생활사건을 구성하고, 재적응 정도를 측정하기 위해 수량화 작업으로 얻어진 결과인 생활변화단위(life change unit)를 산출하여 지난 한 해 생활변화단위가 300이상 될 경우 그 다음해 발병할 확률이 80%정도, 150~299에 속할 경우 그 다음해 발병할 확률이 50%정도, 150이하인 경우 발병 확률이 30% 정도라고 발표하였다. 즉, 일정한 기간 동안 생활스트레스를 많이 경험할수록 다양한 질병에 걸릴 확률이 높아진다.

---

[84] Homles 등은 생활스트레스가 질병에 선행되며, 이 스트레스들의 강도의 합이 질병의 심한 정도 및 기간과 상관성이 있는 것으로 보아 일상생활에서 부딪치는 대표적인 스트레스 상황들을 생활변화량으로 정의하여 계산하는 척도를 개발한 것이다. 이러한 척도는 지난 1년간 경험한 각 항목의 횟수에 점수를 곱하여 전체점수를 합산해내는 방법으로 총점 200점 이상이면 질병을 일으킬 확률이 아주 높다. 이러한 평가척도는 절대적인 것은 아니며, 각 개인의 환경적, 성격적 특징에 따라 그 비중이 달라질 수 있다.

(3) Lazarus 이론

① 개요

Selye는 생물학적 관점을 강조, Homles와 Rahe가 사회학적 관점을 강조한데 반해, Lazarus 이론은 심리학적 관점을 강조하였다. 단순 자극이나 반응 대신 환경에서의 자극을 개인이 어떻게 인지적으로 평가하는가를 강조, 즉 개인이 경험하는 스트레스는 객관적인 스트레스 자극 자체가 아닌 유기체가 그 자극을 어떻게 평가하는가에 따라 달라짐을 의미한다. 인지적인 평가를 할 수 없는 동물들은 일반적응증후군에서 가정하는 신체적 손상이 나타나지 않았다. 의식 상실상태나 마취상태에서는 심리적 스트레스에 의한 부신의 확대(일반적응증후군)가 나타나지 않았다.

② 인지평가 구분

	자신의 안녕과 관련된 평가로 발생한 사건이 자신의 안녕과의 관련 유무에 따라 평가를 달리한다.		
1차 평가 (primary appraisal)	무관한 평가 (irrelavant)	사건을 자신의 안녕과의 관련이 없다고 평가되는 경우이다.	
	이로운 평가 (beneign-positive)	사건이 자신의 안녕에 유익한 경우이다.	
	스트레스적인 평가 (stressful)	상해 또는 상실 (harm/loss)	초점이 현재 또는 과거에 놓이고, 부정적인 의미를 함축한다.
		위협(threat)	초점이 미래에 놓여 있고, 부정적인 의미를 함축한다. 즉, 어린 시절에 심한 아동학대를 받은 경우 훗날 만성적인 질병에 시달리는 것이다.
		도전 (challenge)	초점이 미래에 놓여 있고, 각성과 동기화를 일으켜 긍정적인 효과를 가져 온다. 즉 성공한 연예인들 중에는 수많은 역경을 이겨내고 훗날 인정을 받은 경우가 많다.
2차 평가 (secondary appraisal)	스트레스 사건에 대한 대처 차원의 평가로 내가 스트레스 사건에 대해 무엇을 할 수 있을까에 초점이 놓인다.		
재평가 (reappraisal)	발생한 문제가 해결될 때까지 개인과 환경간의 교섭관계에 대한 평가가 반복되는 것이다.		

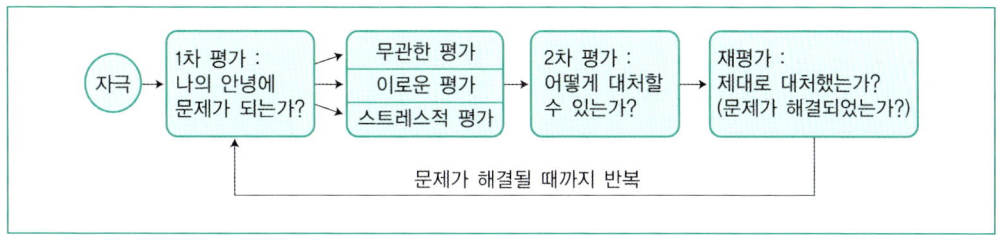

5. 스트레스 반응

잠재적으로 스트레스를 주는 객관적인 사건들은 개인에게 그 사건에 대한 친숙성, 통제가능성, 예측가능성 등을 고려하게 하고(주관적 인지적 평가), 그 사건이 불안이나 위협, 또는 좌절로 간주된다면, 그 스트레스에 대해 정서적, 생리적, 행동적인 반응을 일으키기 시작할 것이다. Hans Selye(1936)는 매우 다양한 스트레스원들이 유사한 생리적 변화를 초래한다는 점에 주목하여, 스트레스원과 상관없이 일어나는 3단계(경보→저항→탈진)의 생리적 스트레스 반응을 일반적응증후군(GAS)[85]이라고 지칭하였다.

긍정적 영향		스트레스는 개인에게 자극과 도전에 대한 욕구를 만족시키도록 돕고 개인의 성장 또는 자기향상을 촉진시킬 수 있으며, 과거와 현재의 스트레스는 미래의 스트레스에 더 적응적으로 만들 수 있다는 긍정적인 영향이 있다(Sutherland, 2000 ; Calhoun & Tedeschi, 2001).
생리적 반응	일반 적응 증후군	스트레스는 심장병, 뇌졸중, 결핵, 다발성 경화증, 관절염, 당뇨, 백혈병, 암, 다양한 전염병 및 많은 다른 유형의 질병들의 발병과 경과에 영향을 미칠 수 있다(Dougall & Baum, 2001). 인간의 면역체계는 바이러스 등의 병원균을 파괴하고 고립시켜 신체를 보호하는 감시체계이다. 스트레스를 받으면 면역체계가 오작동해서 면역기능이 약화되고 결국 병균의 침입을 막지 못하게 된다. 이러한 스트레스는 HIV(인체면역결핍바이러스 ; Human Immunodeficency Virus)에서 AIDS(후천성면역결핍증 ; Acquired Immune Deficiency Syndrome)로 진전시키는 데 약 70%이상이 상관이 있고, 암의 진전속도에도 영향을 준다. 그러나 스트레스가 신체질병에 미치는 유일한 심리적 요인은 아니다. 고전적 조건형성도 신체질병에 영향을 줄 수 있다. 예를 들어, 꽃가루 알레르기가 있는 사람은 조화를 보고도 재채기를 한다.

---

82 • 일반(general) : 이러한 반응이 신체 전신에 걸쳐 영향을 미치는 자극(추위, 더위, 전기쇼크 등)에 의해서만 발생한다.
• 적응(adaptation) : 스트레스를 경험할 때 나타나는 다양한 반응은 우리의 방어체계를 자극하고 신체를 단련시킴으로써 생명을 유지시키는 적응적인 반응이다.
• 증후군(syndrome) : 각 반응이 연관되어 있고, 심지어 한 가지 이상의 반응이 늘 의존적으로 경험된다는 의미이다. 한편 Goldstein(1990)은 '모든 스트레스반응이 스트레스원에 따라 달라질 수 있다'고 주장하여 일반적응증후군의 모형을 비판한 바 있다. 즉, 우리가 투쟁의 경우와 도피의 경우에 주관적으로 경험하는 정서는 확연히 차이가 있다고 할 수 있다.

따라서 심리적인 모든 것은 동시에 생리적인 것으로 볼 수 있다. 우리는 향긋하지만 강한 신맛을 지닌 레몬 조각을 깨문다고 상상하는 것만으로도 침 분비를 촉진시킬 수 있다.

또한 어린 시절 부모와의 관계가 성장 후 자녀의 신체적 질환에 영향을 주기도 한다. 어린 시절 부모와의 관계가 안 좋을수록 자녀들이 중년이 되었을 때 심장병, 고혈압, 당뇨병과 각종 중독들에 시달릴 가능성이 높다는 것이다(Graves, 1991; Russek & Schwartz).

생리적 반응	일반 적응 증후군	스트레스의 3단계	경보반응 단계 (alarm reaction stage)	충격기(shock stage)는 스트레스 자극에 대해 유기체가 일시적으로 위축되는 시기이고, 역충격기(counter-shock stage)는 스트레스 자극에 대해 유기체가 갖는 적응에너지를 사용하여 반격이 시도되는 기간이다. 단기적 스트레스의 경우에서처럼 방어체계가 성공적으로 작동하면 신체는 정상 수준으로 돌아간다. 따라서 대부분의 단기적 스트레스는 첫 단계에서 종료된다.
			저항단계 (resistance stage)	경보반응단계에서 스트레스 상황에 대한 대처가 실패한 경우 이 단계로 넘어온다. 유기체가 스트레스 자극에 대해 나름대로 적절한 대처를 하게 됨에 따라 신체적으로 특별한 반응상태가 나타나지 않으며 겉으로 보기에는 유기체가 스트레스 상황에 잘 적응하고 있는 것처럼 보인다. 이 단계에서는 새로운 스트레스원에 대한 저항력이 낮아진다.
			탈진단계 (exhaustion stage)	지속적인 작업과 관련된 스트레스가 누적되어 신체적-정서적 소진(탈진의 핵심으로 만성적인 피로, 허약함, 낮은 에너지를 포함), 냉소주의 및 낮은 자기 효능감의 증세를 보이는 경우를 탈진(burnout)이라고 한다. 탈진상태에 빠진 사람들은 동료의 실패를 즐기거나 동료의 성공을 무시하는 불만 많은 고용인이 되는 경향이 있다(Buunk et al, 2001). 에너지 탈진의 마지막 단계인 질병과 사망은 대체로 이 단계에서 나타난다.
	뇌-신체 경로			스트레스시 투쟁 또는 도피는 위협에 대한 생리적 반응으로 적을 만났을 때 공격하거나 아니면 도망가기 위하여 자율신경계(ANS)의 교감신경계(sympathetic division)에 의해서 조절되는 신체적인 상태를 동원하는 반응이 나타난다. 스트레스를 받으면 뇌의 시상하부에서 뇌하수체와 자율신경계로 신호를 보내는데, 자율신경계의 교감신경부분이 활성화되면 부신수질이 자극되어 혈액 내에 많은 양의 카테콜라민(catecholamine)이 분비되어 심장박동과 혈류가 증가하고 뇌와 근육에 더 많은 혈액이 흐르며, 호흡이 가빠지게 되고 산소 소비량이 증가하며 경계태세를 촉진하게 된다. 또한 만성적으로 스트레스를 받으면 글루코코르티코이드(glucocorticoids) 호르몬이 지속적으로 분출되고 이것은 신체와 뇌의 손상을 초래하기 때문에 탈진상태에 빠진다. 글루코코르티코이드(glucocorticoids)는 일부 백혈구의 생산을 방해하여 면역체계를 손상시키고 예방접종효과를 낮추며, 감염과 종양 성장에 대한 민감성을 증가시키고 쥐실험에서는 해마뉴런들이 퇴행되어 기억상실이 일어나는 것으로 밝혀졌다.

심리적 반응	만성적 스트레스는 불면증 등 수면장애, 낮은 학업수행, 성기능장애, 물질남용 등을 유발할 수 있으며, 우울증, 조현증, 불안장애 및 섭식장애와도 관련이 된다(Vgontzas, Bixler, & Kales, 2000 ; Colder, 2001).	
	부정적 정서 반응	짜증, 분노, 불안, 두려움, 낙담, 슬픔, 죄의식, 수치심, 질투, 혐오감 등의 반응을 말한다.
	인지 기능의 혼란	강한 정서적 각성이 주의력과 기억력을 방해할 수 있고, 판단력과 결단력을 손상시킬 수 있다(Janis, 1993 ; Mandler, 1993 ; Valent, 2000 ; Brand, Hanson, & Godaert, 2000 ; Kellog, Hopko, & Ashcraft, 1999 ; Weisaeth, 1993 ; Keinnan, 1987).
	과제 수행의 손상	스트레스는 어떤 과제를 수행하는데 방해요소가 된다. Baumeister(1984)에 의하면, 스트레스로 고양된 자의식은 마음을 혼란시켜 작업수행에 집중하는 것을 방해할 수 있으며, 거의 자동적으로 수행할 수 있는 숙달된 작업일 때에도 자의식적인 사람은 과제에 너무 지나치게 주의를 집중할 수도 있다.
행동적 반응	스트레스에 대한 행동적 반응은 대처(coping)를 포함하는데, 이는 스트레스에 의해 야기된 욕구들을 다스리거나 감소시키거나 견뎌내고자 하는 적극적인 노력들을 말한다. 생활 속에서 누구나 스트레스를 경험하며, 그 스트레스의 효과적인 대처 유무가 인간 적응의 질을 결정하기 때문에, 중요한 것은 "스트레스원 자체가 아니라, 그것을 대처하는 능력"이다. 먼저 문제-중심적 대처(problem-focused)는 스트레스 문제 자체에 대한 대처이며, 정서-중심적 대처(emotion-focused)는 문제 상황 자체보다 문제 상황과 관련해서 일어날 수 있는 정서 상태를 조절함에 의해 대처한다. 대처의 효과는 일반적으로 문제-중심적 대처가 효율적이나, 문제 상황에 따라 다르게 나타난다.	

	통제 가능한 문제 상황	통제 불가능한 문제 상황
효율성	문제-중심적 대처	정서-중심적 대처

외상 후 스트레스 장애	외상 후 스트레스장애(Posttraumatic Stress Disorders ; PTSD)는 중요한 외상사건의 경험으로 인한 지속적인 심리적 혼란을 포함한다. 즉, 전쟁, 고문, 자연재해 등의 심각한 사건을 경험한 후 그 사건에 공포감을 느끼고 사건 후에도 계속적인 재경험을 통해 고통을 느끼며 거기서 벗어나기 위해 에너지를 소비하는 질환을 말한다. 사람들은 외상적 사건이 비교적 드물게 일어난다고 생각하는 경향이 있지만, Stein 등(1997)에 의하면, 우니페크에서 1,000명 이상의 사람들을 면담한 결과, 74.2%의 여성들과 81.3%의 남성들이 적어도 한 번 이상 심각한 외상적 사건을 경험했다는 것은 외상적 사건이 흔히 직접 또는 간접적으로 접할 수 있는 보편성이 있다는 증거이다. 외상 후 스트레스 장애가 있는 경우에는 환청 등의 지각 이상을 경험하기도 하고 공격적 성향을 보이기도 하며, 집중력 및 기억력 저하 등의 인지기능의 문제가 발생할 수 있다.

6. 스트레스 내성

스트레스의 강도에 영향을 주는 요인들을 보면, 먼저 일을 사전에 충분히 예측할 수 있는가이다. 충분히 예측할 수 있는 경우에는 사전에 충분히 대비할 수 있기 때문에 스트레스가 적으며, 약속된 시간에 도착하지 못하는 것이 갑작스러운 교통체증과 같이 통제 불가능한 상태인 경우에 스트레스의 강도가 강해지며, 스트레스 상황을 어떻게 인지적으로 평가하는가에 따라 다르게 나타나고, 자아개념이 긍정적인가 부정적인가에 따라서도 스트레스 강도는 달라진다. 또한 스트레스 상황에서 주변인들에게 사회적 지지[86]를 받을 수 있는가도 영향을 미치게 된다.

사회적 지지	스트레스 상황에서도 주변에 가족이나 친구들의 지지를 받을 수 있는 사람은 스트레스에 잘 적응할 수 있다. Wills와 Fagan(2001) 등의 연구에서도 알 수 있듯이 개인의 사회적 관계망의 구성원으로부터 제공되는 다양한 형태의 도움과 원조를 가리키는 사회적 지지는 신체적 또는 정신적으로도 좋은 영향을 미친다.
강인함	Kobasa(1979)는 변화에 대해 신축적이고 변화에 잘 적응하는 경향을 강인성(hardiness)으로 명명하였다. 이런 특성을 지닌 사람은 상당한 스트레스를 경험했음에도 불구하고 혈압이 낮고 병으로 인한 결근이 적으며, 심리적 불편감을 적게 나타내고 행복해 보인다. 스트레스에 강인한 성격적 특성은 다음과 같다.

강인함	몰입성 (commitment)	헌신이라고도 하는데, 이는 외상적 사건을 의미있고 중요한 것, 경험의 가치가 있는 것으로 바꾸는 능력을 말한다. 삶과 대인관계에서 목적과 의미를 충만히 느끼며, 삶에서 적극적으로 관여하는 경향성이다.
	통제성 (control)	삶을 주도적으로 영위하는 느낌, 통제성이 높은 개인은 자신보다 높은 수준에서 내려진 결정에 대해서도 최종적으로는 자신의 결정이 영향을 미치게 된다고 믿는 경향을 말한다.
	도전성 (challenge)	삶의 충만함이 고난이나 도전 경험을 통해 얻은 성장과 지혜의 산물이라는 믿음을 말한다. 어려운 상황이 도래하더라도 그런 변화를 긍정적으로 수용하는 경향성이 있다. 이것은 현실적인 확신감으로, 저항하는 자들은 모두 내게로 데려오라는 식의 무모한 태도와는 다르다.
응집성		Antonovsky(1990)는 응집감(sense of coherence)이 높을수록 그 개인은 특정 스트레스 사건의 성질을 명료화하고 특정 상황에서 적합한 자원을 선택하며, 필요시 주변의 피드백을 통해 자신의 행동을 적극적으로 수정할 수 있는 열린 사람이 된다고 하였다(김태경 역, 2015:62).

---

[86] Kaplan(1983)은 가족과 동료들의 사회적 지지를 받지 못한 학생들은 성장하면서 많은 스트레스를 받으며, Harter(1986)는 사회적 지지가 자기 존중감을 유지하게 함으로 부정적인 스트레스의 영향을 완화시킬 수 있다고 주장하였다. 한편 사회적 지지의 완충효과란 평소에는 별 영향이 없지만 개인이 심각한 스트레스를 경험할 때에 강한 사회적 지지가 부정적 정서를 억제한다는 것이고, 사회적 지지의 주효과란 개인의 내적인 안정성과 적응력을 높여주는 직접적 동력으로 기능한다는 것이다.

	이해 가능함	개인의 내적 및 외적 환경에서 발생되는 사건들이 구조화, 예측 그리고 설명 가능함을 말한다. 이러한 것들이 상식을 구축해 줌으로써 개인을 덜 압도당하게 해 준다.
	관리 가능함	개인이 부정적인 사건에 의해 발생한 문제에 직면하는 데 필요한 자원을 소유하고 있다고 생각하는 것을 말한다. 이런 사람은 무기력하게 난파되지 않고 현실적인 통제감을 느낀다.
	의미성	개인이 주어진 역경을 투자 혹은 도전의 가치가 있는 것으로 개념화하여 생각하는 것을 말한다. 역경과 씨름하고 결과를 통해 그것을 재조명하는 것은 지적 및 정서적 만족을 준다.
낙천주의와 성실성		긍정적인 결과를 기대하는 경향성인 낙천주의는 신체건강과 상관이 있으며, 효과적인 면역기능과도 관련이 있다(Peterson & Bossio, 2001 ; Gillham, 2001). 또한 근면하고 정확하고 믿을 수 있는 경향인 성실성을 갖고 있는 사람도 스트레스에 잘 적응하는 것으로 나타났다.

7. 스트레스 대처

(1) 개요

스트레스 대처(coping)란 환경 및 내적인 요구와 요구들 간의 갈등을 다루는 광범위한 노력을 의미한다(Lazarus, 1996). 사람마다 스트레스의 대처방식에는 차이가 있다. 각 개인의 대처능력의 차이는 그 사람의 인격발달과 밀접한 관련이 있다. 따라서 심리반응을 정신역동적으로 이해하기 위해서는 우선 개인의 인격발달과정 및 인격의 성숙정도를 파악해야 한다. 특히, 재난스트레스를 아동기 때 경험한 경우에는 정서적 발달이 정지되고, 성인기 때 경험한 경우에는 정서적 퇴행을 보이는 경향이 있다.

스트레스에 자기파괴적으로 대처하는 것(포기하기, 회피하기, 타인에게 표출하기, 쾌락추구하기, 자신을 탓하기 등)은 성격적 결함의 형태로 나타나고 원만한 대인관계를 유지할 수 없게 만든다. 심지어 PTSD반응을 보이는 환자들 중에는 스스로 스트레스를 주는 사건을 반복경험하기도 하는데, 이를 외상기호증(traumaphilia)이라고 한다.

스트레스에 잘 대처하게 되면, 스트레스 이전보다 더 용기와 힘에 대한 인식을 갖게 되고 사고의 폭과 세상을 보는 관점이 확장된다. 스트레스에 잘 대처하려면 스트레스를 인생의 불가피한 일부분으로 받아들여야 하고 어떠한 스트레스라도 해결할 수 있는 문제로 인식하며, 스트레스를 성장을 위한 도전으로 받아들이고 자신의 스트레스를 잘 파악하고 이해할 필요가 있으며, 비효과적인 대처습관을 버리고 효과적인 대처방식으로 바꾸려는 마음의 의지가 있어서 한다.

건설적인 대처는 직접적으로 문제에 직면하여 개입하고, 그것의 초점은 과제관련적이고 행동지향적이어야 한다. 이는 자신의 스트레스와 대처차원에 대한 합리적이고 현실적인 평가에 근거하며, 스트레스에 대한 잠재적이고 파괴적인 정서반응을 인식하는 것을 포함하여 잠재된 해로운 혹은 파괴적인 습관적 행동에 대하여 어느 정도 통제하는 것을 배우는 것을 포함한다.

| 건설적 대처전략 |

평가중심대처	공황적 사고의 원인인 비합리적인 가정을 찾아내어 그것을 줄이는 방법을 고안한 Ellis의 제안에 의해 촉진되었다. 부정적 자기 진술을 파악해서 없애고 합리적으로 사고하며, 긍정적으로 재해석하고 상황에서 유머를 찾으려고 노력하며, 종교에 의지하는 등의 대처이다.
문제중심대처	잠재적 가치가 있는 다른 문제 중심의 대처전략은 적극적이고 계획적으로 문제를 해결하는 것으로 사회적 지지를 구하고 체계적으로 목표를 정하고 시간관리를 잘 하려고 노력하며, 자기 통제력을 높이고 좀 더 주장적으로 되는 등의 대처이다. 체계적인 문제해결은 먼저 문제를 명확하게 하고 행동의 대안적인 경로를 산출하며, 대안을 평가해보고 활동방향을 선택하고 융통성 있게 행동을 취하는 4단계를 따르는 것이다.
정서중심대처	외상적 사건이나 민감한 주제에 대하여 쓰거나 말하는 것은 건강을 증진시키는 것과 연합이 되며, 억눌린 감정을 노출하여 풀고 기분을 전환하며, 적대적 감정을 다루는 습관을 들이고, 명상, 호흡훈련, 심상시각화훈련, 점진적 근육이완요법, 용서와 감사 기법, 자율훈련법, 바이오피드백 또는 운동을 통한 대처이다.

(2) 신체적 대처

신체 기능에 관한 정보를 얻고 신체 기능을 통제하기 위해 외적 모니터링 도구를 사용하는 바이오피드백(biofeedback) 또는 신체근육을 의식적으로 이완하여 긴장을 감소시키는 이완훈련(relaxation therapy)을 통해 불안을 인지하고 해소하는 방식을 배움으로써 신체적 반응을 통제하거나, 일정시간 동안 심장박동률을 증가시키고 산소흡입량을 증가시키는 에어로빅 같은 운동도 스트레스 해소에 효과적이다. Ajzen의 계획된 행농이론에 의하면, 건강한 운동습관은 반복된 행동을 통해 형성되며, 행동은 대상행동에 대한 긍정적 태도와 긍정적인 주관적 규범(예, 주변에서 그 행동을 긍정적으로 평가하는 것)을 가질수록, 그리고 그 행동에 대한 내적 통제력의 수준이 높을수록 증가한다. 예를 들면, 부모가 운동하는 모습을 자주 보여주고 운동은 꼭 필요한 것이라고 자주 말해주는 것이 자녀행동에 영향을 미친다.

(3) 심리적 대처

어떤 스트레스도 마음먹기에 달렸다. 즉, 스트레스원을 무시하거나 스트레스원에 대해 생각하거나 혹은 새로운 방법으로 스트레스원을 생각하도록 노력하면 효과적으로 대처할 수 있다. 그러한 방법들로는 스트레스 사건을 상기시키는 상황이나 생각을 회피하고 인위적으로 긍정적 입장을 유지하는 억압적 대처(repressive coping), 스트레스원에 당면하고 이를 극복하기 위해 노력하는 합리적 대처(rational coping)[87], 그리고 스트레스원의 위협을 감소시킬 수 있는 새롭거나 창의적인 방법을 찾는 재구성(reframing)[88] 등이 있다.

(4) 상황적 대처

스트레스를 해소하기 위하여 상황을 관리하는 방법에는 사회적 지지를 추구하는 것과 생활에서 유머를 발견하는 것 등이 있다. 먼저 사회적 지지(social support)는 다른 사람들과의 상호작용을 통하여 도움을 받는 것을 의미한다. 사회적 유대가 약한 외로운 사람들은 더 많은 스트레스로 우울하며 면역기능도 낮아서 쉽게 질병에 걸린다. 다음으로 유머는 스트레스 사건을 경험한 후 진정되는데 걸리는 시간을 감소시킬 수 있다.

심리탐색

〈문제중심대처 – 목표관리방법〉

■ 1단계 : 목표 정하기 – 무엇을 배우기를 원하는가?
  명확하고 구체적이고 너무 이상적이지 않게 최대 두 달 이내에 달성할 수 있는 목표를 적어 보자.

  1. _____

  2. _____

  3. _____

---

[87] 합리적 대처는 스트레스원의 장기적인 부정적 영향을 감소시키기 위해서 스트레스원을 회피하기보다 그것에 맞서는 것을 요구하는데, 3단계로 진행된다. 먼저 스트레스원이 존재하고 당분간 없어지지 않을 것이라고 인식하는 수용(acceptance)단계, 스트레스원에 주의를 주고 그것에 대해 생각하며 심지어 그것을 찾아내려고 하는 노출(exposure)단계, 스트레스원이 자신의 삶에 어떤 의미를 가지는가를 발견하고자 노력하는 이해(understanding)단계이다.

[88] 재구성의 방법으로, 개인이 스트레스 상황을 긍정적으로 생각함으로써 이 상황에 대처하도록 도움을 제공하는 스트레스 접종훈련(stress inoculation training)이나 자기내면의 생각이나 감정을 글쓰기를 통해 노출하는 방법이 있다. 글쓰기를 통한 자기노출이 면역 기능을 향상시키는 반면 정서를 억압하는 것이 면역기능을 약화시킨다(Pennebaker et al, 1990 ; Petrie et al, 1998). 한편 면역체계의 강화에 도움을 주는 성격으로는 ACE(심신을 통해 들어오는 감각과 신호에 주의-attend-하고, 육체와 정신을 연결-connect-하며, 적절한 방식으로 표현-express-하는 것), 부정적 정서를 억압하지 말고 자기노출이나 편지쓰기 등을 통해 털어 놓을 수 있는 능력, 도전, 참여 및 통제로 이루어진 강인성, 부당한 대우에 저항하고 자신의 권리를 주장하는 자기주장성, 타인을 돕는 것에 몰입하는 이타성, 무조건적인 사랑 그리고 다양한 자기를 의미하는 자기복잡성이다. 이러한 성격특성을 가지고 있는 사람은 면역력이 강하다고 한다(Dreher, 1995).

위 목표들에 대하여 각각의 기준에 대해 점수를 매겨 보자.

(1 = 전혀 그렇지 않다 ~ 7 = 매우 그렇다)

- 명확한가? 1 − 2 − 3 − 4 − 5 − 6 − 7
- 구체적인가? 1 − 2 − 3 − 4 − 5 − 6 − 7
- 너무 이상적이지 않은가? 1 − 2 − 3 − 4 − 5 − 6 − 7
- 최대 두 달 이내의 목표인가? 1 − 2 − 3 − 4 − 5 − 6 − 7

◎ 평균 4점이 넘지 않으면 목표를 자체 수정하라.

마지막으로, 정말 중요한 질문이다.
당신은 이 주제에 얼마나 관심이 있는가?
(1 = 전혀 관심 없다 ~ 10 = 매우 관심 있다) _____ 점
◎ 만약 5점 이내라면 다른 목표를 선택하라.

■ 2단계 : 자신 내의 동기 부여하기

내적 동기는 당신만의 동기이며 자신의 목표, 가치, 흥미에 부합된다. 예를 들어 내가 친구들과 더 잘 의사소통을 하고 싶어서 타자치는 연습을 하거나, 컴퓨터에 대해 좀 더 잘 알기 위해서 컴퓨터 매장에서 아르바이트를 한다면 내적 동기가 있다고 말할 수 있다.

당신의 필요/호기심/즐거움에 초점을 맞춰서 목표에 대하여 지금 당신이 왜 이것을 배우려 하는지 이유를 써보자.

1. _____

2. _____

3. _____

정말 스스로 하고 싶은 마음이 있을 때 내적 동기가 있다고 할 수 있다. 당신이 내적 동기를 갖는다면 이 공부를 할 때는 좀 더 노력을 기울이고, 성공하기 위해 다양한 방법을 모색하고, 더 지속적으로 더 깊게 공부할 것이다.

■ 3단계 : 자신 밖의 동기 부여하기

당신이 이것을 배우려고 하는 다른 이유를 써 보자.

1. _____

2. _____

3. _____

당신 밖에서 주어지는 긍정적 유인을 외적 동기라고 한다. 예를 들면, '학교의 졸업시험을 통과하기 위해 TOEIC 시험을 본다.' '직업을 구하기 위해 컴퓨터 프로그램을 배운다.' '멋진 선생님을 기쁘게 해 주기 위해 수영을 배운다.'와 같은 것이다. 이러한 외적 동기는 내적 동기보다 덜 효과적이다. 당신은 처벌을 피하기 위해 공부할 수 있고 보상을 받거나 다른 사람을 즐겁게 하기 위하여 공부할 수 있다. 외적 동기가 해로운 것은 아니지만 장기적으로 볼 때 내적 동기를 지니도록 노력해야 한다.

■ 4단계 : 전반적 계획 세우기

1. 공부의 순서를 정할 수 있나? 무엇이 우선시 되어야 하는가?
   _____

2. 이 일(공부)을 하기 위해 얼마나 시간이 필요한가?
   _____

3. 도움을 받을 사람이 있는가? 이 분야의 전문가는 누구인가? 그에게 도움을 받을 수 있나?
   _____

4. 어디에서 배울 내용에 관한 도움을 받을 수 있나? (예를 들어, 도서관, 교과서 등)
   _____

5. 공부과정을 언제, 어떻게, 점검할 것인가?
   _____

6. 내 진전에 따라 스스로에게 보상을 어떻게 할 것인가?
   _____

7. 결과에 도달하지 못하면 어떻게 할 것인가?
   _____

■ 5단계 : 구체적 계획 세우기

구체적 계획을 세울 때는 목표관리 내용을 다시 한 번 읽고 세심하게 세워야 한다. 또한 구체적이고 실현가능성이 있어야 한다.

중간목표 : _____

월별 계획

월	계 획

주별 계획 :

일별 계획 :

- **6단계 : 조언자를 선택하기**

    조언자의 조건 : 조언자는 단순히 조언만 해주는 사람은 아니다. 내가 신뢰할 수 있어야 하고, 내 동기와 내가 하고자 하는 것에 대해 충분히 이해하고 있어야 한다. 나의 진행 상황을 점검해 줄 수 있어야 하지만 나를 테스트해서는 안 된다. 나를 꾸짖기보다는 격려해 주어야 한다.

    의사소통방식
    _____

    무엇을?
    _____

    어떻게?
    _____

    언제?
    _____

    얼마나 자주?
    _____

    어디에서?
    _____

    대상은?
    _____

- **7단계 : 진행상황 점검하기**

    공부를 해 나가면서 다음의 질문을 이용하여 진전 상태를 점검하자.
    마음속에서 목표에 대한 낙관적인 생각은 하고 있는가? _____
    지금 공부하고 있는 단계는 어디인가? _____
    공부하면서 무엇을 얻게 되는가? _____
    다른 상황에도 적용할 수 있는가? _____
    이해가 안 가는 것이 있는가? _____
    조언자의 도움이 만족스러운가? _____
    스스로에게 어떻게 보상하고 있는가? _____

각 단계에서 배울 내용은 충분한가? _____
각 단계가 만족스럽지 못할 때 다음 단계에서 반영되는가? 어떻게 반영되는가?
_____

- **8단계 : 최종 점검/평가**

    첫 번째 학업의 도전에서 실패했는지 성공했는지는 매우 중요하다. 그러나 지식의 양이 항상 성공과 실패를 판단하는 기준이 되어서는 안 된다. 다양한 방식으로 평가할 수 있어야 한다. 성공의 여부는 진전에 대한 평가와 이 진전을 통해 무엇을 배울 수 있었는지에 따라 판단할 수 있다.

    아래의 질문에 답해 보라.

    처음에 생각한 것처럼 이 과제가 흥미로운가?
    _____

    나의 내적 동기 가운데 어떤 부분이 충족되었는가?
    _____

    학습의 진전이 효과적이었는지?
    _____

    모르던 부분 가운데 배운 점은 무엇인가?
    _____

    조언자는 도움을 주었는가? 의사소통은 잘 되었는가?
    _____

    외적 동기가 도움이 되었는가?
    _____

    내적 동기가 효과적으로 작동하였는가?
    _____

    배움은 이후의 삶에 어떻게 도움이 되겠는가?
    _____

    출처 : 성균관대학교 학생상담센터(2005).

〈정서중심대처 – 점진적 근육이완법〉

■ 당신이 가장 편안한 장소로 이동해서 근육이완법을 시행합니다.

1. 오른쪽 주먹을 단단히 꽉 움켜쥐고 긴장을 살펴라. 꽉 움켜진 채 주먹, 손 팔에 가해지는 긴장을 관찰하라. 이제 이완시키고 오른손이 느슨해짐을 느끼고 긴장과 반대의 이완감을 주목하라. 오른쪽 주먹을 다시 쥐고 같은 절차를 반복하라. 긴장감과 반대로 이완했을 때 느끼는 감각과의 차이를 주목하라. 왼쪽 주먹을 쥐고 오른쪽 주먹을 긴장하고 이완했던 절차를 반복하고 다음에는 두 주먹을 동시에 실시하라. 긴장과 이완의 차이를 느껴라.
2. 그 다음에는 팔꿈치를 굽혀 이두박근을 긴장시킨다. 가능한 한 강하게 이두박근을 긴장시키고 팽팽해진 긴장감을 느껴라. 이완하면서 팔을 펴라. 이 절차를 반복하라. 긴장과 이완의 차이를 느껴라.
3. 이번에 주의를 머리로 돌려 앞이마에 힘을 주어 찡그린다. 다음에 이완하고 주름을 편다. 몇 차례 반복을 한 후, 눈을 감고 더욱 힘을 주어 긴장을 느낀다. 눈을 이완시키고 부드럽고 편안하게 감은 상태를 유지한다. 긴장과 이완의 차이를 느껴라.
4. 다음에는 턱을 죄여 어금니를 힘껏 물고 턱을 통해 퍼져 나가는 긴장을 느낀다. 턱을 이완한다. 턱이 이완될 때 입술이 약간 벌어질 것이다. 긴장과 이완을 반복하라. 이번에는 입천장에 혀로 압박을 가하라. 입의 뒤쪽에 아픔을 느껴라. 그리고 이완하라. 입술을 압박하여 오므려 'O'자처럼 한 후 입술을 이완하라. 긴장과 이완의 차이를 느껴라.
5. 가능한 한 편안하게 머리를 뒤로 젖혀 목에 일어난 긴장을 관찰하라. 젖힌 머리를 오른쪽 방향으로 돌리고 머리가 변화된 위치를 느끼면서 다음에는 왼쪽으로 돌린다. 머리를 똑바로 세운 후 앞으로 숙이면서 턱으로 가슴부위를 눌러라. 목구멍과 목 뒤쪽에 긴장을 느껴라. 이완하면서 머리를 편안한 위치로 되돌려라. 긴장과 이완의 차이를 느껴라.
6. 다음에는 어깨를 으쓱하고 위로 들어 올린다. 머리가 두 어깨 사이에 끼어 있을 때 느끼는 긴장감을 맛보라. 어깨를 이완시켜라. 어깨를 떨어뜨렸을 때 목, 목구멍과 어깨로 퍼져나가는 순수한 이완감을 보다 길고 깊게 느껴라.
7. 이번에는 숨을 깊게 들이마셔서 폐 속을 꽉 채워라. 숨을 그대로 멈추고 있으면서 긴장감을 감지하라. 숨을 통하여 가슴을 느슨하게 하라. 계속 이완하면서 호흡이 자유롭고 부드럽게 되도록 하라. 몇 번 반복하면서 토하는 호흡을 따라 모든 긴장이 신체로부터 다 빠져나갔음을 주목하라. 다음에는 위를 팽팽하게 조여서 그대로 유지하라. 긴장을 느낀 후 이완하라. 이번에는 등을 긴장하지 않은 채 구부려라. 가능한 한 신체를 이완시키도록 하라. 가장 아래 등 부위의 긴장에 초점을 맞추어라. 그리고 이완하라.
8. 엉덩이와 넓적다리를 조여라. 가능한 한 발뒤꿈치에 압박을 가하여 넓적다리를 구부려라. 이완하고 차이를 느껴라. 이번에는 발가락을 아래쪽으로 뻗어 장딴지에 긴장을 가하라. 긴장을 설펴보라. 그리고 이완하라. 이번에는 발가락을 얼굴 쪽으로 굽혀 정강이에 긴장을 가하라. 그리고 이완시켜라.
9. 이완이 깊어지면서 하체 부위가 무거워짐을 느껴라. 다리, 발목, 장딴지, 정강이, 무릎, 그리고 엉덩이를 이완하라. 이 이완이 위, 허리와 가슴까지 퍼져 나가게 된다. 더 많이 더 많이 퍼져 나가게 하라. 어깨, 팔, 그리고 손까지 이완이 깊어짐을 느껴라. 보다 깊게 목, 턱, 그리고 얼굴의 모든 근육이 풀리고 이완됨을 느껴라.

심리탐색

〈스트레스 자가점검표〉

다음의 문항을 주의 깊게 읽고, 지난 한 달 동안 자신이 경험한 항목에 O 표시를 하면 표시된 항목수가 스트레스 점수가 됩니다.[89]

번호	문항	표시
1	머리가 개운치 않거나 무겁다.	
2	눈이 피로하다.	
3	때때로 코가 막힐 때가 있다.	
4	어지럼증을 느낄 때가 있다.	
5	때때로 기둥을 붙잡고 서 있고 싶다.	
6	귀에서 소리가 들릴 때가 있다.	
7	때로 입 안에 염증이 생길 때가 있다.	
8	목이 아플 때가 많다.	
9	혓바닥이 하얗게 될 때가 있다.	
10	좋아하는 음식을 별로 안 먹게 되었다.	
11	식후 위가 무거워지는 것을 느낀다.	
12	배가 팽팽하거나 아프거나 한다.	
13	어깨가 아프다.	
14	등골이나 배가 아픈 경우가 있다.	
15	좀처럼 피로가 없어지지 않는다.	
16	최근 체중이 감소했다.	
17	무엇인가 하면 쉽게 피로를 느낀다.	
18	아침에 기분 좋지 않게 일어나는 날이 많다.	
19	일할 의욕이 생기지 않는다.	
20	쉽게 잠들지 못한다.	
21	꿈을 자주 꾸거나 선잠을 잔다.	
22	새벽 한 두시께 잠이 깨어 버린다.	
23	갑자기 숨쉬기가 힘들어질 때가 있다.	
24	때때로 가슴이 두근거릴 때가 있다.	
25	가슴이 자주 아파 오는 경우가 있다.	

[89] 모든 문항의 점수합계는 (   )개이다. 5개 이하이면 정상이고, 6~10점은 가벼운 스트레스 상태로 휴식, 운동, 오락 같은 대책이 필요하고 더 나아가 직장적응방식을 점검할 필요가 있으며, 11~20점이면 중증 스트레스 상태로 정신건강과에서 신체에 대해 종합검진을 받을 필요가 있다.

26	자주 감기에 걸린다.	
27	사소한 일로 화가 난다.	
28	손발이 찰 때가 많다.	
29	손바닥, 겨드랑이에 땀이 날 때가 많다.	
30	사람 만나는 것이 귀찮아진다.	

출처 : 대한정신과학회(2000).

제 3 장 외상후 반응

1. 외상후 장애

(1) 개요

PTSD는 사람의 생명을 위협할 정도의 극심한 스트레스를 경험한 후 일어나는 심리적 반응으로, 그런 외상이 없어짐에도 불구하고 계속해서 그 당시의 충격적인 기억들이 반복적으로 떠오르며, 그 외상을 회상시키는 활동이나 장소를 피하고 또 신경이 날카로워지며, 잠을 잘 자지 못하고 집중을 하지 못하는 상태를 말한다.

외상 후 증후군(PTSS)의 발생 과정
2~8의 증상은 반드시 순차적으로 나타나는 것이 아님.
자문 : 대한불안의학회

1. 사건 발생
생명을 잃을 정도나 그에 준하는 사건 사고 및 지난 재해를 직·간접 경험. 사건을 경험한 뒤 짧게는 1개월, 길게는 수 년 후 진단될 수 있음. 일반인 60%가량이 평생 1회 이상 심각한 사건을 경험하지만 PTSS 증상으로 이어질 확률은 10%

2. 혼란
자신이 경험한 사건이 마치 현실이 아니었던 것처럼 느껴짐. 기억을 억누르려는 과정에서 멍한 상태의 기억장애가 지속

3. 사건 재경험
끔찍했던 순간이 반복적으로 떠오름. 사건에 관한 악몽을 꾸며, 호흡곤란 등 공황발작으로 이어질 수 있음

4. 회피
사건을 떠올리는 자극을 피하게 함. 대인관계나 직업에서 문제가 생겨 부적응 상태로 악화될 수 있음

5. 과(過)각성
예민한 상태가 이어져 경우에 따라 공황발작도 나타남. 긴장을 풀기 위해 음주를 반복하다가 알코올 사용장애를 경험할 수 있음. 수면장애를 동반

6. 죄책감
사건을 막지 못한 자신을 자책. 해당 사건으로 인해 다른 사상자가 발생한 경우 '홀로 살아남았다'는 죄책감에 시달림. 자살 충동으로 이어질 수 있음

7. 분노
'왜 나에게 이런 일이 생겼나'라는 분노와 억울함에 시달림. 분노 조절장애 및 충동장애가 동반돼 주변 사람들에게 위해를 가할 수 있음

8. 우울
PTSS 증상이 심해져 일상생활이 힘들어짐. 생활에 흥미가 없어지고 정서적으로 무감각해짐. 대인기피증을 동반

(2) 특징

PTSD는 침습, 회피와 무감각, 과도한 각성이라는 세 가지 증상이 상호작용하여 나타난다.[90]

---

[90] Allen(2005)은 외상사건의 부정적 반응으로 첫째, 정서적 반응(공포, 불안, 수치심, 죄책감, 소진 등)을 제시하였고, 둘째, 인지적 반응(침습적 기억과 자서전적 기억의 방해 등)을 제시하였는데, 여기서 침습적 기억이란 외상경험과 관련성이 있는 비슷한 사건에도 무의식적으로 촉발되는 플래시백의 형태이고 자서전적 기억은 일상생활에서 개인적 경험에 대한 기억으로 이는 단순히 사실에 대한 기억이라기보다는 자기에게 의미있는 정보에 대한 기억으로 일회적인 사건뿐만이 아니라 반복적으로 발생하는 사건들도 포함하며, 자서전적인 기억은 개인의 자긍감 세상에 대응하는 능력, 과거의 문제해결 경험에 비추어 효과적으로 목표를 달성하는 능력이 중요한 역할을 한다(Coway & Pleydell-pearce, 2000). 마지막으로 셋째, 신체적 반응(해마축소로 기억손상, 노아드레날린 체계의 활성화로 수면곤란, 성마름, 주의집중의 어려움, 과도한 경계반응 등)을 제시하였다.

침습	외상후 사건에 대한 기억이 반복적으로 떠올라 고통스럽거나 꿈에 사건이 나타나거나, 외상적 사건이 다시 일어나는 것처럼 행동하고 느끼거나 그 사건이 회상되면 심리적으로 매우 고통스럽거나 사건이 회상되면 심장이 뛰고 땀이 나는 생리적 반응이 나타나는 경우를 말한다.
회피와 무감각	이는 불쾌한 기억과 감정을 차단하기 위해 나타나는데, 외상과 연관된 생각, 느낌, 대화를 피하려하거나 외상을 다시 생각나게 하는 활동, 장소, 사람들을 피하려 하고, 외상의 중요한 부분을 회상할 수 없거나, 중요한 활동에 대한 관심이 현저히 감소하거나 그 활동에의 참여가 현저히 줄어들고, 다른 사람과 거리감이 생기거나, 감정표현과 정서적 반응을 억제하거나 미래에 대해 불길한 생각이 드는 증상이다.
과도한 각성	심한 외상을 경험한 사람들은 항상 위험에 처한 것처럼 느껴 조마조마하고 항상 경계를 하게 되는데, 그래서 잠이 들거나 잠을 유지하기가 힘들고 신경이 날카로워지거나 화를 내며, 집중하기가 어렵고 위험하지 않을까 지나치게 살피고 아주 잘 놀랜다.

PTSD는 1세에도 시작될 수 있고 보통 외상사건 이후 첫 3개월 이내에 시작이 되며, 일부에서 몇 개월 혹은 몇 년 후로 증상이 지연되어 나타나기도 한다. PTSD는 12개월 이상 지속되기도 하고 때때로 50년 이상 지속되는데, 대부분의 사람들은 외상 이후 잠시 동안 PTSD 증상을 보이더라도 절반 정도는 3개월 이내에 저절로 증상이 호전되고 수개월 혹은 수년 내에 상당수가 치료 없이도 자연회복이 된다. 그러나 최초 발생한 PTSD의 1/3은 3년 이상 증상이 지속되고, 물질남용이나 우울증과 같은 2차적 문제가 발생할 위험이 있다. 이러한 임상경과 때문에 외상성 사건 후에 치료시작 시점을 결정하는 문제와 자연회복되지 않을 사람들을 미리 식별하는 것이 중요하므로 외상 이후 2~4주 동안 보이는 PTSD 증상의 심각도를 평가하여 판단할 필요가 있다.

(3) 원인

외상적 사건을 경험한 모든 사람들이 PTSD로 진단받지 않는다. 즉, 같은 사건을 경험했어도 사람마다 느낌이 다르다. 따라서 PTSD에 걸릴 수 있는 위험요인이 있다고 볼 수 있다(Davison & Foa, 1999). 외상후 스트레스에 취약한 요인을 다음과 같이 정리할 수 있다(고영건 외, 2010).

- 정신과 질환에 대한 유전적 취약성이 있는 경우
- 아동기에 외상의 경험이 있는 경우
- 경계성, 편집성, 의존성 또는 반사회성 성격장애의 특징이 있는 경우
- 자신의 운명이 외부 요인에 의해 결정된다고 생각하는 경우
- 사회적 지지체계가 부족한 경우
- 최근 스트레스가 되는 생활 변화가 있는 경우
- 최근 심한 음주를 한 경우

정신분석적 관점에서는 PTSD를 외상적 사건이 유아기의 미해결된 무의식적 갈등을 다시 불러일으킨 것으로 본다. 그로 인해 퇴행이 일어나고 억압, 부인, 취소의 방어기제가 동원되어 이 장애의 증상이 초래된다고 본다(권석만, 2009). 인지적 관점에서는 개인이 자신과 세상에 대한 기본적 신념을 지니고 살아가는데, 외상적 사건은 이러한 기본적 신념의 혼란을 초래한다고 본다. 즉, PTSD 환자들은 외상으로 인하여 긍정적인 인지처리가 어렵게 되고, 이로 인하여 공포구조의 의미 요소를 활성화시키면 이것이 또한 반응 요소를 활성화시킨다. 그로 인하여 외상과 연합한 강렬한 정서적 반응을 재경험하도록 이끈다는 것이다. 정서가 자신을 압도하는 것처럼 느끼기 때문에 개인은 그 기억에 대한 생각을 멈추려고 시도하지만, 회피는 동화와 조절의 과정을 차단한다. 이런 과정에서 긴장이 개인을 지속적으로 각성 상태에 놓이게 한다(Leahy 외, 2008).

유전적 요인이 PTSD에 대한 취약성과 연관되어 있다는 주장이 있다. 비슷한 외상을 경험한 집단 중에서 일부는 PTSD 증상을 보이지 않는다. PTSD의 가족 연구에서 PTSD를 겪은 개인이 속한 가족에서 같은 외상을 경험했으며, PTSD를 겪지 않는 개인이 속한 가족보다 높은 PTSD의 유병률을 나타냈다는 연구결과가 있다. PTSD의 쌍둥이 연구는 가족연구에서 나타난 가족들 간의 차이가 공유된 환경 때문이 아니라 유전적인 차이이며, 이러한 유전적인 차이가 PTSD 발병에 대략 30%정도의 영향을 미친다고 보고되고 있다(김지은 외, 2010:178).

PTSD 환자들은 특정한 신경전달 물질의 이상을 나타낸다는 연구보고도 있다. 외상은 비아드레날린 계통(noradrenergic system)을 활성화시켜 노르에피네프린(norepinephrine)의 수준을 상승시키므로 평소보다 더 쉽게 놀라고 감정을 즉각 표출시키게 한다. 더욱이 비아드레날린 계통을 자극했더니 PTSD 환자 중 70%가 공황발작을 일으키고, 40%에서는 과거 장면의 섬광 기억(flashbacks)을 가져왔다(Davison 외, 2009).

(4) 진단기준

PTSD의 진단기준(권준수 외 역, 2015:289~310)은 전투, 재난, 강간 등의 단일한 외상 사건의 생존자들이 보이는 증상을 근거로 하고 있다. 심리적 외상은 일상생활에서 생기는 사소한 일로 생기는 작은 심리적 외상과 심각한 사고로 인하여 충격을 받아 생기는 큰 심리적 외상으로 구분한다. 작든 크든 심리적 외상은 자신과 세상 모두에 대해 제한된 믿음이나 잘못된 믿음을 갖게 하는 모든 경험이라고 볼 수 있다. 또한 증상들이 처음 한 달 동안 임상적으로 현저한 지장을 주면 '급성 스트레스 장애'라 하고, 그 이상 계속해서 지장을 준다면 'PTSD'라 한다. 이 증상이 3개월 내에 사라지면 '급성PTSD'라 하고, 3개월 후에도 지속되면 '만성PTSD'라고 한다. 그리고 적응장애가 있다. 이 세 가지 모두 정신사회적 스트레스가 존재해야 진단할 수 있는데, PTSD와 급성스트레스장애는 극심한 스트레스와 특유한 증상군이 특징이지만, 이에 비해 적응장애는 어느 정도의 스트레스에 의해서도 유발되고 광범위한 여러 증상을 포함한다.

급성 스트레스 장애

A. 실제적이거나 위협적인 죽음, 심각한 부상, 또는 성폭력에의 노출이 다음과 같은 방식 가운데 1개 이상에서 나타난다.
   - □ 외상성 사건(들)에 대한 직접적인 경험
   - □ 그 사건(들)이 다른 사람들에게 일어난 것을 생생하게 목격함
   - □ 외상성 사건(들)이 가족, 가까운 친척 또는 친한 사람에게 일어난 것을 알게 됨
     (주의 : 가족, 친척 또는 친구에게 생긴 실제적이거나 위협적인 죽음의 경우에는 그 사건(들)이 폭력적이거나 돌발적으로 발생한 것이어야만 한다.)
   - □ 외상성 사건(들)의 혐오스러운 세부 사항에 대한 반복적이거나 지나친 노출의 경험(예 변사체 처리의 최초 대처자, 아동 학대의 세부 사항에 반복적으로 노출된 경찰관)
     (주의 : 진단기준 A4는 노출이 일과 관계된 것이 아닌 한, 전자미디어, 텔레비전, 영화 또는 사진을 통해 노출된 경우는 적용되지 않는다.)

B. 외상성 사건이 일어난 후에 시작되거나 악화된 침습, 부정적 기분, 해리, 회피와 각성의 5개의 범주 중에서 어디서라도 다음 증상 중 9개(또는 그 이상)에서 존재한다.

   [침습증상]
   - □ 외상성 사건(들)의 반복적, 불수의적이고, 침습적인 고통스러운 기억
     (주의 : 아동에서는 외상성 사건(들)의 주제 또는 양상이 표현되는 반복적인 놀이가 나타날 수 있다.)
   - □ 꿈의 내용과 정동이 외상성 사건(들)과 관련되는 반복적으로 나타나는 고통스러운 꿈
     (주의 : 아동에서는 내용을 알 수 없는 악몽으로 나타나기도 한다.)
   - □ 외상성 사건(들)이 재생되는 것처럼 그 개인이 느끼고 행동하게 되는 해리성 반응(예 플래시백, 그러한 반응은 연속선상에서 나타나며, 가장 극한 표현은 현재 주변 상황에 대한 인식의 완전한 소실일 수 있음)
   - □ 외상성 사건(들)을 상징하거나 닮은 내부 또는 외부의 단서에 노출되었을 때 나타나는 극심하거나 장기적인 심리적 고통 또는 현저한 생리적 반응

   [부정적 기분]
   - □ 긍정적 감정을 경험할 수 없는 지속적인 무능력(예 행복, 만족 또는 사랑의 느낌을 경험할 수 없는 무능력)

   [해리 증상]
   - □ 주위 환경 또는 자기 자신에의 현실에 대한 변화된 감각(예 스스로를 다른 사람의 시각에서 관찰, 혼란스러운 상태에 있는 것, 시간이 느리게 가는 것)
   - □ 외상성 사건(들)의 중요한 부분을 기억하는 것에 장애(두부외상, 알코올 또는 약물 등의 이유가 아니며 전형적으로 해리성 기억상실에 기인)

   [회피 증상]
   - □ 외상성 사건(들)에 대한 또는 밀접한 관련이 있는 고통스러운 기억, 생각 또는 감정을 회피하려는 노력
   - □ 외상성 사건(들)에 대한 또는 밀접한 관련이 있는 고통스러운 기억, 생각 또는 감정을 불러일으키는 외부적 암시(사람, 장소, 대화, 행동, 사물, 상황)를 회피하려는 노력

[각성 증상]
- 수면 교란(예 수면을 취하거나 유지하는 데 어려움 또는 불안한 수면)
- 전형적으로 사람 또는 사물에 대한 언어적 또는 신체적 공격성으로 표현되는 민감한 행동과 분노폭발(자극이 거의 없거나 아예 없이)
- 과각성
- 집중력의 문제
- 과장된 놀람 반응

C. 장애(진단기준 B의 증상)의 기간은 외상 노출 후 3일에서 1개월까지다.(주의 : 증상은 전형적으로 외상 후 즉시 시작하지만, 장애 기준을 만족하려면 최소 3일에서 1개월까지 증상이 지속되어야 한다.)

D. 장애가 사회적, 직업적, 또는 다른 중요한 기능 영역에서 임상적으로 현저한 고통이나 손상을 초래한다.

E. 장애가 물질(예 치료약물이나 알코올)의 생리적 효과나 다른 의학적 상태(예 경도 외상성 뇌손상)로 인한 것이 아니며 단기 정신병적 장애로 더 잘 설명되지 않는다.

외상후 스트레스 장애

A. 실제적인 것이든 위협을 당한 것이든 죽음, 심각한 상해 또는 성적인 폭력을 다음 중 1개 이상의 방식으로 경험한다.
- 외상 사건을 직접 경험하는 것
- 외상 사건이 다른 사람에게 일어나는 것을 직접 목격하는 것
- 외상 사건이 가까운 가족이나 친구에게 일어났음을 알게 되는 것
- 외상 사건의 혐오스러운 세부내용에 반복적으로 또는 극단적으로 노출되는 것(전자매체, TV, 영화, 사진을 통한 것이 아님)

B. 외상 사건과 관련 침투 증상이 다음 중 1개 이상 나타난다.
- 외상 사건에 대한 고통스러운 기억의 반복적이고 침투적인 경험
- 외상 사건과 관련된 고통스러운 꿈의 반복적 경험
- 외상 사건이 실제로 일어난 것처럼 느끼고 행동하는 해리반응(예 플래시백)
- 외상 사건과 유사하거나 그러한 사건을 상징하는 내적 또는 외적 단서에 노출될 때마다 강렬한 심리적 고통의 경험
- 외상 사건을 상징하거나 그와 유사한 내적 또는 외적 단서에 대한 심각한 생리적 반응

C. 외상 사건과 관련된 자극 회피가 다음 중 1개 이상의 방식으로 지속적으로 나타난다. 이러한 변화는 외상 사건이 일어난 후에 시작된다.
- 외상 사건과 밀접히 관련된 고통스러운 기억, 생각, 감정을 회피하거나 회피하려는 노력
- 외상 사건과 밀접히 관련된 고통스러운 기억, 생각, 감정을 유발하는 외적인 단서들(사람, 장소, 대화, 활동, 대상, 상황)을 회피하거나 회피하려는 노력

D. 외상 사건에 대한 인지와 감정의 부정적 변화가 다음 중 2개 이상 나타난다. 이러한 변화는 외상 사건이 일어난 후에 시작되거나 악화될 수 있다.
- □ 외상사건의 중요한 측면을 기억하지 못한다.
- □ 자신, 타인, 세상에 대한 과장된 부정적 신념이나 기대를 지속적으로 지닌다.
- □ 외상 사건의 원인이나 결과에 대한 왜곡된 인지를 지니며, 이러한 인지로 인해 자신이나 타인을 책망한다.
- □ 부정적인 정서상태(예 공포, 분노, 죄책감이나 수치심)를 지속적으로 나타낸다.
- □ 중요한 활동에 대한 관심이나 참여가 현저하게 감소한다.
- □ 다른 사람에 대해서 거리감이나 소외감을 느낀다.
- □ 긍정 정서(예 행복감, 만족, 사랑의 감정)를 지속적으로 느끼지 못한다.

E. 외상 사건과 관련하여 각성과 반응성의 현저한 변화가 다음 중 2개 이상 나타낸다. 이러한 변화는 외상 사건이 일어난 후에 시작되거나 악화될 수 있다.
- □ 자극이 없는 상태이거나 사소한 자극에도 짜증스러운 행동이나 분노 폭발
- □ 무모하거나 자기파괴적인 행동
- □ 과도한 경계
- □ 과도한 놀람 반응
- □ 집중의 곤란
- □ 수면 장애

F. 위에 제시된(B,C,D,E의 기준을 모두 충족시키는)장애가 1개월 이상 나타난다.

G. 이러한 장애로 인해서 심각한 고통이 유발되거나 사회적, 직업적 또는 중요한 기능에 현저한 손상이 나타난다.

H. 이러한 장애는 약물이나 신체적 질병에 의한 것이 아니어야 한다.

외상후 스트레스 장애(6세 이하, 청소년)

A. 6세 이하 소아에서, 다음 중 1개 이상 방법으로 실제적이거나 위협적인 죽음, 심각한 상해, 또는 성폭력에 노출된다.
- □ 외상 사건을 직접 경험하는 것
- □ 타인, 특히 주양육자에 발생한 사건을 직접 목격하는 것(주의 : 전자매체, TV, 영화, 사진을 통한 것이 아님)
- □ 부모 혹은 양육자에게 발생한 외상 사건을 학습하는 것

B. 외상 사건과 관련된 침투 증상이 다음 중 1개 이상 나타나는데, 외상사건이 일어나고 나서 시작된다.
- □ 외상 사건에 대한 반복적, 불수의적, 그리고 침투적으로 떠오르는 고통스러운 기억
   (주의 : 자발적이고 침투적인 기억이 반드시 고통스럽지 않을 수 있고, 놀이로 재현되어 나타날 수 있음)

- ☐ 꿈의 내용 및 정서 경험이 외상사건과 관련있는 반복적이고 괴로운 꿈(주의 : 무서운 내용이 외상사건과 관련이 있다고 확언할 수 없음)
- ☐ 마치 외상성 사건이 재발하고 있는 것 같은 행동이나 느낌, 해리적 반응(예 플래시백)
  (그런 반응이 연속적으로 일어나고, 가장 극적인 수준에서는 주변환경에 대한 인식이 완전히 사라지는 것으로 나타나고, 그런 외상·특정적인 재현이 놀이로 나타날 수 있음)
- ☐ 외상적 사건과 유사하거나 상징적인 내적 또는 외적 단서에 노출되었을 강렬하거나 지속적인 심리적 고통감
- ☐ 외상적 사건과 유사하거나 상징적인 내적 또는 외적 단서에 노출되었을 때 현저한 생리적 재반응

C. 다음 중 1개 이상이 외상사건과 관련된 지속적인 회피 또는 외상 사건과 관련된 인지, 기분의 부정적인 변화가 외상 이후 악화되거나 시작되어야 한다.
- ☐ 외상 사건에 대한 기억을 자극시키는 활동, 장소 또는 물리적으로 떠오르는 것들을 피하고자 하는 노력 또는 회피
- ☐ 외상 사건에 대한 기억을 자극시키는 사람, 대화 또는 대인관계적 상황을 피하고자 하는 노력 또는 회피
- ☐ 부정적인 감정(예 두려움, 죄책감, 슬픔, 수치스러움, 당혹감)을 경험하는 빈도의 상당한 증가
- ☐ 놀이의 감소를 포함한 중요한 활동에 대한 흥미 또는 참여의 두드러진 감소
- ☐ 사회적으로 위축된 행동
- ☐ 긍정적인 감정 표현의 지속적인 감소

D. 외상 사건이 일어난 이후 시작되거나 악화되는 외상사건과 관련된 각성, 반응성의 변화가 다음 중 2개 이상으로 나타난다.
- ☐ 일반적으로 사람이나 대상을 향한 언어적 또는 신체적 공격성을 나타내는 과민한 행동과 분노폭발(유발 자극이 거의 없거나 전혀 없는 상황에서, 극도로 떼를 쓰는 행동을 포함)
- ☐ 과경계
- ☐ 악화된 놀람 반응
- ☐ 집중의 어려움
- ☐ 수면장애(예 잠들기 어려움 또는 잠을 계속 자기 어려움)
- ☐ 장애의 기간이 1개월 이상이다.
- ☐ 증상이 임상적으로 심각한 고통이나 부모, 형제자매, 또래 또는 다른 양육자, 학교와 같은 대인관계에서 장애를 초래한다.
- ☐ 장애가 물질의 생리적 효과(예 투약이나 음주)나 다른 의학적 상태로 설명되지 않는다.

E. 장애의 기간이 1개월 이상이다.

F. 증상이 임상적으로 심각한 고통이나 부모, 형제자매, 또래 다른 양육자, 학교와 같은 대인관계에서 장애를 초래한다.

G. 장애가 물질의 생리적 효과(예 투약이나 음주)나 다른 의학적 상태로 설명되지 않는다.

　다음 중 하나를 명시할 것
- 해리증상 동반 : 개인의 증상이 외상후 스트레스장애의 기준에 해당하고 그 개인이 다음에 해당하는 증상을 지속적이거나 반복적으로 경험한다.
  1. 이인증 : 스스로의 정신과정 또는 신체로부터 떨어져서 마치 외부 관찰자가 된 것 같은 지속적 또는 반복적 경험(예 꿈속에 있는 느낌, 자신 또는 신체의 비현실감 또는 시간이 느리게 가는 감각을 느낌)
  2. 비현실감 : 주위 환경의 비현실성에 대한 지속적 또는 반복적 경험(예 개인을 둘러싼 세계를 비현실적, 꿈속에 있는 듯한, 멀리 떨어져 있는, 또는 왜곡된 것처럼 경험)
     ※ 주의점 : 이 아형을 쓰려면 해리증상은 물질의 생리적 효과(예 일시적 기억상실)나 다른 의학적 상태(예 복합부분발작)로 인한 것이 아니어야 한다.

　다음의 경우 명시할 것
- 지연되어 표현되는 경우 : 사건 이후 최소 6개월이 지난 후에 모든 진단기준을 만족할 때(어떤 증상의 시작과 표현은 사건 직후 나타날 수 있더라도)

적응장애

A. 인식 가능한 스트레스 요인(들)에 대한 반응으로 감정적 또는 행동적 증상이 스트레스 요인(들)이 시작한 지 3개월 이내에 발달

B. 이러한 증상 또는 행동은 임상적으로 현저하며, 다음 중 한 가지 또는 모두에서 명백하다.
  □ 증상의 심각도와 발현에 영향을 미치는 외적 맥락과 문화적 요인을 고려할 때 스트레스 요인의 심각도 또는 강도와 균형이 맞지 않는 현저한 고통
  □ 사회적, 직업적 또는 다른 중요한 기능 영역에서 현저한 손상

C. 스트레스와 관련된 장애는 다른 정신질환의 기준을 만족하지 않으며 이미 존재하는 정신질환의 단순한 악화가 아니다.

D. 증상은 정상 애도 반응을 나타내는 것이 아니다.

E. 스트레스 요인 또는 그 결과가 종료된 후에 증상이 추가 6개월 이상 지속하지 않는다.

　다음 중 하나를 명시할 것
- 우울 기분 동반 : 저하된 기분, 눈물이 남 또는 무망감이 두드러진다.
- 불안 동반 : 신경과민, 걱정, 안절부절못함 또는 분리불안이 두드러진다.
- 불안 및 우울 기분 함께 동반 : 우울과 불안의 조합이 두드러진다.
- 품행 장애 동반 : 품행의 장애가 두드러진다.
- 정서 및 품행 장애 함께 동반 : 정서 증상(예 우울, 불안)과 품행의 장애가 모두 두드러진다.
- 명시되지 않는 경우 : 적응장애의 특정한 아형의 하나로 분류할 수 없는 부적응 반응이 있는 것

다음의 경우 명시할 것
- **급성** : 장애가 6개월 미만일 경우
- **지속성(만성)** : 장애가 6개월 이상 지속될 경우

(5) 평가도구

외상평가도구로는 구조화된 임상적 면담(SCID : DSM-5에 대한 구조화된 임상적 면담, CAPS : 임상가 시행용 외상후 스트레스 장애 척도, PTSD-Interview : 외상후 스트레스 장애 면담도구, CIDI : 복합적인 국제 진단적 면담, DIS-Ⅳ : 진단적 면담계획), 설문지평가척도(PCL : 외상후 스트레스 장애 일람표, PSS : 외상후 스트레스 장애증상척도, MMPI-2의 PK척도, IES-R : 사건후 충격척도, M-외상후 스트레스 장애, TSC-40 : 외상증상일람표-40, CPTS-RI : 아동용 외상후 반응지표, CRTES : 아동의 외상적 사건반응 척도, TSCC : 아동용증상일람표), 정신생리적 측정법, 치료자의 임상적인 결정 등이다.

〈SPAN〉

당신을 가장 괴롭히는 사건내용을 적으십시오.

다음 각 문항은 어떤 증상에 대하여 묻는 질문입니다. 각 문항에 대하여 지난 7일 동안 이 증상이 얼마나 자주 고통을 주었고, 얼마나 심각했는지 생각해 보십시오[91].

심각도				
0	1	2	3	4
전혀 없다	조금 있다	어느 정도 있다	많이 있다	극심히 있다

질 문	심각도
1. 당신은 신경이 예민해지거나 쉽게 놀란 적이 있습니까?	
2. 어떤 사건을 생각나게 하는 것 때문에 몸이 불편해진 적이 있습니까?	
3. 쉽게 짜증이 나거나 화가 폭발한 적이 있습니까?	
4. 슬퍼하거나 사랑하는 감정을 느끼지 못한 적이 있습니까?	

---

91 총점 ( )점 : 총점이 5점 이상이면 전문가의 진단과 상담이 필요함

⟨Impact of Event Scale-Revised (IES-R)⟩

*아래의 문항은 스트레스를 주는 사건을 경험한 후 사람들이 겪는 어려움에 관한 것입니다.

(   ) 사건사고와 관련하여 지난 7일 동안 다음 문항에 있는 내용들을 얼마나 많이 경험했는지 다음 기준에 맞추어 심각도에 점수를 써주세요[92].

심각도				
0	1	2	3	4
전혀 없다	조금 있다	어느 정도 있다	많이 있다	극심히 있다

문항	심각도
1. 그 사건을 상기시켜 주는 것들이 그 사건에 대한 감정(느낌)들을 다시 되살아나게 한다.	
2. 나는 수면을 지속하는 데 어려움이 있다.	
3. 나는 다른 일들로 인해 그 사건을 생각하게 된다.	
4. 나는 그 사건 이후로 예민하고 화가 난다고 느꼈다.	
5. 그 사건에 대해 생각하거나 떠오를 때마다 혼란스러워지기 때문에 회피하려고 했다.	
6. 내가 생각하지 않으려고 해도 그 사건이 생각난다.	
7. 그 사건이 일어나지 않았거나, 현실이 아닌 것처럼 느꼈다.	
8. 그 사건들을 상기시키는 것을 멀리하며 지냈다.	
9. 그 사건의 영상이 마음속에 갑자기 떠오르곤 했다.	
10. 나는 신경이 예민해졌고, 쉽게 깜짝 놀랐다.	
11. 그 사건에 관해 생각하지 않기 위해 노력했다.	
12. 나는 그 사건에 관하여 여전히 많은 감정을 갖고 있다는 것을 알지만 신경쓰고 싶지 않았다.	
13. 그 사건에 대한 나의 감정은 무감각한 느낌이었다.	
14. 나는 마치 사건 당시로 돌아간 것처럼 느끼거나 행동할 때가 있었다.	
15. 나는 그 사건 이후로 잠들기가 어려웠다.	
16. 나는 그 사건에 대한 강한 감정이 물 밀 듯 밀려오는 것을 느꼈다.	
17. 내 기억에서 그 사건을 지워 버리려고 노력했다.	
18. 나는 집중하는 데 어려움이 있었다.	
19. 그 사건을 떠올리게 하는 어떤 것에도 식은 땀, 호흡곤란, 오심, 심장 두근거림 같은 신체적 반응이 있었다.	
20. 나는 그 사건에 관한 꿈들을 꾼 적이 있었다.	
21. 내가 주위를 경계하고 감시하고 있다고 느꼈다.	
22. 나는 그 사건에 대해 이야기 하지 않으려고 노력했다.	

[92] 총점 (   )점 : 25점 이상이면 전문가의 진단과 상담이 필요함

재경험	회피	과각성		
1+2+3+6+9+16+20	5+7+8+11+12+13+17+22	4+10+14+15+18+19+21		
0~16점	17~24점	25점 이상 : 고위험군		
		25~39점	40~59점	60점 이상
저위험군	중간 위험군	보통 PTSD	심각 PTSD	매우 심각 PTSD

⟨Posttraumatic Diagnostic Scale (PDS)⟩

많은 사람들이 삶의 어떤 지점에서 매우 고통스럽고, 외상적인 사건을 경험하거나 목격하게 됩니다. 다음은 외상 사건의 목록입니다. 여러분에게 일어났거나, 혹은 목격했던 사건들을 아래 중에서 모두 골라서 경험있음은 O표, 연령기록, 개월을 표시해주십시오.

사건유형	사건	경험 있음		당시 연령	경험 기간
1. 전쟁	전쟁에 참전, 전쟁지에서 생활	예		세	개월
2. 강제수감	인질[93]이 된 경험, 납치당한 경험, 고문받은 경험 등	예		세	개월
3. 자연재해	홍수, 지진, 태풍, 해일, 산사태 등	예		세	
4. 화재	화재, 폭발 등	예		세	
5. 교통사고	오토바이, 자동차, 비행기, 선박, 기차, 자전거	예		세	
6. 건축물붕괴	건물붕괴, 교량(다리) 붕괴 등	예		세	
7. 질병	에이즈, 암, 기타 생명을 위태롭게 만든 질병	예		세	
8. 신체적 폭력	가정폭력(배우자, 부모, 형제자매에 의한 폭력)	1회	수회	세	개월
	학교폭력(또래로부터 심각한 신체적 폭력)	1회	수회	세	
	범죄피해(강도, 칼에 찔림, 기타 흉기로 인한 폭력 등)	예		세	개월
9. 성적 폭력	모르는 사람으로부터 성폭력을 경험 또는 성폭력 위기를 넘김, 가까운 사람이 성폭력을 당하는 것을 직접 목격	1회	수회	세	개월
	아는 사람(가족, 친지 등)으로부터 성폭력 경험	1회	수회	세	개월
10. 기타 사건	산업재해, 익수사고, 독가스누출, 자살목격 등	예		세	

위에서 한 가지 이상의 외상 사건에 응답한 경우, 가장 괴로움을 주는 사건에 대해 다음의 항목을 응답하세요. 만일 한 가지 사건만 응답한 경우에는 그 사건에 대해 다음의 질문에 응답바랍니다.

※ 가장 괴로움을 주는 사건 : _____

※ 외상사건 후 현재까지의 경과시간은?
　　□ 1개월 이하　　□ 1~3개월　　□ 3~6개월　　□ 6개월~3년　　□ 3~5년

※ 다음의 질문에 대해서는 예/아니요 중 해당되는 것에 O표 하세요.	응답	
앞서 언급한 외상적 사건과 관련하여		
당신 또는 다른 사람이 신체적 상해를 입었나요?	예	아니요
당신 또는 다른 사람의 생명의 위험을 느꼈나요?	예	아니요
당신은 무력감 또는 극심한 공포나 두려움을 느꼈나요?	예	아니요

---

93 Strentz(1987)는 인질로 잡혀간 뒤 생존해서 돌아온 사람들과 그렇지 못한 사람들, 그리고 생존해서 돌아왔지만 심리적으로 심각한 외상을 입어 회복하지 못하는 사람들의 공통적인 심리적 및 행동적 특성을 제시한 바 있다. 인질 사건의 생존자들은 일반적으로 긍정적인 결과에 대한 믿음을 유지하는 능력이 있었고, 반면에 굴복자들은 자포자기하고 자기연민과 절망에 압도되었다는 것이다. 또한 인질범들에 대한 저항은 예외없이 위험하다고 강조하였다.

아래에는 충격적인 사건이나 경험을 한 이후에 사람들에게 나타날 수 있는 현상입니다. 지난 한 달 동안에 나타난 것을 생각해보십시오. 그 각각에 대하여 아래 중(0에서 3까지) 하나를 골라서 각 문항별로 숫자를 써 주세요.[94]

0	1	2	3
전혀 아니다 또는 1회	주 1회 정도	주 2~4회 또는 한 달에 반정도	주 5회 이상 또는 거의 언제나

1. 그 일에 대해 생각하고 싶지도 않을 때 불쑥 생각나거나 머릿속에 그려진다.	
2. 그 일과 관련된 악몽을 꾼다.	
3. 그 일이 마치 재현되듯 생생하게 느껴지고 그 때 당시처럼 행동하게 된다.	
4. 그 일을 떠올리면 괴로운 감정이 든다. (예 두렵다, 분노가 치밀어 오른다, 슬프다, 죄책감이 느껴진다 등)	
5. 그 일을 떠올리면 신체적 반응이 느껴진다. (예 진땀이 난다, 심장이 뛴다 등)	
6. 그 일에 대해서는 생각하거나 말하지 않으려 하고 당시의 느낌조차 떠올리지 않으려고 애를 쓴다.	
7. 그 일을 생각나게 하는 활동이나 사람들, 장소들을 가급적 피하려 한다.	
8. 그 일과 관련된 중요한 기억의 한 부분이 도무지 생각나지 않는다.	
9. 지금 내 생활에서 중요한 것들에 대해 흥미가 떨어지거나 의욕이 낮아졌다.	
10. 주위 사람들과 멀어지거나 단절된 느낌이다.	
11. 정서가 메마른 것처럼 무감각하다. (예 눈물이 나지 않는다, 애정 어린 기분을 느낄 수 없다 등)	
12. 내 미래의 계획이 뜻대로 이루어질 것 같지 않고 희망이 없다고 느껴진다. (예 제대로 된 직장이나 가족을 가지지 못할 것이다, 오래 살지 못할 것이다 등)	
13. 잠이 잘 오지 않고 자더라도 자주 깬다.	
14. 짜증이 잘 나고 신경질을 종종 부린다.	
15. 집중하기가 어렵다. (예 대화 중에 다른 생각을 한다, TV 드라마를 보다가 줄거리를 놓친다, 방금 읽은 내용을 기억하지 못한다 등)	
16. 지나친 긴장 상태에 있다. (예 주위에 누가 있는지 자꾸 확인한다, 문 쪽으로 등을 돌리고 있으면 불안하다 등)	
17. 작은 일에도 쉽게 놀란다. (예 누가 뒤에서 걸어오는 것을 느낄 때 등)	

※ 지난 1개월 동안 위에서 평가한 문제들이 다음에 제시되는 삶의 영역에서 방해가 되는지를 예/아니요 중 해당되는 곳에 ○표 하세요.

직 업	예	아니요	놀이와 여가활동	예	아니요	성생활	예	아니요
집안일	예	아니요	학업	예	아니요	삶에 대한 전반적인 만족	예	아니요
친구관계	예	아니요	가족관계	예	아니요	삶의 모든 영역에서의 전반적인 기능 수준	예	아니요

---

[94] 총점 (   )점 : 최대 총점은 51점이고, 본인의 총점이 20점 이상이면 전문가의 진단과 상담이 필요함

⟨Posttrauma Risk Checklist (PRC)⟩

다음은 당신이 경험한 충격적인 사건과 관련된 경험에 대한 질문들입니다. 문항을 읽고 √표 하십시오. (1) 질문지 (1~16번)는 충격적 사건 당시를 떠올리며 작성해 주시고, (2) 질문지 (17~53번)는 충격적 사건 이후를 떠올리며 작성해 주시기 바랍니다.[95]

번호	(1) 충격적 사건 당시 경험 (1~16)	예	아니요
1	현기증이 나서 어지러웠다.		
2	몸이 부들부들 떨리고 소름이 끼쳤다.		
3	구역질 또는 복통을 경험했다.		
4	몸에서 열 또는 오한을 느꼈다.		
5	몸이 무감각하고 얼얼하게 느껴졌다.		
6	숨이 가쁘고 숨 막히는 경험을 했다.		
7	가슴의 통증으로 고통스러웠다.		
8	사건 당시 심장이 빨리 뛰어 가슴 두근거림을 자주 느꼈다.		
9	느린 화면을 보는 것처럼 시간이 느리게 가던 순간을 경험, 또는 빠르게 화면을 돌려보는 것처럼 시간이 빨리 가던 순간을 경험하였다.		
10	몸의 감각은 둔하게 느껴지고 머리는 멍하게 느껴졌다.		
11	나는 마치 꿈속에 있는 것 같았다.		
12	나는 무력감을 느꼈다.		
13	누군가가 심각하게 다치거나 죽을 수도 있다는 생각을 했다.		

[95] 하위 요인별 문항

영역구분		하위영역	세부영역	문항번호	점수
개인 영역	외상 당시	인지적 반응	해리반응	9, 10, 11	
			외상 이후	13	
		정서 반응	부정적·정서적 반응	12, 14, 15, 16	
		신체 반응	신체 과각성	1, 2, 3, 4, 5, 6, 7, 8	
	외상 이후	외상과 관련된 인지적 평가	초기 외상 후 증상에 대한 부정적 평가	26, 27, 28, 31, 35, 36	
			외상 영향에 대한 부정적 평가	29, 30	
		자신, 타인, 세상에 대한 신념	타인에 대한 불신	42, 43	
			자신의 핵심 측면에 대한 부정적 신념	37, 38, 39, 40	
			세상의 공정과 안전에 대한 부정적 신념	20, 22, 44, 45	
		정서반응	부정적 정서적 반응	25, 32, 33, 41	
		대처전략(부적응적 대처전략)	회피 / 안전추구전략	21, 50, 52, 53	
			사건부인 / 기억조작전략	23, 24, 34	
외상영역		외상 심각성	지각된 사건 심각성	17, 18, 19	
회복환경영역		사회적 지지	낮게 지각된 사회적 지지	46, 47, 48, 49, 51	

총점	16점 이하	저위기 수준, 외상 후 회복되어 PTSD 증상이 없을(무증상) 가능성이 높다.
	17~26점	중위기 수준, 외상 후 부분 PTSD 또는 full PTSD로 진전될 위험이 높으며, 증상의 심각도는 낮거나 중간 수준일 가능성이 높다.
	27점 이상	고위기 수준, 외상 후 부분 또는 full PTSD로 진전될 위험이 높으며, 증상의 심각도가 높은 수준일 가능성이 높다.

번호		예	아니요
14	나는 분노를 느꼈다.		
15	나는 역겨움을 느꼈다.		
16	나는 혼란스러웠다.		
번호	(2) 충격적 사건 이후 경험 (17~53)	예	아니요
17	내 인생을 송두리째 뒤흔든 심각한 사건이다.		
18	내 인생 전반에 걸쳐 영향을 미친 사건이다.		
19	그 사건은 앞으로의 내 인생에 계속해서 영향을 미칠 것이다.		
20	세상 어디에도 안전한 곳은 없다는 생각을 했다.		
21	그 사건이 일어난 장소에 다시 간다면 또 다른 사고가 발생할 것 같은 생각이 들어 피한다.		
22	곧 또 다른 나쁜 일이 닥칠 거라는 생각이 들었다.		
23	'만약에 ~ 했더라면'하는 생각을 자주 했다.		
24	내가 그 사건을 막을 방도를 찾을 수 없다면 그와 같은 사건이 다시 발생할 것 같았다.		
25	나는 죄책감을 느꼈다.		
26	사건 발생후 둔감해진 내 감정 때문에 나는 더 이상 다른 사람들과 관계를 맺을 수가 없을 것이라고 생각했다.		
27	불쑥불쑥 떠오르는 사건에 대한 기억과 사건에 관한 악몽을 결코 극복할 수 없을 거라고 생각했다.		
28	사건 이후로 집중하기 힘든 것을 보면서 나의 뇌가 손상됐을지도 모른다는 생각을 했다.		
29	그 사고 이후로 내 인생은 되는 일이 없다고 생각했다.		
30	결코 이전의 평범한 삶으로 되돌아갈 수 없을 거라고 생각했다.		
31	스트레스를 더 많이 받게 되면 심장마비가 올 수 있다고 생각했다.		
32	사건 이후에 사건과 연관된 것들을 떠올리면 수치심을 느꼈다.		
33	그 사건에 연관된 것 또는 사람이 떠오르면 분노를 느꼈다.		
34	그 사건을 내 인생에서 깨끗이 지워버리고 싶었다.		
35	화가 폭발할 때면 내 성격이 더 나쁘게 변하고 있다는 생각이 들었다.		
36	내가 나의 감정을 확실히 조절하지 못한다면 나는 폭발하여 다른 사람들을 불쾌하게 만들 것이라고 생각했다.		
37	앞으로 나에게 위험한 상황이 닥치게 되면 잘 대처할 수 없을 것 같다고 느꼈다.		
38	내 자신이 패배자처럼 느껴졌다.		
39	내 자신이 약한 존재라고 느껴졌다.		
40	나는 아무짝에도 쓸모없는 사람이라는 생각이 들었다.		
41	내 자신에 대해서 분노를 느꼈다.		
42	나는 다른 사람을 믿을 수 없을 것 같다고 느껴졌다.		
43	다른 사람들은 나쁜 의도를 지니고 있을 거라고 생각했다.		
44	이 세상에 정의는 없다고 생각했다.		
45	이 세상은 악으로 가득 차 있다고 느꼈다.		
46	내가 친근하게 느낄 수 있는 사람이 아무도 없었다.		
47	내가 필요로 할 때 곁에 있어 줄 수 있는 사람이 내 주위에 없었다.		
48	나의 기쁨과 슬픔을 함께 나눌 수 있는 사람이 없었다.		

49	나의 어려움에 대해서 이야기할 수 있는 사람이 없었다.		
50	다른 사람들이랑 어울리기보단 혼자 있으려고 했다.		
51	가족들은 내가 그 사건에 대해서 이야기하는 것을 싫어했다.		
52	나는 사건에 관한 생각을 피하고자 술을 마셨다.		
53	나쁜 감정 혹은 좋은 감정이든지 간에 감정을 불러 일으키게 만드는 것을 피했다.		

출처 : 주혜선(2008).

〈Posttraumatic stress disorder symptom scale-interview(PSS-I)〉

아래 문항은 여러분에게 충격을 준 경험(외상 사건) 이후에, 지난 2주 동안 나타날 수 있는 여러 가지 현상들에 관한 질문입니다. 본인이 느끼고 경험하고 있는 것들을 바탕으로 솔직하게 체크해주시기 바랍니다. 해당되는 숫자를 기록하여 주시면 됩니다.[96]

1	2	3	4
전혀 그렇지 않다	거의 그렇지 않다 (주 1회 이하)	조금 그렇다 (주 2~4 회)	매우 그렇다 (주 5회 이상)

번호	문항	점수
1	당신은 외상 사건에 대해 자신도 모르게 반복적으로 고통스러운 생각이나 기억이 났나요?	
2	당신은 외상 사건에 대한 악몽을 반복해서 꾸시나요?	
3	당신은 외상 사건을 갑작스럽게 다시 경험하거나, 그 사건이 마치 지금 다시 일어나는 것 같이 생생하게 느끼거나 행동을 한 적이 있나요?	
4	당신은 외상 사건에 대한 기억이 떠오를 때 감정이 격해진 적이 있나요?(예 : 해마다 외상 경험이 있었던 날에 오는 반응)	
5	당신은 외상 사건에 대한 기억이 떠오를 때 강한 신체적 반응이 있었던 적이 있나요?(예 : 땀, 가슴 떨림)	
6	당신은 외상 사건과 관련된 생각이나 감정을 의도적으로 피하려고 노력한 적이 있나요?	
7	당신은 외상 사건에 대한 기억을 떠올리게 하는 활동이나 상황, 장소를 피하려고 노력한 적이 있나요?	
8	당신이 경험한 외상 사건에 대해서 매우 중요한 부분이지만 아직까지 제대로 기억해 내지 못하는 부분이 있나요?	
9	당신은 외상 사건 후에 여가 활동에 대한 흥미를 잃어버렸나요?	
10	당신은 외상 사건 이후에 주위의 다른 사람들과 동떨어진 느낌이 든 적이 있나요?	
11	외상 사건 이후 다양한 감정을 느끼는 능력이 없어졌다고 느낀 적이 있나요?(예 : 사랑하는 감정을 가질 수 없거나, 슬퍼하는 감정을 가질 수 없거나)	
12	외상 사건으로 인해 미래에 대한 계획이나 희망이 바뀌었다고 느낀 적이 있나요?(예 : 결혼, 자녀, 커리어, 수명 등)	
13	잠을 들거나 잠을 깨지 않고 자는 것이 상당히 어려운 적이 있었나요?	
14	외상 사건 이후 계속해서 짜증이 나거나 화가 난 적이 있나요?	

[95] 총점 (   )점 : 17개의 문항은 재경험(1~5문항), 회피(6~12문항), 흥분(13~17문항) 등의 3가지 영역으로 이루어져 있고 PSS-I의 척도에서 15점 이상을 받은 경우 외상후 스트레스 장애 진단이 가능한데, 점수에 따라서 증상을 가벼운 정도(15~19점), 중간 정도(20~29점), 심각한 정도(30점 이상)로 진단평가 된다.

15	외상 사건 이후 집중하는 것이 상당히 어려운 적이 있나요?	
16	외상 사건 이후 심하게 경각심을 갖게 되었나요?(예 : 주변에 누가 있는지 확인하는 것 등)	
17	외상 사건 이후부터 깜짝 놀라거나, 작은 소리나 움직임에 놀란 적이 있나요?	

출처 : Foa, Riggs, Dancu, & Rothbaum, 1993 : 459~473.

〈PTSD 구조화 면담(Structured Interview for PTSD : SIP)〉

환자의 상태를 평가하는데 기준이 되는 기간은 지난 일주일입니다.[97]

A. 사고(Trauma, 외상)

[97] 총점은 68점이고 각 척도의 점수가 2점 이상이면 증상이 있는 것으로 평가되며, 총점이 20점 이상이면 전문가의 진단과 상담이 필요함.

B점수 : 재경험	C점수 : 회피	D점수 : 과각성

B. 재경험(Re-experiencing)

B1. 원하지 않지만 마음 속에 떠올리고 싶지 않은 사고의 고통스러운 장면과 생각, 그리고 기억을 경험하게 됩니까? 이런 일이 반복되고 있습니까?

- 0. 전혀 그렇지 않다.
- 1. 가벼운 정도(mild) : 좀처럼 그렇지 않거나, 약간 귀찮은 정도
- 2. 중간 정도(moderate) : 적어도 일주일에 1번, 약간의 고통을 준다.
- 3. 심한 정도(severe) : 적어도 일주일에 4번, 중등도의 고통을 준다.
- 4. 매우 심한 정도(very severe) : 매일 / 일이나 사회생활을 할 수 없을 정도로 심한 고통을 준다.

B2. 꿈 : 꿈에 대해 질문하겠습니다. 폭력, 상해, 위험, 전투, 죽음이나 사고에 관련된 꿈을 반복해서 꾸게 됩니까? 당신과 관련된 실제 장면입니까? 당신은 꿈에서 사람들을 인식합니까? 사고에 관한 꿈입니까? 이런 꿈을 얼마나 자주 꿉니까? 땀을 흘리거나 소리를 지릅니까? 몸을 떱니까? 가슴이 두근거립니까? 숨쉬기가 어렵습니까? 당신의 배우자가 같은 방이나 침대에서 잠들지 못할 만큼 악몽이 심합니까?

- 0. 전혀 그렇지 않다.
- 1. 가벼운 정도(mild) : 가끔, 고통스럽지 않다.
- 2. 중간 정도(moderate) : 1주일에 1번 이상, 약간의 고통을 준다.
- 3. 심한 정도(severe) : 1주일에 4번 이상, 중등도의 고통을 준다.
- 4. 매우 심한 정도(very severe) : 1주일에 6~7번, 심한 고통을 준다.

B3. 사고가 지금 일어난 것처럼 느끼거나 행동하기 (acting or feeling as if event was currently happening) : 때때로 사고 당시로 되돌아간 것처럼 반응하고 있습니까? 그 사건이 다시 일어난 것처럼 느낍니까? 사고에 대한 환각(hallucinations)에 시달리고 있습니까?

- 0. 전혀 그렇지 않다.
- 1. 가벼운 정도(mild) : 1주일에 1번
- 2. 중간 정도(moderate) : 1주일에 2~4번
- 3. 심한 정도(severe) : 1주일에 5~6번
- 4. 매우 심한 정도(very severe) : 매일

B4. 사고 기억의 노출로 인한 심리적인 고통(psychological distress at exposure too reminders of events) : 어떤 일들이 고통스러운 사건을 떠올리게 하면 이러한 증상이 나타나거나 악화됩니까? (TV 프로그램, 날씨, 뉴스, 종전기념일, 사망과 관련된 최근의 재난, 친한 친구의 죽음, 사고를 떠올리게 하는 장소에 있는 것) 화가 나거나 짜증이 나고 불안하거나 놀라게 됩니까?

- 0. 전혀 그렇지 않다.
- 1. 약간 그렇다(a little bit) : 드물거나 그다지 중요하지 않은
- 2. 때때로(sometimes)
- 3. 상당한(significantly) : 몇 가지 증상이 있거나 매우 고통스러운 증상이 하나 있다.
- 4. 현저한(marked) : 매우 고통스럽다. 입원이나 다른 치료를 받고 있다.

B5. 그 사건을 떠올리게 하는 것들에 노출(exposure)되면 다음과 같은 신체 증상이 나타납니까? 땀이 나거나, 몸이 떨리거나, 심장이 뛰거나, 구역질이 나거나, 과호흡을 하거나 어지럽습니까?

- 0. 전혀 그렇지 않다.
- 1. 약간 그렇다(a little bit)
- 2. 때때로(sometimes) : 약간 고통스럽다.
- 3. 상당한(significantly) : 많은 고통을 느낀다.
- 4. 현저한(marked) : 매우 고통스럽다. 신체적인 반응 때문에 의사를 찾아갔었다. (예 가슴의 통증이 심장 질환이라고 확신할 정도로 매우 심했다.)

C. 사고와 관련된 자극의 회피(avoidance of stimuli associated with trauma)

C1. 사고에 관한 생각이나 느낌을 피하기 위한 노력을 한 적이 있습니까?

- 0. 전혀 그렇지 않다.
- 1. 가벼운 정도(mild) : 의심스러우나 확실치는 않다.
- 2. 중간 정도(moderate) : 확실히 노력한다. 그러나 직업적, 사회적 기능을 수행할 수 있다.
- 3. 심한 정도(severe) : 어떤 식으로든 생활에 영향을 미칠 정도의 확실한 회피가 있다.
- 4. 매우 심한 정도(very severe) : 생활 전반에 극적인(dramatic) 영향을 미친다.

C2. 사건의 회상을 일으키는 활동의 회피 (avoidance of activities that arouse recollection of the event) : 사고를 떠오르게 하는 장소, 사람, 대화, 또는 활동을 피한 적이 있습니까?

- 0. 전혀 그렇지 않다.
- 1. 가벼운 정도(mild) : 의심스러우나 확실치는 않다.
- 2. 중간 정도(moderate) : 그 상황을 확실히 피한다.
- 3. 심한 정도(severe) : 매우 불편하고, 이런 회피가 어떤 식으로든 생활에 영향을 미친다.
- 4. 매우 심한 정도(very severe) : 집안에서만 지내며, 상점과 식당에 갈 수 없고 중요한 기능의 제한을 가진다.

C3. 심인성 기억상실 (psychogenic amnesia) : 사건에 대한 중요한 부분을 기억할 수 없습니까?

- 0. 아무 문제없다 : 모든 것을 기억한다.
- 1. 가벼운 정도 (mild) : 대부분 기억한다.
- 2. 중간 정도(moderate) : 확실하게 기억하기 어려운 부분도 있다.
- 3. 심한 정도(severe) : 몇 가지 사실만을 기억한다.
- 4. 매우 심한 정도(very severe) : 외상에 대한 전반적인 기억 상실을 호소한다.

C4. 흥미의 상실 (loss of interest) : 예전에는 즐거웠던 어떤 것에 대해 흥미(즐거움)가 줄어들었습니까? 어떤 것에 흥미가 사라졌습니까? 여전히 흥미있는 것은 무엇입니까?

- 0. 흥미의 상실이 전혀 없다.
- 1. 즐거움이 감소한 한두 개 정도의 활동이 있다.
- 2. 몇몇 활동에 있어 즐거움이 감소하였다.

- 3. 대부분의 활동에 있어 즐거움이 감소하였다.
- 4. 거의 모든 활동에 있어 즐거움이 감소하였다.

C5. 분리/소외감 (detachment/estrangement) : 예전보다 다른 사람들과 일을 할 때 어려움이 있습니까? 당신은 다른 사람들로부터 소외되었다고 느낍니까?

- 0. 전혀 문제가 없다.
- 1. 분리된/소외됨을 느낀다. 그러나 여전히 타인과 정상적으로 만남을 가진다.
- 2. 때때로 정상적으로 참여해야 하는 만남을 피하기도 한다.
- 3. 확실히 예전에 항상 관계를 가졌을 만한 사람들을 피한다.
- 4. 모든 사회적인 만남을 절대적으로 거부하거나 적극적으로 피한다.

C6. 정동의 제한 (restricted range of affect) : 타인과의 친밀함 혹은 따뜻한 느낌이 있습니까? 마비된 것처럼 느낍니까?

- 0. 전혀 문제가 없다.
- 1. 가벼운 정도(mild) : 의심스러우나 확실치는 않다.
- 2. 중간 정도(moderate) : 느낌을 표현하는데 다소 어려움이 있다.
- 3. 심한 정도(severe) : 느낌을 표현하는데 확실한 문제가 있다.
- 4. 매우 심한 정도(very severe) : 아무런 느낌이 없고, 대부분의 시간동안 마비된 것처럼 느낀다.

C7. 단축된 미래 (foreshortened future) : 당신의 미래에 무슨 일이 일어날 것이라고 생각합니까? 더 나이가 들었을 때 마음속에 무엇이 떠오릅니까? 미래에 대한 기대는 어떻습니까?

- 0. 긍정적 또는 현실적인 미래의 모습을 말로 묘사한다.
- 1. 가벼운 정도(mild) : 때때로 비관적인 말로 묘사한다. 하지만 사건에 따라 그날 그날 다양하다.
- 2. 중간 정도(moderate) : 대부분 비관적이다.
- 3. 심한 정도(severe) : 일관되게 비관적이다.
- 4. 어떤 미래도 생각할 수 없다. 일찍 죽을 것이라고 생각한다. (하지만 합당한 의학적 근거는 없다)

D. 각성의 증가(Increased arousal)

D1. 수면장애 (sleep disturbance) : 우리는 악몽에 대해 자주 말했습니다. 수면에 대한 또 다른 양상이 있습니까? 잠 드는데 곤란합니까? 잠에서 깬 후에 다시 잠들 수 있습니까?

- 0. 잘 잔다.
- 1. 가벼운 정도(mild) : 가끔 어려움이 있다. 그러나 주당 이틀을 넘지 않는다.
- 2. 중간 정도(moderate) : 적어도 주당 3일 이상 잠들기가 어렵다.
- 3. 심한 정도(severe) : 매일 밤 잠들기가 어렵다.
- 4. 매우 심한 정도(very severe) : 매일 밤 자는 시간이 3시간 이하이다.

D2. 평소보다 과민해지거나 쉽게 골치 아파집니까(annoyed)? 당신의 느낌을 어떻게 보여줍니까? 분노를 폭발한 적이 있습니까?

- 0. 전혀 없다.
- 1. 가벼운 정도(mild) : 다른 사람들이 눈치 채지 못할 정도의 골치 아픔이나 화를 종종 느낀다.

- 2. 중간 정도(moderate) : 골치 아픔을 느끼는 정도가 증가하고, 무뚝뚝해지거나 또는 따지게 된다.
- 3. 심한 정도(severe) : 거의 지속적으로 과민하거나 화가 난다. 종종 이성을 잃고 화를 내거나 결과적으로 다른 사람과 관계에 있어 유의한 장애가 있다.
- 4. 매우 심한 정도(very severe) : 분노 또는 복수심에 집착하고 명백히 공격적이거나 또는 독단적이다. 기능의 현저한 장애가 있다.

D3. 집중의 장애 (impairment of concentration) : 집중하는데 어려움을 느낀 적이 있습니까? 무언가에 몰두하는 것이 힘이 듭니까? 쉽게 집중할 수 있습니까? 독서를 하거나 TV 시청을 할 때는 어떻습니까?

- 0. 어려움이 없다.
- 1. 약간의 문제가 있음을 인정한다.
- 2. 어려움을 설명한다.
- 3. 일상생활, 일 등에 방해가 된다.
- 4. 지속적으로 문제를 가진다. 단순한 작업도 할 수가 없다.

D4. 과각성 (hypervigilance) : 지속적으로 조심해야만 합니까? 경계를 풀지 않습니까? 안절부절못한다고 느낍니까? 벽에 등을 기대고 앉아야만 합니까?

- 0. 전혀 문제가 없다.
- 1. 가벼운 정도(mild) : 종종 그렇다. 방해를 주지 않는다.
- 2. 중간 정도(moderate) : 어떤 상황에선 불편함이 초래되고, 안절부절못함을 느끼거나 또는 경계를 풀지 않음을 느낀다.
- 3. 심한 정도(severe) : 대부분의 상황에서 불편함이 초래되고, 안절부절못함을 느끼거나 또는 경계를 풀지 않음을 느낀다.
- 4. 매우 심한 정도(very severe) : 극심한 불편함을 초래하고 생활 전반을 변화시킨다. 지속적으로 조심하고 있음을 느낀다. 벽에 등을 댄 채 있어야만 한다. 안절부절못한 느낌 때문에 사회적으로 장해를 초래한다.

D5. 놀람 (startle) : 쉽게 깜짝깜짝 놀랍니까? 펄쩍 뛰게 되는 경우가 있습니까? 뜻밖의 소음이 난 후에나 또는 사고를 기억나게 하는 어떤 소리를 들었다면 이것이 문제가 됩니까?

- 0. 전혀 문제가 없다.
- 1. 가벼운 정도(mild) : 종종 그렇다. 방해를 주지 않는다.
- 2. 중간 정도(moderate) : 확실히 불편하다. 적어도 2주에 한 번은 악화된 놀람 반응을 경험한다.
- 3. 심한 정도(severe) : 일주일에 한 번 이상 일어난다.
- 4. 매우 심한 정도(very severe) : 너무 나빠서 직업적 또는 사회적 기능 수행을 할 수 없다.

E. 얼마나 오랜 기간 이런 상태가 지속되었습니까?

E1. 당신 자신이 묘사했던 증상들이 적어도 4주간 지속되었습니까?
□ 예   □ 아니요

E2. 최초의 사고 후 몇 개월 만에 이런 증상들이 처음 생겼습니까?
(   ) 개월

E3. 증상이 시작된 당시의 당신의 나이는 몇 세입니까?
(   ) 세

F. 면담자가 볼 때, 그리고 환자의 주관적인 반응임을 고려하였을 때, 이러한 문제가 임상적으로 뚜렷한 고통 또는 사회적, 직업적 혹은 다른 중요한 영역의 기능의 장애를 야기한다고 생각합니까?

□ 예   □ 아니요

총 점:

2. 외상후 울분장애

어떠한 부정적인 사건을 겪거나 심각한 정신적 고통을 겪은 후 오랫동안 좌절과 굴욕감에 시달리게 되는 정신질환을 외상 후 울분장애(posttraumatic embitterment disorder : PTED)라고 한다. Dr. Linden이라는 독일의 정신과 의사가 통일 이후 독일 사람들이 겪은 심리 이상 현상들을 정리하여 외상 후 울분장애라는 질환명으로 정의하였다. 외상 후 울분장애는 외상 후 스트레스장애(PTSD)와는 구분되는 증상으로, 이들은 울분과 함께 억울함, 허탈감, 부당함, 무력감 등을 호소하면서 부당한 사건에 대해 대항하는 것을 원하기도 하지만 적합한 목적 의식을 가지지는 못하며, 자기통제력을 상실하기도 하는데(Linden, 2009), 자발적으로 치료를 받지 않으려 하는 경향이 강하다. 즉, 부정적 사건의 경험에 따라 기본적 믿음 및 가치관의 손상을 느끼게 된 상태로, PTED환자들은 심리적 융통성이 부족하거나 지혜롭게 행동하는 것에 결함이 있다고 볼 수 있다.

	적응장애	PTSD	PTED
공통점	• 침습적 사고, 회피 및 정신사회 기능의 손상을 주로 호소 • 생명을 위협하지 않는 부정적 사건이 질환 발현에 직접적 원인		
		• 침습적 사고 및 회피를 주로 호소 • 스트레스성 사건이 질환 발현에 직접적 원인	
차이점	• 적응장애는 진단이 애매하고 진단기준에 스트레스의 심한 정도를 평가할 수 있는 항목이 없는 반면에 PTED는 진단적 도구 및 자가평가 척도를 이용하여 환자의 심한 고통 상태를 비교적 객관적으로 평가할 수 있음 • 적응장애와는 달리 PTED는 자발적 관해는 잘 되지 않으며 적절한 치료가 없으면 만성화되는 경향이 있음		
		• PTSD는 생명에 위협을 주는 사건을 경험하거나 목격하는 것에 의해 유발되는 것에 비해 PTED는 일상 생활에서 비교적 흔하게 겪을 수 있는 부정적 사건에 의해서도 유발됨 • PTSD환자는 외상에 의해 기본적 가치관이 파괴됨으로 인하여 주된 정서적 반응으로 불안 및 두려움을 보이며 증상이 내재화되는 반면에, PTED환자는 본인의 기본적 가치관을 유지하면서 주된 정서로 울분 및 복수심을 표현하면서 증상이 외현화됨	

| 외상 후 울분장애 |

A. 핵심진단기준
1. 지난 수년간 당신의 정신건강에 있어 현저하고 지속적이게 부정적인 변화를 유발하는 심한 사건이나 경험이 있었습니까?
2. 당신에게 부당하고 불공정한 사건으로 느껴졌습니까?
3. 그 사건을 떠올릴 때면 울분, 분노, 무기력감이 느끼게 됩니까?
4. 그 사건 이전에 심리적 혹은 정신적 문제(우울증, 불안, 기타 등)를 겪은 적이 있습니까?
    □ 울분, 격분, 무기력감과 같은 감정적 문제가 있습니까?
    □ 현재의 정신병리에 영향을 미칠 수 있는 사고 전에 존재하던 정신질환이 있었습니까?
5. 그 사건에 의해 유발된 정신적 손상으로 인해 어느 정도 기간 동안 고통을 받아왔습니까?
    (   )개월, 6개월 미만시 PTED 미해당

B. 부가적인 증상들
1. 지난 수개월 동안 그 사건에 대한 멈추기 힘들고, 사건을 탓하게 되는 생각을 반복하게 됩니까?
2. 그 사건을 떠올릴 때면 여전히 기분이 극도로 상하게 되나요?
3. 중요 사건이나 계기가 되는 것이 당신을 무기력하고 무능력하다고 느끼게 만드나요?
4. 그 사건 이후 당신의 주된 감정은 주로 울적한 것인가요?
5. 정신을 다른 것에 돌릴 때에는 평소 같은 기분을 느낄 수 있나요?
    □ B에 있는 항목 중 "예"에 대답한 항목이 4개 이상입니까?
    □ 외상 후 분노장애에 해당합니까?(사건 이전의 일 년간 정신과적 장애가 없을 경우에만 "예"라고 진단내릴 수 있음)

3. 외상후 동반장애

PTSD는 DSM-5의 진단기준에 포함되는 1차적 증상과 더불어 PTSD와 공존하지만, DSM 진단기준에는 포함되지 않는 2차적 증상으로 구분된다. PTSD의 2차적 증상으로는 자기비난과 생존자의 죄책감, 자기·타인·세계에 대한 관점의 와해, 우울한 기분, 불안감, 적대감, 약물남용과 의존, 충동적 행동, 신체적 증상/긴장, 과잉보상, 사망 불안/각인, 반복강박, 자해행동, 성격변화 등이다. 한편, PTSD에 대한 DSM 진단의 문제점은 단순 PTSD만을 정의한다는 점에서 복합 PTSD 등에 대한 언급이 결여되어 있고 외상의 정의가 확대되어 외상의 종류가 다양해지고 있다는 점이 있으며, 피해자들이 늦게 도움을 요청하거나 부분적 수준의 PTSD 증상을 지닌 사람들에게도 심각한 심리적 고통이 발견된다는 점이 있다. 또한 PTSD를 불안장애의 한 형태로 보기에는 이론적으로 논의된 수준보다 더 심각하고 전반적인 장애라고 주장하기도 한다(Swanson et al, 1990 ; Herman et al, 1990).

무엇보다도 피해자들은 피해를 경험한 것과 관련한 사실을 이야기하는 것을 대부분 어려워하므로, 동맹관계형성과 편안하고 수용적인 환경을 조성하는 것이 중요하다. 외상평가 및 상담과정에서 기록되는 내용에 대한 비밀보장의 범위에 대한 설정과 이에 대한 보장의 범위에 대한 설정, 그리고 이에 대한 피해자와의 충분한 논의 및 동의 과정이 필요하다. 평가과정을 포함해 전반적인 심리적 서비스 제공 과정에서, 특히 피해자들의 이야기에 대한 적극적인 관심과 진실성이 있어야 한다. 정신건강심리사에게는 무비판적으로 수용하고 경청하는 자세가 필요하다. 피해자들을 정신질환을 가진 환자가 아니라 외상성 사건을 경험한 뒤 다양한 심리적 증상을 보일 수 있는 잠재적인 정신건강의 취약자이며, 동시에 회복할 수 있는 스스로의 자원을 가지고 있는 한 개인으로 대하는 것이 중요하다. 선별평가에 척도를 활용하는 데에 앞서, 피해자가 경험한 외상성 사건의 특성에 대한 평가가 선행되어야 한다. 피해사건의 애도/상실의 여부, 예고성, 지속성, 사망자유무, 도덕적 갈등의 여부, 물리적 위치, 재발의 가능성, 생명의 위협정도, 가해자와의 면식정도, 가해자의 처벌여부 및 피해사건과 관련한 지역사회에서의 영향 등에 대해서 평가해야 한다. 선별평가에는 피해자에게 흔하고 중요한 증상 및 정신건강 문제들인 PTSD 증상, 우울증, 물질남용문제, 자살 위험성을 파악해야 하고, 과거의 정신병력 및 접수면담을 시행한 정신건강심리사가 객관적으로 평가한 피해자의 심리적 상태의 심각도가 포함되어야 한다(박정수, 2013).

모든 피해자가 똑같은 정신적 고통을 경험하는 것은 아니지만 보통 피해자에게서 나타날 수 있는 정신적 문제는 크게 분노, 공포 및 두려움, 불안, 수치심, 죄책감 등이다. 또한 사건이 발생한 직후 또는 수년 후에 피해자는 외상 후 스트레스 장애를 호소할 수 있다. 외상 후 스트레스로 인하여 동반되는 피해자의 이상심리는, 정리하면 크게 불안장애, 기분장애, 중독, 해리성 장애, 수면장애(불면증 등), 섭식장애(거식증과 폭식증 등) 등이 있다. 이들 이상심리들 중에 피해자들에게서 주로 나타나는 심리적 고통은 불안장애로 강박장애, 공황장애, 범불안장애, 공포증, 외상 후 스트레스 장애 등이다. 기분장애로는 주로 우울증을 나타내고 있으며, 중독은 주로 알코올중독이 대표 증상이다. 해리성장애로는 해리장애가 대표적 증상이며, 수면장애는 불면증, 섭식장애는 거시증과 폭식증 등을 주로 나타나는 피해자의 이상심리로 볼 수 있다(안민숙, 2014).

(1) 불안장애(Anxiety Disorders)

피해를 경험한 피해자와 가족, 그리고 피해를 목격했거나 보도를 통하여 간접적으로 피해사실을 인지한 불특정 다수는 불안한 감정을 가질 수 있다. 불안(anxiety)은 부정적인 결과가 나타날 수도 있는 위협적이고 위험한 상황이나 장소에서 우리가 경험하게 되는 불쾌하고 고통스러운 정서적 반응으로, 외상으로 인한 불안의 완벽한 제거는 불가능하다. 불안을 느끼면 우리는 부정적 결과가 일어나지 않도록 긴장을 하고 경계를 하며 조심스러운 행동을 하게 된다.

따라서 위협적인 상황을 벗어나게 되면 안도감을 느끼고 긴장을 풀며 편안한 기분으로 되돌아가게 된다. 위험한 상황에서 적절한 불안을 느끼는 것은 매우 자연스럽고 정상적인 것이다.

병적인 불안(Pathological anxiety)은 정상적인 불안(Normal anxiety)과 구별될 수 있다. 현실적인 위험이 없는 상황이나 대상에 대해서 불안을 느끼는 경우, 현실적인 위험의 정도에 비해 과도하게 심한 불안을 느끼는 경우, 불안을 느끼게 하는 위험한 요인이 사라졌음에도 불구하고 불안이 과도하게 지속되는 경우 등이다. 피해자는 피해를 경험한 이후에 안전한 상황에서도 불안감을 느낄 수 있다. 뿐만 아니라 피해를 경험한 장소와 유사한 곳에 가게 되거나, 비슷한 날씨, 가해자와 유사한 인상을 가진 사람을 보게 되면 불안을 느끼게 된다.

불안으로 인한 정서적 장애를 정신신경증장애 혹은 신경증이라고 부른다. 신경증이라는 용어는 1781년 영국 내과의사 William Cullen이 최초로 사용하였다. 신경증이란 신경계통의 쇠약에서 오는 정서적 장애를 의미한다. 신체적 질병은 쇠약해진 신경계통의 산물이라고 보았으나, 의학자들은 정서적 장애를 특정한 기관손상 없이 발병하는 일종의 장애라고 보았다. 즉, 신경증이란 정신적 장애를 의미하는 데 사용되었으며, 불안은 핵심적 증후로 간주되었다(이현수, 2002).

피해자 당사자나 피해자 가족은 피해가 발생한 직후 몹시 혼란스러운 상태에 놓인다. 피해는 피해자에게 위기상황이다. 피해자의 위기상황에 대한 심리적 반응은 다음 표와 같다고 볼 수 있다.

┃위기와 심리반응의 변화과정┃

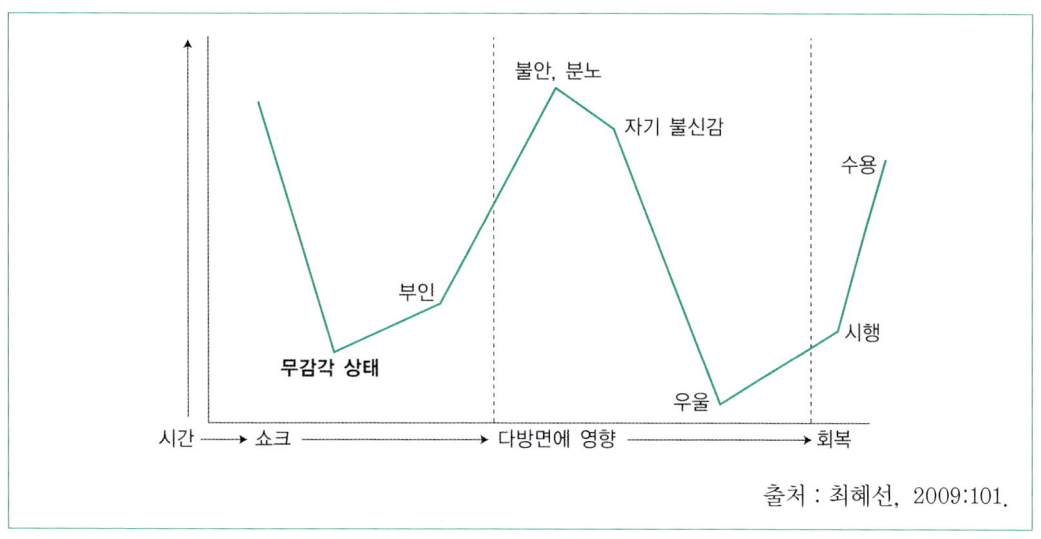

출처 : 최혜선, 2009:101.

위에서 보는 바와 같이 피해자는 피해가 있은 직후에는 무감각 상태이다가 시간이 지나면서 차츰 불안 및 분노반응을 나타낸다. 이후 자신에 대한 불신감이나 우울 등의 감정적 변화를 경험하게 된다. 불안 및 분노, 우울, 자기불신감 등은 피해자의 생활 전반에 걸쳐 다양한 영향을 미치게 되어 피해자의 일상생활을 영위하는 데에 막대한 지장을 초래할 수 있다.

불안을 느끼는 심리적 상태는 정상적인 범위를 넘어 병적인 불안의 단계로 접어들면 일상생활에 현저한 불편함을 초래하게 된다. 불안으로 인해 병적인 증상을 나타낸다면, 이를 불안장애(Anxiety disorders)라 한다.

〈Beck 불안척도(BAI)〉

다음은 여러분이 일상생활에서 경험할 수 있는 내용들로 구성되어 있습니다. 다음의 문항을 자세히 읽어보시고, 당신이 일상생활에서 느끼고 있는 바를 가장 잘 나타내 주는 곳에 O표 해주십시오. 옳고 그른 답이 없습니다. 너무 오래 생각하지 마시고 머리에 떠오르는 대로 응답하시면 됩니다. 한 문항도 빠짐없이 응답해주십시오.

0 = 전혀 느끼지 않았다. 1 = 조금 느꼈다. 2 = 상당히 느꼈다. 3 = 심하게 느꼈다.[98]

문항	응답숫자
1. 가끔 몸이 저리고 쑤시며 마비된 느낌을 받는다.	
2. 흥분된 느낌을 받는다.	
3. 가끔씩 다리가 떨리곤 한다.	
4. 편안하게 쉴 수가 없다.	
5. 매우 나쁜 일이 일어날 것 같은 두려움을 느낀다.	
6. 어지러움(현기증)을 느낀다.	
7. 가끔씩 심장이 두근거리고 빨라진다.	
8. 침착하지 못하다.	
9. 자주 겁을 먹고 무서움을 느낀다.	
10. 신경이 과민되어 있다.	
11. 가끔씩 숨이 막히고 질식할 것 같다.	
12. 자주 손이 떨린다.	
13. 안절부절못해 한다.	
14. 미칠 것 같은 두려움을 느낀다.	
15. 가끔씩 숨쉬기 곤란할 때가 있다.	
16. 죽을 것 같은 두려움을 느낀다.	
17. 불안한 상태에 있다.	
18. 자주 소화가 잘 안 되고 뱃속이 불편하다.	
19. 가끔씩 기절할 것 같다.	
20. 자주 얼굴이 붉어지곤 한다.	
21. 땀을 많이 흘린다. (더위로 인한 것은 제외)	

---

[98] 총점 (   )점

0~9점	10~18점	19~29점	30~63점
정상	가벼운 불안상태	중한 불안상태	심한 불안상태

① **강박장애**(Obsessive-Compulsive Disorder:OCD)

피해자는 피해를 경험한 이후 여러 가지 강박적 행동을 나타내는 경우가 많다. 예를 들면, 강간피해자의 경우 수시로 샤워를 하거나 손 씻기 등의 행동을 반복적으로 행하거나, 강도피해자의 경우 여러 번 문이 잠겼는지 확인하거나 방범에 지나치게 신경을 쓴다.

｜강박장애｜

A. 강박적 사고 또는 강박적 행동 혹은 둘 다 존재하며,
* 강박적 사고는 (1) 또는 (2)로 정의된다.
(1) 반복적이고 지속적인 생각, 충동 또는 심상이 장애 시간의 일부에서는 침투적이고 원치 않는 방식으로 경험되며 대부분 현저한 불안이나 괴로움을 유발함.
(2) 이러한 생각, 충동 및 심상을 경험하는 사람은 이를 무시하거나 억압하려고 시도하며, 또는 다른 생각이나 행동을 통해 이를 중화시키려고 노력함(즉, 강박행동을 함으로써)

* 강박적 행동은 (1)과 (2)로 정의된다.
(1) 예를 들어, 손을 씻거나 정리정돈하기, 확인하기와 같은 반복적 행동과 기도하기, 숫자세기, 속으로 단어 반복하기 등과 같은 심리 내적인 행위를 개인이 경험하는 강박사고에 대한 반응으로 수행하게 되거나 엄격한 규칙에 따라 수행함
(2) 행동이나 심리 내적인 행위들은 불안감이나 괴로움을 예방하거나 감소시키고, 또는 두려운 사건이나 상황의 발생을 방지하려는 목적으로 수행됨. 그러나 이러한 행동이나 행위들은 그 행위의 대상과 현실적인 방식으로 연결되지 않거나 명백하게 과도한 것임
   ※ 주의점 : 어린 아동의 경우 이런 행동이나 심리 내적인 행위들에 대해 인식하지 못할 수도 있다.

B. 강박사고나 강박행동은 시간을 소모하게 만들어(예 하루에 1시간 이상), 사회적, 직업적, 또는 다른 중요한 기능영역에서 임상적으로 현저한 고통이나 손상을 초래한다.
   * 주의 : 이 조건은 소아에게 적용되지 않는다.

C. 강박 증상은 물질(예 남용약물, 치료약물)의 생리적 효과나 다른 의학적 상태로 인한 것이 아니다.

D. 장애가 다른 정신질환으로 더 잘 설명되지 않는다(예 범불안장애에서의 과도한 걱정, 신체이형장애에서의 외모에 대한 집착, 수집광에서의 소지품 버리기 어려움, 발모광에서의 털뽑기, 피부뜯기 장애에서의 피부뜯기, 상동증적 운동장애에서의 상동증, 섭식장애에서의 의례적인 섭식 행동, 물질관련 및 중독 장애에서의 물질이나 도박에의 집착, 질병불안장애에서의 질병에 대한 과다한 몰두, 변태성욕장애에서의 성적인 충동이나 환상, 파괴적, 충동조절 및 품행 장애에서의 충동, 주요우울장애에서의 죄책감을 되새김, 조현병 스펙트럼 및 기타 정신병적 장애에서의 사고 주입 혹은 망상적 몰입, 자폐스펙트럼장애에서의 반복적 행동패턴).

[다음의 경우 명시할 것]
• 좋거나 양호한 병식 : 강박적 믿음이 진실이 아니라고 확신하거나 진실 여부를 확실하게 인지하지 못한다.
• 좋지 않은 병식 : 강박적 믿음이 아마 사실일 것으로 생각한다.

- 병식 없음/망상적 믿음 : 강박적 믿음이 사실이라고 완전하게 확신한다.

[다음의 경우 명시할 것]
- 틱관련 : 현재 또는 과거 틱장애 병력이 있다.

② **공황장애**(Panic Disorder)

피해자 또는 피해자의 가족은 자신의 가족원이 피해의 대상이 된 것을 막지 못했다는 죄책감을 가지고 살아가게 되며, 죄책감은 어느 순간 공황장애 등의 정신적 고통을 수반하게 될 수 있다. 공황발작 중에 폭주하는 듯한 느낌, 심장의 쿵쾅거림, 땀 분비 증가, 빠르고 얕은 호흡, 무감각함, 안면과 신체의 말단 부위에 느껴지는 따끔따끔함, 그리고 현기증이나 졸도할 것 같은 느낌과 같은 전형적인 모든 공포 증상을 경험한다. 피해를 당한 피해 당사자뿐만 아니라 피해자의 가족 및 친구, 주변 사람들에게까지 심각한 정신적 고통을 안겨줄 수 있다.

| 공황장애 |

A. 반복적으로 예상하지 못한 공황발작이 있다. 공황발작은 극심한 공포와 고통이 갑작스럽게 발생하여 수분 이내에 최고조에 이르러야 하며, 그 시간 동안 다음 중 4가지 이상의 증상이 나타난다.

※ 주의점 : 갑작스러운 증상의 발생은 차분한 상태나 불안한 상태에서 모두 나타날 수 있다.

1. 심계항진, 가슴 두근거림 또는 심장 박동 수의 증가
2. 발한
3. 몸이 떨리거나 후들거림
4. 숨이 가쁘거나 답답한 느낌
5. 질식할 것 같은 느낌
6. 흉통 또는 가슴 불편감
7. 메스꺼움 또는 복부 불편감
8. 어지럽거나 불안정하거나 멍한 느낌이 들거나 쓰러질 것 같음
9. 춥거나 화끈거리는 느낌
10. 감각이상(감각이 둔해지거나 따끔거리는 느낌)
11. 비현실감(현실이 아닌 것 같은 느낌) 혹은 이인증(나에게서 분리된 느낌)
12. 스스로 통제할 수 없거나 미칠 것 같은 두려움
13. 죽을 것 같은 공포

※ 주의점 : 문화 특이적 증상(예 이명, 목의 따끔거림, 두통, 통제할 수 없는 소리 지름이나 울음)도 보일 수 있다. 이러한 증상들은 위에서 진단에 필요한 4가지 증상에는 포함되지 않는다.

B. 적어도 1회 이상의 발작 이후에 1개월 이상 다음 중 한 가지 이상의 조건을 만족해야 한다.

1. 추가적인 공황발작이나 그에 대한 결과(예 통제를 잃음, 심장발작을 일으킴, 미치는 것)에 대한 지속적인 걱정

2. 발작과 관련된 행동으로 현저하게 부적응적인 변화가 일어난다(예 공황발작을 회피하기 위한 행동으로 운동이나 익숙하지 않은 환경을 피하는 것 등).

C. 장애는 물질(예 남용약물, 치료약물)의 생리적 효과나 다른 의학적 상태(예 갑상선기능항진증, 심폐질환)로 인한 것이 아니다.

D. 장애가 다른 정신질환으로 더 잘 설명되지 않는다(예 사회불안장애에서처럼 공포스러운 사회적 상황에서만 발작이 일어나서는 안 된다. 특정공포증에서처럼 공포대상이나 상황에서만 나타나서는 안 된다. 강박장애에서처럼 강박사고에 의해 나타나서는 안 된다. 외상후 스트레스장애에서처럼 외상성 사건에 대한 기억에만 관련되어서는 안 된다. 분리불안장애에서처럼 애착대상과의 분리에 의한 것이어서는 안 된다).

┃공황발작 명시자(Panic Attack Specifier)┃

- **주의점** : 증상은 공황발작을 확인하기 위한 목적으로 기술되었다. 하지만 공황발작은 정신질환이 아니기 때문에 부호화될 수 없다. 공황발작은 다른 불안장애나 다른 정신질환(예 우울장애, 외상후 스트레스장애, 물질사용장애), 그리고 몇몇 의학적 상태(예 심장성, 호흡기성, 전정기관성, 소화기관성)에서 나타날 수 있다. 만약 공황발작이 확인된다면 이런 경우 명시자로서 표현해야 한다(예 공황발작 동반 외상후 스트레스 장애). 공황장애에 있어서 공황발작은 진단기준에 포함되기 때문에 특정 양상으로 기술되지 않는다. 공황발작은 극심한 공포와 고통이 갑작스럽게 발생하여 수분 이내에 최고조에 이르러야 하며, 그 시간동안 다음 중 4가지 이상의 증상이 나타난다.
- **주의점** : 갑작스러운 증상의 발생은 차분한 상태나 불안한 상태에서 모두 나타날 수 있다.
  1. 심계항진, 가슴 두근거림 또는 심장 박동 수의 증가
  2. 발한
  3. 몸이 떨리거나 후들거림
  4. 숨이 가쁘거나 답답한 느낌
  5. 질식할 것 같은 느낌
  6. 흉통 또는 가슴 불편감
  7. 메스꺼움 또는 복부 불편감
  8. 어지럽거나 불안정하거나 멍한 느낌이 들거나 쓰러질 것 같음
  9. 춥거나 화끈거리는 느낌
  10. 감각이상(감각이 둔해지거나 따끔거리는 느낌)
  11. 비현실감(현실이 아닌 것 같은 느낌) 혹은 이인증(나에게서 분리된 느낌)
  12. 스스로 통제할 수 없거나 미칠 것 같은 두려움
  13. 죽을 것 같은 공포
- **주의점** : 문화 특이적 증상(예 이명, 목의 따끔거림, 두통, 통제할 수 없는 소리 지름이나 울음)도 보일 수 있다. 이러한 증상들은 위에서 진단에 필요한 4가지 증상에는 포함되지 않는다.

③ 범불안장애(Generalized Anxiety Disorder)

범불안장애는 일상생활 속에서 만성적인 불안과 과도한 걱정을 겪는 증상을 말한다. 일상적으로 겪는 사소한 일들이나 상황에 대해 지나치게 걱정을 하여 불안을 겪게 되고 이러한 불안으로 인해 일상의 일들과 직업을 올바르게 수행하지 못하는 경우, '범불안장애' 혹은 '일반화된 불안장애'라고 부른다(최정윤 외, 2008).

> **| 범불안장애 |**
>
> A. (직장이나 학업과 같은) 수많은 일상 활동에 있어서 지나치게 불안해하거나 걱정(우려하는 예측)을 하고, 그 기간이 최소한 6개월 이상으로 그렇지 않은 날보다 그런 날이 더 많아야 한다.
>
> B. 이런 걱정을 조절하기 어렵다고 느낀다.
>
> C. 불안과 걱정은 다음의 6가지 증상 중 적어도 3가지 이상의 증상과 관련이 있다(지난 6개월 동안 적어도 몇 가지 증상이 있는 날이 없는 날보다 더 많다).
>   ※ 주의점 : 아동에서는 한 가지 증상만 만족해도 된다.
>   1. 안절부절못하거나 낭떠러지 끝에 서 있는 느낌
>   2. 쉽게 피곤해짐
>   3. 집중하기 힘들거나 머릿속이 하얗게 되는 것
>   4. 과민성
>   5. 근육의 긴장
>   6. 수면교란(잠들기 어렵거나 유지가 어렵거나 밤새 뒤척이면서 불만족스러운 수면 상태)
>
> D. 불안이나 걱정, 혹은 신체 증상이 사회적, 직업적 또는 다른 중요한 기능 영역에서 임상적으로 현저한 고통이나 손상을 초래한다.
>
> E. 장애가 물질(예 남용약물, 치료약물)의 생리적 효과나 다른 의학적 상태(예 갑상선기능항진증)로 인한 것이 아니다.
>
> F. 장애가 다른 정신질환으로 더 잘 설명되지 않는다(예 공황장애에서 공황발작을 일으키는 것, 사회불안장애[사회공포증]에서 부정적 평가, 강박장애에서 외상 사건을 상기시키는 것, 신경성 식욕부진증에서 체중 증가, 신체증상장애에서 신체적 불편, 신체이형장애에서 지각된 신체적 결점, 질병불안장애에서 심각한 질병, 조현병이나 망상장애에서 망상적 믿음의 내용에 대해 불안해하거나 걱정하는 것).

④ 공포증(Phobia)

피해자의 주요 정신상태는 주로 공포와 불안감을 들 수 있다. 피해자는 사건 등의 당시에 느낀 공포감을 쉽게 잊지 못하고 일상에서도 피해 당시를 재현하고 공포에 사로잡혀 있기도 한다. 피해에 대한 공포는 비단 피해자에게만 발생하는 것은 아니다. 피해를 목격한 제3자나 피해자의 가족 및 친구 등 주변인은 물론 사건에 관한 기사나 보도를 접한 불특정 다수의 사람들이 피해에 대한 공포를 느낄 수 있다.

피해에 관한 공포는 위험과 불안감을 특징으로 하는 감정적 반응이며, 이때 '위험과 불안

감(the sense of danger and anxiety)'이란 신체적 손상을 의미한다. 그러나 피해에 대한 공포가 반드시 신체적 손상만을 의미하는 것이 아닌, 감정적 민감성을 뜻하기도 한다. 실제로 피해를 직접 경험하거나 목격하지 않았더라도 피해가 발생한 정황과 유사한 상황에 놓여 있다고 생각하는 사람도 피해에 대한 공포를 가질 수 있다. 즉, 피해에 대한 공포는 피해자가 될 확률을 가늠하는 것이며, 이러한 추측은 자신이 피해자가 될 수 있다는 불안과 공포 정도를 나타낼 수 있다(Sundee & Mathieu, 1976:51).

|광장공포증|

A. 다음 5가지 상황 중 2가지 이상의 경우에서 극심한 공포와 불안을 느낀다.
   1. 대중교통을 이용하는 것(예 자동차, 버스, 기차, 배, 비행기)
   2. 열린 공간에 있는 것(예 주차장, 시장, 다리)
   3. 밀폐된 공간에 있는 것(예 상점, 공연장, 영화관)
   4. 줄을 서 있거나 군중 속에 있는 것
   5. 집 밖에 혼자 있는 것

B. 공황 유사 증상이나 무능력하거나 당혹스럽게 만드는 다른 증상(예 노년기때 낙상에 대한 공포, 실금에 대한 공포)이 발생했을 때 도움을 받기 어렵거나 그 상황에서 벗어나기 어려울 것이라는 생각 때문에 그런 상황을 두려워하고 피한다.

C. 광장공포증 상황은 거의 대부분 공포와 불안을 야기한다.

D. 광장공포증 상황을 피하거나, 동반자를 필요로 하거나, 극도의 공포와 불안 속에서 견딘다.

E. 광장공포증 상황과 그것의 사회문화적 배경을 고려할 때, 실제로 주어지는 위험에 비해 공포와 불안의 정도가 극심하다.

F. 공포, 불안, 회피 반응은 전형적으로 6개월 이상 지속된다.

G. 공포, 불안, 회피가 사회적, 직업적, 또는 다른 중요한 기능 영역에서 임상적으로 현저한 고통이나 손상을 초래한다.

H. 만약 다른 의학적 상태(예 염증성 장질환, 파킨슨병)가 동반된다면 공포, 불안, 회피 반응이 명백히 과도해야만 한다.

I. 공포, 불안, 회피가 다른 정신질환으로 더 잘 설명되지 않는다. 예를 들어, 증상이 특정공포증의 상황유형에 국한되어서는 안 된다. (사회불안장애에서처럼) 사회적 상황에서만 나타나서는 안 된다. (강박장애에서처럼) 강박 사고에만 연관되거나 (신체이형장애에서처럼) 신체 외형의 손상이나 훼손에만 연관되거나, (외상후 스트레스장애에서처럼) 외상 사건을 기억하게 할 만한 사건에만 국한되거나, (분리불안장애에서처럼) 분리에 대한 공포에만 국한되어서는 안 된다.

※ 주의점 : 광장공포증은 공황장애 유무와 관계없이 진단된다. 만약 공황장애와 광장공포증의 진단기준을 모두 만족한다면 2가지 진단이 모두 내려져야 한다.

(2) 기분장애(Mood Disorders)

DSM-5에 의하면, 우울증(Depression)은 미국은 물론 세계적으로 5세가 넘는 사람들의 주요 장애의 원인으로 나타나고 있다. '심리적 감기'라고 불릴 만큼 우울증은 우리에게 매우 흔한 질병이다. 특히, 피해자와 그 가족들에게 영향이 큰 질병이다.

｜주요우울장애｜

A. 다음 증상 가운데 5개(또는 그 이상) 증상이 연속 2주 기간 동안 지속되며 이러한 상태가 이전 기능으로부터의 변화를 나타내는 경우 : 위의 증상 가운데 적어도 하나는 (1) 우울한 기분이거나, (2) 흥미나 즐거움의 상실이어야 한다.
주의 : 명백한 일반적인 의학적 상태나 기분과 조화되지 않는 망상이나 환각으로 인한 증상이 포함되지 않는다.
1. 하루 중 대부분, 그리고 거의 매일 지속되는 우울한 기분이 주관적인 보고(예 슬픔, 공허감 또는 절망감)하거나 객관적으로 관찰됨(예 눈물 흘림)
   주의 : 아동, 청소년의 경우 과민한 기분으로 나타나기도 한다.
2. 거의 매일, 하루 중 대부분, 거의 또는 모든 일상 활동에 대해 흥미나 즐거움이 뚜렷하게 저하됨
3. 체중 조절을 하고 있지 않은 상태에서 의미있는 체중의 감소(예 1개월 동안 5% 이상의 체중변화)나 체중의 증가, 거의 매일 나타나는 식욕의 감소나 증가가 있음
   주의 : 아동의 경우 체중 증가가 기대치에 미달되는 경우 주의할 것
4. 거의 매일 나타나는 불면이나 과다수면
5. 거의 매일 나타나는 정신운동 초조나 지연(객관적으로 관찰 가능함. 단지 주관적인 좌불안석 또는 처지는 느낌뿐만이 아님)
6. 거의 매일의 피로나 활력의 상실
7. 거의 매일 무가치감 또는 과도하거나 부적절한 죄책감(망상적일 수도 있는)을 느낌(단순히 병이 있다는 데 대한 자책이나 죄책감이 아님)
8. 거의 매일 나타나는 사고력이나 집중력의 감소, 또는 우유부단함(주관적인 호소나 객관적인 관찰 가능함)
9. 반복적인 죽음에 대한 생각(단지 죽음에 대한 두려움이 아닌), 구체적인 계획없이 반복되는 자살 사고, 또는 자살시도나 자살수행에 대한 구체적인 계획

B. 증상이 사회적, 직업적, 또는 다른 중요한 기능 영역에서 임상적으로 현저한 고통이나 손상을 초래한다.

C. 삽화가 물질의 생리적 효과나 다른 의학적 상태로 인한 것이 아니다.
   • 주의 : 진단기준 A부터 C까지는 주요우울 삽화를 구성하고 있다.
   • 주의 : 중요한 상실(예 사별, 재정적 파탄, 자연재해로 인한 상실, 심각한 질병이나 장애)에 대한 반응으로 진단기준 A에 기술된 극도의 슬픔, 상실에 대한 반추, 불면, 식욕저하, 그리고 체중의 감

소가 나타날 수 있고 이는 우울삽화와 유사하다. 비록 그러한 증상이 이해될 만하고 상실에 대해 적절하다고 판단된다 할지라도 정상적인 상실반응 동안에 주요우울 삽화가 존재한다면 이는 주의 깊게 다루어져야 한다. 이러한 결정을 하기 위해서는 개인의 과거력과 상실의 고통을 표현하는 각 문화적 특징을 근거로 한 임상적인 판단이 필요하다.

D. 주요우울 삽화[99]가 조현정동장애, 조현병, 조현양상장애, 망상장애, 달리 명시된 또는 명시되지 않는 조현병 스펙트럼 및 기타 정신병적 장애로 더 잘 설명되지 않는다.

E. 조증 삽화 혹은 경조증 삽화가 존재한 적이 없다.
- 주의 : 조증 유사 혹은 경조증 유사 삽화가 물질로 인한 것이거나 다른 의학적 상태의 직접적인 생리적 효과로 인한 경우라면 이 제외 기준을 적용하지 않는다.

▎지속성 우울장애 – 기분저하증▎

이 장애는 DSM-4에서 정의된 만성 주요우울장애와 기분부전장애를 통합한 것이다.

A. 적어도 2년 동안, 하루의 대부분 우울 기분이 있고, 우울 기분이 없는 날보다 있는 날이 더 많으며, 이는 주관적으로 보고하거나 객관적으로 관찰된다.
주의 : 아동·청소년에서는 기분이 과민한 상태로 나타나기도 하며, 기간은 적어도 1년이 되어야 한다.

B. 우울 기간 동안 다음 2가지(또는 그 이상)의 증상이 나타난다.
 1. 식욕부진 또는 과식
 2. 불면 또는 과다수면
 3. 기력의 저하 또는 피로감
 4. 자존감 저하
 5. 집중력 감소 또는 우유부단
 6. 절망감

---

[99] 애도와 주요우울 삽화를 구별할 때, 애도는 공허감과 상실의 느낌이 우세한 정동이라면, 주요우울 삽화는 행복이나 재미를 느낄 수 없는 상태와 우울감이 지속되는 것이 특징이다. 애도에서의 불쾌감은 시간이 지나면서 그 강도가 감소할 가능성이 많고 흔히 파도를 타는 것과 같이 변화되는 경향이 있다. 이러한 변화는 죽은 이에 대한 생각이나 그를 떠올리게 하는 무언가와 관련되는 경향이 있다. 주요우울 삽화의 우울감은 좀 더 지속적이며, 특정 생각이나 집착에 한정되지 않는다. 애도의 고통은 주요우울 삽화에서처럼 만연한 불행감이나 비참한 특성을 가지지 않으며, 때때로 긍정적인 감정과 유머를 동반하기도 한다. 애도와 관련된 사고의 내용은 주요우울 삽화에서 보이는 것처럼 자기비판적이거나 비관적인 반추가 아니라, 주로 죽은 이와 관련한 생각이나 기억에 집중된 양상이다. 애도에서는 자존감이 보존되어 있으나 주요우울 삽화에서는 무가치감과 자기혐오의 감정이 흔하다. 만약 자신에 대한 경멸이 애도에서 존재한다면 그것은 전형적으로 죽은 이와 관련한 인지왜곡과 관련이 있다(예) 자주 방문하지 않은 점, 죽은 이 생전에 그 사람이 얼마나 사랑받았는지 이야기해 주지 않은 점). 만약 사별한 개인이 죽음에 대하여 생각한다면 그것은 보통 죽은 이에 초점이 맞춰져 죽은 이를 따라 죽는 것일 가능성이 높은 반면, 주요우울 삽화에서의 죽음은 무가치감, 우울증의 고통을 견딜 수 없어 개인의 고유한 인생을 마감하는 것에 초점이 맞춰져 있다(권준수 외역, 2015:170).

C. 장애가 있는 2년 동안(아동·청소년에서는 1년) 연속적으로 2개월 이상, 진단기준 A와 B의 증상이 존재하지 않았던 경우가 없었다.

D. 주요 우울장애의 진단기준을 만족하는 증상이 2년간 지속적으로 나타날 수 있다.

E. 조증 삽화, 경조증 삽화가 없어야 하고, 순환성장애의 진단기준을 충족하지 않아야 한다.

F. 장애가 지속적인 조현정동장애, 조현병, 망상장애, 달리 명시된 또는 명시되지 않는 조현병 스펙트럼 및 기타 정신병적 장애와 겹쳐져서 나타나는 것이 아니다.

G. 증상이 물질(예 남용약물, 치료약물)의 생리적 효과나 다른 의학적 상태(예 갑상선기능저하증)로 인한 것이 아니다.

H. 증상이 사회적, 직업적, 또는 다른 중요한 기능 영역에서 임상적으로 현저한 고통이나 손상을 초래한다.

주의 : 주요우울 삽화의 진단기준은 지속성 우울장애(기분저하증)에는 없는 4가지 증상이 포함되어 있기 때문에, 극소수가 2년 이상 지속되는 우울 증상들을 가지게 되며, 지속성 우울장애의 진단기준을 만족하지 못한다. 만약 질환의 현 삽화 기간 동안 어느 시점에서든 주요우울장애의 진단기준을 모두 만족한다면 주요우울장애로 진단해야 한다. 그러나 만약 그렇지 않다면 달리 명시된 우울장애 또는 명시되지 않는 우울장애를 진단할 수 있는 근거가 된다.

[다음의 경우 명시할 것]
- 불안증 동반
- 혼재성 양상 동반
- 멜랑콜리아 양상 동반
- 비전형적 양상 동반
- 기분과 일치하는 정신병적 양상 동반
- 기분과 일치하지 않는 정신병적 양상 동반
- 주산기 발병 동반

[다음의 경우 명시할 것]
- 부분 관해 상태
- 완전 관해 상태

[다음의 경우 명시할 것]
- **조기 발병** : 발병이 21세 이전일 경우
- **후기 발병** : 발병이 21세 이후일 경우

[다음의 경우 명시할 것](지속성 우울장애의 최근 2년간)
- 순수한 기분저하 증후군 동반 : 적어도 지난 2년간 주요우울 삽화의 진단기준을 만족하지 않은 경우
- 지속성 주요 우울 삽화 동반 : 지난 2년 내내 주요우울 삽화의 진단기준을 만족시킨 경우
- 간헐적인 주요우울 삽화, 현재 삽화를 동반하는 경우 : 현재 주요우울 삽화의 진단기준을 만족하며, 주요우울 삽화에 미치지 못하는 우울 증상이 적어도 2년간 선행하는 동안 8주 이상 주요

우울 증상이 있었던 경우
- 간헐적인 주요우울 삽화, 현재 삽화를 동반하지 않는 경우 : 현재 주요우울 삽화의 진단기준을 만족하지 않지만 지난 2년간 적어도 1회 이상의 주요우울 삽화가 있었던 경우

[현재의 심각도를 명시할 것]
- 경도
- 중등도
- 고도

〈한국판 우울증 척도(K-BDI)〉[100]

다음은 여러분이 일상생활에서 경험할 수 있는 내용들로 구성되어 있습니다. 각 내용은 모두 4개의 문장으로 되어 있는데, 이 네 개의 문장들을 잘 읽어보시고, 그 중 요즈음(오늘을 포함하여 지난 일주일 동안)의 자신을 가장 잘 나타낸다고 생각되는 하나의 문장을 선택하여 그 번호를 (   )안에 기입하여 주십시오.

번호	내용
( )	나는 슬프지 않다(0) 나는 슬프다(1) 나는 항상 슬프고 기운을 낼 수 없다(2) 나는 너무나 슬프고 불행해서 도저히 견딜 수 없다(3)
( )	나는 앞날에 대해서 별로 낙심하지 않는다(0) 나는 앞날에 대해서 용기가 나지 않는다(1) 나는 앞날에 대해 기대할 것이 아무 것도 없다고 느낀다(2) 나는 앞날을 아주 절망적이고 나아질 가망이 없다고 느낀다(3)
( )	나는 실패자라고 느끼지 않는다(0) 나는 보통 사람들보다 더 많이 실패한 것 같다(1) 내가 살아온 과거를 뒤돌아보면, 실패투성인 것 같다(2) 나는 인간으로서 완전한 실패자인 것 같다(3)
( )	나는 전과 같이 일상생활에 만족하고 있다(0) 나의 일상생활은 예전처럼 즐겁지 않다(1) 나는 요즘에 어떤 것에서도 별로 만족을 얻지 못한다(2) 나는 모든 것이 다 불만스럽고 싫증난다(3)
( )	나는 특별히 죄책감을 느끼지 않는다(0) 나는 죄책감을 느낄 때가 많다(1) 나는 죄책감을 느낄 때가 아주 많다(2) 나는 항상 죄책감에 시달리고 있다(3)
( )	나는 벌을 받고 있다고 느끼지 않는다(0) 나는 어쩌면 벌을 받을지도 모른다는 느낌이 든다(1) 나는 벌을 받을 것 같다(2) 나는 지금 벌을 받고 있다고 느낀다(3)
( )	나는 나 자신에게 실망하지 않는다(0) 나는 나 자신에게 실망하고 있다(1) 나는 나 자신에게 화가 난다(2) 나는 나 자신을 증오한다(3)
( )	내가 다른 사람보다 못한 것 같지는 않다(0) 나는 나의 약점이나 실수에 대해서 나 자신을 탓하는 편이다(1) 내가 한 일이 잘못되었을 때는 언제나 나를 탓한다(2) 일어나는 모든 나쁜 일들은 다 내 탓이다(3)

---

[100] 총점 (   )점

0~9점	10~15점	16~23점	24~63점
정상	가벼운 우울상태	다소 중한 우울상태	매우 심한 우울상태

( )	나는 자살 같은 것은 생각하지 않는다(0) 나는 자살할 생각은 가끔 하지만, 실제로 하지는 않을 것이다(1) 나는 자살하고 싶은 생각이 자주 든다(2) 나는 기회만 있으면 자살하겠다(3)
( )	나는 평소보다 더 울지는 않는다(0) 나는 전보다 더 많이 운다(1) 나는 요즈음 항상 운다(2) 나는 전에는 울고 싶을 때 울 수 있었지만, 요즈음은 울래야 울 기력조차 없다(3)
( )	나는 요즈음 평소보다 더 짜증을 내는 편은 아니다(0) 나는 전보다 더 쉽게 짜증이 나고 귀찮아진다(1) 나는 요즈음 항상 짜증을 내고 있다(2) 전에는 짜증스럽던 일에 요즘은 너무 지쳐서 짜증조차 나지 않는다(3)
( )	나는 다른 사람들에 대한 관심을 잃지 않고 있다(0) 나는 전보다 다른 사람들에 대한 관심이 줄었다(1) 나는 다른 사람들에 대한 관심이 거의 없어졌다(2) 나는 다른 사람들에 대한 관심이 완전히 없어졌다(3)
( )	나는 평소처럼 결정을 잘 내린다(0) 나는 결정을 미루는 때가 전보다 더 많다(1) 나는 전에 비해 결정 내리는 데에 더 큰 어려움을 느낀다(2) 나는 더 이상 아무 결정도 내릴 수가 없다(3)
( )	나는 전보다 내 모습이 더 나빠졌다고 느끼지 않는다(0) 나는 나이들어 보이거나 매력없이 보일까봐 걱정한다(1) 나는 내 모습이 매력없게 변해버린 것 같은 느낌이 든다(2) 나는 내가 추하게 보인다고 믿는다(3)
( )	나는 전처럼 일을 할 수 있다(0) 어떤 일을 시작하는 데에 전보다 더 많은 노력이 든다(1) 무슨 일이든 하려면 무척 힘이 든다(2) 나는 전혀 아무 일도 할 수가 없다(3)
( )	나는 평소처럼 잠을 잘 수 있다(0) 나는 이전보다 잠을 자지는 못한다(1) 나는 전보다 한 두 시간 일찍 깨고 다시 잠들기 어렵다(2) 나는 평소보다 몇 시간이나 일찍 깨고, 한번 깨면 다시 잠들 수 없다(3)
( )	나는 평소보다 더 피곤하지는 않다(0) 나는 전보다 더 쉽게 피곤해진다(1) 나는 무엇을 해도 피곤해진다(2) 나는 너무나 피곤해서 아무 일도 할 수 없다(3)
( )	내 식욕은 평소와 다름없다(0) 나는 요즈음 전보다 식욕이 좋지 않다(1) 나는 요즈음 식욕이 많이 떨어졌다(2) 요즈음에는 전혀 식욕이 없다(3)
( )	요즈음 체중이 별로 줄지 않았다(0) 전보다 몸무게가 2kg 가량 줄었다(1) 전보다 몸무게가 5kg 가량 줄었다(2) 전보다 몸무게가 7kg 가량 줄었다(3) (현재 음식조절로 체중조절 중일 경우 번호기재 안 함)
( )	나는 건강에 대해 전보다 더 염려하고 있지는 않다(0) 나는 여러 가지 통증, 소화불량, 변비 등과 같은 신체적인 문제로 걱정하고 있다(1) 나는 건강이 매우 염려되어 다른 일은 생각하기 힘들다(2) 나는 건강이 너무 염려되어 다른 일은 아무 것도 생각할 수 없다(3)
( )	나는 요즈음 성에 대한 관심에 별다른 변화가 있는 것 같지는 않다(0) 나는 전보다 성에 대한 관심이 줄었다(1) 나는 전보다 성에 대한 관심이 상당히 줄었다(2) 나는 성에 대한 관심을 완전히 잃었다(3)

(3) 해리성장애(Dissociative Disorders)

해리장애는 대부분 매우 충격적인 스트레스 사건이나 고통스러운 경험으로 촉발되어 나타난다. 모든 사람들은 불안을 일으키는 심리상태를 내적으로 억압하고 방어함으로써 불안으로부터 자신을 보호하게 된다. 아동기의 외상경험과 관련되어 있다는 주장이 많다. 한 연구에서는 해리장애의 약 3%만이 아동기 때 외상 경험이 없다고 보고하였다. 원인으로는 성적 학대가 가장 흔하고, 신체적 학대나 부모형제의 죽음 등의 외상경험을 가지고 있었다. 이는 고통

받는 아동들이 자신의 삶에서 자기 자신을 분리시키는 것으로 불안을 감소시키려는 것으로 해석할 수 있다.

　Putnam(1986)은 100명의 다중인격 환자들에 대한 소아기 시절의 학대경험을 임상적으로 조사하여 이 중 97%가 의미 있는 트라우마를 경험하였다고 보고하였다. 이 중 83%가 성학대, 75%가 신체학대, 68%가 두 가지 형태의 학대를 동시에 경험한 것으로 나타났다. Spiegel과 Cardena(1991)는 초기 성적 또는 신체학대와 해리적 증상 사이에 주요한 연결을 검토하였는데, 학대기간 동안 해리적 현상을 경험하였고 학대를 받지 않았던 사람들보다 최면성이 높았다.

｜해리성 기억상실｜

A. 통상적인 망각과는 일치하지 않는, 보통 외상성 또는 스트레스성의, 중요한 자전적 정보를 회상하는 능력의 상실이다.
주의 : 해리성 기억상실에는 주로 특별한 사건이나 사건들에 대한 국소적 또는 선택적 기억상실이 있다. 또한 정체성과 생활사에 대한 전반적 기억상실도 있다.

B. 증상은 사회적, 직업적, 또는 다른 중요한 기능영역에서 임상적으로 현저한 고통이나 손상을 초래한다.

C. 장애는 물질(예 알코올이나 다른 남용약물, 치료약물)의 생리적 효과나 신경학적 상태 또는 기타 의학적 상태(예 복합부분발작, 일과성 전기억상실, 두부손상에 의한 후유증/외상성 뇌손상, 다른 신경학적 상태)로 인한 것이 아니다.

D. 장애는 해리성 정체성장애, 외상후 스트레스장애, 급성 스트레스장애, 신체증상장애, 주요 또는 경도 신경인지장애로 더 잘 설명되지 않는다.

[다음의 경우 명시할 것]
정체성 또는 다른 중요한 자전적 정보에 대한 기억상실과 연관된 외관상으로는 목적성이 있는 여행 또는 어리둥절한 방랑

| 이인성/비현실감 장애 |

A. 이인증, 비현실감 또는 2가지 모두에 대한 지속적이고 반복적인 경험이 존재한다.
  1. 이인증 : 비현실감, 분리감 또는 자신의 사고, 느낌, 감각, 신체나 행동에 관하여 외부의 관찰자가 되는 경험(예 인지적 변화, 왜곡된 시간감각, 비현실적이거나 결핍된 자기, 감정적 또는 신체적 마비)
  2. 비현실감 : 비현실적이거나 자신의 주변 환경과 분리된 것 같은 경험(예 개인 또는 사물이 비현실적이거나, 꿈속에 있는 것 같거나, 안개가 낀 것 같거나, 죽을 것 같거나 시각적으로 왜곡된 것 같은 경험을 한다)

B. 이인증이나 비현실감을 경험하는 중에 현실 검증력은 본래대로 유지된다.

C. 증상은 사회적, 직업적, 또는 다른 중요한 기능 영역에서 임상적으로 현저한 고통이나 손상을 초래한다.

D. 장애는 물질(예 남용약물, 치료약물)의 생리적 효과나 다른 의학적 상태(예 발작)로 인한 것이 아니다.

E. 장애는 조현병, 공황장애, 주요우울장애, 급성 스트레스장애, 외상후 스트레스장애 또는 다른 해리장애와 같은 다른 정신질환으로 더 잘 설명되지 않는다.

(4) 수면장애(Sleep Disorders)

ICD-10에서는 수면장애를 단순히 불면증(insomnia), 과다 수면증(hypersomnia), 수면-각성 일정장애(disorder of the sleep-wake schedule), 몽유증(sleep walking or somnambulism), 야경증(sleep terrors, night terrors), 악몽(nightmares) 등으로 분류하고 있다. 한편 DSM-5에서는 수면-각성장애(sleep-wake disorders)를 수면장애(불면장애, 과다수면장애, 기면증 등), 호흡관련수면장애, 사건수면의 3가지 범주로 나누고 있다. 성인의 약 1/3 정도가 일생동안 어떤 형태이든 수면장애를 경험한다고 한다. 이 중에서 불면증이 가장 흔하다. 불면증은 보통 여자, 노인들에게서 흔하고, 낮은 사회경제수준, 낮은 교육수준과 관련이 있다고 알려져 있다.

| 불면장애 |

A. 수면의 양이나 질의 현저한 불만족감으로 다음 중 한 가지 이상의 증상과 연관된다.
  1. 수면 개시의 어려움(아동의 경우 보호자의 중재없이는 수면 개시가 어려움으로 나타나기도 한다)
  2. 수면 유지의 어려움으로 자주 깨거나 깬 뒤에 다시 잠들기 어려운 양상으로 나타남(아동의 경우 보호자의 중재 없이는 다시 잠들기 어려운 것으로 나타나기도 함)
  3. 이른 아침 각성하여 다시 잠들기 어려움

B. 수면 교란이 사회적, 직업적, 교육적, 학업적, 행동적 또는 다른 중요한 기능 영역에서 임상적으로 현저한 고통이나 손상을 초래한다.

C. 수면 문제가 적어도 일주일에 3회 이상 발생한다.

D. 수면 문제가 적어도 3개월 이상 지속된다.

E. 수면 문제는 적절한 수면의 기회가 주어졌음에도 불구하고 발생한다.

F. 불면증이 다른 수면-각성장애(예 기면증, 호흡관련 수면장애, 일주기리듬 수면-각성장애, 사건수면)로 더 잘 설명되지 않으며, 이러한 장애들의 경과 중에만 발생되지는 않는다.

G. 불면증은 물질(예 남용약물, 치료약물)의 생리적 효과로 인한 것이 아니다.

H. 공존하는 정신질환과 의학적 상태가 현저한 불면증 호소를 충분히 설명할 수 없다.

[다음의 경우 명시할 것]
- 비수면장애 정신질환 동반이환 동반, 물질사용장애 포함
- 기타 의학적 상태 동반이환 동반
- 기타 수면장애 동반

[다음의 경우 명시할 것]
- **삽화성** : 증상이 적어도 1개월 이상 3개월 미만으로 지속된다.
- **지속성** : 증상이 3개월 이상 지속된다.
- **재발성** : 2회 이상의 삽화가 1년 내에 발생한다.
- **주의** : 급성 및 단기 불면증(예 빈도, 강도, 고통, 그리고 또는 손상을 고려하였을 때 모든 진단기준을 만족하나 증상이 3개월 이내로 지속될 경우)은 달리 명시된 불면장애로 부호화하시오.

과다수면장애

A. 주요 수면 시간이 7시간 이상임에도 불구하고 과도한 졸림(과다수면)을 호소하며, 다음 중 한 가지 이상의 증상을 호소한다.
  1. 동일한 날에 반복적인 수면기를 보이거나 혹은 반복적으로 깜박 잠듦
  2. 하루에 주요 수면 삽화가 9시간 이상 지속되나 피로 해소가 되지 않음(예 개운하지 않음)
  3. 갑자기 깬 후에 완전히 각성 상태를 유지하기 어려움

B. 과다수면이 일주일에 3회 이상 발생하고, 적어도 3개월 이상 지속된다.

C. 과다수면이 인지적, 사회적, 직업적, 또는 다른 중요한 기능 영역에서 현저한 고통이나 손상을 동반한다.

D. 과다수면이 다른 수면장애(예 기면증, 호흡관련 수면장애, 일주기리듬 수면-각성장애 또는 사건수면)로 더 잘 설명되지 않으며, 다른 수면장애의 경과 중에만 발생되지는 않는다.

E. 과다수면 물질(예 남용약물, 치료약물)의 생리적 효과로 인한 것이 아니다.

F. 뚜렷한 과다수면 호소가 공존하는 정신질환과 의학적 장애가 현저한 과다수면 호소를 충분히 설명할 수 없다.

[다음의 경우 명시할 것]
- 정신질환 동반, 물질사용장애 포함
- 의학적 상태 동반
- 다른 수면장애 동반

[다음의 경우 명시할 것]
- **급성** : 지속 시간이 1개월 미만이다.
- **아급성** : 지속 시간이 1~3개월이다.
- **지속성** : 지속 시간이 3개월 이상이다.

[현재의 심각도를 명시할 것]
- **경도** : 주간 각성 유지의 어려움이 주당 1~2일이다.
- **중등도** : 주간 각성 유지의 어려움이 주당 3~4일이다.
- **고도** : 주간 각성 유지의 어려움이 주당 5~7일이다.

(5) 섭식장애(Eating Disorder)

DSM-5에 나타난 섭식장애는 두 가지 질환, 거식증(신경성 식욕부진증)과 폭식증(신경성 대식증)이 대표적인 질환이다. 섭식장애 환자 중에는 기분저하, 활동력 감소, 실망과 슬픔 같은 기분에 빠져 있는 경우가 많다. 우울증은 흔히 무기력감, 비효율감, 조정력의 상실, 표현되지 않는 분노감과 같은 감정과 관련되어 있다. 따라서 우울증과 섭식장애는 매우 복잡한 관계에 있음을 짐작할 수 있다.

|신경성 식욕부진증|

A. 필요한 양에 비해 지나친 음식물 섭취 제한으로 연령, 성별, 발달과정 및 신체적인 건강수준에 비해 현저하게 저체중을 유발하게 된다. 현저한 저체중은 최소한의 정상 수준보다 체중이 덜 나가는 것으로 정의되며, 아동과 청소년의 경우, 해당 발달 단계에서 기대되는 최소한의 체중보다 체중이 적게 나가는 것을 의미한다.

B. 체중이 증가하거나 비만이 되는 것에 대한 극심한 두려움, 혹은 체중 증가를 막기 위한 지속적인 행동, 이러한 행동은 지나친 저체중일 때도 이어진다.

C. 기대되는 개인의 체중이나 체형을 경험하는 방식에 장애, 자기평가에서 체중과 체형에 대한 지나친 압박, 혹은 현재의 저체중에 대한 심각성 인식의 지속적 결여가 있다.

[다음 중 하나를 명시할 것]
- **제한형** : 지난 3개월 동안, 폭식 혹은 제거 행동(즉, 스스로 구토를 유도하거나 하제, 이뇨제, 관장제를 오용하는 것)이 반복적으로 나타나지 않는다. 해당 아형은 저체중이 주로 체중관리, 단식 및 과도한 운동을 통해 유발된 경우를 말한다.

- 폭식/제거형 : 지난 3개월 동안, 폭식 혹은 제거 행동(즉, 스스로 구토를 유도하거나 하제, 이뇨제, 관장제를 오용하는 것)이 반복적으로 나타났다.

[다음의 경우 명시할 것]
- 부분관해 상태 : 이전의 신경성 식욕부진증의 진단을 모두 만족한 후 진단기준 A(체중감소)가 삽화 기간 동안 나타나지 않았으나, 진단기준 B(체중 증가 혹은 비만이 되는 것에 대한 극심한 두려움 혹은 체중 증가를 막기 위한 행동) 혹은 진단기준 C(체중과 체형에 대한 자기지각의 장애)가 지속되고 있는 경우를 말한다.
- 완전관해 상태 : 이전의 신경성 식욕부진증의 진단을 모두 만족한 후 삽화 기간동안 진단기준에 해당되는 행동이 아무것도 나타나지 않는다.

[현재의 심각도를 명시할 것]
성인의 경우, 심각도의 최저 수준은 현재의 체질량 지수(body mass index, BMI)를 기준으로 한다. 아동·청소년의 경우 BMI 백분위수를 기준으로 한다. 다음의 범위는 세계보건기구(WHO)에서 제공하는 성인의 마른 정도의 범주에 따른다. 아동·청소년의 경우 BMI 백분위수에 해당하는 기준을 사용한다. 심각도의 수준은 임상증상, 기능적 장애 정도, 그리고 관리의 필요성을 반영하여 증가될 수도 있다.

신경성 폭식증

A. 반복되는 폭식 삽화, 폭식 삽화는 다음 2가지로 특징지어진다.
  1. 일정 시간 동안(예 2시간 이내) 대부분의 사람이 유사한 상황에서 동일한 시간동안 먹는 것보다 분명하게 많은 양의 음식을 먹음
  2. 삽화 중에 먹는 것에 대한 조절능력의 상실감을 느낌(예 먹는 것을 멈출 수 없거나, 무엇을 혹은 얼마나 많이 먹어야 할 것인지를 조절할 수 없는 느낌)

B. 체중이 증가하는 것을 막기 위한 반복적이고 부적절한 보상 행동, 예를 들면 스스로 유도한 구토, 이뇨제, 관장약, 다른 치료약물의 남용, 금식 혹은 과도한 운동 등이 나타난다.

C. 폭식과 부적절한 보상 행동이 둘 다, 평균적으로 적어도 3개월 동안 일주일에 1회 이상 일어난다.

D. 체형과 체중이 자기평가에 과도하게 영향을 미친다.

E. 이 장애가 신경성 식욕부진증의 삽화 기간 동안에만 발생하지 않는다.

[다음의 경우 명시할 것]
- 부분관해 상태 : 이전에 신경성 폭식증의 진단기준을 전부 만족시켰으며, 현재는 기준의 일부를 만족시키는 상태가 유지되고 있다.
- 완전관해 상태 : 이전에 신경성 폭식증의 진단기준을 전부 만족시켰으며, 현재는 어떠한 기준도 만족시키지 않는 상태가 유지되고 있다.

> [현재의 심각도를 명시할 것]
> 심각도의 최저 수준은 부적절한 보상 행동의 빈도를 기반으로 하고 있다. 심각도 수준은 다른 증상 및 기능적 장애의 정도를 반영하여 증가할 수 있다.
> - **경도** : 평균적으로 일주일에 1~3회 부적절한 보상 행동 삽화가 있다.
> - **중등도** : 평균적으로 일주일에 4~7회 부적절한 보상 행동 삽화가 있다.
> - **고도** : 평균적으로 일주일에 8~13회 부적절한 보상 행동 삽화가 있다.
> - **극도** : 평균적으로 일주일에 14회 이상의 부적절한 보상 행동 삽화가 있다.

4. 외상후 성장

(1) 개요

PTSD와는 반대되는 개념으로 외상후 성장(posttrauma growth)이란 심각하게 위협해오는 삶의 위기들 때문에 흔들린 세상에 대한 신념을 새롭게 구성해가는 인지적 처리과정을 거쳐서 오랜 기간의 투쟁 속에서 얻어내는 긍정적 변화를 의미한다. 통상 PTSD로 인식되어질 사람들 중에서도 오히려 외상후 성장[101]을 보이는 사람들이 발견된다.

(2) 특징

외상후 성장은 기존의 적응 수준보다 훨씬 강한 힘을 가진 질적인 변화로, 외상경험 후 알게 된 자신의 역량이나 새로운 가능성을 인식하고 역경을 함께 치러낸 사람들에 대한 깊은 유대감, 삶에 대한 더 큰 감사와 영적 성숙함, 통찰 등이 나타난다. 그러나 외상후 성장을 보이는 사람들에게도 역시 외상 경험은 고통스러운 것이며, 따라서 정서적 고통이 없어지거나 반추적 사고, 의구심 등이 완전히 사라지는 것은 아니다(Yalom, 2008).

(3) 영역

외상 후 성장을 구성하는 요소들(Tedeschi & Calhoun, 2004)에는 아주 사소한 것에도 삶에 대한 더 큰 감사를 느끼거나, 예전에는 돈과 명예처럼 외적 성취를 중시했지만 외상 후에는 마음속에서 원하는 내적 성취에 더 우선순위를 두는 변화를 경험하거나, 외상후 도움을 준 사람들과 좀 더 친밀하고 의미 있는 대인관계를 형성하기 위해서 노력하거나, 개인의 역량에 대

---

[101] 인지적응이론(Taylor, 1983)에 따르면, 성장은 외상 사건 이후 그 의미를 발견하고자 하는 욕구에서 나타나게 되고, 이로써 자기 자신과 세상에 대한 신념을 회복하게 된다고 한다. 외상사건을 통해 그 원인과 결과를 잘 파악하고, 그 안에서 의미를 발견하는 인지적 과정이 잘 이루어질 때 성장이 나타난다고 하였으며, 이러한 과정이 인지적응이론에서 말하는 의도적 반추이다.

한 느낌이 증가하거나, 자신의 삶에 대한 새로운 가능성과 방향[102]에 대하여 재인식하게 되거나, 절대적 존재인 신에게 의지하는 영적인 활동이 증가[103]하는 것 등이다.[104]

(4) 주요개념

사후가정사고	외상경험후 사람들이 실제 상황을 가상의 상황으로 바꾸어 보기도 하는 것을 말한다. 예를들면 '만약 …했다면, … 했을텐데…'식이다. 상향식은 이미 일어난 사실보다 더 주관적으로 좋게 평가되는 대안적 사고를 상상하는 것이고, 반대로 하향식은 이미 일어난 사실보다 더 주관적으로 나쁘게 평가되는 대안적 사고를 상상하는 것이다. 상향식은 후회 등 부정적인 정서를 경험하지만 미래준비기능을 수행하고, 하향식은 나쁜 감정을 완화시키고 좋은 감정을 증대시키는 정서적 기능을 수행한다. Butler(2007)는 외상을 경험한 개인이 부정적 영향을 부인하거나 혹은 그것을 최소화시키는 맥락내에서 긍정적인 변화(성장)를 보고하는 것은 어쩌면 방어적인 술책일 수 있으며, 오히려 긍정적인 경험(하향식)과 부정적인 경험(상향식)이 함께 공존하는 도식적 복잡성이 더 진정한 성장의 증거를 나타낸다고 주장했다.
자아탄력성	자아탄력성은 고위험상황과 만성적인 스트레스, 지속되거나 심각한 외상에도 불구하고 성공적으로 적응하며 긍정적으로 기능하는 능력으로 정의된다(Egeland, Carlson, & Sroufe, 1993). 탄력성(resilience)은 역경과 외상을 겪을 때 건강하고 생산적인 방식으로 반응하는 능력이기 때문에, 이는 일상적인 삶의 스트레스를 관리하는데 필수적이다(Rreivich & Shatte, 2002). 따라서 위기가 만들어내는 혼란과 그 후 위기에서 깨어났을 때 이루는 재조직화 때문에 개인적 성장을 촉진할 수 있다(Schaefer & Moos, 1992).

---

[102] Lipowski(1970)는 삶의 의미가 질병과 같은 부정적인 사건들에 대한 정서적이고 동기적인 반응에 영향을 주는 주요 요인이라고 했으며, Davis 등(2000)은 부정적 사건이후 의미를 찾는 것은 건강한 기능으로 돌아오는 것을 촉진하며 의미를 찾는 것은 강력한 대처기술이라고 하였다. Ryff와 Singer(2000)는 삶에서 피할 수 없는 부정적 감정을 어떻게 다루느냐가 안녕감에 중요하다고 보았다. 따라서 긍정적 정서, 개인적 성장과 심리적 힘에 초점을 두었을 때, 의미는 결정적인 요소 혹은 개인의 잠재력을 최대화할 수 있는 결과로써 중요해지며, 의미는 행복을 되살아날 수 있게 하는 여건을 제공해줄 수 있는 성장관련 변인중 하나가 된다.

[103] Calhoun과 Tedeschi(1999)에 의하면, 외상사건으로 인한 스트레스가 크면 클수록 실존적, 영적 변화를 이끌어 낼 기회가 커진다고 한다. 즉 외상 이전에는 막연하게만 생각했던 삶과 죽음, 인생의 의미를 외상이후 "왜 나에게 이런 일이 일어났는가?"와 같은 보다 근본적인 의문을 통해서 충분히 숙려함으로써 인생의 유한성 혹은 죽음의 필연성을 인정하게 되고, 동시에 무엇을 위해 살아야 할지 답을 찾아내면서 결국 삶에 대한 영적, 철학적 변화를 겪게 된다는 것이다.

[104] 충격 후 성장은 5가지 영역에서 일어난다(Cryder et al, 2006 ; Tedeschi & Calhoun, 2004). 첫째, 새로운 가능성(내가 좋아하는 새로운 일이 생겼다), 둘째, 타인과의 관련성(그전보다 다른 사람들과 더 가까워진 느낌이다), 셋째, 개인적 성장(나 자신을 믿어도 된다는 것을 알게 되었다), 넷째, 삶에 대한 음미(삶이 중요하다는 것을 알게 되었다), 다섯째, 영적인 변화(종교적 이념을 더 많이 이해하게 되었다)이다(이종한 외, 심리학과 삶, 2013:326).

(5) 과정과 요소

외상후 주변인들은 고통스러운 일은 빨리 잊으라고 조언을 하지만, 그것은 현실을 회피하거나 부인하는 것으로 근본적 해결책이 아니다. 오히려 그 고통에 직면하는 것이 외상후 성장의 출발점이 된다. 외상사건을 지속적으로 반추(해당 사건과 관련하여 이해하기, 문제해결하기, 회상하기 및 예측하기 등을 포함한 다양한 반복적 사고)하여 그 의미를 인지적으로 재처리하는 과정이 외상후 성장을 위한 최고의 원동력이 된다. 또한 타인들의 사회적 지지, 그리고 자신에 관한 사적인 정보를 타인에게 전달하는 자기노출은 우울을 감소시키고 외상후 성장에 중요한 요소가 된다. 이러한 자기노출은 정교한 반추에 도움이 되고 사회적 지지를 받을 수 있는 계기가 되기도 한다. 또한 외상은 남들에게 들려줄 자신의 인생스토리를 발달시켜주고 자신과 타인들이 이런 외상을 더 이상 겪지 않도록 필요한 지혜를 제공해줄 수 있다. 개인의 외상경험이 사회적 변혁에 영향을 주기도 한다. 전쟁이나 재난, 경제적 위기 등과 같은 외상경험은 사회구성원들의 의식변화에 도움을 준다. 즉, '성장'은 과거 개인이 지녔던 적응수준 및 심리적 기능 혹은 삶에 대한 인식수준을 넘어선 발달로 가정되며(Zoellner & Maercker, 2006), 3가지 차원으로 구분된다.

성장의 3단계

자기지각의 변화	외상을 극복하는 과정에서 자기 내면의 강점과 삶의 새로운 가능성을 발견한다는 의미이다. 즉, 외상 경험을 통해 개인은 자신의 취약성과 한계점을 인식하고 수용하는 동시에 이를 극복함으로써 외상 이전에는 느껴보지 못했던 자신감과 통제감의 상승을 경험하게 되고, 그로 인해 한층 더 강해진 자신의 면모를 확인하게 된다.
대인관계의 변화	외상후 타인에 대한 친밀감, 신뢰, 연민, 친사회적 행동 혹은 자기노출이 증가한다는 것이다. 예를 들어 성폭력피해 경험이 있는 여성이 자신의 충격적인 경험과 관련하여 주변 사람들과 함께 이야기하면서 정서적 공감과 지지를 얻고, 주변 사람들의 도움으로 문제해결의 방법을 찾는 과정에서 친밀감과 고마움을 느끼며 타인의 중요성이 커졌다고 보고하거나(신선영, 2009), 희귀질환을 앓고 있는 아동의 부모들이 힘겨운 삶에도 불구하고 서로를 더욱 이해하고 보살피는 모습 등을 들 수 있다.
인생관의 변화	삶에 대한 감사와 실존적인 자각이 증가하고 삶의 우선순위가 돈이나 외적 성취지향에서 친밀한 관계 등으로 바뀌며, 종교나 영적인 세계에 관심이 높아진다는 것이다.

심리탐색

〈한국형 회복탄력성 척도(KRQ-53)〉

다음 각 문항을 읽고 귀하의 견해를 가장 잘 반영하는 값을 기록하여 주십시오[105].

응답값				
1	2	3	4	5
전혀 그렇지 않다	그렇지 않다	보통이다	어느 정도 그렇다	매우 그렇다

[105] * 표시된 문항의 점수는 역산한다. 즉 6에서 자신의 점수를 빼고 계산 한다(예컨대 1이라고 적었으면 5점, 3은 3점, 5는 1점).

자기조절능력(1~18번)	대인관계능력(19~36번)	긍정성(37~53번)	총 점

1) 자기조절능력(1~18번) = 감정 조절력 + 충동 통제력 + 원인 분석력

　1번부터 6번 문항까지의 점수의 합은 당신의 감정조절력을, 7번부터 12번 문항은 충동 통제력을, 그리고 13번부터 18번까지의 문항은 원인 분석력을 나타낸다. 그리고 이 셋을 합한 점수가 당신의 자기조절능력 점수다. 우리나라 성인들의 자기조절능력의 평균 점수는 63.5점이다. 만약 당신의 점수가 63점 이하라면 자기조절능력을 높이기 위해 노력하는 것이 좋다. 만약 55점 이하라면 자기조절능력을 향상시키기 위해 반드시 노력해야 한다. 하위 20%에 해당하기 때문이다. 70점 이상이 나왔다면 당신의 자기조절능력에는 별문제가 없다고 봐도 좋으며, 75점 이상이라면 아주 높은 편인 상위 7%이내이니 자부심을 가져도 좋다.

2) 대인관계능력(19~36번) = 소통능력 + 공감능력 + 자아확장력

　19번부터 24번까지는 소통 능력, 25번부터 30번까지는 공감능력, 31번부터 36번까지는 자아확장력의 점수를 각각 나타낸다. 그리고 이 셋의 점수를 합친 것이 당신의 대인 관계 능력 점수다. 우리나라 사람들의 대인 관계능력 평균 점 수는 67.8점이다. 만약 당신의 점수가 67점 이하라면 대인 관계능력을 높이기 위해 노력하는 것이 좋다. 62점 이하라면 대인관계능력을 높이기 위해 반드시 노력해야 한다. 이렇게 점수가 낮은 사람들은 조금만 노력해도 스스로 그 효과를 금방 느낄 수 있다. 만약 대인관계 능력의 점수가 74점 이상이 나왔다면 당신의 대인 관계능력에는 별문제가 없다고 봐도 좋으며, 80점 이상이라면 당신은 대인 관계와 사회성이 아주 뛰어난 편인 상위 6%이내라 할 수 있다.

3) 긍정성(37~53번) = 자아 낙관성 + 생활만족도 + 감사하기

　긍정성은 자기 스스로의 장점과 강점을 낙관적으로 바라보는 태도(37번~42번 문항), 행복의 기본 수준이라 할 수 있는 삶에 대한 만족도(43번~47번 문항), 그리고 삶과 주변 사람에 대해 감사하는 태도(48번~53번 문항)로 측정된다. 우리나라 사람들의 긍정성의 평균 점수는 63.4점이다. 만약 당신의 점수가 63점 이하라면 긍정성을 높이기 위해 노력하는 것이 좋다. 56점 이하라면 긍정성을 높이기 위해 반드시 노력해야 한다. 하위 20%에 해당하기 때문이다. 만약 긍정성의 점수가 70점 이상이 나왔다면 당신의 긍정성에는 별문제가 없다고 봐도 좋으며, 75점 이상이라면 당신은 대단히 긍정성이 높은 사람인 상위 6%이내이니 자부심을 가져도 좋다.

4) 회복탄력성 지수(총합) = 자기조절능력 + 대인 관계 능력 + 긍정성

　우리나라 사람들이 평균 점수는 195점이다. 만약 당신의 점수가 190점 이하라면 회복탄력성을 높이기 위해 노력하는 것이 좋다. 180점 이하라면 당신은 사소한 부정적인 사건에도 쉽게 영향받는 나약한 존재다. 당신은 되튀어 오를 힘을 빨리 길러야 한다. 170점 이하라면 당신은 깨지기 쉬운 유리 같은 존재라 할 수 있다. 작은 불행에도 쉽게 상처를 입게 되며 그 상처는 치유하기 어려울 것이다. 하루하루 살얼음 위를 걷는 기분으로 살아 온 당신은 지금 당장 회복 탄력성을 높이기 위해 온힘을 기울여야 한다. 만약 당신의 점수가 200점을 넘는다면 일단 안심이다. 그러나 212점 정도는 되어야 상위 20%에 들 수 있다. 220점을 넘는다면 당신은 대단히 회복탄력성이 높은 사람이다. 웬만한 불행한 사건은 당신을 흔들어 놓지 못한다. 오히려 역경은 당신을 더 높은 곳으로 올려놓기 위한 스프링 보드이니 즐겁게 받아들일 일이다.

번호	질문	응답값
1	나는 어려운 일이 닥쳤을 때 감정을 통제할 수 있다.	
2	내가 무슨 생각을 하면, 그 생각이 내 기분에 어떤 영향을 미칠지 잘 알아챈다.	
3	이슈가 되는 문제를 가족이나 친구들과 토론할 때 내 감정을 잘 통제할 수 있다.	
4*	집중해야 할 중요한 일이 생기면 신바람이 나기 보다는 더 스트레스를 받는 편이다.	
5*	나는 내 감정에 잘 휘말린다.	
6*	때때로 내 감정적인 문제 때문에 학교나 집에서 공부하거나 일 할 때 집중하기 힘들다.	
7	당장 해야 할 일이 있으면 나는 어떠한 유혹이나 방해도 잘 이겨내고 할 일을 한다.	
8	아무리 당황스럽고 어려운 상황이 닥쳐도, 나는 내가 어떤 생각을 하고 있는지 스스로 잘 안다.	
9	누군가가 나에게 화를 낼 경우 나는 우선 그 사람의 의견을 잘 듣는다.	
10*	일이 생각대로 잘 안 풀리면 쉽게 포기하는 편이다.	
11*	평소 경제적인 소비나 지출 규모에 대해 별다른 계획 없이 지낸다.	
12*	미리 계획을 세우기보다는 즉흥적으로 일을 처리하는 편이다.	
13	문제가 생기면 여러 가지 가능한 해결 방안에 대해 먼저 생각한 후에 해결하려고 노력한다.	
14	어려운 일이 생기면 그 원인이 무엇인지 신중하게 생각한 후에 그 문제를 해결하려고 노력한다.	
15	나는 대부분의 상황에서 문제의 원인을 잘 알고 있다고 믿는다.	
16*	나는 사건이나 상황을 잘 파악하지 못한다는 이야기를 종종 듣는다.	
17*	문제가 생기면 나는 성급하게 결론을 내린다는 이야기를 종종 듣는다.	
18*	어려운 일이 생기면, 그 원인을 완전히 이해하지 못했다 하더라도 일단 빨리 해결하는 것이 좋다고 생각한다.	
19	나는 분위기나 대화 상대에 따라 대화를 잘 이끌어 갈 수 있다.	
20	나는 재치 있는 농담을 잘 한다.	
21	나는 내가 표현하고자 하는 바에 대한 적절한 문구나 단어를 잘 찾아낸다.	
22*	나는 윗사람과 대화하는 것이 부담스럽다.	
23*	나는 대화중에 다른 생각을 하느라 대화 내용을 놓칠 때가 종종 있다.	
24*	나는 대화를 할 때 하고 싶은 말을 다하지 못 하고 주저할 때가 종종 있다.	
25	사람들의 얼굴표정을 보면 어떤 감정인지 알 수 있다.	
26	슬퍼하거나 화를 내거나 당황하는 사람을 보면 그들이 어떤 생각을 하는지 잘 알 수 있다.	
27	동료가 화를 낼 경우 나는 그 이유를 꽤 잘 아는 편이다.	
28*	나는 사람들의 행동방식을 때로 이해하기 힘들다.	
29*	친한 친구나 애인 혹은 배우자로부터 "당신은 나를 이해 못해"라는 말을 종종 듣는다.	
30*	동료와 친구들은 내가 자기 말을 잘 듣지 않는다고 한다.	
31	나는 내 주변 사람들로부터 사랑과 관심을 받고 있다.	
32	나는 내 친구들을 정말로 좋아한다.	
33	내 주변 사람들은 내 기분을 잘 이해한다.	
34*	서로 도움을 주고받는 친구가 별로 없는 편이다.	
35*	나와 정기적으로 만나는 사람들은 대부분 나를 싫어하게 된다.	
36*	서로 마음을 터놓고 얘기할 수 있는 친구가 거의 없다.	
37	열심히 일하면 언제나 보답이 있으리라고 생각한다.	
38	맞든 아니든, "아무리 어려운 문제라도 나는 해결할 수 있다"고 일단 믿는 것이 좋다고 생각한다.	
39	어려운 상황이 닥쳐도 나는 모든 일이 다 잘 해결될 거라고 확신한다.	
40*	어떤 일을 마치면 주변 사람들이 부정적인 평가를 할까봐 걱정한다.	

41*	나에게 일어나는 대부분의 문제들은 나로서는 어쩔 수 없는 상황에 의해 발생한다고 믿는다.	
42*	누가 나의 미래에 대해 물어보면, 성공한 나의 모습을 상상하기 힘들다.	
43	내 삶은 내가 생각하는 이상적인 삶에 가깝다.	
44	내 인생의 여러 가지 조건들은 만족스럽다.	
45	나는 내 삶에 만족한다.	
46	나는 내 삶에서 중요하다고 생각한 것들은 다 갖고 있다.	
47	나는 다시 태어나도 나의 현재 삶을 다시 살고 싶다.	
48	나는 다양한 종류의 많은 사람들에게 고마움을 느낀다.	
49	내가 고맙게 여기는 것들을 모두 적는다면, 아주 긴 목록이 될 것이다.	
50	나이가 들어갈수록 내 삶의 일부가 된 사람, 사건, 생활에 감사하는 마음이 더 커져간다.	
51*	나는 감사해야 할 것이 별로 없다.	
52*	세상을 둘러볼 때, 내가 고마워 할 것은 별로 없다.	
53*	사람이나 일에 대한 고마움을 한참 시간이 지난 후에야 겨우 느낀다.	

〈자기노출 글쓰기〉

우리는 인생에서 겪는 중요한 스트레스 사건들을 많은 경우 비밀로 간직하고 살아갑니다. 이제 억압되어 있던 감정을 글로 써서 표현함으로써 그동안 억누르고 괴롭혀 왔던 감정적인 사건들에 대해 신경을 훨씬 덜 쓰는 효과를 누릴 수 있습니다. 이 글쓰기는 일기와는 다릅니다. 당신에게 너무 힘들었고 지금도 여전히 감당하기 힘든 사건들에 대해서 글을 쓰고자 합니다. 글을 쓰면서 기분이 더 나빠지거나 힘들 수 있습니다. 그러나 이런 반응은 일반적으로 짧은 순간이고, 오래 걸려야 한두 시간 정도입니다. 글을 쓴 후의 기분을 살펴볼 수 있는 시간도 꼭 시간 계획에 포함시키세요. 글을 쓰는 장소는 당신이 갈 수 있는 가능한 곳 중에서 가장 편안한 곳으로 정하세요. 촛불을 켜고 하든지, 조명을 약간 어둡게 하든지 평상시의 느낌과는 다른 분위기가 더 좋습니다. 중요한 것은 조용하고 안정감을 느낄 수 있는 공간이어야 합니다.

✱ 내가 정한 장소 :
_____

■ 첫째 날

원하는 것은 무엇이든지 쓸 수 있습니다. 하지만 정말 나에게 중요하고 심각했던 일을 쓰세요. 특히 아무에게도 말하지 못한 일에 대해서 쓰는 것이 좋습니다. 그 일이 일어났을 때 어떤 기분이었는지, 그때의 느낌을 매우 자세하게 구체적으로 써 보세요. 그리고 지금은 그 일을 생각할 때 어떤 기분이 드는지 그 느낌도 써 보십시오. 글을 쓰는 동안 나의 가장 깊은 마음을 느껴 보길 바랍니다. 글을 쓰는 동안 글씨체나 맞춤법, 문법 등은 신경 쓰지 마세요. 글을 쓰기 시작했으면 <u>15~20분간</u> 쉬지 않고 써 나가도록 합니다. 자유롭고 편안한 마음으로 글을 써보세요. 중요한 것은 솔직한 마음을 털어놓는 것입니다. 만약 글을 쓰다가 '내가 돌아버릴 것 같다.' '벼랑 끝에서 떨어지는 느낌이다.'라는 생각이 들 정도로 힘들다면 즉시 멈추고 다른 이야기를 쓰도록 합니다. 당신이 현재 다룰 수 있는 이야기에 대해서만 글을 쓰는 것입니다. 이 글은 절대 아무에게도 보여 주지 마세요. 철저하게 비밀입니다. 다른 사람들을 신경 쓰거나 누가 내 글을 읽으면 어떡하나 하는 걱정은 정신건강에 좋지 않습니다. 쓰기를 마치면 적절한 시점에서 이 글을 쓴 종이를 없애십시오. 자, 이제 백지 한 장을 준비해서 글을 쓰기 시작하세요.

피해자학

* **첫째 날 글 쓴 후 생각 정리하기**

  축하합니다. 글쓰기 과정의 첫째 날을 완성했습니다. 아래의 질문들에 응답해 주시기 바랍니다.

  ```
  0    1    2    3    4    5    6    7    8    9    10
  전혀 아니다              어느 정도 그렇다              매우 그렇다
  ```

  1. 당신의 가장 깊은 내면의 생각과 감정들을 어느 정도 표현했습니까? _____ 점
  2. 당신이 현재 느끼는 슬픔이나 분노는 어느 정도입니까? _____ 점
  3. 당신이 현재 느끼는 행복감은 어느 정도입니까? _____ 점
  4. 이 글쓰기가 당신에게 어느 정도 가치 있고 의미 있는 일이었습니까? _____ 점
  5. 아래 칸에 첫째 날 글쓰기 한 소감을 간략하게 써 보세요.

  ┌───┐
  │   │
  │   │
  │   │
  │   │
  └───┘

■ 둘째 날

오늘은 '감정표현 글쓰기' 둘째 날입니다. 지난 글쓰기 시간에는 당신에게 깊은 영향을 미치고 있는 스트레스 사건이나 격변적인 감정에 대해서 당신의 마음속 가장 깊이 있는 감정과 생각을 들여다보았습니다. 오늘의 글쓰기 지침은 지난번과 거의 유사합니다. 앞의 사건에 대해 다시 써도 좋고 완전히 다른 스트레스 사건이나 격변적인 감정에 대해서 쓸 수도 있습니다. 글을 쓰면서 당신이 겪은 힘든 일이 당신의 삶에 전반적으로 어떠한 영향을 미쳤는지 생각해보세요. 즉 주변의 친구, 가족과의 관계에서부터 자신의 자아관이나 타인이 보는 나의 모습, 나의 일, 심지어 나의 과거에 대해 어떤 생각을 가지고 있는지에 이르기까지 삶 곳곳에 영향을 미칠 수 있음을 인식하는 것이 중요합니다. 글을 쓰면서 기분이 더 나빠지거나 힘들 수 있습니다. 그러나 이런 반응은 일반적으로 짧은 순간이고, 오래 걸려야 한두 시간 정도입니다. 이 글은 절대 아무에게도 보여주지 않습니다. 철저하게 비밀입니다. 다른 사람들을 신경 쓰거나 누가 내 글을 읽으면 어떡하나 걱정하는 것은 정신건강에 좋지 않습니다. 쓰기를 마치면 적절한 시점에서 이 글을 쓴 종이를 없애십시오. 지난번처럼 20분 내외로 쉬지 말고 계속 글을 쓰세요. 마음 깊숙이 가장 솔직한 생각과 감정을 숨김없이 털어 놓으세요. 자, 이제 백지 한 장을 준비해서 글을 쓰기 시작하세요.

* **둘째 날 글 쓴 후 생각 정리하기**

  축하합니다. 글쓰기 과정의 둘째 날을 완성했습니다. 아래의 질문들에 응답해 주시기 바랍니다.

  ```
  0    1    2    3    4    5    6    7    8    9    10
  전혀 아니다              어느 정도 그렇다              매우 그렇다
  ```

1. 당신의 가장 깊은 내면의 생각과 감정들을 어느 정도 표현했습니까? _____ 점
2. 당신이 현재 느끼는 슬픔이나 분노는 어느 정도입니까? _____ 점
3. 당신이 현재 느끼는 행복감은 어느 정도입니까? _____ 점
4. 이 글쓰기가 당신에게 어느 정도 가치 있고 의미 있는 일이었습니까? _____ 점
5. 아래 칸에 둘째 날 글쓰기 한 소감을 간략하게 써 보세요.

■ 셋째 날

오늘은 '감정표현 글쓰기' 여정의 마지막 날입니다. 이전의 글쓰기 과정과 마찬가지로 오늘도 당신을 가장 괴롭혔던 문제와 인생에서 가장 중요한 사건에 대해 깊이 생각하고 성찰하고자 합니다. 잠시 한발 물러나 당신이 그동안 털어놓았던 사건과 문제와 느낌과 생각에 대해 성찰해 보십시오. 글을 쓸 때 아직 직면하지 못했던 문제가 무엇이든 그것을 매듭짓도록 해 보십시오. 이 시점에서 당신의 감정과 생각은 어떻습니까? 당신이 겪은 격변이 남긴 결과로 당신은 삶에서 무엇을 얻었고, 무엇을 잃었고, 무엇을 배웠습니까? 과거의 고통스러운 사건들이 당신의 미래 생각과 행동을 어떻게 인도할 것 같습니까? 글을 쓸 때 이 고통스러운 감정적 경험들에 대해 스스로에게 솔직해야 하며, 진정으로 다 해방시켜 털어 놓으십시오. 경험했던 모든 것들을 의미 있게 마무리할 수 있도록, 그래서 당신의 미래로 연결시킬 수 있도록 최선을 다하십시오. 언제나처럼 20분 동안 멈추지 말고 계속 쓰세요. 자, 이제 백지 한 장을 준비해서 글을 쓰기 시작하세요.

★ '감정표현 글쓰기'를 모두 마쳤을 때 대부분의 사람들은 글쓰기의 마지막 날이 가장 재미없다고 말합니다. 만일 당신도 그렇게 느꼈다면 그것은 당신이 이 스트레스 사건을 다루는 데에 지쳤으며 일상의 다른 문제로 돌아가 살아가길 원한다는 신호입니다.

* 셋째 날 글 쓴 후 생각 정리하기

축하합니다. 글쓰기 과정의 셋째 날을 완성했습니다. 아래의 질문들에 응답해 주시기 바랍니다.

0	1	2	3	4	5	6	7	8	9	10
전혀 아니다					어느 정도 그렇다				매우 그렇다	

1. 당신의 가장 깊은 내면의 생각과 감정들을 어느 정도 표현했습니까? _____ 점
2. 당신이 현재 느끼는 슬픔이나 분노는 어느 정도입니까? _____ 점
3. 당신이 현재 느끼는 행복감은 어느 정도입니까? _____ 점
4. 이 글쓰기가 당신에게 어느 정도 가치있고 의미있는 일이었습니까? _____ 점

5. 아래 칸에 둘째 날 글쓰기 한 소감을 간략하게 써 보세요.

출처 : Pennebaker, 1997 ; 김교헌 외(2012:337~342) 재인용.

심리탐색

〈한국판 외상후 성장 척도〉

지금까지 살아오면서 당신이 경험한 가장 비극적이고 괴로웠던 경험(극심하고 충격적이며 강한 부정적 감정을 유발한 사건)을 하나 떠 올려서 적어 보세요.

이 경험은 아래 목록 중 어디에 포함됩니까?

1. 부상을 만들어 낸 사고(예 본인이 직접 당했거나 목격한 교통사고, 재해, 인재 등)
2. 범죄피해(예 본인이 직접 당했거나 목격한 폭행, 절도, 강도, 강간 등)
3. 학업 및 과업 문제(예 낙방, 좌절, 실패 등)
4. 별거, 이혼(본인 및 부모)
5. 사별(의미있는 사람의 죽음)
6. 심각한 질병(예 본인 및 의미있는 사람의 암, 수술, 건강관련 등)
7. 대인관계 파탄(예 절교, 이별, 실연 등)

8. 적응문제(예 학교, 사회, 군대, 소외, 왕따)
9. 배신충격(예 사기, 거짓말, 속임)
10. 실직, 구직실패(직업 관련)
11. 경제적 손실(예 부도 및 경제위기)
12. 기타 (   )

당신이 경험한 '인생의 위기사건'으로 인해 일어날 수 있는 결과들이 아래 문항에 들어 있습니다. 귀하께 해당하는 정도에 따라 해당되는 숫자를 각 문항별로 기록해 주시기 바랍니다.[106]
① 나는 이러한 변화를 경험하지 못하였다. ② 나는 매우 작은 정도 경험하였다. ③ 나는 조금 경험하였다.
④ 나는 꽤 경험하였다. ⑤ 나는 많이 경험하였다. ⑥ 나는 매우 많이 경험하였다.

번호	문항	평가
1	나는 인생에서 무엇이 중요한지에 대한 생각이 바뀌었다.	
2	내 삶의 가치 있음에 감사하게 되었다.	
3	나는 새로운 것에 관심을 갖게 되었다.	
4	나 자신에 대한 신뢰감이 더 커졌다.	
5	영적 정신적 세계에 대한 이해가 더 커졌다.	
6	어려운 일이 생겼을 때, 다른 사람들에게도 의지할 수 있게 되었다.	
7	내 삶에 대한 새로운 계획이 생겼다.	
8	나는 타인과의 관계에서 더 큰 친밀감을 느끼게 되었다.	
9	나는 내 감정을 더 적극적으로 표현하게 되었다.	
10	나는 어려움을 극복할 수 있다는 확신을 갖게 되었다.	
11	나는 내 삶을 통해 더 가치있는 일들을 할 수 있게 되었다.	
12	내 삶에서 경험하게 되는 것들을 더 잘 받아들일 수 있게 되었다.	
13	나는 매일 매일에 대해 더 감사하게 되었다.	
14	이전에 생각하지 못했던 새로운 가능성을 접하게 되었다.	
15	나는 다른 사람에 대한 정이 더 깊어지게 되었다.	
16	나는 다른 사람들에게 더 정성을 기울이게 되었다.	
17	변화가 필요하다고 생각되는 일은 단지 생각으로만 그치지 않고 행동으로 옮기게 되었다.	
18	나는 종교적인 믿음이 더 깊어졌다.	
19	나는 생각했던 것보다 내 자신이 강하다는 것을 알게 되었다.	
20	나는 사람이 얼마나 아름다운가에 대해 알게 되었다.	
21	나는 이웃의 필요성을 이전보다 더 인정하게 되었다.	

출처 : Tedeschi & Calhoun, 1996 ; 송승헌, 2007 번안.

[106] 한국판 외상후 성적척도 평가기준

척도	대인관계의 깊이증가	새로운 가능성의 발견	개인내적인 힘의 발견	영적 종교적 관심의 증가
문항	6+8+9+15+20+21	1+2+3+7+14+17	4+10+11+12+13+19	5+18
합산점수				

제 4 장 심리서비스

1. 개요

오늘날 심리적 요법은 심리학적 방법을 적용하여 심리적 장애를 고치거나 치료하는 것으로, 치료자(전문가)가 피해자에게 충고·교육·지지·격려나 도움을 주어 장애를 교정하거나 삶의 문제를 보다 효과적으로 대처하도록 하는 심리적 방법을 적용한 교육이라고 정의할 수 있다. 심리치료 또는 심리상담, 심리교육이나 행동치료 등의 용어로 사용되며, 모든 작업의 전제조건으로 치료적 관계와 상담관계(Rapport)를 잘 형성하는 것이다. 따라서 치료자의 성격적 자질이 무엇보다도 중요하다.

2. 정의

Garfield(1995)는 심리치료란 두 사람이상 사이의 상호작용으로 이루어지며, 그 중에 한 명인 환자(피해자)는 도움을 받을 수 있다고 생각되는 문제를 해결하기 위해서 치료를 받고자 하고, 나머지 한 사람은 필요한 치료적 도움을 제공할 수 있도록 전문적인 훈련을 받고 필요한 자원을 가지고 있는 치료자이다. 이러한 두 사람 사이의 상호작용은 제스처, 동작, 표정, 감정표현을 통해서도 이루어지지만 주로 언어를 통해서 이루어진다. 따라서 치료자와 피해자간의 언어적인 상호작용을 통해서 치료자가 피해자로 하여금 어려움을 극복하도록 도와주는 것으로 정의하였다. Wolberg(1977)는 증상을 제거·수정·경감하고 장애행동을 조절하며, 긍정적인 성격발달을 증진하기 위한 목적으로 훈련된 사람이 피해자와 전문적인 관계를 형성하여 정신적 문제를 심리학적 방법으로 치료하는 것이라고 하였고, Senf와 Broda(1996)는 공적인 국가보건제도의 규칙과 범위 내에서 학문적인 기초가 있고 경험적으로 검증된 병리이론과 치료이론에 근거해서 효과적인 절차와 방법을 사용하여 신뢰성 있는 진단이 내려진 후 공식화된 치료목표하에 공인된 자격을 갖춘 전문적인 심리치료자에 의해 실시되며, 윤리적인 규범과 규칙에 따라 심인성 질병과 장애를 지닌 피해자를 치료하는 활동이라고 하였으며, Corsini(2002)는 성격이론에 근거하여 사고, 감정, 행동의 바람직한 변화를 성취하기 위한 체계적인 방법이라고 하였다.

상담장소	피해자는 유난히 예민하기 때문에 상담장소에 매우 신중을 기해야 한다. 상담장소는 가능하면 피해자가 원하는 곳으로 하며, 필요하면 피해자의 거주지를 방문하여 상담하는 것도 좋다. 피해자의 거주지로 방문할 때는 몇 가지 주의사항이 필요하다. 첫째, 피해자가 남자인 경우 정신건강심리사가 여성이라면 반드시 동행인이 필요하다. 만일 피해자의 가족이나 지인이 피해자의 거주지에 함께 있을 수 있다면 정신건강심리사 혼자 방문해도 무방하겠으나, 정신건강심리사는 방문 시 반드시 자신의 신변보호에 최선을 다해야 한다. 둘째, 피해자가 집 밖으로 나오는 것이 어려운 경우, 예를 들자면 피해로 인해 공황장애 등의 트라우마 상태에 있다면 차량을 지원해 주는 등의 조치도 마련할 필요가 있다. 이런 조치는 피해자가 상담을 할 수 있는 여건을 마련해 주는 동시에 외출을 시도함으로써 공황장애 등의 심리적 이상증상을 개선하는 데도 도움을 줄 수 있다. 셋째, 피해장소와 근거리에 있거나, 유사한 장소는 피한다. 상담실은 일반적인 상담실로서 적합한 곳이면 가능하다. 상담실은 조용하며 타인의 방해를 받지 않는 장소가 적합하다. 상담실에는 심신을 안정시켜 줄 수 있는 천연향을 준비하거나 부담스럽지 않은 정도의 꽃을 놓아두는 것도 도움이 된다. 조명의 밝기에도 신경을 써야 한다. 너무 밝아서 눈이 부시거나 너무 어두워 음침한 기분이 들지 않도록 한다. 소음이 들리지 않아야 하고, 너무 춥거나 덥지 않아야 한다. 특히 피해자들은 자신의 신분이 노출되는 것을 몹시 꺼리는 성향이 강하므로 상담실의 출입에도 세심한 배려를 해야 한다. 피해자가 도착하여 다른 사람들의 눈에 띄지 않는 장소에서 대기를 한다든가, 상담을 마치고 귀가할 때에도 다른 사람들과 마주치지 않도록 신경 써야 한다.
경청	피해자는 자신이 당한 피해에 대해 이야기하기가 쉽지 않을 수 있다. 피해를 재현함으로써 제2차 트라우마를 겪게 될 수도 있어서 정신건강심리사는 피해자가 먼저 말을 할 때까지 기다려줘야 한다. 피해자가 자신의 심경을 이야기할 때 정신건강심리사는 무조건적으로 경청하는 자세를 유지해야 한다. 피해자가 당한 피해에 대해 자세히 설명해주려 하기 보다는 피해자가 피해에 대해 이야기하는 것을 경청해야 한다. 피해자가 원하는 것은 자신이 당한 피해에 대한 지식이 아니고 자신의 이야기를 들어줄 정신건강심리사가 필요하기 때문이다. 어떤 피해자들은 처음에 짜증스럽고 적대적일 수 있으며, 치료자를 냉소적으로 비웃거나 사법제도나 정신건강 종사자들을 비판하는 모습을 보일 수 있다(Silva, 1991; Wester & Lyubelsky, 2005). 피해자는 피해를 당함으로써 매우 위축되어 있을 수 있다. 특히, 수사기관 등의 조사과정에서 의심을 받는 질문을 받았거나 자신이 피해의 대상이 되도록 행동한 건 아닌가 하는 자괴감을 가질 수 있다. 따라서 정신건강심리사는 피해자를 대할 때 그들이 주눅 들지 않도록 세심하게 배려해야 한다. 피해자는 정신건강심리사와 동등한 인격을 가지고 있음을 수시로 알려주거나 존중하는 마음을 표현해 줌으로써 안심하고 자신의 심경을 이야기 할 수 있도록 배려해야 한다.

욕구지원	피해자가 원하는 것이 무엇인지 잘 감지하는 것도 정신건강심리사의 역할이다. 가령 피해자가 피해로 인하여 생계형 직업을 지속할 수 없을 때 당장 금전적인 어려움을 호소할 수도 있다. 이런 경우 가능한 금전적 지원방법을 모색하거나 관련 기관을 연결해 주는 등의 서비스를 제공해 주어야 한다. 피해자는 피해와 상관없는 것까지 요구할 수도 있다. 가령 피해 이전에 가지고 있는 질병이라든가 심리적 이상에 대해 호소할 수 있다. 이런 경우 정신건강심리사는 매우 난처한 입장이 되는데, 정신건강심리사는 피해자에게 제공할 수 있는 상담의 범위를 정확히 분석하여 피해자에게 지나친 기대감을 심어주지 말아야 한다. 지킬 수 없는 약속은 피해야 하며, 회복보호의 영역에 대해 설명해 줄 필요가 있다.
사생활존중	피해자들은 자신의 프라이버시가 공개되는 것을 극도로 꺼릴 수 있다. 피해자들은 피해 직후 이사를 하거나 직장을 옮기는 등 자신이 피해자라는 사실을 숨기고 싶어 하는 경향이 있다. 피해 당사자도 그렇지만 피해자 가족들 역시 피해자라는 사실이 드러나는 것을 꺼린다. 따라서 정신건강심리사는 피해자 상담에 있어서 상담초기에 개인정보의 비밀보장을 정확히 인식시켜주어야 한다. 상담내용은 철저히 비밀에 부쳐질 것이며, 피해자의 동의없이는 상담내용을 공개하지 않겠다고 약속해야 한다. 만일 정신건강심리사가 학술적인 목적이나 연구를 위해 상담사례를 공개하고자 할 때에는 반드시 피해자에게 동의를 구해야 한다.

│피해자 상담요령│

권장사항	금지사항
• 피해자의 말을 들어 준다. • 같이 있어준다. • 실제적인 도움을 주선해 준다. • 피해자가 하고 싶어 하지 않은 말은 묻지 않는다. • '시간이 지나도 슬프고 고통스러울 거에요', '너무 무리하지 마세요', '참지 말고 힘든 것을 표현하세요', '무엇을 도와드릴까요' 등의 표현이 좋다.	• '사건에 대해 잘 압니다'라며 피해자의 말을 막는 듯한 표현 • '시간이 많이 지났으니 이제 잊으시지요' • '죽은 사람은 죽은 사람이고, 산 사람은 살아야지요' • '보상금은 어디에 사용할건가요?' • 정신건강심리사 자신의 행복한 가족이야기(특히, 살인유가족에게 피해야 한다) • '피해자의 마음을 충분히 이해하고 있습니다.' • 상담에 불필요한 사건의 구체적인 내용을 묻는 것 • 정신건강심리사 자신의 호기심을 채우기 위한 질문 • 피해자의 자책에 호응하여 더욱 심화시키지 않는다. • 피해자 사이의 피해를 비교하지 않는다. • 정신건강심리사 자신의 가치관, 종교, 도덕성을 강요하지 않는다. • 지나치게 과장된 지원을 약속하지 않는다. • 피해자의 심리적 고충을 과소평가하지 않는다.

3. 피해치료모형

Casarez-Levison(1992)이 제시한 피해치료모형을 보면, 피해자의 치료에 있어서는 피해이전(previctimization)상태에서 피해사건으로 인한 피해·분열(victimization·disorganization)단계, 그리고 그에 대한 대응과 적응이 필요한 이행·보호(transition·protection)단계, 마지막으로 피해가 그들의 삶에서 부분이 되는 재조직·해결(reorganization·resolution)단계로 이동하는 과정을 거치게 된다. 그 중 피해·분열단계에서는 위협, 혼란, 무기력, 분노, 무감각이나 공포를 느끼기 쉽고 상실이나 외상적인 스트레스를 받아서 신체적이거나 감정적이거나 정신적인 손상을 경험할 수 있다. 이행·보호단계는 피해 후 6주에서 9주 안에 시작될 수 있는데, 이때 약물남용, 대인관계에서 갈등, 고립과 철수가 증가할 수 있으므로 친구와 가족들의 지지적인 지원이 매우 중요하다. 특히 피해자는 당연히 외상이 심하다고 단정하는 태도는 주의해야 한다. 재조직·해결단계에서는 피해자를 피해 이전으로 완전히 회복시키는 것은 불가능하므로 현재 시점에서 피해자가 일상생활에 안정적으로 적응할 수 있도록 도와주어야 하는데, 그 기간은 최소 6개월에서 최대 수년이 걸릴 수도 있다.

Prochaska 등(1992)은 치료에서와 그들 스스로 사람들이 어떻게 변하는지를 이해하기 위한 변화 모형을 발전시켰다(이수정 외, 2014).

범이론적 변화 모형(TMC)	
계획 이전 단계	이 사람들은 변화하려는 의사가 없다. 그들은 종종 어떠한 문제를 인식하지 못하거나 문제의 심각성이나 정도를 부정한다. 그들은 종종 변화의 부정적인 측면에 중점을 두고, 단지 다른 사람들이 도움을 받도록 압박하였기 때문에 오게 된다.
	정신건강심리사들은 문제나 외상을 부정하는 피해자들을 만날지도 모르나, 피해자를 사랑하는 사람들은 피해자의 분위기, 행동이나 건강 전반부에서 변화를 기술한다. 사실 어떤 피해자는 피해가 있었다는 사실 조차 부인할지도 모른다.
계획 단계	이 사람들은 그들의 문제를 인식하고 변화를 만드는 것을 심각히 고려하나, 아무것도 변한 것이 없다.
	정신건강심리사들은 도움이 필요하다고 동의하나 수치심, 다른 사람에게 말하는 것의 두려움, 반응의 두려움이나 사태를 악화시킬지도 모르는 것에 관하여 말하는 것의 두려움에 의해 얼어붙은 피해자를 만날지도 모른다.
준비 단계	이 단계의 사람들은 매우 짧은 시간 안에 문제를 인식하고 변화 할 계획을 세운다.
	정신건강심리사들은 그들 스스로 어떤 변화를 만들고 약속을 기다리거나 치료를 시도하는 사람들을 기록함으로써 이 그룹을 확인한다. 이 단계는 변화노력을 준비하는 단계로 대개 매우 짧다.

행동 단계	이 단계 사람들은 그들의 상황을 개선하기 위한 활동적으로 변화를 만들려고 시도하고 있다.
	정신건강심리사들은 이것을 적극적인 치료로써 인식할 것이다. 종종 가족과 다른 지지자들은 이것을 "진실한" 노력과 변화로써 본다. 대개 이 단계는 특정한 목표에 다다른 것과 연관되어 있다. 전통적인 치료는 피해자가 도움을 요구하는 것을 결심할 때 반드시 해야하는 작업을 무시한 채, 이 단계에 초점을 맞추는 경향이 있다.
유지 단계	유지 단계에 있는 사람들은 행동 단계동안 얻은 것들을 지키기 위해 행동한다. 유지 단계는 고정된 단계가 아니라 변화의 과정이다.
	정신건강심리사들은 피해자가 지지자들에게 스트레스, 그들 자신의 행동과 생각과 감정 관찰에 관해 말할 수 있게 가르치고 그들이 재피해를 받을 기회를 줄일 수 있는 기술을 발전시키도록 가르침으로써 피해자를 도울 수 있다.

피해자들은 대부분 한 단계에 있으나, 동시에 모든 단계에 있는 것도 또한 가능하다(Prochaska et al., 1992). Rosen(2000)은 계획 전 단계에서 나머지 세 단계로 이동할 때 피해자들의 가장 큰 도약이 발생한다고 하였다. 게다가 흔히 계획 전 단계는 치료에 더 고통을 보고하고, 진척이 적으며, 치료를 일찍 그만두기 쉽다(Smith, Subich, & Kalodner, 1995).

정신건강심리사들이 피해자들의 문제가 어디쯤에 있는가를 평가하여, 단지 피해자가 도움을 요청했다고 해서 피해자가 집중적인 치료를 할 준비가 되어 있다고 가정하지 않는 것이 중요하다. 계획 전 단계에서는 "의식화" 활동이 반드시 주어져야 한다(읽기, 스스로 도울 수 있는 책, 정보를 주는 회기에 참석). 이 노력은 피해자가 가능한 반응과 도움을 받는 것의 이익에 관하여 알도록 도움을 줄 수 있다(Prochaska et al., 1994). 정신건강심리사들은 건강한 생활 기술 가르치기, 퇴행의 이른 징조에 대해 교육하기, 자기 감독 기술 발전시키기, 피해자들의 삶의 통제를 유지하고 얻는 데 중점을 두는 다른 일일 활동 등들을 준비시킴으로써 피해자를 도울 수 있다.

|서비스제공기준|

욕구수준	현재상태	가능한 선택 사항들
낮음	• 피해자가 매우 적은 증상들에 잘 대응하고 있으며, 자연적인 대처 기술과 사회적 지원을 통해 수월하게 해나간다. • 그러나 피해자가 심각한 피해를 경험한 적이 없거나 대처하는 많은 방법들을 가지고 있을 지도 모른다.	• 최소한의 서비스단계로 정보공유, 유인물 제공, 이용 가능한 지원안내책자, 문제가 깊어지는 징조에 대한 교육 등의 서비스들은 문제를 느끼지 못하는 피해자들뿐만 아니라, 고통을 숨기고 있는 피해자들에게도 유용하다.

보통	• 몇몇 증상들을 경험하고 대처기술을 늘릴 필요가 있거나 압도된 감정을 다룰 수 있는 공간이 필요하다. • 일반적으로 피해자들이 잘 대처하나, 피해에 압도될 수 있다.	• 동료들이 운영하는 지지단체, 전문직 보조원과 봉사자들의 지지, 전문가의 지원이 필요할지도 모르나, 단기간 동안 필요할 것이다.
높음	• 많은 증상들을 경험하고 부정적인 대처 행동들을 나타낸다. • 피해에 압도당하고 효과적인 지원이 거의 없다. • 심각한 외상이 발생했을지도 모른다. • 다양한 문제와 피해	• 전문적인 치료[107]가 필요하다. • 치료에는 오랜 기간 동안 개인적인 치료를 하거나 그룹치료나 피해자가 안정화하는 것을 돕기 위한 임원 등이 있다.

4. 심리지원매뉴얼

Hill 등(2004)은 피해자들의 특성을 이해하고 돕기 위한 매뉴얼이 필요하다고 지적하였다. 또한 매뉴얼은 첫 번째로, 현장에서 담당자들이 하는 일을 타당하게 만들어 준다. 두 번째로는 최전방에서 일에 종사하는 사람들이 연구로부터 새로운 접근법을 배울 수 있게 해주고, 새로운 아이디어를 얻어, 효과적으로 서비스를 제공할 수 있게 해준다(이수정외, 2014).

| 심리적 응급지원의 개관(Overview of Psychological First Aid) |

Preparing to Deliver Psychological First Aid (심리 응급치료를 하기 위한 준비)	1. 지원세션 시작
	2. 서비스 제공
	3. 그룹 세팅
	4. 차분한 분위기를 유지해라
	5. 지역사회의 문화와 다양성을 존중하여 세심하게 행동하라
	6. 위험에 빠진 사람을 알아차려라
Contact and Engagement (접촉과 개입)	1. 자신을 소개하여라 / 당장 필요한 것에 관하여 물어보아라
	2. 비밀유지를 약속하라

---

[107] 정신건강심리사들은 정신건강 전문의에게 피해자를 보내야 할 때도 있는데, 예를 들면, 피해자가 우울, 불안, PTSD, 지속적인 해나 다른 정신건강 문제를 가지고 있다는 의심이 들 때, 자살이 염려될 때, 극도의 감정들(분노·슬픔·비탄)이 자신의 기술이나 자원으로 감당이 되지 않을 때, 피해자가 동기가 없고 꽉 막혀 보일 때, 피해자가 단체·자구행위·다른 처치 등에도 많은 이익을 얻을 것처럼 보이지 않을 때, 피해자가 비록 동기화되고 열심히 하는 것처럼 보일지라도 나아지는 것처럼 보이지 않을 때, 피해자가 오래되고 복잡한 피해나 학대 전력을 가지고 있을 때, 피해자가 오랜 정신건강이나 물질남용 문제의 전력을 가지고 있을 때 등이다.

Safety and Comfort (안전과 편안)	1. 즉각적인 심리적 안도감을 제공하라
	2. 피해에 대한 대처활동들과 서비스에 관한 정보를 제공하라
	3. 신체적으로 편안한지 확인하라
	4. 사회적 관여를 촉진시켜라
	5. 추가적인 외상 경험과 외상을 상기시키는 것들로부터 보호하라
	6. 외상적인 비탄과 관련된 문제를 살펴보라
Stabilization (안정화)	1. 감정에 압도된 피해자들을 안정시켜라
	2. 감정에 압도된 피해자들을 적응시켜라
	3. 신경안정제 사용이 필요한지 확인하라
Information Gathering : Current Needs and Concerns (정보수집 : 현재 필요한 것들과 걱정들)	1. 피해를 겪는 기간 동안의 자연적이고 가혹했던 경험
	2. 피해 직후 환경과 계속적인 위협에 관한 걱정들
	3. 신체적인 질병, 정신적인 건강 상태, 그리고 치료 필요성
	4. 극단적인 죄책감이나 수치심 같은 감정
	5. 자기 자신이나 다른 이들을 해칠 것 같은 생각들
	6. 사회적 지원의 이용가능 여부
	7. 알코올 중독이나 약물 남용 전력
	8. 이전에 외상, 사랑하는 이의 죽음에 노출된 적이 있는지
Practical Assistance (실용적인 지원)	1. 가장 즉각적으로 필요한 것을 확인하라
	2. 필요한 것을 분류하라
	3. 행동 계획을 상의하라
	4. 필요한 것을 해결하기 위해 행동하라
Connection with Social Supports (사회적인 지원과의 연계)	1. 지지해주는 사람들과의 만남을 촉진하라
	2. 사회적 지지를 탐색하도록 상의하라
	3. 사회적 지지를 모형화하라
Information on Coping (대처에 대한 정보)	1. 스트레스 반응들에 관한 기본적인 정보를 제공하라
	2. 외상 경험과 피해에 관한 흔한 심리적 반응을 살피라
	- 침투적인 반응들
	- 회피와 철수 반응들
	- 신체적 각성 반응들
	- 심리적 외상을 상기시키는 것들
	- 상실을 상기시키는 것들
	- 상기시키는 습관을 변하게 하라
	- 비탄 반응들
	- 외상적 비탄 반응들
	- 우울

	- 신체 반응들
	3. 대처하는 방법들에 관한 기본적인 정보를 제공하라
	4. 간단한 긴장이완 기술을 가르쳐주라
	5. 가족들에 대처
	6. 분노 제어를 도우라
	7. 극도의 부정적인 감정들을 다루라
	8. 불면증을 도우라
	9. 알코올이나 약물 남용 문제를 다루라
Linkage with Collaborative Services (공공서비스와 연계)	1. 추가적으로 필요한 공공서비스로 직접 연결하여 주라
	2. 조력관계를 지속적으로 이어주라

제 5 장 치료기법

　사건이후 최초의 위기 반작용을 가라앉히는 위기개입 후에 피해자가 추가적인 정서적 지원의 필요성을 인식하면 심리치료를 제공한다. 정신건강심리사는 특정외상 지향적인 지지적 심리치료를 제공하여야 하며, 피해자가 회복하는 것을 조용히 돕는 조력자(협력자)로서 역할을 하여야 한다. 협력적 관계는 정신건강심리사가 피해자에게 제시할 선택안을 만들 때 개인적으로 관여해서는 안 된다는 것을 의미한다. 외상은 정신건강심리사에게 있는 것이 아니라 피해자에게 있는 것이기 때문이다. 정신건강심리사가 피해자에게 줄 수 있는 가장 강력한 지지로는 피해자가 피해경험을 삶의 역사로 받아들일 수 있도록 도와주고, 그 경험의 의미를 찾도록 도와주는 자료와 아이디어를 제공해주는 것이다. 치유를 위한 선택권도 피해자에게 있다. 그런데 만약 피해자가 자기의 문제에 대하여 부정적인 선택(약물남용, 자살, 일정한 관계파기 등)에 집중한다면, 정신건강심리사는 피해자에게 적절한 정신보건상담, 종교적 지도 또는 필요한 경우 전통적 치유사를 알려주어야 한다(손진 역, 2008:55~57). 피해자를 치료하기 위한 기법은 크게 심리치료와 약물요법 등이 있다.

1. 정신분석치료

　인간의 모든 행동은 어린 시절의 정신적인 사건에 의해 유발되거나 결정된다(심리적 결정론). 피해자의 이해 불가능한 행동도 과거의 심리적 사건에 의해 형성된 것으로, 정신적인 결정요인을 밝혀 이를 제거 및 수정하는 것이 목표가 된다. 심리 내적인 힘(intra-psychic forces)의 역동은 다분히 무의식적이고 인생의 초기에 이뤄지며, 행동을 변화시키려면 이런 무의식적 욕구나 갈등의 요소들을 의식화하고 이해하는 작업을 해야 한다.

　정신분석에서는 원초아와 초자아의 요구들, 자아의 대처능력, 외적 요구의 불균형이 문제되며, 억압된 성적 충동들 때문에 신경증이 발생한다고 보며, 무의식화되어 있는 여러 가지 갈등과 좌절 요소 등을 바로 깨닫고 의식화하는 작업이 치료이다. 정신분석치료를 받기 위해서는 자아가 원초아 등의 공격에도 불구하고 버티는 힘과 현실 요구들에 대한 어느 정도 통찰력을 갖고 있어야 한다. 따라서 정신병의 경우처럼 자아가 약한 경우 정신분석이 불가능하다. 미성숙한 기제인 방어를 걷어내고 자기 자신의 참모습을 인식하게 되는 작업으로, 목표는 무의식적 동기를 깨닫는 데서 머무르는 것이 아니고, 이런 동기가 한 개인의 삶을 어떻게 지배하고 있는지를 하나하나 검토하여 더 이상 그런 비합리적이고 무의식적 동기에 의해 지배되지

앓도록 하는데 있다. 무의식의 동기를 아는 방법은 자유연상, 꿈의 해석, 저항의 분석, 전이, 훈습(working-through) 등이 있다.

치료방법	
자유연상	마음에 떠오르는 모든 생각, 기억들을 아무리 말하기 불편하거나 시시해도 다 이야기하게 하는 것이다. 간혹 피해자는 잘 포장된 방어기제와 불쾌한 무의식적 사건들을 맞닥뜨리는 것이 두려워서 무의식이 의식화되는 것을 방해하는 저항(resistance)을 하게 되는데, 저항은 치료에 대한 협조와 자유연상 과정을 어렵게 만든다.
꿈의 분석	꿈은 무의식적 갈등 혹은 갈망을 상징하는 비유라고 간주하는 정신분석가들은 꿈을 통해 피해자를 이해할 수 있는 단서를 찾는다고 말한다. 피해자가 자기의 꿈에 대하여 자유롭게 이야기하도록 한 후, 피해자를 해석에 동참시키고 분석가는 피해자가 연상하는 꿈의 내용보다는 그 속에 잠재되어 있는 내용을 탐색한다. 이처럼 피해자와 분석가가 함께 해석에 참여하는 것은 피해자의 과거와 미래의 관계에 대해 보여 줄 수 있기 때문에 정신분석의 최종목표인 통찰을 향상시킬 수 있다(Andersen & Berk, 1998).
전이 · 역전이	피해자는 분석가에게 강한 감정을 발달시키게 되는 데(때로는 분석가를 사모하거나 경멸·증오하기도 함), 이런 감정들이 분석가의 행동에 대한 납득할만한 반응이 아니라면 그 현상은 전이(transference)라고 볼 수 있다. 즉, 피해자가 분석가를 어린 시절 중요했던 인물로 여기고 그 인물에게 향했던 감정과 반응들을 분석가에게 옮기는 것(전이는 일상생활에서도 일어난다)이다. Cerney(1995)는 분석가와 피해자가 자주 직면하는 전이상황들을 다음과 같이 소개하고 있다.

전이 · 역전이	투사적 동일시	피해자가 분석가에게 박해감을 느끼고 박해당하는 것처럼 분석가에게 투사하여 행동하기 때문에 분석가는 평소와는 달리 박해자의 역할을 수행하게 된다. 이는 피해자로 하여금 재외상을 경험하게 하고, 분석가는 공감있는 전문가라는 자기지각에 심각한 타격을 받게 된다.
	과잉 동일시	피해자의 전이적 투사에 대하여 분석가가 피해자의 고통, 격노, 보복감정에 과도하게 동일시하는 역전이 반응을 말한다. 분석가와 피해자가 유사한 발달적, 사회문화적 혹은 경험적 배경을 가진 경우 이 현상이 더 쉽게 발생할 수 있고, 반대로 분석가와 피해자가 전혀 다른 배경을 가진 경우 분석가는 피해자의 경험을 최소화하거나 소홀히 다루며 무효화는 하는 경향을 보일 수 있고, 간혹 분석가 자신이 대리외상을 입어 자기보호를 위한 슈퍼비전이 필요하게 된다.
	역전이는 전이의 역전된 형태로, 분석가가 피해자를 자신의 중요한 인물로 여기고 피해자를 바라보는 것이다. 따라서 치료사는 역전이를 잘 다루어야 한다[108]. Munroe 등(1995)은 치료과정에서 분석가가 경계해야 할 전이와 역전이 형태들을 설명한 바 있다.	

---

[108] 역전이에 대한 이러한 견해는 점차 수정되어, 치료 상황에서 내담자에 대한 치료사의 전체반응으로 보는 '전체적 관점'이 등장하였다. 이 관점에서는 역전이 반응이 내담자에 대한 치료적인 정보를 제공한다(Heimann, 1950)고 보았다. 그리고 최근에 이르러, Gelso와 Carter(1985)는 역전이를 치료사의 갈등과 욕구에 의해 나오는 불가피한 반응이라고 새롭게 정의하고 역전이를 피할 수 없는 것이지만, 자연스러우면서 치료에 꼭 해가 되는 것은 아니라, 자연스러운 현상으로 오히려 내담자의 역동을 영향적으로 이용하고 치료를 증진시키는데 유용하게 사용될 수 있다고 하였다(이혜선, 최선남, 2010).

전이 · 역전이	착취자/피학대자	분석가는 피해자를 학대하는 중에 있거나 과거에 학대했던 '모든 사람과 같은 존재'라는 비난을 받는다. 분석가들은 피해자로부터 '단지 돈을 위해 일하는 존재', 피해자를 '기니피그'로 취급하는 사람, 혹은 '피해자의 고통에서 손을 떼거나 조력하지 않는 사람'이라는 비난을 받는다.
	아군/적군	이 양상은 참전 군인들에게서 자주 관찰되지만, 고용주에게 맞서는 피고용인들이나 형사사법체계나 보험회사에 맞서 싸우는 피해자에게서도 관찰할 수 있다. 여기에서 분석가는 피해자에게 '불리한 정보를 쥐고 있는' 상대측이나 '자신을 이해해 주는 유일한 사람'으로 이상화된 막연한 친구로 집결된다. 적군의 역할을 할 때는 피해자와의 직면이 어렵고, 아군인 경우에는 피해자에 의해 이상화된 이미지의 빛이 사라지는 것을 원치 않기 때문에 두 경우 모두 분석가가 적절한 치료적 영향력을 발휘하지 못하게 만든다는 위험을 안고 있다.
	공격자/피공격자	이 양상은 폭력과 협박이 난무하는 환경에서 자란 피해자에게서 자주 관찰된다. 그들은 사람들에게 영향력을 행사하고 사람들을 조종하기 위해 직접적으로 혹은 은근히 위협하는 것을 학습하며, 이것을 분석가에게도 시도한다. 피해자들은 폭력적인 보복 공상을 증명하거나 피해자 신분을 이용하여 자신의 과거 공격 행동을 정당화하고자 시도한다. 이런 외상 후 증상의 이면에는 종종 반사회적-자기애적-경계선적 스펙트럼에 속하는 심각한 성격장애가 존재한다. 분석가는 치료 초기에 이것에 대해 단도직입적으로 언급할 필요가 있다.
	구원자/ 구원받은 사람	이것은 불안정하고 잠정적으로 위험한 양상으로, 갑자기 숨 가쁜 위기 상태에 빠질 때는 피해자가 그 모습을 나타내었다가 다음 위기 상황이 오기 전까지는 시야에서 사라져 버린다. 이런 식의 위기 사이클에 놀아나는 분석가들은 단지 응급 상황일 때 그리고 구원 관계가 친밀감을 대신하는 경우에만 도움 관계가 제공된다는 피해자의 생각을 강화할 위험이 있다. 이런 양상은 의존성 혹은 양극성 성격을 가진 피해자에게서 흔히 관찰된다. 이런 경우 분석가는 피해자가 자신을 필요로 할 때 거기에 존재함으로써 성숙한 안정성의 모델을 제공하는 한편, 타인의 돌봄과 관심을 이끌어 내기 위해 그처럼 극적인 출현이 필요한 것은 아니라는 생각을 강화해야 한다. 또한 위기가 고조되기 전에 싹을 잘라 내기 위해 주의 깊게 일정을 조절하여 치료적 접촉을 유지함으로써 피해자가 내적 자원을 축적하도록 돕는 것이 중요하다.
	론 레인저 (Lone Ranger)	이것은 치료자가 문밖에서 들려오는 악마의 쿵쾅거림이 주는 압박으로부터 피해자를 보호할 충분한 능력이 있는 유일한 도움 제공자인 양하는 것을 말하며, 구원자형이 변형된 형태이다. 전문가적 능력과 현실적인 희망의 투사가 치료적 동맹 형성을 위해 필요하기는 하나, 과도하게 불굴의 의지로 세상과 맞서 싸우는 듯한 사고방식은 Clarence-the-Angel fantasy와 유사하게 세상이 적대적인 공간이기 때문에 누군가를 도와야 하는 운명을 부여받은 전지전능한 구원자를 통해서만 구원받을 수 있다는 피해자의 외상화된 세계관을 부적응적으로 강화한다.

정신분석치료사례

피해자는 45세의 남자 내과의사로 결혼을 했으며, 끈질기지만 가벼운 우울증과 만성적인 절망감 때문에 치료를 원했다. 그는 일이 제대로 될 것이라고 기대해 본 적이 없으며, 따라서 이미 성취해서 잘 해내고 있는 자신의 전문적인 인생과정에 대해서도 거의 만족한 적이 없었다. 그는 심각하게 비판적이었으며, 자신에게 정말로 좋은 일이 일어날 것이라고 기대한 적이 없다. 그는 예전에 여성 치료자에게 분석을 받았지만 아무런 효과도 얻지 못했다고 느꼈다. 아래에 제시된 사례는 어느 한 회기에 일어난 사례로 바로 아래 여동생으로 인해 어머니로부터의 사랑을 빼앗겼다고 느꼈던 어린 시절의 상처가 잘 드러나고 있다. 피해자가 지치고 불쾌한 얼굴로 상담실로 들어와 긴 의자에 누워 오늘은 동생의 생일이라고 이야기를 시작했다. 아침에 주스를 만들기 위해 자른 반쪽의 오렌지가 젖가슴을 연상시켰고, 오렌지 즙이 컵에 들어가는 순간 독이라는 생각이 떠올랐고, 동생의 생일이라는 것을 알게 되었다고 했다. 동생 생일 선물로 'Three Cross Scotch' 술 한 병을 선물할까 생각한다고 말했다. 이 술의 원래 이름은 'Three Star Scotch'로 술 이름을 잘못 말했으며, three cross란 독을 표시하는 것이다. 동생에게 아무것도 주지 않으면 악을 쓸 것이기 때문이라고 말하며, 어린 시절의 동생에 대한 이야기를 시작했다. 여동생이 태어났을 때 피해자는 4살 반이었고 동생은 병약한 아이였기 때문에 어머니는 항상 바빴다고 보고했다. 피해자의 어머니는 피해자가 한 살 때 치과의사 수련을 마치기 위해 피해자를 할머니에게 맡기고 학교를 다녔으며, 피해자는 계속해서 엄마를 찾으며 울었고, 피해자를 달래기 위해 할머니는 자신의 말라버린 젖을 꺼내 물렸다고 했다. 그 이야기에 이어 곧바로 또 하나의 기억을 꺼냈다. 어머니가 학교에서 돌아왔을 때 부엌에서 할머니가 고기를 갈고 있었고 피해자는 그것을 기다렸다 날 것으로 고기를 먹었으며, 현재까지 피해자는 생으로 된 스테이크를 좋아한다고 했다.

이 시점에서 치료자가 관찰한 바로는 피해자의 어머니가 학업을 위해 떠났을 때 버림받았다고 느꼈고 어머니가 여동생으로 대치되었다고 느꼈던 피해자는 자신의 이로 공격함으로써 어머니와 여동생을 파괴하려는 복수의 충동에 압도되었다. 그 후 어머니가 유방암에 걸렸는데, 어머니가 폐경이 되었을 때 자신이 주사한 호르몬 주사로 인해 유방암에 걸린 것이 아닌가 자책감이 든다고 보고하였다. 오랜 침묵 후 피해자는 마음에 무엇이 떠오르는지에 대한 질문을 받고 자신의 이전 여자 분석가가 생각난다고 했다. 그 여자 분석가는 임신 중이었고, 그녀의 사무실은 소방서 옆으로 치료회기에 무언가에 다다르려고 할 때마다 소방차 소리가 났으며, 그녀가 그것에 대해 피해자에게 아무런 이야기도 않았던 것에 대하여 화가 났다고 했다. 또 카우치 뒤에서 바느질을 하는 소리가 들렸다며 그녀는 자신을 위해서 아무 것도 하지 않았고, 이제까지 아무도 자신을 위해 무언가를 해준 적이 없고 어떤 일이든 스스로 해야 했다고 보고했다. 이 회기는 피해자의 가장 중요한 측면이 드러난 회기로 맥락적 요소들이 매우 중요하다. 피해자는 어머니의 병세가 악화되고 있는 상황을 알게 된 다음날 오렌지 주스를 만들면서 오렌지 반쪽 모양이 젖가슴, 컵, 독을 상기시키기 전까지 그날이 동생의 생일임을 알지 못했다. 이 일련의 사건들은 젖을 주지 않는 어머니의 가슴을 파괴하고, 여동생에게 영양분이 아닌 독을 먹이도록 하는 무의식적 환상의 파생물이 나타나도록 촉진했다. 오렌지 주스를 만들기 위해 과일을 압착시킨 것이 오늘이 처음은 아님에도 불구하고, 이 특별한 맥락에서 오렌지 단면이 젖가슴을 떠올리게 했다는 것은 피해자의 무의식 속에 들어있는 내면의 상처를 일련의 사건들이 떠올리게 한 것이다(Corsini & Wedding, 2000 ; 김정희 역, 2004 ; 장연집 외, 2011:282에서 재인용).

2. 행동치료

행동치료의 전제는 모든 행동(정상, 비정상)은 학습된 것으로 보며, 장애원인 및 치료는 연합학습의 원리를 적용한다. 따라서 심리적 장애원인은 환경이나 잘못된 학습에서 비롯된다. 행동치료를 통해 생떼부리는 아이의 버릇을 고치는 것처럼 원하지 않는 행동을 제거하거나(혐오조건형성치료), 바람직한 행동에 인센티브를 주어서 바람직한 행동을 증가시키거나(토큰경제), 아니면 특정공포증이 있는 피해자의 두려움을 제거하는 것처럼 원하지 않는 감정반응을 줄일 수 있다(체계적 둔감법, 노출치료 : 홍수기법, 상황노출기법).

먼저 혐오조건형성치료(aversion therapy)는 원하지 않는 행동을 제거하기 위하여 역조건화를 통해 치료하는 것으로, 공포제거가 목적이 아닌 유해환경 회피에 목적이 있다. 부적절한 행동의 빈도를 줄이기 위해서 정적 처벌을 사용한다. 바람직하지 못한 습관과 고통자극과의 연합을 통해 바람직하지 못한 습관을 멈추게 한다. 알코올중독이나 줄담배를 피우는 장애 행동을 치료할 때 흔히 사용되며, 알코올(없애고자 하는 행동)과 무조건 혐오자극을 짝지어줌으로써 알코올에 대한 조건회피반응을 학습하도록 하는 방법이다. 알코올 및 담배 끊기, 동성애 치료에 상당히 효과가 있지만 치료가 끝나면 재발될 가능성이 높다.

행동조성치료는 조작적 조건형성원리를 적용하여 부적절한 행동을 없애고 바람직한 행동을 형성하게 하는 기법으로, 없애고자 하는 행동을 할 때는 무시를 하고 우연히 나타났더라도 최종목표를 향한 행동을 할 때는 강화를 주어 바람직한 행동을 강화시켜가면서 나쁜 행동을 대체시킨다. 좋지 않은 습관이나 행동교정에 효과적이다. 일종의 인센티브제 또는 토큰경제(token economy)라고도 하는데, 예를 들면 바람직한 행동에 대해 나중에 보상으로 교환이 가능한 동전을 주고, 후에 동전을 이용해서 특별식사권, 영화관람권, 특별휴가권을 동전과 교환해주는 것이다.

탈조건형성치료(deconditioning)는 Albert의 공포학습(Watson and Rayner, 1920)을 통해 밝혀진 것으로, 조건화된 공포의 탈학습, 소거(extinction), 제거하는 역조건화 방법을 시사하였다. 초기 Wolpe의 노출치료(exposure therapy)는 감정을 유발하는 자극을 직접적으로 그리고 반복적으로 직면하는 것을 통해 점차 감정반응을 줄이는 것인데, 이를 후에 Wolpe는 체계적 둔감법(systematic desensitization)이라고 불렀다. 체계적 둔감법은 먼저 불안위계를 작성하고 이완훈련을 시켜서 불안위계에 따른 점차적인 이완을 통해 불안을 낮추게 하는 방법인데, 불안증이나 비행공포증이 있는 환자에 대한 가상현실치료도 이에 해당한다. 한편, 노출치료는 반드시 이완이 포함되는 것이 아니라는 점에서 체계적 둔감법과 차이가 있다. 노출치료는 감염에 대한 불안으로 과도하게 손을 씻는 강박적인 행동의 치료에 효과적이다.

3. 인지치료

정신분석적 치료와 행동치료의 한계를 극복하기 위해 1950년대 이후 발전한 심리기법이다. 즉, 정신분석은 이론적 개념이 모호하여 과학적 검증이 어려우며 치료기간이 장기화되는 경향이 있을 뿐만 아니라 치료효과에 대한 비판이 제기되었고, 행동치료는 인간의 내면적인 사고과정을 소홀히 하여 효과적으로 치료할 수 있는 심리적 장애가 매우 제한적이다. 인지치료는 사고나 신념과 인지적인 요인이 감정 및 행동에 영향을 미치고 심리적 장애는 인지적 요인에 의해 매개되어 발생하며, 인지의 변화를 통해 감정 및 행동의 변화를 가져올 수 있다고 가정한다. 정상적인 행동뿐만이 아니라 이상행동을 이해하고 설명하는 데 사람의 의식적인 인지과정을 중요시 한다. 치료방법은 피해자에게 부정적 감정을 유발하는 자동사고, 가정과 예측에 대해 스스로 질문하게 가르치고 이 부정사고를 보다 현실적인 긍정적인 믿음으로 바꿀 수 있게 돕는 인지적 재구조화(cognitive restructuring)를 하는 것이다. 결국 인지치료는 피해자가 자신과 타인 그리고 세상에 대한 왜곡된 사고를 인식하고 수정하는데 초점을 맞춘다.

(1) Ellis의 합리적 정서치료(Rational Emotive Therapy, ABCDE기법)

심리적 장애는 스트레스를 유발하는 선행사건 자체보다 그 의미를 해석하는 인지적 과정에서 발생한다. 피해자가 가지고 있는 잘못된 신념에 대한 논박으로 신념을 수정, 새로운 철학을 받아들이도록 하는 것이 치료이다. 피해자가 가지고 있는 인지왜곡을 찾아내고, 어떤 기준을 적용하고 있는지 확인하며, 그렇게 생각하는 증거가 무엇인지 살펴보고, 다른 가능한 해석은 무엇인지 찾아보며, 그렇게 생각하는 것이 사실인지 확인해보고, 얻는 것과 잃는 것 중 어느 쪽이 더 많은지 비교해보며, 만일 그것이 사실이라면 피해자가 어떻게 되는지 직시하고, 어떤 활동들이 피해자를 성장시킬 수 있는지 실천토록 하는 것을 말한다.

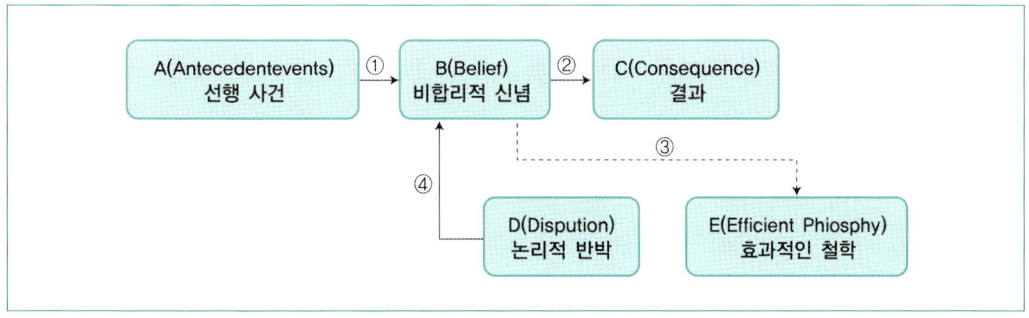

합리적 정서치료사례

피해자는 중학교 3학년 남학생으로 성적이 우수한 학생이다. 세 형제 중 막내로 고등학교 3학년 형과 대학교 3학년 형이 있다. 형들도 모두 우수한 학생들로 고등학생 형은 서울의 상위권 대학에 들어갈 정도의 성적을 받고 있다. 가족들은 피해자도 형들과 마찬가지로 공부를 잘 할 것이라고 기대하고 있다. 지난 번 시험에서 피해자는 수학에서 낙제점을 받은 후 혼란을 겪고 있다는 이유로 치료자에게 의뢰되었으며, 시험이 끝났지만 피해자는 자신이 지난 번 시험과 마찬가지로 수학에서 또 낙제할 것이라고 굳게 확신하고 있었다. 자신의 지난번 수학성적에서 낙제점을 받고 스스로에 대해 '바보, 멍청이다!'라고 말하고 있으며, '또 수학시험에서 낙제한다면 몹시 끔찍할 거야', '가족들은 모두 나를 미워할 것이며 게으르고 멍청하다고 생각할 거야'와 같은 신념을 가지고 있었다. 치료자는 피해자의 이런 생각에 대해 낙제하면 '세상이 끝나는 건가?'라고 질문하면서 현실적으로 낙제를 하면 난처하고 불쾌하지만 세상은 끝나는 게 아니라고 설명했다. 또 수학시험에 낙제하면 가족들이 자신을 미워할 거란 생각의 근거가 무엇인지에 대해 질문을 하고, 이전에 낙제했던 적이 있는지, 그때 가족들은 어떻게 반응했는지에 대해 알아보면서 자신의 믿음의 증거가 없다는 것을 인식하게 했다(Thompson & Rudolph, 2000 ; 천성문 외 역, 2001 ; 장연집 외, 2011:288에서 재인용).

(2) Beck의 인지치료법

최근 임상분야에서는 본인에 의해 잘 의식되지 않고 환경자극에 의해 자동적으로 촉발되는 자동적 사고(automatic thought)[109]가 문제되며, 심리적 장애를 가진 사람은 환경자극을 체계적으로 왜곡하는 경향을 지닌다.

인지왜곡(cognitive error)을 가져오는 사고	
흑백논리적 사고 또는 이분법적 사고	어떤 사건이든지 흑 아니면 백으로 보는 성향이다. 어떤 행동도 선이 아니면 악이고 중간은 허용하지 않으며, 일을 하는 데도 완전하지 않으면 모두 실패로 본다.
임의적 추론 혹은 제멋대로 결론 내리기	자기들이 경험한 한 가지 사건만 가지고 뚜렷한 증거도 없으면서 부정적 결론을 내린다. 즉, 상대방이나 상황의 고려는 전혀 하지 않고 자기 멋대로 부정적으로 극단적인 결론을 내리는 경향이 있다.
선택적 여과	우리가 경험하는 전반적인 상황을 보지 못하고 어떤 특정한 부정적 사건에 집중하여 이를 토대로 판단하는 것이다.

---

[109] 자동적 사고는 자기 자신, 자신의 미래, 주변 환경에 대한 비판적이고 부정적인 사고내용을 가지게 하며, 이런 사고내용은 환경자극의 의미를 비현실적으로 왜곡한 것이 많다. 예를 들면, 평소 성적이 우수한 우등생이 어느 날 사정이 생겨 10분을 늦게 등교하다가 하필 그날따라 기분이 좋지 않은 선생님에게 걸렸을 때, "일찍 와서 공부를 준비하지 않는 학생치고 공부 잘 하는 학생 못 보았다."고 하면 우등생이 하루아침에 열등생 딱지가 붙는 것이다. 간혹 엄마들이 학생인 딸을 꾸짖다가 "네가 뭘 생각하는지 다 알고 있거든, 너 지금 속으로 엄마 욕하고 있었지?"라는 식의 독심술을 발휘하는 것도 인지적 왜곡인 자동적 사고이다.

과잉일반화	특정한 생활사건에서 실패나 좌절경험을 했을 경우 이를 특정한 상황에 국한시키지 못하고 자기가 좌절한 상황과 약간만 비슷해도 실패할 것이라고 생각해 버린다. 한 가지 부정적 경험을 근거 없이 모든 상황에 확대하는 경향을 말한다.
극대화 또는 극소화	부정적 사건은 지나치게 과장하는 반면, 긍정적인 사건에 대해서는 그 영향을 극소화하는 경향이다.
개인화	다른 사람의 문제나 행동에 대해서 마치 자기의 책임인 양 받아들이고 괴로워하는 것이다.

인지적 오류의 원인은 부정적인 인지 도식 또는 역기능적 신념 때문이므로, 심리적 장애를 가진 사람의 부적응적인 인지를 변화시키도록 돕는 작업으로 구성된다. 심리적 장애를 가진 사람이 내면적으로 소지하고 있는 부정적인 자동적 사고나 역기능적 신념을 자각하게 도와주며, 부적응적인 사고와 관련된 인지적 오류를 현실성·논리성·유용성의 측면에서 함께 논의한다. 위의 결과로서 보다 적응적인 현실적 사고와 신념으로 대체하도록 돕는다.

(3) 인지행동치료

불안과 우울을 다루는 치료자는 주로 인지적 방법과 행동적 방법을 섞어 사용하는데 이를 인지행동치료(cognitive behavior therapy)라 한다. 이는 역기능적 사고(dysfunctional thought)와 부적응적인 행동에 관심을 가지며, 특정문제에 초점을 맞추는 문제중심적이고 문제를 피해자 스스로 알아서 해결하도록 보조하는 것처럼 활동중심적이며, 각 회기별로 안건을 정하고 숙제를 점검하는 것처럼 구조적인 동시에 개별 또는 집단으로 회기의 빈도도 다양하다는 융통성이 있다(민경환 외, 2011:684~686).

 인지행동치료사례

피해자는 42세로 대기업의 국제업무를 맡고 있는 대리로 비행기를 탈 기회가 매우 많다. 그러나 피해자는 비행에서 심한 불안을 느낀 후, 치료를 받아왔었다. 불안은 심한 난기류를 만난 비행 후부터 생겨난 것으로 비행 며칠 전부터 두려움을 느꼈다. 1회기에서는 피해자의 배경을 고려하여 피해자의 문제를 평가하였다. 피해자의 불안은 비행기를 탄 동안에만 한정된 것으로 다른 상황에서는 불안을 느끼지 않았다. 평가회기에서 치료자는 피해자에게 인지치료의 근거와 구조화된 회기의 중요성을 설명하고, 집에서 하는 과제가 있음을 얘기했다. 또한 치료자와 함께 비행 중 불안의 정도를 줄이고 음주를 하지 않기 위한 목표를 설정했다. 상담의 회기를 한 회기당 50분씩 6주를 만나기로 치료자와 합의했다. 2회기에서 피해자의 불안을 유발하는 자동적 사고를 확인하기 시작했다. 최근의 비행을 떠올려 묘사하라고 하자 불안을 느끼기 시작하며 위장에 경련을 느끼고 심장이 빨리 뛰기 시작했다. 그러면서 '이 조종사는 지금 자신이 뭘 하고 있는지 몰라', '이 비행기는 추락할 거야', '내 심장은 멈춰버릴 거야', '도저히 참을 수가 없어'라는 부정적 사고가 나왔다. 이것을 사고오류와 연결시켜보도록 했다. 그리고 숙제로 비행에 대한 부정적인 자동적 사고를 더 기록해오기로 했다. 3회기와 4회기에서는 피해자의 자동적 사고를 진단하고 보다 현실적이고 도움이 되는 신념으로 수정하였다. 이전 회기에서 찾은 '이

> 비행기는 추락할 거야라는 부정적 사고에 인지적 오류가 있는지를 확인했다. 이 생각을 어느 정도나 많이 하는지 실제로 어떤 일이 일어났는지를 확인하고 이 생각과 실제 간에는 연관성이 거의 없으며, 이 연관성은 복권에 당첨될 확률보다 더 낮다는 것을 확인시켰다. 이런 식으로 부정적 사고들을 현실에 비추어 바꿔 나갔다. 회기노트를 통해 부정적 자동적 사고의 인지적 오류를 찾아 현실적 생각들을 써 내려갔다. 5회기와 6회기에는 과제와 회기에서 써 내려갔던 현실적 사고들을 좀 더 조사하고 대안적 사고들을 확장시켰다. 그와 더불어 불안한 상황에서 긴장을 이완시키기 위해 이완법을 연습하고 비행에 이완테이프를 가지고 가서 듣기로 결정했다. 추후 상담은 다음 비행 이후에 실시하고, 추후상담에서는 피해자의 내면에 숨어 있는 부정적인 인지도식을 찾는 것에 초점을 맞추기로 결정했다(Palmer, 2000 ; 김춘경 외 역, 2004 ; 장연집 외, 2011:286에서 재인용).

4. 실존주의치료

실존[110]주의 치료는 정신분석과 행동주의 치료에 대한 반발과 세계대전의 비극을 경험하면서 인간의 이성, 역사의 발전, 신의 권능에 대한 회의에서 출발하였다. 실존주의 치료는 인간의 죽음, 자유와 책임, 고독, 무의미와 같은 존재의 다양한 문제로 인하여 불안과 우울 등을 경험하게 되고 동시에 이를 직면함으로써 삶을 적극적으로 선택하고 의미를 발견하는 진실한 삶을 살게 하는 실천적 접근이다. 이는 피해자로 하여금 자신의 실존상황을 직면하여 인식하고 자신의 삶에 대한 의미와 가치를 발견하여 실천하는 주체적인 삶을 살도록 돕는 것이다.

실존주의 철학의 창시자인 S.Kieregaard(1813~1855)의 영향을 받은 Binswanger(1881~1966)가 심리치료와 실존철학을 최초로 접목한 이후 Medard Boss(1903~1990)가 Heidegger의 실존철학을 정신분석과 체계적으로 결합하려고 노력한 학자이며, Rollo May(1909~1994)는 유럽의 실존주의를 미국에 전파하여 심리치료에 적용한 핵심적인 인물이다. 그 밖에도 의미치료를 개발한 오스트리아의 정신과의사 Victor Frankl(1905~1997), 1980년 〈실존적 심리치료〉라는 저서를 출간하여 실존치료에 이론적 체계를 제공한 Irvin Yalom(1931~현재) 등이 있다.

실존주의 치료는 인간은 자기인식능력을 가진 존재로 보고, 실존적 불안을 지니고 살아가는 존재이며, 선택의 자유와 책임을 지닌 존재이고, 개인은 그만의 주관적 세계 속에서 이해되어야 한다고 보며, 인간은 삶의 의미와 목적을 추구하는 존재로 본다. 피해자로 하여금 자신의 실존적 조건에 대한 인식을 증가시킴으로써 삶을 주체적으로 선택하고 책임지는 진실한 인간이 되도록 돕는 것을 목표로, 피해자로 하여금 자신의 실존상황에 대한 인식능력을 향상시킴으로써 자유와 책임의식 속에서 자신이 진정으로 원하는 삶을 살도록 돕는다. 치료기법으로는 한계상황으로서의 죽음을 직면시키기, 책임을 인식하고 수용하기, 자신의 소망을 자각

---

[110] 실존(existence)의 어원은 'ex-sistere'로서 '도드라지다(stand-out)', '나타나다(emerge)'라는 의미를 지니며 생성(becoming)의 개념을 포함한 것으로, 어떤 실체를 다른 것과 구별하게 만드는 보편적이고 불변적인 속성을 뜻하는 본질(essence)과는 다른 개념이다.

하고 선택하기, 의미를 발견하고 추구하기[111], 자유경험하기, 꿈 작업하기 등이 있다.

5. 게슈탈트치료

게슈탈트치료는 고전적 정신분석의 경직성에 대한 반작용으로 시작되었다. Fritz Perls(1893~1970)가 게슈탈트 심리학, 현상학, 사이코드라마, 연극기법 등을 통합하여 창안한 심리치료법이다.

피해자의 현존, 즉 '지금-여기'에서 경험되는 감각, 감정, 인식, 행동의 알아차림을 고양하는 것으로, 피해자로 하여금 자신이 무엇을 하는지, 그것을 어떻게 하고 있는지, 그리고 자신을 어떻게 변화시킬 수 있는지를 자각하도록 하는 것이다. 게슈탈트는 무의식을 강조하기 보다 피해자가 이미 알고 있는 것 그리고 알아차림을 통해서 알 수 있는 것들을 강조하면서 치료자는 중립성을 지킬 수도 없으므로 피해자와 진솔한 대화적 관계를 강조한다.

치료자들은 인간중심치료와 같이 피해자를 정성스럽게 대하는 면에서 공통점이 있다. 치료기법으로는 '지금-여기'의 체험에 초점맞추기(욕구와 감정 알아차리기, 신체감각 알아차리기, 언어와 행위 알아차리기, 환경 알아차리기), 직면시키기, 역할연기하기, 빈의자기법[112], 꿈 작업하기, 창조적으로 투사하기, 실험하기 등이 있다.

게슈탈트치료사례

피해자는 회계사무소를 다니고 있는 33세의 싱글 여성으로 삶이 전반적으로 만족스럽지 않으며, 인간관계에 문제가 있는 것 같고, 최근 승진에서 누락되었다고 느끼면서 더욱 더 스트레스를 받고 있다고 했다. 치료 시작 몇 개월 후 의견차이를 참지 못하는 위협적이고 공격적인 아버지 얘기를 털어 놓았다. 어머니는 남편의 괴롭힘에도 고분고분하게 반응하는 조용하고 무력한 여성이었다. 점차 피해자는 아버지가 집에서는 폭군이며, 그로 인해 자신의 분노나 의견차이를 잘 표현하지 못했다는 것을 알아차리기 시작했다. 또한 자신의 숨겨진 그런 태도가 직장에서 사장과 그녀에게 굴욕을 주는 또 다른 난폭

---

[111] Armour(2003)는 살인피해 유가족을 돕기 위해 '활동에 기반한 의미 만들기'를 고안했는데, 이는 상징적 중요성을 가진 특정 행동을 강렬히 추구함으로써 실존적 의미를 얻는 것을 강조하는 것이다. 이것은 생각을 바꾸어 외상을 통해 능동적인 문제해결이나 가치있는 목표를 획득하기 위해 노력하는 것을 말한다. 활동에 근거한 Armour(2003)의 다양한 의미만들기 방법에는 자기 자신을 관찰하고 제시하는 것 외에도, 진실 단언하기(살인피해 유가족들은 자신이 본 사실에 집중하여 살인사건의 진실을 표현하는 이야기 만들기를 통해 의미를 만들어 낸다.), 자신의 길을 따르기(살인피해 유가족들은 각자가 가지고 있는 도덕관념과 의미에 기초해서 자기 위치를 재조정한다.), 옳은 것을 위한 투쟁(자신들이 무엇을 겪고 있으며 자신들의 권리가 무엇인가를 자신의 목소리를 통해 표현하는 것이 얼마나 중요한지에 대한 도덕적 분노가 그들의 행동을 이끈다.), 잘못된 것을 고치기 위한 투쟁(많은 살인피해 유가족은 자신의 슬픔과 고통을 사회의 부조리를 바로잡기 위한 생산적인 활동으로 전환한다.), 다른 사람 돕기(살인피해 유가족은 그들이 어렵게 얻은 지혜를 끔찍한 일을 겪고 있는 다른 사람에게 전해 주어야만 한다고 느낀다.), 목적있는 삶을 살기(어떤 살인피해 유가족들은 그들의 삶을 더 열심히 그리고 더 목적성 있게 사는 것으로 문제를 해결한다.) 등이다(김태경역, 2015:234~238).

[112] 빈의자기법이란 피해자가 다른 사람(배우자, 부모, 직장동료 등)을 자기 바로 앞의 빈의자에 앉히는 상상을 하게 만든다. 피해자는 의자를 옮겨 가면서 역할을 바꿔 가며 상대방에게 하고 싶은 말을 하고, 그 사람이 어떻게 반응했을지 상상하게 한다. 그것은 '지금 여기'로 피해자의 생각이나 감정, 그리고 행동과 경험을 잘 인식하도록 돕는 것이다.

자를 격려하고 있다는 것을 깨닫기 시작했다. 직장에서 사장이 자신에게 공공연하게 멍청하다고 얘기해서 몹시 화가 났지만 이런 감정이 적절한지 모르겠다고 말하다가 즉각 사장의 행동을 정당화함으로써 즉시 그러한 감정을 차단했다. 치료자는 피해자가 이야기하는 동안 그녀의 신체, 특히 주먹과 턱의 긴장에 주의를 기울이도록 '지금 당신이 느끼는 것을 알아차려 보세요'라고 말했다. 피해자는 아무 것도 느낄 수가 없다며 큰 소리로 화를 내며 말하다가, 깜짝 놀라며 미안하다고 했다. 그 순간 바로 치료자는 '당신이 화가 나서 나에게 소리를 실렸던 것이 흥미로웠어요'라고 말하며, 그 순간에 나온 화를 가지고 실험을 제안했다. 화를 내는 것이 나쁘다고 믿는 피해자에게 한 의자에는 화를 내는 것이 나쁘다고 생각하는 부분을 두고, 다른 의자에는 나에게 화를 내는 부분을 두어 그들이 서로 대화하게 하였다. 치료자는 피해자에게 양쪽 의자를 번갈아가며 각각의 목소리를 내게 했다. 처음에 피해자가 무엇을 어떻게 해야 할지 모르겠다고 하자, 무엇을 어떻게 해야 할지 모르겠다는 것을 말하게 하고, 떠오르는 이야기를 편안하게 이야기하도록 격려했다. 이 실험을 통해 아버지가 폭력을 휘두르는 동안 방관자의 역할을 했던 어머니에 대한 이야기가 나왔고 아버지와 복종관계인 어머니에 대한 탐색을 통해 피해자의 세계 내에서 어머니의 복종과 규범이 내면화된 정도를 자각하게 되었다. 그 후 다음 세션에 왔을 때 직장에서 이전과 다르게 자기의 의견을 얘기하자 사장이 자신에게 더 이상 무례하게 굴지 않았다고 얘기하며, 활기차보였고 점차적으로 직장 내에서 자신의 위치를 확고히 해나가기 시작했다(Palmer, 2000 ; 김춘경 외 역, 2004 ; 장연집 외, 2011:294에서 재인용).

6. 인간중심치료

인간은 누구나 스스로 자기를 유지하고 향상시킬 수 있는 능력(자기실현 경향성 ; self-realization)을 갖고 있다. 자기실현 경향성은 목표 지향적이어서 자기통제, 자율과 독립, 사회화를 지향한다. 자기(self)는 중요한 타인(일반적으로 부모)과의 상호작용의 결과로 자기구조가 형성된다. 대표자인 Rogers의 이론은 비지시적 상담에서 피해자중심이론으로 그리고 인간중심이론으로 발전하였다.

부모가 아동을 무조건적으로 수용하지 못할 경우, 아동의 유기체적인 욕구와 부모의 요구 사이에 갈등이 생긴다. 아동은 부모의 애정을 얻기 위해 부모의 무조건적인 가치를 받아들이고 자신의 경험은 거부하거나 부정하게 된다. 즉, 자신의 경험과 부모의 요구에 의해 형성된 자기 사이에 불일치가 생기면, 자신의 경험은 부정하고 왜곡하며, 경직된 양상을 보이게 되어 자기실현의 장애를 일으킨다. 이렇게 자기실현의 장애가 심해지면 심리적 장애를 일으킨다.

자기구조의 위협이 없는 상황에서 자신의 유기체적 경험을 있는 그대로 지각하고 검토해서 이를 자기구조에 통합하는 것(즉, 왜곡되어 있던 자기 모습을 되찾고 스스로 자기 성취 능력을 회복하도록 돕는 것)을 목표로 하며, 치료는 피해자가 치료자의 도움을 받아 "스스로 자신의 문제를 해결해 나가는 것"이다.

부모가 제공했던 평가적이고 조건적인 가치적 관계가 아닌 새로운 관계양상을 치료자와의 관계에서 경험시킨다. 치료자는 피해자에게 치료가 어떤 것인지를 설명해주고 피해자가 자신의 감정을 자유롭게 표현할 수 있도록 따뜻하고 수용적인 태도를 보인다. 여기서 가장 중요한 것은 경청인데, 경청은 '온 몸으로 듣는 것'으로 단지 언어만이 아니라 비언어적인 것(얼굴표정, 제스처 등)을 포함하여 피해자의 진실한 내면을 들여다보는 것이다.

수동적 경청	피해자가 말할 때 침묵하면서 조용히 이야기를 들어주는 것으로, 정신건강심리사가 "으흠", "오 그래", "그랬구나!" 등의 짧은 말이나 고개를 끄덕여주는 반응을 보이면 피해자는 자신의 속마음을 털어 놓고 싶은 욕구를 가지게 된다.
적극적 경청	피해자가 표출하는 말의 내용이나 감정을 간략하게 요약해서 응대해주는 것으로, 피해자의 생각과 기분에 보다 효율적으로 반응해주는 것이다.
반영적 경청	피해자가 말할 때 이야기 내용은 물론 그의 표정이나 제스처에 귀를 기울인 후 그 사람의 심정이 어떠한지를 정확하게 파악하여 이를 다시 확인해보는 것이다.

피해자의 부정적인 감정도 표현될 수 있는데, 치료자는 이를 수용하고 명료화해주면, 부정적인 감정을 표현하고 난 다음에 피해자는 좀 더 긍정적인 감정과 충동을 표현할 수 있게 된다. 치료자는 피해자의 긍정적인 감정도 수용하고 명료화해준다. 중요한 것은 야단을 치거나 판단·칭찬을 하지 않고 부정적·긍정적 감정 모두를 '있는 그대로' 받아준다는 것이다. 이런 과정에서 통찰(insight)을 얻어 피해자는 점차 자신을 이해하고 수용할 수 있게 된다.

┃인간중심치료자의 태도┃

무조건적 수용	피해자를 하나의 인격체로서 깊고 진실하게 돌보는 것으로, 돌본다는 것은 피해자의 감정이나 생각, 행위의 좋고 나쁨의 평가와 판단에 의해 영향 받지 않는다는 점에서 무조건적이다. 치료자는 피해자를 수용함에 있어 규정을 정하지 않고 무조건 존중하고 따뜻하게 받아들인다. 이는 "나는 당신을 어떤 때만 받아들이겠다."라는 조건적 수용이 아닌, "나는 당신을 있는 그대로 받아들이겠다."라는 무조건적 수용을 의미한다. 수용은 "감정을 가진 피해자의 권리"를 인정해주는 것이지, "모든 행동"을 다 인정해 주는 것은 아니다. 즉, 모든 표출된 행동이 다 인정되거나 수용될 필요는 없기 때문이다.	
공감적 이해	피해자의 주관적인 경험, 감정을 민감하고 정확하게 이해하는 것으로 피해자의 주관적인 경험, 특히 "지금-여기"의 경험을 이해하도록 한다. 공감적 이해의 목적은 피해자가 자신에게 더욱 밀접히 다가가게 하고 더욱 깊고 강한 감정을 경험하게 하여, 피해자 내부에 존재하는 불일치성을 인식하여 해결하도록 격려하는 데 있다. 치료자가 위의 목적을 잃지 않으면서 마치 자신이 피해자인 것처럼 피해자의 감정을 느끼는 것을 의미하며, 공감은 피해자를 깊이 있고 주관적으로 이해하는 것으로 피해자와의 일체감이다.	
	표면공감	상대방의 이야기에 대해 겉으로 드러나는 감정상태를 이해해주는 것이다.
	심층공감	상대방이 진정으로 말하고 싶지만 쉽게 표현하지 못했던 속마음을 읽어주는 것이다.

일치감/ 진실성	치료자가 개방적이고 진실하다는 뜻으로 치료자를 완전히 신뢰할 만하다는 것이다. 치료자가 모든 수준에서 같은 메시지로 의사소통할 것을 강조한다. 치료자는 거짓된 태도가 없고 그의 내적 경험과 외적 표현을 일치시켜 피해자와의 관계에서 일어나는 감정이나 태도를 솔직하게 표현해야 한다.

 인간중심심리치료사례

피해자는 51세의 여성으로 결혼생활에서의 차이를 해결할 수 있는 어떤 희망도 보이지 않기 때문에 남편과 별거를 해야 할지 말지에 대해 계속 고민하면서 지쳐 있었다. 결혼 초에는 남편으로부터 은근히 소외되는 느낌으로 시작되어 종종 무시되는 느낌이 현재는 노골적인 적대감으로 느껴졌다. 자녀들이 독립하기 전에는 자녀들을 위해 남편과 결혼생활을 유지했지만 현재는 자녀들이 독립한 것에 대한 공허감과 남편에 대한 괴로운 감정이 다시 올라왔다. 그러나 떠나는 것도 이기적인 것 같고, 가족파괴의 책임도 느껴지면서 남편이 상처받을 것이라고 느꼈다. 남편을 떠나고 싶은 마음과 가족을 유지해야 한다는 마음 간의 갈등을 갖고 있었다. 치료자는 그녀의 이런 양가적인 마음을 공감하고 수용했으며, 피해자는 치료자의 수용에 불안이 점점 줄어들기 시작했다. 피해자는 자신의 관계단절감과 공허감을 남편에게 전달하기로 했다. 남편에게 감정을 얘기하자 처음에는 남편이 자신을 책망했고 불친절했지만, 산책을 나가자고 하는 등 남편도 노력하는 모습을 보였다고 했다. 피해자는 어떻게 하면 이런 일을 계속할 수 있을 지에 대해 걱정했으며, 남편이 더 좋게 느끼도록 만들기 위해서 했던 일들에 대해 이야기를 계속 반복했다. 치료자는 이야기를 들으면서 지루함을 느꼈고, 자신의 느낌을 솔직하고 진솔하게 얘기하자, 피해자는 괴로움이 가득한 목소리로 여러 해 동안 가둬두었던 자신의 크나큰 슬픔의 감정과 남편 없는 미래에 직면하게 되는 두려움에 대해 울면서 이야기하기 시작했다. 이후 피해자는 어릴 때부터 동생들을 잘 돌보고 동생 돌보는 책임이 자신에게 있었으며, 그런 모습을 어머니가 항상 인정해 주시고, 주변 사람들도 자신을 칭찬했다는 이야기를 하면서 자신의 가치가 항상 다른 사람들을 통해 이루어졌으며, 자신의 결정에는 항상 다른 사람들의 시선이 먼저였다는 것을 깨닫게 되었다. 몇 주 후 상담은 종결되었고, 피해자는 남편과 당분간 헤어져 있고 싶다고 결정을 내렸다. 남편에게 이 사실을 알렸고, 남편과 떨어져 지내면서 새로운 흥미에 대해 발견하기 시작했으며, 대체로 더 평온함을 느끼게 되었다(Palmer, 2000 ; 김춘경 외 역, 2004 ; 장연집 외, 2011:291에서 재인용).

7. 그룹치료

심리적 장애는 사회생활 속에서 발생한다. 개인 심리치료는 구체적인 사회문제나 가족문제를 다루지 못했다. 심리치료에서 개인의 문제에 초점이 집중되면 그것 자체가 긴장의 요인이 되는데, 개인치료와는 달리 집단치료는 치료의 초점이 분산되기 때문에 긴장을 견디기 쉽다. 생생한 사회집단이나 가족 속에서 개인의 문제를 이해하고 치료하는 방법으로 집단은 개개인의 단순한 집합체가 아닌, 상호작용을 통해 변화를 추구하는 역동적 집단이며, 각 집단원은 공동치료자의 역할도 하는 것이다. 우리의 생활문제는 일반적으로 집단 속에서 발생하며, 사회의 축소판인 집단 속에서 더 생생하게 드러나게 된다. Yalom(1985)은 집단에 참여함으로써 얻게 되는 치료적 장점을 참가자들이 희망을 가질 수 있고, 자기만의 문제와 고통이라고 생각하는 특수한 상황의 문제를 보편적으로 볼 수 있고, 정보의 제공과 나눔, 참가자들의 공감과 수용으로 이타심의 발휘, 원가족 경험의 교정적 반복, 사회화 기술의 제공, 모방적 행동, 감정의 정화, 대인관계의 학습, 집단응집력의 결성 및 실존적 요소를 들고 있는데, Bonney(1986) 등은 Yalom의 치료적 요소를 집단에 적용한 결과, 자신의 이해, 응집성, 감정정화, 보편성과 실존적 요소 등을 자신의 집단들에게 적용할 수 있다고 보고하였고, Wheeler(1992) 등은 감정정화, 자신의 이해, 실존적 요소, 응집성 등이 집단원들에게 중요하게 인식되었다고 보고하였다.

Briere(1989)는 집단원들이 서로를 도우는 가운데 자존감이 증진되고 자신들이 정상인과 별 다를 것이 없다는 것을 느끼게 된다고 하였다. 집단 속에서는 스스로 생각하고 이해하며, 다른 사람의 문제를 객관적으로 볼 수 있고 각자의 의사소통 방식을 검토할 수 있으며, 더 효과적인 방식을 새롭게 학습할 수 있다. 집단을 효과적으로 이끌어 가기 위해 민주적, 집단중심적, 비지시적이어야 하며, 집단 내 다른 구성원들의 복지에 공헌하는 정도까지 각자를 끌어들인다. 목표, 방향, 절차를 수립하는 데 있어 집단과 협동으로 하여 지도자와 구성원이 책임을 서로 나누어 가지게 하며, 스스로를 모든 해답에 대한 전문가로 보지 않고 인간 발전 과정을 촉진시킬 수 있는 사람의 역할을 한다.

(1) 가족치료

가족원 가운데 한 사람이 심리적 장애가 생겼다면 그 개인만 치료하는 것이 아닌 온 가족이 모두 참여하여 개인의 문제를 해결하려는 방식이다. 어떤 개인이 장애를 일으켰더라도 이를 치료하기 위해 가족 전체가 참여하는 것이 효과적이고 타당하다. 가족 구성원이 '왜 그렇게 행동하는가'에 관심을 두기보다, '어떻게 상호작용하는가'에 관심을 가진다. 핵심은 행동의 변화(즉, 궁극적으로 행동·상호작용의 변화)이며, 궁극적 목표는 가족성원 모두가 더 바람직한 적응을 하도록 가족관계를 재정립하는 것이다.

가족을 한 개의 시스템으로 간주하는 치료이다. 한 구성원의 원치 않는 행동은 나머지 가족들의 영향이라고 간주한다. 가족 전부를 긍정적 가족관계와 바람직한 의사전달 수준으로 향상시킨다. 이러한 가족치료는 예방적인 정신건강 책략이 되는 경우가 많다. 치료자는 가족원들에게 서로간의 관계방식이 문제를 생성한다는 것을 이해하도록 돕는다. 가족체계의 구조를 분석하여 그 체계 안에서 각 가족구성원의 역할을 확인하고, 가족 중에 개인의 변화가 아니고 그 체계 내에서 가족구성원이 보이는 행동을 가족원들 간의 관계와 상호작용을 변화시킨다.

가족치료 중 주요이론을 보면, 먼저 Murray Bowen(1913~1990)의 다세대 가족치료는 원가족과 친밀한 관계를 잘 유지하는 동시에 자신의 독립성을 잘 유지함으로써 가족 구성원들의 정서적 문제에 덜 휩쓸리면서 친밀한 관계에서 덜 감정적으로 반응하도록 돕는 것을 말하고, Salvador Minuchin(1921~현재)의 구조적 가족치료는 단기간에 가족 구성원 간의 동맹과 유대를 변화시킴으로써 구성원들이 건강한 방식으로 소통하고 문제를 해결하도록 돕는 것이며, Jay Haley와 Cloe Madanes의 전략적 가족치료는 치료자가 적극적인 개입을 통해서 가족문제의 핵심을 포착하여 다양한 창의적인 해결책을 제시하는 것이고, Virginia Satir(1916~1988)의 합동가족치료는 정서적 체험과 의사소통을 강조하는 것으로 개인이 좀 더 자기다운 인간적인 존재로 성장하는 것이 가족치료에서 중요하다고 하였으며, Carl Whitaker(1912~1995)의 체험적 가족치료는 가족의 억압된 정서를 표출하게 함으로써 가족의 변화를 유도하는 것으로 역기능적 가족은 정서적으로 차갑다고 보았고, Insoo Kim (1934~현재)의 해결중심 가족치료는 피해자의 긍정적 자원에 초점을 맞추어 피해자가 원하는 삶을 위해 해결책을 강구하는 치료법이며, Michael White(1948~2008)의 이야기치료는 경험에 의미를 부여하는 해석과정 자체에 초점을 두는 포스트모던방식이라고 할 수 있다(권석만, 2013:413~453).

부부치료사례

프랑코와 마리아는 푸에르토리코계 미국인으로 고등학교 때 만났으며, 이들의 사회경제적 배경은 서로 달랐다. 마리아의 가족은 그녀 아버지의 국제자문회사가 본사를 산후안에서 미국으로 옮겼기 때문에 이주해왔으며, 프랑코는 몰락한 도시외곽에 거주하는 노동계층 가정에서 자라났다. 부모는 이혼하였고 프랑코는 약물에 손을 대지 않았지만 그의 사촌 24명 중 20명은 약물중독자였다. 마리아와 프랑코는 고등학교에서 '단짝친구'로 시작하여 서로에게 푹 빠져 연인이 되었다. 이들은 마리아가 대학을 졸업하고 나서 결혼했는데, 마리아는 IT 관련 기사여서 보수가 좋은 직업을 얻은 반면, 프랑코는 고등학교 졸업이후 전기기사 수습직을 거쳐 지금은 자영업을 하고 있다. 프랑코는 열심히 일했고 재능도 있었지만, 마리아의 봉급과는 배 이상 차이가 났다. 이들은 아이를 원했지만 프랑코의 생식기능이 약해서 출산은 늦어지고 있었다. 결혼이후 프랑코는 마리아 가족이 다니던 교회인 로마 가톨릭 교구 성당을 다니기 시작했는데, 그녀의 가족은 사회적으로나 정신적으로 매우 독실하였으며 정서적 분위기는 형식적이고 전통적이었다. 반면에 프랑코의 가족은 도로변에 위치해 있으며 문화적으로는 푸에르토리코 사회와 밀접하게 연관되어 있는 온화한 분위기의 교회에 다녔다. 프랑코는 14세 때부터 지금까지(31세) 17년간 도박을 했다. 그는 재미삼아 몇 가지 도박을 해보았지만, 마지막엔 경마에 심취하게 되었다. 다른 병적 도박자와는 달리, 프랑코는 도박에 관한 한 마리아에게 거짓말을 거의 하지 않았다. 그는 좀처럼 자신의 행방에 대해 미리 말하지는 않았지만, 아내가 물어보면 솔직하게 대답했다. 심지어 그는 자신이 얼마나 잃었고 얼마를 땄는지에 대해 말하기도 했다. 그러나 도박으로 인한 손실이 늘어나면서 마리아는 몸소 나서서 그의 문제에 대해 프랑코가 변화된 행동을 취하도록 요구했으며, 자신이 할 수 있는 만큼 재정적인 문제를 통제하였다. 그는 GA에 참석하였고 이후 재발되어 다시 치료를 받기 전까지 거의 4년간 도박을 하지 않기도 하였다. 최근 다시 도박을 하였고 지난 6~9개월 동안 프랑코는 한 달에 평균 두 번 경마장을 출입하면서 매번 500달러 정도를 잃었다. 그러나 정작 관계의 불씨는 프랑코의 외도에 있었는데, 그는 이웃의 건설현장에서 일을 하게 되면서 그 곳에 사는 18세 여성 리타와 바람을 피웠다. 리타에게는 두 아이가 있었는데 갓 태어난 아기가 한 명 있었으며, 리타 자신은 심각한 약물문제를 가지고 있었다. 마리아는 그 관계에 대해 확실히 알고 있었지만 프랑코는 육체적 관계는 없었다고 완고하게 주장했다. 부부가 치료를 위해 방문했을 때, 마리아와 프랑코는 여전히 같이 살고 있었지만 프랑코가 생각할 시간을 요청한 이후로 잠시 별거에 들어갔다. 부부는 각각 자신들의 결혼생활이 구제받을 수 있을지 알아보기 위해 부부치료를 통해 함께 작업하기를 원한다고 말했다.

회기 초에 정신건강심리사는 부부에게 서로에게 매력을 느끼고 끌렸던 점에 대해 질문했다. 프랑코는 마리아가 예쁘고 똑똑하며 상냥한 성격에 끌렸다고 말했다. 그녀는 사람들을 위해서라면 무엇이든 하려 했으며, 게다가 그녀가 곁에 있으면 항상 자신이 모자라고 부족하게 느껴져 더욱 노력하게 만들었다고 하였다. 또한 그녀의 목소리는 달콤하게 들렸으며, 무엇보다도 둘은 언제나 친구였다. 한편, 마리아는 프랑코에게 항상 모든 것에 대해 함께 이야기했던 사실에 매료되었다고 말했다. 아울러 프랑코에게서 남들과는 다른 점을 발견했는데, 자신이 무엇을 원하는지 아는 남자였으며 스스로도 자신감이 넘치는 남자였다고 했다. 또한 그가 거짓 없는 진실한 사람이라고 생각했으며 실제로 사람들에게 따뜻했고 남을 돕기 위해 자신을 희생하기도 했다. 평가를 마친 후 이 부부의 문제에 대한 치료자의 공식화 단계로 넘어간다. 치료자는 부부에게 서로 어떤 방식을 취해야 하는지에 대한 판단적인 설명을 하지 않는다. 공식은 융통성 있는 가설로서 제공되며 치료자는 필요하면 정확성을 확인하거나 수정하기 위한 피드백을 주기위해 개인면담 시간을 가진다. 부부가 공식을 받아들이면 공감적으로 공동작업을 하기 위해 협력하게 되고, 그러면서 문제는 '남편' 혹은 '아내' 대신 '그것'이 된다. 부부치료를 마친 후 치료자가 부부 각자의 할 일, 다짐 등에 대해 질문한다. "만약 문제를 해결하려면 개인적으로 어떻게 변해야 한다고 생각합니까? 그에 대해서 각자는 어떤 책임을 가져야 할까요?" 프랑코는 자신이 더 이상 리타와 만나지 않아야 한다고 말했다. 비록 혼란스럽기는 하지만 자신의 머릿속에서는 이것이 나쁜 일이라는 생각이 있었다고 했다. 그리고 오늘 당장 만나지 않겠다고 약속하지는 못하더라도 결혼생활을 유지하려면 그렇게 해야 한다는 것도 알고 있었다. 마리아는 자신이 아기를 가져야 한다는 것에만 몰두하여 프랑코의 심정을 헤아리지 않았다는 것을 인정했다. 마리아는 집안일들을 통제하는 것은 자신에게는 별 문제가 안 되었으나 둘의 관계에서 모든 것을 자신이 결정하는 것이 비합리적이라는 것을 깨달았다고 말했다(Jacobson & Christensen, 1996:110 ; 김경훈 외, 2007:255~260에서 재인용).

(2) 자조치료

공통의 문제를 가진 사람들이 모여서 서로의 감정과 경험을 토론이나 채팅을 통해 공유하면서 스스로 심리적 안정을 찾는 것이다. 예를 들면 알코올중독자들의 금주동맹, 살인피해자 가족들의 모임, 자폐아 부모들의 모임 등이다. 장점은 저비용이고 같은 문제를 가진 사람에게 위안을 주고 서로 지지할 수 있는 기회를 제공할 수 있다. 단점은 전문가의 개입이 없는 경우 간혹 자기파괴적이거나 부정적인 집단으로 변질될 위험이 있다.

세계적으로 가장 유명한 자조그룹은 AA(Alcoholics Anonymous)이다. AA는 1935년 오하이오 주의 아크론(Akron)이라는 지방에서 빌 더블유와 밥 박사에 의해 처음 시작되었다. 두 남자는 알코올중독으로 오랫동안 고생하고 있었고, 빌 더블유가 지역출장 중에 금주를 하는데 도움을 줄 수 있는 다른 중독자를 찾으면서 만났다. 두 사람은 자신들의 음주문제를 성공적으로 극복할 수 있었다. 오늘날 미국에서 AA 집단에 참가한 사람은 2억명이 넘고, 전 세계에 약 185,000개의 집단 미팅이 진행되고 있다(Mack, Franklin, & Frances, 2003). AA의 철학 안에는 여러 가지 가정이 있다. AA에서는 구성원들이 알코올중독을 자신들이 통제할 수 없는 만성질환으로 보도록 가르친다. 자기비난은 못하게 하며 대신 충분한 힘을 가지고 자신을 극복할 수 있게 돕는다. AA는 어떤 특정 종교집단과 연결되어 있지 않지만, 종교와 영혼은 프로그램에서 중요한 주제이다. 구성원들은 생애에 걸쳐 금주 목표를 달성할 수 있게 '12단계'를 따르도록 권유되는데, 이 단계들은 절대적인 힘을 믿고, 기도와 명상을 하며, 타인에게 해가 되지 않게 하는 것을 포함한다. 거의 모든 구성원은 한 주 여러 번 있는 집단미팅에 참석하며, 미팅 사이에 자신의 조력자로부터 부가적인 지지를 받는다. AA는 사람들이 수용과 이해의 장에서 자신들의 문제에 대해 이야기할 수 있는 안전한 장소를 제공한다. AA는 알코올 사용 장애의 집중적인 치료의 한 요소가 되기도 하지만, 많은 사람들에게 AA가 유일한 치료가 되기도 한다(민경환 외, 2011:692). NA(Narcotic Anonymous)는 익명의 마약류 중독자들의 모임으로 치료프로그램은 AA와 유사하다. NA에서는 회복된 한 명의 중독자가 다른 많은 중독자들을 단약과 회복으로 이끌게 되는데, 마약류 중독을 회복하려는 사람들에게는 가장 효과적인 치료프로그램이다. 이들은 국제총회를 매 2년마다 개최한다.

 자조그룹치료사례

피해자는 23세 여성이다. 이전에 약물 및 알코올 치료를 두 번 받았었고 해독치료도 한번 했었다. 최근에 거의 사망할 정도의 과다 복용으로 인해 약물 및 알코올 치료소에 다시 입소하게 되었다. 피해자는 15세 때부터 벤조디아제핀, 술, 헤로인과 같은 각종 약물을 사용해왔고, 그중에 벤조디아제핀을 가장 좋아했다. 여러 의사들로부터 처방된 벤조디아제핀을 구하기 어려워지면 거리에서 불법으로 구입하였다. 피해자에게는 과다 복용사고가 7번이나 있었다. 그중 두 번은 매우 심각한 응급상황이었고 호흡곤란으로 거의 사망할 정도였다. 평가받을 당시의 피해자는 벤조디아제핀, 알코올, 항우울제를 사용하고 있었고, 가끔씩 헤로인도 주사하고 있었다. OTI 검사 결과를 보면 피해자는 하루에 평균 25알의 정제를 복용하고 있었다. 피해자는 진정제에 어느 정도 의존하고 있었다. 벤조디아제핀 약물작용에 대한 내성이 있었고, 이러한 약물을 오랫동안 복용하지 않으면 약간의 금단증상이 나타났다. 피해자는 어렸을 때 자신의 가족은 혼란스럽고 불행했다고 설명했으며, 어머니가 자녀들을 잘 돌보지 않았기 때문에 복지시설 직원이 정기적으로 자기 집을 찾아왔다고 했다. 아버지가 누구인지 몰랐으며 어머니는 종종 집에 없었다. 여러 해 동안 어머니에게는 여러 명의 파트너가 있었고 그중 몇 명과는 얼마동안 살기도 했다. 자신의 가족 배경에 대해 이야기할 즈음에 피해자는 아는 여자와 숙소를 같이 쓰고 있었는데, 외로움과 고립감을 상당히 느끼고 있었다. 피해자는 15세 때 학교를 떠난 이후로 한 번도 직장을 가져 본 적이 없었다. 직업기술 훈련을 받은 적도 없었다. 정부에서 주는 사회보장 제도 실업연금을 받고 있었고 가끔씩 윤락행위로 약간의 돈을 벌었다. 피해자는 영양실조였고 신체건강 상태도 좋지 않았다. 혈액검사 결과, B형 간염에서 양성반응이 나왔다. 빈번하게 약물을 과다 복용했기 때문에 이대로 약물복용을 계속하면 생명이 위협받을 정도였다. 신경심리학자에게 의뢰되어 약물과다 복용이 피해자의 인지기능에 손상을 입히지는 않았는지에 대해 평가를 받아보게 하였다. 신경심리학자는 인지기능이 특별히 손상된 징후는 없다고 보고하였다. 피해자는 불안하고 우울해 보였으며 자존감도 매우 낮았다. 이러한 정서 상태와 가족 배경 및 여러 번의 자살시도로 미루어 보아 어쩌면 과거의 학대로 인한 외상후 스트레스 장애가 있을지도 모른다고 정신건강심리사는 예상하였다. 정신건강심리사가 공감적인 방법으로 피해자에게 원하지 않은 성적 접촉이나 신체적 학대를 당한 경험이 있었는지에 대해 묻자, 그는 11세 때부터 집을 떠났던 15세 때까지 어머니의 남자친구 중 2명에게서 신체적 학대와 성폭행을 당했다고 하였다. 피해자의 정신건강과 약물사용문제는 피해자가 경험했던 이러한 일화에 기인된 것이라고 정신건강심리사는 생각하였다. 피해자는 상당히 필사적이었고 약물 사용을 중단하기 위한 어떤 행동이라도 취할 준비가 되어 있었다. 불행하게도 그 동안 재발이 반복되다 보니 변화가 되어도 그것을 유지시킬 만한 '의지력'이 자신에게 부족하다고 생각하고 있었다. 그래서 정신건강심리사는 피해자에게는 변화할 수 있고 그 변화를 유지시킬 능력도 있음을 믿게 하는 자신감 향상에 초점을 맞추었다. 정신건강심리사는 피해자가 단약을 위해 이전에 시도했던 방법에 대해 그와 논의했고, 피해자는 과거에 받았던 치료 중에서 도움이 되었던 부분에 초점을 맞추거나 복용의 중단이 성공적이었을 때에 대해서 이야기 하였다. 정신건강심리사는 피해자가 단약에 도전하도록 돕기 위해서는 다른 기술을 배울 필요가 있다는 의미로 과거의 실패를 재구성하였다. 피해자에게는 벤조디아제핀에 대한 신체의존성 때문에 경련이나 발작이 일어날 위험이 있으므로 피해자와 정신건강심리사는 이를 막기 위한 해독치료에 동의했다. 정신건강심리사는 과거의 학대와 관련된 문제에 대해서 상담을 제의했고, 피해자는 기꺼이 받아들이기로 하였다. 학대와 관련된 상담을 동시에 받을 필요가 있다고 생각한 것은 단약으로 인해서 학대와 관련된 사건이 다시 떠오를 수 있고, 이는 재발로 이어질 수 있기 때문이었다. 피해자와 정신건강심리사는 인지치료가 특히 효과가 있을 것이라고 동의했는데, 부정적인 느낌이나 생각에 대처하기 위해서 약물을 주로 사용했기 때문이었다. 집단 인지치료 교육과 재발예방 기술이 입원환자 프로그램의 일환으로 마련되었고, 피해자는 입원치료 기간 동안에 이완훈련 집단에 참가하는 것에도 동의하였다. 이완훈련 집단에서는 점진적 근육이완법과 명상법을 가르쳤고, 정기적인 연습이 필요했다. 피해자는 재발예방 훈련을 통해서 단약을 결심하는 것만큼이나 재발예방을 위한 기술이나 계획도 필요하다는 새로운 통찰을 얻게 되었다. 입원환자 프로그램의 일환으로 피해자는 NA 모임의 가입을 권유받았다. 피해자는 사회적 지지와 격려가 매우 소중하다는 것을 알게 되었고, 12단계에 초점을 맞춘 개인치료를 받기도 하였다. NA 모임에서 새로운 친구도 사귀었으며, 거주입원 프로그램을 마치고 퇴원하고 난 뒤에도 NA 모임과 계속 관계를 맺어 나갔다. 거주입원 프로그램에서는 피해자가 다시 원래 환경으로 돌아갔을 때 받을 수 있는 스트레스에 적절하게 대처할 수 있도록 도와주었는데, 피해자의 경우에는 약물과 알코올 팀이 운영하는 임시숙소에 당분간 머물 수 있도록 해주었다. 이곳에서 피해자는 두 달 동안 머물렀는데, 그 동안 직업훈련 프로그램 입회권을 얻을 수 있었다. 그 후 2년 동안 반복적으로 약물사용의 재발이 계속해서 일어났다. 그러나 피해자는 약물 및 알코올 치료소의 연장케어 프로그램팀, 성폭행 정신건강심리사, NA 모임의 사람들과 계속 연락을 취했고, 어려운 기간을 거치면서 이들로부터 많은 도움을 받았다(신성만 외역, 2010:478~481).

피해자들은 사건이 발생하고 얼마간의 시간이 경과하게 되면 여러 가지 정신적인 병리를 호소할 수 있다. 피해자들은 일상생활을 영위하며 만나는 주변 사람들에게 자신의 심리적 고통을 호소할 수도 있겠으나, 주변 사람들이 언제까지 이들의 하소연을 들어줄 수 없는 시기가 다가온다. 따라서 피해자나 피해자 가족들에게 집단상담 및 자조그룹의 진행이 반드시 필요하다. 피해자들은 자신들이 경험한 사건을 가장 잘 이해해 줄 수 있는 대상을 같은 경험을 한 다른 피해자라고 생각한다. 동병상련의 이치이다. 피해자들은 동일한 고통을 가진 피해자들을 만나서 자신의 아픔을 호소하거나 다른 피해자의 심리적 고충을 들어주며 동질감을 찾을 수 있다.

처음부터 자조그룹을 만드는 것보다는 집단상담의 형태를 거친 후 피해자들이 서로 익숙해지고 더 이상 정신건강심리사의 직접적인 개입이 필요 없어지는 시기쯤에 자조그룹을 진행하는 것이 바람직하다. 집단상담의 그룹원은 유사한 피해를 경험한 피해자들로 구성하는 것이 좋다. 집단상담은 자조그룹을 전제로 하므로 10회기 정도로 구조화하는 것이 바람직하다. 집단상담을 성공적으로 종결한 이후 자조그룹으로 바로 연결함으로써 피해자들의 결속력을 단단히 해준다. 집단상담을 통해 어느 정도 자신의 심리적 고충을 토로하고 다른 사람의 이야기도 들으며 서로 지지하고 위로하며 치유의 과정을 경험했으나, 이로써 완전히 치유되었다고 판단하기는 어렵다. 따라서 장기적으로 자조집단에 참여함으로써 피해 이전의 일상생활을 영위하는 데 큰 무리가 없도록 지원해 주어야 한다.

자조그룹은 피해자들의 주도로 운영되는 것은 원칙으로 하며 피해자 자신들이 지원자가 되도록 유도한다. 피해자들이 자조집단을 성공적으로 이끌어 나가게 하기 위해서는 몇 가지 주의할 사항이 있다. 첫째, 사건 직후의 비탄의 시기를 어느 정도 극복했는지를 살펴본다. 지나치게 힘들어 하는 피해자의 경우는 개인상담이나 정신과 치료를 권하는 것이 좋다. 둘째, 피해와 관련해서 유념할 사항을 살펴본다. 피해자 자조그룹을 이끌어 나갈 주도적 피해자에 대해 신중히 검토해야 한다. 주도자가 피해로부터 어느 정도 회복되었는지, 기본적으로 타인의 말을 신중히 들어줄 수 있는지, 자조그룹의 취지를 올바르게 이해하고 있는지 등을 파악해야 한다.

자조그룹은 정기적으로 정해진 시기에 반드시 모임을 갖도록 유도한다. 한 달에 한 번, 또는 매주 한 번 등 피해자 자조그룹 인원들끼리 정기적인 모임을 미리 결정하고 가능하면 반드시 모임을 진행하도록 한다. 모임의 장소는 집단상담을 했던 장소나 기타 유관기관의 공실을 활용하며, 1년에 한번 정도 야외에 나가는 등의 특별한 모임도 주선하는 것도 좋다.

진화생물학자인 David P. Barash(2011) 등은 AA의 12단계 회복 프로그램을 응용해서 가해자가 피해자에게 용서를 구하는 '용서규약'을 제시한 바 있다.

용서규약	
1단계	상대에게 미안하다고 말한다.
2단계	누군가에게 상처를 주거나 해를 입혔을지 모르는 행동들을 자세히 적는다. 잘못을 과소평가하는 것보다는 과대평가하는 편이 낫다. 작성한 내용 중 빠진 부분이 있는지 상대에게 물어보고 부족한 부분을 더 채워 넣는다. • • • • • •

3단계	상대에게 다시 미안하다고 말한다(이 말은 앞으로도 여러 번 해야 하므로 그럴 마음의 준비를 하라).
4단계	내가 저지른 잘못으로 어떤 대가를 치러야만 하는지 잘 알고 있다는 사실을 상대에게 알린다. 상대가 감정과 의견을 표명하거나, 속 얘기를 털어놓거나, 같은 말을 반복하더라도 모두 주의깊게 듣는다. 상대에게 '경청하고' 있다는 느낌을 주어야 한다.
5단계	내가 저지른 잘못이 단순한 우연이었는지, 실수였는지, 비용과 이익을 잘못 계산한 탓이었는지, 혹은 의도적인 행동이었는지 명확히 밝힌다. 이 단계는 특히 어려우며 시간도 오래 걸린다. 이 단계를 완수하려면 세심한 자세가 필요하다. '부주의'는 자기중심성에서 비롯되는 경우가 많다. 자신의 행동이 의도적이었다거나 잘못이 악의적이었다는 사실을 인정하려면 엄청난 통찰이 필요하다.
6단계	고칠 수 있는 것을 고친다. 망가진 것을 수리하고, 잃어버린 것을 교체하고 줄어든 것을 늘려 놓는다.
7단계	겸손하게 용서를 구한다. 내면의 죄책감, 후회, 슬픔, 비탄, 분노 등을 솔직하게 표현한다(1단계와 3단계에서 미안하다는 말을 했다고 해서 용서를 구한 것은 아니다. 1단계에서 6단계를 완수하기도 전에 용서를 청하는 것은 성급하고 뻔뻔한 짓이라는 점을 명심하라).
8단계	그 사건을 통해 배운 점을 말한다. 나 자신과 나의 실수, 상대와 상대의 고통에 대한 통찰과 자각을 보여준다.
9단계	잘못을 반복하지 않으려면 무엇을 해야 할지, 무엇을 바꾸어야 할지 적는다. • • • • •
10단계	같은 잘못을 또 저지르거나 선을 넘어설 경우, 어떤 불이익까지 감수할 수 있는지 구체적으로 말한다. • • • • •
11단계	필요하다면 1단계로 돌아가 반복한다. 장담컨대 예상하거나 기대한 것보다 훨씬 더 많이 이 과정을 반복해야 할 것이다.

(3) 주거공동생활

2013년 12월 독일의 슈투트가르트시에서 시작된 심각한 폭력피해자 등을 위한 공동생활 모델은 일종의 그룹홈이다. 이 모델은 공동생활 거주지에 심리치료사가 피해자들과 같이 상주하면서 개인적인 상담지원은 물론 현실적인 문제들에 대한 도움과 상담을 제공하며 공동생활의 적응을 도와주고 있다. 대략 12명 정도의 피해자와 4명의 전문가가 한 집에서 생활하는데 전문가들은 정신건강심리사, 사회복지사 등으로 외부로 나갈 때는 사회복지사 직원이 동행을 하게 된다. 공동거주지의 구조는 12명이 한 세대를 이루지만 4명씩 한 집에 들어가고, 각자의 방에서 기거하며, 공동부엌, 공동세면장을 사용한다. 운영기금 중 전문가비용은 시에서 지원하고 이외에도 전문가의 재능기부, 자원봉사자 활동도 프로젝트의 중요 동력이 되며, 개인기부, 물품기부, 시간기부, 장기기부 등 다양한 기부[113]를 받고 있다.

프로젝트는 특히 입원을 해야 할 정도로 상태가 좋지 않지만 보호자가 없는 정신적인 외상피해자들, 해리성 정체감 장애 등으로 고통 받는 피해자들을 위해 유용한데, 이런 피해자들은 자신의 기술이나 능력을 발휘하는데 어려움을 겪으며 정상적인 직장생활도 영위할 수 없으며 일상적인 활동에서도 엄청난 에너지를 소진하고 주로 의기소침한 상태에 빠져있다. 이들은 원치 않는 플래시백에 시달려야 하고 사건의 악몽과 불면증에 고통당하며 육체는 긴장마비상태로 누구의 도움없이는 생활이 어렵다. 이런 피해자들 중에는 엄청난 불안, 우울증으로 고통당하다가 극단적인 자해나 자살을 시도하는 사례도 있다. 따라서 일상생활에서 안정적인 동반자와 보안환경이 없으면 가해자와 피해의 기억에서 헤어 나오기가 어렵다. 이 프로젝트의 결과, 정신병동 입원이나 약물치료로 효과를 보지 못했던 피해자들이 많이 회복되었다. 피해자들은 한번 공동생활시설에 들어오면 2년 정도를 함께 생활하면서 심리정서적 치료회복에 전폭적으로 지지를 받으며 지낼 수 있다. 다음은 주거공동생활의 프로젝트가 가지는 목적이다.

- 잠재적인 자기 계발 향상과 안정성 확보
- 외상을 재구조화하여 외상이나 해리증세의 감소효과
- 자기 상처의 감소
- 무의미한 의료 진단 및 무의미한 의료 입원 환자 치료의 감소
- 자살의 위기 감소, 자기 돌봄의 증가

---

[113] 프로젝트를 위해 작은 금액부터 큰 금액까지 다양하게 개인 기부가 가능하다. 또한 기부자가 특정한 피해자 개인에게도 기부할 수 있고 전체 집단에게도 기부가 가능하다. 기부금은 심지어 다른 지역에 있는 시설이나 시설향상을 위해 교육, 도구 및 창작물을 만드는 데도 사용할 수 있다. 예를 들어 사전 협의를 통해서 필요한 피아노, 기타, 나무와 금속 피리, 봉고, 드럼 등 악기 기부도 가능하다. 또한 프로젝트 참가자들의 야외 레저를 위한 탁구대, 스포츠용품들도 환영받으며, 쓰기와 표현 능력을 훈련하는 것에 필요한 책이나 노트북도 기부받는다. 인터넷의 안전한 사용도 훈련도 하며, 장기적인 교육지원, 피해자 교육을 위한 재능기부도 가능하다. 심지어 주거 시설에 필요한 일상용품, 대중교통 티켓도 기부할 수 있다.

- 관계의 지속성과 자기의 경험의 안정화
- 자기 정체성을 되찾고 일상적인 생활의 구조와 안정성을 향상
- 주의 집중력 향상과 현실생활 적응 개선
- 불안감 감소와 침습적인 기억을 줄여 생활능력 향상
- 가해자와 연락을 종료하고, 개인의 안전한 생활 강화하기
- 보다 안정적인 고용과 건강과 삶의 질을 향상

주거공동생활은 24시간 비디오 감시 카메라와 야간당직자의 대기 같은 철저한 보안 및 보호 아래서 이루어지고 피해자의 요구에 따라 외부 약속에 직원이 함께 동행하며 공동생활 안에서는 다양한 구조화된 프로그램-집단생활에 대한 규범, 창조적인 스포츠이벤트, 건강증진 프로그램 등을 제공하고 거주자들간 의사소통을 돕는다. 물론 직원들의 안정성을 확보하기 위해 장치도 있고, 전문가들의 교육과 타기관의 협력도 이 프로젝트에서 중요한 부분을 차지한다. 거주자들은 독립적으로 살면서도 주거생활시설에 있는 프로그램을 선택하여 참여하거나 레저 활동을 사용할 수 있다(김지영 외, 2014:37~39).

8. EMDR

Shapiro(1987)가 개발한 안구운동민감소실 및 재처리요법(Eye Movement Desensitization and Reprocessing)은 연속적으로 빠르고 반복적인 안구운동을 시켜서 인지적 변화와 불안감소의 효과를 얻는 것이다. 이 원리는 여러 가지 감각들을 통해 충격적인 외상적 기억을 되살려 낸 후 이제까지 비활성화된 흔적을 소화해내지 못했던 변연계 등의 정보처리 적응기제를 자극하여 그 상황을 이해하고 재정비하도록 도와줌으로써 심리적 외상의 충격에서 벗어나게 된다는 것이다. 치료방법은 외상과 관련된 부정적 감정, 기억, 인지 등을 상기한 후 안구는 치료자의 손가락을 따라 20초가량 좌우 혹은 아래위로 왔다갔다 움직이고, 안구운동 중에 경험한 이미지나 감정을 보고하게 한다. 이 과정은 외상적 기억과 감정이 최소화될 때까지 진행된다. 1회당 소요시간은 90분이며 3회에서 12회까지 실시하는 것이 일반적이다. 안구운동대신 다른 자극도 시도되어 동일한 효과를 발생시킨다는 것이 알려졌는데, 손가락 두드리기(촉각), 청각, 반짝이는 불 등이다. 한편, EMDR은 심리적 외상이 아닌 우울증, 강박증, 치매증상에는 권장하지 않는다.

| EMDR 8단계 |

1단계 : 병력청취	※ 재처리가 필요한 기능부전과 건강의 경험적 기여요인 파악 • 환자선택 • 현재 문제(들)와 관련된 과거 경험을 확인 • 기억 재처리를 위해 목표설정 순서 계획을 짤 것
2단계 : 준비	※ 과거와 현재 사이에 이중적 인식을 유지할 능력을 확립 • 관계 – 라포, 정서적 안정성 • 교육 – 사전고지에 의한 동의 • 효과적으로 정서상태를 바꿀 수 있는 환자의 능력을 확실히 하기 위해 정서조절 기술을 개발하고 증진시킬 것
3단계 : 평가	※ 재처리할 목표 기억의 구조화된 평가와 기준 측정 • 그 경험의 모든 현재 요소를 확인하면서, 상의된 사건(목표물)을 접근하고 활성화시킴 • 목표 기억의 기준 측정
4단계 : 민감소실	※ 목표 기억 네트워크를 재처리 • 재처리 : 관련된 연상 채널들을 활성화 • 성공적으로 해결될 때까지(SUD=0), 현재 문제와 연관된 선택된 사건(목표물)을 절차를 이용하여 재처리할 것
5단계 : 주입	※ 긍정적 기억 네트워크와 연결된 연상을 강화하고 증진시킴 • 선택된 긍정적 인지의 적합성을 재평가 • 긍정적 인지를 목표물과 연결하여 VoC=7이 될 때까지 강화
6단계 : 신체검색	※ 남아 있을 수 있는 기억의 육체적·신체적 표현을 재처리 • 기억, 긍정적 인지(믿음)를 접근하고, 신체를 검사하며, 어떤 감각이 있으면 재처리함 • 불편한 신체감각이 있으면 깨끗이 제거할 것
7단계 : 종결	※ 주의 집중의 초점을 현재로 향하게끔 하여 재처리를 종결시킬 것 • 환자를 안정시키고 세션을 종료하며 현재로 향하게 함 • 세션 간의 계획(기록/자기조절 기술) • 임상가와 접촉할 계획을 조정(적절하게)
8단계 : 재평가	※ 목표물을 다시 접근하고 이후의 목표물로 진행 ※ 전체적 기능 수준과 다음을 재평가 • 치료효과에 대한 조사와 목표설정 순서 계획을 계속함 • 목표설정이 필요한 다른 연상물을 조사 • 환자의 보고/진행기록/기록 • 임상가는 프로토콜로 진행함

🔍 EMDR치료사례

　Tinker와 Wilson은 오랫동안 정서적·육체적·성적으로 학대를 받아온 여성을 2년 동안 치료를 했으나 큰 효과가 없자 그녀에게 처음으로 EMDR을 시행해보기로 했다. 처음에는 이 치료법에 대하여 큰 기대를 하지 않았는데, 치료 후 피해자에게 놀라운 변화가 나타났다. 수년의 치료기간과 수많은 치료자들을 통하여 그녀는 자신이 이해한 것들에 대해 말할 수 있는 수준에 이르렀지만 여전히 학대와 폭행에 대한 기억들은 그녀의 정서적 바탕에 깔려 그녀를 괴롭히고 있었다. 그 동안 그녀가 우리를 비롯하여 수많은 치료자들에게 받아온 모든 치료들은 그녀의 정신적 고통을 제거하지는 못했다. 그런데 그녀가 심리적 외상을 받았던 과거와 그것들을 깊이 정화하는 것에 초점을 두었던 몇 차례의 EMDR 회기가 끝난 후에 그녀는 말했다. "이제야 좀 정서적으로 편안해진 것 같아요. 그것은 내 잘못이 아니었어요. 나는 그저 한 어린 아이에 불과했고, 난 내가 할 수 있는 한 최선을 다했어요." 그러한 변화는 그녀와 나에게 기적과 같았다. 우리가 시도했던 어떤 것들도 이와 같은 결과를 가져오지는 못했었다. 우리는 이 새로운 방법의 결과를 기록해 놓기 위해서, 회기들을 자주 비디오로 녹화해둔다. 내가 본 변화들을 기록해두지 않았다면, 그것들을 나 스스로도 믿지 못하였을 것이다. 또한 내가 EMDR의 변화를 거의 매일 관찰하지 않았다면, 나는 EMDR에 대해 회의적이었을 것이다(Tinker, Robert H. and Wilson, Sandra, 1999).

　인체의 정보처리 적응기제의 작용은 아이들의 경우에 더 빠르게 효과가 나타난다. 보다 단순한 인지구조와 보다 확산적인 연상경로 덕분에 여러 단계들을 건너뛰게 만드는 것이다. 코소보 전쟁이 끝나고 몇 달 후 나는 정서장애 치료사의 자격으로 그곳에 갔다. 어느 날 그곳에서 나는 아이 둘을 만나보라는 요청을 받았는데, 그들은 오누이 사이였다. 전쟁이 일어났을 때 민병대들이 그들의 집을 포위하였다. 아버지는 그들이 보는 앞에서 민병대에 의해 살해되었다. 소녀는 자신의 방에서 이마에 권총이 겨누어진 상태로 민병대에 강간당했다. 그 후 그녀는 그때의 충격 때문에 자기 방에 발을 들여놓지 못했다. 한편, 소년은 삼촌과 함께 지붕을 달았는데, 삼촌은 민병대가 던진 수류탄에 맞아 즉사했고, 소년은 복부에 심한 부상을 당했다. 군인들은 소년이 죽었다고 생각해서 버려두고 갔다. 그 후 두 아이는 끊임없는 불안감 속에서 살았다. 잠을 제대로 자지 못했고 음식도 거의 먹지 않았으며 집 밖으로 조금도 나가려고 하지 않았다. 여러 번 소아과 의사가 그들을 찾아갔지만 어떻게 도와주어야 할지 몰랐다. 소아과 의사가 그들에게 특별한 관심을 가진 것은 아이들의 집안과 오랫동안 친하게 지냈기 때문이다. 그곳 의사들에게 외상후 스트레스 장애(PTSD) 진단법을 전수하는 것이 나의 업무였는데, 바로 그 소아과 의사가 나에게 그 남매를 도와달라고 부탁했다. 소아과 의사를 통해 아이들에 관한 이야기를 듣는 동안 나는 그들을 돕는 것이 아주 어려운 일이라고 느꼈다. 특히 통역사를 통해 의사소통을 해야 하는 것이 더 어려웠다. 그들은 끔찍한 기억을 떠올릴 때마다 너무나도 심한 감정의 동요를 겪었다. 하지만 처음 안구운동을 해보라고 했을 때 두 아이 모두 혼란스러워 한다거나 충격을 받는 느낌이 없다는 사실에 놀라지 않을 수 없었다. 그래서 나는 통역사가 옆에 있어서 그들이 연상작용을 하는데 방해를 받거나 아니면 외상이 너무나 강했기 때문에, 그때의 감정에 접근조차 하지 못하는 거라고 생각했다. 그런데 놀랍게도 그들은 이제 아무 고통도 느끼지 않고 폭력적인 장면을 떠올릴 수 있다고 말했다. 아무리 생각해도 불가능한 일이었다. 며칠 뒤에 문제가 전혀 해결되지 않았다는 걸 확인하게 될 거라는 생각만 들었다. 나는 다른 장면을 떠올리게 하면서 치료를 계속할 마음으로 일주일 후에 다시 아이들을 찾아갔다. 아이들의 숙모는 내가 아이들을 만났던 그날 저녁부터 정상적으로 식사하고 밤에도 문제없이 잠을 잘 잤다고 했다. 지난 3월 이후 처음 있는 일이라고 했다. 나는 놀라지 않을 수 없었

> 다. 게다가 여자아이가 자기 방에서 잠을 잤다니! 나는 내 귀를 믿을 수 없었다. 그 아이들이 너무나 얌전하고 착한 아이들이라 내가 아무 도움을 주지 못했다는 말을 감히 할 수 없었던 것일까? 아니면 단순히 고통스러운 사건에 관해 내가 또 다시 물어보는 것을 원치 않아서 일까? 그들이 아무런 증상도 없다고 말한다면 다시 시작하진 않을 거라고 생각했기 때문일까? 그러나 그 아이들을 만났을 때 나는 정말 달라졌다는 것을 알 수 있었다. 아이들은 미소 짓고 있었다. 그렇게 기운 없이 침울하게만 있던 아이들이었는데, 이제는 그 또래의 아이들처럼 장난을 치기도 했다. 얼굴에서도 안정감이 엿보였다. 전쟁 전에 벨그라드에서 의학을 공부했던 통역사도 아이들이 확실히 달라졌다고 했다. 그래도 나는 안구운동(EMDR) 요법을 아이들에게 사용해 본 여러 전문가들의 말을 직접 들을 때까지는 이 치료법의 효과에 대한 의구심을 버리지 못하고 있었다. 전문가들에 의하면, 아이들의 경우 이 치료법에 훨씬 빠른 반응을 보였고, 어른들보다 덜 예민하게 반응한다고 말했다. 코스보에서의 실험 이후, 어린이 PTSD 치료에 관한 연구보고가 처음으로 있었는데 안구운동요법이 아주 어린 나이의 아이들에게도 효과적이라는 점을 알게 되었다. 연구결과 안구운동요법의 효과가 내가 코소보에서 목격했던 것처럼 기적적이지 않을지도 모르지만 상당히 뛰어나다는 사실만은 분명하다(정미애 역, 2004:104~106).

9. 기타심리치료

(1) 동기강화상담

Rogers의 인본주의에 기초한 동기강화상담(motivational interviewing)은 관계중심적이면서 피해자 중심적인, 변화를 위한 체계적 접근으로 정신건강심리사가 다양한 기법과 관계적 기술을 사용하면서 피해자의 변화과정을 돕도록 하는 접근을 말한다. 따라서 상담이론이라기 보다는 변화과정에 있어서 피해자의 내적 변화를 이끌어내고 증진하도록 도울 수 있는 태도와 의사소통 기법을 조합한 초이론적 접근이라고 할 수 있다. 이는 공감표현하기, 불일치 발전시키기, 저항과 함께 구르기, 자기효능감 지지하기의 원리를 사용하며, 변화의 단계는 전숙고(precontemplation), 숙고(contemplation), 준비(preparation), 실행(action), 유지(maintenance)로 구성되어 있다.

(2) 긍정심리상담

Martin Seligman(1998)이 주장한 이론으로, 제2차 세계대전 이후 심리학의 관심은 생계에 도움이 되는 심리적 병질에 초점을 두게 된다. 그래서 치료자들은 피해자의 강점과 덕목, 웰빙 영역보다는 약점과 병리, 결손에 초점을 두는 질병 모형을 채택하게 되고, 이는 DSM이나 ICD 등을 통해 더욱 공고해진다. 그러나 Seligman의 주장 이후 긍정심리상담의 영역이 넓어지게 되었는데, 그들의 이론으로는 강점이론과 긍정정서의 확장(확장가설, 수립가설, 복원가설, 탄력성가설, 번영가설) 등이 있다. 이러한 긍정심리학은 교육, 사업, 조직자문, 결혼, 대인관계, 양육, 운동, 코칭 등 다양한 영역에 응용되고 있으며, 특히 상담 및 치료분야에서 효과적으로 작동할 수 있다. 다시 말해서 피해자의 상처를 진행성이고 난치성으로 볼 것이 아니라, 변화와 호전 가능한 것으로 인식하고 접근할 때 치료의 효과를 더 많이 거둘 수 있다고 본다.

(3) 현실치료

William Glasser(1925~현재)가 창시한 것으로 행동의 선택이론에 바탕을 두고 있다. 인간은 기본적 욕구(생존, 사랑, 성취, 자유, 재미)를 충족시킬 수 있는 내면적인 가상세계인 좋은 세상을 발달시키고 이를 획득하기 위해서 전체행동을 선택하는 하나의 통제시스템이라고 보았다. 성공적인 치료를 위해서는 피해자가 안전하게 느낄 수 있는 치료적 환경을 조성하는 것이 중요하고, 피해자의 행동변화를 이끌어내기 위해서 피해자가 원하는 소망(Wants)을 질문하여 명료화하고 그러한 소망을 실현하기 위해 현재 어떤 행동(Doing)을 선택하고 있는지 물은 후 그러한 행동이 소망을 잘 충족시키고 있는지 평가(Evaluate)하고 그렇지 못하다면 좀 더 효과적인 행동을 선택하여 실천할 수 있는 계획(Plan)을 세우는 것이다.

(4) NLP

NLP는 1970년대 중반에 미국 캘리포니아 대학의 언어학 교수인 존 그린더와 심리학자이며 컴퓨터 전문가인 리차드 밴들러에 의해 창시되었다. 이들은 컴퓨터공학과 언어학을 종합함으로써 새로운 "변화의 언어"를 개발하면서 기존의 뛰어난 치료효과를 내고 있던 버지니아 새티어의 가족치료, 프릿츠 펄스의 형태주의 또는 게슈탈트(Gestalt) 심리치료, 밀턴 에릭슨의 최면치료, 그레고리 베잇슨의 의사소통이론 및 체제이론 등 당대 최고의 심리 및 치료 이론들의 장점을 종합하여 이론적 체계를 세웠다. 그리하여 NLP심리치료는 기존의 다른 어떤 심리학 이론이나 심리치료 기법이 설명해주지 않는 새로운 차원의 인간의 심리세계와 행동의 원리를 체계적으로 가르쳐주고 있으며, 다른 어떤 기법들 보다 빠른 시간 내에 효과적으로 그래서 때때로 '극적'이라고 할 정도로 강력한 변화를 제공해준다. 그것은 NLP가 특히 '무의식'이나 '잠재의식'의 무한한 가능성에 기초하여 이루어지기 때문이다. 인간은 외부세계를 시각, 청각, 미각, 후각, 촉각이라는 신경(neuro)의 작용을 통해 인식하고, 언어를 통해(Linguistic) 조직화하며, 의미부여가 이루어지고 패턴화되고 체계적으로 되어(Programming) 행동으로 드러난다. 결국 인간은 언어로 설명되거나 규정되는 세상을 다섯 개의 감각기관을 통해 경험하며, 의식적이든 무의식적이든 외부의 정보를 특정한 방식으로 인식(감각)한 후에야 비로소 구체적인 행동으로 옮긴다고 할 수 있다. 그렇기에 NLP를 통해서 부정적인 감각과 언어를 바꾸면 행동이나 마음을 변화시킬 수 있고 긍정적이며 성공적인 새로운 행동과 마음을 형성하도록 도와줄 수 있다고 믿는다.

(5) 자가치유법

프랑스 정신의학자인 다비드 세르방-슈레베르(2004)는 인간의 뇌와 정신에 이미 존재하고 있는 자가치유 메커니즘을 최대한 활용하는 치료접근법으로, 그 효율성이 모두 엄격한 의학적 평가를 받은 새로운 치료법을 소개했다. 자연스러우면서도 뚜렷한 효과를 보이는 최첨단의 치료법으로, 모두 감정뇌를 자극하는 치료법인 안구운동 민감소실 및 재처리과정(Eye Movement Desenstization & Reprocessing), 호흡이 중요시되는 정상심장박동훈련, 새벽 시뮬레이션을 통한 생체시계조절 등이 있다(장연집 외, 2011:300).

(6) 대체의학법

대체의학은 질병을 예방하고 치료하며 건강과 웰빙을 증진시키는데 목적을 두는 것으로(미국국립보건원, 1995), 그 영역은 매우 넓고 다양하여 관련된 치료법만 해도 철학적 치료법(요가, 전통중국의학, 무속치유), 자연치료법(마사지, 접골), 의료법(한약, 비타민, 식이, 영양), 생물에너지(자기술, 기공, 촉수), 심신술(명상[114], 최면, 자조, 바이오피드백, 기도, 영적 치유[115]), 예술체육법(미술[116]·음악·체육) 등 매우 다양하다(Cohen, 2000 ; 장연집 외, 2011:301 재인용).

---

[114] 명상(meditation)의 하나인 마음챙김은 자신의 마음에 떠오르는 현상들을 있는 그대로 바라보는 행위로, 불교의 수행법중 하나인 vipassana(통찰명상 : 마음의 현상을 있는 그대로 세세밀밀하게 바라보면서 깨달음에 이르는 법) 또는 samatha(집중명상 : 한 가지 대상에 집중하여 산란한 마음을 멈추게 하여 마음을 맑고 고요하게 하는 법)에서 기인한 것이다. 이는 몸과 마음에서 현재 일어나고 있는 의식경험에 주의를 집중하여 이를 있는 그대로, 즉 비판단적이고 비평가적인 수용적 태도로 명확하게 알아차리는 의도적 노력으로써 번뇌에서 벗어나게 해주는 것을 말한다. 이처럼 비판단적인 마음, 집중된 주의력, 명확한 알아차림이 마음챙김 명상의 핵심이다(안승준, 1993).

[115] 자아초월 심리학 또는 영성치료라고도 하는 것으로, 그 동안 서양의 심리학에서 무시해왔던 인간 경험의 초개인적, 자기초월적, 영적 측면 등 영성과 의식의 변성상태에 초점을 두는 것이다. Ken Wilber는 동서양의 모든 심리학적 지식을 통합하여 제시한 천재적 학자로, 1973년 〈의식의 스펙트럼(The Spectrum of Consciousness)〉이라는 저서에서 인간의 의식 상태를 전개인적, 개인적, 초개인적 수준으로 크게 구분하고 7개의 층으로 세분하였다. 종교나 영적인 접근이 인간의 악한 마음을 순화시키고 마음의 평화를 찾게 해주는 것을 말하는데, 특히 중독분야에서 효과적이라고 한다.

[116] 미술치료는 심리치료의 일종으로 미술요법, 미술심리치료, 임상미술치료, 예술치료 등으로 사용되기도 한다. 미술치료는 회화적인 투사를 통해 상징적 대화를 촉진시킨다(NBaumburg, 1966). 미술과 심리학의 결합으로 감정이나 경험을 말로 표현하기 어려운 경우 미술이라는 방법으로 정서를 표현할 수 있다. 미술이 역기능적 요인의 근본적인 원인을 없애지는 못하지만, Kramer는 미술은 자아의 기능(ego functioning)을 위한 모델로써 중요한 효력을 가지고 있다고 했다(Malchiodi, 2006). 특히 심리적 충격을 받은 사건들을 경험한 사람에게 큰 도움이 될 수 있다. 심리상담 및 치료영역에서 특정의 약물요법이나 전통적인 방법만으로는 치료가 어렵다는 견해로, 국내외로 대체요법에 대한 관심과 필요성이 확대되고 있다. 그 중 미술치료는 아동부터 노인까지 전 연령층에 걸쳐 접근이 용이하고, 내면의 심상을 비언어적인 방법으로 표출하므로 방어기제를 줄일 수 있다. 또한 내담자의 감정이나 사고들이 작품으로 구체화되어 있어 유형의 자료를 얻을 수 있고, 작품의 영속적 보관이 가능하다는 점 또한 장점이다. 또한 치료의 영향성이 학술적, 임상적으로 밝혀지게 되면서 미술치료에 대한 관심과 적용이 전 세계적으로 확대되고 있다(김갑숙, 최외선, 2009, 이혜선, 최선남, 2010). 피해자의 경우 힘들고 고통스러운 일을 말로 표현하는 것 자체가 공포나 불안을 일으킬 수 있다. 그러나 미술은 불안을 감소시키고 감정을 표현하기에 용이하다. 특히 학대나 폭력적인 사건을 경험한 피해자의 경우 심리적인 안정을 얻을 뿐만 아니라 경험한 것을 더 자세히 전달하고 정리할 수 있다.

(7) 마음챙김법

대체의학법 중 심신술에 속하는 것으로 동양의 심리학적 사상 또는 수행방법[117]에 기초한 것이다[118]. 마음챙김(mindfulness)은 자신의 마음에 떠오르는 현상들을 있는 그대로 바라보는 행위를 말하는데, 불교수행법에 따라 마음을 고요하게 하는 것과 마음을 관찰하여 깨달음을 얻는 것을 말한다. 이는 현재의 경험(present experience)을 수용적으로(with acceptance) 자각하여 알아차리는 것(awareness)이다.

① 서양기법

MBSR	Jon Kabat-Zinn(1979)은 마음챙김에 근거한 스트레스 감소법(Mindfulness-Based Stress Reduction)을 제시하였다. MBSR은 8주정도의 마음챙김 훈련을 통해서 신체적·심리적 건강을 증진하기 위하여 신체의 모든 감각에 대한 알아차림을 강조하고 있으며, 먹기, 걷기, 숨쉬기와 같은 일상행동에 대한 마음챙김, 신체의 각 부위의 감각에 집중하는 body scan, 그리고 몸을 골고루 풀어주는 하타요가와 같은 다양한 요소로 구성되어 있다.
DBT	Marsha Linehan(1993)이 경계선 성격장애의 치료를 위해 변증법적 행동치료(Dialectical Behavior Therapy)를 개발하였다. DBT는 진단과 상관없이 강렬한 정서적 고통이나 충동을 경험하는 피해자들에게 효과적인데, 감정조절장애를 지닌 피해자들에게 다양한 심리적 대처기술을 교육함으로써 격렬한 정서상태에서도 이러한 기술을 활용하는 것이 습관화되도록 지속적으로 훈련시킨다. 그 밖에도 대인관계기술, 정서조절기술, 고통감내기술, 의미창출기술을 가르친다.
MBCT	John Teasdale 등(2002)이 우울증의 재발방지를 위해서 마음챙김에 근거한 인지치료(Mindfulness-Based Cognitive Therapy)를 개발하였다. MBCT는 마음챙김 훈련을 통해서 우울증의 재발을 촉발하는 자동적 사고가 떠오르는 것을 알아차리고 수용하며 거리를 둠으로써 자동적 사고의 부정적 영향력을 약화시키는 것이다. MBCT는 우울증의 재발률 감소에 있어서 기존의 인지치료와 동등한 효과를 나타내는 것으로 보이며, 3~4번 이상 우울증을 경험했던 사람들이 MBCT를 통해서 재발률이 약 50%정도 감소했다(Ma & Teasdale, 2004).

---

[117] 수행법으로, 유교적 수행법은 사랑의 마음으로 예의를 지키는 것을 특징으로 하며, 불교적 수행법은 염불, 기도, 마음챙김, 참선, 계정해의 실천인 팔정도(바른 견해, 바른 생각, 바른 말, 바른 행위, 바른 생활, 바른 노력, 바른 기억, 바른 선정)를 수행하는 것을 말한다. 도가사상에서는 우주만물을 생성하고 운행하는 원리인 도(道)를 따르며 살아가는 자연의 태도를 가장 중요한 덕목으로 제시하며, 힌두교사상에서는 다양한 신에 대한 숭배와 봉헌을 중시하는 유신론적 측면을 지닐 뿐만 아니라 지혜와 자기수련을 강조하는 철학적 측면을 가지고 있다.

[118] 마음챙김 명상에 서양 심리치료자들이 관심을 갖는 이유는 서양의 사유방식과 인과론적 세계관에 근거한 심리치료의 한계를 극복할 수 있기 때문이다. 즉 서양에서는 심리적 부적응이나 장애를 지닌 사람들은 현실을 왜곡한 인식을 지니며, 이를 올바른 사실적인 인식으로 대체함으로써 치료될 수 있다는 가정에서 출발하지만, 개인별로 과거의 영향에 현재의 관점과 현재 상황이 모두 다르게 반응한다는 점을 설명하기 어려웠다는 점을 마음챙김과 같은 동양사상에서 해결책을 모색할 수 있었기 때문으로 보인다.

ACT	Steven Hayes 등(1999)이 제3세대 인지행동치료로서 마음챙김을 주요한 치료적 요소로 포함하여 개발한 것이다. 수용전념치료인 ACT(Acceptance and Commitment Therapy)는 피해자로 하여금 인간 삶의 기본요소인 고통스러운 부정적 감정에 저항하지 말고 수용하면서 자신이 원하는 가치와 목표를 실현하는데 전념하도록 돕는 것이다. 따라서 고통을 떨쳐내야만 행복한 삶이 가능한 것이 아니라 고통과 함께하면서도 원하는 삶이 가능하다고 주장한다. 인간의 정신병리는 '경험회피와 인지적 융합'으로 인한 심리적 경직성 때문에 발생하는 것이므로 ACT의 목표는 비판단적으로 고통을 수용하고 원하는 가치를 선택하며 행동에 전념하는 것을 통하여 개인의 심리적 유연성을 증대시키는 것이다.

② 동양기법

모리타 치료	모리타쇼마(1920)가 개발한 것으로, 자기관찰과 명상, 교육, 자기훈련, 행동적 실천이 혼합된 치료법이다. 이는 피해자가 지닌 증상을 제거하려고 시도하기보다는 그러한 증상에도 생산적으로 잘 살 수 있도록 돕는 것을 목표로 한다. 피해자는 4~5주간 입원하여 4단계치료를 받게 되는데, 1단계는 아무런 활동도 하지 않는 휴식단계를 통해 일과 활동의 소중함을 느끼게 하고 2단계는 단순노동의 단계를 통해 자신의 능력과 가치를 느낄 수 있는 생산적인 활동에 대한 소중함을 느끼게 되고, 3단계는 육체노동과 일기쓰기의 단계를 통해 좀더 객관적인 자기관찰과 현실적인 사고를 하도록 유도하며, 4단계는 병원 밖의 외출단계로, 새로운 자기를 경험하게 되고 과거와 다른 적응적인 삶을 영위하게 하며, 이 과정을 성공적으로 거치게 되면 퇴원시킨다.
나이칸 치료	요시모토 이신(1950)이 불교의 수행법을 심리치료에 접목한 것으로, 피해자로 하여금 조용한 공간에서 "다른 사람들로부터 받은 것은 무엇인가?" "그들에게 되돌려 주어야 할 것이 무엇인가?", "내가 그들에게 어떤 걱정을 끼쳤나?"에 대해서 집중적으로 깊이 성찰하게 한다. 1주일간 나이칸센터에 입소하여 매일 15시간씩 앉아서 자신의 마음을 바라보는 작업을 하게 되는데, 수행 중 식사는 앉아있는 장소로 배달되고 수행자는 병풍 속에서 식사를 한다. 이 치료법은 다양한 심리적 장애뿐만 아니라 교정기관, 알코올중독치유센터, 아동재활센터, 일반인 등 다양한 사람들에게 널리 사용되고 있으며, 치료효과가 우수한 것으로 보고되고 있다.
동사섭	융타스님(1980)이 불교의 사섭법 중 하나인 동사섭과 Carl Rogers의 참만남 집단 프로그램을 접목한 행복증진 프로그램이다. 동사섭이란 다른 사람들과 희로애락을 함께 함을 뜻하는 것으로, 이 프로그램은 심리적 고통과 문제를 지닌 사람뿐만 아니라 누구나 참여할 수 있으며, 5박 6일의 합숙수련이고 다양한 명상법을 이용한 집단프로그램이다.
도(道) 정신치료	이동식(1989)이 동양의 도사상과 서양의 정신분석을 접목하여 개발한 것으로, 자신을 비하하고 말살하는 열등감을 극복하고 주체성을 회복하는데 초점을 둔 것이다. 이 기법은 최초의 한국적 심리치료이고 치료자의 인격(공감능력과 자비심 등)을 강조하고 있으나, 이론적인 체계가 약하다는 문제가 있다.

본성실현상담	이형득(1998)이 동서양의 종교에 근거하여 인간의 본성과 성장가능성을 최대한 발현하도록 돕기 위해 제안한 상담기법으로, 상담이란 병리나 문제를 지닌 개인을 정상상태로 회복하도록 돕는 것을 넘어서 보다 나은 성장발달을 촉진함으로써 그가 지닌 생래적 성장가능성을 최대한 발휘하도록 돕는 과정이라고 설명한다.
온마음 상담	윤호균(1999)이 불교의 연기론에 근거하여 제안한 상담모델로, 피해자의 심리적 괴로움이나 문제는 공상을 사실로 착각하고 집착하는데서 일어나므로 정신건강심리사는 피해자로 하여금 그의 공상과 집착에서 벗어나도록 함으로써 문제나 괴로움에서 해방되어 그가 진정으로 원하는 삶을 살 수 있도록 돕는 것을 목표로 한다.
현실역동상담	장성숙(2000)이 가족중심적인 한국문화의 특성을 반영하여 제안한 상담모형이다. 피해자가 현실에서 적응적인 삶을 살도록 하기 위하여 정신건강심리사는 어른, 스승, 부모와 같은 역할을 하여야 한다고 주장한다.

10. 생의학치료

(1) 약물요법

일반적인 생의학치료는 약물치료이다. 이렇게 약물을 통해 피해자의 심리적 상태와 증상의 변화를 연구하는 학문을 정신약물학(psychopharmacology)라고 한다. 정신장애가 있는 사람에게 약물을 투입하는 것은 뇌에 영향을 주려는 것이다. 심각한 정신장애에 대한 약물치료는 콧물에 대한 치료법에서 시작되었다. 알러지로 인한 콧물을 멈추기 위해 먹는 안티히스타민은 피해자를 졸림과 처짐상태로 만들어 피해자를 진정시키는 효과가 있다. 오늘날 향정신성약이 도파민 수용기를 차단하여 조현증과 유사한 효과를 나타내거나 자낙스 또는 발륨 같은 항불안제가 중추신경체계의 활용을 억제하며, 다수의 항우울제는 흥분과 기분을 상승시키는 신경전달물질인 노르에피네프린 또는 세로토닌을 통해서 작동한다. 프로작도 우울증피해자와 강박충동장애피해자에게 처방된다. 향정신성 약물로 도파민 수용기를 막아서 정적 증상을 줄일 수 있지만, 무감정 및 사회적 위축과 같은 부적 증상은 뇌의 중피질 영역의 도파민 저활성화와 관련되므로 시냅스에 도파민의 양을 증가시키는 약을 필요로 한다.

PTSD인 경우 심리적 방법과 더불어 필요하면 약물치료도 병행하는 것이 좋다. 약물치료는 당장의 고통을 경감시켜줄 수 있다. 불안, 우울, 수면장애, 과도한 각성, 침투적 사고 등이 심할 경우 약물로써 증상을 완화시켜주면 치료효과를 높일 수 있다(최송식, 2010). 무엇보다 중요한 것은 PTSD가 표면적으로 나타나는 증상이 외부인에게는 그리 대단하지 않게 보이는 신경증적 증상이기 때문에 방치될 수 있으므로 외상을 경험한 경우 반드시 정확한 진단을 받고 적절히 치료를 받아야 한다는 것이다(남보라 외, 2010:149).

한편, PTSD는 신경전달물질계, 신경내분비계의 변화에 따라 공포 및 무력감을 겪게 되고, 편도, 해마 등의 두뇌 기능상의 변화에 따라 외상적 기억이 나타나면서 이들이 연결되어 외상

후 스트레스 장애로 발현하는 것으로 이해할 수 있다. 따라서 생리작용에 변화를 줄 수 있는 약물치료가 시도되고 있다. PTSD에 사용하는 약물들로는 노르에피네프린, 도파민, 세로토닌계 항우울제, 오피오이드 길항제, 리튬 등의 기분안정제, 벤조디아제핀, 교감신경억제제 등이 사용된다. 이런 약물들은 외상후 스트레스 장애 증상을 완화시키고 스트레스에 대한 저항성을 증가시키며 삶의 질을 호전시키고 장해를 감소시키며 공존질환의 문제를 해결하는 효과를 거두는 것을 목표로 한다.

| PTSD 치료약물 |

분류	대표약물	특징	부작용
SSRI	paroxetire(세로자트) sertraline(졸로프트등) fluvcxamine(듀미룩스) citalcpram(시프람)	PTSD 특징적 증상의 호전, 우울, 불안, 공황, 강박 증상에 대하여 효과적, 1차적이며 우선적인 선택 약물	불면, 초조감, 성기능장애, 위장기관 불편감 등
비-SSRI 세로토닌성 약물	trazodone(트리티코 등) venlafaxine(이펙서) mirtazapine(레메론)	PTSD 증상 호전, 불면에 효과, PTSD치료 효과 검증 중	진정, 고혈압, 과도한 진정, 체중증가
TCA	imipramine(토프라닐등) amitriptyline(에트라빌등)	회피를 제외한 PTSD에 효과적	항콜린성 부작용, 심전도 기능이상 등
MAOI	moclobemide(오로릭스)	전형적 MAOI는 PTSD 증상개선 효과가 보고되어 있으나 가역성 MAOI에 대해서는 많은 연구 없음	병용 약물 주의 필요
기분안정제	lithium(리단 등) carbamazepine(테그레톨등) valproic acid계(데파코트등)	많은 연구가 없으나 PTSD에 대해서 효과적일 가능성, 특히 민감성, 분노, 충동조절장애 등에 효과적	신경학적 증상, 백혈구 저하증, 저나트륨혈증 등의 가능성, 위장장애, 진전 등
향정신병약	olanzapine(자이프렉사) risperidone(리스페달등) quetiapine(세로)	편집증상, 분노발작, 플래시백 등의 증상에 효과적, 최근 단독 및 부가요법으로 시도 중	과도진정, 체중증가, 경도의 추체외로 증상 등
항아드레날린성 약물	clonidine(카타프레스등) propranolol(인데랄등)	과도각성, 악몽 등	서맥, 고혈압치료 중인 피해자에서 주의 필요

(2) 전기충격요법

1초 미만동안 피해자의 두개골에 충격을 주어 우울증을 치료하기도 하는데, 마취와 근육이완 처치를 받은 후 전기충격을 준다. 부작용으로 명백한 뇌손상은 없으나 약간의 기억상실이 나타날 수 있다. 따라서 정신과의사들은 전기충격요법(electro convulsive therapy : ECT)을 심한 우울증 치료에 국한해서 실시한다.

(3) 두개골간 자기자극법

두개골 간 자기 자극법(transcranial magnetic stimulation : TMS)은 강력한 자석을 사람의 머리에 꽂고 뇌의 신경활동을 바꾸는 치료법으로, 우울증치료에 이용된다. TMS는 비침투적이고 ECT보다 부작용이 적고 마취가 필요 없으며, 기억이나 주의집중에 영향을 주지 않지만, 약한 두통과 약한 간질발작이 있을 수 있다.

(4) 광선치료

밝은 빛에 반복적인 노출을 하는 광선치료(phototherapy)는 빛의 부족으로 오직 겨울에만 우울증을 경험하는 계절성 기분장애(seasonal affective disorder : SAD)를 가진 사람들의 치료에 이용된다. 일주일 동안 매일 아침 하루 2시간씩 전등을 이용해 치료를 받는데, 적어도 단기적으로는 매우 효과적이다(Terman et al, 1989).

(5) 정신외과술

생의학적 치료 중 가장 위험한 치료인 정신외과는 행동을 변화시키려고 뇌조직을 제거하거나 파괴하는 수술을 말한다. 동물 뇌의 특정부위를 절제하면 차분하게 만들 수 있다는 것에 힌트를 얻은 1930년대 포르투갈의 의사인 Egas Moniz가 뇌전두엽절제술을 개발했는데, 즉 감정을 담당하는 시상하부와 전두엽의 연결을 끊는 시술이다. 그의 의도는 정서와 사고의 분리였으나, 그의 수술을 받은 사람들은 로봇이 되었음에도, 그 공로로 그는 노벨의학상을 수여받았다. 그래서 최근에는 뇌전두엽절제술은 거의 시행하지 않으며, 극단적인 경우에만 이용되고 보통 진정제를 활용한다.

11. 치료의 평가

(1) 착오적 치료

통상 피해자는 의사의 약처방을 받아 복용 후 치료가 되었다고 믿는다. 그러나 많은 경우 치료효과는 다른 요인들의 작용일 수 있다. 예를 들면, 자연치유, 비특정적 치료요소, 재구조화된 기억으로 인한 착각이다. 자연치유는 극도로 허약해진 심신이 자동조절기능에 의하여 다시 평균수준으로 자연스럽게 회귀한 것인데, 보통 피해자들은 극심한 때 치료나 약을 찾기 때문에 자연치유기능이 아니라 마치 약효과 때문에 치료된 것으로 착각한다. 비특정적 치료요소는 실제 치료요소가 아닌 요소에 의하여 회복된 것으로 생각하는 것을 말하는데, 예를 들면, 치료자 또는 피해자가 좋은 관계를 맺고 있으면서 약처방 후 건강회복이 되었을 때 사실은 두 사람의 좋은 관계 때문에 호전효과를 보인 것임에도 약효과 때문이라고 귀인하는 경우, 우울 증상이 있는 피해자가 의사의 약처방을 받고 치료의지를 강하게 갖기 위해서 금주를 하는 행동을 했을 때 실제 치료효과는 약물이 아니라 금주행동에서 비롯될 수 있음에도 약효과로 착각하는 경우, 또는 위약효과처럼 단순히 치료를 받는다는 것을 아는 것도 호전효과를 낼 수 있다. 재구조화된 기억으로 인한 착각이란 치료에서 성공에 대한 기대가 큰 피해자는 과거 증상이나 문제를 더 나쁘게 기억하여 치료가 보다 효과적이었다고 생각함으로써 전혀 도움이 안 되었던 치료조차 효과가 있었다고 믿게 되는 것을 말한다. 따라서 치료효과는 명백한 추론을 가능하게 하는 이중맹목기법과 위약통제집단과 같은 연구방법을 사용하면서, 치료결과와 과정 모두에 초점을 두어 검증하여야 한다(민경환 외, 2011:707~713).

(2) 위험한 치료

정신장애를 치료하는 방법으로 먼저 약물치료는 심한 내성으로 인한 중독과 중단으로 인한 금단증상이 발생할 수 있는 부작용, 약물간 상호작용 가능성, 그리고 합병증에 대하여 주의하여야 한다. 다음으로 심리치료도 위험성은 있다. 예를 들어 피해자에게 없는 질병을 심리학자가 있는 것으로 착오하는 경우에 의원성 질병(iatrogenic illness, 의학적 혹은 심리치료의 결과로 발생하는 증상이나 장애)이 발생한다.

(3) 효과적 치료

1995년 미국 심리학회(American Psychological Association)가 발표한 증상별 효과적인 심리치료기법을 보면 다음과 같다.

매우 효과적인 심리치료		아마도 효과적인 심리치료	
인지행동치료	공황장애	행동치료	코카인 중독
인지치료	우울	단기 심리역동치료	아편 중독
인지치료	폭식증	인지행동치료	아편 중독
대인관계치료	우울	단기 심리역동치료	우울
행동치료	강박증	대인관계치료	폭식증
행동치료	아동기 유뇨증	행동치료	공격적인 성생활
행동치료	결혼문제		

피해자들의 주요 증상별로 추천되는 치료법을 보면 다음과 같다(채정호 외, 2010:239).

주요증상	추천되는 치료법	고려되는 치료법	연령구분	추천되는 치료법 (순서대로 선호)
침습적 사고	노출치료	인지치료 불안관리 심리교육 아동대상 놀이치료	아동, 청소년	놀이치료 심리교육 불안관리 인지치료
Flashback	노출치료	불안관리 인지치료 심리교육		
외상과 관련된 공포나 두려움, 회피	노출치료 인지치료 불안관리	심리교육 아동대상 놀이치료	성인과 장년층	인지치료 노출치료 불안관리 심리교육
멍함/다른 사람과 접촉하지 않음/흥미를 잃음	인지치료	심리교육 노출치료		
성마름/분노폭발	인지치료 불안치료	심리교육 노출치료	노인	인지치료 불안관리 심리교육 노출치료
죄책감/수치심	인지치료	심리교육 아동대상 놀이치료		
일반적인 불안 (과경계, 과각성, 깜짝놀람)	불안관리 노출치료	인지치료 심리교육 아동대상 놀이치료		
수면장애	불안교육	노출치료 인지치료 심리교육		
주의집중의 어려움	불안교육	인지치료 심리교육		

부록
침묵은 우리를 도와주지 않는다
- 드러내기 + 변화하기 + 움직이기 -

손경이 / happylifeup@naver.com
한국양성평등교육진흥원 전문강사

말에도 온도가 있다는 말을 통해 '말'의 중요성을 인식하듯이 "경험 안에 교육이 있다."라는 말도 있습니다. 저는 '경험'이 중요할까? '교육'이 중요할까? 두 가지를 두고 늘 방황했는지 모르겠습니다. 이 두 가지 측면의 핵심은 아마 '사람'일 것입니다. 그 자리가 '안전하다'고 판단되면 각자의 피해 경험을 터놓을 것입니다. 안전한 공간은 아마 안전한 '사람'들이 만들 수 있을 것입니다. 아마 피해자들은 안전한 사람을 찾아 목소리를 내고 싶어 할 것입니다. 제 이야기를 들어 줄 사람이 있다면 속편하게 진솔하게 아프면 아프다고, 힘들면 힘들다고 말을 할 것입니다. 안전한 사회, 안전한 교육, 안전한 사람, 안전한 공간이 얼마나 중요한 지를 말해보고 싶어서 용기를 내어 봅니다.

아마 이 글은 사실 20대 초반인 제 아들이 써야 하는 것인지도 모릅니다. 어느날 갑자기 살인 피해자 가족이라는 낙인 속에서 함께 한 엄마로써, 아들과 이 문제를 같이 나누고 싶고 저는 다양한 피해의 당사자로써 용기를 내어 봅니다. 저는 고통에서 벗어나고자 심리상담, 치료, 치유라는 단어만 들으면서 인생의 반을 보냈습니다. 그동안 많은 생각, 의미, 가치, 태도를 통해 저를 돌아보는 기회로 오늘 용기를 내어봅니다.

우선 저는 40대 중반의 여성으로써 의상학, 교육학(청소년심리), 사회복지학을 전공하고 현재까지 10년 이상 통합폭력예방강사로 활동하고 있습니다. 저는 성교육, 성희롱, 성폭력, 성매매, 가정폭력 예방 및 성평등, 인구교육, 부모교육, 음주예방, 학교폭력 예방 및 청소년 상담, 군 상담 및 경찰상담 등의 다양한 영역에서 전문강사로 활동하고 있습니다.

이제 저의 과거 이야기를 시작하겠습니다. 저는 고등학교 때 1년간 학교폭력 피해자로 자살시도 3번과, 20대 때는 낯선 남자에게 납치되어 5일간 감금상태에서 성폭력을 당한 피해자로, 30대 중반에는 가정폭력에 시달리다가 2년간의 재판을 거쳐 15년 결혼생활을 마감한 경험이 있고, 이혼 후 남편이 동거녀에게 살해당하면서, 원치 않던 살인피해자의 가족으로 사는 아픔을 경험을 겪은 후, 나락에서 벗어나고자 새롭게 나의 길을 가고 있습니다.

이혼 후, 1년 뒤 동거녀에게 살해를 당한 전남편으로 인해 아들이 받은 상처가 많고 나 또한 여러 경험을 통해 수많은 생각을 하게 되었습니다. 다른 사람과 좀 다른 살인피해자 가족으로써 시댁과의 문제에서 많은 것을 또 겪게 되었습니다. 이제야 말할 수 있어 사회문제로 드러내고자 합니다. 남편이 없는 시댁은 참으로 우리에게 괴물 같은 사람으로 다가왔습니다.

저는 결혼 후 음주, 경제, 학력, 시댁갈등, 가치관 차이, 그리고 남편의 폭력으로부터 벗어나고 싶어서 남편을 가정폭력으로 신고하고 최종 법적 판결까지 2년여 긴 세월을 흐른 뒤 15년 동안의 가정생활을 마감할 수 있었습니다. 이혼 후 초등학교 6학년이었던 아들은 인도로 유학을 가게 되었고, 결국 우리 가족은 각자 다른 방향으로 삶을 살게 되었습니다.

이혼 후 경제적인 어려움에 시달리다가, 어떻게든 살아야겠다는 생각으로 지금까지 정말 열심히 공부했습니다. 다행히 많은 공무원, 교사, 청소년, 학부모를 대상으로 한 저의 강의에 많이들 호응해주셔서 힘을 얻게 되었습니다. 그러나 강사로써 이혼녀라는 것을 밝히지 못한 채, 가면을 쓰고 강의를 하는 저의 비굴한 모습 때문에 가치관이 흔들렸습니다.

그러던 어느 날 전 남편의 사망소식을 듣게 되었습니다. 아무도 전 남편의 사망이유에 대하여 자세히 설명해주지 않았습니다. 인도로 유학갔던 아들이 돌아왔습니다. 그러나 사춘기였던 아들은 한국생활에 잘 적응하지 못했고 우리는 자주 말싸움을 하였습니다.

남편이 죽은 후 남긴 돈 때문에, 그리고 빚 때문에 시댁식구 등 주변 사람들에게 수도없이 시달리게 되었습니다. 사기, 폭언, 무관심 같은 사람들이 주는 상처를 깊게 받았습니다. 돈과 관련된 각종 폭력, 무관심, 사기, 은폐, 돈에 대한 재판 등 여러 가지 이유로 시댁의 배신에서 아들은 '성본 변경' 신청을 스스로 판단하여 법원에 소장을 내게 되었습니다. 본인 스스로 행복하기 위해 어른다운 어른의 성을 따르고 싶어서 성본 변경신청 사유를 적은 아들을 보면서 많은 생각을 하게 되었습니다.

판사의 허락을 받은 후 아들은 엄마와 같은 성씨로 살게 되었고 저는 지금 아들의 엄마이자 아빠로 살고 있습니다. 아들이 그날 이후 날 '엄빠'로 부릅니다. 전 '엄빠'가 좋습니다. 힘들지만 둘이 할 몫을 한명이 다해내는 것도 저에게는 무한한 능력이 있나 봅니다. 이 심정은 직접 경험해보지 않고는 아무도 판단할 수 없을 것입니다.

오늘은 아픔을 이야기하는 시간이 아니기에 사건을 다 빼고, 피해자로써 회복되는 시점, 방향, 관점에 대해 이야기를 더 나누어 보고자 합니다. 저 또한 힘든 시기였지만, 어떻게 잘 극복했는지 곰곰이 생각하게 되었습니다. 반복되는 고난 속에서 제가 어떻게 극복하게 되었는지 생각해보니, 피해 경험을 말하는 사람과 말하지 않고 지내는 사람들이 있음을 알게 되었습니다. 개인적으로 경험을 통해 성공과 실패 사례가 있을 것이라고 생각됩니다. 자신의 경험을 공개적으로 말하기는 쉽지는 않았을 것입니다. 전 후자에서 전자로 스스로 경험을 말하는 것으로 변해 있었습니다. **말하는 것은 당사자로써 어떤 의미가 있는 것일까요?**

왜 전 말을 하는 쪽으로 방향이 갔을까, 생각해보니, 개인의 문제뿐만 아니라 사회문제라는 것을 알았기에 사회구조를 변화시키고 싶은 것이었습니다. 이것은 교육을 통해 알게 되는 인지의 재구조로 인해 많은 것들에 '나에 대한 죄책감' 줄어들면서 생기기 시작한 것입니다.

이 또한 사건을 경험한 후 비슷한 사건을 매스컴, TV를 통해 종종 보게 됩니다. 이럴 때도 보면 같은 사건을 더 즐겨 보는 사람과 비슷한 사건의 뉴스를 보지 않는 사람이 있습니다. 전 비슷한 기사뿐만 아니라 정치, 이슈, 세계동향, 뉴스, 기사검색까지 하고 더 많은 관심을 가지고 보는 쪽으로 방향이 바꾸어 있었습니다. 누가 좋은 소식보다 나쁜 소식을 찾고 보고 하겠는가요?

첫째는 '당사자로써 또 다른 당당한 피해자의 목소리를 통해 자기의 목소리를 낼 때, 변화의 시작이 되는 것' 같습니다. 십여 년 전에 어느 초등학교 5학년 교실에서 성폭력 예방교육을 했습니다. 새내기 강사로써 매뉴얼대로 별다른 의식, 감정없이 강의를 했습니다. 초보이다 보니 공통강의안으로 강의를 했습니다. 성폭력 피해자에 관한 통계를 보여줬습니다. 한 해에 ○○명이 사건을 겪고 가해자는 대부분 아는 사람이면서 친척이라 말하면서, 즉 사촌오빠, 의붓아빠, 친아빠, 외삼촌, 할아버지 등이 있다고 설명했습니다. 설명한 후 한 여자아이가 손을 번쩍 들었습니다. 아빠한테 성폭력 피해를 입었다고 당당히 말하는 여아는 처음 보았습니다. 너무 놀라고 당황한 저는 수업이 끝나면 상담하자며, 손을 내리라고 얼버무렸습니다.

수업이 끝난 후 복도에서 아이가 저에게 오히려 질문을 했다. "내가 왜 손을 들었는지 3가지 아유가 있다는 것입니다." 전 자신의 아픔을 말하는 아이도 처음, 저에게 질문을 하는 아이도 처음이었습니다. 이때 저에게 회복의 변화가 시작된 것입니다. 그 아이의 당당한 모습을 보면서 저의 깊은 내면의 움직임이 시작된 것 같습니다.

성폭력 통계를 보여준 사람 및 아는 사람이 누군지 자세히 설명한 사람은 선생님이 처음이라며 고마움을 표했습니다. 통계를 통해 본인의 문제가 아닌 가해자의 문제인 것을 예방교육을 통해 알게 되었다는 것입니다. 가해자 2, 3위가 아빠였다니, 이건 자기 문제가 아니고 아빠의 잘못임을 알게 됐다면서 용기까지 그 날 생긴 것이라 다른 아이들에게 본인만의 대처방법을 알려 주려고 했다는 것입니다.

그간 다른 강의에서 성폭력 통계를 제시하면 반응이 시큰둥했습니다. 비경험자는 못 믿겠다. '그런 아빠가 세상에 어디 있느냐'고 말합니다. 그런데 경험자인 아이는 달랐습니다. '나만 당했다'에서 '나도 당했다'로의 인식의 전환이 일어난 것입니다. 저에게 그 아이는 서운하다고 했습니다. 자기가 용기 내어 피해사실을 공개했을 때, 박수를 쳐주었어야지 왜 손 내리라고 했느냐고, 선생님도 경찰이랑 똑같다고, 어른들은 왜 무조건 숨기느냐고, 그렇게 말하곤 저에게 원칙이 살아있는 세상을 만들어 달라고 부탁했습니다. 피해자가 말하기 시작하면서 부터 다른 사람들은 현실을 믿고 문제점을 인식하게 되는 것입니다. **회복하는 피해자 분명히 있습니다.**

그로부터 6·9개월 간 강의를 하다 중단하다 했습니다. 열두 살 아이의 당당한 모습이 부러웠습니다. 강사로서 부끄럽고 어른으로서 미안했습니다. 크게 마음이 움직였습니다. 진정한 감동은 이전으로 돌아갈 수 없음이라고 했던가, 이전 지식은 폐기했습니다. 처음부터 다시 시작했습니다. 성폭력 교육 자료를 조목조목 의심하면서 읽어 내려갔습니다. 그때 제 안에서 무언가 올라오기 시작했습니다. 이때부터 저는 기존의 성교육을 의심하면서 그동안 목소리를 왜 못냈는지에 초점을 두고, 스스로 질문을 통해 저의 내면을 들여다 보면서 성장시키기 시작한 것 같습니다.

가장 중요한 것은 당당하면서 회복한 피해자를 처음으로 직접 접할 기회를 만드는 것입니다. 예를 들면, '피해자 말하기 대회' 같은 그런 행사들이 필요합니다. 다른 피해자들도 처음 접한 당당하게 말하는 순수한 피해자를 보면서 자신의 문제를 이해할 수 있게 된다면, 분명 회복할 수 있습니다. 그것은 개인의 문제를 넘어 사회문제라는 인식으로의 변화입니다.

그 후 스스로 질문은 통해 "위험한 상황이 닥치면 소리를 질러라?" 소리 지르면 죽을 수도 있는데, 소리 질러서 산 사람이 있을까, 짧은 치마를 입지 마라, 밤에 돌아다니지 마라, 모르는 사람 따라가지 마라, 성폭력 예방 지침의 모든 항목이 피해자 유발론인 것을 알게 되었습니다.

제가 가장 힘들었던 부분이기도 한데, 사건을 사건으로 접하는 방법, 사람과 사람이 사건을 통해 변화되는 과정, 주변 사람들의 시선에 제가 스스로 함몰되는 과정을 통해 전 이것을 극복하는 것이 가장 힘들었습니다. 자신과의 싸움이 시작된 것입니다. "나만 당했다는 것에서 나도 당했다."는 인식변화를 통해, 그것을 사회문제로 당사자의 목소리를 내는 이유를 알게 된 것 같습니다.

피해를 입고도 오히려 자기 잘못이라고 자책감에 시달리는 현상을 하나 둘씩 알아가는 것 같습니다. 신고율도 저조하고, 제가 완전히 잘못 가르치고 있었구나, '피해자 유발론'에서 '가해자 예방론'으로 접근이 바뀌어야 한다는 걸 알게 되었습니다.

어떻게 하면, 통념의식 예방강의를 잘 할 수 있을까, 통념 깨기에 집중적으로, 그래서 한동안 그것만 연구했습니다. 한국성폭력상담소 홈페이지를 즐겨찾기 해놓고 드나들면서 사례를 참고했습니다. 그 무렵 '제3회 성폭력 생존자 큰 말하기 대회' 공지가 떴습니다. 호기심에 찾아갔습니다. 무대에 올라가 마이크를 붙잡고 자기의 피해 경험을 얘기하는 여성들을 보았습니다. 마음이 울렁거렸습니다. 눈물이 솟구치고 기억이 떠올랐습니다. 십 수 년 전 폭발하여 파편처럼 흩어져 있던 기억의 퍼즐 맞추기가 시작된 것입니다.

그 퍼즐은 봄기운이 완연했던 오월의 어느 날 발생했습니다. 낯선 남자에게 끌려가 닷새 동안 감금당했다가 풀려났습니다. 경찰에 신고했고 범인을 찾으려다 실패했습니다. 그때 제 사건을 담당했던 경찰관님들이 성심성의로 저를 도와 주었습니다. 그러나 그 이후 모든 경찰관들이 다 그렇지는 않다는 것도 알게 되었습니다. 그래서 이 글을 통해 그때 제 사건을 담당해주셨던 경찰관님들에게 더 감사의 마음을 전합니다.

그리고 세월이 흐르면서 잊었습니다. 해리현상, 모든 종은 위험이나 전멸의 무시무시한 위협에 생물학적인 반응을 합니다. 해리는 신체적으로나 정서적으로 뭔가를 느끼는 능력이 완전 차단되면서 고통과 공포로부터 멀어지는 현상으로, 효과적인 생존기제입니다.

결혼을 하고 아이를 낳고 일하고 몇 개의 돌부리 같은 사건을 지나며 일상을 살아갔습니다. 심해의 깊은 어둠을 밀고 올라온다는 산 갈치처럼 외상의 기억이 불쑥 떠오르기 전까지는, 사건의 기억은 절 힘들게 하지만 사건을 통해 저를 더 자세히 볼 수 있는 기회도 된 것 같습니다.

저의 경험을 본다면, **둘째, '관심을 갖고 공부하기'입니다.** 관심을 가지게 될 수 밖에 없는 일들이 저에게 생겼습니다. 매일 사건검색을 하면서 분석해보기, 페이스북, TV 등에서 보도된 사건들의 숨겨진 피해자의 마음을 공유하면서, 그들과 함께 분노의 목소리를 내고 있었던 것 입니다. 그 이후 다양한 유형의 피해자들의 심리에 대하여 집착스럽게 공부를 했습니다.

다들 관심이 없기에 문제가 보이지도 않고 문제로 인식조차 하기 싫은 구조에서 저는 더 관심 갖고 더 관찰하고 더 알고 싶은 욕망으로 더 공부하고 심지어 '세미나 중독자'라는 소리까지 들으면서 국내와 국외의 포럼, 세미나, 공동발표회는 거의 다 간 것 같습니다. 저는 정말 알고 싶었습니다. 제가 왜 아픈지, 제가 뭘 잘못했는지, 제가 몰랐던 부분이 무엇인지, 그래서 저의 아픔을 좀 더 안아주고 싶어 했는지 모르겠습니다.

결혼 초에 좋은 부모가 되려고 구청에서 하는 부모교육을 통해 처음 성교육을 접했습니다. 흥미로웠습니다. 그때 상담공부를 본격적으로 시작하여 사회복지, 심리학까지 파고 들다보니 40여 개의 자격증 및 수료증을 취득하게 되었습니다. 30대 중반에 성폭력예방 강사라는 새로운 직함을 얻기까지 '교육중독자'가 되어 지식을 미친 듯이 습득했으나, 정작 자신에게는 무지했습니다.

그러던 중 어느 강의실에서 만난 열두 살 여자아이, 그리고 다른 성폭력 생존자들의 외침은 그런 저를 일깨워 주었습니다. 그 아이를 통해서, 저는 내 마음속에 웅크리고 있는 저를 만나야 했습니다. 저를 온전히 인정하기 위해서는 성폭력 경험 등 다양한 경험의 재해석과 기억의 복원이 필요했습니다. 저를 알아가는 진짜 공부가 시작된 것입니다. 피해자들과 대화하고 전문가와 상담하며, 공부에 몰입하고, 그렇게 3년간 복구한 몸의 기억을 들고 '제5회 성폭력 생존자 큰 말하기 대회'로, 다큐 영화로 2번이나 국제적으로 대상을 받았습니다. 사실 운좋게 감독을 잘 만났습니다.

"드러내자, 세상에 아픔을 드러내자, 하지만 잘 살고 있다는 것도 같이 보여주자, 항상 피해자는 아프고 힘든 모습만 보여주는데, 내가 잘 사는 모습을 보여주면 다른 피해자들도 잘 사는 방법을 찾지 않을까. 저라고 해서 아예 힘들지 않은 건 아니지만, 힘듦이 점점 줄어들고 있고, 의식이 바뀌고 주변 사람이 바뀌면서 덜 힘들어졌으니….".

저를 알아가는 진짜 공부가 시작됐습니다. 뉴스나 시사 프로그램에 나오는 성폭력 피해자와 달리 음성변조나 모자이크 없는 최초의 다큐인권영화라는 게 저에게는 신선했습니다. 잘못한 것도 없는데, 항상 죄인처럼 가려야 하는 현실이 싫었다는 생각을 가지게 된 것이 감독의 제안이었습니다. 약간의 군중심리랄까. 그동안 하고 싶어도 못 했는데, 주인공 네 명이 같이 하니까 용기가 났습니다. 모자이크 없이 다큐영화를 2번이나 출연하면서 전 변해가고 있었습니다. 세상에 제가 있다는 것을 말하고 있었습니다.

세번째는 '가족까지 온전한 마음 이야기하기'입니다. 살인피해자의 가족으로써 아들과 저는 아빠가 보고 싶어도 말을 하지 않거나 아니면 혼자 마음 속에 묻어두었는데, 이제 우리 모자는 "나 아빠 보고 싶어서 무덤에라도 가고 싶다고…" 그냥 편하게 말하는 단계까지 발전되었습니다. 이렇게 말하기 까지는 수없이 많이 부딪쳐 왔습니다. 돌아와서 무슨 이야기를 했는지, 아들과 이야기를 나누기 시작했습니다. 저 또한 차에서 혼자서 남편 이름을 부르면서 울고 화낼 때도 많았습니다.

어느날 갑자기 살인 가해자가 너무 알고 싶고, 너무 보고 싶고, 하고 싶은 말이 많아서 청주교도소로 면회를 간 적이 있습니다. 내가 먼저, 아들도 가고 싶다고 해서 고3때 같이 교도소에서 면회를 했습니다. 가해자에게 묻고 싶은 것이 많았습니다. 궁금한 것은 말을 해야 속에 응어리가 없어지기에, 아마도 우리 모자는 이런 식으로 하고 싶은 이야기, 보고 싶은 이야기, 속마음 이야기를 다 듣고 아픔과 고통도 기쁨도 같이 나누어서 서로 믿고 신뢰가 생긴 것 같습니다.

청주교도소에서 남편을 죽인 가해자를 만나고 나서 우리 모자는 매우 힘들었고 많이 아팠습니다. 살인피해자 가족이 살인범을 직접 만난다는 것은 용기인 것 같습니다. 만난다고 해결되는 것은 아니지만, 그날 이후 우리 둘은 힘들었고 아팠지만 "왜 가해를 했는지, 가해자의 부모와 통화하면서 그들은 우리랑 다르게 살고 있었구나."라는 생각을 하면서 색다른 경험을 하게 되었습니다.

시간이 지나면서 살인범을 대면하고 싶어 하는 피해자의 심리를 알게 되었습니다. "얼굴이라도 보고 싶다고…", 방송을 보면서 전 많은 생각을 하게 되었습니다. 가해자를 대면하는 순간 제 마음속에 있던 응어리가 나오는 것 같았습니다. 아무도 모르는 둘만의 비밀이 있어서…, 그것을 알고 싶고 듣고 싶어 하는 것이 피해자의 심리인 듯 합니다. 무어라 말하기는 쉽지 않지만, 가해자와의 대면은 피해회복에 도움이 되었습니다. 우리 모자는 교도소에서 가해자를 만난 후 가장 힘들었지만, 반면에 실체를 알 수 없었던 피해의식에서 벗어나 회복해가는 데에는 가속도가 붙었습니다. 사건 속에 타인이 아닌 당사자로써 대면하기를 잘한 것 같습니다.

넷째, '가족끼리 여행기간을 정하고 여행을 가는 것'이다. 저에게 아들은 스승이자 친구입니다. 아들과 싸울 때마다 조금씩 세상을 더 사랑하게 되었습니다. 삶에서 도출한 앎은 이렇습니다. "좋은 사람을 많이 만들면 나쁜 사람은 사라진다." 아들과 그랬듯이 꾸준히 대화를 나누면 이 세상에는 좋은 사람들이 많이 생기지 않을까. 나쁜 사람은 점점 사라지지 않을까 믿게 되었습니다. 앎은 다시 삶을 이끌었습니다. 강의 초점을 성폭력 예방이 아니라 관계 교육에 맞추기 시작했습니다.

우리 모자에게 5월 달은 가장 힘든 달입니다. 5월 달은 어린이날, 어버이날은 가족의 이야기가 많이 나오는 달입니다. 특히, 5월 첫째 주는 연휴도 많고 해서 그냥 경제활동을 접고 해외여행을 둘이 가는 날로 정했습니다. 이것은 아들의 제안이었습니다. 5월은 제가 성폭력을 당한 달이었습니다. 또한 11월 달은 살인피해를 당한 달입니다. 우리 모자에게 언제부터인가 날짜에 의미를 부여하는 습성이 생겼습니다.

피해 입은 날에 그날의 기억을 부정에서 긍정으로 덮기 위해 '가족의 날로 정하여 둘이 그냥 여행을 떠나는 것입니다. 국내든, 해외든. 이제 한번 해보았는데, 너무 좋았습니다. 기억을 지울 순 없어도 좋은 것으로 덮을 순 있었습니다. 모든 세상의 소리를 접고 둘만 의지하면서 둘이 같이 잠을 자면서 힘을 받으면서 세상에 한발 한발 내딛고 있었습니다.

이제 우리 모자는 거의 매일 "너무 행복해, 너무 행복해"를 입에 달고 살고 있습니다. 아들의 입으로 "요즘 행복하다."는 말을 하는 것이 엄마로서 얼마나 좋은지 느끼면서 …, 다들 힘들었지만 가족의 힘을 믿어 보세요. 같이 아프고 같이 배울 수 있는 동지입니다. 여행은 타지에서 자신의 의지와 본성, 습관을 알 수 있어 좋습니다. 또한 내려놓기에 좋은 기회인 것 같습니다.

운이 좋게도 스토리 경진대회에 입상하여 미국 연수단에 참여하면서 미국의 가정폭력 상담센터, 판사님 초청강연, 뉴욕대학, un, un women, 상담센터, 외교부 등에서 교육여행을 경험하면서 많은 것을 배우게 되었습니다. 그 곳에서는 가해자 교육은 모두 자비부담이라고 합니다. 상담을 거부하면 바로 구치소나 교도소를 가야되기 때문에 교육 이수률이 높아 재범률이 낮다는 설명을 들었습니다.

교육 중 가해자는 본인부담, 피해자는 국가가 지원하고 있다고 하였다. 그런데 그동안 한국은 반대로 지원해왔습니다. 이제 겨우 피해자지원이 시작되기는 했지만…, 또한 미국에서 가정폭력을 신고하면 결과 뿐만 아니라 원인을 분석하는 것도 지원해주고 있었습니다. 특히 가정폭력 피해자가 집 밖에 있는 쉼터로 도망가는 것이 아니라 가정폭력 가해자를 집 밖으로 나가게 하고 학교라는 곳에서 교육, 치료, 감금 및 방문하면서 음주, 대화, 상담을 받도록 하고 있었습니다.

바로 구조의 문제인 것 같습니다. 여전히 한국은 피해자가 도망 다니고 가해자는 여러 가지 지원을 받고 있습니다. 이제는 가해자 지원은 본인부담으로, 피해자는 국가예산으로 교육, 상담. 치료를 해주길 바랍니다. 가정폭력의 피해자를 여관, 모텔, 쉼터로 내쫓을 것이 아니라 미국처럼 가해자가 집밖으로 나가는 방향으로 전환되어야 합니다. 미국의 사례가 한국 정서에 모두 맞다고는 볼 수 없지만, 그래도 그렇게 되기를 바랍니다. 전 이 길을 죽을 때까지 갈 것입니다. 만약 피해자를 위한 해외연수 기회가 있다면 언제든 저를 초대해주시고, 저는 대학원에서 박사공부도 하고 싶습니다.

다섯째는 '죽을 고비를 함께 겪으면서 삶과 죽음을 생각하는 습관'이 생겼습니다. 살인 피해자 가족분들이 다른 사람과 다른 점은 '죽음을 생각하며 하루를 산다는 것'입니다. 저는 내일 죽을 수도 있으니 오늘 하루라도 즐겁게 힘내고 하고 싶은 것은 다해야겠다는 생각으로 살아왔습니다. 아들과 함께 식사를 한다는 것에 큰 의미를 부여하게 되었습니다. 사람은 태어나서 반드시 죽습니다. 죽기 전까지 식사와 잠은 지속됩니다. 이것은 틀림이 없습니다. 그러기에 아들을 비롯하여 저를 아는 분들을 더 사랑하고 더 신뢰하고 더 함께 행복을 공유하고 싶습니다.

경험을 드러내고, 아프면 아프다고, 소리도 지르고, 개인문제에서 사회문제로 관점을 디자인하는 밝은 세상을 보고 싶습니다. '보이는 나'가 아닌 '변화하는 나'로 사는 행복감이 있어야 합니다. 열심히 살수록 경험과 관계가 쌓이고 삶의 풍요도 주변으로 넘칩니다. 비로소 좋은 삶에 안착해가고 있습니다. 그러자 삶의 의미를 다른 사람들과 나누고 싶어졌습니다.

먼저 그러한 사회적인 분위기를 만들기 위해서는 우리 한 명 하나씩 편견을 이야기 하면서 더욱 보람있고 가치있는 일에 정진해야 합니다. 피해자의 회복 탄력성을 위해 경찰관, 상담자, 교수님들의 지지와 관심이 필요합니다. 성폭력 피해자로 큰 말하기 대회에 참여하면서 많은 것을 배웠습니다. 살인피해자 가족들에게도 큰 말하기 대회를 통해 또 다른 삶이 있다는 것을 알려주고 싶습니다.

말하는 것이 치유의 시작입니다. 저는 힘이 약합니다. 그러나 침묵은 우리를 돕지 않습니다. 저는 힘이 약합니다. 사건마다 TV에 나오고 신문에 나와도 세상은 바뀌나요? 강의를 10년 이상을 했으니 어림잡아 5만 명을 만난 거 같습니다. 세상이 변했나? 그대로인 듯 합니다. 약간 변하긴 변하였습니다. 과거에는 저를 업신여길까봐, 남편 있는 여자처럼 행세했는데…, 이제 저는 피해 당사자임을 공개하면서 더 빨리 바뀌고 있습니다.

그러나 모든 곳에서 그렇게 말할 수는 없습니다. 안전한 장소와 안전한 사람이 있다면, 제가 가정폭력과 성폭력의 피해자였다고 말을 합니다. 당사자가 목소리를 내면 편안해집니다. 만약 피해자들의 이야기를 가해자가 듣게 된다면, 그도 속죄하고 변화하는 계기가 될 수 있습니다. 이제 저에게는 숨기는 것보다 나눌 것만 남았습니다.

"저는 학교폭력, 가정폭력, 성폭력 피해자입니다."라고 편히 누구에게라도 이야기 할 수 있는 날을 꿈꾸어 봅니다. 단, 앞서 말한 대로 '안전한 장소'라고 판단되는 경우입니다. 제게 안전한 장소는 "관심과 변화의 의지가 있는 질문하는 사람이 많은 강의장입니다."

가령, 이런 상황입니다. 남자가 여자의 허벅지를 만진 성희롱 사례를 얘기합니다. 조직에서 의무교육을 받기 위해 수십 명 또는 수백 명이 모인 경우라면, 보통은 듣고만 있습니다. 그런데 사람에 대한 관심과 연민이 조금 더 있는 자원봉사자들을 대상으로 한 강의에서는 달랐습니다. "그 상사 몇 살이에요?", "술자리에서 동영상 찍은 사람 없어요?", "그 여성 고소 안 해요?" 등등 한 시간 내내 꼬리에 꼬리를 물고 이야기가 이어집니다. 하나의 사례로도 교육 내용을 다 풀어 냅니다. 남의 얘기로 듣는 사람은 절대 안 바뀝니다. **내 문제로 듣는 사람이**

바뀝니다. 질문하는 행위는 관심 있고, 알고 싶고, 의식을 바꾸고 싶다는 의지의 표현입니다. 그래서 강의의 꽃은 '질문'이라고 말하고 싶습니다.

꽃 대신 칼이 날아드는 순간도 더러 있습니다. 간혹 제가 생존자임을 밝힌 후 조롱하거나 낙인찍는 말들을 듣기도 합니다. 그러나 저는 이 일을 누군가 해야 할 일이라면, 그건 제가 한다는 생각을 만들어 준 것이 아들이었습니다.

아들에게 사명감이 남다른 이유를 묻자 엉뚱하게 드라마 〈추적자〉 이야기를 꺼냅니다. 불의에 저항하는 '손현주' 역할에 감동을 받았다는 것입니다. **"인간은 인간을 도와줘야 한다."** 는 걸 배웠습니다.

아들은 아무리 두렵고 힘들어도 정의를 지키기 위해서는 행동해야 한다는 것도 깨달았다고 합니다. 한 줄 요약하면 이렇습니다. "불편해야 인간이다." 인간다운 삶의 추구를 위해 불편한 상황을 감내하고 불편한 말들을 약으로 삼습니다. 악의적인 사람을 바꾸기보다 **"나의 주변 먼저 바꾸는 게 더 낫다."** 악의적인 사람이랑 싸우는 건 소모적이니 일반 사람을 감수성 있는 좋은 사람으로 바꾸게 하는 것이 제가 할 일인 것 같습니다.

우리의 행복이든 불행한 모습이든 아픈 모습이든 직접 대면하면서 함께 아파하면서 성장, 성숙을 통해 피해자 및 피해자 가족에 대한 그릇된 인식들이 긍정적으로 변화되기를 바랍니다. 사람이 문화를 만들 듯, 아름다운 세상을 만들어 나가는 것, 그 아름다운 세상을 살아가는 것이 바로 우리의 몫이고 과제인 것입니다. 침묵은 우리를 절대 도와주지 않습니다.

참고문헌

1. 국내저서

갈원모 外 (2014) 안전심리학, 노드미디어.

강경래 (2006) 일본의 범죄피해자지원 및 보호, 피해자학연구 제14권 1호, 한국피해자학회.

강석구 外 (2009) 양형에서 범죄 피해자의 역할 제고 방안, 한국형사정책연구원.

강영진 (2009) 갈등해결의 지혜, 일빛.

권석만 (2010) 이상심리학, 서울 : 학지사.

권석만 (2009) 젊은이를 위한 인간관계의 심리학, 서울 : 학지사.

권석만 (2000) 우울증, 서울 : 학지사.

권석만 (2013) 현대 심리치료와 상담이론, 학지사.

권정혜 外譯 (2010) 트라우마의 치유(Jon G. Allen, Ph. D. 저), 서울 : 학지사.

권준수 外譯 (2015) 정신질환의 진단 및 통계편람(제5판), 학지사.

고빛샘 譯 (2012) 화풀이본능(데이비드 바래시·주디스 이브 립턴 저), 명랑한 지성.

고영건 外 (2010) 임상심리학, 서울 : 시그마프레스.

공정식 (2013) 살아있는 범죄학(2판), 교육과학사.

공정식 (2013) 베스트 오브 베스트 심리학(4판), 가람북스.

김갑숙, 최외선(2009). 한국미술치료학회의 미술치료사 현황 및 발전방향. 미술치료연구, 16(2), 157~169.

김광웅 (2005) 현대인의 정신건강, 서울 : 숙명여자대학교 출판국.

김경훈 外 (2007) 도박중독 심리치료, 시그마프레스.

김계현 外 (2011) 상담학개론, 서울 : 학지사.

김교헌 外譯 (2008) 충동조절장애(Grant, Jon E. 저), 서울 : 학지사.

김동일 譯 (2010) 불안·공황장애와 공포증 상담 워크북(Bourne, Edmund J. 저), 서울 : 학지사.

김미령 (2008) 우울, 불안, 강박과의 관계, 파주 : 한국학술정보(주).

김미혜 譯 (2003) 처음 한 입부터(Sheppard Kay 저), 서울 : 이크.

김복기 譯 (2014) 트라우마의 이해와 치유(Carolyn Yoder 저), KAP 정의와 평화 실천 시리즈 04.

김선경 譯 (1999) ADHD의 이해(Green, Christopher & Chee, Kit. 저), 서울 : 민지사.

김성동 (2010) 형법총론, SKKUP.

김성수 外 (2009) 한국경찰사, 경찰대학.

김성이 (2002) 약물중독총론, 서울 : 양서원.

김성준 譯 (2001) 아무도 말하지 않은 죄(Lasser, M. 저), 서울 : 예수전도단.

김성태 譯 (1983) 정신분석학 입문(Freud, S. 저), 서울 : 삼성출판사.

김소야자 外 (1997) 정신간호총론 上, 서울 : 수문사.

김수진 外 (2000) 외상후 스트레스 장애, 서울 : 학지사.

김순진 外 (2000) 외상 후 스트레스장애, 서울 : 학지사.

김승권 外 (2007) 2007년 전국 가정폭력 실태조사, 여성가족부.

김요완 (2013) 현장중심의 성상담과 성교육, (주)교문사.

김영숙 譯 (2010) 지적장애인의 성에 대한 이해와 성교육 지도(Erik Bosch 저), 박학사.

김영택 外 (2012) 성폭력 피해자 정신건강 현황 및 정책지원 방안, 한국여성정책연구원.

김용세 (2010) 피해자학, 형설출판사.

김용준 (2009) 범죄피해자학, 백산출판사.

김용태 (2005) 가족치료.

김은정 外譯 (1996) 이상심리학(Sarason Irwin G., & Barbara R. 저), 서울 : 학지사.

김의식 譯 (1997) 성상담(Penner, Joyce J., and Clifford, Penner. 저), 서울 : 두란노이론.

김일수 (2008) 성폭력범죄-체계적 자리매김과 형사 정책적 과제, 보호관찰 제8권.

김일수 (2010) 수사체계와 검찰문화의 새 지평, 세창출판사.

김일수 (2010) 범죄피해자론과 형법정책, 세창출판사.

김주환 (2009) 회복탄력성 검사 지수의 개발 및 타당도 검증, 한국청소년연구 55, 105-131.

김정욱 (2000) 섭식장애, 서울 : 학지사.

김재민 (2012) 피해자학, 청목출판사.

김재엽 外 (2010) 2010년 가정폭력 실태조사, 여성가족부.

김지선 (2006) 범죄피해에 대한 두려움과 여성의 삶, 한국학술정보.

김지선 (2008) 피해자의견진술제도에 관한 연구, 한국형사정책연구원.

김지선 外 (2011) 중장기 범죄피해자 보호지원정책 수립을 위한 연구, 법무부.

김종세 (2008) 범죄피해자에 대한 국가의 보호책무, 한양법학회.

김태경 譯 (2015) 범죄 피해자 상담(Laurence Miller 저), 학지사.

김태경 外 (2010) 아동진술조사 지침서, 두감람나무.

김학자 (2009) 범죄피해자보호기금법(안) 지정토론문, 피해자를 위해 울어라!, 한국토지공법학회.

노성호 外 (2012) 피해자학, 서울 : 도서출판 그린.

노안영 (2005) 상담심리학의 이론과 실제, 서울 : 학지사.

노진선 譯 (2003) 달빛 아래서의 만찬(Johnston Anita, Ph. D. 저), 서울 : 넥서스BOOKS.

노충래 譯 (2003) 학대와 방임피해 아동의 치료(Anthony J. Urquiza 저), 학지사.

도상금 (2003) 해리장애, 서울 : 학지사.

대검찰청 (2013) 범죄분석, 대검찰청.

대한불안의학회 外 (2008) 외상후 스트레스 장애 근거중심의학지침서, 중앙문화사.

류병관 (2006) 형사절차상 범죄피해자권리의 헌법적 보장에 관한 연구, 한국피해자학회.

미국정신의학회 (1995) 정신장애의 진단 및 통계편람 제4판, 서울 : 하나의학사.

민성길 外 (2004) 최신정신의학, 서울 : ㈜일조각.

민승남 譯 (2001) 한낮의 우울(Solomon Andrew 저), 서울 : 민음사.

박 경 譯 (2005) 성폭력 피해자와 가해자를 위한 치료지침서(Rita Budrionis 저), 학지사.

박경애 外譯 (2008) 우울과 불안장애의 치료계획과 개입방법(Leahy, R. L., & Holland, S. J. 저), 서울 : ㈜시그마프레스.

박노섭 外 (2009) 수사론, 서울 : 경찰공제회.

박민식 (2011) 피해자를 위하여 울어라, 도서출판 선.

박민식 (2009) 범죄피해자 보호기금의 당위성과 그 내용, 국정감사 정책보고서.

박병식 (2007) 범죄피해자의 인권, 동국대학교출판부.

박병식 譯 (2007) 미국의 범죄피해자지원 시스템(아타라시 에리 저), 동국대학교출판부.

박상식 外 (2008) 범죄피해자와 회복적 사법, 한국학술정보.

박승희 外譯 (2007) 정신지체 개념화(American Association on Mental Retardation 저), 서울 : 교육과학사.

박정연 譯 (2003) 우울증 웃어야 산다(Soumaille Suzy 저), 서울 : 예신.

박지숙 譯 (2005) 프로스트(Richard Appignanesi and Oscar Zarate. Freud 저), 서울 : 김영사.

박진규 (2011) 청소년육성기금의 운용 실태와 개선방안 연구, 한국청소년학회.

박찬부 外譯 (1997) 페미니즘과 정신분석학 사전(Wright Elizabeth edit 저), 서울 : 한신문화사.

박찬석 (2015) 재난심리학, 토파민.

박철현 外 (2005) 부산지역의 범죄피해자 지원활동과 평가, 한국피해자학회.

박현옥 譯 (2005) 자폐증 개론(Mesibov, Gary B., Adams, Lynn W., Klinger, Laura G. 저), 서울 : 시그마프레스.

배종대 (2011) 형사정책, 홍문사.

법무부 (2015) 범죄피해자지원센터 표준정관 등 설명자료집, 법무부 인권구조과.

법무연수원 (2013) 범죄백서 통권29호, 경기 용인 : 우리사.

변화순 外 (2010) 2010년 여성폭력관련 시설평가, 여성가족부.

손 진 (2010) 회복적 정의란 무엇인가?, Korea Anabaptist Press.

손진 譯 (2008) 피해자 사법핸드북(Handbook on Justice for Victims), 국가인권위원회.

송기오 外 (2005) 범죄피해자 보호 및 지원제도, 한국형사정책연구원.

성홍제 (2007) 범죄행위 피해자에 대한 지원, 한국법제연구원.

신성만 外譯 (2010) 중독상담과 재활(Jarvis, Tracey J., Jenny Tebbutt, Richard P. Mattick, Fiona Scand 저), 서울 : 학지사.

신성만 外譯 (2012) 중독상담(David Capuzzi et al 저), 박학사.

신현기 外譯 (2009) 지적 장애인의 성교육(Leslie Walker-Hirsch 편저), 시그마프레스.

안성수 (2009) 형사소송법, 박영사.

안한숙 譯 (2008) 그것은 뇌다(Amen, D.G. 저), 서울 : 브레인월드.

안황권 外 (2003) 범죄피해자학, 서울 : 백산성당.

안희준 (2009) 한국의 범죄 피해자 보호 지원의 동향과 발전방향.

여광응 外譯 (2003) 지적 장애아의 발달과 인지·행동(견전명의 저), 양서원.

오수성 外譯 (2009) 외상후 스트레스장애 워크북(PTSD Workbook, Mary Beth Williams, Soili Poijula 공저), 서울 : 학지사.

원호택 譯 (1997) 우울증의 인지치료(Beck Aaron T., Rush John, Show Brain F. and Emery Gary 저), 서울 : 학지사.

원호택 外 (2000) 심리장애의 인지행동적 접근, 서울 : 교육과학사.

윤가현 (2002) 정신지체장애와 성, 전남대학교 출판부.

윤순임 (2000) 현대상담 심리치료의 이론과 실제, 서울 : 중앙적성출판사.

융저작번역위원회 譯 (2008) 융 기본저작집 1권 정신요법의 기본문제(Jung, Carl. C. 저), 서울 : 솔출판사.

은헌정 外 (2005) 한국판 사건충격척도 수정판의 신뢰도 및 타당도 연구, J Korean Neuropsychiatr Assoc Vol 44, No 3.

이경미 外譯 (2000) 아주 특별한 용기(The Courage to heal) (Ellen Bass 저), 서울 : 동녘.

이근후 外譯 (1998) 최신임상정신의학(Kolb Brodie 저), 서울 : 하나의학사.

이노은 譯 (2007) 피해의식의 심리학(Jaya Herbst 저), 양문.

이미경 (2007) 범죄피해자의 신체적, 정신적 회복 지원, 국가인권위원회.

이미옥 外 (2008) 트라우마 생존자들과의 심리극, P. F. Kellermann & M. K. Hudgins 공편, 서울 : 학지사.

이미정 外 (2011) 여성폭력 피해자 관련 시설종사자 자격강화 방안, 한국여성정책연구원.

이봉건 譯 (2009) 이상심리학(Davison, G. C., & Neale, J. M. Abnormal Phychology 저), 서울 : ㈜시그마프레스.

이순철 (2000) 교통심리학, 서울 : 학지사.

이성호 外 (2005) 범죄피해자학, 21세기사.

이영호 外譯 (2003) 식사장애(Siegel M., J.Brisman, & M. Weinshel 공저), 서울 : 학지사.

이연호 (2005) 노인학대 위험요인과 피해, 한국학술정보.

이우경 外 (2012) 심리평가의 최신 흐름, 학지사.

이윤호 (2010) 범죄학, 서울 : 박영사.

이윤호 (2007) 피해자학, 서울 : 박영사.

이장호 (1995) 상담심리학, 서울 : 박영사.

이재훈 外譯 (2002) 정신분석용어사전(American Psychoanalytic Association 저), 서울 : 한국심리치료연구소.

이제관 (2006) 미국의 범죄피해자 보호제도에 대한 고찰, 법무연수원.

이준석 外譯 (2004) 내안에 살고 있는 다중인격(와다 히데키 저), 서울 : 학지사.

이현수 (2002) 이상행동의 심리학, 서울 : 대왕출판사.

이호중 (2008) 재판과정에서의 범죄피해자 권리보호방안 연구, 대검찰청 용역과제.

이훈구 外 (2004) 인간행동의 이해. 서울 : 법무사.

이훈진 外 (2012) 긍정심리치료(Jeana L. Magyar-Moe 저), 시그마프레스.

이혜선, 최선남(2010). 미술치료사의 치료경험과 역전이 관리 능력이 치료성과에 미치는 영향. 미술치료연구, 17(1), 149~165.

임지영 (2012) 세상에서 가장 길었던 하루, 형설라이프.

장규원 譯 (1999) 피해자학입문(미야자와 고이치 저), 서울 : 길안사.

장규원 (2000) 피해자학입문. 서울 : 길안사.

장준오 (2011) 범죄의 가해자와 피해자, 한국형사정책연구원.

전영실 (2011) 저소득층 아동의 범죄피해실태 및 보호방안, 한국형사정책연구원.

전대양 (2002) 현대사회와 범죄, 서울 : 형설출판사.

전윤식 外譯 (2005) 행동치료(Michael D. Spiegler and David C. Guevremont. 저), 서울 : 시그마프레스.

전현민 譯 (2003) 이상심리학(Carr, Alan. 저), 서울 : 시그마프레스.

정남윤 外 (2002) 알코올 중독, 서울 : 학지사.

정동영 外譯 (2009) 정신지체(CRane Lynda. 저), 서울 : 박학사.

정성훈 外譯 (2011) 마음을 다친 아동·청소년을 위한 핸드북(Child Trauma Handbook), (Rick Greenwald 저), 서울 : 학지사.

정은지 譯 (1996) 모피를 입은 비너스(Masoch, L. von Sacher 저), 서울 : 과학과사상.

정채기 (2003) 이상심리학, 서울 : 학문사.

조성희 外譯 (2010) 중독과 동기면담(Willam R. Miller 저), 시그마프레스.

조윤오 外譯 (2011) 피해자학(William G. Doerner Steven P. Lab 저), 서울 : 그린.

조정윤 外 (2010) 사회서비스분야 자격의 활성화 방안, 한국직업능력개발원.

주왕기 (1999) 약물남용, 서울 : 신일상사.

채규만 (2004) 성피해 심리치료, 학지사.

채정호 外 (2010) 범죄피해자를 위한 정신건강 관리체계 구축 및 심리지원 프로토콜 개발, 법무부.

최송식 (2010) 외상 후 스트레스장애, 서울 : 공동체.

최영인 外 (2005) 피해자의 책임성과 범죄피해자화이론, 백산출판사.

최정윤 外 (2010) 이상심리학, 서울 : 학지사.

최현정 外譯 (2007) 트라우마(Trauma and Recovery), (Judith Herman 저), 서울 : 플래닛.

최혜선 (2009) 범죄피해자지원 핸드북, 서울 : 태영 M&B.

최혜선 (2009) 범죄피해자지원 어떻게 하여야 하는가, 태영 M&B.

표창원 (2009) 2009년도 상반기 가정폭력·성폭력 보호시설 및 상담소 등 운영실적 보고 영국사례의 검토를 통한 한국 경찰의 가정폭력 대응능력 제고 방안, 여성가족부.

2. 석박사학위논문

고비환 (2010) 형사조정제도의 문제점과 개선방향, 석사학위 논문, 고려대학교.

주혜선 (2008) 외상후 위기 체크리스트(Posttrauma Risk Checklist : PRC) 개발연구, 석사학위 논문, 이화여자대학교.

김용채 (2004) 경찰의 학습조직화가 범죄 피해자 보호에 미치는 경향에 관한 연구, 박사학위 논문, 한양대학교대학원.

김재민 (2004) 경찰의 피해자수사 개선방안에 관한 연구, 박사학위 논문, 전남대학교 대학원.

김현수 (2011) 범죄피해자의 인권보호에 관한 연구, 법학박사학위 논문, 경북대학교.

남재성 (2006) 강간범죄의 피해자화 요인에 관한 연구-가해자 조사를 통한 피해자화 이론의 통합적 검증, 박사학위 논문, 동국대학교 대학원.

박주영 (2008) 피학대아동에 대한 법적 보호, 박사학위 논문, 고려대학교 대학원.

최은하 (2009) 청소년의 범죄피해자화 과정에 관한 연구-하위문화요인과 환경적 요인을 중심으로, 박사학위 논문, 동국대학교.

최혜경 (2010) 소방공무원의 외상사건 경험이 외상 후 스트레스장애 증상, 정서적 탈진, 공황 및 임소공포 증상에 미치는 효과, 박사학위 논문, 가톨릭대학교.

3. 국내논문

강은영 外 (2008) 살인범죄의 실태와 유형별 택성 : 연쇄살인, 존속살인 및 여성살인범죄자를 중심으로, 연구보고서 08~11, 한국형사정책연구원.

강지수 外 (2010) 유도된 불안이 신경성 폭식증 집단의 주의편향과 폭식행동에 미치는 영향, 한국심리학회지, 29(4) : 927~944.

고준호 (2007) 근린에서의 범죄의 두려움에 대한 고찰 : 수원 영통을 사례로, 대한지리학학회지, 42(2) : 243~257.

고한석 外 (2014) 외상후 울분장애의 이해, Anxiety and Mood Vol 10, No 1, 3~10.

구자숙 外 (2003) 노인의 범죄피해와 범죄에 대한 두려움, 형사정책연구 14(3) : 141~173.

국회입법조사처 (2011) 성범죄 처벌법규의 체계적 정비방안, 정책보고서 제8호.

공수자 外 (2004) 성폭력피해자의 경험, 한국정신간호학회 한국정신각호학회지, 제13권 제1호.

권희경 外 (2003) 성폭력 장기후유증척도의 개발 및 타당도 연구, 한국심리학회지 : 상담 및 심리치료, 제15권 제3호.

권희경 外 (2003) 청소년 성 피해자들의 성폭력 인식과 자기 손해적 성행동, 한국심리학회지 : 여성, 제8권 제1호.

김경빈 (2000) 알코올에 대한 임상의학적 문제, 한국알코올과학회지, 1(1) : 29~50.

김경신 (2002) 아내학대 행위자의 특성에 관한 사례연구, 한국가족관계학회지, 제7권 제2호.

김경애 (2000) 살인을 부르는 가정폭력 : 구타당하는 여성과 친족살해 : 여성단체가 구명운동을 벌인 사례를 중심으로, 동덕여성연구 5 : 97~129.

김남희 (2011) 심리적 외상과 재난, 그 영향의 이해와 평가, 한국임상심리학회 가을 학술대회 워크숍.

김대진 (2008) 알코올중독의 생리적 기전 및 치료, 한국알코올과학회 학술대회 (1) : 15~19.

김문섭 (1996) 약물중독의 사회성, 조선대 생활지도연구 16, 255~267.

김미리혜 (2010) 불면증의 인지행동치료, 한국심리학회지 15(4) : 601~615.

김선복 外 (2009) 알코올중독 환자와 정상 음주간의 음주갈망에 대한 비교, 한국알코올과학회지 10(1) : 45~54.

김애정 外 (1998) 어린쥐와 성숙쥐에서 단백질과 카페인섭취 수준이 칼슘과 인 대사에 미치는 영향, 혜전대학 논문집 16. 71~91.

김연수 外 (2010) 범죄피해-두려움의 패러독스에 관한 진화 심리적 분석, 한국공안행정학보. 41 : 51~98.

김영기 (2010) 피해자의 공판절차참가 도입방안 연구, 정선진박사 고희기념 논문집.

김용구 (2004) 미래의 항우울제 : 어떤 것들이 개발되고 있는가?, 생물정신의학 11(1) : 14~25.

김용욱 (2008) 한국의 형사조정 : 회복적사법 프로그램인가?, 형사정책연구, 19(2) : 205~229.

김용진 (2005) 알코올중독자 자녀의 상처회복을 위한 프로그램, 한국알코올과학회지 6(2) : 77~98.

김은경 外 (2007) 21세기 소년사법 개혁이 방향과 과제, 연구총서 07~13, 한국형사정책연구원.

김은주 (2009) 살인의 영향과 피해자 지원에 관한 소고, 한국범죄심리연구, 5(1), 통권 제8호.

김재희 (2010) 양형에서 범죄피해자에 대한 연구, 성균관대학교 대학원.

김준모 外 (1989) 비정신병적 정신장애자의 동통에 관한 정신의학적 연구, 신경정신의학 28(5) : 829~840.

김준호 外 (2004) 24시간 수면박탈의 정신생리적 변화와 카페인의 효과, 생물치료정신의학 10(1) : 45~57.

김지욱 外 (2007) 간호학과 학생의 신체변형장애에 관한 연구, 생물치료정신의학 13(2) : 259~274.

김지영 外 (2014) 범죄피해자 심리지원체계의 구축과 치료프로그램 개발을 위한 연구, 한국형사정책연구원.

김지은 外 (2010) 외상후 스트레스장애의 이해에 있어서 유전학 및 뇌영상 연구의 기여, 생물정신의학 17(4) : 177~193.

김학렬 外 (1997) 대학교 신입생들에서 지각된 스트레스 및 취약성 변인과 신체화 경향의 관계에 관한 연구, 정신신체의학 5(1) : 63~72.

김혜남 (2004) 영화 '굿 윌 헌팅'과 '파인딩 포레스터', 정신분석 15(2) : 258~261.

김혜련 外 (2000) 학대받는 알코올 중독자 부인을 위한 프로그램 개발에 관한 연구, 한국알코올과학회지 1(1) : 72~78.

김지선 外 (2006) 범죄피해자지원센터의 운영현황 및 활성화방안, 한국형사정책연구원.

김현정 外 (2007) 학대남편을 살해한 여성의 판결에 관한 연구, 한국심리학회지 : 여성, 제12권 제1호.

남보라 (2010) 한국판 외상후 스트레스 진단척도의 신뢰도 및 타당도 연구, 한국심리학회지 29(1) : 147~167.

남선모 (2008) 개정형소법을 통해 본 수사절차에서의 피해자보호방안, 피해자학연구, 16(2).

남순열 外 (2004) 친족성폭력 피해생존자 지원상담매뉴얼, 한국성폭력상담소.

류병관 (2006) 형사 절차상 범죄피해자권리의 헌법적 보장에 관한 연구, 피해자학연구, 14(1).

류인근 外 (2010) 외상후 스트레스장애의 이해에 있어서 유전학 및 뇌영상 연구의 기여, 생물정신의학, 17(4) : 177~193.

문성원 (2010) 범죄 피해자에 대한 지원의 심리학적 측면, 피해자학연구 18(2) : 5~45.

민경희(2001) 우울증 치료에서의 어려운 문제들, 생물정신의학 8(1) : 37~46.

민만기 (2009) 헌재 위헌결정에 따른 교특법 개선방안, 국회교통안전포럼 자료집.

박민철 (1988) 정신지체의 예방, 치료 및 재활, 원광정신의학 4(2) : 57~74.

박광민 (2010) 피해자참가제도의 바람직한 도입방안, 피해자학연구 제18권 제2호.

박상식 (2006) 회복적 사법 실천모델의 효과에 관한 연구, 피해자학연구 제14권 제2호, 한국피해자학회.

박수선 (2010) 한국에서의 회복적 사법 '피해자 가해자 대화모임' 시험운영 사례, 이화여자대학교 법학연구소 및 회복적 사법센터 공동주최 국제세미나 자료집.

박순진 (2000) 피살자유발에 의한 살인의 개념과 실체, 피해자학연구 8(6) 325~357.

박주영 (2009) 현대 여성의 새로운 히스테리, 거식증 : 여성의 몸과 욕망, 영미문학페미니즘 17(1) : 55~79.

박행렬 (2010) 경찰 강력범죄 수사체계의 개선방안, 한국공안행정학회보, 39.

변혜정 外 (2005) 성폭력 피해자 치유·가해자교정 프로그램 매뉴얼, 여성가족부.

성상경 外 (1995) 한국인 알코올중독 환자의 예후인자에 관한 연구 : 심리적, 사회적, 생물학적 요인을 중심으로, 생물정신의학 2(2) : 218~236.

손은정 (2011) 완벽주의, 자기비난, 자기의식, 신체불만족 및 신경성 폭식증 증상 간의 관계, 한국심리학회지, 30(1) : 165~183.

송길룡 (2007) 형사조정제도의 새로운 이해, 법조 제608호.

송병호 (2009) 마약류범죄의 암수실태, 한국범죄심리연구 5(2) : 55~80.

송정민 外 (2005) 일차진료에서의 범불안장애의 진단과 치료, 가정의학회지, 26(9) : 517~528.

송혜정 外 (2011) 수용-전념 집단 프로그램이 폭식장애 경향이 있는 대학생의 분노, 스트레스 및 폭식행동에 미치는 효과, 한국심리학회지 16(1) : 15~27.

신기숙 外 (2010) 성폭력 피해아동의 피해경험에 대한 합의적 질적 연구, 한국심리학회 연차학술논문집, 462~463.

안성훈 (2015) 일본경찰의 피해자 지원제도, 경찰청 학술 세미나 자료집 7~19.

양윤모 外 (2010) 익명의 알코올중독자 모임의 치료요인과 단주의지의 관계에서 적응유연성의 조절효과,

한국알코올과학회지 11(1) : 57~75.
유계준 外 (1991) 주정사용장애에 동반된 우울증과 신체화 증상에 관한 연구, 신경정신의학 30(1) : 46~58.
유재학 (2003) 약물환자에 있어서 단약동기고양방법, 중독정신의학 7(1) : 3~10.
윤도준 (1995) 정신의학에서 행동모형(1) : 우울증과 불안, 생물정신의학, 2(1) : 49~56.
윤인영 (2005) 불면증의 약물치료, 대한뇌과학회지 68(2) : 244~247.
오혜영 外 (2012) 재난피해 청소년의 심리사회적 개입모델에 관한 개관연구, 청소년상담연구 vol 20, no 2, 335~359.
이규미 外 (2013) 폭력피해교사의 심리사회적 후유증에 관한 질적 연구, 한국심리학회지:학교, 159~178.
이백철 (2002) 회복적 사법 : 대안적 형벌체계로서의 이론적 정당성, 한국공안행정학회보, 제13호.
이백철 (2003) 세계교정이념의 흐름과 한국교정 -포스트모더니즘 범죄학이론을 중심으로-, 교정연구, 제21호, 한국교정학회.
이삼연 (2004) 신경성 폭식증 치료를 위한 심리치료접근법, 인문논총 18 : 193~213.
이선미 外 (2002) 버스사고 피해자의 심리적 특성 및 외상후 스트레스장애 발병 관련 변인, 한국심리학회 21(4) : 547~564.
이성용 (2009) 강력범죄예방을 위한 경찰활동의 쟁점 분석, 「한국공안행정학회보」, 36 : 168~196.
이수정 外 (2002) 범죄자 피해보상 제도에 대한 제언 : 정신, 심리적 지원체제를 중심으로. 한국피해자학회, 피해자화 연구. 제10권 제2호.
이진국 (2006) 회복적 사법과 형사사법에 관한 소고, 피해자학 연구 제14권 제2호, 한국피해자학회.
이진국 (2012) 회복적 사법의 실천을 위한 법적 과제, 한국법학원 제8회 한국법률가대회, 34~54.
이 철 (1998) 강박장애의 약물효과 증대 전략, 생물정신의학 5(2) : 162~165.
이춘우 外 (2004) 메스암페타민 사용 환자의 정신과적 증상에 영향을 미치는 요인, 생물치료정신의학 10(1) : 58~67.
이해경 外 (2011) 여자 중학생이 경험하는 섭식문제의 위험수준별 현황과 설명변인, 청소년학연구 18(5) : 413~433.
이호상 外 (2007) 광장공포증 유무에 따른 공황장애의 임상양상 차이, 생물정신의학 14(3) : 194~200.
이훈구 外 (2000) 가정폭력의 피해자와 피의자 특성. 국무총리 청소년보호위원회.
임석원 (2008) 범죄 피해자로서 법인의 본질, 피해자학연구, 16(1).
임지영 (2009) 여대생 섭식장애 위험집단의 MMPI-2 프로파일 양상, 한국심리학회지 28(3) : 651~665.
장미혜 외 (2014) 재난피해여성에 대한 복구 및 지원방안, 한국여성정책연구원.
장수미 (2009) 여성 알코올중독자의 스트레스와 대처방식에 관한 연구, 한국알코올과학회지 10(2) : 63~74.
장준오 (2000) 세계범죄피해조사, 연구총서 00~27, 한국형사정책연구원.
장현석 (2015) 미국의 범죄피해자 보호 및 지원 실태, 경찰청 학술세미나 23~47.
전영민 (2008) 알코올중독 심리평가, 한국알코올과학회 추계학술대회 (1) : 8~14.

정덕영 (2006) 아동학대 피해자의 심리에 관한 연구. 한국범죄심리연구 제2권 2호. 한국범죄심리학회.

정승환 (2010) 폐지주의의 형사정책적 의미, 고려법학 제55권.

정영선 (2005) 청소년의 섭식장애와 가족기능과의 관계연구, 한국심리학회지 17(3) : 685~706.

정인과 外 (1997) 기분장애의 병리와 치료에 있어 세로토닌의 역할, 생물정신의학 4(2) : 168~178.

정진수 (2000) 아동증언에 관한 연구, 서울 : 한국형사정책연구원.

정준영 (2012) 치유와 책임, 그리고 통합 : 우리가 회복적 사법을 만날 때까지, 한국법학원 제8회 한국법률가대회, 5~33.

조병선 (2009) 우리나라 형사소송구조의 분석과 비교형사소송의 방법론, 한국형사소송법학회 제7회 발표회 자료집.

조용래 (2014) 외상사건 경험자들의 탄력성이 정신적 웰빙과 외상 후 스트레스 증상에 미치는 영향 : 외상 후 성장 및 외상 후 부정적 인지의 매개효과, 인지행동치료, Vol 14, No. 3, 359~386.

조중신 (2004) 친족성폭력 피해생존자 지원 상담매뉴얼 및 워크숍, 한국성폭력상담소 부설 피해자보호시설 열림터.

조지희 (2006) 우울증의 정신역동, 정신분석 17(2) : 246~253.

조현빈 (2006) 성폭력과 성폭력 피해자의 심리의 이해, 한국범죄심리연구 제2권 제2호. 한국범죄심리학회.

최영승 (2009) 범죄피해자지원센터 운영실태의 평가 및 전망 – 범죄피해자보호법 시행, 그 3년 후-, 피해자학회.

최인섭 外 (2006) 범죄피해자 실태 조사연구, 한국형사정책연구원.

한재은 外 (2011) 재난 피해자들의 정신건강 증진을 위한 위기개입모델 비교 연구, 한국위기관리논집 제7권 제3호, 49~70.

함병주 外 (2007) 범죄피해자 외상후 스트레스장애의 현황과 대책, 범죄피해자에 대한 체계적 지원방안 연구, 법무부.

허경미 (2003) 아동학대사범의 교정정책 방향 연구, 교정연구 제18호, 한국교정학회 237~238면.

허경미 (2004) 노인의 범죄피해 특징 및 대책에 관한 연구, 한국공안행정학회보, 제17호.

허경미 (2008) 회복적 사법과 지역사회 교정에 관한 연구, 교정연구 제11호, 한국교정학회.

4. 국외문헌

Abbey. A., Ross. L. T., McDuffie. D., & McAuslan. P. (1996) Alcohol, misperception, and sexual How and why are they linked In D.M. Buss & N.M. Malamuth (Eds.),Sex, power, conflict : Elary and feminist perspectives. New York : Oxford University Press.

Abraham, M. (2000) Speaking the unspeakable : Marital violence among South Asian American innigrants in the United States. New Brunswick, NJ:Rutgers University Press.

Andrew Karmen. (2006) "Crime Victims : AnIntroduction to Victimology", Belmont : Thomson Wadsworth.

Anderson, K. B. (2007) Consumer fraud in the United States : The second FTC survey, Washing Federal Trade Commission.

Arias, E. (2010) United States life tables, 2006. National Vital Staticstics Reports, 58(21), Hyattsvi National Center for Health Statistics.

Arroll B., Goodyear-Smith F., Crengle S., Gunn J., Kerse N., Fishman T., Falloon K., Hatcher S. (2010) Validation of PHQ-2 and PHQ-9 to screen for major depression in the primary care population, Ann Fam Med, 8, 348-383.

Asmundson G. J., Wright K. D., Stein M. B. (2004) Pain and PTSD symptoms in female veterans, Eur J Pain, 8(4), 345-350.

Atwood, T. C. (2008) Comment : National council for adoption's responses to the Texas safe have Child Maltreatment, 13, 96-97.

Barnes, J. C., Dukes, T., Tewksbury, R., & De Troye, T. M.(2009). Analyzing the impact of a statev indence restriction law on South Carolina sex offender. Criminal Justice Policy Review, 20, 2

Basukem K. C. (2009) Advancing the study of violence against women : Response to Jordan. Against Women, 15, 428-433.

Bailey, K. D. (2009) The aftermath of Crawford and Davis:Deconstructing the sound of silence. Young University Law Review, 2009, 101-155.

Baldry A. C. et al (2003) Direct and vicarious victimization at school and at home as risk factors for suicide cognition among Italian adolescents. J. Adolesc, 6, 703-716.

Baun, K., Catalano, S., Rand, M., & Rose, K. (2009). Stalking victimization in the United States. Was DC : Bureau of Jusice Statistics.

Baek H. S., Lee K. U., Joo E. J., Lee M. Y., Choi K. S. (2010) Reliability and validity of the Korean version of the Connor-Davidson resilience scale, Psychiatry Investing, 7, 109-115.

Balenovich, J., Grossi, E., & Hughes, T. (2008). Toward a balanced approach : Defining police responding to domestic violence. American Journal of Criminal Justice, 33, 19-31

Barnes, J. C., Dukes, T., Tewksbury, R., & De Troye, T.m. (2009). Analyzing the inpact of a statev idence restriction law n South Carolina sex offenders. Criminal Justice Policy Review, 20, 2

Beavers, W. B., & Hampson, R. B. (1990) Successful family : Assessment and intervention, N Y : Norton

Benson, B, J., Gohm, C. L., & Gross, A. M. (2007). College women and sexual assault : The role related alcohol expectancies. Journal of Family Violence, 22, 341-351.

Blumenthal, J. A. (2009). Affective forecasting and capital sentencing : Reducing the effect on impact statements. American Criminal Law Review, 46, 107-125.

Bolton J. M., Robinson J. (2010) Population-attributable fractions of Axis I and Axis II mental disorders for suicide attempts : findings from a representative sample of the adult, noninstitutionalized US population, Am J Public Health, 100, 2473-2480.

Brady K. T., Clary C. M. (2003) Affective and anxiety comorbidity in post-traumatic stress disorder treatment trials of sertraline, Compr Psychiatry, 44, 360-369.

Brancatelli, M. (2009). Facilitating children's testimony : Close circuit television. The Prosecuto 40-44.

Breckenridge, J. (1992) An Exotic Phenomeonon? Incest and Child Rape in Crimes of Violence : Australian Reponses to Rape and Child Sexual Assault, Breckenridge, J and Moira Carmody Sydney , Allen & Unwin.

Breslau N. (2001) The epidemiology of posttraumatic stress disorder : what is the extent of the problem?, J Clin Psychiatry, 62 Suppl 17, 16-22.

Bureau of Justice Statistics. (2010) Criminal victimization in the United States, 2007, Washington, DC : Bureau of Justice Statistics.

C. Widom and M. Ashley-Ames (1994) Criminal consequences of childhood sexual victimization, Child Abuse and Neglect, 18 : 303~308.

Caldera, D., Burrell, L., Rodriguez, K., Crowne, S.S., Rohde, C., & Duggan, A.(2007). Impact of wide home visiting program on parenting and on child health and development. Child Neglect, 31, 829-852.

Campbell, R. (2005) What really happened? A validation study of rape survivors' help-seeking ences with the lefal and medical systems. Violence and Victims, 29, 55-68.

Canada A. L., Murphy P. E, Fitchett G, Peterman A. H, Schover L. R. (2008) A 3-factor model for the FACIT-Sp, Psychooncology, 17, 908-916.

Caplan, J. M. (2010). Parole release decisions : Impact of positive and negative victim and no input on a representative sample of parole-eligible inmates. Violence and Victims.

Casaday, T. (2009) A police chief;s viewpoint : Geographic aspects of sex offender residency rest Criminal Justice Policy Review.

Cassell, P. G. (2009) In defense of victim impact statements, Ohio state Journal of Criminal Law.

Chaffin, M., & Bard, D. (2006) Impact of intervention surveillance bias on analyses of child report outcomes. Child Maltreatment.

Chilton, R. (2010) Uniform Crime Reporting (UCR). Program. In B. S. Fisher & S. P. Lab (Eds.), pedia of vicitimology and crime provention. Los Angeles : Sage.

Connor K. M., Davidson JR. (2001) SPRINT : a brief global assessment of post-traumatic stress disorder, Int Clin Psychopharmacol, 16, 279-284.

Cory, G. (2005) Theory and practice of counseling & psycbotherapy(7th ed) Belmont, CA : Brooks/Cole

Cross, T. P.& Casanueva, C. (2009) Caseworker judments and substantiation. Child Maltreatment.

Daniel, T. A. (2009) Stop Bullying at Work : Strategies and Tools for HR and Legal Professionals. dria, VA : Society for Human Resource Management.

DeHart, D., Webb. J., & Cornman, C. (2009) Prevention of elder mistreatment in nursing home petencies for direct-care staff. Journal of Elder Abuse & Neglect, 21, 360-378.

Derence (2005) Crime Victims Fund Report : Past, Present, and Future, National Association of VOCA Assistance Administrators.

Doak Jonathan (2008) Victims' Rights, Human Rights and Criminal Justice

Douglas, E. Beloof (2003) Constitutional Implications of Crime Victims as Participants, Cornell Law Review.

Dutton M. A., Greene R. (2010) Resilience and crime victimization, J Trauma Stress, 23, 215-222.

E. A. Fattah (1991) Understanding Criminal Victimization : An Introduction to Theoretical Victimology, Scarborough, Ontario : Prentice Hall Canada Inc.

Ellis, A., & MacLaren, C. (2005) Rational emotive behavior therapy : A therapist's guide(2nd ed.), New York : Basic Books

Eugene Mclaughlin & John Muncie (2006) The Sage Dictionary of Criminology, London : SAGE Publications Ltd.

Farrell, G., Tseloni, A., & Pease, K. (2005) Repeat victimzation in the ICVS and the NCVS. Crimetion and Community Safety, 7(3), 7-18

Fear N. T., Jones M., Murphy D., Hull L., Iversen A. C., Coker B., Machell L., Sundin J., Woodhead C., Jones N., Greenberg N., Landau S., et al. (2010) What are the consequences of deplyment to Iraq and Afghanistan on the mental health of the UK armed forces?, A cohort study. Lancet, 375, 1783-1797.

File, T., & Crissey, S. (2010). Voting and registration in the elecion of November 2008. Washington, DC : U.S. Census Bureau.

Ford, D. A. (2009) The substance, scholarship, and science of research on violence prosecutiong. Journal of sonal Violence, 18, 669-684.

Friedman M. J., Resick P. A., Bryant R. A., Brewin C. R., (2010) Considering PTSD for DSM-5, Depress Anxiety.

Gagin R., Cohen M., Peled-Avram M., Unger-Arnov Y., Adir O., Tessler A. (2007) An ongoing, multi-faceted program for victims of terror attacks and their families, Int J Emerg Ment Health, 9, 193-200.

Gelso, C. J., & Carter, J.(1985). The relationship in counseling and psychotherapy. The Counseling Psychologist, 13, 155-244.

General Assembly (1985) United Nations Declaration on the Basic Principles of Justice for

Victims of Crime and Abuse of Power : Resolution 40/34 of 29 November 1985.

Genugten, W., Rob van Gestel, Marc Groenhuijsen and Rianne Letschert, Loopholes (2009) Risks and Ambivalences in International Lawmaking ; The Case of a Framework Convention on Victim;s Richts, Victimiztion in a multidisciplinary key : Recent Adveances in Victimology, Wolf Legal Pub.

Giles, R. H. (2009) Difficult economic times prove value of multidisciplinary approaches to resoabuse. The Prosecutor, 42(3),42-45.

Goodwin FK, Jamison KR. (1990) Manic-depressive illness, New York, Oxford University Press

Grosshandler, Janet. (1990) Coping with Alcohol Abuse, New York : The Rosen Publishing. 18-28, 45-53, 68-87.

H. Ellenberger (1955) Psychological relationship between criminal and victim, Archive of Criminal Psychodynamics, 2; 257-290.

Hammond, M., Miller, M. K., & Griffin, T. (2010) Safe haven laws as crime control theater. Child Neglect, 34, 545-552.

Hanrahan, K. & Gibbs, J. J. (2004) Fear of Crime : Its Meaning is the Lives of Elderly Women. In victimizing Vulnerable Groups : Images of Uniquely High-Risk Crime Targets. edited by C. T. M. Coston, Westport, CT : Praeger.

Hanson R. F., Self-Brown S. (2010) Screening and assessment of crime victimization and its effects, J Trauma Stress, 23, 207-214.

Harriet A. Ball et al. (2008) Genetic and environmental influences on victims, bullies and bully-victims in childhood, Journal of Child Psychology and Psychiatry, 49, 104-112.

Harris, A. J., & Lobanov-Rostovsky, C. (2010) Impleminting thc Adam Walsh Act's sex offenderation and notification provisions : A survey of the states. Criminal Justice Policy Review.

Hatten R. (2003) Homicide bereavement counseling : a survey of providers, Death Stud, 27, 427-448.

Heimann, P.(1950). On countertransference. International Journal of Psychoanalysis. 31, 81-84.

Hoge C. W., Auchterlonie J. L., Milliken C. S., (2006) Mental health problems, use of mental health services, and attrition from military service after returning from deployment to Iraq or Afghanistan, JAMA, 295, 1023-1032.

Johansen V. A., Wahl A. K., Eilertsen D. E., Weisaeth L., Hanestad B. R., (2007) The predictive value of post-traumatic stress disorder symptoms for quality of life : a longitudinal study of physically injured victims of non-domestic violence, Health Qual Life Outcomes, 5, 26.

Johnson, S. D., Bowers, K. J. (2005) Domestic burglaty repeats and space-time clusters : The dicisions of risk. European Journal of Criminology.

Joy D., Probert R., Bisson J. I., Shepherd J. P. (2000) Posttraumatic stress reactions after injury, J Trauma, 48, 490-494.

Kelly V. G., Merrill G. S., Shumway M., Alvidrez J., Boccellari A. (2010) Outreach, engagement, and practical assistance : essential aspects of PTSD care for urban victims of violet crime, Trauma Violence Abuse, 11, 144-56.

Killias, M. (2010) International Crime Victimization Survey (ICVS). In B.S. Fisher & S. P. Encyclopedia of victimology and crime prevention. Los Angeles : Sage.

Killpatrick D. G., Acierno R. (2003) Mental health needs of crime victims : epidemiology and outcomes, J Trauma Stress, 2003, 119-132.

Klevens, J., & Leeb, R. T. (2010) Child maltreatment fatalities in children under 5 : Findings National Violence Death Reporing System. Child Abuse & Neglect.

Lamb J., Pepler D. J., Craig W. (2009) Approach to bullying and victimization, Can Fam Physician, 55, 356-60.

Lening Zhang, John, W. Welte & William, F. Wieczorek (2001) "Deviant Lifestyle and Crime Victimization", Journal of Criminal Justice.

Lim H. K., Woo J. M., Kim T. S., Kim T. H., Choi K. S., Chung S. K., Chee I. S., Lee K. U., Paik K. C., Seo H. J., Kim W., Jin B. et al. (2009) Reliability and validity of the Korean version of the Impact of Event Scale-Revised, Compr Psychiatry, 50, 385-90.

Linden M. (2003) Posttraumatic embitterment disorder, Psychother Psychosom, 72, 195-202.

Linden M., Baumann K., Lieberei B., Rotter M. (2009) The Post-Traumatic Embitterment Disorder Self-Rating Scale(PTED Scale), Clin Psychol Psychother, 16, 139-47.

Linden M., Baumann K., Rotter M., Schippan B. (2008) Posttraumatic embitterment disorder in comparison to other mental disorders, Psychother Psychosom, 77, 50-6.

Littrell J. (2009) Expression of emotion : when it causes trauma and when it helps, J Evid Based Soc Work, 6, 300-20.

Malchiodi, Cathy A. (2006). Breaking the silence : art therapy with children from violent homes

Martell, Christopher R. (2001) Depression in context : strategies for guided action. New York : Norton & Company, Inc.

McCloskey L. A., Walker M. (2000) Posttraumatic stress in children exposed to family violence and single-event trauma, J Am Acad Child Adolesc Psychiatry, 39, 108-115.

Mello, N.K., & Mendelson, J.H. (1970) Experimentally induced intoxication in alcoholics : A comparison between programmed and spontaneous drinking, Journal of Pharmacology and Experimental Therapy, 173, 101.

Mertin, P & Mohr, P. (2000) Incidence and correlates of posttraumatic stress disorder in australian victims of domestic violence, Journal of Family Violence, 15(4) 411-422.

Mezey G., Evans C., Hobdell K. (2002) Families of homicide victims : psychiatric responses and help-seeking, Psychol Psychother, 75, 65-75.

Milliken C. S., Auchterlonie J. L., Hoge C. W. (2007) Longitudinal assessment of mental health problems among active and reserve component soldiers returning from the Iraq war, JAMA, 298, 2141-8.

Naumburg, M. (1966). Dynamically oriented art therapy: Its principles and practice. Chicago, IL: Magnolia street publishers.

New A. S., Fan J., Murrough J. W., Liu X., Liebman R. E., Guise K. G., Tang C. Y., Charney D. S. (2009) A functional magnetic resonance imaging study of deliberate emotion regulation in resilience and posttraumatic stress disorder, Biol Psychiatry, 66, 656-64.

Palmu R., Suominen K., Vuola J., Isometsa E. (2010) Mental disorders after burn injury : A prospective study, Burns.

Panasetis P., Bryant R. A. (2003) Peritraumatic versus persistent dissociation in acute stress disorder, J Trauma Stress, 16, 563-566.

Peterman A. H., Fitchett G., Brady M. J., Hernandez L., Cella D. (2002) Measuring spiritual well-being in people with cancer : the functional assessment of chronic illness therapy--Spiritual Well-being Scale(FACIT-Sp), Ann Behav Med, 24, 49-58.

R. Kessler and W. Magee. (1994) Childhood family violance and adult recurrence of depression, Joural of Health and Social Behavior, 35 : 13~27.

R. Macmillan. (2001) Violence and life course : The consequences of victimization for personal and social development, Annual Review of Sociology, 27 : 1~22.

R. A. Sundeen and J. T. Mathieu. (1976) The undan elderly : Environment of fear, in J. Goldsmith and S. S. Goldsmith(eds.), Crime and Elderly:Challenge and response, Lexington, MA : D.C. Hath and Company, 51~66.

Reeves R. R. (2007) Diagnosis and management of posttraumatic stress disorder in returning veterans, J Am Osteopath Assoc, 107, 181-9.

Roberts N. P., Kitchiner N. J., Kenardy J., Bisson J. (2009) Multiple session early psychological interventions for the prevention of post-traumatic stress disorder, Cochrane Database Syst Rev, CD006869.

Roberts N. P., Kitchiner N. J., Kenardy J., Bisson J. (2010) Early psychological interventions to treat acute traumatic stress symptoms, Cochrane Database Syst Rev, CD007944.

Schuckit, M.A., Smith, T.L., Daeppen, J.-B., Eng, M., Li, T.-K., et al. (1998) Clinical relevance of the distinction between alcohol dependence with and without a physiological component, American Journal of Psychiatry, 155, 733-740.

Shackelford, T. K., Buss, D. M., & Peters. J.(2000) Wife Killing : Risk to women as a function of age, Violence and victims.

Shin, K. R., Park, H., & Cha, C. (2011) Sex education during the school-aged years influence sexual attitudes and sexual health in college : A comparative study from Korea. Nursing & Health Science, 13, 328-334.

Siegel J. A. (2000) Adult sexual revictimization among black women sexually abused in childhood. Child Maltreatment. Vol. 5. No. 1. 49-57

Singhal, A. & Rogers, E. M. (2003) Combating AIDS : Communicating strategies in action. Thousand Oaks, CA : Sage Publications.

Silverman, Kaja. (1980) Masochism and Subjectivity, Framework, Nov.

Soldatos C. R., Dikeos D. G., Paparrigopoulos T. J. (2000) Athens Insomnia Scale : validation of an instrument based on ICD-10 criteria, J Psychosom Res, 48, 555-60.

Strauss, A. & Corbin, J. M. (2008) Basics of Qualitative Research. Thousand Oaks, CA : Sage Publications.

Sztajzel J. (2004) Heart rate variability : a noninvasive electrocardiographic med to measure the autonomic nervous system, Swiss Med Wkly, 134, 514-22.

Tan G., Dao T. K., Farmer L., Sutherland R. J., Gevirtz R. (2010) Heart Rate Variability(HRV) and Posttraumatic Stress Disorder(PTSD) : A Pilot Study, Appl Psychophysiol Biofeedback.

Tarrier N., Gregg L. (2004) Suicide risk in civilian PTSD patients--predictors of suicidal ideation, planning and attempts, Soc Psychiatry Psychiatr Epidemiol, 39, 655-61

Thomas J. L., Wilk J. E., Riviere L. A., McGurk D., Castro C. A., Hoge C. W. (2010) Prevalence of mental health problems and functional impairment among active component and National Guard soldiers 3 and 12 months following combat in Iraq, Arch Gen Psychiatry, 67, 614-23.

Tucker P. M., Pfefferbaum B., North C. S., Kent A., Burgin C. E., Parker D. E., Hossain A., Jeon-Slaughter H., Trautman R. P. (2007) Psysiologic reactivity despite emotional resilience several years after direct exposure to terrorism, Am J Psychiatry, 164, 230-5.

Ullman, S.E., (2007) Relationship to Perpetrator, Disclosure, Social Reactions and PTSD Symptoms in Child Sexual Abuse Survivors, Journal of Child Sexual Abuse 16:19-36.

Weinberg I., Ronningstam E., Goldblatt M. J., Schechter M., Wheelis J., Maltsberger J. T., Strategies in treatment of suicidality : identification of common and treatment-specific interventions in empirically supported treatment manuals. J Clin Psychiatry, 71, 699-706.

Widon, C.S., A.M. Schuck, & H.R. White (2006) An Examination of Pathways from Childhood Victimization to Violence : The Role of Early Aggression and Problematic Alcohol Use, Violence and Victims 21 : 674-690.

Wilcox, R.P., D.C. May and S.D. Roberts. (2006) Student Weapon Possession and the Fea of Victimization Hypothesis ; Unraveling the Temporal Order, Justice Quarterly 23 : 502-529.

Winstok, Z., (2007) Toward an Interactional Perspective on Intimeate Partner Violence, Aggression and Violent Behavior 12 : 348-363.

World Health Organization (2002) World report on violence and health.

Yip P. S., Cheung Y. B. (2006) Quick assessment of hopelessness : a cross-sectional study, Health Qual Life Outcomes, 4, 13.

Young Marlene A (2001) Victim Assistance : Frontiers and Fundamentals, National Organization for Victim Assistance

Zhang, L., S.F. Messner, J. Liu, and Y.A. Zhuo. (2009) The Effect of Police Presence on Public Fear Reduction and Satisfaction : A Review of the Literature, The Justice Professional 15(3) : 273-299

Zoellner L. A., Jaycox L. H., Watlington C. G., Foa E. B. (2003) Are the dissociative criteria in ASD useful?, J Trauma Stress, 16, 341-50.

Zohar J., Amital D., Miodownik C., Kotler M., Bleich A., Lane R. M, et al. (2002) Double-blind placebo-controlled pilot study of sertraline in military veterans with posttraumatic stress disorder, J Clin Psychopharmacol, 22, 190-195.

〈회복하는 피해자학〉 공동저자 프로필

❖ 공 정 식
- 심리학 박사(범죄심리 전공, 경기대)
- 현, 한국범죄연구원 대표
  현, 대법원 법원행정처 전문심리위원
  현, 한국범죄심리학회 편집이사 등

❖ 강 태 신
- 사회복지학 박사(청소년상담 전공, 중앙대)
- 현, 부산장신대학교 상담복지학과 외래교수
  전, 한국청소년정책연구원 부연구위원
  전, 중앙대학교 청소년학과 학부 및 대학원 외래교수

❖ 김 진 희
- 사회복지학 박사(사회복지 전공, 중앙신학대)
- 현, 한국여성복지상담협회 대표
  현, 예명대학원대학교 사회복지학과(복지상담심리) 교수
  전, 꿈누리여성장애인상담소 소장

❖ 김 도 우
- 범죄학 박사(범죄학 전공, 동국대)
- 현, 경남대학교 법정대학 경찰학과 교수
  전, 한국형사정책연구원, (사)목멱사회과학원 연구원 등
  전, 동국대/세명대/순천향대/대구대/동양대/극동대/한라대 등 경찰행정학과 시간강사

❖ 김 현 동
- 경찰학 박사(경찰학 전공, 순천향대)
- 현, 한국영상대학교 경찰행정과 교수
  현, (사)피해자포럼 및 한국범죄연구소 위원
  현, (사)한국경찰학회 및 한국민간경비학회 이사

❖ 김 영 식
- 법학 박사수료(형사정책 전공, 전북대)
- 현, 열린사이버대학교 사회복지학과 외래교수
  현, 법무부 교정본부 교정감(서기관)
  전, 독일 막스-프랑크 국제 범죄학연구소 연구원

❖ 김 현 정
- 심리학 박사(범죄심리 전공, 경기대)
- 현, 서강대학교 상담교수
  현, 서울지방경찰청 및 검찰청 성폭력전문 자문위원
  현, 전국대학성평등상담소협의회 학술이사

❖ 김 은 숙
- 사회복지학 박사(사회복지 전공, 한영신학대)
- 현, 서정대학교 경영과 겸임교수
  현, 전주비전대학교 부설 평생교육원 운영교수
  전, 전주비전대/한영대/백석문화대/고구려대 등 외래교수

❖ 류 경 희
- 교육학 석사(상담심리 전공, 고려대)
- 현, 경찰교육원 수사학과 교수
  전, 부산지방경찰청 BEST 조사관
  전, 경찰청 피해자전담부서 신설 전문가 TF 활동

❖ 류 여 해
- 법학박사(형사법 전공, Friedrich-Schiller-University Jena)
- 현, 한국사법교육원 교수 및 경기대 형사법 강의
  현, 한국형사법학회/한국형사정책학회 등 이사
  전, 대법원 재판연구관 및 국회사무처 법제실 법제관

❖ 박 상 진
- 경찰학 박사(경찰학 전공, 동국대)
- 현, 세한대학교 경찰행정학과 교수(학부장)
  현, 경찰청 승진/징계/채용/평가위원
  현, 중앙경찰학교 외래교수

❖ 박 정 훈
- 심리학 석사(산업상담 전공, 경상대)
- 현, 푸른마음 심리학연구소 소장
  현, 한국 심리협동조합 이사
  현, 경남재난심리지원센터 재난심리지원 전문상담원

❖ 성 용 은
- 경찰학 박사(범죄학 전공, 동국대)
- 현, 극동대학교 경찰행정학과 조교수
  전, The City University of New York 연구원
  전, Rutgers University-Newark 연구조교

❖ 손 경 이
- 사회복지학 석사(사회복지 전공, 서울사회복지대)
- 현, 서울서부지방검찰청 성희롱고충심의위원
  전, 경기도 고양교육지원청 학생상담(개인, 집단)
  전, 한국양성평등교육진흥원 위촉강사

❖ 송 병 호
- 경찰학 박사(경찰행정 전공, 동국대)
- 현, 백석대학교 법정경찰학부 교수
  현, 천안동남경찰서/공주교도소 등 위원
  전, 한국범죄심리학회/한국부패학회 등 총무이사

❖ 이 병 걸
- 경영학 박사(산업경영 전공, America State University)
- 현, 한국안전방송 대표이사
  현, 국회안전대한민국리더스포럼 이사장
  전, 호원대학교 소방행정학과 겸임교수

❖ 이 승 호
- 사회복지학 박사(노인의료복지 전공, 대구한의대)
- 현, 한국평생학습교육원 원장
  현, 한국노인의료복지학회 상임이사
  현, 한국폴리텍Ⅵ대학 산업설비자동화학과 외래교수

❖ 이 혜 선
- 미술치료박사(미술치료 전공, 영남대)
- 현, 거제대학교 사회복지학과 겸임교수
  현, 대우조선해양(주) 감사팀
  현, 거제경찰서 범죄피해자지원 협의체 심리위원

❖ 장 석 헌
- 법학박사(범죄학 전공, 동국대)
- 현, 순천향대학교 경찰행정학과 교수
  현, (사)피해자포럼 회장
  현, 법무부 범죄피해구조본부심의회 위원

❖ 정 지 운
- 법학박사(형사법 전공, 경기대)
- 현, 민주화운동보상심의위원회 전문위원
  현, 경찰대학 치안정책연구소 선임연구관
  현, 범죄피해자연구소 소장

❖ 조 문 택
- 방재안전관리 석사(방재안전관리 전공, 연세대)
- 현, 고려안전연구원 기획본부장
  전, 현대건설(주) 현장 관리책임자
  전, 현대건설(주) 건축사업본부 안전팀장 등

회복하는 피해자학

초판인쇄	2016년 2월 1일
초판발행	2016년 2월 5일
편 저 자	공정식 강태신 김도우 김영식 김은숙 김진희 김현동 김현정 류경희 류여해 박상진 박정훈 성용은 손경이 송병호 이병걸 이승호 이혜선 장석헌 정지운 조문택
발 행 인	정병남
발 행 처	㈜한국심리과학센터 / 가람북스
출판등록	제319-2008-29호
주 소	서울시 동작구 만양로 55 (노량진동)
전 화	02) 823-7004
팩 스	02) 823-8012
정 가	20,000원
I S B N	979-11-85506-76-0 (93180)

* 본서의 무단 전재·복제행위는 저작권법 제97조의5에 의거 5년 이하의 징역 또는 5,000만원 이하의 벌금에 처하거나 이를 병과할 수 있습니다.

* 파본은 구입처에서 교환하시기 바랍니다.